ANWB Extra

Buenos Aires

Uitgeverij ANWB

Inhoud

Het belangrijkste eerst

Niets overhaasten
Neem de tijd om echt te 'landen'. Buenos Aires is dynamisch en veel heftiger dan welke Europese metropool dan ook. Bekijk de drukte eerst even rustig vanuit een café in de buurt van je hotel. Dan zie je structuren in de vermeende chaos en krijgt de stad een vriendelijker gezicht.

Metrogalerie
De subte, de metro van Buenos Aires, is niet alleen een transportmiddel, maar ook een kunstgalerie. Veel stations zijn opgeleukt door Argentijnse kunstenaars. De volledige lijst van kunstwerkjes vind je op www.buenosaires.gob.ar/subte/galeria.

Chimichurri past overal bij
... maar het beste bij gegrild vlees (steak, worst). De saus, een mengelmoesje van peper, peterselie, knoflook, chili en oregano met olijfolie en azijn, bestaat in duizend variaties bij allerlei eettentjes. Een leuke plek om chimichurri te proeven is Puerto Madero, waar tal van foodtrucks staan.

Filmische voorpret
Waarom zou je niet alvast thuis in de BA-stemming komen? Met de diepzwarte komedie *Relatos Salvajes*. De titel – 'wilde verhalen' – dekt absoluut de lading. Dat het wilde leven in Buenos Aires fascineert, is af te lezen aan de zeventien prijzen die de film op acht internationale festivals won. *Relatos Salvajes* is te koop op dvd en te streamen bij onder andere KPN, iTunes en Pathé Thuis.

Op de ecofiets door de stad
In navolging van onder meer Parijs en New York heeft ook Buenos Aires een fietsdeelsysteem, Ecobici. Na registratie (helaas alleen in het Spaans) op **www.buenosaires.gob.ar/ecobici/sistema-ecobici/turistas** kun je gratis fietsen. De uitleenstations zijn verspreid over de hele stad. Op de website zijn kaarten met fietspaden te downloaden en er is ook een app.

Een donkere bladzijde
Argentinië ging eind jaren 70, begin jaren 80 gebukt onder een militaire dictatuur. Inmiddels worden de misstanden van die inktzwarte bladzijde uit de geschiedenisboeken gelukkig niet meer verzwegen. Er worden talloze langdurige processen gevoerd en de junta is te 'beleven' in bijvoorbeeld het **Museo de la Memoria** in de voormalige militaire school ESMA (www.museodelamemoria.gob.ar).

Cultureel erfgoed in een hoorntje
Een Argentijn is een Italiaan die Spaans spreekt, zich gedraagt als een Engelsman en denkt dat hij een Fransman is, aldus de Zuid-Amerikanen schertsend over hun arrogant overkomende buren. Dat veel Porteños Italiaanse roots hebben, is niet alleen af te zien aan de vele Italiaanse achternamen, maar ook aan de uitstekende ijssalons. Probeer vooral een hoorntje dulce de leche met nootjes bij Gelateria Valence Argentina (Rodríguez Peña 1299).

Makkelijk van A naar B
De gemeente Buenos Aires heeft een plattegrond-app uitgegeven (Android en iOS) waarmee je makkelijk de weg vindt in de urban jungle. Te downloaden op turismo.buenosaires.gob.ar/es/article/app-travel-buenos-aires.

Boven de daken van Buenos Aires
Van boven ziet Buenos Aires er heel anders uit. Restaurant **Zirkel** zit op de 22e verdieping van een wolkenkrabber op de Avenida Corrientes 327. Je kijkt er heerlijk uit over de stad tot de Río de la Plata, op mooie dagen tot Uruguay.

Zuid-Amerikaanse levensvreugde in een Europees aandoende stad – dat is wat mij zo fascineert aan Buenos Aires. Je kunt me tegenkomen bij een van de talloze 'bares notables'.

Vragen? Ideeën?

Laat het me weten! Mijn adres bij de ANWB:

@ *anwbmedia@anwb.nl*

Dit is Buenos Aires

Buenos Aires is de hoofdstad van een enorm land – Argentinië is zeventig keer zo groot als Nederland. Met 44 miljoen inwoners is het land echter bepaald niet dichtbevolkt. In grote delen ervan woont helemaal niemand. Dat kan bepaald niet worden gezegd van de hoofdstad. Niemand weet het precies, maar de schatting is dat er in Gran Buenos Aires 14 tot 15 miljoen mensen wonen – een derde van alle Argentijnen! De stad is dus absoluut het politieke, culturele en economische centrum van het land.

Pure energie

De kennismaking met Buenos Aires – 70 bij 30 kilometer aan de Río de la Plata – kan overweldigend zijn. Deze stad wekt allerlei emoties op. Bij iedereen – Buenos Aires laat niemand koud. Het lijkt dat alles in beweging is – zo veel leven, zo veel energie, zo veel power. Alles is hectischer, luider en levendiger dan in welke Europese stad ook – op een paar Italiaanse na misschien. Maar Buenos Aires is tegelijk ook nostalgie, romantiek, drama, melancholie ... Nergens wordt verlangen beter vertaald in danspassen dan in de bars van Buenos Aires. Verdriet en blijdschap liggen in deze megametropool vaak vlak bij elkaar, en bijna altijd op onverwachte wijze. De Porteños en Porteñas, zoals de bewoners van Buenos Aires worden genoemd, maken van het leven in de stad een dagelijks spektakel.

Caleidoscoop van culturen

Zijn grootste groeispurt beleefde de stad tussen 1880 en 1910, toen het inwonersaantal explodeerde van dik tweehonderdduizend tot anderhalf miljoen – in 1927 waren er al meer dan twee miljoen Porteños. De immigranten die rond de vorige eeuwwisseling de oversteek naar Argentinië maakten, kwamen vooral uit Italië en Spanje. Uit Genua en Napels – uit Galicië, Asturië en het Baskenland. Maar ook uit Duitsland, Frankrijk, Wales, Libanon en Armenië kwamen nieuwe Argentijnen. In de laatste decennia kwam er een nieuwe immigrantengolf op gang, van mensen uit arme buurlanden als Paraguay en Bolivia en uit Peru. De meesten van hen komen terecht in villas miseria, sloppenwijken. Buenos Aires wordt bevolkt door zo veel verschillende bevolkingsgroepen dat de weinige afstammelingen van oorspronkelijke bewoners, de *indígenas* uit het noordwestelijke Andesgebied, zich in de hoofdstad een vreemde in eigen land voelen. De vele vooroordelen waarmee ze ook vandaag de dag nog te maken krijgen, maken het er allemaal niet makkelijker op.

Stijlvol op elk gebied

Nergens in de wereld zijn Europese immigranten ambitieuzer te werk gegaan om hun moederland in minstens dezelfde pracht op te bouwen als in Buenos Aires. Van de bijna overdreven schitterende paleizen in alle mogelijke bouwstijlen, de historische bars, restaurants en *milonga's* tot de verzorgde stadsparken en uitgestrekte pleinen, de brede *avenidas* en de netjes in schaakbordpatronen gerangschikte straten met apparte-

Wit, blauw, lila, groen – de jacaranda's bloeien in prachtige kleuren, zoals hier op het Plaza de Mayo.

mentencomplexen – de ambitie een centrum van belang te zijn, is niet over het hoofd te zien. Toch voelt Buenos Aires niet zo overvol als steden van vergelijkbaar formaat als het Braziliaanse São Paulo of Mexico City. De Porteños (m/v) zijn minstens zo stijlvol als de gebouwen in hun zo geliefde stad. Ze zijn sportief en elegant en zijn (bijna) altijd vrolijk. En de legendarische Porteña met haar in heel Zuid-Amerika bewonderde stijl heeft over aandacht nooit te klagen. De stad wordt vaak vergeleken met Parijs, Wenen en Berlijn. En dat is terecht, want Buenos Aires heeft van al die steden wel íéts – en natuurlijk ook van Madrid en Milaan, want de meeste Argentijnen hebben Spaans of Italiaans bloed.

De stad die alles én niets heeft

Met zo veel verschillende nationaliteiten leest de festivalkalender van Buenos Aires als een eindeloze lijst culturele evenementen – die vaak misschien niet zo perfect georganiseerd zijn als bij ons, maar met veel kunst- en vliegwerk en vooral enthousiasme komt het altijd weer goed. Het grote culturele aanbod is echter niet bereikbaar voor alle Porteños. Want in Buenos Aires is natuurlijk ook de economische staat van het land te voelen. Argentinië bevindt zich in een min of meer permanente crisis. Veel mensen zijn uitgesloten van het sociale leven en moeten dagelijks vechten om te overleven, wat zorgt voor een indrukwekkende creatieve energie. In het licht van de aanhoudende inflatie proberen velen het hoofd boven water te houden door zich als zelfstandige te vestigen. Een op de twintig Porteños heeft een eigen bedrijf.

Buenos Aires in cijfers

0

uur is een mooie tijd om een van de boekenwinkels op de Avenida Corrientes te bezoeken.

5

presidenten hebben tijdens de economische crisis van 2001 het presidentiële paleis bewoond – in twee weken!

16

van de 30 voetbalclubs uit de Argentijnse eredivisie komen uit Gran Buenos Aires.

30

keer per jaar dondert en bliksemt het volgens het meteorologisch instituut gemiddeld boven de hoofdstad.

36

stadions in de agglomeratie Buenos Aires hebben plek voor meer dan 10.000 toeschouwers.

48

stadsdelen (barrios) heeft het autonome hoofdstedelijke gebied.

103

peso's kostte een kilo biefstuk in 2016 in de hoofdstedelijke slagerijen. In 2006 was dat nog 7,20 peso's.

200

theaters zorgen voor een drukke culturele agenda (Broadway heeft er 'slechts' 40).

235

meter hoog is de Alvear Tower in Puerto Madero, het hoogste gebouw in de stad.

353
ha meet het grootste groengebied van de stad, de Reserva Ecológica in Puerto Madero.

800
psychologen op 100.000 inwoners – meer dan in New York.

8000
tot 15.000 Amerikaanse dollars kostte één vierkante meter woonoppervlakte in de appartementencomplexen van Puerto Madero toen de wijk werd gebouwd.

15.000
mensen wonen er gemiddeld op een vierkante kilometer in Buenos Aires (Amsterdam circa 5000 inwoners/km²).

40.000
taxi's rijden rond in de stad.

63.800
Porteños geven aan bij een pueblo indígena te horen, een inheemse bevolkingsgroep.

150.000
mensen in Gran Buenos Aires nemen regelmatig tangoles.

390.400
studenten staan er ingeschreven op de staatsuniversiteiten van Buenos Aires.

2.900.000
inwoners telt het autonome hoofdstedelijke gebied, de Capital Federal.

4.200.000
toeristen bezoeken Buenos Aires jaarlijks.

5.800.000
passagiers worden elke dag door bussen vervoerd in Buenos Aires.

Wat is waar?

Het is makkelijker je te oriënteren in Buenos Aires dan in veel andere megametropolen. Dat lijkt op het eerste gezicht misschien niet zo, maar als je het schaakbordpatroon van de straten eenmaal doorhebt, zul je de plattegrond vaak niet eens meer uit je zak halen.

Microcentro, de flaneerboulevards en Puerto Madero

De binnenstad van Buenos Aires wordt **Microcentro** genoemd, maar de officiële naam is San Nicolás, naar de Iglesia de San Nicolás de Bari die ooit op de plek van de obelisk stond. Het Microcentro is niet alleen het centrum van de hoofdstad, maar van het hele land. Op het **Plaza de Mayo** (🗺 F/G 8), het hoofdplein van Buenos Aires, bevinden zich het presidentiële paleis Casa Rosada, de Cabildo, de voormalige zetel van de gemeenteraad, en de kathedraal. Vanaf het plein loopt de boulevard **Avenida de Mayo** (🗺 E-G 8) in westelijke richting tot aan het Palacio del Congreso, het congresgebouw. Drie stratenblokken naar het noorden vind je de **Avenida Corrientes** (🗺 A-G 7/8). Op deze eveneens van oost naar west voerende straat is het dag en nacht een drukte van belang. De Corrientes is tevens de theaterstraat van Buenos Aires. Maar het belangrijkste podium bevindt zich een blok verder op de Plaza Lavalle: het Teatro Colón is een legende voor muziek- en balletfans van over de hele wereld. De gigantische **Avenida 9 de Julio** (🗺 F 6-9) kruist beide boulevards in noord-zuidrichting. In de stratenblokken ten oosten van de zogenaamde **Diagonal Norte** (🗺 F 8), eigenlijk Avenida Presidente Roque Sáenz Peña, bevinden zich de bankgebouwen, het ministerie van Economische Zaken en talloze belangrijke bedrijven. Hier is het uiteraard voornamelijk een drukte van belang op doordeweekse dagen; in het weekend en op feestdagen is het hier spookachtig stil. De kenmerken van het gerenoveerde havengebied **Puerto Madero** (🗺 G/H 7-9) zijn uitgestrekte parken, moderne appartementencomplexen, chique restaurants en natuurlijk de oude haven. Aan de oever van de Río de la Plata bevindt zich een paradijselijk natuurgebied, het Reserva Ecológica Costanera Sur. Tijdens een wandeling begrijp je al gauw waarom Puerto Madero zich zo snel heeft ontwikkeld tot de duurste wijk van de stad.

Ten zuiden van het Microcentro

De zuidgrens van **La Boca** (🗺 G/H 11/12) wordt gevormd door de Río Matanza-Riachuelo. In de oude havenwijk vind je de bekende gekleurde huisjes aan de Caminito en het spectaculaire stadion van Boca Juniors, de Bombonera – bonbondoos/snoeptrommel. De oudste wijk van de stad is **San Telmo** (🗺 F/G 9/10) ten noorden van het Parque Lezama. Het heeft straten met kinderkopjes en betoverende koloniale gebouwen. In de historische Mercado de San Telmo is elke dag een markt, op de Plaza Dorrego op zondag de bekendste Feria Artesanal (kunstnijverheidsmarkt) van de stad. Hier wordt 's avonds de tango gedanst onder de blote hemel. Net zo historisch is de wijk **Monserrat** (🗺 F/G 9), die loopt tot de Plaza de Mayo en het oudste gebouwencomplex van de stad bezit, de Manzana de las Luces.

Ten noorden en ten westen van het centrum

Ten noorden van de Avenida Córdoba begint **Retiro** (🗺 E/F 6/7). Nergens in Zuid-Amerika voel je je zo dicht bij

Parijs als hier. In de directe omgeving van statige appartementengebouwen in art-decostijl bevinden zich ook de belangrijke openbaarvervoerknooppunten. Estación Retiro is zo'n beetje het centraal station van het land en de Terminal de Retiro de grootste busterminal van Argentinië. Hiervandaan kom je op elke plek in het reusachtige land, hoe afgelegen ook. Ten noorden van Retiro begint **Recoleta** (🕮 C/D 5/6). Op geen enkele andere plek in het land is zo goed te zien hoe de rijken leven. Zelfs de dood wordt hier gevierd! De begraafplaats Cementerio de la Recoleta is met zijn ontelbare mausolea een gigantische openluchtgalerie. **Palermo** (🕮 A/B 4-6) heeft zijn karakter van volkswijk de laatste jaren verloren. Het stadsdeel is overgenomen door een creatieve, jonge scene. Cafés, bars, boetieks en restaurants met steeds weer leuke nieuwe invalshoeken zijn te vinden op elke straathoek. Dit is ook de reden dat de omgeving rond het Plaza Serrano Palermo Soho wordt genoemd. Palermo Hollywood, aan de andere kant van het spoor, komt pas 's avonds tot leven. Het Museo de Arte Latinoamericano de Buenos Aires (MALBA) trekt een gemêleerd, internationaal publiek. De Joodse wijk **Once** (🕮 C/D 8) en het stadsdeel **Abasto** (🕮 C 7/8), waar tangolegende Carlos Gardel woonde, liggen niet aan de Río de la Plata, maar verder naar het westen.

Via het noorden de stad uit

In het noorden van Buenos Aires bevinden zich de chicste stadsdelen. **Belgrano** (🕮 A 4/5) is de diplomatenwijk, in **Olivos** (🕮 kaart 4, B 1) woont de Argentijnse president, goed beschermd achter dikke muren in de Residencia Presidencia . Het uitzicht op de stad vanuit de plaatselijke jachthaven is mooi, vooral tijdens zonsondergang. Jachthavens en mooie wandelroutes vind je op de groene oevers van de Río de la Plata in **San Isidro** (🕮 kaart 4, B 1). Vanuit het mooie stadje **Tigre** (🕮 kaart 4, A 1) vertrekken de schepen naar de sterk vertakte Delta del Paraná.

Bar notable – meer dan koffie

De 'bares notables' in Buenos Aires spelen in het dagelijks leven dezelfde rol als cafés in Wenen, Madrid en Parijs. De 'opmerkelijke bars' zijn plekken om gewoon te verpozen, maar ook om te discussiëren en filosoferen – en natuurlijk om koffie te drinken. Menig dichter en denker kreeg in een van de talloze bars een ingeving die leidde tot Grootse Dingen. Onder hen Jorge Luis Borges en Julio Cortázar, de sterren aan het Argentijnse literaire firmament.

Tango – altijd en overal

De tango hóórt niet alleen bij Buenos Aires, hij verkláárt de stad. Zijn complexiteit en melancholie, zijn lichtvoetigheid, het drama en de vele grootse gevoelens die zo bij de dans horen – niets symboliseert de gekte die de megastad dagelijks opwekt beter dan de tango. In de talloze *milonga's*, tangogelegenheden, laten de Porteñas en Porteños hun emoties elke avond de vrije loop. En iedereen mag meedansen.

De bus komt eraan!

Een herkenbaar moment van opluchting voor iedereen die weleens op de bus heeft staan wachten in Buenos Aires – van een serieuze dienstregeling is in deze stad namelijk geen sprake. Er zál een bus komen, dat staat vast, maar wanneer, dat weet geen mens. En zo wachten de Porteños geduldig, met altijd een oogje op het aankomende verkeer, zodat ze het moment niet missen waarop ze de chauffeur met een handgebaar tot stoppen kunnen manen. Maar maak je niet té veel zorgen: in de regel duurt het maar een paar minuten voor de volgende bus komt. In de regel.

Het kompas van Buenos Aires

#2

De straat van de macht – **Avenida de Mayo**

#3

Twee kanten van de medaille – **Retiro**

PRACHTIGE GEVELS PER STREKKENDE METER

WERKTERREIN VAN DE ARMEN SPEELTUIN VAN DE RIJKEN

#1

Theater, topdrukte en transacties – **Microcentro**

NIET MICRO MAAR **MEGA**

WAAR BEGIN IK?

3

2

1

15

14

13

12

#15

Even naar Uruguay – **Colonia en Montevideo**

Heerlijke historische stadscentra

een rustige plek om TE SCHRIJVEN

#14

Reis naar een andere wereld – **Delta del Tigre**

EEN LEREN JAS HOORT ERBIJ

adem in, adem uit

#13

Tangolegende Carlos Gardel – **Once, Abasto en Chacarita**

#12

Grote groene long – **Bosques de Palermo**

#4

Licht uit, spot aan! – **Tribunales en Avenida Corrientes**

#5

Herinneringen aan de koloniale tijd – **Monserrat**

#6

Tango en antiek – **San Telmo**

#7

Kakelbont – **de republiek La Boca**

#8

Instappen en goed vasthouden – **Bus 64**

#9

Van vervallen haven naar hippe wijk – **Puerto Madero**

#10

Evita tussen de engelen – **Recoleta**

#11

Boetieks en bars – **Palermo Soho**

1

Theater, topdrukte en transacties – **Microcentro**

Door elkaar krioelende mensen, toeterende auto's en knetterende brommers ... Het centrum van Buenos Aires is bepaald niet micro, maar juist mega: groot, luid en hectisch. Pas wanneer de avondvoorstelling begint in het Teatro Colón, komt er een einde aan de verkeersstroom richting woonwijken. Overdag kun je echter ontsnappen naar charmante oases van rust.

Laat de vele straatverkopers in de binnenstad niet zomaar links liggen. De op creatieve wijze aangeprezen producten zijn vaak écht goedkoper dan elders en je krijgt er altijd gratis een leuk gesprek bij.

De **Calle Florida** 1 is de belangrijkste voetgangerszone van de stad. Er wandelen elke dag 800.000 mensen door de verrassend smalle, 1 km lange straat, die in het schaakbordpatroon van het centrum van noord naar zuid loopt. Op de hoek met de Avenida Córdoba springt de **Galerías Pacífico** 2 in Franse beaux-artsstijl in het oog. Nadat het prachtige gebouw uit 1889 een paar jaar leegstond, werd het in 1990 heropend

als winkelcentrum met chique boetieks. Onder de koepel zijn schitterende plafondschilderingen te ontdekken. Om de hoek zijn in de vele zalen van het **Centro Cultural Borges** 1 gratis wisselende tentoonstellingen te zien. Maar je kunt er ook de architectuur van de Galerías Pacífico van boven bekijken.

Even ontsnappen aan de hectiek

Aan de andere kant van de straat wacht de eerste heerlijke oase van rust: het voormalige **Monasterio Santa Catalina de Siena** 1. De laatste nonnen verlieten het klooster in de jaren 70 en trokken naar de rand van de stad. Sinds 2001 fungeert het complex als een spiritueel centrum voor gestreste Porteños. De groene binnenplaats is een mooie plek voor een rustige pauze. Verderop kruist de Florida de **Calle Lavalle** 3, de tweede voetgangerszone, waar het er wat gemoedelijker aan toegaat. Het kruispunt is erg populair bij tangodansers, breakdancers en komieken, die hier vooral 's avonds hun kunsten laten zien. Langs de Lavalle zijn nog typische *parrillas* (steakrestaurants) te vinden en oer-Argentijnse cafés als bijvoorbeeld **Le Caravelle** 2. Je kunt je koffie er opdrinken aan een van de twee bars, zoals gasten al doen sinds 1962.

De heel grote Avenida

De Lavalle voert naar de **Avenida 9 de Julio** 2, waarvan je de overkant niet direct zult zien – de boulevard is zó breed, dat zijn ventwegen een eigen naam hebben. Overdag is de Avenida een regelrechte nachtmerrie voor voetgangers, maar wanneer laat op de avond de verkeersstromen wat zijn verstomd, blijkt de straat toch een bijzondere flair te hebben. Centraal op de met bomen omzoomde 'middenberm' slokt de 67,5 m hoge **Obelisco** 3 alle aandacht op. Het symbool van Buenos Aires was een geschenk van Frankrijk ter ere van de vierhonderdste verjaardag van de stad in 1936. Het staat op exact de plek waar ooit de kerk San Nicolás de Bari stond – een van de eerste koloniale gebouwen in Buenos Aires. De met gewapend beton ingekapselde pilaar werd ontworpen door de Alberto Prebisch, een uit Duitsland stammende Argentijnse architect, en in een recordtijd van 31 dagen gebouwd. Misschien hadden de bouwvak-

Er zijn ontelbaar veel redenen om van Buenos Aires te houden. Een ervan is de zelfspot van de Porteños, maar eigenlijk van alle Argentijnen. Er zijn talloze grappen waarin ze zichzelf op de hak nemen. Een voorbeeld? Hoe pleegt een Argentijn zelfmoord? Hij klimt aan zijn ego omhoog en laat zich dan naar beneden vallen. Of deze: waarom gaan Argentijnen naar buiten als het onweert? Omdat ze denken dat God een foto van ze wil maken ...

O
OVERIGENS

Op zondagen gaat het er midden in de stad een stuk rustiger aan toe. Dan kun je op je gemak door de straten en over de boulevards slenteren en relatief ongestoord indrukken opdoen. Maar als je de stad in al zijn gekte wilt meemaken, dan moet je het Microcentro **op een doordeweekse dag** bezoeken. Dan pas voel je de overweldigende energie van de wijk!

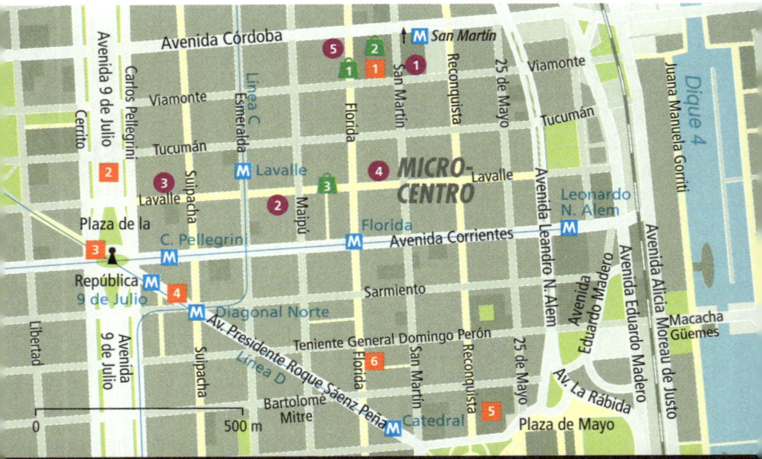

Uitneembare kaart: 2, E/F 7/8 | **Metro** C: Gral. San Martín; **bus** 26, 109, 115, 132, 146: Av. Córdoba

INFO EN OPENINGSTIJDEN

Centro Cultural Borges 1: ingang Viamonte 525, www.ccborges.org.ar, tel. 11 55 55 53 59, ma.-za. 10-21, zo. 12-21 uur
Banco de la Nación 5: Bartolomé Mitre 343, ma.-vr. 10-15 uur

BUENOS AIRES VAN BOVEN

Vanaf de veertiende verdieping van het **Mirador der Galería Güemes** 6 (Florida 165, ma.-vr. 9.20-12, 15-17.20 uur, elke 20 min., AR-$ 50) heb je een mooi uitzicht op de huizenzee van de binnenstad.

ETEN EN DRINKEN

In de zelfbedieningsbistro van het **Monasterio Santa Catalina de Siena** 1 (San Martín 705, ma.-vr. 8-21 uur) zijn koude drankjes en kleine snacks te koop. De boven het open vuur gehangen halve runderen in de etalage van de **Parrilla La Estancia** 3 (Lavalle 941, tel. 11 432 60 33, zo.-vr. 12-1, za. 12-3 uur) zorgen bij vleesliefhebbers voor water in de mond. Een Duits instituut is **Restaurant ABC** 4 (Lavalle 545, tel. 11 43 93 39 92, www.restaurantabc.com.ar, ma.-vr. 10-16.30 uur). Hier wordt al sinds 1929 worst en *sauerkraut* geserveerd.

EEN KOPJE KOFFIE

Le Caravelle 2: Lavalle 726, ma.-za. 8-23 uur
Illy Café 5: Córdoba 602, dag. 7-23.30 uur. De beste plek om de gekte van de voetgangerszone van een afstandje te bekijken en daarbij ook nog de prachtige Centro Naval (marine) en Galerías Pacífico in het hoog te houden. En de koffie is ook nog eens uitstekend.

WINKELEN

De winkels in de **Calle Florida** 1 en **Calle Lavalle** 3 zijn in de regel ma.-vr. vanaf 10 uur en in het weekend wat later geopend. Dicht gaan ze meestal tussen 20 en 22 uur.
Galerías Pacifico 2: Florida, hoek Av. Córdoba, www.galeriaspacifico.com.ar, ma.-za. 10-21, zo. 12-21 uur

kers iets langer de tijd moeten nemen, want de Porteños zijn er tot op de dag van vandaag niet over uit of ze de obelisk nu mooi vinden of niet. Geheel in lijn met deze discussie werd de Obelisco ter gelegenheid van Wereldaidsdag in 2005 een enorm condoom aangetrokken. Aan de voet van de obelisk, op de **Plaza de la República**, vieren voetbalfans triomfen van hun favoriete clubs – en huilen ze tranen met tuiten als het Argentijns elftal verliest.

Geld regeert de wereld

Pas na twee keer kijken valt hij je op in de stratenwirwar rond de Avenida 9 de Julio: de van de Obelisco diagonaal lopende **Diagonal Norte** 4. De straat doorkruist het schaakbordpatroon van de binnenstad en loopt langs indrukwekkende architectonische hoogstandjes tot de **Plaza de Mayo**. Ten oosten van dit plein ligt de bankenwijk, waar de straten vaak worden versperd door zwaarbewaakte geldtransporten. In het weekend is dit deel van het Microcentro echter zo goed als uitgestorven. Van alle gigantische bankpaleizen is dat van de **Banco de la Nación** 5 zonder twijfel het meest protserige. Is het gebouw open, dan kun je even een blik werpen onder de enorme koepel. De vertegenwoordiger van de Argentijnse financiële macht is twee keer zo hoog als het presidentiële paleis ernaast. Maar let ook op de opmerkelijke portalen van de andere banken.

B
BUFFET

Een bijzondere winkelervaring à la Argentina bieden de kleine supermarkten die door de Argentijnen simpelweg El Chino worden genoemd. De vriendelijkheid van de 'Chinese' uitbaters – in werkelijkheid vaak Taiwanezen – is legendarisch. En als je goedkoop wilt eten: in veel winkels staat een buffet met prima snacks om mee te nemen.

De Obelisco op de Plaza de la República

Zo massief als de Obelisco er vanbuiten uitziet, is hij zeker niet. Het gevaarte bestaat slechts uit platen, vanbinnen is hij tot op hoogte van zeven verdiepingen hol.

2

De straat van de macht – **Avenida de Mayo**

Hier moest een boulevard naar Parijs' voorbeeld komen, daarover waren de intellectuelen uit de jaren 80 van de 19e eeuw het eens. Hun visioen gaf de stad een levendige avenida met aan elk uiteinde een groot plein: de Plaza de Mayo, de regeringszetel, in het oosten en de Plaza del Congreso, waar het parlement vergadert, in het westen. Nog steeds voel je hier de sfeer van de gouden jaren van Argentinië.

De metro: heet in Buenos Aires 'subte' (van subterráneo = ondergronds) en is de oudste op het zuidelijk halfrond.

De **Plaza de Mayo** is zowel het historische centrum als het symbolische hart van Buenos Aires. Het plein is vernoemd naar de revolutie van 25 mei 1810, die de weg bereidde naar onafhankelijkheid van Spanje. Rond het plein zetelen gemeentelijke en federale instellingen. Een van de gebouwen is **Casa Rosada** 1, het kantoor van de Argentijnse president. Dit staat op resten van een oude vesting. De opvallende roze kleur, die het gebouw tijdens zonsondergang fel laat oplichten,

kreeg het in 1873 ten tijde van de regeerperiode van Domingo Faustino Sarmiento. Op het balkon van Casa Rosada hield Evita Perón de toespraken die honderdduizenden Argentijnen tot tranen toe roerden. Aan weerszijden van Casa Rosada staan de **Banco de la Nación** 2 (▸ blz. 23) en het ministerie van Financiën.

Kijk wanneer je de Pirámide de Mayo in het midden van het plein nadert naar je voeten. Op de vloer is namelijk een belangrijk symbool van rouw en protest, opstand en gerechtigheid geschilderd: de witte hoofddoeken van de Madres de la Plaza de Mayo, de Dwaze Moeders. Sinds 1977 lopen zij elke donderdag vanaf 15.30 uur een halfuur lang rondjes op het plein. Ze eisen hiermee gerechtigheid voor hun kinderen, die tijdens de militaire dictatuur verdwenen. Hun onaflatende inspanningen de misdaden van dit donkere tijdperk op te lossen, hebben wereldwijd bewondering geoogst. De Madres hebben tegenwoordig een eigen krant, een literatuurcafe en een radiozender.

Hou links aan om te biechten

Aan de andere kant van het plein staat de in 1791 ingewijde **Catedral Metropolitana** 3. De kathedraal ziet er vanbuiten meer uit als een antieke tempel dan als een katholieke kerk. Zijn façade wordt gesierd door twaalf hellenistische zuilen, waarop een puntgevel met reliëf rust – kerktorens ontbreken. Pas als je binnen staat, merk je het kruisvormige grondplan en de koepel op. De decoratie is duidelijk neorenaissance en neobarok. In het rechterschip bevindt zich een mausoleum met de overblijfselen van de Argentijnse bevrijder generaal José San Martín. De lijfwacht die het moet bewaken, staat Argentijns-nonchalant in de houding. Een voormalig aartsbisschop, die zijn zetel had in deze kathedraal, is hard op weg een nationale held te worden. Jorge Mario Bergoglio was hoofd van de katholieke kerk in Argentinië tot hij in 2013 paus werd. In het linkerschop wordt gebiecht, hoeveel toeristen ook toekijken.

Rode politiek en zwarte koffie

De kleine, spierwitte **Cabildo** 4 schuin tegenover de kathedraal werd in 1610 voltooid. Hij was echter al snel te klein voor de gemeenteraad en is sindsdien ettelijke malen verbouwd. Tegenwoordig huisvest het gebouw het Museo Nacional del Cabildo y la Revolución de Mayo. Tussen de Cabildo en het **stadhuis** 5 begint de centrale as van Argentijnse politieke gebeurtenissen, de **Avenida de Mayo.** Op de met bomen omzoomde boulevard vinden de grote demonstraties van het sterk gepolitiseerde land plaats. De avenida heeft nog steeds een unieke pracht, ook al gaan veel van de indrukwekkende neo-classicistische en jugendstilgebouwen gebukt onder een flinke laag patina. Tussen de historische gevels vind je tal van historische bars en krantenkiosken, maar ook fastfoodrestaurants, en supermarkten.

Cabildo

Bij een kop koffie serveert de kelner van Café Tortoní vanzelfsprekend een glas water en wat zoets. Soms komt er zelfs een glas versgeperste jus d'orange bij. Neem rustig de tijd: hij zal je nooit uit zichzelf vragen of je nog iets wenst om meer omzet te draaien. Het vulgaire idee alleen al zeg!

O OVERIGENS

Meteen aan het begin van de Avenida de Mayo kom je langs een plek waar een bijzondere vorm van verzet wordt gevoerd, de **Paseo de la Resistencia** 1 (nr. 649). Ambachtslieden 'beschermen' de passage al sinds 2003 tegen investeerders die geld ruiken. Wat hier wordt verkocht, zijn absoluut unieke stukken (ma.-za. 10-21 uur).

Klaar voor een koffiepauze? Het traditierijke **Café Tortoní** 1 is daar een mooie plek voor. Als de houten tafeltjes konden praten, zouden ze mooie verhalen vertellen. Veel beroemdheden hebben hier sinds de opening in 1858 namelijk al wat gedronken – zoals de vele foto's bij de ingang laten zien. Pal ernaast toont het **Museo Mundial del Tango** 6 de geschiedenis van de tango sinds 1850.

Aan de andere kant van de brede Avenida 9 de Julio bevindt zich een ander instituut, biljartcafé **Los 36 Billares** 2. In de kelder van deze Bar Notable wordt al sinds 1894 gepikeerd en gemasseerd.

Neem plaats

Voor een flink aantal bijzondere gebouwen op de Avenida de Mayo staan bankjes. Ook voor nummer 1370. Neem even plaats om in alle rust te genieten van de spectaculaire façade van het **Palacio Barolo** 7 (1919-23). De Italiaanse textielhandelaar Luis Barolo gaf de excentrieke architect Mario Palanti de opdracht dit paleis te bouwen. Deze liet zich inspireren door *De goddelijke komedie* van Dante: de foyer en kelder stellen de hel voor, de eerste tot en met veertiende verdieping het vagevuur en daarboven is de hemel. Op heldere dagen kun je vanaf de top van de vuurtoren op exact 100 m hoogte de punt van het Palacio Salvo in Montevideo zien (alleen met rondleiding).

Aan de overkant van de straat staat het kantoor van **Club Atlético San Lorenzo de Almagro** 8, een van de Cinco Grandes-voetbalclubs van het land – de andere zijn River Plate, Boca Juniors, Independiente en Racing Club. Zelfs paus Franciscus heeft eeuwige trouw aan San Lorenzo gezworen.

Iets om over na te denken

Het einde van de Avenida de Mayo is de **Plaza de los dos Congresos** met het imposante **Palacio del Congreso Nacional Argentino** 9 (1898-1906), waarin het Huis van Afgevaardigden en de Senaat gehuisvest zijn. Meteen aan het begin van het groene plein, dat zich uitstrekt over drie stratenblokken, piekert **El Pensador** 10, *De denker* van de Franse beeldhouwer Auguste Rodin –

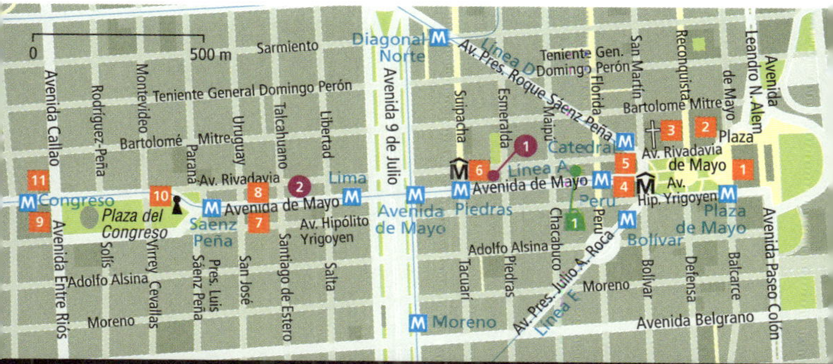

Uitneembare kaart: 2, E-G 8 | **Metro** A: Plaza de Mayo, D: Catedral, E: Perú; **bus** 7, 8, 29, 50, 56, 64, 91, 105: Plaza de Mayo

INFO EN OPENINGSTIJDEN

Casa Rosada 1: Plaza de Mayo, visitas.casarosada.gob.ar, rondleiding in het Engels za., zo. 14.30 uur, vooraf aanmelden en legitimatie ter plekke verplicht, toegang gratis.
Catedral Metropolitana 3: San Martín 27, www.catedralbuenosaires.org.ar, ma.-vr. 7.30-18.45, za., zo. 9-19 uur.
Museo Nacional del Cabildo y la Revolución de Mayo 4: Bolívar 65, cabildonacional.cultura.gob.ar, di., wo., vr. 10.30-16.30, do. 10.30-20, za., zo. 10.30-17.30 uur, AR-$ 15.
Stadhuis 5: Av. de Mayo 525, rondleiding za. 16 en 17, zo. 11-17 uur elk uur, toegang gratis.
Museo Mundial del Tango 6: Av. de Mayo 833, 1e verdieping, ma.-vr. 14.30-19.30 uur, AR-$ 30.
Palacio Barolo 7: Av. de Mayo 1370, tel. 11 43 81 24 25, www.palaciobarolotours.com.ar, rondleiding (1,5 uur) ma., wo.-za. 10, 12, 14, 16, 17, 18 en 19 uur, AR-$ 195. Tip: het uitzicht is het mooiste in de late namiddag, wanneer de zon ondergaat achter het Palacio del Congreso.
Palacio del Congreso de la Nación Argentina 9: Hipólito Yrigoyen 1849, tel. 11 28 22 30.00, www.senado.gov.ar/visitasguiadas, rondleiding ma., di., do., vr. 12.30 en 17 uur, vooraf aanmelden is aan te raden, legitimatie verplicht, toegang gratis.

EEN DRANKJE IN EEN BAR NOTABLE

Café Tortoní 1: Av. de Mayo 852, tel. 11 43 42 43 28, www.cafetortoni.com.ar, metro: Piedras, ma.-za. 8-3.30, zo. 8-1 uur, tangoshows ma.-vr. 20 uur, za., zo. ook 22 uur.
Los 36 Billares 2: Av. de Mayo 1271, tel. 11 41 22 15 00, www.los36billares.com.ar, metro: Sáenz Peña, zo.-do. 7-2, vr., za. 7-5 uur

misschien wel over de toekomst van de naburige **Confitería del Molino** 11. In het jugendstilgebouw op de hoek van de Avenida Callao was ooit een van de bekendste cafés van de stad gevestigd. Politici bespraken de toestand van het land hier al in 1917. In 1997 werd het helaas gesloten, in 2014 ging het over in handen van de staat, die het als nationaal monument wil heropenen. Op die heuglijke dag wachten de volksvertegenwoordigers nu al een half decennium.

#3

Twee kanten van de medaille – **Retiro**

Wanneer je in Retiro bent, denk je onwillekeurig aan Parijs. Je flaneert er heerlijk langs statige art-decopaleizen uit de late 19e eeuw, waarin ook nu nog de *rich and famous* resideren. Dat ze hier ook hun geld graag uitgeven, bewijzen de vele modeboetieks, chique kappers, galeries en designwinkels rond de Plaza San Martín, het hart van de wijk.

Al ligt Retiro aan de Río de la Plata en daarmee aan de rand van de stad, als je Buenos Aires verlaat met de bus of trein zul je hier aan je reis beginnen. In Retiro bevinden zich namelijk de verkeersknooppunten van de stad. Vanuit **Estación Retiro** 1 rijden treinen naar de noordelijke voorsteden en Tigre aan de Delta des Río Paraná, maar ook naar Rosario, Córdoba en Tucumán in het wilde noordwesten van het land. Als de drukte je te hectisch is, kun je onder elegante kroonluchters met een goede kop koffie ontsnappen aan de mensenmassa. Want in het gigantische treinstation bevindt zich de prachtige, historische bar notable **Café Retiro** 1.

Het parkachtige Plaza San Martín is overdag een gezellige plek om even lekker diep in te ademen. 's Avonds moet je naar het 'uitkijkbalkon' in het midden van het plein. Tijdens zonsondergang licht het Retiro-decor op in de mooiste kleuren.

Non-stop bussen en schepen

De stroom bussen die vertrekken vanaf en aankomen op de 75 perrons van de reusachtige **Terminal de Colectivos** 2 direct naast het treinstation kent geen einde. Tweeduizend bussen transporteren dagelijks veertigduizend passagiers vanuit en naar elke uithoek van het land. Let in deze krioelende mierenhoop extra goed op je spullen! Op een steenworp afstand van het busstation leggen van november tot april dagelijks schepen uit de hele wereld aan bij de **Terminal de Cruceros** 3. De looproute van deze cruiseterminal naar de binnenstad komt voor veel passagiers als een cultuurshock. De wandeling kent ook risico's, want hij voert langs een van de grootste sloppenwijken van de stad.

Pater Carlos Mugica werd in 1974 vermoord, onder meer omdat hij zich inzette voor de bewoners van Villa 31. Zo'n veertigduizend mensen, voornamelijk uit Bolivia, Peru en Paraguay, maar ook uit de armere noordelijke provincies van Argentinië, wonen tegenwoordig in deze sloppenwijk. Hoewel daar overwegend vriendelijke mensen wonen, moet je zeker niet in je eentje naar '31'. Zelfs de politie durfde het lange tijd niet aan de wijk te betreden. Villa 31 is overigens niet de grootste krottenwijk van de stad: in de wijk Barracas bij La Boca is een aantal ervan aan elkaar gegroeid tot één 'megavilla'.

Hutten in niemandsland

Retiro kent naast pracht en praal namelijk ook bittere armoe. Praktisch onzichtbaar en op geen enkele kaart ingetekend is op een braakliggend terrein naast het trein- en busstation een gigantische sloppenwijk verrezen, **Villa 31** 4. Al in de tijd van de economische crisis van de jaren 30 bouwden werkloze spoorwerkers hier voor het eerst provisorische kleine huizen. Tegenwoordig zijn de bescheiden behuizingen tot wel vijf hoog opgestapeld – gebouwd zonder architect of bouwkundige. Terwijl je bus of trein het station uitrijdt, kun je de enorme creatieve energie van de anarchistische architectuur vanaf een veilige afstand bewonderen – want betreden moet je Villa 31 absoluut niet. Ondanks de armoede en criminaliteit is dit de 'populairste' van de dertig krottenwijken in Buenos Aires. De reden: Villa 31 ligt het dichtst bij de 'arbeidsmarkt' van de bewoners. Nergens zijn immers zo veel nanny's, tuinmannen, schoonmakers en beveiligers nodig als bij de welgestelde buren in Retiro.

Glans van de belle époque

Het goed onderhouden centrum van Retiro wordt gevormd door het fraaie **Plaza San Martín** 5 met zijn mooie Jacaranda-bomen. De beste manier om op het plein te komen, is met de metro. Het mooiste overzicht over het terrein heb je vanaf het uitkijkbalkon op de heuvel aan de noordoostkant van het plein. Je kijkt hier naar

Ook architectonisch een tegengesteld paar: terwijl het Edificio Kavanagh (foto) rationalistisch is gebouwd, is het Palacio San Martín een typisch historistisch bouwwerk. Het rationalisme kwam in de jaren 20 en 30 op als tegenhanger van academische stijlen als het speelse historisme. Uitgangspunten van de bouwstijl waren een terugkeer naar architectonische basiselementen en het gebruik van destijds revolutionair materiaal als gewapend beton en glas. Het Edificio Kavanagh is een schoolvoorbeeld hiervan.

het **Monumento a los Caídos en Malvinas 6**, dat de slachtoffers van de Falklandoorlog herdenkt, en de Torre de los Ingleses. Deze 'Engelse toren' wordt sinds het conflict met de Britten in 1982 echter vaker **Torre Monumental 7** genoemd. In de verte kun je de torens van Estación Retiro en de havenkranen aan de Río de la Plata zien liggen. Villa 31 ligt ergens daartussenin – onzichtbaar in de schaduw. Naamgever van het plein is natuurlijk de bevrijder van Argentinië, de nationale held José de San Martín. Aan de westrand van de plaza staat een monument ter ere van hem, het **Monumento del Libertador 8**. Onderweg naar het voetgangersgebied Calle Florida aan de zuidkant van het plein loop je nog langs de gigantische **Gomero 9**, een meer dan tweehonderd jaar oude rubberboom.

Familietwist met grote gevolgen

Rond de Plaza San Martín staat een aantal interessante gebouwen, waaronder het **Palacio San Martín 10**. Het paleis in beaux-artsstijl (de Parijse versie van historisme) werd begin 20e eeuw in opdracht van de schatrijke familie Anchorena gebouwd aan de noordwestkant van het plein. Tot 1993 zetelde hier het ministerie van Buitenlandse Zaken, tegenwoordig heeft het pand alleen nog een representatieve functie. Het is geen toeval dat het **Edificio Kavanagh 11** (bij zijn voltooiing in 1936 met 120 m het hoogste gebouw van Amerika) er recht tegenover staat. De familie Kavanagh verkocht zelfs twee landgoeden om de bouw van het slanke, hoge gebouw in rationalistische stijl te

In 1890 gaf Dr. José Camilo Paz, journalist, politicus en oprichter van dagblad El Diario, een Franse architect opdracht een familieresidentie te bouwen. Paz heeft de prachtige vertrekken echter nooit kunnen bewonderen – hij stierf twee jaar voor de voltooiing van de villa.

INFO EN OPENINGSTIJDEN

Palacio San Martín 10: Arenales 761, rondleidingen di., do. 15 uur (Spaans).
Palacio Paz 14: Av. Santa Fe 750, www.palaciopaz.com.ar, rondleidingen wo.-vr. 11, di.-vr. 15 (Spaans), do. 15.30 uur (Engels).

HOP-ON-HOP-OFF-BUS

Op de hoek van Avenida Santa Fe en Calle Florida kun je op de **Buenos Aires Bus** 1 stappen. Dit is de plaatselijke versie van de uit andere steden bekende hop-on-hop-off-bus. Je kunt kiezen uit een aantal routes en onderweg krijg je via een hoofdtelefoon (tien talen, maar helaas geen Nederlands) alle informatie. Kaartjes zijn te koop in de bus en online op www.buenosairesbus.com (24 uur AR-$ 990, 48 uur AR-$ 1260, tot 11 jaar AR-$ 520/670).

EEN KOPJE KOFFIE

Café Retiro 1: in Estación Retiro, metro: Retiro, ma.-za. 9-21 uur.
Confitería Saint Moritz 2: Paraguay 802, ma.-vr. 7-20, za. 7-13 uur. Kijk onder het genot van een heerlijk taartje door de grote ramen naar de drukte op straat.

WINKELEN

Juwelier Hans Stern 1: in het Plaza Hotel, tel. 11 45 08 61 00, www.hstern.net, ma.-vr. 9-19.30, za. 9.30-17 uur. Tot de typische producten van de Braziliaanse juwelier horen kettingen uit zogenaamd 'fluid gold'. Hiervoor worden minuscule gouden buisjes aan een ketting geregen. Kettingen vanaf € 2000 – een bovengrens bestaat niet.
Tabaquería Inglesa 3: Paraguay 553, tel. 11 43 13 66 17, www.tabaqueria inglesa.com, ma.-vr. 9-20.30, za. 10-18 uur. Alles wat een fervent roker begeert: pijpen, sigaren en cigarillo's uit de hele wereld. In de rookruimte en tropische tuin mag je opsteken, maar ook niet-rokers zullen zich in de tuin in Engelse sfeer prima vermaken met koffie of thee – of iets sterkers om de stress van de binnenstad van zich af te schudden.

IERSE UITGAANSSTRAAT

In het noordelijke deel van de **Calle Reconquista** 1 bevindt zich een hele rij Ierse pubs. De meeste hebben elke avond livemuziek, bij allemaal is de sfeer goed. Op St. Patrick's Day, de Ierse nationale feestdag op 17 maart, is de straat één grote feestlocatie vol vrolijke Argentijnen en toeristen uit de hele wereld.

Uitneembare kaart: 2, F/G 6/7 | **Metro** C: Retiro; **bus** 45, 56, 100, 101, 150: Av. Doctor José María Ramos Mejía kunnen bekostigen. De kleine **Basílica del Santísimo Sacramento** 12 moest namelijk koste wat kost door het complex aan het zicht worden onttrokken.

De families Achorena en Kavanagh leefden op voet van oorlog omdat de zoon van de Anchorenas de liefde van de jonge Corina Kavanagh niet beantwoordde. Als 'straf' bouwden de Kavanaghs het Edificio, dat voor altijd het uitzicht van de Anchorenas op de kerk moest ontnemen. Hoewel de meningen over de sobere uitstraling van het gebouw sterk verschillen, behoren de appartementen tot de duurste van de stad. Ze worden permanent bewaakt en zijn niet te bezichtigen.

Luxueuze exclusiviteit straalt ook het nabijgelegen **Plaza Hotel** 13 uit. Sinds de opening in 1909 is het hotel, het oudste van Buenos Aires, continu in gebruik geweest, maar het wordt nu tot minstens 2023 uitvoerig gerenoveerd. Het negen verdiepingen tellende pand wordt bekroond door een typisch Parijs mansardedak. Minder imposant, maar zeker een kijkje waard zijn de sieraden in het filiaal van de Braziliaanse **juweliers Hans Stern** 1.

Op het zuidwestelijke puntje van het plein staat het in 1914 geopende **Palacio Paz** 14 (foto ► blz. 30). Dit werd vroeger door slechts één familie bewoond, maar is tegenwoordig in gebruik als cultureel centrum voor voormalige militairen. Tijdens een bezichtiging van de prachtige vertrekken kun je ervaren hoe de rijken leefden in het Buenos Aires van begin 20e eeuw.

Windowshopping

Slechts 100 m verderop buigt de **Calle Florida** 2 in zuidelijke richting van het plein af. In dit stuk van de winkelstraat bevindt zich een aantal chique herenmodezaken, designboetieks en juweliers in galerijen en passages. Het mooie, maar al dik twintig jaar leeg staande gebouw op nummer 801 was ooit het enige filiaal van warenhuis **Harrods** 15 buiten Londen. Wanneer je op de Avenida Córdoba staat, moet je nog even een blik naar links werpen op het prachtige gebouw van het **Centro Naval** 16, het marinecentrum. Aan de andere kant van de straat begin het Microcentro, het centrum van Buenos Aires (► blz. 20).

O OVERIGENS

Niets op de **Plaza San Martín** herinnert aan de slavenmarkt die er vroeger werd gehouden, of aan de stierengevechten die daarop volgden. Spanje heeft zijn zichtbaarste sporen nagelaten in de vorm van grote Castiliaanse landschappen en stadsgezichten, die als tegelplateaus de metrostations van lijn C sieren en die je onderweg kunt zien als je op station Retiro of San Martín de subte naar Constitución neemt.

4

Licht uit, spot aan! – **Tribunales en Avenida Corrientes**

Je kunt het prachtige Teatro Colón overdag bewonderen, maar om zijn magische sfeer mee te maken, zul je kaartjes moeten kopen voor een van de spectaculaire opera's of concerten. Ben je meer in de stemming voor toneel, popmuziek of een musical? Check dan de agenda van de andere theaters op de Avenida Corrientes. Waar je ook voor kiest, voeg je na de voorstelling vooral bij de Argentijnen die het geziene en gehoorde luid bespreken in bars en pizzeria's in de buurt.

Tribunales is geen officieel stadsdeel, maar zo noemen de Porteños de omgeving rond de **Plaza Lavalle** 1, omdat zich hier het **Palacio de la Justicia** 2 bevindt, het Paleis van Justitie. De monumentale façade van het hooggerechtshof is streng

Het Teatro Ópera is sinds 1872 een van de grote concertpodia van Buenos Aires.

symmetrisch gestructureerd, wat moet onderstrepen dat de weegschaal van Vrouwe Justitia door niets uit het lood kan worden geslagen.

Het Teatro Colón beschikt over een eigen orkest, operagezelschap en corps de ballet.

Goud en fluweel voor de operahemel

De ster van het plein is het tussen 1889 en 1908 gebouwde **Teatro Colón** 1. De experts zijn het erover eens: het is een van de beste operahuizen ter wereld met een fantastische akoestiek. Het parket, dat bestaat uit vier logerangen en twee balkons, heeft 2487 zitplaatsen en meer dan vijfhonderd staanplaatsen. Het is chic uitgerust met rood fluweel, verguld stucwerk en kroonluchters. Vele groten der aarde hebben hier opgetreden, van Richard Strauss en Igor Stravinsky tot Leonard Bernstein en Maria Callas. Na een restauratie die vier jaar duurde werd het theater in 2010 heropend. Ben je in de gelegenheid aan kaartjes te komen,

INFO EN OPENINGSTIJDEN

Museo Judío 3: Libertad 769, tel. 11 41 23 08 32, www.museojudio.org.ar, ma.-vr. 10-18 uur, rondleiding in het Engels 11.30, 13.30, 15.30 uur, US-$ 10.

Teatro Colón 1: Tucumán 1171, tel. 11 47 87 09, www.teatrocolon.org.ar, kaartjes vanaf AR-$ 150, rondleidingen (ook Engels) dag. 9-17 uur elke 15 min., AR-$ 600.

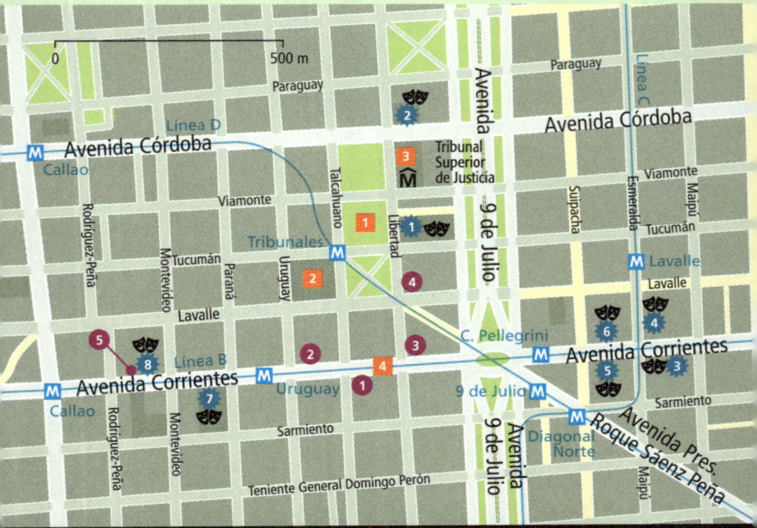

Uitneembare kaart: 2, E/F 7/8 | **Metro** D: Tribunales, B: Carlos Pellegrini, C: Diagonal Norte; **bus** 6, 26, 50, 146, 180: Av. Corrientes, 10, 45, 70: Teatro Colón, 24: Lavalle

grijp die kans dan absoluut aan! Het braakliggend terrein naast het theater wordt in de zomer gebruikt voor concerten.

Nu wordt het serieus

Aan de aangrenzende Calle Viamonte, op de hoek met de Avenida 9 de Julio ligt een tweede hooggerechtshof, het Tribunal Superior de Justicia. In hetzelfde blok bevindt zich het **Museo Judío** 3, dat met een kleine tentoonstelling het Joodse leven in Argentinië documenteert. Daarachter volgt aan de Avenida Córdoba het nationale theater **Teatro Cervantes** 2, dat serieuze stukken van klassieke, maar ook hedendaagse schrijvers ten tonele brengt. In het parkachtige noorden van Plaza Lavalle kun je behalve een enorme **Gomero** (rubberboom) ook de altijdgroene Patagonische **araukaria** bewonderen.

O OVERIGENS

Een wandeling over de **Avenida Corrientes** kan doordeweeks overdag nogal inspannend zijn omdat er simpelweg te veel mensen op een te kleine ruimte lopen. 's Avonds en in het weekend is het er een stuk aangenamer.

Teatro Cervantes 2: Libertad 815, tel. 11 48 16 42 24, www.teatrocervantes.gob.ar, kaartjes vanaf AR-$ 75.
Teatro Astros 3: Av. Corrientes 750, tel. 11 43 25 99 91, www.teatroastros.com.ar, kaartjes vanaf AR-$ 300.
Teatro Maipo 4: Esmeralda 443, www.maipo.com.ar, tel. 11 53 52 83 84, kaartjes vanaf AR-$ 150.
Teatro Ópera Allianz 5: Av. Corrientes 860, www.operaorbiseguros.com, kaartjes vanaf AR-$ 250.
Teatro Gran Rex 6: Av. Corrientes 857, www.teatro-granrex.com.ar, kaartjes vanaf AR-$ 350.
Teatro San Martín 7: Av. Corrientes 1530, tel. 43 75 50 18, www.complejoteatral.gob.ar, kaartjes vanaf AR-$ 60.
Teatro Astral 8: Av.Corrientes 1639, tel. 11 43 74 57 07, www.teatroastral.com.ar/obras.html, vanaf AR-$ 300.
Online kaartverkoop: niet alle theaters verkopen zelf online kaartjes. Mocht dat gelden voor het podium dat jij hebt gekozen, dan kun je waarschijnlijk wel terecht bij www.ticketek.com.ar en www.plateanet.com. Hierop zijn entreebewijzen te koop voor bijna alle voorstellingen in het land. Je betaalt met een creditcard. De kaartjes worden uitgegeven op naam en er kan bij de controle om legitimatie worden gevraagd.

EEN NACHTELIJKE PIZZAPUNT?

Pizzeria Banchero 1: Av. Corrientes 1300, tel. 11 43 01 14 06, dag. 12-1 uur, pizza vanaf AR-$ 160.
Pizzeria La Americana 2: Av. Corrientes 1383, tel. 43 71 72 64, dag. 11.30-0.30 uur, pizza vanaf AR-$ 160.

OF TOCH LIEVER IJS OF KOFFIE?

Heladería El Vesuvio 3: Av. Corrientes 1181, tel. 11 43 82 37 35, heerlijk ijs, maar ook lekker gebak.
Café Petit Colón 4: Libertad 505, tel. 11 43 82 73 06, dag. 8-1 uur. Prachtig ingerichte bar notable tegenover het Palacio de la Justicia.
Gato Negro 5: Av. Corrientes 1669, tel. 11 43 74 ·7 30, ma.-vr. 9-24, za. 9-2, zo. 15-23 uur. Bar notable uit 1928 in de stijl van een Weens koffiehuis.

Bronzen gedenkplaten op veertig straathoeken aan de Avenida Corrientes herinneren aan bekende personen uit de tango- en theaterwereld. Er staan ook levensgrote figuren van belangrijke Argentijnse entertainers.

De straat die nooit slaapt

Zo noemen de Porteños de **Avenida Corrientes** 4, het Broadway van Buenos Aires. In werkelijkheid doet hij 's ochtends vroeg een dutje, voor de drukte van de dag weer begint. Er bevinden zich in de straat meer dan tien theaters van verschillend formaat. De Corrientes begint in Puerto Madero en eindigt pas na zeventig stratenblokken (Spaans: *cuadras)* door de wijken Balvanera, Almagro en Villa Crespo op de reusachtige begraafplaats van Chacarita, waar ook tangolegende Carlos Gardel zijn laatste rustplaats heeft gevonden (▶ blz. 68). Van de jaren 30 tot 50 was de Corrientes het epicentrum van het gouden tijdperk van de tango en Gardel woonde in de buurt. In de tijd van de dictatuur werden talloze culturele evenementen verboden, zodat de lichten op de avenida in de jaren 80 en 90 doofden. Een flink aantal theaters kwam leeg te staan. Pas daarna kwam de straat weer tot leven.

In de cuadras tussen Calle Maipú en Avenida 9 de Julio staan vier muziektheaters. In **Teatro Astros** 3 zijn variété-dansshows à la Moulin Rouge te zien en in **Teatro Maipo** 4 tangoshows en kleine musicals. De twee grote podia **Teatro Ópera Allianz** 5 en **Teatro Gran Rex** 6 programmeren Argentijnse en internationale muzieksterren. Aan de andere kant van de Avenida 9 de Julio bevindt zich ook weer een aantal theaters op de Corrientes. Maar als je geen Spaans spreekt, zijn eigenlijk alleen de dans- en muziekvoorstellingen in het **Teatro San Martín** 7 en de onderhoudende muziekspektakels van het **Teatro Astral** 8 de moeite waard.

Wanneer de voorstellingen op de grote podia in de late avond tot een einde komen, stroomt het publiek naar de talloze pizzeria's en ijssalons in de straat. De Corrientes heeft niet alleen op cultureel, maar ook op culinair gebied een naam hoog te houden: nergens in Buenos Aires heb je voor een *slice* of hoorntje zo veel keus als hier. Bij sommige zaken krijg je er gratis de sfeer van vervlogen, gouden tijden bij. Bijvoorbeeld bij **Pizzeria Banchero** 1 uit 1932, **Pizzeria La Americana** 2 uit 1936 en de oudste ijssalon van Argentinië, **Heladería El Vesuvio** 3 uit 1902.

O
OVERIGENS

Beroemd zijn de **boekhandels** in de Avenida Corrientes, waarin je tot ver na middernacht kunt rondneuzen. Als je vanaf de Avenida 9 de Julio in westelijke richting over de Corrientes loopt, passeer je meer dan twintig boekwinkels! Eens per jaar wordt de boulevard zelfs tot het ochtendgloren afgesloten voor verkeer tijdens de **Noche de las Librerías** – de nacht van de boekhandels. Umberto Eco beweerde zijn hele leven dat hij in de boekwinkels aan de Corrientes geïnspireerd was voor zijn wereldberoemde roman *De naam van de roos*.

Herinneringen aan de koloniale tijd – **Monserrat**

5

Op een steenworp afstand van de Plaza de Mayo heb je algauw het gevoel naar een andere wereld te zijn getransporteerd. De gebouwen, vele in koloniale stijl, zijn lager, de straten geplaveid met kinderkopjes. De oeroude zes blokken tussen de Plaza de Mayo en Avenida Chile horen bij de kleine barrio Monserrat, waarvan de Calle Defensa kan worden gezien als de hoofdstraat.

Op de Calle Alsina, tussen Perú en Balcarce, stond ooit het oudste gebouwencomplex van de stad, vanaf 1661 door de jezuïeten opgericht. Het stuk tussen Calles Perú en Bolívar is bewaard gebleven. Dit gebouw was de **Manzana de las Luces** 1, 'huizenblok van het licht' genoemd omdat hier

De Manzana de las Luces geeft een idee van hoe Buenos Aires eruitzag in het prille begin. En dan te bedenken dat dit de twééde poging was een stad te stichten. De eerste bebouwing was in verband met ondeugdelijke bouwmaterialen al binnen een paar decennia gedesintegreerd.

INFO EN OPENINGSTIJDEN

Manzana de las Luces 1: Perú 272, tel. 11 43 43 32 60, manzanadelasluces .cultura.gob.ar, gratis rondleiding incl. Tunéles Coloniales ma.-vr. 14 uur.
Iglesia San Ignacio de Loyola 2: Bolívar 225, www.sanignaciodeloyola. org.ar, gratis rondleiding (Spaans) za. 16, 17.30, 19 uur.
Museo de la Ciudad 4: Defensa 219, tel. 11 43 31 98 55, www.museodelaciu dad.buenosaires.gob.ar, dag. 11-18 uur, toegang gratis.
Iglesia de San Francisco 5: Adolfo Alsina 380, dag. geopend.
Museo Etnográfico Juan B. Ambrosetti 6: Moreno 350, tel. 11 43 45 81 96, www.museo.filo.uba.ar, di.-vr. 13-19, za., zo. 15-19 uur, jan. gesl., AR-$ 30.
Basílica Nuestra Señora del Rosario 7: Convento de Santo Domingo, Defensa 422.

WINKELEN

Librería de Ávila 1: Alsina 500, tel. 11 43 43 33 74, metro: Bolívar, ma.-vr. 8.30-20, za. 10-17 uur. Deze boekhandel is op de eerste plaats een antiquariaat. Je kunt er terecht voor historische boeken, maar ook voor meer actuele edities die niet meer op andere plekken te koop zijn.
Farmacia Estrella 2: Defensa 201, tel. 11 43 43 40 40, www.farmaciadela estrella.com, ma.-vr. 8.30-20, za. 8.30-13 uur. Apotheek en drogisterij.

ETEN EN DRINKEN

La Vieja Pulpería 1: Alsina 435, tel. 11 43 43 58 85, dag. 10-17 uur. Eenvoudige, maar erg goed geprijsde gerechten. Klein, maar leuk terras.
El Querandí 2: Perú 302, tel. 11 51 99 17 70, www.querandi.com.ar. Tussen de Salomonszuilen die het hoge plafond ondersteunen staan 's avonds tangoshows op het menu (vanaf US-$ 110, online goedkoper). De unieke sfeer rechtvaardigt de hoge prijs!

Uitneembare kaart: 2, F/G 8/9 | **Metro** E: Bolívar, A: Plaza de Mayo; **bus** 22, 28: Av. Presidente Julio A. Roca 655-695

de eerste wetenschappelijke en onderwijsinstellingen van de nog jonge stad waren gevestigd.

In de 18e eeuw werd vanuit de Manzana de las Luces een systeem van tunnels aangelegd dat onder andere voert naar de Cabildo op de Plaza de Mayo en naar de Río de la Plata. Pas in 1848 werden deze **Túneles Coloniales** ontdekt. Welk doel ze dienden, is tot op de dag van vandaag een mysterie. Waren het vluchtwegen? Smokkelpaden? Dienden de tunnels militaire doelen? Verzin er zelf een mooi verhaal bij – tijdens een rondleiding in de Manzana de las Luces kun je ook de onderaardse gangen bezichtigen.

Kiemcellen voor intellectuelen

Aan de noordkant van het blok verheft zich de **Iglesia San Ignacio de Loyola** 2 met zijn indrukwekkende barokaltaar. Dit is de oudste bewaard gebleven kerk van Buenos Aires: hij werd gebouwd tussen 1670 en 1734. Pal ernaast hebben belangrijke eprsonen uit de Argentijnse geschiedenis in de schoolbanken gezeten, onder wie presidenten Marcelo T. de Alvear, Carlos Pellegrini en Roque Sáenz Peña. Het huidige neoclassicistische onderkomen van het in 1622 gestichte **Colegio Nacional de Buenos Aires** 3 stamt uit 1908. Het was de eerste onderwijsinstelling van de stad. Niemand minder dan Albert Einstein hield hier in 1925 een lezing.

Werp tegenover de Iglesia San Ignacio en blik in de **Librería de Ávila** 1. De boekhandel werd in 1785 als eerste in Buenos Aires geopend en verkocht vanaf 1801 ook de eerste krant van de stad. Onder de illustere gasten in het voormalige

J
JEZUÏETEN

De **jezuïetische faciliteiten** in de Manzana de las Luces waren gewijd aan de stichter van de orde, San Ignacio de Loyola (Ignatius van Loyola). Ook de hogeschool heette bij zijn oprichting Colegio de San Ignacio. Na de verdrijving van de jezuïetenorde uit de Amerikaanse koloniën in 1767 had het gebouw verschillende doeleinden. De kerk werd bijvoorbeeld gebruikt als artsenschool, nationale bibliotheek en de eerste universiteit van Buenos Aires. Aan het eind van de 18e eeuw was hij een kathedraal en tijdens de Engelse invasie in 1806 een militair hoofdkwartier. De jezuïetenorde werd in 1773 door paus Clemens XIV ontbonden wegens een vermeende samenzwering tegen hem. In 1814 werd deze beslissing herroepen door paus Pius VII.

De Argentijnen zijn een indrukwekkend belezen volk. Literatuur heeft een zeer hoge prioriteit. In de Librería de Ávila zijn de boeken opgestapeld tot het plafond

literatuurcafé in de kelder waren presidenten Bartolomé Mitre, Domingo Faustino Sarmiento en Nicolás Avellaneda. Ook bekende auteurs kwamen er graag, onder wie Jorge Luis Borges, Roberto Arlt en Victoria Ocampo (► blz. 85). De huidige verschijningsvorm van de Librería stamt uit 1926.

De tijdreis gaat verder

Op de weg naar de Calle Defensa kun je in de **Vieja Pulpería** 1 een indruk krijgen van een typisch gauchoscafé, al is de inrichting niet meer de originele uit het oprichtingsjaar 1890. In de pulpería mochten de cowboys uit de pampa's kaarten en bij de getraliede bar konden ze kopen wat ze nodig hadden – wat vaak voornamelijk drank was. Medicijnen zijn een paar deuren verderop te koop bij de in 1834 geopende apotheek **Farmacia Estrella** 2. Het eerbiedwaardige oude interieur met houten meubels dateert uit 1895.

Een paar meter zuidelijker is in een complex herenhuizen uit de 19e eeuw het **Museo de la Ciudad** 4 ondergebracht. De tentoonstelling brengt de geschiedenis van de stad en het dagelijks leven van de Porteños in de afgelopen eeuwen dichterbij. Ertegenover verheft zich de **Iglesia de San Francisco** 5, de franciscaanse tegenhanger van de jezuïtische Iglesia San Ignacio de Loyola. Boven op de eerste kerk uit 1711 werd vanaf 1731 de huidige gebouwd. Een grote brand in 1955 verwoeste de kerk, die pas in 1991 volledig was herbouwd.

In de volgende zijstraat kun je in het **Museo Etnográfico Juan B. Ambrosetti** 6 in een mooi 19e-eeuws pand indrukwekkende etnografische voorwerpen uit de hele wereld bewonderen. Bijzonder interessant zijn de objecten van de pre-Spaanse culturen en volkeren van Zuid-Amerika. In de galeries op de begane grond zijn kano's en historische foto's te zien van de geheimzinnige oerinwoners van Vuurland, de Yahgan en de Selknam. Een blok verder rusten de overblijfselen van de onafhankelijkheidsheld en ontwerper van de Argentijnse vlag, generaal Manuel Belgrano, in de **Basílica de Nuestra Señora del Rosario** 7. Deze ook wel Convento de Santo Domingo genoemde basiliek werd gebouwd tussen 1751 en 1856.

V
VLAGGEN

In de **Basílica de Nuestra Señora del Rosario** word je verrast door twee Union Jacks. Het zijn de originele vlaggen die de Britten hier na hun capitulatie in 1806 moesten afstaand. In 1805 hadden de Engelsen de Spanjaarden bij Trafalgar overwonnen, waarop ze in 1806 Buenos Aires binnenvielen. Bij de tweede Slag om Buenos Aires in 1807 zochten de verslagen Britse soldaten hun toevlucht in de kerk.

Tango en antiek– **San Telmo**

6

San Telmo is net als Monserrat een van de oudste wijken van Buenos Aires. Langs de geplaveide straten staan koloniale huizen met patio's, daartussenin zorgen historische bars, *tanguerías* en restaurants – en op zondag de antiekmarkt op de Plaza Dorrego – voor een gezellige drukte. De straten van San Telmo zijn als een venster naar vroeger tijden.

San Telmo is dan wel historisch, maar stoffig is de wijk zeker niet. In de laatste jaren hebben jonge kunstenaars en designers de charme van dit stadsdeel ontdekt en er is op zo'n beetje elke hoek wel een coole bar of originele boetiek geopend. Bekend staat San Telmo ook voor de kwaliteit van zijn bijna tweehonderd antiekwinkels.

Tweekwartsmaat in het hart

Het centrum van San Telmo is de met bomen omzoomde **Plaza Dorrego** 1, het op een na oudste

De Argentijnse barbecue heet parrilla en heeft weinig gemeen met moderne hightechbarbecues. De belangrijkste ingrediënten zijn goed gloeiend houtskool – ontstoken met stukjes hout – en tijd. Bij de lekkere steaks en worstjes wordt altijd chimichurri geserveerd (➜ blz. 4).

plein van de stad (na Plaza de Mayo). Op zondag (10-17 uur) vindt hier de grootste antiekmarkt van Buenos Aires plaats, de **Feria de San Telmo** 1. Deze strekt zich inmiddels uit over de hele Calle Defensa.

San Telmo is net als La Boca een van de geboorteplaatsen van de tango. Op zondagavond kun je op de Plaza Dorrego te midden van charmante stellen dansen onder de sterrenhemel. Pedro Benavente, bekend als 'El Indio de San Telmo', organiseert al meer dan twintig jaar de zogenaamde Milonga Placita de Pañuelo Blanco, die door de tangueros en tangueras **La milonga del Indio** 1 wordt genoemd (vanaf 19.30 uur). Hoe later op de avond, hoe illusterder de gasten. Let vooral op de bijzondere samenstelling van de dansparen, die vaak spontaan worden gevormd voor vier nummers op de dansvloer. De naam van de milonga, Placita de Pañuelo Blanco, pleintje van de witte hoofddoek, is een verwijzing naar de verdwenen mensen uit de tijd van de militaire dictatuur.

Doordeweeks gaat het er een stuk rustiger aan toe op het plein. Dan staan er tafeltjes van de omliggende restaurants. Het eten is misschien wat duur, maar de authentieke sfeer maakt veel goed. Er is altijd wel een stelletje aan het dansen en de spullen die worden aangeboden door *artesanos,* ambachtslieden, zijn de moeite waard.

Tegenover de plaza bevindt zich de **Galería Solar de French** 2, een smalle, gedeeltelijk overdekte binnenplaats met kleine winkeltjes om lekker in rond te snuffelen. Heb je een antiek horloge dat een onderdeel mist, dan heb je grote kans dat ze het bij Relojería Midas, naast de Galería, hebben liggen. Nu je er toch bent, kun je ook best 'even' een Rolex uit de jaren 50 of 60 kopen. In de buurt zijn er meer antiekwinkels met interessante etalages. De charmante **Bar Dorrego** 1 op de hoek van het plein is een bar notable. Hier hebben ze heerlijke kleine gerechten als *lomitos,* steaksandwiches met salade.

T
TANGO

Het woord **milonga** heeft meerdere betekenissen. Het is een bepaalde tangovorm, een tango-evenement en een plek waar gedanst kan worden. Het stamt aantoonbaar uit de Angolese Bantoetaal Kimbundu. Etymologen vermoeden dat het worod tango ook een Afrikaanse achtergrond heeft. De plek waar tango wordt gedanst, wordt overigens ook wel **tanguería** genoemd.

Binnenplaatsen en optische illusies

30 m verderop bevindt zich naast de kleine **Iglesia Nuestra Señora de Belén** 2 in eclectische stijl met neokoloniale elementen het **Museo Penitenciario Argentino Antonio Ballvé** 3. In het museum, dat sinds 2017 voor onbepaalde tijd gesloten is, zijn

uniformen, wapens en historische foto's en documenten uit de gevangenishistorie van Argentinië te zien. In de loop der eeuwen had het gebouw, dat beschikt over een voor de koloniale stijl typische binnenplaats, verschillende functies. Het werd oorspronkelijk in 1734 gebouwd als bejaardenhuis voor jezuïeten, maar werd na de ontbinding van de orde gebruikt in 1767 een ziekenhuis. Daarna was het een weeshuis en een gevangenis voor wanbetalers. Aan het eind van de 19e eeuw werd het complex een vrouwengevangenis en dat bleef het tot 1974.

Vlak voor de hoek Defensa/Avenida San Juan zie je aan de rechterkant de **Pasaje de la Defensa** 4, een mooi herenhuis uit 1880. Tijdens de economische crisis van de jaren 30 werd het twee etages tellende pand met grote binnenplaatsen geconverteerd naar een *conventillo* (▸ blz. 47) en woonden er 32 families. Tegenwoordig zit er een kunstgalerie in het gebouw. Een deur verder kun je een bijzondere collectie kroonluchters bewonderen.

Aan de Avenida San Juan werd in 2012 het museum voor moderne kunst **MACBA** 5 (Museo de Arte Contemporáneo de Buenos Aires) geopend. Het bevindt zich in een modern gebouw met een glazen pui. Het zwaartepunt van de collectie is optical art (op-art) van Zuid-Amerikaanse (Fabián Burgos, Verónica Di Toro), maar ook Europese kunstenaars als Le Parc en Vasarely. De kunstwerken, vooral die uit de jaren zestig, gebruiken geometrische kleurenfiguren om verrassende optische effecten te creëren.

Tangomuziek is zeker geen pure mannenaangelegenheid. Er zijn tal van vrouwelijke muzikanten die zich aan tango hebben gewijd. Tot de bekendsten hoort onder anderen Carla Algeri.

OM DE HOEK

Twee blokken ten zuiden van de snelweg La Plata ligt aan de Defensa het **Parque Lezama** met het **Museo Histórico Nacional** 6. Het complex met mooie arcades naar de tuin toe werd in 1889 gebouwd als museum. Het moest ervoor zorgen dat de Argentijnen ook emotioneel als natie werden verenigd. In het museum leer je via belangrijke gebeurtenissen en persoonlijkheden de dynamische Argentijnse geschiedenis kennen. Parque Lezama vormt de zuidgrens van San Telmo. Deze moet je voor je eigen veiligheid niet oversteken. Als je verder wil naar La Boca kun je beter een taxi nemen.

De buik van San Telmo

Loop je vanaf de Plaza Dorrego op Defensa naar het noorden, dan kom je al snel bij de **Mercado San Telmo** 3. In de dagelijks geopende markthal uit 1897 kun je niet alleen groente, fruit, vlees en snacks kopen, het is ook een ware schatkist voor verzamelaars. Je vindt er alles van zeldzame langspeelplaten en majestueuze kroonluchters tot historische voetbalshirts en romantisch ou-

INFO EN OPENINGSTIJDEN

Alternatief: je kunt de wandeling door San Telmo ook laten aansluiten op de route van hoogtepunt 5, Monserrat (► blz. 37), en op de Calle Defensa blijven tot het Parque Lezama.
www.welcomesantelmo.com: informatieve website over de wijk (Engels).
Museo Penitenciario 3: Humberto Primo 378, voor onbepaalde tijd gesl.

Pasaje de la Defensa 4: Defensa 1179, di.-zo. 10-18 uur, toegang gratis.
MACBA 5: Av. San Juan 328, tel. 11 52 99 20 12, www.macba.com.ar, ma., ma.-vr. 11-19, za., zo. 11-19.30 uur. AR-$ 100, wo. AR-$ 50.

ETEN EN DRINKEN

Bar Dorrego 1: Defensa 1098, tel. 11 43 61 01 41, zo.-do. 8-23, vr.-za. 8-2 uur.
La Brigada 4: Estados Unidos 465, tel. 11 43 61 46 85, dag. 12-15, 20-0 uur. Topsteaks voor circa AR-$ 350.
La Poesía 5: Chile 502, tel. 11 43 00 73 40, www.cafelapoesia.com.ar, ma.-do. 8-2, vr., za. 8-4 uur. Stijlvol literatuur- en kunstcafé. De *picadas*, kaas-worstplankjes, zijn top.
Coffee Town 3: Bolívar 976, Mercado de San Telmo, www.coffeetowncompany.com dag. 8.30-20.30 uur. Eerste microbranderij voor fairtradekoffie uit Afrika en Azië. Je kunt kiezen uit meer dan dertig specialiteiten.

WINKELEN

Galería Solar de French 2: Defensa 1066, dag. 10-20 uur.
Mercado de San Telmo 3: entrees op Defensa, Carlos Calvo, Estados Unidos en Humberto Primo, dag. 8-21 uur.

Uitneembare kaart: 2, F/G 9/10 | **Metro** C: Independencia oder San Juan, **Bus** 22, 29: Defensa 1026

De Plaza Dorrego is elke zondagavond één grote tangodansvloer.

derwets speelgoed. Honger? In de kleine **Lo de Freddy aka Nuestra Parrilla** 2 naast de ingang van de markt eet je heerlijke steaks en chorizos direct van de houtgestookte houtskoolgrill met brood en lekkere sausjes (ma.-vr. 12.30-17.30, 20-0, za., zo. 13-0 uur). Op de muren zijn talloze dankbetuigingen van tevreden klanten gekalkt. Na de lunch begint hier in opperbeste stemming al het bier te vloeien.

Nog iets verder op Defensa zijn een paar straatjes met uitstekend bewaard gebleven koloniale architectuur. De kleine **Calle Guiffra** 7 bijvoorbeeld, en het steegje **Pasaje San Lorenzo** 8, waar op nummer 380 **Casa Mínima** 9 staat, het smalste huisje van Buenos Aires.

Een meisje redt de wereld

Je zou zomaar voorbijlopen aan het kleine meisje dat op een bankje op Defensa zit. Maar kom in het weekend terug, en je ziet een hele rij Zuid-Amerikanen geduldig wachten om zich met de kleine rebel uit kunsthars te laten vereeuwigen. Het meisje, **Mafalda** 10, is de populairste stripfiguur van Zuid-Amerika. Ze werd in 1964 gecreëerd door de Argentijnse cartoonist Quino en haar avonturen zijn inmiddels vertaald in een dertigtal talen – maar niet in het Nederlands. Mafelda zit niet voor niets in San Telmo – hier spelen haar avonturen zich af. Al meer dan vijftig jaar genieten talloze fans – voornamelijk in Latijns-Amerika, Frankrijk en Italië – van Mafaldas liefde voor de Beatles, haar afschuw van soep en haar ouderwetse opvattingen over wereldvrede, gerechtigheid en de vrouwenbeweging.

Met Mafalda begint de Paseo de la Historieta, een route die je langs alle bekende Argentijnse cartoonfiguren voert. Hij eindigt heel toepasselijk bij het Museo del Humor in Puerto Madero *(► blz. 56).*

7

Kakelbont – **de republiek La Boca**

De havenwijk met de kleurrijke huisjes aan de kleine Riachuelo-rivier is een van de armste van Buenos Aires. Maar dat doet de weerbarstige inwoners niets. Want hun 'republiek' is het thuis van Boca Juniors, de populairste voetbalclub van Argentinië, die ook nog eens speelt in een van de bekendste stadions ter wereld.

De belangrijkste attractie van La Boca is de bonte **Caminito** 1, een straatje van nog geen honderd meter. Zijn pittoreske kleine huizen, waartussen kunstenaars hun werk aan de man proberen te brengen, vormen een openluchtmuseum dat dagelijks duizenden bezoekers uit de hele wereld

Speelt hier de Lionel Messi van morgen?

trekt. Slechts een klein deel van de kleurrijke huisjes is nog bewoond. Breng in elk geval een bezoek aan de om de hoek van Magellanes gelegen, in originele staat behouden **Conventillos** 2. De term *conventillo*, kloostertje, voor de typische huizen van de immigranten gaat terug op het feit dat het leven daar herinnerde aan een kloostergemeenschap. In elke kamer woonde een andere familie of groep alleenstaande mannen. De badkamer, keuken en eetruimte moesten worden gedeeld.

Een genie met kwast en kleuren

In tegenstelling tot wat vaak wordt beweerd, kwamen de bewoners van La Boca niet zelf op het idee hun bescheiden woningen bont te versieren. Voor dit geniale staaltje was schilder Benito Quinquela Martín verantwoordelijk, die hiervoor is 'beloond' met een **monument aan de Riachuelo** 3. Quinquela leerde in de jaren 20 de toenmalige president Marcelo Torcuato de Alvear kennen. Er ontstond een vriendschap die uiteindelijk resulteerde in een baan op het Argentijnse consulaat in Madrid. Daar, en later in Parijs en New York, ontwikkelde Quinquela Martín zich tot een internationaal gevierd schilder. Van een deel van het geld dat hij verdiende schonk hij zijn geliefde wijk La Boca een kleuterschool, een theater, een kinderziekenhuis en een kunstgalerie – alle aan de Avenida Pedro Mendoza.

Quinquelas werk, waarin La Boca steeds maar weer als onderwerp terugkeert, is te zien in het **Museo de Bellas Artes de La Boca Benito Quinquela Martín** 4. In de **Fundación Proa** 5, het moderne witte gebouw naast de Caminito, zijn vaak interessante tentoonstellingen te zien.

Blauw-gele bonbondoos

Behalve de bontgekleurde huisjes is voetbal de grote attractie van La Boca. Boca Juniors werd tot nu toe drieëndertig keer Argentijns kampioen en won zesmaal de Copa Libertadores, de Champions League van Zuid-Amerika, en driemaal de Wereldbeker. Het is dan ook een van de succesvolste clubs van het continent. De rivaliteit met River Plate is legendarisch. Voorbeeld: Coca-Cola moest het rood uit zijn logo halen toen de frisgigant de drankvoorziening in het stadion

Op de foto met Diego Maradona? In Caminito kan het. Oké, het gaat uiteraard om een dubbelganger, en de vroegere gelijkenis met 'Pluisje' is door de jaren wat gereduceerd, maar ach, hij heeft altijd een bal aan zijn voet en het Argentijnse voetbalshirt met rugnummer 10 ontbreekt natuurlijk ook niet. Hij speelt zijn rol met zo veel overtuiging dat je daar best een muntje voor over mag hebben. Hetzelfde geldt voor de vele tangodanseressen die zich in prachtige jurken hebben gehesen om met toeristen op de foto te gaan.

V VEILIGHEID

Wijk in La Boca absoluut **niet af van de toeristische straatjes!**

Uitneembare kaart: G/H 11/12 | **Bus** 64 en 152: Caminito; taxistandplaats aan de Caminito

VEVOER/OPENINGSTIJDEN

De beste en veiligste manier om naar La Boca te komen, is per taxi. Maar ook de bussen 64 en 152 stoppen direct aan de Caminito. Een taxi vanuit het centrum kost zo'n € 5.

Caminito 1: 10-18/19 uur. Voor en na deze tijd kun je La Boca beter mijden. Dwaal niet te ver van de straten rond de Caminito. Alleen de rechtstreekse weg naar de Bombonera is enigszins levendig en relatief veilig. De grootste toeristenstroom komt op gang rond lunchtijd.

Museo de Bellas Artes de La Boca Benito Quinquela Martín 4: Av. Pedro de Mendoza 1835, tweede verdieping, tel. 11 43 01 10 80, www.buenosaires.gob.ar/museoquinquela martin, di.-vr. 10-18, za., zo. 11.15-18 uur, vrijwillige entree AR-$ 50.

Fundación Proa 5: Av. Pedro de Mendoza, tel. 11 41 04 10.00, www.proa.org, di.-zo. 11-19 uur, AR-$ 40.

ETEN EN DRINKEN

In de straten Magellanes en Valle Iberlucea bevindt zich een aantal restaurants. Ze zijn wat aan de dure kant, maar je kunt er vaak wel genieten van live tango. Bar La Perla 1: Av. Pedro de Mendoza 1899, tel. 11 43 01 29 85, dag. 10-18 uur.

overnam. Het mocht zijn logo alleen in zwart-wit aanbrengen omdat rood de kleur van River is, de *gallinas,* haantjes, die natuurlijk spelen in de *gallinero*, de kippenstal. Hun eigen stadion noemen de *Xeneises*, de Genuezen, zoals de fans van Boca ook worden genoemd (onder de supporters waren vroeger veel havenarbeiders uit de Italiaanse stad), liefdevol **Bombonera** 6, de bonbondoos of snoeptrommel. Een wedstrijd tussen de twee aartsrivalen is een geweldige ervaring, zeker wanneer die plaatsvindt in de Bombonera (info en kaartjes zie Tangol en het clubmuseum ► blz. 81).

Onafscheidelijk: tango en havencafés

Hoewel San Telmo en Montevideo zo nu en dan de titel claimen, is het toch het meest waarschijnlijk dat La Boca de geboorteplaats van de tango is. In de spelonken en bordelen van de havenwijk zou 'de treurige gedachten die je danst' in de 19e eeuw voor het eerst zijn gezien. In eerste instantie durfden in die puriteinse tijd alleen prostituees of mannen met mannen te dansen – zo obsceen waren de bewegingen. Pas toen de tango steeds populairder werd, met name bij de upper class in Parijs, vond hij zijn weg naar de danssalons van Buenos Aires.

De verhalen die **La Perla** 1 uit 1882 zou kunnen vertellen, zouden zelfs in déze tijden tot rode oortjes leiden. Neem een laatste drankje in deze bar notable en adem de sfeer in van zijn – nogal groezelige – geschiedenis. Vaak zit de eigenaar zelf aan de bar, meestal een beetje chagrijnig omdat er nauwelijks nog locals in zijn bar komen, maar alleen toeristen. Da's wel een beetje zijn eigen schuld: de havenarbeiders kunnen de hoge prijzen niet betalen.

Kunst of kitsch? De Caminito lijkt met zijn kleurrijke huizen, levensgrote figuren en muurschilderingen op een kermis. Op slechts een paar meter van de kleurrijke drukte en de toeristenwinkels ligt de behoorlijk trieste wereld van het havengebied.

Industrieel monument van ijzer

Al tijdens de rit naar de Caminito zul je je wellicht hebben verwonderd over de ongewone constructie van de brug. De in 1914 geopende en naar de voormalige Argentijnse president genoemde **Puente Transbordador Nicolás Avellaneda** 7 is namelijk een zweefbrug. Hij zette tot in de jaren 60 voetgangers en voertuigen over de rivier – en toen in 1940 100 m oostelijker een 'echte' brug werd geopend, blééf hij dat doen. Aan het begin van de jaren 90 waren er plannen de zweefbrug te slopen. De burgers van La Boca verenigden zich – niet voor het eerst – om 'de eer van hun wijk' te verdedigen. Na heftige protesten kregen ze het voor elkaar dat de brug een cultuurhistorisch monument werd. Sinds 1999 is de Puente Transbordador zelfs een van staatswege beschermd nationaal historisch monument.

O OVERIGENS

De Río Matanza-Riachuelo vormt de zuidgrens van de stad, aan de overkant begint de província Buenos Aires. De gebouwen die je ziet liggen, staan in **Avellaneda**, een belangrijke industriestad. Hier spelen ook twee andere legendarische voetbalclubs, Independiente en Racing Club.

8

Instappen en goed vasthouden – **bus 64**

Met bus 64 kun je dwars door Buenos Aires en tegelijkertijd door een dwarsdoorsnede van de Argentijnse maatschappij rijden. De reis van La Boca, de havenwijk in het zuiden, tot Belgrano, de diplomatenwijk in het noorden, duurt onafgebroken zo'n zeventig minuten. Aangezien je La Boca het beste 's morgens kunt bezoeken, stap je in de vroege middag op de bus voor deze avontuurlijke rit.

Voor deze rit heb je absoluut de chipkaart Tarjeta Sube (▶ blz. 110) nodig. Buschauffeurs mogen namelijk geen cash aannemen en de kaartjesautomaten zijn inmiddels afgeschaft.

Op slechts 50 m van **Caminito** 1, de straat met de bonte huisjes in La Boca, stoppen de bussen van lijn 64 direct aan het water van de Río Matanza-Riachuelo. Zoek na het instappen snel een plaatsje of hou je stevig vast, want de meeste chauffeurs geven meteen na het sluiten van de deuren – vaak zelfs voor ze goed en wel dicht zijn – vol gas.

Tijdens de rit door de straten van La Boca zie je dat dit stadsdeel nog steeds een van de armste van Buenos Aires is. Toch is het een populaire woonwijk – nergens zo dicht bij het centrum kun je voordeliger een woning huren.

Voor de skyline van Puerto Madero

Wanneer de bus via de **Avenida Almirante Brown** La Boca verlaat, springt het **Parque Lezama** 2 in het oog. Dit is de geboorteplek van Buenos Aires en de grens met de historische wijk San Telmo. Nadat je op de **Avenida Paseo Colón** onder de snelweg bent doorgereden, zie je links de voor San Telmo zo typische koloniale gebouwen (▶ blz. 41). Kijk je naar rechts, dan zie je – met altijd de skyline van Puerto Madero op de achtergrond – het ene na het andere bijzondere gebouw voorbij vliegen: het **Ministerio de Agroindustría** 3 met de opvallende rood omlijste ramen op de bovenverdieping, de **Facultad de Ingeniería** 4 met de tien machtige zuilen voor de hoofdingang en de **Dirección General de Aduanas** 5, het hoofdkantoor van de douane met de twee opvallende torentjes.

Dwars door het midden

Voor het megalomane ontwerp van het **Ministerio de Defensa** 6, het ministerie van Defensie, is het leger verantwoordelijk. Vandaar zie je aan de linkerkant al de **Casa Rosada** 7, het presidentiële paleis, waar de bus praktisch een rondje omheen rijdt voor hij stopt op de **Plaza de Mayo** (▶ blz. 24). Op de **Avenida de Mayo** glijdt je blik langs prachtige gevels tot de straat zich uiteindelijk opent bij de enorme **Avenida 9 de Julio**. Na nog een paar haltes kom je aan bij het imposante **Palacio del Congreso de la Nación Argentina** 8.

Orthodoxe joden in de Barrio Once

De volgende straten worden omzoomd door goed onderhouden 19e-eeuwse woonhuizen, historische laagbouw en hoogbouw uit de jaren 50. Pas wanneer de bus op de brede **Plaza Miserere** rechts de Avenida Pueyrredón in rijdt, verandert het beeld. Op de trottoirs rond **Estación Once** 9 is het een drukte van belang. Elke vierkante meter is omgetoverd tot mobiele marktkraam, mensen uit de hele wereld handelen in alles wat je maar kunt bedenken. Veel van de straatverkopers zijn de laatste jaren uit voornamelijk West-Afrika naar Buenos Aires gekomen. Des te meer vallen de 'oorspronkelijke' bewoners van Barrio Once op: orthodoxe joden in donkere pakken en hoeden op het hoofd (▶ blz. 68).

Casa Rosada, het presidentiële paleis, op de Plaza de Mayo springt alleen al in het oog vanwege zijn roze kleur.

B BUSSEN

Luid en snel zijn ze, de **colectivos**, zoals de bussen in Buenos Aires worden genoemd. Zo'n zes miljoen reizigers maken er dagelijks gebruik van, waardoor de bus met afstand het meestgebruikte vervoermiddel van de stad is. Staken de buschauffeurs, dan staat Buenos Aires stil, maar normaal gesproken verbinden 180 lijnen elke uithoek van de huizenzee. Tijdens deze rit zie je naast een heleboel highlights ook de enorme sociale contrasten van de stad. En het kaartje kost je nagenoeg niets.

INFORMATIE/KAARTJE

Voor de busrit moet je een **Tarjeta Sube** kopen, die ook te gebruiken is in de metro: (▸ blz. 110). Vermijd het spitsuur en begin je rit rond lunchtijd of op z'n laatst om een uur of drie. De netto reistijd bedraagt zeventig minuten. Leuke plekken om uit te stappen zijn San Telmo, Congreso, Once en Palermo. Bij het opnieuw op de bus stappen, moet je wel weer inchecken met je Tarjeta Sube.

TERUGREIS

Het beste kun je vanaf Estación Belgrano C met de trein naar Retiro, waar je op metrolijn C kunt overstappen. Onder de Avenida Cabildo in Belgrano rijdt metrolijn D.

Uitneembare kaart: 1 | **Vervoer:** naar La Boca ▸ blz. 48

Van chic tot Chinatown

Dertien blokken rijdt de bus nu rechtdoor, tot hij na een links-rechtsslinger de mondaine **Avenida Santa Fe** op rijdt. Denk bij het zien van de chique winkels en appartementencomplexen even terug aan de behuizing in La Boca. Eenmaal in Palermo duikt rechts al snel een omheind park op, de **Jardín Botánico** 10, de botanische tuin (▸ blz. 65). Aan de drukke **Plaza Italia** bevond zich tot 2016 de hoofdingang van de dierentuin (Jardín Zoológico, ▸ blz. 67). Voorbij de spoorbrug ligt het buurtschap **Las Cañitas** 11, dat zich met zijn vele parrillas tot een populair uitgaangsgebied heeft ontwikkeld. De tienbaansstraat waar de bus uiteindelijk in draait, heet **Avenida del Libertador**, de Boulevard van de bevrijder. Hieraan ligt ook het **Hipódromo de Palermo** 12, de paardenrenbaan (▸ blz. 66). Vanhier gaat het alleen nog maar rechtdoor tot de eindhalte, **Estación de Belgrano** 13. Loop vooral even een rondje aan de andere kant van de sporen. De Chinatown van Buenos Aires, **Barrio Chino** 14, is misschien klein, maar het is zeker de moeite waard (▸ blz. 94).

V
VEILIGHEID

Laat je vooral niet gek maken! Hang je rugzak op je buik of hou je tas voor je en let gewoon goed op, dan hoef je je nergens zorgen om te maken.

Van vervallen haven naar hippe wijk – **Puerto Madero**

#9

Puerto Madero is een stadsdeel van superlatieven. Het is de jongste wijk, de hoogste appartementencomplexen staan er, je betaalt er de hoogste huur, de groenvlakten zijn er het uitgestrektst, er staat een aantal van de beste restaurants van de stad en de wijk beschikt over de meeste eettentjes. En alsof dat allemaal nog niet genoeg is, bevindt zich in Puero Madero ook het grootste natuurreservaat van de stad.

De wederopstanding van Puerto Madero begon in 1989. De Corporación Antiguo Puerto Madero, een samenwerkingsverband van de landelijke en lokale overheden, besloot een nieuw woon- en recreatiegebied te ontwikkelen op het 170 ha grote terrein van het sinds decennia vervallen havengebied. Met steun van binnen- en buitenlandse investeerders en internationaal ver-

F
FIETS

Je kunt Puerto Madero prima met de fiets verkennen. Je kunt gratis fietsen huren via **Ecobici** 1 (► blz. 111).

De oude, nieuwe haven.

Puerto Madero is met zijn architectuurhoogstandjes als de Puente de la Mujer een regelrechte attractie. Tot het begin van de jaren 90 lag het havengebied volledig in puin. De oorspronkelijk door koopman Eduardo Madero ontworpen haven was veel te klein en voldeed al vlak na zijn voltooiing in 1907 niet meer aan de toegenomen eisen. Daarom werd tussen 1911 en 1930 een stukje noordelijker Puerto Nuevo gebouwd. Puerto Madero werd geleidelijk verlaten en raakte in vijftig jaar steeds meer in verval.

maarde architecten als Norman Foster, Phillippe Starck en Santiago Calatrava werden de oude pakhuizen getransformeerd tot exclusieve lofts, restaurants, kantoorgebouwen en hotels. Ook de Universidad de Buenos Aires kreeg hier een plek. Puerto Madero was in no-time een exclusieve woon- en uitgaanswijk. De vierkantemeterprijs in de woontorens ligt inmiddels tussen de acht- en vijftienduizend Amerikaanse dollars!

Beatrix en Anne Frank

Op slechts een paar minuten lopen van de Plaza de Mayo ben je al bij de **Puente de la Mujer** 1, de 'brug van de vrouw' van Santiago Calatrava. De constructie moet een dansend tangopaar symboliseren. In het water ernaast ligt de 81 m lange **Fregata Sarmiento** 2 uit 1897 voor anker. Bij het bezichtigen van de kajuiten, gemeenschappelijke ruimtes en dekken van het scheepsmuseum krijg je meteen zin om te zeilen.

Aan de andere kant van de Puente de la Mujer staat nog een aantal oude **silo's**. Over hun toekomst wordt nog gediscussieerd. Het plein voor de silo's is het **Plaza Reina de Holanda** 3, met een beeld van een jonge prinses Beatrix. Sinds 2014 staat op het pleintje ook een beeld van Anne Frank – een replica van het beeld dat staat voor Anne's voormalige huis in de Amsterdamse Merwedestraat. Let tijdens je wandeling eens op de borden: in heel Puerto Madero zijn de straten en pleinen vernoemd naar vrouwen. Hiertoe werd besloten omdat tot 1989 slechts twee procent van de straten in Buenos Aires vrouwennamen droegen. De promenade langs het havenbassin leidt in noordelijke richting naar de **jachthaven** 4. De booteigenaren – waarvan er vele hier een appartement bewonen – lieten een eigen veerdienst op poten zetten zodat ze niet om het bassin heen zouden hoeven lopen. Aan de tegenoverliggende kade is de 46 m lange **Corbeta Uruguay** 5 uit 1874 aangemeerd. Ook dit is een museumschip dat kan worden bezichtigd.

Niet zonder een worstje

Verder naar het noorden kom je bij de interessante **Colección de Arte Amalia Lacroze de Fortabat** 6. De kunstverzameling van de voormalige voorzitter van de grootste cementfabriek van Argen-

INFO EN OPENINGSTIJDEN

Toeristeninformatie: Av. Moreau de Justo 200, ma.-vr. 10-17, za., zo. 9-18 uur, www.puertomadero.com (Engels).
Ecobici fietsverhuur 1: Estación UCA Puerto Madero, Av. Alicia Moreau de Justo (ter hoogte van Av. Independencia), ma.-vr. 8-20, za. 9-15 uur, verhuur is gratis, legitimatie verplicht.
Fregata Sarmiento 2: Av. Alicia Moreau de Justo, Dique 3, tel. 11 43 34 93 86, dag. 10-19 uur, toegang gratis.
Corbeta Uruguay 5: Av. Alicia Moreau de Justo, Dique 4, tel. 11 43 14 10 90, dag. 10-19 uur, toegang gratis.
Museum Fortaba 6: Olga Cossettini 141, tel. 11 43 10 66 00, www.coleccionfortabat.org.ar, di.-zo. 12-20 uur, AR-$ 100.
Faena Arts Center 7: Aime Paine 1169, tel. 11 401 09 23, www.faena.com/faena-art-center, di.-zo. 12-19 uur, toegang gratis.
Museo del Humor (MuHu) 9: Av. de los Italianos 851, tel. 11 45 16 09 44, di.-vr. 12-19, za., zo. 10-20 uur, AR-$ 30, di., wo. gratis.
Reserva Ecológica Costanera Sur 12: Av. Tristán Achával Rodríguez 1550, tel. 48 93 15 88, apr.-okt. di.-zo. 8-18, nov.-mrt. di.-zo. 8-19 uur, toegang gratis. Elke tweede vrijdag van de maand rondleiding met ornitholoog Diego Bastías. Aanmelden verplicht via visitasguiadas_recs@buenosaires.gob.ar. Tevens nachtwandelingen bij volle maan.

WINKELEN

Feria de Costanera Sur 1: za., zo. 10-20 uur.

ETEN EN DRINKEN

Estancias y Cabaña Las Lilas 2: Av. M. de Justo 550, tel. 11 43 15 10 10, www.restaurantlaslilas.com.ar, dag. 12-24 uur. Uitstekend adres voor vleesgerechten, reserveren absoluut aan te raden. Steaks circa AR-$ 600.

Uitneembare kaart: G/H 7-9 | **Metro A:** Plaza de Mayo; **bus** 4, 111: Av. Alicia Moreau de Justo; **bus** 129: Av. Ingeniero Huergo tinië bevat werk van Salvador Dalí, Marc Chagall, Auguste Rodin en Gustav Klimt, maar ook van *local hero* Benito Quinquela Martín. Wandel via de Avenida Int. Hernan M. Giralt naar het volgende kunsthoogstandje. Onderweg kun je bij een van de vele **foodtrucks** 1 een *choripan* of *lomitos* bestellen, een worst- of steaksandwich. Een stukje verderop ligt het **Faena Arts Center** 7. In het museum in het voormalige machinehuis van een van de grootste graanmolens van Argentinië vinden op 4000 m² wisseltentoonstellingen plaats met werk van hedendaagse kunstenaars. Het credo van de curatoren luidt: 'We celebrate the artists, the rebels, the eccentrics.' Het kunstcentrum maakt deel uit van het Faena-complex, waartoe ook het luxueuze, door topdeisgner Philippe Starck ontworpen **Faena Hotel** 8 hoort.

Minder ernstig gaat het eraan toe in het **MuHu** 9, het Museo del Humor, dat is gehuisvest in een prachtig gebouw van de voormalige Cervecería Munich van de Hongaarse architect Andrés Kalnay uit 1927. Op de plek waar Nobelprijswinnaar Pablo Neruda ooit een biertje dronk, krijg je een mooi inkijkje in de beruchte Argentijnse humor,

O OVERIGENS

Voor de **veiligheid** en orde in Puerto Madero is niet de politie verantwoordelijk, maar de havenautoriteit. Het stadsdeel maakt immers nog steeds onderdeel uit van het havengebied. De **Reserva Ecológica** wordt bewaakt met camera's.

In het Faena Arts Center bieden de grote ruimtes van de oude graanmolen veel plek voor buitengewone kunstwerken.

met onder meer werk van grootmeesters uit de wereld van de spotprenten. Natuurlijk kom je hier ook weer Mafalda tegen (▶ blz. 45). Een bezoekje is overigens ook de moeite waard als je geen Spaans spreekt.

De natuur in

Aan het zuidelijke eind van de Avenida Dr. Achavál Rodríguez is vlak voor de ingang van het natuurreservaat een werk te bewonderen van Argentiniës bekendste beeldhouwer. Lola Mora schiep daar de fontein **Fuente de Las Nereidas** 10. Op de **Paseo de la Gloria** 11 staan levensgrote bronzen beelden van Argentijnse sporthelden als tennisster Gabriela Sabatini, F1-coureur Juan Manuel Fangio en de voetballers Diego Maradona en Lionel Messi – een mekka voor selfiefans.

Het natuurreservaat **Reserva Ecológica Costanera Sur** 12 is de grootste groene long van de stad. De weelderige vegetatie contrasteert mooi met de typische staalblauwe lucht van Argentinië. De natuur zelf veroverde het gebied van 350 ha door het puin van het oude Puerto Madero te overwoekeren. In 1986 werd het gebied met de vier lagunes, waarin 22 soorten vis leven, onder bescherming geplaatst. 575 planten- en 42 paddestoelsoorten gedijen in het areaal. In zijn weiden, moerassen en elswouden werden 307 verschillende vogel-, 18 zoogdier-, 12 amfibie- en 28 reptielsoorten geteld. Daar komen nog vijftig vlindersoorten bij – de meeste bont en exotisch. Je kunt door het park wandelen of fietsen. Er zijn tal van goed bewegwijzerde routes, de mooiste en eenzaamste is de wijde zuidelijke boog Daar vind je ook houten bankjes direct aan de oever van de Río de la Plata– een pefecte plek om uit te rusten en te genieten van de rust zo vlak bij het hectische stadsrumoer.

Doe als de Porteños en fiets een rondje door de Costanera Sur. De talloze fitnessapparaten rond het havenbassin en in het park mogen uiteraard ook worden gebruikt! In het weekend vindt hier ook een kunstnijverheidsmarkt plaats, de Feria de Costanera Sur. In de loop van de dag ontstaan altijd weer spontane (kunst)uitvoeringen, of het nu geïmproviseerd kindertheater is of een collectieve dans. Als je echter op zoek bent naar rust of gewoon een beetje wilt sporten, kun je beter door de week naar Puerto Madero en de Reserva Ecológica. In de ochtend heb je het groen vaak helemaal voor jezelf.

OM DE HOEK

De ten zuiden van het beschermde natuurgebied van Puerto Madero gelegen s oppenwijk **Villa Rodrigo Bueno** 13 is de laatste jaren sterk gegroeid. Vijfduizend mensen wonen er, onder wie gek genoeg de chef-kok van toprestaurant Las Lilas, Jorge Misme. Begeef je in geen geval in deze krottenwijk.

10

Evita tussen de engelen – **Recoleta**

Recoleta is een begrip in heel Argentinië – geen andere wijk in het land staat zo symbool voor rijkdom en schoonheid. Dit is de plek waar de rijken heen vluchtten toen de gelekoortsepidemie in 1871 woedde in de zuidelijke stadsdelen La Boca en San Telmo. Toen woonden ze nog in zomerresidenties, tegenwoordig in chique appartementengebouwen. De grafinscripties op de wereldberoemde begraafplaats van Recoleta lezen als een 'Who is Who in Argentina'.

De mooiste wandelroute van het centrum naar de begraafplaats voert over de **Avenida Alvear** 1 met zijn stadspaleizen en galeries. Met een beetje lef en bluf kun je door het **Palacio Duhau** 2 lopen, waarin het Park Hyatt Hotel gevestigd is, met een eigen galerie. De Lobby Bar van het **Alvear Palace Hotel** 1 uit 1932 is uitgeroepen tot bar notable – veel eleganter dan hier kan een kopje koffie nauwelijks worden geserveerd. Loop via bijvoorbeeld de Calle Ayacucho naar de parallel lopende **Avenida Pres. Quintana** 3, die qua chique uitstraling weinig onderdoet voor de Alvear.

Op de plaza voor de begraafplaats kun je heerlijk in het zonnetje zitten. 's Avonds treden er vaak muzikanten op.

Café met natuurlijk wonder

Als je in de verte kijkt, kun je de Iglesia del Pilar al zien staan, met de begraafplaats op de achtergrond. Aan je linkerhand zie je eerst echter nog de **Gomero del Huerto de los Recoletos** 4, de oudste rubberboom van de stad. Het prachtexemplaar stamt uit Azië, werd hier in 1794 geplant. Zijn kroon meet 50 m, zijn stam heeft een doorsnee van 1,5 m en hij heeft takken van wel 28 m lengte. En dat met een hoogte van slechts 20 m – rubberbomen groeien duidelijk meer in de breedte dan hoogte. De boom staat pal voor **Café La Biela** 2, dat zijn deuren voor het eerst opende in 1850 en daarmee het oudste café van Buenos Aires is. Ga op het terras zitten en geniet van de bedrijvigheid.

Begraafplaats met beroemdheden

De **Cementerio de la Recoleta** 5 is een van de bekendste begraafplaatsen ter wereld. Ooit verbouwden de monniken van de Recoleta-orde hier hun groente. In 1822 werd het 6 ha grote terrein de eerste openbare begraafplaats van Buenos Aires. Het werd al snel een zeer gewilde laatste rustplaats van belangrijke Argentijnen – hier liggen presidenten begraven en Nobelprijswinnaars, en hele familiedynastieën van de upper class.

Alle pracht, praal en opzichtige mausolea ten spijt stelt één graf alle andere in de schaduw, want hier rust de engel van de armen **Evita Duarte Perón** 6. Hoe bescheiden ook, het graf van het grootste idool van de Argentijnse volksziel is makkelijk te herkennen. Bij geen enkel andere laatste rustplek verdringen zo veel mensen zich, bij geen enkel ander graf zijn dagelijks zo veel verse bloemen te zien. Prominent zijn ook de katten die op de begraafplaats wonen en zich elke avond bij de ingang verzamelen – er is altijd wel een buurtgenoot te vinden die hen van een diner voorziet.

Van koloniale tijd naar belle époque

Naast de begraafplaats staat de **Iglesia del Pilar** 7 uit 1732. De op een na oudste kerk van de stad was ooit de kloosterkerk van de Recoletos. Tot het **Centro Cultural Recoleta** 8 in de voormalige woonvertrekken van het klooster behoort ook het **Museo Participativo de Ciencias** 9. Dit

De prachtige mausolea die rijke families bouwden op de begraafplaats van Recoleta vormen een prentenboek van architectuurstijlen. Uit vele ervan schijnt een mysterieus bont licht. Als je door de openingen naar binnen kijkt, zie je vaak kleurrijke ramen met religieuze voorstellingen die hiervoor verantwoordelijk zijn. Met meer dan vierduizend rijkversierde mausolea kun je de begraafplaats zien als een van de grootste openluchtmusea ter wereld.

O OVERIGENS

Op het mausoleum rechts naast dat van Evita hing lange tijd een briefje met een telefoonnummer. Inmiddels is het verwijderd, maar op de vraag wat het graf zou moeten kosten, was het antwoord zestigduizend Amerikaanse dollar.

INFO EN OPENINGSTIJDEN

Toeristeninformatie: Av. Quintana 596, ma.-vr. 10-17, za., zo. 9-18 uur.
Cementerio de la Recoleta 5: Junín 1760, www.cementeriorecoleta.com.ar, dag. 7-17.30 uur, toegang gratis.
Iglesia del Pilar 7: Junín 1904, tel. 11 48 06 22 09, dag. 8-20 uur.
Centro Cultural Recoleta 8: Junín 1930, tel. 11 48 03 10 40, www.centroculturalrecoleta.org, di.-vr. 13.30-22, za., zo. 11.15-22 uur, toegang gratis.
Museo Participativo de Ciencias 9: Junín 1930, tel. 11 48 07 32 60, www.mpc.org.ar, ma.-vr. 10-17 (juli, aug. 12.30-19.30) za., zo. en dec., jan. 15.30-19.30 uur, AR-$ 110.
Palais de Glace 10: Posadas 1725, tel. 11 48 04 11 63, www.palaisdeglace.gob.ar, di.-vr. 12-20, za., zo. 10-20 uur, toegang gratis.
Museo N. de Bellas Artes 13: Av. del Libertador 1473, tel. 11 52 88 99 45, www.bellasartes.gob.ar, di.-vr. 11-20, za., zo. 10-20 uur, AR-$ 100, wo. hele dag en wo.-zo. 18.45-20 uur gratis.

ETEN EN DRINKEN

Lobby Bar Alvear Palace 1: Av. Alvear 1891, tel. 11 48 08 21 00, www.alvearpalace.com, dag. 9-2 uur.
Café La Biela 2: Av. Pres. Manuel Quintana 600, tel. 11 48 04 04 49. www.labiela.com, metro: Las Heras, dag. 7-2 uur.
Los Pinos 3: Azcuenaga 1500, tel. 48 22 87 04, wo.-ma. 12-15, 20-24 uur, steaks vanaf AR-$ 190.

UITGAAN

Hard Rock Café 1: Av. Pueyrredón 2501, tel. 11 48 07 76 25. www.hardrock.com/cafes/buenos-aires, zo.-do. 12-1, vr., za. 12-2 uur.

WINKELEN

Buenos Aires Design 1: Pueyrredón 2501, tel. 11 57 77 6 186, dag. 12-21 uur.
Feria Artesanal 2: www.feriaplazafrancia.com, za., zo. 11-20 uur.
El Ateneo Grand Splendid 3: Av. Santa Fe 1860, tel. 11 48 13 60 52, ma.-do. 9-22, vr., za. 9-0, zo. 12-22 uur

Uitneembare kaart: D/E 5/6 | **Metro** C: General San Martín; **bus** 67, 70, 100, 129: Carlos Pellegrini; **bus** 75: Juncal

hands-onmuseum presenteert interactieve experimenteerstations die allerlei fysieke verschijnselen en technische processen voelbaar maken.

De vele kleine zaakjes in het charmante, twee verdiepingen tellende winkelcentrum **Buenos Aires Design** 1 naast het cultuurcentrum verkopen originele accessoires, vooral voor in huis.

Vanaf het enorme balkon van de bar erboven heb je een mooi uitzicht op het omliggende park. Als je je verzameling **Hard Rock Café**-souvenirs 1 wilt uitbreiden, kun je hier je slag slaan. Op de weide voor het complex vindt in het weekend een sfeervolle kunstnijverheidsmarkt plaats, de **Feria Artesanal** 2.

Als je de straat oversteekt, kom je bij het ronde **Palais de Glace** 10, een voormalige schaatsbaan in belle-époquestijl, in de jaren 20 een van de populairste balzalen van de stad. Tegenwoordig vinden er exposities plaats. De tweede etage is erg mooi!

Kunst met en zonder dak

Het gebouw aan de andere kant van de enorme Avenida Figueroa Alcorta dat doet denken aan een Griekse tempel is de **Facultad de Derecho** 11, de rechtenfaculteit. Een grote trap leidt naar een monumentale zuilengalerij met veertien massieve pilaren. Op de Plaza de las Naciones Unidas ernaast komt tweemaal per dag de 23 m hoge en 18 ton zware sculptuur **Floralis Genérica** 12 in beweging. Bij de eerste zonnestralen in de ochtend opent de enorme bloem van aluminium zich, tijdens zonsondergang sluit hij weer.

In Recoleta bevindt zich een van de beste musea van de stad, misschien wel van Latijns-Amerika. In het roze pand heuvelafwaarts van de begraafplaats vind je het **Museo Nacional de Bellas Artes** 13 met de grootste kunstverzameling van Argentinië. Alle prominente Europese schilders, van Rembrandt en Chagall tot Picasso, zijn er vertegenwoordigd, maar ook belangrijke Argentijnse kunstenaars als Quinquela Martín en Berni. Het museum heeft ook een zaal voor fotografie en een voor precolumbiaanse kunst, twee terrassen met beelden en een bibliotheek met meer dan honderdvijftigduizend boeken.

In 2008 koos de Engelse krant The Guardian het Ateneo Grand Splendid tot tweede mooiste boekhandel ter wereld (de boekhandel in de voormalige Dominicanenkerk in Maastricht was nummer één). De winkel op de Avenida Santa Fe ademt nog steeds de sfeer van het theater dat hier ooit was – de zaak was ook nog jaren bioscoop. De stoeltjes zijn inmiddels vervangen door boekenkasten, in de voormalige loges kun je lezen in heerlijke zetels en op het podium bevindt zich nu een café. Veel details uit het theater- en bioscooptijdperk werden behouden. Bijvoorbeeld de plafondschilderingen, het houtsnijwerk, het karmozijnrode toneelgordijn en de auditoriumverlichting.

OM DE HOEK

De sensationelle boekhandel **El Ateneo Grand Splendid** 3 in een voormalig theater is slechts zes blokken verwijderd van de begraafplaats. Op de weg erheen kun je een steak of salade eten bij de parrilla **Los Pinos** 3. Hier bevond zich eerst een apotheek.

11

Boetieks en bars – **Palermo Soho**

In Palermo wordt het best duidelijk waarom de UNESCO Buenos Aires in 2005 uitriep tot wereldwijde designhoofdstad. Vooral rond de Plaza Serrano. Hier kun je winkelen in boetieks met vaak zeer speciale mode en een cortado drinken in een café. Maar kom vooral terug wanneer het donker is en de vele coole bars en restaurants hun deuren hebben geopend.

Je kunt je *shopping spree* het beste beginnen op de **Plaza Serrano** 1 (ook wel Plaza Cortázar genoemd). Hier staat namelijk het **Espacio DADA** 1, een geslaagde combinatie van cultureel centrum en designermarkt. Je hoeft 's avonds niet te verkassen: in de inpandige **Resto Bar** 1 kun je gewoon doorgaan met tapas en bier. Er worden regelmatig concerten gegeven en comedyshows georganiseerd.

De lichtheid van het bestaan is overal in Palermo Soho te voelen.

Uitneembare kaart: A/B 5/6 | **Metro** D: Scalabrini Ortiz, Plaza Italia; **bus** 39: Honduras, 55: Serrano

WINKELEN

Espacio DADA 1: J. L. Borges 1655, tel. 11 48 33 96 48, espaciodada.weebly.com, wo.-zo. 15-20 uur.
Jazmín Chebar 2: El Salvador, 4702, tel. 11 48 33 42 42, www.jazminchebar.com.ar, ma.-za. 10.30-20.30, zo. 13-19 uur.
Black Mamba 3: Soler 4502, www.beblackmamba.com, ma.-za. 11-20 uur.
Libros del Pasaje 4: Thames 1762, tel. 11 48 33 66 37, www.librosdelpasaje.com.ar, ma.-za. 10-22, zo. 14-21 uur.
Ferias Artesanales 5: Plaza Serrano/Plaza Armenia, za., zo. 10-20 uur.

ETEN EN DRINKEN

Krishna Veggie 1: Malabia 1833, tel. 11 48 33 46 18, krishna-veggie.business.site di.-zo. 12-0.30, ma. 20-0.30 uur.
Parrilla Don Julio 2: Guatemala 4699, tel. 11 48 32 60 58, parrilladonjulio.com, dag. 12-16, 19-1 uur, steak AR-$ 400.

UITGAAN

Resto Bar 1: in Espacio DADA, zie links, tel. 11 48 33 96 48, dag. 12-3 uur.
Puro Bistro 2: Thames 1920, tel. 11 47 76 81 29, ma.-wo. 15-0, do.-za. 15-4 uur.
Cronico Bar 3: Jorge Luis Borges 1646, tel. 11 48 33 07 08, dag. 12-6 uur.
Temple Bar 4: Costa Rica 4677, tel. 11 48 31 54 30, www.thetemplebar.com.ar, ma.-vr. vanaf 18, za., zo. vanaf 11 uur.

Sesam open u!

Na twee stratenblokken stuit je in de Calle El Salvador op een opmerkelijk succesverhaal dat begon in Palermo. Designer **Jazmín Chebar** 2 opende hier in 1997 haar eerste damesmodewinkel met alles van bikini's tot winterjassen.

O OVERIGENS

Door de straten van Palermo Soho kun je dagenlang zwerven. Keer op keer ontdek je weer een andere winkel vol verrassingen.

Tegenwoordig heeft ze achttien boetieks in heel Zuid-Amerika. Haar signatuur zijn ongedwongen snitten in combinatie met originele stoffen met patronen. Loop drie blocks over de Calle Armenia en sla rechtsaf op de Calle Soler voor **Black Mamba** 3. Het is hier zeker niet alles zwart wat blinkt, maar de lederwaren, amuletten en jurken ogen absoluut vervaarlijk. Zeer ongewone creaties voor heren en dames waarbij je je soms afvraagt waarom je een zo hoge prijs betaalt voor zo weinig stof.

Ook geestelijke verfraaiing wordt in Palermo niet vergeten. In de mooie boekhandel **Libros del Pasaje** 4 kun je heerlijk door de rekken snuffelen en eventueel met een kop koffie en een gebakje nieuwe literatuur ontdekken.

De hoogtepunten van Palermo zijn echter de kunstnijverheidsmarkten,de **Ferias Artesanales** 5, op de Plaza Serrano en **Plaza Armenia** 2 (ook Plaza Palermo Viejo genoemd) in het weekend. De Plaza Armenia verandert dan in een openluchtpodium voor straatartiesten en clowns en er worden regelmatig concerten gegeven.

Voor wereldverbeteraars en zondaars

De wereld verbeteren? Veganrestaurant **Krishna Veggie** 1 op de Plaza Armenia heeft een erg goede reputatie. Het wil zijn gasten met het eten een klein beetje dichter bij Krishna brengen. De met veel liefde geprepareerde Indiase en Argentijnse gerechten slagen daar prima in.

Als je niet zulke grootse ambities hebt, kun je beter naar de **Parrilla Don Julio** 2. Hier komen al tientallen jaren grote gegrilde steaks op tafel, vergezeld door uitstekende wijnen. De beste tafels staan buiten en boven. Volledig verdorven zielen moeten nog twee straten verderlopen naar de **Puro Bistro** 2. Hier mogen gasten, hoewel Buenos Aires al sinds 2006 *libre de humo* (rookvrij) is, bij een wijntje of glas whiskey een huisgemaakte sigaar opsteken.

Later op de avond berg je je tassen met nieuwe kleren op en stort je je in het nachtleven. In de **Cronico Bar** 3, de klassieker aan de Plaza Serrano, kun je tot de vroege uurtjes luisteren naar rockmuziek. Drie stratenblokken verderop is het publiek van de Ierse pub **Temple Bar** 4 altijd opvallend goedgeluimd.

Fashion, food en fiesta: de drie F'en komen bij elkaar in Palermo Soho.

Grote groene long – **Bosques de Palermo**

12

Het Parque 3 de Febrero is zo enorm, dat de Porteños spreken van wouden, bosques, wanneer ze naar het park in Palermo gaan. Het groengebied strekt zich uit over 80 ha. Hierin bevinden zich onder meer een rozentuin, een amfitheater, een Andalusische en een Japanse tuin en de Jardín Botánico met exotische planten.

Het centrum van het Parque 3 de Febrero is **el Rosedal** 1, waar in september en oktober meer dan achttienduizend rozen bloeien. De rozentuin omringt een meer, waarvan de beide oevers op de smalste plek worden verbonden door de Puente Blanco, de witte brug – een populaire fotoplek. In 2014 vierde de rozentuin zijn honderdste verjaardag. Hij werd voor deze gelegenheid geëerd met de prestigieuze Garden Excellence Award. In de **Jardín de los Poetas** 2 (tuin der dichters) in het zuidelijke deel van el Rosedal staan busten van beroemde schrijvers als Dante Alighieri, William Shakespeare, Alfonsina Storni, Antonio Machado, Miguel Hernández en Jorge Luis Borges. Een romantische brug voert vanhier naar een eilandje in het meer. Voor de brug rechts kom je bij de

B
BOOT-FEESTJE

In de parken van Palermo kun je heerlijk ontspannen, bijvoorbeeld met een persoonlijk minibootfeestje. Aan het meer worden **waterfietsen** verhuurd.

Overgewaaid uit New York: de professionele hondenuitlater.

Geen nostalgisch ruimteschip, maar een kijkdoos voor de kosmos: het Planetario Galileo Galilei.

Patio Andaluz 3, een betegelde, vierkante pergola met een kleurrijke tegelfontein in het midden. Hij werd in 1929 geschonken door de stad Sevilla. Iets verder naar het noorden kun je in het **Planetario Galileo Galilei** 4 in een rond gebouw uit de jaren 60 naar de sterrenhemel van het zuidelijk halfrond kijken.

Wanneer je over de Avenida Infanta Isabel in de richting van het hippodroom loopt, kom je langs het **Museo de Artes Plásticas Eduardo Sivori** 5. De uitstekende collectie omvat werk van de belangrijkste Argentijnse meesters van het klassieke modernisme en het postmodernisme.

Paardensport van de buitencategorie

Waag in het in 1876 opgerichte **Hipódromo Argentino de Palermo** 6 een kansje met een weddenschap op een van de races! Hoe belangrijk paardensport tot op de dag van vandaag is in Argentinië, bewijst het feit dat dit hippodroom er één van maar liefst drie in Gran Buenos Aires is. Ook zonder weddenschap is het stadion overigens de moeite waard, zeker voor bierliefhebbers. Aan de zuidoostkant van het complex bevindt zich namelijk biercafé **Rabieta** 1. In het opvallende ronde gebouw zat meer dan honderd jaar lang toprestaurant La Paris en binnen word je veelvuldig aan die mooie jaren herinnerd. Maar ook nu kun je er onder het genot van ambachtelijk gebrouwen bier prima eten. Ten zuiden van de renbaan bevindt zich nog een paardensporttempel, de **Campo de Polo Argentino** 7. In dit polostadion demonstreren de Argentijnse polospelers keer op keer hun superioriteit ten opzichte van de rest van de wereld.

Japans eiland van rust

Wandel door het groen naar de oostkant van het Parque 3 de Febrero, waar de **Jardín Japonés** 8 doet denken aan het verre oosten. Het betoverende tuinlandschap werd in 1967 aangelegd ter gelegenheid van het bezoek van de Japanse keizer Akihito en zijn vrouw Michiko. In 1977 werd het terrein door de Japanse landschapsarchitect Yasuo Inomata heringericht als zentuin. Alle designelementen zoals sculpturen, waterpartijen, rotsen en planten zijn harmonieus met elkaar verbonden. Het grote aantal exotische bomen,

O
OVERIGENS

De naam van het park, 3 de Febrero, verwijst naar **3 februari 1852**. Op die dag verkondigden de Argentijnse oppositietroepen de val van de toenmalige **caudillo Juan Manuel de Rosas.** Het uitgestrekte privéterrein van de dictator in het noorden van Buenos Aires ging vervolgens over in handen van het gemeentebestuur. In 1862 werd besloten er een openbaar park van te maken, in 1874 begonnen de bouwwerkzaamheden.

INFO EN OPENINGSTIJDEN

Planetario Galileo Galilei 4: Av. Sarmiento, tel. 11 47 71 66 29, www.planetario.gob.ar, di.-vr. 12-17, za., zo. 12-20 uur, AR-$ 120.

Hipódromo Argentino de Palermo 6: Av. del Libertador 4101, tel. 11 47 78 28 00, www.palermo.com.ar, races meestal vr.-ma.

Campo de Polo Argentino 7: Arévalo 3065, tel. 11 47 77 64 44, www.aapolo.com.

Jardín Japonés 8: Av. Caseres 2966, tel. 11 48 04 91 41, www.jardinjapones.org.ar, dag. 10-18 uur, AR-$ 120

Jardín Botánico 10: Av. Santa Fe 3951, www.buenosaires.gob.ar/ambienteyespaciopublico/mantenimiento/espaciosverdes/jardinbotanico, di.-vr. 8-18.45 (winter 17.45), za., zo. 9.30-18.45 (winter 17.45) uur, toegang gratis.

ETEN EN DRINKEN

Rabieta 1: Av. del Libertador 4001, tel. 11 47 78 28 00, di.-zo. 18-2 uur.

Restaurante Jardín Japonés 2: Av. Caseres 3401, in de Japanse tuin, tel. 11 48 00 13 22. www.jardinjapones.org.ar/restaurante, dag. dag. 10-18, wo.-ma. 19.30-24 uur, vr.-zo. alleen met reservering, vanaf AR-$ 200. Lekkere sushi en een grote keus andere Japanse specialiteiten. Ook de Japanse thee met authentiek gebak is aan te bevelen. Prachtig uitzicht op het park.

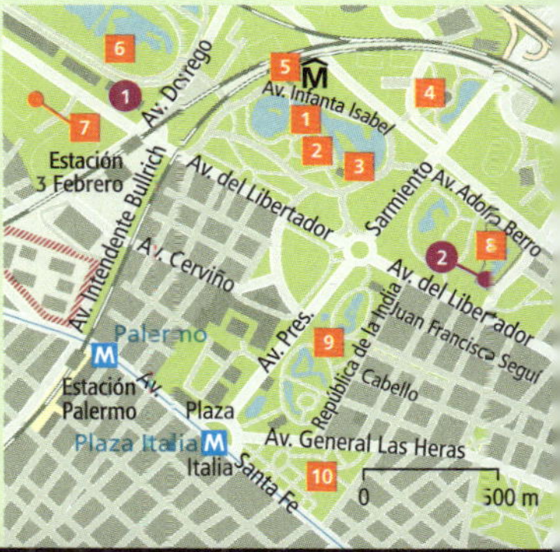

Uitneembare kaart: A-C 3-5 | **Trein** Mitre-Retiro: 3 de Febrero; **metro:** D: Plaza Italia, Palermo; **bus** 10: Av. del Libertador

bloeiende bomen en bloemen, alsmede een meer waarin enorme koikarpers zwemmen, maken van de tuin een kostbaar kleinood.

Voorbeeld voor de wereld?

De dierenbescherming heeft gewonnen: na grote druk van activisten werd de **Jardín Zoológico** 9, de dierentuin van Buenos Aires ten zuiden van het Parque 3 de Febrero, in 2016 gesloten. De meeste dieren verhuisden naar natuurreservaten. Sinds de opening van de zoo in 1888 waren de dierenverblijven niet gemoderniseerd. Op het leeg gekomen terrein wordt nu een ecopark aangelegd.

Nog verder naar het zuiden ligt de **Jardín Botánico** 10. In de 7 ha grote botanische tuin, in 1898 ontworpen door de Franse landschapsarchitect Carlos Thays, groeien zesduizend soorten planten uit Azië, Afrika, Oceanië, Europa en Amerika. Het natuurschoon is ingedeeld in thematuinen.

#13

Tangolegende Carlos Gardel – **Once, Abasto en Chacarita**

Abasto was het thuis van Carlos Gardel, de bekendste tangozanger van Argentinië. Overigens is Abasto geen stadsdeel: de naam wordt gebruikt voor de omgeving van een voormalige grote markt. Vijf metrostations verderop ligt de meester begraven. Rond station Once verrast Buenos Aires je keer op keer.

El Morocho de Abasto, zoals Carlos Gardel vanwege zijn donkere huidskleur werd genoemd, was de belangrijkste tangozanger en -componist van zijn tijd. En dat terwijl er zich zijn hele leven een kogel in zijn long bevond – Gardel werd in 1915 voor het Palais de Glace (▶ blz. 61) in Recoleta neergeschoten toen hij een bevriende tangoster hielp bij een straatgevecht.

De chaos van Once

Loop voor je naar het Casa Carlos Gardel gaat een rondje door de **Joodse wijk Once.** Rond Estación Once zie je straathandelaren uit alle delen van de wereld, sinds een aantal jaar voornamelijk uit

De gestileerde bloemen, ranken en ornamenten waarmee huizen, uithangborden en bussen kleurrijk zijn versierd, behoren tot de typische decoratiestijl van Buenos Aires, genaamd fileteado. In Abasto vind je er talloze mooie voorbeelden van.

West-Afrika. Typisch zijn ook de door Joden uitgebate naaiateliers en de stoffenwinkels. In talloze restaurants kun je koosjer eten en orthodoxe joden met donkere kostuums en hoeden horen bij het straatbeeld.

De **Gran Templo Paso** 1 in de Calle Paso is een van de oudste synagoges van het land. De **Congregación Sefaradí Yesod Hadat Temple** 2 in de volgende parallelstraat werd opgericht door Joodse immigranten uit het Syrische Aleppo.

Over de geboorteplek van Carlos Gardel doen twee theorieën de ronde. Volgens de een zou hij in 1890 als Charles Romuald Gardès ter wereld zijn gekomen in het Franse Toulouse, de ander zegt dat hij in 1887 werd geboren in Tacuarembó, Uruguay. Beide landen claimen de beroemde tangozanger

Pegrimsoord voor tangofans

Ga terug op Lavalle. Na vijf stratenblokken bereik je op de Calle Jean Jaurés het huis waarin Carlos Gardel en zijn moeder woonden tussen 1927 en 1935. In de vertrekken van het **Casa Carlos Gardel** 3 zijn privédocumenten en memorabilia van de tangozanger te zien, maar ook tal van filmopnames. Architectonisch is het mooie, lage gebouw een voor Buenos Aires typische *casa chorizo* ('worsthuis'). De aparte naam van de bouwstijl dankt hij aan het feit dat zich aan beide kanten van een smalle binnenplaats aan elkaar geschakelde kamers bevinden – zoals een 'worstjesketen'.

Er zijn in de wijk zowel een gedenkteken, het **Monumento a Carlos Gardel** 4, als een straat aan de beroemde zanger gewijd. De Calle Gardel eindigt voor het enorme winkelcentrum **Abasto Shopping** 1, waarin zich tussen 1893 en 1984 de centrale groente- en fruitmarkt van Buenos Aires bevond. De shoppingmall, waarin talloze Argentijnse, maar ook internationale merken zijn vertegenwoordigd, werd in 1999 geopend. Ook als je niets wilt kopen, zou je eens door de indrukwekkende hoge hallen slenteren.

► LEESVOER

Als je je wilt onderdompelen in de tijd van de grootste tangoster ooit is het stripboek **Carlos Gardel: the voice of Argentina** (Carlos Sampayo en José Muñoz) een goed begin.

Tragische dood van een ster

Carlos Gardel kwam op 24 juni 1935 om het leven bij een nooit opgeklaard vliegtuigongeluk in Colombia. Zijn laatste rustplaats vond hij op het reusachtige **Cementerio de la Chacarita** 5. Deze kun je het beste bereiken met metrolijn B (vijf haltes tot Federico Lacroze). Pal naast de ingang van de begraafplaats vertrekken vanaf **Estación Lacroze** 6 treinen naar de provincie Misiones aan de grens met Paraguay en Brazilië. Het graf van Carlos Gardel is eenvoudig te

Uitneembare kaart: C/D 7/8 en kaart 3, B 2 | **Metro** B: Pueyrredón; H: Corrientes; **bus** 101, 188: Pueyrredón

INFO EN OPENINGSTIJDEN

Casa Carlos Gardel 3: Jean Jaurés 735, museo-casa-carlos-gardel.business.site, zo., ma., wo.-vr. 11-18, za., zo. 10-19 uur, AR-$ 30, wo. gratis.
Cementerio de la Chacarita 5: Av. Guzmán 680, www.cementeriochacarita.com.ar, dag. 7.30-17 uur.

ETEN EN DRINKEN

Le Troquet de Henry 1: Guardia Vieja 3460, tel. 11 48 61 86 94, za.-wo. vanaf 18, do., vr. vanaf 12.15 uur tot laat. Een van de 'alternatiefste' kroegen van de stad. De *buena honda* (goede uitstraling) is te danken aan de Chilenen die achter de bar werken. Lekkere pizza's.

WINKELEN

Abasto Shopping 1: Av. Corrientes 3247, www.abasto-shopping.com.ar, dag. 10-22 uur. Aan de Av. Dorrego/ Álvarez Thomas ligt de overdekte **Mercado de las Pulgas** 2, waar je fijn kunt snuffelen tussen oude meubels (di.-zo. 10-18 uur). Een mooie leren jas of tas vind je gegarandeerd in de **Calle Murillo**, waar een veertigtal goede lederzaken zit zoals **Kitaro Cueros** 3 (nr. 701, www.kitarocueros.com.ar), **Siciliano** 4 (nr. 676, www.sicilianocuerosargentinos.com), **Koux** 5 (Malabia 15, www.koux.com.ar) en **Tauro Cuer** 6 (nr. 512, www.taurocuer.com).

UITGAAN

Sportschoenen mee? Bezoek Abasto dan op maandag, want dan speelt in cultureel centrum **Ciudad Cultural Konex** 1 (Sarmiento 3131, tel. 11 48 64 32 00, www.ciudadculturalkonex.org, AR-$ 110) vanaf 19 uur La Bomba de Tiempo ('de tijdbom'). Op het ritme van deze trommelaars kan niemand stil blijven staan. Voetjes van de vloer in de open lucht!

vinden: het wordt gesierd door ontelbaar veel bronzen gedenkplaten met dankbetuigingen, er worden dagelijks verse bloemen neergelegd en er staat een levensgroot bronzen beeld van de kunstenaar.

Reis naar een andere wereld – **Delta del Tigre**

14

De wondere wereld aan de rand van de stad is makkelijk te bereiken. Moderne treinen met airco doen nog geen uur over de mooie rit van Estación Retiro naar Tigre. Daar stap je de boot op en vaar je zo de delta in.

Waar de megastad eindelijk eindigt, begint de Delta del Paraná. De busboten *(lanchas colectivas)* of commerciële excursieboten varen op de Río Tigre tot de Río Luján en dan verder door de kleine waterwegen van de delta.

W
WACHTEN

Vooral in **lange weekends** kan het behoorlijk druk zijn in de treinen en op de schepen. Hou dan rekening met wachttijden.

Leven tussen water en land

Het maakt niet uit op welk van de twee stations je in Tigre aankomt (vervoer ► blz. 73), je hoeft nooit ver te lopen naar het **Estación Fluvial** 1, waar de boten naar de delta klaarliggen. De commerciële rondvaartboten volgen de mooiste route, maar een tocht met de busboot heeft als voordeel dat je kunt uitstappen en een wandeling kunt maken. Bijvoorbeeld op het eiland **Tres Bocas** 2. Daar loopt een (slecht) bewegwijzerd

Een boottocht in de delta is een romantische aangelegenheid.

De bloesem van de ceibo, de koraalboom (erythrina crista-galli) is de nationale bloem van Argentinië. De ceibo gedijt bijzonder goed in het vochtig-tropische microklimaat van de Delta del Tigre.

R RIVIER-DELTA

Voor de Río Paraná 12 km ten zuiden van Tigre in de Río de la Plata stroomt, vormt hij de circa 20.000 km² grote **Delta del Tigre**. De delta – twintig keer zo groot als de Veluwe – is een labyrint van riviertjes, kanalen en eilanden. Río de la Plata is de 290 km lange en tot 220 km brede monding van twee rivieren, de Paraná en de Uruguay, in de Atlantische Oceaan. Niemand weet exact hoeveel mensen er aan de oevers van de Delta del Tigre wonen, maar elk huis heeft zijn eigen aanlegsteiger – zonder boot kun je hier geen kant op.

wandelpad en het eiland heeft wat infrastructuur als **Restaurante Favela** 1 en kanoverhuurder (*alquiler de kanoas*) **Remo en Delta** 1 een paar meter verderop. Vraag voor je vertrekt bij de veerterminal wel even of het eiland begaanbaar is – het wordt regelmatig overstroomd.

De onschatbare waarde van de delta als recreatiegebied werd voor het eerst ingezien door voormalig president Domingo Faustino Sarmiento. Hij kwam op zoek naar een rustige plek om te schrijven naar de delta en zette daarmee een trend. Zijn huis uit 1855 is tegenwoordig het **Museo Casa Sarmiento** 3. Om het houten huisje te beschermen tegen het vochtige klimaat, werd er een glazen constructie omheen gebouwd. Deze schittert vaak prachtig in het zonnetje. Vergeet niet tegen de 'chauffeur' van de busboot te zeggen dat je hier wilt uitstappen.

De mooie toegangspoort van de delta

Tigre zelf is een leuk stadje en zeker de moeite waard. Tijdens een wandeling neem je vanzelf de relaxte houding over die je overal voelt. Vanuit het **Estación de Tigre** 4 voert een mooie wandelweg langs de rivier tot het **Museo del Mate** 5. Hier kun je een verklaring vinden voor de cultstatus van het drankje mate, dat zo veel wordt gedronken in heel Zuid-Amerika, maar vooral in Argentinië. De **Avenida Victoria** 2 is de restaurantstraat van Tigre. Aan het einde ervan bevindt zich het **Museo de Arte Tigre** 6. Het is ondergebracht in een paleis uit 1910, dat in zijn gloriejaren een exclusief clubhuis was voor de upper class van Tigre en Buenos Aires. Alleen al de luxueuze inrichting met marmeren trappen en kristallen kroonluchters en de gloriette met een balkon met uitzicht op de rivier voor het gebouw zijn de moeite van de wandeling waard. De permanente tentoonstelling toont schilderijen uit de 19e en 20e eeuw.

Tegenover het **Estación Delta** 7, het eindpunt van de kusttrein Tren de la Costa, ligt het **Parque de la Costa** 8, een seventies-pretpark met een draaimolen, een achtbaan en de geur van geroosterde amandelen. Een speelplek voor volwassenen is het enorme **Trilenium Casino** 9 pal ernaast. Bij de zogenaamde fruithaven **Puerto de Frutos** 1 kun je elke dag over de grootste openluchtmarkt van Argentinië slenteren. De *isleños,* de bewoners van de delta, verkopen hier niet zozeer groente en fruit, maar voornamelijk hun kunstnijverheid. Je vindt er vaak zeer creatief bedachte meubelstukken van hout – de ligbedjes voor kinderen zijn superschattig.

VERVOER

Vanaf **Estación Retiro** rijden de treinen van Línea Mitre elke 20-30 min. naar Estación Tigre (enkele reis AR-$ 13,25). Als alternatief kun je van Retiro naar **Estación Mitre** in Olivos, vervolgens via de brug naar station Av. Maipú lopen en in de **Tren de la Costa** (www.tren delacosta.com.ar) stappen. Deze rijdt elk halfuur naar Estación Delta (enkele reis AR-$ 30). Let op: zonder Sube-chipkaart betaal je het dubbele tarief!

INFO EN OPENINGSTIJDEN

Toeristeninformatie: in Tigre, Estación Fluvial, Mitre 345, tel. 11 45 12 44 97, www.vivitigre.gob.ar.
Museo Casa Sarmiento 3: Río Sarmiento en Arroyo los Reyes, tel. 11 45 12 44 96, wo.-zo. 10-18 uur.
Museo del Mate 5: Lavalle 289, tel. 11 45 06 95 94, elmuseodelmate.com.ar, wo.-zo. 11-18 uur, AR-$ 25.
Museo de Arte Tigre 6: Av. Victorica 972, tel. 11 45 12 45 28, www.mat.gob.ar, wo.-vr. 9-19, za., zo. 12-19 uur, AR-$ 75, rondleidingen wo., vr. 11, 17, za., zo. 13, 15, 17 uur.

WINKELEN

Puerto de Frutos 1: Río Luján 1648, tel. 11 45 12 44 93, www.puertodefru tos-arg.com.ar, dag. 10-18 uur.

BOOTTOCHTEN

Bij het **Estación Fluvial 1** kun je kaartjes kopen voor rondvaarten (1 uur AR-$ 100). Je kunt ook een boot met kapitein huren (1 uur vanaf AR-$ 1000).
Remo en Delta 1: www.remoendelta.com.ar. Kanoverhuur 1 uur AR-$ 350, halve dag AR-$ 500, hele dag AR-$ 700. Ook cursussen en verhuur van hutten.
Safari Delta 2: op het station van de Tren de la Costa, Martin Vivanco 1509, tel. 51 11 06 19. Privéboottochten met de nadruk op ecologie, 4-5 uur, AR-$ 1000 per persoon.
Lanchas Taxi Delta 3: Mitre Stand 19, tel. 11 47 31 54 00. Privétochten AR-$ 1500 per uur (tot 6 pers.).

ETEN EN DRINKEN

Restaurante Favela 1: Arroyo Santa Rosa, tel. 11 49 54 08 92, www.favela-delta.com.ar, wo.-ma. 10-19 uur. Eenvoudige gerechten.

Uitneembare kaart: 4, A/B 1 | Vervoer per **trein** zie boven

#15

Even naar Uruguay – **Colonia en Montevideo**

Een moderne veerboot brengt je in vijf kwartier naar de kleine buurman Uruguay. Daar bezoek je twee hoogtepunten: het UNESCO Werelderfgoed-stadje Colonia del Sacramento en de hoofdstad Montevideo.

Na aankomst in de haven van Colonia kun je het beste naar het busstation voor een stadsplattegrond en een kaartje voor een bus naar Montevideo zo'n twee, drie uur later.

De prentenboekstraatjes van Colonia

Loop daarna eerst in noordelijke richting naar de **Playa del Rowing**, waarnaast een leuke *feria artesanal* plaatsvindt. Als je langs de baai naar het westen loopt, kom je bij de jachthaven, waar de **boulevard** aan de Río de la Plata begint. De beste indruk van de ligging van de stad krijg je vanuit de vuurtoren (1857), die je al van ver ziet staan. De kleurrijke zaak van de Braziliaanse kunstenaar

De zogenaamde murgas zijn een vast onderdeel van het Uruguyaanse carnaval. De door trommels begeleide zanggroepen treden op tijdens de talloze carnavalsevenementen.

Eduardo op de **Plaza Mayor** aan de voet van de vuurtoren staat vol curiosa uit de hele wereld. Voor je verder reist naar Montevideo, is het tijd voor een stevige lunch. Bijvoorbeeld bij bistro **El Drugstore** op het pleintje tegenover de basiliek – met een heerlijk authentiek sfeertje.

Montevideo aan zee

Na een relaxte busrit van zo'n drie uur door de pampa van Uruguay bereik je de 1,4 miljoen inwoners tellende metropool Montevideo, aan drie kanten omgeven door water. Je kunt vanaf het busstation het beste een taxi nemen naar de **Playa de los Pocitos** 1. Het mooie, halvemaanvormige strand wordt weleens vergeleken met de Copacabana in Rio de Janeiro. In de zomer is een duik in het water heerlijk verfrissend! De Rambla, de strandboulevard, loopt volledig om het schiereiland Punta Carretas heen tot de oude stad. De route via de Calle 21 de Septiembre is interessanter. Deze voert via het **Parque Rodó** met zijn mooie meer en talloze beelden naar de **Playa Ramirez** 2.

B
BADPAK

Vergeet je badpak niet! In en rond Montevideo vind je tal van **leuke strandjes**. Gooi dus vooral je zwemspullen in je citytriptasje.

Mars door de lawaaiige binnenstad

Laat je door een taxi door het koloniale stadsdeel Palermo naar de **Intendencia** 3 rijden, het stadhuis. Vanaf het uitkijkplatform hiervan *(mirador)* kun je de fascinerende kustlijn vanboven bewonderen. Loop vervolgens via de Avenida 18 de Julio in westelijke richting. Wil je even ontsnappen aan de hectische en vooral lawaaiige hoofdstad, loop dan even naar de fontein op het **Plaza del Entrevero** 4 om weer helemaal zen te worden. Drie stratenblokken verder kom je op de **Plaza de la Independencia** 5, het 'hoofdplein' van het land met het ruiterstandbeeld van José G. Artigas, de bevrijder van Uruguay. Het imposante **Palacio Salvo** 6 aan de oostkant van het plein doet denken aan het Palacio Barolo in Buenos Aires (▶ blz. 26). Dat is natuurlijk geen toeval: beide gebouwen werden ontworpen door dezelfde excentrieke architect, Mario Palanti.

V
VEILIGHEID

Verlaat de oude stad voor de zekerheid voor het donker wordt. Er zijn de laatste jaren weliswaar **vijfhonderd bewakingscamera's** opgehangen, of deze maatregel werkt, is nog niet duidelijk.

8 x 12 blocks historische binnenstad

Uiteindelijk passeer je de **Puerta de la Ciudadela** 7 en betreed je de Ciudad Vieja, de kleine, maar erg fijne oude stad van Montevideo. In de voetgangerszone **Peatonal Sarandí** 1 stuit je al gauw

VERVOER

In lange weekends en vakanties kunnen de veerboten al vroegtijdig vol zitten. Het is dan ook handig vooraf een ticket te kopen. Dat kan online. De veren van Buquebus (► blz. 111) naar Colonia vertrekken van de Dársena Norte in Puerto Madero. Met de snelboot (Buque Rápido) duurt de overtocht 75 min. Tickets kun je boeken op www.buquebus.com (Engels), enkeltje vanaf US-$ 50. De bus rijdt in ongeveer 3 uur van Colonia naar de Terminal Tres Cruces in Montevideo (enkeltje vanaf UR-$ 250, www.trescruces.com.uy). Terug kun je rechtstreeks van Montevideo naar Buenos Aires (2 uur en een kwartier, laatste afvaart 19.30 uur, vanaf US-$ 90).

INFO EN OPENINGSTIJDEN

Intendencia 3: Av. 18 de Julio 1360, Mirador ma.-vr. 10-17 uur, rondleiding ma.-vr. 11.15, 14, za., zo. 11.15 uur.
Museo del Carnaval 11: Rambla 25 de Agosto 1825, tel. 598 29 15 08 07, www.museodelcarnaval.org, apr.-nov. do.-zo. 11-17, dec.-mrt. ma.-zo. 11-17 uur, UR-$ 120.

ETEN EN DRINKEN

Librería Puro Verso 1: Sarandí 675, tel. 598 29 01 64 29, www.libreriapuroverso.com, ma.-vr. 10-20, za. 10-18 uur.
Café Brasilero 2: Ituzaingó 1447, tel. 598 29 17 20 35, ma.-vr. 9-20, za. 9-18 uur.
Mercado del Puerto 3: Piedras 237, www.mercadodelpuerto.com, dag. 9-17 uur. Naast alle bergen uitstekend gegrild vlees zijn voor de kleine(re) honger de heerlijk gevulde empanada's (ook vegetarisch) van Carolina een aanrader (standje 20).

OVERNACHTEN

Posada al Sur 1: Pérez Castellano 1424, tel. 598 29 16 52 87, www.posadaalsur.com.uy, 2 pk vanaf US-$ 45. Dit kleine hostel is perfect voor een of twee nachtjes Montevideo. Vanaf het dakterras van het eind 19e-eeuwse gebouw kijk je uit over de koloniale panden van de stad en ver over de baai. Het hotel legt zich nadrukkelijk toe op duurzaam toerisme.

Uitneembare kaart: 4, C/D 1/2 | Vervoer zie boven

Als er geen politieke leuzen op zijn gekalkt is er op de muren van Montevideo plek voor streetart, zoals hier in de Ciudad Vieja.

op boekhandel **Librería Puro Verso** 1. De metershoge boekenkasten vormen een mooi geheel met het prachtige art-nouveau-interieur. Loop op de Peatonal Sarandí verder tot de Plaza de la Constitución, waar de **kathedraal** 8 ondanks zijn eenvoudige voorkomen alle aandacht trekt. Een block ernaast vind je **Café Brasileiro** 2. Een van de stamgasten was tot zijn dood in 2015 auteur Eduardo Galeano, die wereldroem vergaarde met *Las venas abiertas de América Latina* (*De aderlating van een continent*). In dit boek uit 1971 analyseert Galeano de geschiedenis van Zuid-Amerika van de tijd van de Europese kolonisten tot de jaren 60. Het werd om zijn linkse perspectief verboden tijdens de militaire junta's in Brazilië, Argentinië, Chili en Uruguay (zie kader rechts).

Kijk tijdens het wandelen vooral vaak naar links en rechts in de smalle straten met huizen in koloniale stijl. Aan het eind van de Peatonal Sarandí zie je alleen de horizon – de oude stad van Montevideo wordt bijna volledig 'omspoeld' door de Río de la Plata. De straat eindigt in de ver de Río de la Plata in stekende kademuur **Muelle de Sarandí** 9. Vandaar zie je de 125 m hoge **Monte** 10, de heuvel met het fort aan de overkant van het water die de stad zijn naam heeft gegeven. Loop terug op de Peatonal Sarandí en ga na 300 m links de **Calle Pérez Castellano** 2 in. Aan het einde van deze straat stuit je op de markthal in de haven, de **Mercado del Puerto** 3, waar het altijd een drukte van belang is. Laat je verrassen door wat er allemaal voor heerlijks te koop is bij de kleine standjes in de hal. Pal ernaast bevindt zich het **Museo del Carnaval** 11. Hier kun je alles te weten komen over de lange geschiedenis van hét volksfeest van Uruguay.

▶ LEESVOER

Als je het boek al eens hebt gelezen, moet je dat voor je reis nog eens doen, als je het niet kent, is dit de tijd het te kopen. In **De aderlating van een continent** (1971) toont Eduardo Galeano op indrukwekkende wijze aan hoe de industrialisatie van Europa rechtstreeks gefinancierd werd door de exploitatie van grondstoffen en menselijke hulpbronnen in Latijns-Amerika. In de woorden van Galeano: 'Wij Latijns-Amerikanen zijn arm omdat de grond waarop we lopen rijk is.'

H HEILIG VEER

Papa Francisco, paus Franciscus, heet een van de veerboten die varen tussen Buenos Aires en Montevideo. Met 58 knopen (107 km/h) is het een van de snelste catamarans ter wereld.

ENTREEBEWIJZEN voor een andere wereld …

Behalve het MACBA (▸ blz. 43) zijn er in Buenos Aires talloze andere musea. Dit zijn mijn persoonlijke favorieten.

MAAR BESLIS VOORAL ZELF!

Museo de Arte Latinoamericano de Buenos Aires (MALBA)
do.-ma. 12-20, wo. 12-21 uur, AR-$ 170, wo. AR-$ 85

○ JA ○ NEE

Museum van wereldklasse dat Latijns-Amerikaanse kunst van het begin van de 20e eeuw tot nu laat zien. Ook gerenommeerde tijdelijke tentoonstellingen. In de museumwinkel is veel Argentijns design te koop.

🕮 D 4, www.malba.org.ar

Centro Cultural Kirchner
vr.-zo. 14-24 uur, entreeprijs afhankelijk van tentoonstelling

○ JA ○ NEE

Het acht verdiepingen tellende gebouw uit 1928 was ooit het hoofdpostkantoor. Het cultureel centrum is vernoemd naar voormalig president Néstor Kirchner. Interessante exposities en evenementen.

🕮 kaart 2, G 8, www.cck.gob.ar

Museo de Ciencias Naturales
dag. 14-19 uur, AR-$ 100

○ JA ○ NEE

Het Argentijnse natuurhistorisch museum toont in thematisch ingedeelde ruimtes opgezette dieren uit Zuid-Amerika en skeletten en fossielen uit de oertijd. In het aquarium zijn vissen en amfibieën te zien.

🕮 kaart 3, B/C 2, www.macn.gov.ar

Museo de Arte Hispanoamericano
di.-vr. 13-19, za., zo. 11-19 uur, AR-$ 10, wo., do. toegang gratis

○ JA ○ NEE

Zilverwaren, schilderijen en meubels uit de 16e-18e eeuw. Een van de hoogtepunten is een collectie antieke violen, de oudste uit 1690. Bezienswaardig is ook het koloniale gebouw waarin het is ondergebracht.

🕮 kaart 2, F 6

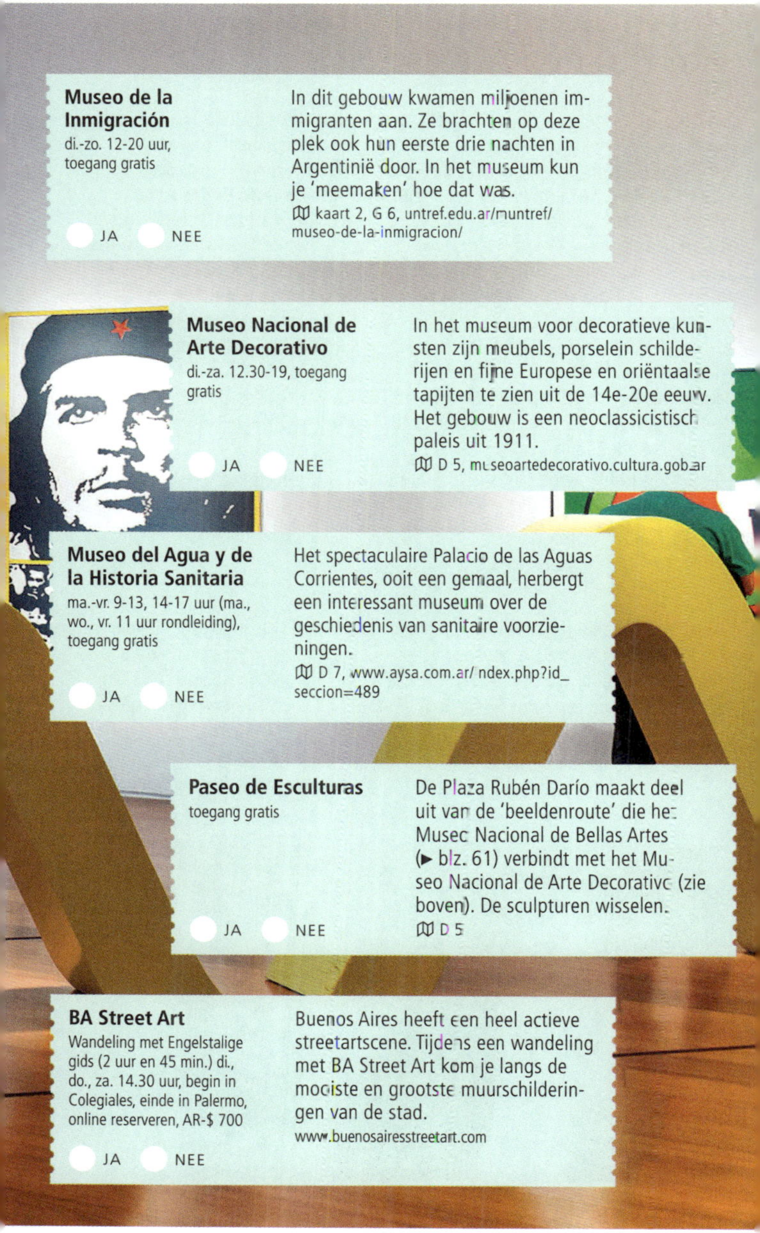

Museo de la Inmigración
di.-zo. 12-20 uur, toegang gratis

In dit gebouw kwamen miljoenen immigranten aan. Ze brachten op deze plek ook hun eerste drie nachten in Argentinië door. In het museum kun je 'meemaken' hoe dat was.
kaart 2, G 6, untref.edu.ar/muntref/museo-de-la-inmigracion/

JA NEE

Museo Nacional de Arte Decorativo
di.-za. 12.30-19, toegang gratis

In het museum voor decoratieve kunsten zijn meubels, porselein schilderijen en fijne Europese en oriëntaalse tapijten te zien uit de 14e-20e eeuw. Het gebouw is een neoclassicistisch paleis uit 1911.
D 5, museoartedecorativo.cultura.gob.ar

JA NEE

Museo del Agua y de la Historia Sanitaria
ma.-vr. 9-13, 14-17 uur (ma., wo., vr. 11 uur rondleiding), toegang gratis

Het spectaculaire Palacio de las Aguas Corrientes, ooit een gemaal, herbergt een interessant museum over de geschiedenis van sanitaire voorzieningen.
D 7, www.aysa.com.ar/index.php?id_seccion=489

JA NEE

Paseo de Esculturas
toegang gratis

De Plaza Rubén Darío maakt deel uit van de 'beeldenroute' die het Museo Nacional de Bellas Artes (► blz. 61) verbindt met het Museo Nacional de Arte Decorativo (zie boven). De sculpturen wisselen.
D 5

JA NEE

BA Street Art
Wandeling met Engelstalige gids (2 uur en 45 min.) di., do., za. 14.30 uur, begin in Colegiales, einde in Palermo, online reserveren, AR-$ 700

Buenos Aires heeft een heel actieve streetartscene. Tijdens een wandeling met BA Street Art kom je langs de mooiste en grootste muurschilderingen van de stad.
www.buenosairesstreetart.com

JA NEE

Het museumlandschap van Buenos Aires

Buenos Aires heeft zo'n beetje elk soort museum dat je je maar kunt voorstellen. Of het nu gaat om wetenschap, kunst, geschiedenis of etnologie – zelfs aan humor is een heel museum gewijd. Bezoek in elk geval het **MALBA** (► blz. 78) en het **Museo Nacional de Bellas Artes** (► blz. 61). Bijna alle musea in Buenos Aires zijn gratis of in ieder geval goedkoop te bezoeken. De eenvoudigste manier om ze te leren kennen is via een wandeling op de **Milla de los Museos**, een route door Retiro, Recoleta en Palermo. Daarnaast is er de **Milla Cultural del Sur**, een andere 'museummijl' langs tien musea en culturele centra ten zuiden van de binnenstad. Informatie en brochures zijn verkrijgbaar bij de toeristeninformatie (► blz. 113).

Museumgids: de 207 pagina's dikke Guía de Museos is gratis te downloaden via www.buenosaires.gob.ar/museos/red of voor AR-$ 75 te koop bij de diverse musea.

Openingstijden: sommige musea zijn alleen in het weekend of 's middags geopend, de meeste zijn maandag gesloten.

MUSEUMNACHT

Net als veel andere steden wereldwijd heeft ook Buenos Aires een Museumnacht, de **Noche de los Museos** – een absoluut feest voor alle zintuigen. De cultuurliefhebber wordt deze nacht in zo'n tweehonderd musea en culturele centra verwend met muziek, theater, filmvoorstellingen en bijzondere exposities. Leuk zijn ook de speciaal voor kinderen georganiseerde workshops en andere evenementen. De toegang is gratis, veel openbaar vervoer die nacht ook. De Noche de los Museos vindt elk jaar plaats in november, zie www.lanochedelosmuseos.gob.ar.

In het MALBA is niet alleen Zuid-Amerikaanse kunst te zien: tijdens speciale exposities passeren ook andere streken de revue. Hier: Japanse kunst van Yayoi Kusama.

Voetbalhoofdstad van de wereld

Al tijdens het aanvliegen van Buenos Aires kun je zien hoe belangrijk voetbal hier is. De grootste bouwwerken van de stad zijn geen kathedralen of congrescentra, maar de in bonte clubkleuren beschilderde, fel verlichte voetbalstadions. Als je een voetbalwedstrijd bezoekt, zullen de trommels, trompetten en liedjes van de fans na uren nog steeds in je oren weerklinken.

Maradona's cultclub

CA Boca Juniors 🕮 G 11

Het stadion van de club uit La Boca wordt liefdevol La Bombonera genoemd, de bonbondoos of snoeptrommel (► blz. 48) – de officiële naam is Estadio Alberto J. Armando. Bij een bezoek aan het aangesloten Museo de la Pasión Boquense is een bezichtiging van het stadion inbegrepen, tijdens een viptour mag je zelfs de kleedkamers in.

Brandsen 805, tel. 11 43 62 1100, www.museoboquense.com, ma.-vr. 10-18, laatste entree 17.30 uur, gesloten bij thuiswedstrijden, toegang incl. stadionbezoek AR-$ 320, viptour incl. kleedkamers AR-$ 410

De rivaal van Boca

CA River Plate 🕮 kaart 3, B 1

De club met de markante rode diagonale streep op het witte shirt speelt in het grootste stadion van het land; er is plek voor 67.664 fans. In het in 1938 geopende Estadio Monumental in het noorden van Buenos Aires werd Argentinië in 1978 voor het eerst wereldkampioen – ten koste van Nederland. In het museum zijn bekers en clublegendes te bewonderen.

Pte. Figueroa Alcorta 7597, tel. 11 47 88 12 00, www.cariverplate.com.ar, metro: Tucuman, dag. 10-19 uur (behalve wedstrijddagen), vanaf AR-$ 200

Professionele begeleiding

Tangol

De veiligste manier om een wedstrijd te bezoeken, is begeleid door een gids van Tangol. Je wordt opgehaald bij je hotel, bekijkt de wedstrijd met een kenner en wordt weer netjes thuisgebracht. De leukste wedstrijden om te bezoeken zijn die van Boca Juniors en River Plate, de twee bekendste clubs van het land – een clash tussen de twee aartsrivalen is natuurlijk helemáál lekker.

Florida 971, Shop 31, metro: General San Martín; filiaal op Defensa 831, metro: Independencia, tel. 11 43 63 60.00, www.tangol.com, vanaf US-$ 200

Traditierijke voetbalkroeg

Locos por el Fútbol 🕮 D 6

Een instituut in Recoleta en daarom een goede plek om (andere) voetbalfans te ontmoeten – niet alleen uit Argentinië of andere Zuid-Amerikaanse landen, maar van over de hele wereld. De vele biersoorten smaken nog beter tijdens de soms verhitte, maar altijd vriendelijke discussies met clubgenoten en rivalen. Uiteraard is er altijd voetbal te zien op de vele grote schermen.

Av. Las Heras 2101, tel. 11 48 07 37 77, www.locosxelfutbol.com.ar, metro: Las Heras, di.-zo. vanaf 18 uur

Tussen de voetbalfanaten

La Glorieta de Quique 🕮 G 11

Een eenvoudige parrilla recht tegenover La Bombonera en de ingang van het Museo de la Pasión Boquense. Er komen dan ook veel Argentijnse toeristen, maar de service is prima en de typische vleesgerechten erg lekker. Een goede plek om eens een *choripan* te proberen, een broodje met pittige chorizo.

Brandsen 810, tel. 11 43 01 64 70, ma.-za. 12-17 uur, zo. alleen bij thuiswedstrijden

Bailamos tango!

Vele wegen leiden naar de ziel van Argentinië, maar er is er maar een zo mooi en gevoelig – en zo vol tegenstellingen – als die via de muziek. Dompel je onder in de dans van Buenos Aires, want niets omschrijft de psyche van Argentinië zo toepasselijk als de tango.

Historische sfeer

Bar Los Laureles kaart 3, D 3

De bar notable Los Laureles is een instituut in Barracas, een van de traditierijkste wijken in het zuiden van Buenos Aires. Op donderdag- en zaterdagavond worden *milonga's* georganiseerd, tangodansevenementen. Meestal begint zo'n avond met lessen, daarna wordt tot diep in de nacht gedanst. Op de milonga's komen jong en oud af, het publiek is zo kleurrijk als de bar zelf. Op vrijdag vindt de Peña de Cantores plaats, waarbij zowel bekende als beginnende zangers en muzikanten optreden. Ook als je niet wil dansen, zijn de tango-avonden hier absoluut de moeite waard, al is het maar vanwege het uitstekende Argentijnse eten. Reserveren aanbevolen.

Av. Gral. Iriarte 2290, tel. 11 43 03 33 93, www.barloslaureles.com.ar, trein: Línea Roca, Estación Yrigoyen, tangoles do., za. 19.30 uur

Niet te missen

La milonga del Indio 2, G 10
▸ blz. 42

Tussen de Porteños

Milonga Práctica Parque Patricios C 12

Een van de bekendste culturele evenementen van het stadsdeel Practica Patricios. Bijzonder is dat de organisatoren geen enkele subsidie krijgen. Elke zaterdag transporteren vrijwilligers uit de buurt geluidsapparatuur en planken voor de dansvloer naar het park en bouwen de milonga op en later weer af. Dezelfde mensen organiseren ook het tangofestival van de wijk, het Festival Parque Patricios Tango Popular. Daarnaast geven ze gratis tangolessen op scholen. De gemeenteraad van Buenos Aires gaf de milonga het predikaat Actividad de Interés Social y Cultural – evenement van bijzondere culturele en sociale betekenis. Verwacht een dag met nauwelijks toeristen, maar des te meer mate en liefdevolle *abrazos* (omhelzingen).

Av. Caseros 3000, metro: Parque Patricios, za. vanaf 16 uur

In het park van Belgrano

El Bailongo de la Glorieta de Belgrano kaart 3, B 1

In het spierwitte paviljoen op de heuvel van het park tegenover Estación Belgrano C komen elk weekend buurtbewoners en andere tangoliefhebbers bij elkaar. Je kunt deze milonga prima combineren met een verkenning van de kleine Chinatown, die vlak bij het parkje ligt. Alleen bij goed weer.

11 de Septiembre 1900, Plaza Barrancas de Belgrano, tel. 15 49 38 56 45, metro: Juramento, za.-zo. 20-23.30 uur

Alternatieve scene

Zona Tango

De Zona Tango is een alternatief voor de klassieke milonga – sommige mensen noemen het zelfs een tegenbeweging. Jonge mensen komen op onregelmatige tijden (maar vaak op woensdag) bij elkaar in een privéresidentie – vaak in San Telmo. Daar wordt dan op het terras of het dak tango gedanst, terwijl in andere vertrekken livemuziek wordt gespeeld uit verschillende genres. Soms worden omliggende huizen gebruikt als 'doek' voor lichtkunst. De sfeer is altijd uitbundig en de feestvierders staan altijd open

Tango is niet alleen een dans, het is een soort bewegende meditatie. Wie hem danst, moet zichzelf, de ander, de muziek en de ruimte voelen.

voor nieuwe 'deelnemers'. Natuurlijk wordt ook gezorgd voor een hapje en een drankje – hier en daar stijgt ook vaak de geur van marihuana op.
tel. 11 59 38 25 69, wisselende locaties en tijden, info via zonatangomilonga@gmail.com

Tangocursussen

Club Alemán kaart 2, G 7/8

Elke maandag van 18.30 tot 20.30 uur geven de professionele dansleraren Karen en Luciano cursussen op de 21e en 22e verdieping van de Duitse vereniging van Buenos Aires. Alleen al het fantastische uitzicht op de lichtjes van de stad is de moeite waard – dat en het feit dat je wordt vergeven wanneer je niet meteen de maat te pakken hebt. Honger gekregen van de inspanningen? Het clubrestaurant is uitstekend.
Av. Corrientes 327, tel. 11 43 11 07 16, www.clubaleman.com.ar, metro: Leandro N. Alem, aanmelden eventos@clubaleman.com.ar, AR-$ 150

Eerste stapjes

Privélessen

Wil je je eerste tangostapjes liever zetten zonder de druk te voelen van medecursisten die het misschien sneller onder de knie hebben? Er zijn door heel Buenos Aires talloze tangoscholen die privélessen geven. Reken voor een uurtje les op zo'n US-$ 50-60 per koppel – en reken er ook op dat je er met een uurtje niet bent. Googel op 'private tango lessons Buenos Aires' of kijk voor een (niet complete) lijst scholen op turismo.buenosaires.gob.ar/en/article/tango-schools

O
OVERIGENS

Op www.hoy-milonga.com wordt een groot deel van de dagelijkse tango-evenementen opgesomd. Ze worden gehouden in clubs, bij verenigingen, op pleinen, in parken en in privéresidenties. De sfeer is altijd relaxed, de tangueros en tangueras een kleurrijke dwarsdoorsnede van Porteños. Milonga's voor insiders!

Pauze, even rebooten

Het is onmogelijk om Buenos Aires niet inspannend te vinden. Gelukkig is op veel plekken ook óntspanning te vinden, en die is vaak nog gratis ook! Zo kun je de verkenning van deze vaak overweldigende metropool afwisselen met verkwikkende rustmomenten.

Zoals in vroeger tijden

Bar Británico G 10 (San Telmo)
Bij Bar Británico heerst altijd een ontspannen sfeertje. De vooral mannelijke bezoekers lezen een krant of bedenken grootse plannen. Doe vooral mee met het grote nietsdoen! En wordt het je toch te druk, dan steek je gewoon de straat over naar de Bar Hipopótamo. Deze twee bares notables horen bij de Patrimonio Cultural de la Ciudad de Buenos Aires, het culturele erfgoed van de stad.

Av. Brasil 399, tel. 11 43 61 21 07, metro: Constitución, dag. 6-3 uur

W WELLNESS

Je laten verwennen en tegelijk genieten van het uitzicht op de stad: in twee chique hotels kunnen ook niet-gasten zich onderdompelen in een spectaculair wellnessaanbod. In de spa op de 23e verdieping van **Hotel Panamericano** kun je relaxen in of bij het zwembad terwijl je neerkijkt op de Obelisco en de Avenida 9 de Julio (kaart 2, F 7, Carlos Pellegrini 551, tel. 11 43 48 50.00, www.panamericano.us, metro: Carlos Pellegrini, halve dag AR-$ 500). Op de twee bovenste etages van het **Alvear Art Hotel** kun je in de spa tussen je rondjes sauna genieten van een topuitzicht op de stad (kaart 2, F 7, Suipacha 1036, tel. 11 41 14 34 00, www.alvearart.com, metro: General San Martín, dag. 6-22 uur, dagkaart AR-$ 570).

Maritieme ontspanning

Muelle del Club de Pescadores
D 3 (Palermo)
Buenos Aires ligt dan wel aan de Río de la Plata, er zijn maar weinig plekken waar je toegang hebt tot het water. Des te verrassender is de pier aan de Avenida Costanera Rafael Obligado, die meer dan 500 m in de rivier steekt. Hierop bevindt zich het clubhuis van de Club de Pescadores, de vissersvereniging. Op de pier mogen leden van de club vissen. Hoe verder je 'de zee op' wandelt, hoe rustiger het wordt – zelfs het nabijgelegen vliegveld stoort je niet meer.

Av. Costanera Rafael Obligado s/n, bus 21, 28, 33, 117

Schaduwrijk pleintje

Fuente de la Primavera B 5 (Palermo)
De botanische tuin is dan geen oase van rust (▶ blz. 67), op een bankje tussen het groen kun je prima een middag doorbrengen en bijtanken. Bij de fontein met de nimf, de zogenaamde lentebron, in de Franse tuin rechts van de hoofdingang glinstert het wateroppervlak in het zonnetje en hier en daar trippelen katjes voorbij die worden gevoerd door parkbezoekers.

Av. Sante Fé 3951, metro: Plaza Italia, dag. 8-18 uur, toegang gratis

Koffie en boeken

Eterna Cadencia A 5 (Palermo)
Boekwinkel met een goed assortiment en een charmant café. Je kunt hier urenlang lezen onder het genot van een

In de spa van Hotel Panamericano kun je een paar uur wentelen in alle luxe.

lekkere kop koffie. Vergeet daarbij niet af en toe omhoog te kijken naar de lampengalerie – natuurlijk ook met lampen van papier. Als je de smaak te pakken hebt gekregen, kun je je inschrijven voor een cursus Argentijnse literatuur of deelnemen aan een lezing.

Honduras 5574, tel. 11 47 74 41 00, www.eternacadencia.com, metro: Palermo, ma.-vr 11.30-21, za., zo. 11.30-20 uur

In het mooie San Isidro

Villa Ocampo kaart 4, B 1 (San Isidro)

San Isidro is een van de welvarendste wijken van Buenos Aires. Tijdens een bezoek aan de Villa Ocampo krijg je een goed beeld van het dagelijkse leven in dit deel van Buenos Aires. De Villa met park was eigendom van Victoria Ocampo, die als goed opgeleide en rijke grande dame in de 20e eeuw schrijvers, kunstenaars en intellectuelen om zich heen verzamelde. In het statige huis vermaakte ze haar gasten. Tijdens de wandeling van het Estación Béccar, op de route van de trein van Retiro naar Tigre, naar de villa kom je langs een aantal straatjes met mooie huizen. Wat je aan de voorkant niet kunt zien, zijn de zwembaden in de tuinen achter de huizen – een luxe die in de 21e eeuw heel gewoon is geworden bij de upper class. Blijf zeker in de villa tot de afternoon tea, de Té La Gran Ocampo, die tussen 15.30 en 18 uur wordt geserveerd in de bistro.

Elortondo 1811, tel. 11 47 32 49 88, www.unescovillaocampo.org/web/en, trein: Estación Béccar, vr.-zo. en feestdagen 12.30-19 uur, AR-$ 90, rondleidingen vr. 15, 17, za., zo., feestdagen 14, 16, 17 uur, Té La Gran Ocampo voor twee personen AR-$ 790, met glas bubbels AR-$ 900

Midden in de natuur

Reserva Ecológica Municipal Ribera Norte kaart 4, B 1 (San Isidro)

Op de 1200 m lange wandelroute van het park aan de oever van de Río de la Plata kun je meer dan 320 inheemse plantensoorten zien en 250 verschillende soorten vogels, amfibieën en reptielen observeren. De beste plek om dat te doen is het uitkijkpunt aan de lagune. Daarnaast zwermen er tachtig soorten vlinders door het park.

La Ribera 480, trein: Barracas, tel. 11 45 12 31 25, ma.-vr. 9-18, za., zo. 9-19 (in de winter 18) uur, rondleidingen za., zo. zomer 17, winter 16 uur, gratis, gesl. na hevige regenval als de wegen niet begaanbaar zijn en bij heftige 'sudestada' – een plotselinge verandering van de windrichting met heftige regenbuien, voornamelijk in juli-okt.

Niet goedkoop, maar chic

Er is geen accommodatiesoort in Buenos Aires die de laatste jaren zo'n *boom* heeft gekend als het boektiekhotel met zijn altijd weer verrassende design. Omdat het aantal kamers in dit soort onderkomens in de regel beperkt is, wordt persoonlijk contact makkelijker. Voor deze luxe en gezelligheid moet je wel flink in de buidel tasten, maar slapen is in Buenos Aires sowieso niet goedkoop.

Natuurlijk zijn de talrijke luxehotels uitgerust met alle denkbare comfort. Het Plaza Hotel aan de Plaza San Martín, het Alvear Palace en het Park Hyatt in het Palacio Duhau in Recoleta respectievelijk Retiro zijn sfeervolle, zij het ietwat stijve exponenten van een andere tijd.

Als je niet zo veel geld te besteden hebt of je simpelweg een tijdje een Porteño wilt voelen, is een kamer (vanaf € 35) of liever een huis of appartement (vanaf € 100) in bijvoorbeeld Palermo een beter idee (bijvoorbeeld via www.airbnb.nl). Professionele aanbieders hebben (ook via Airbnb) vaak een hele rits exclusieve appartementen ter beschikking, meestal erg leuk en creatief ingericht.

De allergoedkoopste slaapplekken vind je bij www.couchsurfing.org of in een hostel. Sinds de ineenstorting van de peso in 2002 is hun aantal geëxplodeerd. Er zijn nu zo'n honderd hostels. De meeste zijn met cool design ingericht en hebben een relaxte sfeer. De kamers zijn meestal ruim en de gezamenlijke ruimte is niet beperkt tot een keukentje: bijna alle hostels hebben grote lounges en vele een dakterras.

Het stikt in Buenos Aires van de hippe boetiekhotels met leuke designdetails.

DE MOOISTE PLEKKEN OM TE LOGEREN

In een metropool van de buitencategorie zoals Buenos Aires is de keuze van de wijk natuurlijk van een niet te onderschatten belang. De mooiste (en veiligste) locatie voor je accommodatie is tussen het Plaza San Martín in **Retiro** en de botanische tuin in **Palermo**, het beste noordelijk tot de Avenida Santa Fe en zuidelijk tot de Avenida Córdoba. Het aanbod varieert van traditierijke luxehotels en gezellige boetiekhotels tot prachtige huizen en appartementen via Airbnb en dergelijke.

Groene oase in het centrum

Casa Calma kaart 2, F 7 (Microcentro)

Een van de weinige hotels die zich hebben toegelegd op duurzaamheid. De eigenaren, die eerder al een bekroond hotel in Palermo hadden, creëerden in 2008 midden in het centrum een eco-hotel met vooruitstrevende technologie. De complete faciliteit is gecertificeerd als milieuvriendelijk en bestaat uit gerecyclede en ecologisch verantwoorde materialen. Het gebouw wordt omgeven door planten, die fungeren als natuurlijk filter en bijdragen aan de groene balans. Voor de ramen en op de balkons van de zeventien in felle kleuren uitgedoste kamers (alle uiteraard rolstoelvriendelijk) groeien wilde-wijnranken.

Suipacha 1015, tel. 11 43 12 50.00, www.casacalmahotel.com, metro: General San Martín, 2 pk vanaf US-$ 160

Centraal en betaalbaar

Art Factory on Tap kaart 2, F 8 (Microcentro)

Tweepersoonskamers, maar ook gedeelde kamers met stapelbedden rond een mooie binnenplaats. Sommige hebben ook een balkon, het uitzicht is niet altijd even mooi. Wel uitstekend zijn de prijs-kwaliteitverhouding en de ligging op twee blocks van de Plaza de Mayo en 400 m van de Obelisco. Veel streetart en een hippe bierbar.

Gral. Juan Domingo Perón 838, tel. 11 52 46 94 77, www.artfactoryhostels.com.ar/en/hostels/on-tap, metro: Diagonal Norte, 2 pk vanaf US-$ 40

Centraler is niet mogelijk

La Fresquè kaart 2, F 8 (Microcentro)

Hotel in een historisch gebouw op de kruising van de twee bekendste straten van de stad, de Avenida 9 de Julio en de Avenida de Mayo. Het is dus wel raadzaam om je kamer te checken op lawaai voor je je koffer uitpakt. Het pand uit het begin van de vorige eeuw kent talloze interessante details. In het restaurant op de begane grond huist zelfs een archeologisch museum. Beroemde gasten van het hotel waren de Spaanse filosoof José Ortega y Gasset, de Franse architect Le Corbusier en de Amerikaanse president Theodore Roosevelt.

Av. de Mayo 984, tel. 11 43 31 36 15, www.lafresquehotel.com, metro: Av. de Mayo, 2 pk vanaf US-$ 50

> **JE EIGEN PLEKJE**
>
> **BA4U Apartments** heeft een ruime keus designerappartementen in de interessantste wijken. Vele ervan liggen op de hogere etages en bieden mooi uitzicht op de stad (www.ba4uapartments.com). **ByT Argentina** heeft een goede reputatie als het gaat om voordelige en luxueuze accommodatie. Het bestaat niet voor niets al meer dan twintig jaar (www.bytargentina.com). De prijzen voor beide agentschappen liggen tussen US-$ 250 en 500 per week. Andere betrouwbare aanbieders met eersteklas appartementen zijn **For Rent Argentina** (www.4rentargentina.com) en **Oasis** (www.apartmentsba.com).

Midden in San Telmo

Telmho Hotel Boutique kaart 2, G 9/10 (San Telmo)

Negen kamers direct aan de Plaza Dorrego. Vanaf het dakterras kun je uren kijken naar de bedrijvigheid op het plein. De kamers zijn licht en uitgerust zonder veel fratsen. Ook vanuit het bed van een aantal ervan kun je het plein zien. De receptie zit op de eerste verdieping en heeft een kleine bar. 10 % korting bij een verblijf van vier of meer nachten, betaling alleen in US-$.

Defensa 1086, tel. 11 43 07 98 98, www.telmho-hotel.com.ar, metro: San Juan, 2 pk vanaf US-$ 40

Oude stad

Piedras Suites kaart 2, F 9 (San Telmo)

Vijftien volledig uitgeruste, 50 vierkante meter grote woningen op twee verdiepingen met balkon. Ze zijn weliswaar niet meer zo nieuw, maar perfect voor een langer verblijf. De appartementen hebben beneden een kitchenette, eet- en woonruimte, comfortabele banken en een tv, boven zijn de slaapkamer en badkamer. Vanaf het dakterras kijk je uit op San Telmo. Goede prijs-kwaliteitverhouding; bij rechtstreeks contact valt de prijs vaak nog lager uit.

Piedras 906, tel. 11 43 07 46 25, www.piedrassuites.com, metro: Independencia,2 pk vanaf US-$ 60

Levendige geschiedenis

Mansion Dandi Royal kaart 2, F 9 (San Telmo)

Indrukwekkend historisch gebouw met vijf verdiepingen uit 1880 met antieke inrichting en talloze verfijnde details. Kleine binnentuin en op de vijfde verdieping een zwembad. Het aan de tango gewijde viersterrenhotel heeft drie elegante salons voor evenementen. Van maandag tot en met vrijdag worden in de historische milonga op de begane grond tangolessen gegeven. De dertig kamers zijn versierd met mooie muurschilderingen. Er zijn vijf categorieën, van 24 tot 50 vierkante meter. Sommige hebben een balkon, andere niet eens een raam!

Piedras 922/936, tel. 11 43 61 35 37, www.mansiondandiroyal.com, metro: Independencia, DZ vanaf US-$ 65

Conventillo voor vegetariërs

Patios de San Telmo kaart 2, F 9 (San Telmo)

Dit hotel is gehuisvest in een gerestaureerd conventillo, het 'kloostertje' waarin de meeste Argentijnse immigranten in de eerste helft van de 20e eeuw woonden. De gezellige, twee verdiepingen tellende binnenplaats nodigt uit tot relaxen, net als het zwembad op het dak. De kamers, overwegend in warme beige- en bruintonen, komen in drie categorieën: económica (12 vierkante meter), standard (17 vierkante meter) en superior (30 vierkante meter). Het bij het hotel horende restaurant Natural Deli gebruikt alleen natuurlijke en gezonde ingrediënten en heeft tal van vegetarische opties op de kaart staan. In het pand worden ook exposities, tangocursussen en wijnproeverijen georganiseerd.

Chacabuco 752, tel. 11 43 07 04 80, www.patiosdesantelmo.com.ar, metro: Independencia, DZ vanaf US-$ 56

Uitzicht op de begraafplaats

Urban Suites Recoleta E 6 (Recoleta)

Bijna alle eenvoudige, maar prima kamers van dit hotel hebben balkons aan de voorkant. Hoe hoger je kamer ligt (er zijn negen verdiepingen), hoe beter uiteraard het uitzicht op de begraafplaats van Recoleta, die vanboven overkomt als een soort Madurodam. Vanuit de spa op de tiende verdieping kun je zelfs tot de Río de la Plata kijken. De 40 tot 90 vierkante meter grote suites hebben thema's als tango, spa of culinair.

Junín 1727, tel. 11 48 03 23 00, www.urbanrecoleta.com, metro: Las Heras,2 pk vanaf US-$ 140

Een uniek gedicht

Poetry Building D 6 (Recoleta)

Al prachtig aan de buitenkant, maar ga naar binnen en je ontdekt talloze interessante details. Een aantal van de achttien appartementen – van 42 tot 74 vierkante meter groot – hebben een balkon, de penthouses beschikken over een dakterras. Alle kamers hebben een volledig ingerichte keuken en een aparte slaapkamer. Leuk is de kleine, maar goed geoutilleerde bibliotheek. In elke kamer ligt een mobiele telefoon met allerlei voorgeprogrammeerde bezienswaardigheden en andere informatie, zodat je je als gast makkelijk (en zonder hoge roamingkosten) kunt oriënteren in de stad. Muziek komt in de kamer tot je via een iPod en bluetoothspeaker. Op de vierde verdieping is een zwembad met minibar, twee etages hoger bevindt zich een klein, maar fijn terras. Tijdens regelmatige *movie nights* worden films afgespeeld op de buitenmuur van de buren!

Junín 1280, tel. 11 48 27 27 72, www.poetrybuilding.com, metro: Santa Fe,2 pk vanaf US-$ 280 voor 2 nachten (verplicht)

Talloze hotels in San Telmo bevinden zich in historische gebouwen. De mooie binnenplaatsen verschaften in vroeger tijden toegang naar de eenkamervertrekken waar hele families in woonden.

Tuin met zwembad

Home Hotel kaart 3, B 2 (Palermo)
Een oase van rust op een mooie plek in Palermo Hollywood, tussen de leuke restaurants. Het eerste boetiekhotel van Buenos Aires, dat in zijn bedrijfsfilosofie maatregelen heeft opgenomen om zijn ecologische voetafdruk te minimaliseren. Hiertoe horen een ingeperkt gebruik van plastic, individueel in te stellen verwarming en airco en spaarlampen. Het zwembad in de tuin wordt verwarmd door gebruik van zonnepanelen. Versleten handdoeken en linnengoed worden aan maatschappelijke organisaties geschonken. De 22 kamers zijn met veel liefde ingericht door de eigenaren, die hun gasten een echt 'home away from home' willen bieden. De standaardkamers meten 19 vierkante meter, de suites bijna 100. Het hotel heeft een aantal internationale hotelprijzen gewonnen.

Honduras 5860, tel. 11 47 77 76 53, www.homebuenosaires.com, metro: Palermo, 2 pk vanaf US-$ 400 voor 2 nachten (verplicht)

Wijnkenners

Miravida Soho Hotel & Winebar A 5 (Palermo)
Charmant hotel in een statig gebouw uit de jaren 30 in een rustig hoekje van Palermo. Het heeft slechts zes kamers, alle uitgerust met een classy houten vloer en gietijzeren balkons. De badkamers hebben Spaanse tegelvloeren en inloopdouches. Vriendelijk personeel dat graag een stapje extra zet voor speciale wensen. In de kleine tuin en in de wijnbar in de kelder kun je heerlijk proeven van typisch Argentijnse wijnen van de malbec- (rood) en torrontés-druiven (wit).

Darregueyra 2050, tel. 11 47 74 64 33, www.miravidasoho.com, metro: Plaza Italia, 2 pk vanaf US-$ 175

De wereld op je bord

Buenos Aires is samen met de Peruaanse hoofdstad Lima het culinaire mekka van Zuid-Amerika – en de restaurantscene is net zo divers als de achtergrond van de Porteños. Er is geen voor een land typisch gerecht te vinden dat niet ergens in Buenos Aires wordt geserveerd. Alomtegenwoordig is natuurlijk de eigen Argentijnse keuken met als nationaal gerecht de steak.

Een typisch ontbijt in Argentinië is vooral één ding: zoet! Schrik dus niet als de ober naast je *café con leche* (koffie verkeerd) ook nog een bordje met twee *medialunas* (zoete croissantjes) op je tafel zet, of nog zoetere gebakjes, *facturas*. Vanaf het middaguur is heel Argentinië aan het rundvlees. In talloze bars en restaurantjes gaan *bife de lomo* (ossenhaas), *bife de chorizo* (entrecote) en *cuadril* (lendebiefstuk) rechtstreeks van de houtskoolgrill *(parrilla)* op een broodje. Wordt het broodje *(pan)* gevuld met *chorizo,* pittige worst, dan heet het een *choripan.* Bij de typische Argentijnse steakhouses, *parrillas,* zie je vaak complete halve runderen boven het open vuur gegrild worden.

Veel cafés openen hun deuren al om 8 uur, sommige nog vroeger, restaurants rond 11.30/12 uur, waarna doorlopend warme gerechten worden geserveerd tot middernacht. De betere parrillas zijn gesloten tussen 15.30 en 19. In eenvoudige tentjes kost een maaltijd je niet meer dan AR-$ 200-300. Voor een hoofdgerecht in een goed restaurant moet je rekenen op minstens AR-$ 400.

Nationaal gerecht nr. 1: de gegrilde rundersteak.

OM ZELF TE ONTDEKKEN

In de hele stad zijn in totaal 74 **bares notables**. Deze bijzondere bars, cafés en restaurants zijn monumenten omdat ze het culturele leven van de stad uitdragen. Wat op hun menukaarten staat, straalt traditie en kwaliteit uit. Een bezoek aan een bar notable is speciaal door de historische sfeer. Er is vast ook een bar notable om de hoek van jouw accommodatie, check maar op deze site met alle bares notables: turismo.buenosaires.gob.ar/es/article/bares-notables.

ZO BEGINT EEN GOEDE DAG IN BUENOS AIRES

Crêperie Française

La Galette 2, F 7 (Microcentro)
Moderne en stijlvol ingerichte crêperie naar Frans voorbeeld. Vele soorten crêpes en goed personeel, maar gepeperde prijzen. Fijne schaduwrijke plekken op het terras.

M.T. Alvear 801, tel. 11 43 13 23 13, www.lagalette.com.ar, metro: General San Martín, ma., di. 8.30-20, wo.-vr. 8.30-23, za. 9.30-16.30 uur, ontbijt vanaf AR-$ 140, salade AR-$ 300

Cultuurcafé

Pani kaart 2, F 7 (Microcentro)
In de foyer van het Centro Cultural Borges kun je in een luxueuze en moderne sfeer – onder antieke kroonluchters – genieten van zoetigheid en heerlijke sandwiches. Op de eerste verdieping worden kunsttentoonstellingen gehouden en kun je een blik werpen op de Galerías Pacífico.

Viamonte 501, tel. 11 45 16 06 65, www.pani.com.ar, metro: Lavalle, ma.-vr. 8.30-21, za., zo. 12-20 uur, ontbijt vanaf AR-$ 200

Duits brood

Hausbrot D 7 (Palermo)
Typisch Duitse bakkerij, zo'n honderd jaar geleden geopend door immigranten. Twintigtal filialen in heel de stad, waar van alles te koop is van volkorenbrood tot pretzels, stollen en *Lebkuchen* – een soort peperkoek.

Av. Santa Fe 3253, Shopping Alto Palermo, metro: Bulnes, www.hausbrot.com, dag. 10-20 uur, brood vanaf AR-$ 200

Geef ons heden...

Le Pain Quotidien kaart 2, G 7 (Puerto Madero)
De eerste winkel van deze inmiddels wereldwijd bekende keten werd in 1990 geopend in Brussel, een paar maanden later kon je het rustieke brood van de Belgische chef-kok Alain Coumont al kopen in tien filialen. Inmiddels zijn het er meer dan tweehonderd over de hele wereld, waarvan negen in Buenos Aires – twaalf als je de buitengebieden meetelt.

Av. Alicia Moreau de Justo 246, tel. 11 43 13 03 32, www.lepainquotidien.com.ar, metro: Plaza de Mayo, ma.-vr 8-24, za., zo. 9-24 uur, brood vanaf AR-$ 300

> **C – CAFÉ-ABC**
>
> Als je voor het ontbijt iets anders wilt drinken dan koffie verkeerd (café con leche), bestel dan een *cortado*, een espresso met een klein beetje melk, of juist een *lágrima*, een traan: warme melk met een scheutje koffie.

Oudgediende

Los Galgos kaart 2, E 7 (Congreso)
Het gebouw, waarin deze bar notable huist, kent een bewogen geschiedenis. Het was onder meer het hoofdkantoor van naaimachinefirma Singer. De historie van het café begon in 1930 – sindsdien heeft elke president er wel een kop koffie gedronken. De originele inrichting van Los Galgos, dat ligt op slechts één block van de Avenida Corrientes, is voor een groot deel behouden gebleven.

Av. Callao 501, tel. 11 43 71 35 61, metro: Callao, ma. 7-20, di.-za. 7-24 uur, sandwiches vanaf AR-$ 375

DUURZAAM GENIETEN

Eerste vegan parrilla

La Reverde Parilla Vegana kaart 2, E 8 (Microcentro)
Het eerste vegan grillrestaurant van Buenos Aires, vlak bij het Plaza del Congreso, heeft alles wat je nodig hebt voor een typisch Argentijnse parrilla. Slechts één ingrediënt ontbreekt: vlees. Maar je geweten blijft heel schoon.

Montevideo 40, tel. 11 43 84 10 93, metro: Sáenz Peña, vr.-zo. 13-17, 20-24, di., do. 13-17, 20-23, wo. 20-23 uur

FEEL GOOD FOOD VOOR IEDEREEN

De laatste jaren is duurzaam eten in Buenos Aires in opkomst en komen er steeds meer ketens die zich in plaats van op fastfood richten op verantwoord eten. Ze bieden meestal lichte, smakelijke gerechten met een prijs die net zo eerlijk is als de gebruikte ingrediënten. De keten **Green Eat** heeft filialen in onder meer de Galerias Pacífico (▶ blz. 22, dag. 10-22 uur; kaart 2, F/G 7, Reconquista 690, ma.-vr. 8-19.30 uur; D 6, Av. Santa Fe 1661, ma.-vr. 10-21 uur, www.greeneat.com.ar, bagels circa AR-$ 150). Voor een goed ontbijt, lekkere snacks en daghappen kun je ook terecht bij **Buenos Aires Verde.** De zaak verkoopt ook biologische producten als olijfolie, koffie en wijn (kaart 3, B 2, Palermo, Gorriti 5657, tel. 11 47 75 95 94, www.bsasverde.com, ma.-za. 9-24 uur, gerechten vanaf AR-$ 200). Bij **Naturaleza Sabia** is de keuken 100 % vegetarisch met vegan opties. Lekkere sapjes, salades en biologische wijnen (kaart 2, G 9, San Telmo, Balcarce 958, tel. 11 43 00 64 54, www.naturalezasabia.com.ar, di.-za. 12-15.30, 20-24 uur, gerechten vanaf AR-$ 200). Op de kaart van **Sattva** staan fairtradegerechten – de eigenaren letten erop dat de hele productieketen milieuvriendelijk is (kaart 2, E 8, Congreso, Montevideo 372 en 446, tel. 11 43 74 51 25, www.sattva.com.ar, metro: Uruguay, ma. 8-18, di.-vr. 8-1, za., zo. 20-1 uur, gerechten vanaf AR-$ 150).

Vers vegetarisch

Artemisia B 7 (Palermo)

Lekker, rustig en betaalbaar vegetarisch restaurant. De innovatieve gerechten, van huisgemaakte pasta tot vis, worden vers bereid, een groot aantal in de wok. De verse gemberlimonade is een aanrader.

Costa Rica 5893, tel. 11 47 73 26 41, www.artemisianatural.com, metro: Ministro Carranza, di.-vr. 10-0.30, za. 10-0.45, zo. 10-17 uur, gerechten vanaf AR-$ 450

Lichte lunch

Konu Bar kaart 2, E 8 (Microcentro)

Vegetarische en vegan empanada's, hummus en burgers. Op doordeweekse dagen kun je voor de lunch niet alleen kiezen van de kaart, maar ook van een uitgebreid buffet. Je betaalt per gewicht. Bij het diner geldt twee halen, één betalen – *dos por uno*.

Perón 1319, tel. 11 43 73 49 76, metro: Sáenz Peña, ma.-wo. 9-1, do., vr. 9-1, za. 12-24, zo. 20-24 uur, menu AR-$ 350

De groene stad

Buenos Aires Verde A 5 (Palermo)
De mensen achter 'groen Buenos Aires' hangen het concept van intelligente voeding aan. Verrassende vegetarische, vegan en organische gerechten.

Gorriti 5657,tel. 11 47 75 95 94, metro: Palermo, ma.-za. 9-24 uur, filiaal in Belgrano, Vidal 2226, tel. 11 47 48 13 75, zelfde openingstijden

KLASSIEKERS

Heel Argentijns

El Cortijo kaart 2, E 7 (Congreso)
Weinig toeristen, maar veel locals, goed eten en prima prijzen. Je kunt er ook gewoon een kop koffie drinken en genieten van de historische sfeer met Spaanse details. Aan de overkant van de straat bevindt zich het eveneens goede restaurant Asturias, dat wel wat duurder is dan El Cortijo.

Av. de Mayo 1299, tel. 11 51 21 93 28, metro: Lima, dag. vanaf 12 uur, menu vanaf AR-$ 800

Mediterrane keuken

Zum Edelweiss kaart 2, E 7/8 (Microcentro)
Volgens eigen zeggen het oudste restaurant van Buenos Aires, met een Centraal-Europese mediterrane keuken. Veel bezoekers van het naburige Teatro Colón en de theaters aan de Av. Corrientes sluiten hier de avond af met traditionele gerechten als goulash met zuurkool.

Libertad 431, tel. 11 43 82 33 51, metro: Carlos Pellegrini, dag. 12-1 uur, gerechten vanaf AR-$ 650

Kijken naar de pasta

Campo dei Fiori kaart 2, E 9 (Monserrat)
Dit Italiaanse restaurant, dat je beetje het gevoel geeft dat je in Toscane bent, is een absolute must in Buenos Aires. In de grote familiezaak kun je toekijken hoe je pasta vers wordt gemaakt in een glazen 'kas' in het midden van de eetzaal.

Venezuela 1401, tel. 11 43 81 18 00, metro: Moreno, dag. 12-16, 20-1 uur, menu vanaf AR-$ 750

I
INFLATIE

Met een inflatie van 28 % in 2017 en 32 % in 2018 (hetzelfde cijfer wordt verwacht voor 2019) weet je één ding zeker: de prijzen zijn zodra de inkt van dit boek droog is alweer flink gestegen. Voor toeristen maakt dat niet zo veel uit omdat de koersval van de peso ten opzichte van de dollar/euro veel compenseert. De prijzen in dit hoofdstuk moet je zien als een richtlijn, een manier om de restaurants te vergelijken op prijsniveau.

Klein, maar gezellig

El Refuerzo kaart 2, F 9 (San Telmo)
Zeer goed eten: meestal vier dagspecialiteiten, altijd een hele rits salades. Om het geheel af te sluiten staat een enorme batterij digestieven op de planken.

Chacabuco 827, tel. 11 43 61 30 13, metro: Independencia, di.-za. 10-2, zo. 10-24 uur, gerechten vanaf AR-$ 400

Traditionele pizzeria

El Cuartito kaart 2, E 7 (Microcentro)
Klassieke Argentijnse pizza met dik deeg, erg veel kaas en een enorme berg uien. Op de muren van de zaak uit 1934 hangen foto's van grootheden uit de Argentijnse boks- en voetbalwereld – naar verluid dineerde Diego Maradona hier na zijn bruiloft. Na een voorstelling in het Teatro Colón kan het hier behoorlijk druk worden. Geen paniek als er geen vrije tafel te vinden is, aan de bar zit je ook lekker en kun je de bedrijvigheid extra goed in de gaten houden.

Talcahuano 937, tel. 11 48 16 43 31, metro: Tribunales, di.-vr. 12-1, za. 12-2, zo. 12-1 uur, menu circa AR-$ 800

Uitzicht op de stad

Zirkel kaart 2, G 7 (Microcentro)
Het restaurant van de Duitse vereniging van Buenos Aires bestaat al sinds 1855. De ingang bevindt zich naast het Goethe-instituut op de begane grond.

Neem daar de lift naar de 21e verdieping en neem de trap nog een etage hoger. De keuken is minstens zo goed als het uitzicht.

Av. Corrientes 327, tel. 11 43 11 33 13, www.zirkel.com.ar, metro: Alem, ma. 9-21, di.-vr. 9-24, za. 18-1 uur, hoofdgerecht vanaf AR-$ 400

BODEGONES & PARRILLAS

Nomen est omen

El Obrero H 11 (La Boca)

In deze traditionele bodegón zitten beroemdheden en havenarbeiders *(obrero* = arbeider) zij aan zij overheerlijke steaks te verorberen. De wanden zijn gedecoreerd met voetbalhelden (uiteraard Boca Juniors en Maradona) en bokslegendes. Ga hier alleen met een taxi heen!

Augustin R. Caffarena 64, tel. 11 43 62 99 12, ma.-za. 12-16, 20-1 uur, vanaf 21.30 uur is een reservering aan te raden, 'kleine' steak (200 g) circa AR-$ 500

Flinke porties

Bar Norte kaart 2, E 7 (Microcentro)

Heb je écht honger? Dan ben je in deze kleine bodegón aan het juiste adres. Hier wordt sinds 1970 namelijk gekookt naar typisch Argentijnse traditie – zonder fratsen en in enorme porties. Dagelijks wisselend lunchmenu.

Talcahuano 953, tel. 11 4816 28 67, metro: Tribunales, ma.-vr. 11-16, 20-24 uur, gerechten vanaf AR-$ 325

Tot je geen pap meer zegt

Siga la Vaca kaart 2, G 9 (Puerto Madero)

Als je een keer helemaal los wilt gaan: *tenedor libre* is de Argentijnse variant van all you can eat. In deze tent vind je lekkere vleesgerechten, een uitstekende saladebar en frietjes tot je erbij neervalt. Toetje en drankjes (één karaf bier/fris of fles wijn, onbeperkt water) zijn tevens inbegrepen. De tent zit altijd vol, dus reserveer een tafel (alleen ma.-do.) of kom vroeg (voor 20.30 uur) als je niet te lang in de rij wilt staan.

Alicia Moreau de Justo 1714, tel. 11 43 15 68 01, www.sigalavaca.com, metro: Pl. de Mayo, ma.-vr. 12-1, za., zo. 12-2.30 uur, AR-$ 650/700 (weekend)

Legendarische steaks

La Cabrera A 6 (Microcentro)

Alleen al van een voorgerecht in dit meervoudig bekroonde restaurant kun je behoorlijk vol zitten. Maar voor de grote eters staat er gelukkig ook een steak van liefst 800 gram op de kaart. Misschien kun je die echter beter delen, want ook de nagerechten zijn niet te versmaden.

José Antonio Cabrera 5099 en 5127, tel. 11 48 32 57 54, www.lacabrera.com.ar, metro: Plaza Italia, dag. 12.30-16.30, 18.30-20, 20.30-1 uur, steak vanaf AR-$ 600

Simpelweg fantastisch

Parrilla Peña 2, E 7 (Tribunales)

Geen gedoe, hier ligt de nadruk op eerlijk en goed eten. In Argentinië worden run-

O OVERIGENS

Wil je vol zitten voor weinig geld, ga dan eten in een van de populaire (vaak Chinese) **selfservicerestaurants** (*auto servicio*). Je neemt wat je wil van het buffet en rekent af per gewicht *(por peso, por kilo)* – meestal nog geen euro per ons. Er staat altijd wel een magnetron *(microhonda)* om eventueel niet meer warm eten op te piepen. Er bevindt zich een flink aantal auto servicios rond het voetgangersgebied Lavalle (Microcentro, metro: Lavalle, dag. meestal 12-0.30 uur). Altijd verrassend en ook voordelig zijn de **restaurants** in het **Barrio Chino**, de Chinatown in Belgrano. In het weekend staan hier vaak lange rijen – ook de Argentijnen hebben inmiddels de smaak van Chinees te pakken (Calle Arribeños tussen Juramento en Olazabal, Estación Belgrano C, dag. vanaf 12 uur, veel restaurants zijn ma.-avond gesloten).

deren anders ontleed. Een illustratie op de menukaart laat zien uit welke delen je kunt kiezen.

Rodríguez Peña 682, tel. 11 43 71 56 43, metro: Callao, ma.-za. 12-16, 20-24 uur, steak vanaf AR-$ 450

ALLE WINDSTREKEN

Peruaans hip

Status kaart 2, E 8 (Congreso)

De Peruaanse keuken was in Buenos Aires al hot voor wij zelfs maar hadden gehoord van ceviche. De aankleding van dit restaurant stelt niet veel voor en het wordt er pas druk na 21.30 uur, maar wat ter tafel komt is fantastisch. Aanrader: de haai met ui in citroensaus. De buurtgenoten weten de service van de altijd vriendelijke familie Valenzuela uit Trujillo op waarde te schatten.

Virrey Cevallos 178, tel. 11 43 82 85 31, metro: Sáenz Peña,12-16, 20 uur tot laat, gerechten vanaf AR-$ 600

Inca-keuken

Chan Chan kaart 2, E 8 (Congreso)

Nog een traditionele Peruaan in Congreso. De inrichting is geïnspireerd op authentieke restaurants in Lima met kleurrijk beschilderde, geglazuurde tegels en landschapsschilderijen. Uitgebreide kaart met natuurlijk ceviche, een erg goede *ajíaco de conejo* (konijn in hete saus) en de stevige vissoep *parihuela*. Probeer als nagerecht vooral de *causa limeña*.

Hipólito Yrigoyen 1386, tel. 11 43 82 84 92, metro: Sáenz Peña, dag. 12-16, 20-24 uur, vanaf AR-$ 600

Chileense highlights

Los Chilenos kaart 2, F 7 (Retiro)

De Chilenen beweren heel bescheiden dat ze de beste zeevruchten ter wereld hebben. De waarheid van deze stelling kun je (be)proeven in dit kleine en onopvallende zaakje in Retiro. Het is in elk geval een van de beste visrestaurants van de stad.

Suipacha 1024, tel. 11 43 28 31 23, metro: General San Martín, ma.-za. 11.30-16, 19.30-1 uur, gerechten vanaf AR-$ 350

Frans-Baskisch

Centro Vasco Francés kaart 2, E 9 (Monserrat)

Een gouden uithangbord wijst de weg naar dit al in 1895 door de Frans-Baskische gemeenschap geopende restaurant (Baskische naam: Iparraldeko Euskal Etxea). In de oude balzaal kunnen tot wel 180 gasten eten. De verfijnde Baskische creaties van de gezusters Lazarte zijn niet goedkoop, maar je krijgt absoluut waar voor je geld. De specialiteiten zijn vis en zeevruchten.

Moreno 1370 1. verdieping, tel. 11 43 81 54 15, www.cvascofrances.com.ar, metro: Sáenz Peña, ma.-zo. 12-15.30, ma.-do. 20-24, vr., za. 20-1 uur, gerechten vanaf AR-$ 650

Als in Tokio

Nihonbashi D 9 (Congreso)

Lang voor sushi wereldwijde faam verkreeg, vestigden zich in deze buurt al Japanse restaurants. Al bij binnenkomst weet je dat het goed zit. De serveersters dragen kimono's, de keuken is authentiek. De uitstekende sushi is meer een voor- dan hoofdgerecht – de *signature dish* van het restaurant is shabu-shabu, een van oorsprong Chinese, maar door Japanners geadopteerde (en verfijnde) fondue.

Moreno 2095, tel. 11 49 51 73 81, metro: Congreso, di.-zo. 19.30-23 uur, gerechten circa AR-$ 650

CREATIEF EN APART

Anders dan anders

The Argentine Experience A 5 (Palermo)

Een paar vrienden hadden een gek idee: ze wilden de Argentijnse keuken eens presenteren op een humoristische, onderhoudende wijze. Een dynamisch team met leden uit de hele wereld serveert naast heerlijke gerechten ook culinair hoogstaande empanada's en fantastische malbec – entertainment inbegrepen.

Fitz Roy 2110, tel. 11 47 78 09 13, www.theargentineexperience.com, metro: Palermo, dag. 20 uur stipt (inloop 19.30 uur), alleen met reservering, US-$ 105

Mysterieus

Aramburu kaart 2, E 10 (Microcentro)
Aramburu is vanbuiten niet te herkennen als restaurant, maar als je hebt gereserveerd word je na aanbellen binnengelaten. Elke gang is weer een verrassend culinair hoogtepuntje. Absoluut reserveren!
Salta 1050, tel. 11 43 05 04 39, www.arambururesto.com.ar, metro: Independencia di.-za. 19.30-22.30 uur

HIGH QUALITY FASTFOOD

De beste burgers

180 Burger Bar kaart 2, F 7 (Microcentro)
Heerlijke hamburgers in een klein barretje in het centrum. Topkwaliteit vlees, huisgemaakt brood, knapperige frietjes en een uitgebreide keuze ook zelfgemaakte sauzen. Erg druk tijdens de lunchpauze van de kantoren in de buurt.
Suipacha 749 (ook Sarmiento 985 en Tucumán 1579), tel. 11 43 28 71 89, metro: Lavalle, ma.-vr. 12-16 uur, hamburgers vanaf AR-$ 250

Pizza met dunne bodem

Morelia A 5 (Palermo)
Morelia is een welkome uitzondering binnen de pizzeriawereld van Buenos Aires. Hier geen kilo (middelmatige) kaas op een (gevoelsmatig) decimeter dikke bodem, maar een dunne pizza met verse ingrediënten. Ook goede pasta.
Humboldt 2005, tel. 11 47 72 59 79, www.morelia.com.ar, metro: Palermo, dag. 12.30-1 uur, pizza vanaf AR-$ 350

Heel aparte sauzen

Panchería Gringo kaart 2, F 7 (Microcentro)
Het brood en de worsten van deze snackbar zijn prima, maar niet indrukwekkend. Dat wordt echter volledig gecompenseerd door de naar landen genoemde sauzen. Kijk uit voor de Mexico – er schijnen heel wat zakenmensen een middagje vrij te hebben moeten nemen na het onderschatten ervan.
Lavalle 695, metro: Lavalle, dag. 11-23 uur, hotdog vanaf AR-$ 45

CHOCOLATERÍAS & HELADERÍAS

Exotisch vruchtenijs

Jauja C 5 (Palermo)
Van eersteklas ingrediënten maken de banketbakkers heerlijk romig ijs, waaronder vele variëteiten van exotisch Zuid-Amerikaans fruit.
Cerviño 3901, tel. 48 01 81 26, bus 161: Lafinur/Cerviño, ma.-do. 8.30-1, za. 10-2.30, zo. 11-1 uur, ijsjes vanaf AR-$ 75

Chocolade en ijs met art deco

Rapa Nui D 6 (Recoleta)
Naar Paaseiland vernoemde chocolademakers. De chocolade met 80 % cacao heeft zo veel smaak dat je hem wel móét verzachten met iets zoets als passievrucht of kiwi. De roomijsjes zijn heerlijk zacht, in de fruitvarianten zijn échte vruchten te proeven.
Arenales 2302 (en nog zes filialen), tel. 081 08 88 72 72, www.chocolatesrapanui.com.ar, metro: Santa Fe, zo.-vr. 11-1, vr., za. 11-2 uur, ijsjes vanaf AR-$ 75

Italiaanse tradities

Cadore kaart 2, E 8 (Microcentro)
IJssalon met 'antieke' roots – het moederbedrijf werd in 1881 opgericht in Italië, deze vestiging is al sinds 1957 geopend. Cadore is tot ver over de landgrenzen bekend om zijn *dulce de leche*. Probeer vooral een ijscombi als dulce de leche met vanille of de crèmestrudel. Het geheim van de chef is minder mysterieus dan je zou denken: melk, suiker, vanillestokjes en veertien uur kooktijd.
Av. Corrientes 1695, tel. 11 43 74 36 88, www.heladeriacadore.com.ar, metro: Callao, dag. 11.30-2 uur, ijsjes vanaf AR-$ 80

Parijse chocomel

Vasalissa E 6 (Recoleta)
Handgemaakte chocoladerepen, eersteklas truffels en bonbons, ijs met een verfijnd chocolaagje. Allemaal heerlijk, maar de supersmeuïge chocolademelk slaat werkelijk alles.
Callao 1940 (en nog vijf plekken), tel. 11 48 06 41 58, www.vasalissa.com, bus 124: Callao/Alvear, ma.-za. 10-20 uur, ijs vanaf AR-$ 100

Het gros van de ijssalons in Buenos Aires werd geopend door Italiaanse immigranten. Ze kunnen dan ook prima wedijveren met hun collega's in het thuisland.

Zacht en smeuïg

Via Maggiore E 7 (San Nicolás)
Achter in deze winkel worden sinds 1981 zeer crèmige ijssoorten gemaakt. *Coco y pistacho* (kokosnoot en pistache) is de populairste combinatie. Maar ook de klassieker chocolade met dulce de leche en exotischer smaken als baileys zijn het proberen waard.

Callao 777, tel. 11 48 14 34 38, metro: Callao, zo.-do. 20-23.30, vr., za. 20-0.30 uur, 0,5 kg AR-$ 450

LEKKER BUITEN ZITTEN

Uitzicht op de Río de la Plata

Bar Isidro kaart 4, B 1 (San Isidro)
Waar de weg eindigt in een doodlopende straat in San Isidro, begint de kust van de Río de la Plata. En daar bevindt zich ook de prachtig gelegen bar. Voor het eten hoef je het niet te doen. Je kunt er alleen *comida rápida* eten – op de kaart staan onder meer hamburgers en pizza's. Maar het terras biedt een schitterend uitzicht op de imposant brede rivier.

Roque Sáenz Peña 1602, tel. 11 47 42 52 34, www.barisidro.net, zo.-do. 10-1, vr., za. 10-3 uur, in het laagseizoen vaak do. of wo. gesl., vervoer met de Tren de la Costa: Estación San Isidro of Barrancas, aperitif Ar-$ 140

Pauze bij Evita

Museo Evita Restaurante B 5 (Palermo)
Lekkere pastagerechten of gewoon een kopje koffie met gebak in de prachtige museumtuin. De specialiteit van het huis zijn zoete crêpes.

Juan María Gutiérrez 3926, metro: Plaza Italia, ma.-za. 9-0, zo. 9-19 uur, crêpes vanaf AR-$ 150

Mexicaans met uitzicht

Lupita 2, G 8 (Puerto Madero)
Een van de bekendste Mexicaanse restaurants van de stad. Je komt hier niet alleen voor traditionele gerechten als taco's, quesadilla's en burrito's, maar ook voor de bijbehorende borrels. Hoe mooi het uitzicht vanaf het terras ook is, vergeet niet even een blik te werpen op het bonte interieur.

Olga Cossettini 1091/Dique 3, tel. 11 43 11 48 42, www.lupitamexicanbar.com, ma.-do. 12-1, vr., za. 12-3, zo. 12-0 uur, gerechten circa AR-$ 550

OM ZELF TE ONTDEKKEN

Buenos Aires is lawaaiig en hectisch. Het perfecte tegengif zijn de vele winkelcentra en passages, waarvan vele architectonische pareltjes zijn. In het bijzonder natuurlijk de **Galerías Pacífico** (▶ blz. 22) en de oude markthal **Abasto Shopping** (▶ blz. 69). In Retiro kun je lekker shoppen bij **Patio Bullrich Shopping** (Posadas 1245, www.shoppingbullrich.com.ar, dag. 10-21 uur). Strategisch gunstig liggen het **Shopping Alto Palermo** (Av. Santa Fe 3253, www.altopalermo.com.ar, metro: Bulnes, dag. 10-22 uur) pal aan de Avenida Santa Fe en om de hoek van de begraafplaats de **Recoleta Mall** (Vicente López 2050, www.recoletamall.com.ar, metro: Las Heras, dag. 10-22 uur).

Argentijns hip

Voor shopaholics is Buenos Aires gevaarlijk. Zo veel geconcentreerde creativiteit vind je niet op veel plekken in de wereld: een gebrek aan materiele middelen zorgt duidelijk voor vindingrijkheid. Veel van de merken en producten zijn ook alleen te koop in Argentinië. En met een beetje geluk vind je zelfs nog unieke stukken.

De tijd dat Argentinië een paradijs voor koopjesjagers was, is echter alweer voorbij. Het algemene prijsniveau is door torenhoge inflatie wat meer richting Europees peil gekomen. Afdingen is niet gebruikelijk, maar soms kun je nog wel een beetje onderhandelen over de prijs.

Boetieks met hippe mode bevinden zich vooral in Palermo (▶ blz. 62). In de voetgangersgebieden Calle Florida (▶ blz. 20) en Calle Lavalle (▶ blz. 21) vind je een aantal chique passages als de Galerías Pacífico en de Galería Güemes (▶ blz. 22), waar vooral elegante, zij het wat conservatieve kleding voor hem en haar te koop is. Ben je op zoek naar boeken, dan is de Avenida Corrientes (▶ blz. 33) je jachtterrein, voor antiek moet je in San Telmo (▶ blz. 41) zijn. Creatieve kunstnijverheid vind je op de Ferias Artesanales die tijdens weekends en feestdagen worden gehouden in San Telmo, Palermo (▶ blz. 42 en 61) en Puerto Madero (▶ blz. 55).

De antiekwinkels in San Telmo zijn ware schatkamers waar je uren in kunt ronddwalen.

DELICATESSEN EN WIJN

Voor de borrel

The Pick Market 2, E 6 (Retiro)
Delicatessenzaak met uitgebreid aanbod van onder meer kazen en vleeswaren, olijven, goede wijnen en (buitenlandse) bieren. Boven kun je heerlijk lunchen, vooral de salades zijn aan te bevelen.

Libertad 1212, www.thepickmarket.com.ar, metro: General San Martín, za., ma., di. 9-21, wo.-vr. 9-23.30 uur; filialen in Recoleta, Riobamba 1173, metro: Callao; Av. Quintana 570, metro: Las Heras; Palermo, Ugarteche 3154, metro: Scalabrini Ortiz

Kaas en meer

Q de Queso B 6 (Palermo)
Een mekka voor kaasliefhebbers, maar je kunt hier ook terecht voor ham *(jamón)*, zowel gerookt *(crudo)* als gekookt *(cocido)*. De schappen liggen daarnaast vol met wijn, olijven en olie. Tip: laat het personeel een mooie charcuterieschotel *(picada)* voor je samenstellen.

Honduras 3809, tel. 11 48 28 08 58, metro: Bulnes, ma.-za. 10-21 uur

De Argentijnse verslaving

Todo Mates A 6 (Palermo)
Mate-thee is te koop in elke supermarkt, maar je hebt natuurlijk ook het originele drinkgerei nodig. De grootste verzameling bekers en *bombillas*, de erbij horende rietjes, vind je al meer dan zestig jaar in deze winkel.

El Salvador 5048, tel. 11 48 32 78 71, www.todomates.com.ar, metro: Plaza Italia, ma.-vr. 10-20, za. 10-18 uur

Chocoladelekkernijen

Bombonería Corso kaart 2, F 7 (Microcentro)
Het familiebedrijf met Zwitserse roots produceert al tachtig jaar chocolade van zeer hoge kwaliteit. De grondstof voor de zoete verleidingen, die ook per kilo te koop zijn, komt uit Guayaquil (Ecuador).

Maipú 443, tel. 11 43 22 88 86, metro: Florida, ma.-do. 9-19, vr. 9-20, za. 9-14 uur

Malbec voor thuis

Grand Cru E 6 (Recoleta)
Wijn uit een groot aantal Argentijnse regio's en tien andere landen. Je kunt Argentinië niet verlaten zonder overheerlijke, zachte malbecs te hebben geproefd. Bij Grand Cru kun je de flessen goed laten inpakken voor in je koffer.

Rodríguez Peña 1886, tel. 11 48 16 39 75, www.grandcru.com.ar, metro: Las Heras, ma.-vr. 10-20, za. 10-13 uur

Kwaliteitswijnen

Winery kaart 2, G 7 (Microcentro)
De zusjes Amelia, Jaime en Moisés Chemea begonnen in 1999 een bedrijf dat inmiddels een twintigtal filialen heeft (adressen op de website) en staat voor topkwaliteit. De winkels met een rustiek sfeertje bieden niet alleen goede Argentijnse en geïmporteerde wijnen, maar ook delicatessen.

Reconquista 534, tel. 11 43 28 69 64, www.winery.com.ar, metro: Florida, ma.-vr. 9-20, za. 9-14 uur

TYPISCH ARGENTIJNSE MODE

Polomode

La Martina E 6 (Recoleta)
De winkel voor alles dat te maken heeft met de edele polosport. Natuurlijk ook met mode en accessoires: poloshirts, overhemden, jassen en nog veel meer.

Av. Quintana 545, tel. 11 48 04 15 50, www.lamartina.com, metro: Las Heras, ma.-za. 10-20 uur; tien andere filialen, onder meer in de winkelcentra Patio Bullrich, Recoletta Mall en Galerías Pacífico ► blz. 22

Designerstukken

Puntos en el espacio kaart 2, F 9 en G 9 (San Telmo)
Via dit collectief verkopen zeventig Argentijnse designers mode en accessoires, schoenen, tassen en nog veel meer. De producten worden in de regel in kleine, gelimiteerde aantallen gemaakt. In het filiaal op de Calle Perú wordt ook mode voor mannen en kinderen verkocht, op de Carlos Calvo originele prullaria. De website alleen is al een uniek designhoogstandje.

SHOPPEN EN ETEN – BIOMARKTEN

Smakelijke souvenirs als wijn, bier, olijfolie, kaas, mosterd, jam, honing, chocolade en gebak, alles huisgemaakt met biologische ingrediënten – je vindt het op diverse biomarkten. Bij eetstandjes kun je talloze lekkernijen proeven als empanada's en tapas en andere kleine, creatieve gerechtjes. De **Buenos Aires Market – Feria de Alimentos Saludables** vindt plaats op diverse plekken, onder meer in het Parque Rivadavia en in de Calle Camacua in Los Olivos. Data en locaties staan op www.buenosairesmarket.com. De **San Telmo Verde Feria Organica** belooft een sfeer zoals op het platteland (kaart 2, F 9, Perú 677, www.facebook.com/santelmo.verde, metro: Independencia, di. en vr. 10-20 uur). De markten van **Sabe la Tierra** (www.sabelatierra.com), een burgerinitiatief dat duurzaamheid wil promoten, worden op diverse plekken gehouden. De leukste zijn die in Palermo, bijna elke zaterdag in het Parque Las Heras en op de Plaza Güemes. Die laatste vaak ook 's avonds – extra sfeervol.

Perú 979 en Carlos Calvo 450, tel. 11 43 07 17 42, bus 22, 29: Defensa/Carlos Calvo, bus 126: Perú/Carlos Calvo, dag. 11-20 uur

Designercollectief
Punto Sur kaart 2, G 10 (San Telmo)
Vijftig avant-gardistische designers hebben zich verenigd in het hart van de wijk San Telmo. Het is leuk om hun unieke ontwerpen te bekijken omdat de jonge Argentijnen wars zijn van modetrends.

Defensa 1135, tel. 11 43 00 93 20, www.feriapuntosur.com.ar, metro: San Juan, dag. 11-19 uur

Nostalgisch-modern
Cardón E 6 (Recoleta)
Geen opvallend label, maar een dat sinds de opening in 1999 klassieke kleding maakt van hoge kwaliteit. Het merk is erg populair bij de Argentijnse upper class. Voor de lederen producten worden de huiden van runderen, buffels en edelherten gebruikt.

Av. Alvear 1750, tel. 11 48 16 00 49, www.cardon.com.ar, Bus 124: Rodríguez Peña/Av. Pres. Manuel Quintana, ma.-vr. 9-20.30, za. 9.30-20, zo. 11-19 uur, zes andere filialen

Mode voor retrofans
GIL Antigüedades kaart 2, G 9 (San Telmo)
De zaak van Héctor Horacio en María Inés neemt je mee terug in de tijd: alle kledingstukken stammen uit de jaren 1800-1980. Je vindt hier bijvoorbeeld victoriaanse kleding en accessoires van topkwaliteit, maar ook historische poncho's. De eigenaren geven uitstekend advies.

Humberto Primo 412, tel. 11 43 61 50 19, www.gilantiguedades.com.ar, metro: San Juan, di.-za. 11-13, 15-19, zo. 11-19 uur

TASSEN, SIERADEN EN ACCESSOIRES

Zilverwerk

Marcelo Toledo kaart 2, G 10 (San Telmo)

Goudsmid Marcelo Toledo werd in Escobar, iets buiten Buenos Aires, geboren als zoon van een antiekhandelaar. Hem is als enige toegestaan officiële replica's te maken van de sieraden van Evita. Zijn open atelier bevindt zich in een gebouw aan de Plaza Dorrego. In de bijbehorende winkel kun je zijn juwelen kopen.

Primo 462, tel. 11 43 62 08 41, www.marcelotoledo.net, Bus 22, 29: Defensa/Primo, zo.-vr. 10.30-17.30 uur

Leren tassen

Humawaca A 6 (Palermo)

Bij talloze winkels in de voetgangersgebieden Florida en Lavalle zijn tassen te koop, sommige zelfs van prima kwaliteit, maar voor de échte top moet je bij Humawaca zijn. De leren akten- en laptoptassen van het merk zijn functioneel en mooi, de handtassen elegant. Ben je meer op zoek naar iets kleins? Humawaca verkoopt ook portemonnees.

El Salvador 4692, tel. 11 48 32 26 62, www.humawaca.com, metro: Scalabrini Ortiz, ma.-za. 11-20, zo. 15-20 uur

TANGOKLEDING

Schitterende jurken

María Jazmín 2, F 9 (San Telmo)

Een boetiek waar alleen tangojurken te koop zijn, niets anders. Gedetailleerd borduurwerk en bijzondere applicaties maken elke jurk uniek. Aanpassingen worden ter plekke gedaan door de beste naaisters, zodat de jurken van María Jazmín altijd perfect passen.

Bolivar 1008, tel. 11 31 49 86 29, metro: San Juan, ma.-za. 12-19 uur

Verlies je evenwicht niet

VB Tango Shoes 2, G 9 (Belgrano)

Lichte, lekker zittende tangoschoenen met speciale zolen voor betere grip en soepelere bewegingen. Naast de damesmodellen – waarvan sommige extreem hoge hakken hebben! – is er ook volop keus voor heren.

Av. Independencia 389, tel. 11 43 07 06 80, www.vbtangoshoes.com, metro: Independencia, dag. 11-19 uur

Elegante tangoschoenen

Flabella Tango Shoes kaart 2, F 8 (Microcentro)

Flabella is gespecialiseerd in zeer elegante tangoschoenen, voornamelijk voor dames. Er is een collectie die je zo mee kunt nemen, maar je kunt ook een paar op maat laten maken, en daar betaal je niet eens de hoofdprijs voor. Aan de overkant zit Suipacha 256 Tango, met een grote collectie tangoschoenen voor mannen.

Suipacha 263, tel. 11 43 22 60 36, www.flabella.com, metro: Diagonal Norte, ma.-vr. 10-21, za. 10-18 uur (Suipacha 256 Tango, tel. 11 43 26 53 77, ma.-vr. 10-19, za. 10-15 uur)

MUZIEK

The King

Elvis Shop 2, F 7 (Microcentro)

Carlos R. Ares heeft zijn kleine winkel ingericht als Elvis-schatkamer – het is een bedevaartsoord voor fans van The King. Voor de duurdere snuisterijen moet je een flinke stapel bankbiljetten neertellen – de prijskaartjes vermelden Amerikaanse dollars en er staan vaak drie of zelfs vier nullen voor de komma.

Galería del Sol, Florida 860, Local 111, tel. 11 43 13 00 5?, metro: General San Martín, ma.-vr. 13-20, za. 13-18 uur

Hét favoriete muziekgenre

Metal Mania 2, F 7 (Microcentro)

De Argentijnse 'Rock Nacional' is een fenomeen dat populair is in heel Zuid-Amerika. Bands als Las Pelotas, Los Piojos en Almafuerte hebben internationale roem vergaard – al is het

genre bij ons nog vrij obscuur. De winkel van Charly García moet je dan ook meer zien als museum dan als fanshop. De kunstenaar maakt al meer dan twintig jaar de meest uiteenlopende accessoires voor rock- en metalliefhebbers. Je kunt er ook terecht voor concertkaartjes en, vooruit, tatoeages.
Galería Luxor, Lavalle 663, Local 9, tel. 11 43 93 60, metro: Lavalle, ma.-za. 11-19.30 uur

Tangomuziek, boeken, posters
Club del Tango 2, E 8 (Congreso)
In de schappen liggen meer dan tweeduizend tango-cd's, waaronder gelimiteerde edities. Daarnaast concertregistraties en films over de tangocultuur, posters, boeken en tijdschriften die elders niet te koop zijn. De gepassioneerde eigenaar Oscar B. Himschoot heeft een verzameling van twintigduizend partituren en biografieën van mensen die op een of andere manier iets met tango te maken hadden.
Paraná 123, 5. verdieping, tel. 11 43 72 72 51, www.clubdetango.com.ar, metro: Saenz Peña, ma.-vr. 12-16.30 uur

KUNSTNIJVERHEID

Handgeweven tapijten
Elementos Argentinos A 6 (Palermo)
Coöperatie met 120 wevers uit 12 provincies, die tapijten, dekens, spreien en sjaals maken van wol. Traditionele patronen en natuurlijke kleuren, geweven op houten weefgetouwen. Er zijn ook zeer individuele ontwerpen in felle kleuren mogelijk.
Gurruchaga 1881, tel. 11 48 32 62 99, www.elementosargentinos.com.ar, metro: Plazia Italia, di.-za. 11-19 uur; filiaal: Recoleta, Arenales 1334, metro: General San Martín, ma.-vr. 10.30-13.30, 14.30-19.30, za. 10.30-13.30 uur

Producten van Wichí, Qulla en Toba
Fundación Silataj kaart 3, B 1 (Belgrano)
Kleine organisatie met het zegel van de World Fair Trade Organization, die al sinds 1986 kunsthandwerk van inheemse gemeenschappen uit het noorden van Argentinië vertegenwoordigt. Met de verkoop ervan worden de leefomstandigheden van onder meer de Wichi, Toba en Qulla verbeterd, zonder hun traditionele manier van leven te moeten opgeven. De weefsels, beelden en accessoires uit Palo Santo-hout en de verzilverde sieraden zijn van hoge kwaliteit.
Vuelta de Obligado 1933, tel. 11 47 85 83 71, www.fundacionsilataj.org.ar, metro: Juramento, ma.-vr. 10-20, za. 10-13.30 uur

Rechtstreeks van de maker
Ferizama G 10 (San Telmo)
In het Parque Lezama, een paar minuten lopen van de kunstnijverheidsmarkt Feria de San Telmo (► blz. 42), vindt op zondag de Ferizama plaats. Hier zijn minder toeristen en meer locals – het aanbod is authentieker en de prijzen lager. Ter afsluiting (of bij slecht weer al wat eerder) kun je een drankje doen bij Bar Británico of El Hipopótamo op de hoek van de Avenida Brasil – twee bares notables.
Parque Lezama, metro: San Juan, zo. 11-19 uur

Kunsthandwerk van de Mapuche
Casa del Neuquén kaart 2, F 8 (Microcentro)
Elke Argentijnse provincie heeft in Buenos Aires een Casa de la Provincia. In dat van het Noord-Patagonische Neuquén kun je traditioneel wollen weefwerk als poncho's, riemen, zilveren sieraden en aardewerk van de Mapuche uit het zuiden van Argentinië kopen. De door de staat gesubsidieerde casa heeft geen winstoogmerk, de opbrengst komt volledig ten goede aan de ambachtslieden, waarvan 80 % vrouw is.
Maipú 48, tel. 11 43 43 23 24, www.casadelneuquen.gob.ar, metro: Catedral, ma.-vr. 9-16 uur

Alles onder een dak
El Boyero 2, F 7 (Microcentro)
Als je hier iets koopt, voel je je bij het verlaten van de winkel een echte gaucho. Alles wat het leven van de cowboys van de pampa wat aangenamer (en luxueuzer) maakt, van barbecues tot leren rugzakken en schoenen.

Florida 953, tel. 11 4 312 35 64, www.elboyero.com, metro: General San Martín, ma.-vr. 9-20.30 uur; filiaal in de Galerías Pacífico, Local 306 en 307, 1e verdieping, dag. 10-21 uur

KABOUTERS, KAARSEN, KORTGEKNIPT

Da's toch niet meer (para)normaal

El Rincón de los Duendes G 10 (San Telmo)

Magisch-esoterische toverwereld met kunstig gemaakte kabouters, elfjes en buitenaardse wezens, inclusief bijbehorende accessoires als paddenstoelen. Misschien voel je, luisterend naar de constant spelende Keltische muziek, wel de aanwezigheid van entiteiten uit een andere wereld.

Defensa 1363, tel. 11 43 62 50 35, www.andy-magiayencanto.blogspot.com, metro: San Juan, di., do., vr. 16-20, za., zo. 10-20 uur

Wassen wereld

Velas de la Ballena A 5/6 (Palermo)

De geschiedenis van deze winkel begon in 1997 in de stijvolle plaats Punta del Este in Uruguay. Sindsdien hebben Maxi en Sebastián Martínez Monzón kaarsen ontworpen in alle mogelijke kleuren en vormen. Ze zijn ook geparfumeerd vekrijgbaar, of in de vorm van een Boeddha of olifant.

Soler 4806, tel. 11 47 74 0619, www.velasdelaballena.net, metro: Plaza Italia, ma.-za. 10-20.30, zo. 12-20.30 uur

Een beetje opscheren, por favor

Jopo Peluquería kaart 2, G 9 (San Telmo)

Bij de meeste kappers moet je tijdens het wachten bladeren in oude tijdschriften, in de salon van Santo Romero moet je maar hopen op een lange wachttijd, zodat je je potje tafeltennis kunt afmaken op de inpandige tafel. Soms draait dj Rascolnikoff, die in de buurt woont, plaatjes en wordt spontaan een feestje gebouwd. Wanneer je eenmaal aan de beurt bent, kan het wellicht geen kwaad tegen de kapper te zeggen dat het allemaal niet zo heel extreem hoeft – of wel natuurlijk, wat je wil.

Giuffra 370, tel. 15 54 20 99 29, metro: Independencia, ma.-vr. 12-20.30, za. 12-21, zo. 15-19.30 uur

Oké, een gauchoriem met authentieke zilveren munten en een zilveren dolk (facón geheten) is misschien wat overdreven. Maar in de diverse winkels voor kunstnijverheid zijn allerlei mooie spullen te koop, zoals kleurrijk versierde lederen riemen

Hoe later op de avond...

Auto's met dikke speakers, waaruit Colombiaanse 'cumbia' knalt, zie je vooral in andere Latijns-Amerikaanse metropolen. Argentijnen, en zeker Porteños, voelen zich cultureel meer verwant aan Europa en de VS dan aan hun buurlanden, en dat is te merken in het uitgaansleven.

Overdag is in de drukke cafés al te zien dat de Porteño graag de deur uit gaat – en 's nachts is die drang nog groter. Het nachtleven van Buenos Aires, *la vida nocturna,* komt echter pas erg laat op gang. Tot middernacht heb je de dansvloer helemaal voor jezelf en ook daarna kun je nog wel even ongestoord je pasjes oefenen. Om een uur of twee sta je echter tussen dampende lijven die volledig losgaan – Argentijnen feesten graag en hard. Ze lijken er zelfs trots op te zijn dat ze zo wild tekeergaan en komen graag een beetje arrogant over.

Het hele jaar door vinden er feesten en festivals plaats – de meeste gratis. Voor niets livemuziek luisteren kan ook tijdens de sluiting van de Ferias Artesanales op zondagavond in San Telmo, Recoleta en Palermo (▶ blz. 41, 58 en 62).

Rockfestivals vinden plaats in voetbalstadions of, soms, op de paardenrenbaan in San Isidro – bijvoorbeeld Lollapalooza in maart.

Aan te bevelen zijn ook de evenementen in de charmante culturele centra met intieme concertzalen voor honderd tot driehonderd bezoekers.

Natuurlijk wordt er in Buenos Aires veel wijn gedronken, maar ook cocktailbars zijn ontzettend populair.

OM ZELF TE ONTDEKKEN

Bij zowel Porteños als toeristen populaire **uitgaansgebieden** zijn in San Telmo de Avenida Chile/hoek Calle Defensa en in Palermo Soho de straten rond de Plaza Serrano (▶ blz. 69). Palermo Hollywood is in het weekend één grote feestwijk. Ga er via de Calle Honduras heen en je komt vanzelf op de juiste plek(ken). In Retiro bevindt zich op het noordelijke stukje van de Calle Reconquista een hele rits **Irish pubs**. Op St. Patrick's Day feest de hele straat. In Recoleta is een aantal **bars** geconcentreerd op Vicente Lopez pal naast de beroemde begraafplaats. En dan is er nog een hele rij **clubs**, vele ervan chic, aan de Costanera Norte.

BARS EN KROEGEN

Historisch

Bar El Federal ✪ 2, F 9 (San Telmo)
Deze bar notable bevindt zich in een van de oudste gebouwen van Buenos Aires. Sinds het in 1864 een kruidenierswinkel was, is er nauwelijks wat aan het interieur veranderd. De mooie houten bar en het decor van gebrandschilderd glas brengt je als vanzelf in nostalgische sferen. Als fingerfood zijn de *picadas* (charcuterieschotels met worst en kaas) aan te bevelen, de steaksandwich is absoluut niet te versmaden.
Carlos Calvo 599, tel. 11 43 61 73 28, www.losnotables.com.ar, metro: Independencia, dag. 8-2 uur

Vergis je niet!

Doppelgänger ✪ G 10 (San Telmo)
Bier wordt hier niet geserveerd, maar je kunt in deze bar op een hoekje wel kiezen uit meer dan honderd eersteklas cocktails en er klinkt altijd muziek. Ook de keukenbrigade onder leiding van Rodrigo Macchi is uitstekend. Voor de kleine honger staan ook hier prima picadas op de kaart – een schotel is meer dan genoeg voor twee.
Av. Juan de Garay 500, tel. 11 43 00 02 01, www.doppelganger.com.ar, di.-vr. 19-4, za. 20-4, happy hour di.-vr. 19-21 uur

British style

The Gibraltar ✪ kaart 2, F 9 (San Telmo)
Een van de klassiekers van San Telmo. Gezellige pub in Engelse stijl met een groot aantal soorten bier van tap en fles. Kijk op de Facebookpagina als je wilt weten welke sportwedstrijden die week worden uitgezonden op de grote schermen.
Perú 895, tel. 11 43 62 53 10, metro: Independencia, dag. 12-4 (keuken 2) uur, happy hour dag. 12-22 uur

Bier, bier, bier!

Ontap ✪ A 5 (Palermo)
Mooie kroeg voor liefhebbers van het gerstenat met een twintigtal Argentijnse bieren van kleine brouwerijen, die absoluut het proberen waard zijn. Jong publiek, en charmante service.
Costa Rica 5537, tel. 11 47 71 54 24, www.ontap.com.ar metro: Palermo, ma.-wo. 17-0.30, do., vr. 17-3, za. 18-3, zo. 18-0.30 uur, filialen in onder meer Belgrano (Cuba 2491), San Telmo (Av. Caseros 482) en Recoleta (Azcuenaga 1781), zie website

Bier en curry

The Bangalore ✪ kaart 3, B 2 (Palermo)
Klassieker met een ietwat intellectueel publiek dat zich te goed doet aan een van de vele bieren van het vat en/of geniet van de uitstekende huisgemaakte Indiase curry's. De kleine buitenruimte is vooral leuk in het weekend. Dan geeft het veelal aangeschoten Palermo-publiek de straten veel dynamiek en soms wat onvrijwillige slapstick. De perfecte plek voor een drankje voor je gaat dansen in de om de hoek gelegen Niceto Club.
Humboldt 1416, tel. 11 47 79 26 21, metro: Dorrego, dag. 16-3 uur

Brits-Chinees

The Shanghai Dragon ✪ A 6/7 (Palermo)
De op z'n minst gewaagd te noemen poging een Engelse pub te versieren met Chinese stijlelementen is hier op wonderbaarlijk goede wijze gelukt. De keuken is Aziatisch, maar op de kaart staan ook typisch *pub food* en zelfs een aantal vegetarische gerechten. Je raakt snel aan de praat met het doorgaans intellectuele publiek, want de meeste spreken Engels. Je kunt hier het beste heen aan het eind van het dagelijkse happy hour, wanneer de stress van de werkdag wordt weggespoeld met vers bier van de tap.
Aráoz 1197, tel. 11 47 78 10 53, metro: Malabia, dag. vanaf 17, zo., ma. tot 2, di., wo. tot 3, do. tot 4, vr. za. tot 5 uur

Niet verder vertellen

Frank's ✪ kaart 3, B 2 (Palermo)
Een secret bar, oftewel een bar die vanbuiten niet als zodanig is te herkennen. Je meld je via Facebook aan en krijgt een wachtwoord. Dit fluister je in het oor van de portier, die je dan

met een grote glimlach binnen laat. Een beetje show, tuurlijk, maar ach, het is een leuke *prohibition style* bar met hoge plafonds en kroonluchters, en de barkeepers zijn absolute cocktail-grootmeesters. Zeg tegen ze in welke smaak of ingrediënten je zin hebt en ze creëren een heerlijk, op maat gemaakt drankje.
Arévalo 1445, www.facebook.com/franksbar.ar, metro: Dorrego, wo.-za. 21-3 uur

Spelletjescafé
Café San Bernardo kaart 3, B 2 (Villa Crespo)
Bar notable met een rijke historie. Het stamt uit 1912 en fungeerde als milonga, filiaal van de Banco de la Nación en supermarkt. Op een oppervlakte van 800 vierkante meter kun je tafeltennissen, biljarten en tafelvoetballen – in Argentinië 'mete gol' geheten. Voorheen kon je klokje rond terecht in het befaamde café in hartje Villa Crespo, maar tegenwoordig is El Sanber 'slechts' twintig uur per dag geopend.
Av. Corrientes 5436, tel. 11 48 55 39 56, www.cafesanbernardo.com, metro: Malabia, ma.-za. 9-5, zo. 18-5 uur

HOMOSCENE

Buenos Aires is erg *gay friendly*. In november vindt al meer dan twintig jaar de Marcha del Orgullo plaats, de plaatselijke **Gay Pride Parade**. Meer dan honderdvijftig duizend deelnemers dansen dan van de Plaza de Mayo tot het Palacio del Congreso (www.marchadelorgullo.org.ar). In een aantal milonga's vinden **gay tango** en **queertango-evenementen** plaats en sinds 2007 wordt het **Gay Tango Festival** georganiseerd (www.festivaltangoqueer.com.ar). Kijk voor meer info op www.thegayguide.com.ar en www.gaybuenosaires4u.com (beide Engelstalig).

VINOTECAS

Filosofische wijnbar
Ser y Tiempo kaart 3, B 2 (Palermo)
Bodega waarin de nadruk ligt op kwalitatief hoogwaardige Argentijnse 'boetiekwijnen'. Als snack kun je lekkere tapas bestellen, maar voor de grotere honger staan op de kaart ook *sorrentinos*, een soort Argentijnse tortellini. Bijvoorbeeld met camembert, tomaten en ham. De wijnbar dankt zijn naam aan het magnum opus van de Duitse filosoof Martin Heidegger, *Zijn en tijd*.
Gorriti 5910, tel. 11 47 74 39 58, www.serytiempo.com.ar, metro: Ministro Carranza, dag. 19-1 uur, wijnproeverij AR-$ 500-800, kaasproeverij vanaf AR-$ 250, hoofdgerechten AR-$ 350-700

Heel chic wijn proeven
Palacio Duhau E 6 (Recoleta)
In het Palacio Duhau, waarin hotel Park Hyatt is ondergebracht, kun je 'op chic' wijn proeven in de Duhau Vinoteca. Er zijn proeverijen met twee tot vier glazen wijn met bijpassende kaasjes. Het paleis is sowieso een bezoek waard. Het gebouw en de wisselende kunstexposities zijn schitterend.
Av. Alvear 1661, tel. 11 51 71 13 40, www.hyatt.com, bus 124: Rodríguez Peña/Pres. Manuel Quintana, vooraf reserveren, dag. 18.30-20 uur

Die van Joachim
Lo de Joaquin Alberdi A 6 (Palermo)
Je wordt met open flessen ontvangen in het oude gele huis – hier is dagelijks wijn te proeven van meer dan vijfhonderd grote en kleine Argentijnse producenten. Elke donderdag en vrijdag om 19.30 uur is weer een andere bodega te gast en staan diens wijnen centraal. Voor kaas en worst wordt ook gezorgd.
Jorge Luis Borges 1772, tel. 11 48 31 77 20, www.lodejoaquinalberdi.com, metro: Plaza Italia, ma.-za. 11-21.30, zo. 12-21.30 uur, proeverij AR-$ 1900, aanmelden via website

THEATER, OPERA, CONCERTEN

Porteños zijn gek op cultuur, of het nu een concert is of een theatervoorstelling. Met meer dan tweehonderd zalen telt Buenos Aires meer theaters dan Parijs en New York. Daar zitten zowel commerciële als onafhankelijke podia bij, en dat zorgt voor een ontzettend divers programma, van 'moeilijke' toneelstukken tot kluchten en alles wat ertussenin zit. Je mag je gelukkig prijzen als je een kaartje weet te bemachtigen voor een uitvoering in het wereldberoemde Teatro Colón (► blz. 34). In de Luna Park sporthal uit 1931, ooit gebouwd als bokshal, treden internationale sterren op en worden grote evenementen gehouden als het wereldkampioenschap tango (zie foto). Je kunt de agenda bekijken op www.lunapark.com.ar. Een overzichtelijker evenementenagenda is www.vuenosairez.com. Kaartjes zijn te koop bij de kassa's van de theaters en online, ► blz. 35.

LIVEMUZIEK

Mooie muurschilderingen

El Quetzal ✪ B 6 (Palermo)

Bar en creatief geprogrammeerd cultureel centrum. Muziek, literatuur, theater en beeldende kunst, van overwegend jonge kunstenaars. Opmerkelijk zijn de *murales*, de muurschilderingen, rond de tuin en de versierde bar in de open lucht, waar ook een goede keuken bij hoort.

Guatemala 4516, tel. 11 35 26 48 05, www.elquetzal.com.ar, metro: Scalabrini Ortiz, di.-zo. vanaf 20 uur

Cultuur in de tuin

El Universal ✪ A 6 (Palermo)

Theater, muziek, films en tentoonstellingen op een paar honderd meter van de Plaza Serrano in Palermo. Heerlijke tuin waarin je fijn kunt relaxen en naar de sterren kunt kijken, leuke bar en prima huisgemaakte gerechten.

Pje. Pablo Soria 4940, www.eluniversalespacio cultural.com, metro: Plaza Italia, do.-zo. vanaf 21 uur

Rock op de eerste etage

Vuela el Pez A 7 (Palermo)

Populaire cultuurclub in Palermo waar op de bovenverdieping concerten worden gegeven. Goede pizza's en salades en een relaxte sfeer. Op de binnenplaats kun je even bijkomen van het feestgedruis.

Córdoba 4379, tel. 11 47 73 79 02, www.face book.com/vuelaelpez, metro: Gallardo, zo., di.-do. 20.30-24, .vr., za. 20.30-5 uur

TANGOSHOWS

Klein en intiem

Bar Sur kaart 2, G 9 (San Telmo)

In deze kleine bar notable wordt alles op alles gezet om de sfeer te bewaren van de jaren rond 1967, toen deze tempel van het nachtleven zijn deuren voor het eerst opende. Behalve 'gewone' gasten uit de hele wereld hebben ook internationale beroemdheden de show van de tussen de tafels door zingende en dansende artiesten van dichtbij meegemaakt – kijk maar eens naar de wall of fame. Hoe later op de avond, hoe makkelijker je in gesprek komt met andere gasten.

Estados Unidos 299, tel. 11 43 62 60 86, www. bar-sur.com.ar, metro: Independencia, dag. 20-2 uur, tangoshow 21 uur AR-$ 2000, met diner AR-$ 3000

In de tangowijk

Esquina Carlos Gardel C 8 (Abasto)

Buiten de platgetreden toeristische paden bij de oude markt van Abasto (► blz. 69). Twee blocks verderop woonde de beroemdste tangozanger aller tijden. De show vindt plaats in een witte, theaterachtige zaal en is doorspekt met herinneringen aan de in 1936 in Colombia overleden ster.

Carlos Gardel 3200, tel. 11 48 67 63 63, www. esquinacarlosgardel.com.ar, metro: Carlos Gardel, dag. tangoshow vanaf 22 uur, US-$ 75-220

Klassieker

Tango Porteño 2, F 7 (Microcentro)

Met zijn opvallende locatie pal aan de Avenida 9 de Julio is dit natuurlijk geen verborgen parel. Maar de beste dansers en zangers van de stad treden hier nu eenmaal op, daarover zijn de experts het eens.

Cerrito 570, tel. 11 41 24 940 0, www.tango porteno.com.ar, metro: Carlos Pellegrini, tangoles 19.30, diner 20.30, tangoshow 22.15 uur, alleen show US-$ 26, met diner vanaf US-$ 89

Tango in het rood

Tango Rojo H 9 (Puerto Madero)

Zonder twijfel een van de beste shows in de stad in de chique sfeer van het door topdesigner Philippe Starck ontworpen Faena Hotel. Ook in combinatie met topkwaliteit driegangendiner.

in het Faena Hotel, Martha Salotti 445, tel. 11 49 52 41 11, www.rojotango.com, diner vanaf 20.30, tangoshow 22 uur, alleen show US-$ 220, met diner US-$ 290 incl. vervoer

CLUBS

Techno in de winkelstraat

Bahrein kaart 2, G 7 (Microcentro)

Een van de weinige clubs in het centrum, ondergebracht in een voormalig bankgebouw uit 1904. Veel mooie mensen die dansen op house en funk of chillen in een van de relaxte banken in de lounge. Wanneer je 's ochtends vroeg de club uit wankelt, sta je in een volledig lege winkelstraat – een bizarre gewaarwording, zeker in de wetenschap dat het er een paar uur later krioelt van de mensen.

Lavalle 345, tel. 11 43 15 24 03, www.bahrein ba.com, metro: Alem, do. onregelmatige 'after office parties' vanaf 18 uur, vr., za. vanaf 23.55 uur, vanaf AR-$ 250

Paradijsvogels gegarandeerd

Crobar B 4 (Palermo)

Crobar, waar tweeduizend mensen kunnen dansen, is een oudgediende onder een spoorviaduct. Afhankelijk van de dj van dienst kunnen er lange rijen voor de deur staan. Wees niet verbaasd als

Alles klopt in de Niceto Club: de sfeer, de muziek, de drankjes, de gasten – prima omstandigheden dus om de hele nacht door te dansen!

hier en daar een vreemde verschijning opduikt – in het naast de club gelegen Park 3 de Febrero komen de travestieten van de stad 's avonds bij elkaar.

Marcelo Freyre S/N, tel. 11 47 78 15 00, www.crobar.com.ar, metro: Palermo, vr., za. vanaf 24 uur, vanaf AR-$ 250

Helemaal uit je plaat

Niceto Club ✪ kaart 3, B 2 (Palermo)

Twee ruimtes met een relaxt internationaal publiek. Veel indierock, jazz, house, Colombiaanse reggaeton en elektro. Niceto is een goede plek om een nacht helemaal los te gaan. Regelmatig leuke themafeesten. Club 69 op donderdag – een 'alles kan, niets moet'-nacht met travestietenshow – is een ware klassieker.

Av. Niceto Vega 5510, tel. 11 47 79 93 96, www.nicetoclub.com, metro: Dorrego, do.-za. 23-7 uur, vanaf AR-$ 300

Rocklegende

La Casa de Luca Prodan ✪ kaart 2, G 8 (Monserrat)

De in 1987 overleden, van oorsprong Italiaanse Luca Prodan is de Argentijnse rockster pur sang. Hij speelde vroeger met Ian Curtis van Joy Division, kwam naar Argentinië en werd leadzanger van de hier legendarische band Sumo. Om af te kicken van zijn heroineverslaving verhuisde Prodan naar Mina Clavero in de provincie Córdoba. In het gebouw waarin hij in Buenos Aires woonde, wordt in de weekends rockmuziek gespeeld en met weemoed gedacht aan vroeger tijden.

Adolfo Alsina 451, metro: Bolívar, vr., za. 0.45-6 uur

Underground techno

Cocoliche ✪ kaart 2, F 8 (Microcentro)

Deze in 2003 door een kunstenaarscollectief geopende club is vernoemd naar de uitgestorven mix van Italiaans en Spaans, Cocoliche. Het gebouw in Franse stijl straalt glamour uit, de donkere club geeft een undergroundgevoel. Leuke feesten met soms internationaal vermaarde dj's.

Rivadavia 878, tel. 11 43 42 94 85, www.cocolicheclub.com, metro: Piedras, vr., za. vanaf 24 uur, soms ook do., vanaf AR-$ 300

Reisinformatie

AANKOMST

... met het vliegtuig
Het gros van de internationale vluchten en sowieso alle Europese maatschappijen komen aan op vliegveld Ezeiza (officieel Aeropuerto Internacional Ministro Pistarini), 35 km ten zuiden van het centrum in de gelijknamige voorstad (www.aa2000.com.ar/ezeiza). Het kleinere Aeroparque Jorge Newbery, een paar kilometer ten noordwesten van het centrum, wordt vooral gebruikt voor binnenlandse vluchten (www.aa2000.com.ar/aeroparque).
Transfer naar de stad: de bussen van Manuel Tienda León rijden van beide luchthavens naar de Terminal Puerto Madero (www.tiendaleon.com/resultados/busqueda/bus). Voor een taxi ga je naar de stand in of voor de aankomsthal – negeer vooral de zichzelf aanbiedende chauffeurs eromheen. Een ritje naar Palermo kost circa AR-$ 700. Geef bij het betalen van grotere bedragen de biljetten een voor een en let goed op je wisselgeld.

... met de bus
Busreizigers komen aan in Retiro (Termimal de Colectivos, www.tebasa.com.ar). De toeristeninformatie in Local 83 is dagelijks geopend van 7.30 tot 16 uur. Voor de terminal vertrekken lijnbussen naar de stad (bij de uitgang hangt een plattegrond zodat je weet waar je moet zijn). Er is ook een informatiestandje. Het busstation ligt tussen de metrostations Retiro/San Martín (lijn C) en Alem (lijn A).

OPENBAAR VERVOER

Openbaarvervoer-app
Praktisch is de gratis smartphone-app Como Llego (Android, iOs, Windows) die alle openbaarvervoermiddelen in Buenos Aires in kaart brengt en je via de snelste weg van A naar B leidt. Nadeel is wel dat je online moet zijn om hem te gebruiken en dat kan in de papieren lopen (roamingkosten). Stippel je route dus indien mogelijk uit wanneer je wifi hebt.

OV-chipkaart Tarjeta Sube
Aangezien je in het openbaar vervoer niet kunt betalen met cash, moet je de ov-chipkaart Tarjeta Sube kopen. Deze kun je vervolgens gebruiken in de bus, metro (*subte*) en een aantal forenzentreinen. Je kunt de chipkaart kopen bij de loketten en automaten in de metrostations, bij internetcafés en de meeste kiosken. De eenmalige aanschafprijs van de Sube is AR-$ 50, vervolgens moet je hem opladen om ermee te kunnen reizen.

Stadsbussen (colectivos)
Buenos Aires heeft een zeer dicht, maar niet erg overzichtelijk busnetwerk. Het buslijnplan GuíaT kan erg behulpzaam zijn. Deze is voor AR-$ 40 te koop bij de meeste kiosken. Een enkele reis met de bus kost afhankelijk van de afstand maximaal AR-$ 16,50 (prijzen januari 2019). Laat de chauffeur met een handgebaar weten dat je in wilt stappen, stap voor in en vertel hem waar je heen wilt. Hij drukt dan op de knop voor het juiste tarief. Hou dan je Tarjeta Sube bij de kaartlezer achter de bestuurder. De rijstijl van de meeste chauffeurs is weinig subtiel. Hou je altijd goed vast, ook als je net bent ingestapt. De bus stopt alleen als er iemand wil in- of uitstappen. Vergeet dus niet op de stopknop te drukken voor je halte.

Metro: subterráneo
De subte is de oudste metro van Zuid-Amerika en over het algemeen de snelste manier om door de stad te reizen. Er zijn zes lijnen. De metro rijdt op doordeweekse dagen om de 3-5 minuten, in het weekend iets minder frequent. Alle lijnen rijden vanaf 5.30 (za. 6, zo. 8) uur tot omstreeks 23 (zo. 22) uur. Een ritje kost AR-$ 14,50, (januari 2019). Info via www.buenosaires.gob.ar/subte.

De fiets als oplossing van de verkeersproblematiek? Met het fietsdeelsysteem Ecobici probeert Buenos Aires een groenere toekomst te creëren.

Deelfiets Ecobici
De fiets wordt in Buenos Aires een steeds populairder vervoermiddel en op steeds meer straten wordt een fietsstrook gemarkeerd, zodat je redelijk veilig op weg kunt. Ecobici, zoals het fietsdeelsysteem hier heet, is gratis, Je moet je inschrijven op www.buenosaires.gob.ar/ecobici/sistema-ecobici/turistas of via de Ecobici-app. Je hebt hiervoor een scan van een identiteisbewijs nodig (► blz. 4 en www.buenosaires.gob.ar/ecobici). Let op: niet alle automobilisten zijn gewend aan fietsers!

Taxi's en remises
Hoewel zwarte schapen zeldzaam zijn, is het altijd veiliger om een taxi te laten bestellen door je hotel of restaurant. Als bestemming kun je het beste een kruising noemen, dus bijvoorbeeld 'Defensa y Chile'. Comfortabler dan taxi's zijn de chauffeursdiensten, de zogenaamde *remises.* Daarmee rij je voor een vooraf afgesproken prijs naar je bestemming. Bijvoorbeeld van de internationale luchthaven Ezeiza naar het centrum voor US-$ 35-45 of van het Aeroparque naar het centrum voor US-$ 15-20. Ook Taxi-app Uber is (in elk geval voor buitenlanders) te gebruiken in Buenos Aires.

Veerboten naar Uruguay
Rederijen Buquebus en Seacat onderhouden veerverbindingen van Dársena Norte (Antártida Argentina 821) naar Colonia del Sacramento, Colonia Express van Dársena Sur (Pedro de Mendoza 330). Buquebus vaart ook naar Montevideo. Cacciola Viajes vaart twee keer per dag van Tigre door de delta van de Rio Paraná naar Carmelo in Uruguay.
Buquebus: Antártida Argentina 821, tel. 11 43 16 65 25, www.buquebus.com, kaartjes online of op het kantoor zo.-vr. 6.30-24, za. 6.30-21 uur.
Seacat Colonia: Av. Córdoba 772, tel. 11 43 14 51 00, www.seacatcolonia.com, kaartjes online of op het kantoor ma.-vr. 9-19, za. 9-13 uur.
Colonia Express: Av. Córdoba 753, tel. 11 43 17 41 00, www.coloniaexpress.com, kaartjes online of op het kantoor ma.-vr. 9-19, za. 9-13 uur.
Cacciola Viajes: Buenos Aires, Av.Cordoba 755, tel. 11 53 53 90 05; Tigre, Lavalle 520, tel. 11 47 49 09 31; Carmelo/Uruguay, Wilson Ferreyra s/n, tel. 598 45 42 42 82, www.cacciolaviajes.com.ar.

DIPLOMATIEKE VERTEGENWOORDIGING

Ambassade Argentinië in Nederland: Javastraat 20 Den Haag, tel. 070 311 84 11, epbaj@mrecic.gov.ar, epbaj.mrecic.gov.ar.
In België: Louizalaan 225 Brussel, tel. 02 647 78 12, ebelg@cancilleria.gob.ar, ebelg.cancilleria.gov.ar.

Nederlandse en Belgische ambassades: Edificio Porteño Plaza II, Olga Cossettini 831, piso 3, C1107 BVA, Buenos Aires.
Nederland: tel. 011 43 38 00 50 (24/7 bereikbaar), ma.-do. 9-17, vr. 9-13 uur, bue@minbuza.nl, www.nederlandwereldwijd.nl/landen/argentinie.
België: tel. 011 43 13 72 72, noodnummer buiten kantooruren tel. 015 44 14 45 89, buenosaires@diplobel.fed.be, argentina.diplomatie.belgium.be/nl.

GELD

De nationale valuta is de Argentijnse peso (ARS of AR-$, in Argentinië zelf meestal alleen $), waar 100 centavo's in gaan. Er zijn biljetten van 2, 5, 10, 20, 50, 100, 200, 500 en 1000 pesos en munten van 5, 10, 25 en 50 centavos en 1 en 2 peso. In verband met de hoge wisselkosten in Europa is het beter om pas bij aankomst in Argentinië peso's op te nemen – op het vliegveld staat een flink aantal pinautomaten (*cajero automático* of ATM). Vergeet niet je betaalpas te activeren voor gebruik buiten Europa. Ondanks het Maestro-logo op de automaat lijkt de acceptatie van passen volledig willekeurig. Als pinnen met je gewone pas niet lukt, kun je het proberen met je creditcard. Dit is meestal wel duurder.
Wisselkoers (januari 2019)
€ 1 = AR-$ 43, AR-$ 100 = € 2,34.
Wisselkantoren
Wisselkantoren vind je op de hoek van Sarmiento en San Martín en op Florida 580 (dag. 10-17 uur) en Lavalle 556 (ma.-vr. 9-16 uur). Geld wisselen bij een handelaar op straat is niet altijd zonder risico. Je kunt beter bij je hotel of bijvoorbeeld aan je reisgids vragen naar een betrouwbare valutahandelaar.

REIZEN MET EEN BEPERKING

Buenos Aires is niet erg goed ingesteld op reizigers met een beperking. Hoewel de meeste trottoirs opritten hebben voor rolstoelgebruikers, zijn vele ervan in slechte staat. Engelstalige brochures met informatie voor toeristen met een beperking zijn te downloaden op www.buenosaires.gob.ar/copidis/guia-de-turismo-accesible-201819.

SIGHTSEEING

Rondritten per bus
De hop-on-hop-off-bus Buenos Aires Bus rijdt in drie uur door de stad en stopt bij een aantal bezienswaardigheden (► blz. 31). Kaartjes zijn te koop in de bus en online op www.buenosairesbus.com (24 uur AR-$ 990, 48 uur AR-$ 1260, tot 11 jaar AR-$ 520/670).
Rondleidingen
Er is een hele reeks rondleidingen beschikbaar waarbij ervaren gidsen voor alles zorgen. Alleen al de gemeente heeft er een dertigtal op het menu staan, zie turismo.buenosaires.gob.ar/en/article/guided-tours.
BA Free Walks: Recoleta-tour dag. 10.30 uur, verzamelen op de Plaza Estado del Vaticano, hoek Libertad en Viamonte naast het Teatro Colón. Centrumtour dag. 15 uur, verzamelen bij de poort van het Congreso Nacional, Av. Entre Rios 51. Voor deze tours geen aanmelding nodig (www.buenosairesfreewalks.com).
Fietstochten
Biking Buenos Aires: Perú 988, tel. 11 43 00 53 73, www.bikingbuenosaires.com, dag. 9-18 uur, Ultimate City Tour, start 10 uur bij kantoor, 7 uur, US-$ 95, ook andere tochten beschikbaar.
Havenrondvaarten
Sturla Viajes biedt boottochten met blik op de skyline van Buenos Aires (www.sturlaviajes.com.ar).

TELEFOON EN INTERNET

Internationale landnummers: Nederland: 00 31; België: 00 32. Kengetallen Buenos Aires: 11 vanuit het buitenland, 011 binnen Argentinië. Alle mobiele telefoonnummers in Buenos Aires beginnen met 011-15.
Telefoneren: alle smartphones zijn in principe te gebruiken in Argentinië – alleen sommige prehistorische mobieltjes kunnen problemen geven. Door de torenhoge roamingkosten is het echter niet aan te bevelen met je eigen mobiel te bellen – en al helemaal niet op internet te gaan! Wil je je eigen telefoon gebruiken (ook handig voor bijvoorbeeld Whatsapp), koop dan een prepaid simkaart bij een kiosk of belwinkel.
Internet: internetcafés heten *cyber café* en vind je overal in de stad. Praktisch alle hotels, restaurants en cafés, alsmede veel parken, stations, bibliotheken, ziekenhuizen en musea, hebben (meestal gratis) wifi.

TOERISTENINFORMATIE

Toeristeninformatie in Buenos Aires: Ministerio de Turismo, Av. Santa Fe 883, tel. 11 43 12 22 32 of gratis 0800 555 0016, ma.-vr. 9-17 uur, turismo.buenosaires.gob.ar/en; luchthaven Ministro Pistarini Ezeiza, aankomstshal Terminal A, tel. 11 44 80 02 24, dag. 8.15-19.50 uur; luchthaven Aeroparque Jorge Newbery, tel. 11 47 71 01 04, buiten de aankomstshal, dag. 9-18 uur; busstation Retiro, Local 83, dag. 7-16 uur; Microcentro, Florida 50, dag. 9-18 uur; Retiro, Florida, op het pleintje bij de noordelijke entree van het voetgangersgebied, ma.-vr. 10-17, za.-zo. 9-18 uur; Recoleta, Av. Quintana 596, tel. 11 48 06 09 04, tegenover de begraafplaats, dag. 9-18 uur; Puerto Madero, Juana Manuela Gorriti 200, tel. 11 43 15 01 51, onder de gele kraan bij het noordelijkste havenbassin, dag. 9-18 uur.

VEILIGHEID EN NOODGEVALLEN

Buenos Aires is een van de veiligste metropolen van Latijns-Amerika. De diepe crises van de afgelopen jaren hebben echter wel hun weerslag op de stemming in de hoofdstad. Gelegenheid maakt de dief: op drukke plekken als de metro, de bus en de stations loeren zakkenrollers op makkelijke slachtoffers. Hang je rugzak in grote drukte dus op je buik en hou een hand op je handtas. Zoals overal is voorkomen beter dan genezen. Laat waardevolle spullen dus achter in (de kluis van) je hotel. Wil je toch echt liever foto's maken met je spiegelreflex dan je smartphone, doe de camera dan in elk geval niet in een opzichtige fototas met logo's. Kleine criminelen zijn altijd alleen geïnteresseerd in geld en waardevolle spullen, niet in mensen. Ben je dus slachtoffer van een overval, geef je spullen dan af zonder weerstand!
Met uitzondering van de grote avenidas (9 de Julio, Corrientes, Santa Fe, Córdoba) heb je 's avonds niets te zoeken in de binnenstad. Na winkelsluitingstijd zijn de straten daar uitgestorven.
In La Boca moet je zelfs bij daglicht niet afwijken van de gebaande toeristische paden – al twee straten van de Caminito kan het gevaarlijk zijn. Ook San Telmo moet je niet in het donker gaan verkennen.
Het lijkt na bovenstaande misschien niet zo, maar bijna alle bezoekers van Buenos Aires zeggen dat ze zich in de stad een stuk veiliger voelden dan ze hadden verwacht.
Mocht er toch iets gebeuren, dan kun je bij de speciale toeristenpolitie de benodigde formulieren voor de verzekering (laten) invullen (Corrientes 436. tel. 11 43 46 57 48 of 0800 999 50 00, Engels, 24/7)

Noodnummers:
Policía Turística: 103 of 911
Ambulance: 107

Hoe zegt u?

Dejate de joder

Letterlijk: hou op jezelf te fucken.
Laat je niet gek maken.

Todo bien?

Alles goed?

UN ABRAZO

Een knuffel/omhelzing.
Afsluiting mailtje/telefoontje.

plata

Zilver.
Geld.

No tengo un mango!

Ik heb geen mango!
Ik ben helemaal blut!

Che

Tsche.
Hey bro.

POR SI LAS MOSCAS

Voor als de vliegen …
Voor de zekerheid …

Le faltan un par de jugadores

Hij mist een paar spelers.
Hij heeft ze niet allemaal op een rijtje.

Chan!

Tschan!
Geniaal!

pelotudo

Domkop.

Ojo al piojo!

Vlooien in de gaten houden!
Let op de kleine lettertjes!

Paklijst

> DATUM

....

> AANTAL DAGEN

....

> HET WEER

WARM KOUD NAT

> BASISUITRUSTING

- ANWB EXTRA
- PASPOORT/ID-KAART
- TICKETS & VISUM
- RIJBEWIJS
- BANKPASSEN
- MEDICIJNEN
- VERZEKERINGEN
- HOTELADRES
- ....
- ....
- ....
- ....
- ....

C CHECK

> TOILETARTIKELEN

- ....
- ....
- ....
- ....
- ....
- ....
- ....
- ....
- ....
- ....
- ....
- ....
- ....

> KLEDING

- ....
- ....
- ....
- ....
- ....
- ....
- ....
- ....
- ....
- ....
- ....
- ....
- ....
- ....

> DIVERSEN

- ....
- ....
- ....
- ....
- ....
- ....
- ....
- ....

> ELEKTRONICA

- ....
- ....
- ....
- ....
- ....

Mijn tripplanner

DAG 1

Blz ...... MUST SEE ....
Blz ....
Blz ....
Blz ....
Blz ....
Blz ....
Blz ...... ETEN EN DRINKEN ....
Blz ....

DAG 2

Blz ...... MUST SEE ....
Blz ....
Blz ....
Blz ....
Blz ....
Blz ....
Blz ...... ETEN EN DRINKEN ....
Blz ....

DAG 3

Blz ...... MUST SEE ....
Blz ....
Blz ....
Blz ....
Blz ....
Blz ....
Blz ...... ETEN EN DRINKEN ....
Blz ....

DAG 4

Blz ...... MUST SEE ....
Blz ....
Blz ....
Blz ....
Blz ....
Blz ....
Blz ...... ETEN EN DRINKEN ....
Blz ....

DAG 5

MUST SEE .... Blz ......

.... Blz ......

.... Blz ......

.... Blz ......

.... Blz ......

.... Blz ......

ETEN EN DRINKEN .... Blz ......

.... Blz ......

DAG 6

MUST SEE .... Blz ......

.... Blz ......

.... Blz ......

.... Blz ......

.... Blz ......

.... Blz ......

ETEN EN DRINKEN .... Blz ......

.... Blz ......

DAG 7

MUST SEE .... Blz ......

.... Blz ......

.... Blz ......

.... Blz ......

.... Blz ......

.... Blz ......

ETEN EN DRINKEN .... Blz ......

.... Blz ......

E EXTRA

.... Blz ......

.... Blz ......

.... Blz ......

.... Blz ......

.... Blz ......

.... Blz ......

.... Blz ......

.... Blz ......

Notities

T
TIPS

Favoriete plekken – **review**

> OVERNACHTEN

ACCOMMODATIE ►

ADRES/BLADZIJDE

PRIJS € €€ €€€

NOTITIE

> ETEN EN DRINKEN

RESTAURANT ►

ADRES/BLADZIJDE

PRIJS € €€ €€€ CIJFER

VOORGERECHT

HOOFDGERECHT

NAGERECHT

NOTITIE

RESTAURANT ►

ADRES/BLADZIJDE

PRIJS € €€ €€€ CIJFER

VOORGERECHT

HOOFDGERECHT

NAGERECHT

NOTITIE

RESTAURANT ►

ADRES/BLADZIJDE

PRIJS € €€ €€€ CIJFER

VOORGERECHT

HOOFDGERECHT

NAGERECHT

NOTITIE

> WINKELEN

WINKEL ► ....

ADRES/BLADZIJDE ....

NOTITIE ....

....

WINKEL ► ....

ADRES/BLADZIJDE ....

NOTITIE ....

....

> UITGAAN

GELEGENHEID ► ....

ADRES/BLADZIJDE ....

NOTITIE ....

....

GELEGENHEID ► ....

ADRES/BLADZIJDE ....

NOTITIE ....

....

> EXTRA

EXTRA ► ....

ADRES/BLADZIJDE ....

NOTITIE ....

....

EXTRA ► ....

ADRES/BLADZIJDE ....

NOTITIE ....

....

EXTRA ► ....

ADRES/BLADZIJDE ....

NOTITIE ....

....

....

Fotoverantwoording

Fotolia, New York, VS: blz. 90 (elxeneize); 4 u. (FomaA); 51 (Trejo)
Getty Images, München, Duitsland: blz. 113 (AFP/Garcia); 29 (AFP/Mabromata); omslagflap voor, 100 (Anadolu Agency/Targal); 69 (Cover/Eliano); 14-15 (First Light/Wright); 43, 45 (Hassenstein); omslagflap achter (Jupiterimages); 106 (LatinContent/Rossi); omslag (Leue); 30, 36 (Lonely Planet Images/Dydynski); 53 (Moment Open/Figueres); 8-9 (Santos); 86 (Setboun); 71 (Taxi/Ziegler)
Huber-Images, Garmisch-Partenkirchen, Duitsland: blz. 104 (Clarke-Hill)
iStockphoto, Calgary, Canada: blz. 20 (carterdayne); 16-17, 50 (holgs); 46 (Izaguirre)
laif, Keulen, Duitsland: 80 (Archivolatino/Giudice); 12-13 (Aurora/Moloney); 72 (Back); 25 (Gamma/Naudin); 41, 49, 58, 61 (Hahn); 85 (Heeb); 30, 56 (hemis.fr./Maisant); 128/6 (Hollandse Hoogte/Flymen); 26 (Le Figaro Magazine); 128/8 (Palma/contrasto); 128/1 (Polaris/Giuliani); 97 (Redux/The New York Times/Paone); 89 (Sciacca); 74 (Stukhard)
Lookphotos, München, Duitsland: blz. 37 (age footstock); 24 (Design Pics); 68 (Photononstop)
Mauritius Images, Mittenwald, Duitsland: blz. 39 (Alamy/Betancourt); 28 (Alamy/Didi); 33, 98 (Alamy/Etcheverry Images); 78-79 (Alamy/Fernandez); 103 (Alamy/Hopkins); 4 o. (Alamy/Horizons WWP/TRVL); 64, 92 (Alamy/Horree); 23, 62, 66 (Alamy/Levy); 83 (Alamy/Marka); 59 (Alamy/Plotkin); 45 (Alamy/raddavero); 109 (Alamy/Rothe); 32 (Alamy/Shotshop GmbH); 128/3 (Alamy/Sykes); 128/4 (Alamy/Sykes); 128/7 (Alamy/Velikzhanin); 21, 128/5 (Axiom Photographic/Dosfotos); 7 (Nordic Photos/Ehlers); 77 (Smart/Arist van S.); 57 (Warburton-Lee/Carrasco)
Picture-alliance, Frankfurt, Duitsland: blz. 128/2 (dpa/Goya)
RVD/Erwin Olaf: blz. 128/9
Schapowalow, Hamburg, Duitsland: blz. 47 (4Corners/Banks); 65 (Schmid)
Meik Unterkötter, Hamburg, Duitsland: blz. 5
Alle illustraties: Gerald Konopik, Fürstenfeldbruck, Duitsland

Hulp gevraagd!
De informatie in deze reisgids is aan verandering onderhevig. Het kan dus wel eens gebeuren dat je ter plaatse een andere situatie aantreft dan de auteur.
Is de tekst niet meer helemaal correct, laat ons dat dan even weten.

Ons adres is:
Uitgeverij ANWB
Redactie KBG
Postbus 93200
2509 BA Den Haag
anwbmedia@anwb.nl

Productie: Uitgeverij ANWB
Coördinatie: Els Andriesse
Tekst: Meik Unterkötter
Vertaling: Amir Andriesse
Eindredactie: Machiel Rebergen
Opmaak omslag: Atelier van Wageningen
Opmaak: Hubert Bredt
Opmaak notitiepagina's: Studio 026
Concept: DuMont Reiseverlag
Grafisch concept: Eggers+Diaper
Cartografie: DuMont Reisekartografie

Eerste druk
ISBN: 978-90-18-4555-5

Herinner je je deze nog?

9 van de 2.900.00 mensen uit Buenos Aires

Paus Franciscus

Hij werd in de wijk Flores geboren als Jorge Mario Bergoglio. Na een opleiding tot chemisch-technisch assistent trad hij toe tot de jezuïetenorde. In 1992 werd hij bisschop, later aartsbisschop van Buenos Aires.

Hebe de Bonafini

Nadat haar beide zonen verdwenen, stichtte ze samen met andere moeders de organisatie Madres de Plaza de Mayo (Dwaze Moeders). De Madres bestieren tegenwoordig een café, een radiozender en een universiteit.

Ché Guevara

De in Rosario geboren revolutionair ging naar school in Buenos Aires en voltooide zijn medische studie aan de universiteit. Toen trok hij de wijde wereld in om die te veranderen.

Evita Perón

De engel van de armen. Nadat haar man Juan in 1946 tot president werd gekozen, wijdde zij zich aan de *descamisados* (hemdlozen).

Mafalda

Het in 1964 in San Telmo geboren, vroegwijze meisje verklaart de wereld aan haar lezers. Haar avonturen zijn vertaald in 26 talen.

Diego Maradona

De misschien wel beste voetballer aller tijden heeft een eigen loge in het stadion van Boca Juniors. Hij speelde in 1981/82 bij de club en kwam na een carrière bij onder meer FC Barcelona en Napoli in 1995 weer 'thuis'.

Mauricio Macri

Ondernemer, preses van voetbalclub Boca Juniors, politicus (Propuesta Republicana), burgemeester van Buenos Aires en president van Argentinië.

Jorge Luis Borges

Dé literaire grootheid van Argentinië kwam in 1899 in Buenos Aires ter wereld. Zijn fantastische verhalen vormden de basis voor het genre van het magisch realisme.

Máxima Zorreguieta

Onze koningin werd op 17 mei 1971 geboren in Buenos Aires. Ze groeide op in Recoleta en zat op school in de chique buitenwijk Olivos. Daarna werd ze wereldburger.

001
40442

ВЛ80-1340

РЕСТОРАН
001
63659

Vorwort

Die Transsibirische Eisenbahn ist die *Bahnreise auf der ganzen Welt. Alles andere sind Peanuts.*

Eric Newby

Abenteuer und Freiheit entlang des Schienenstranges: endlose Weiten und phantastische Landschaften, Eisenbahnromantik pur, Europa und Asien im fließenden Übergang, Zwiebeltürmchen und buddhistische Klöster, Taiga und Wüste, Millionenmetropolen und Jurten, der tiefste See oder die längste Mauer der Welt – die Liste der Sehenswürdigkeiten und Erfahrungen ist kaum kürzer als die Transsibirische Eisenbahn lang ist. Doch lohnt sich eine solche Reise? Sind die Reize der Landschaften und die Gastfreundschaft der Menschen wirklich so unbeschreiblich? Muß man sich das so oft in den Medien behauptete Horrorszenario einer Reise gen Osten wirklich antun? Man muß nicht, aber von denen, die es taten, haben es die wenigsten bereut, und viele bezeichnen ihre Fahrt mit der Transsib als die faszinierendste Reise ihres Lebens.

Derzeit feiert die Transsib ihren 100. Geburtstag. Aufgrund unterschiedlicher Auffassungen darüber, was denn nun als Datum der Fertigstellung zählt, kann man aber davon ausgehen, daß zwischen 2001 und 2005 mindestens fünfmal ein 100-jähriges Jubiläum gefeiert werden kann und in jedem Fall die Werbetrommel für die Bahn kräftig gerührt wird. Erstmals tat Rußland das noch vor ihrer vollständigen Inbetriebnahme auf der Pariser Weltausstellung im Jahre 1900. In Zusammenarbeit mit der Internationalen Schlafwagen-Gesellschaft Wagon-Lits präsentierte Rußland stolz seine neue Bahn als Brücke zwischen Europa und Fernost. Zwei Waggons gingen alle halbe Stunde auf eine virtuelle Sibirienreise. Auf drei räumlich versetzten und sich mit unterschiedlicher Geschwindigkeit drehenden Leinwänden mit russischen Landschaftsmotiven wurde die kinogerechte Illusion einer Reise durch Sibirien produziert. Gleichzeitig erschien in Russisch wie in Englisch und Deutsch der offizielle ›Reiseführer über die große Sibirische Eisenbahn‹. Die ungewöhnlichen PR-Aktionen kamen an, und in den folgenden Jahren baute sich auch mit anschaulichen jährlichen Zuwachsraten bei den Transsib-Reisenden eine kleine Fangemeinde auf.

Doch der 1.Weltkrieg, die Oktoberrevolution und der Bürgerkrieg verhießen in der Folgezeit alles andere als berauschende Reiseerlebnisse. Ende der 20er Jahre bemühte man sich in Moskau zwar wieder verstärkt, ausländische Touristen ins Land und auf die Transsib zu locken, doch mit der wachsenden Profilierung der großen Diktatoren des 20. Jahrhunderts vereisten auch die Beziehungen zwischen den deutsch- und russischsprachigen Völkern. Für eine Eiszeit mußte und durfte man bald nicht mehr nach Sibirien reisen. Es sei denn, man fand sich unfreiwillig im Zug gen Osten wieder – gesammelte und übermittelte Erfahrungen, die der allgemeinen Popularität der Bahnreiseziele östlich des Urals auf lange Sicht nicht gerade förderlich waren. Später folgte der Eiserne Vorhang, der sich zwar mit den Jahren etwas lockerte, aber trotzdem nur wenige lockte. Eine Reise gen Osten galt in jenen Jahren als extrem exotischer Geheimtip. Doch dann kam das Perestrojkahoch mit Glasnosteuphorie, dem allerdings bald das kommunistisch-kapitalistische Transformationstief mit Mafiaängsten und Schreckensmeldungen aller Couleurs folgte.

Heute nun zieht scheinbar in der westlichen Sicht der Dinge ein Silberstreifen am östlichen Horizont auf. Die diese endlose Bahntrasse befahrenden Züge und die sie bevölkernden Menschen sind wieder interessant geworden. Eine neue Sachlichkeit hält Einzug. Mehr politische Stabilität in Rußland und China wecken auch wieder die Neugier und das Interesse für Reisen mit der Transsibirischen Eisenbahn. So erschien uns vor fünf Jahren die Zeit reif für unser ›Transsib-Handbuch‹. Es folgten im Jahresrhythmus zwei aktualisierte Nachauflagen, und generell verzeichneten wir ein stark wachsendes Interesse am Thema Transsib. Die nun vor Ihnen liegende vierte Auflage des ›Transsib-Handbuches‹ haben wir erneut aktualisiert und erweitert.

Wir sind sicher, mit diesem Buch eine Beantwortung der Frage zu erleichtern, ob es reizvoll sein könnte, sich heute für eine solche Reise zu entscheiden. Natürlich findet man auch für die Vorbereitung und die Reise selbst umfassende Informationen und Tips zur Transsib in allen ihren Facetten vom Moskauer Kreml über den Baikalsee bis zur Großen Chinesischen Mauer, vom Visumsformular über die richtige Vodka-Sorte bis zum Toilettenpapier. Je nachdem wieviel Abenteuerlust und praktische Vorkenntnisse über Rußland und die beiden anderen Destinationen man mitbringt – jeder findet heute die passende Variante für eine Reise mit der Transsib.

Wer sich zum ersten Mal nach Rußland aufmacht, um die Erfahrung der riesigen Entfernungen und einer schier endlosen Bahnfahrt zu erleben und seine eigenen Vorstellungen über Rußland und gegebenenfalls die Mongolei und China vorsichtig an der Realität abklopfen möchte, sollte sich für eine Reise im Sonderzug entscheiden. In einer zumeist bunt zusammengewürfelten Gruppe Gleichgesinnter findet er ein von erfahrenen Reiseveranstaltern betreutes Programm, das neben dem Reiseerlebnis eine westlichen Gewohnheiten entsprechende Logistik und eine fachkundige und für Rußlandanfänger wohldosierte Annährung an das Gastland gewährleistet.

Wer sich eine gründlichere Bekanntschaft mit den Menschen und Landschaften der ausgewählten Transsib-Route wünscht und zutraut, sollte eine individuell zusammengestellte Reise oder eine Kleingruppenreise auf Regelzügen durchgehend buchen, um so mit der Rückendeckung des westlichen Reiseveranstalters vor allzu unerwarteten Überraschungen gefeit zu sein und dabei gleichzeitig ausreichend Möglichkeiten zur eigenständigen Erkundung und zum Kennenlernen von Gleichgesinnten und Einheimischen zu haben.

Wem ein richtiges Abtauchen in die Realitäten vor Ort vorschwebt, sollte bereits über eine gewisse Rußlanderfahrung und auch über Grundkenntnisse der Sprache oder aber zumindestens über auf anderen Reisen in Transformations- oder Entwicklungsländern gestählte Kulturschockerfahrungen und die in diesem Zusammenhang notwendige Flexibilität verfügen. Dann kann man sich auch gemäß seiner eigenen Prioritäten vor Ort entsprechend erfolgreich durchschlagen.

Hinsichtlich des Preis-Leistungs-Verhältnisses gilt für alle drei Möglichkeiten der Zusammenhang von Zeit und Geld. Im ersten Fall benötigen Sie mehr Geld und stehen die gesamte Zeit im Mittelpunkt. Im dritten Fall benötigen Sie mehr Zeit, um ihren Mittelpunkt und die Logistik jeden Tag neu zu bestimmen und dabei insgesamt auch preiswerter zu reisen.

Allen unseren mehr oder weniger der Transsib-Fangemeinde zuzuordnenden Freunden und Bekannten, die uns mit Tips, Informationen und Erfahrungen bei der Vorbereitung dieses Handbuches geholfen haben, möchten wir an dieser Stelle Dank sagen. Stellvertretend seien hier Roland Beier (Wien), Peter Goerke (Altlandsberg), Bettina Herrmann (Berlin), Franz A. Hofmann (Frechen), Natalia Kolesnik (Novosibirsk), Alexander Krugljakov (Berlin), Harald Mars (Düsseldorf), Valeria Possypayko (Bad Homburg), Peter Reich (Berlin), Jan Schellenberger (Frankfurt/M.), Bernd Schreiter (Halle/S.), Sergej Sigačov (St. Petersburg), Igor Šaljagin (Tajšet), Heinz Thannheiser (Starnberg), Vjačes'lav Uchov (Novosibirsk), Arthur Walth (Forchheim), Wolfgang Wehner (Dresden), Norbert Schott (Dresden), Wolfgang Metzger (Berlin), Elena Vybernova (Novosibirsk) und Vasilij Zimin (Saratov) genannt.

Egal, welche Variante Sie favorisieren, im vorliegenden Handbuch finden Sie alle wichtigen Informationen, um ihre Pläne auf der Transsib Realität werden zu lassen. Ursprünglich war und ist die eigentliche Transsibirische Eisenbahn ein rein russisches Phänomen. Heute eröffnen die Routen über die Mongolei und die Mandschurei nach Peking reizvolle Touren durch mehrere Länder, doch bei allen Routen werden Sie den längsten Teil der Fahrt durch Rußland reisen. Daher haben wir insbesondere auch in den landeskundlichen Abschnitten den Schwerpunkt auf Rußland gelegt und mit entsprechenden Ausführungen zu den Streckenabschnitten in der Mongolei und in China ergänzt.

Hinweise zur Benutzung dieses Reiseführers

Im ersten Teil des Buches gibt es allgemeine Informationen über die Geographie, die Geschichte und die heutige Situation in China, der Mongolei und Rußland, wobei hier das besondere Augenmerk auf Sibirien gerichtet wird.

Der zweite Teil ist der Entstehungsgeschichte und der wechselvollen Geschichte der Transsibirischen Eisenbahn gewidmet und präsentiert den längsten Aufenthaltsort auf der Reise – den Zug selbst – samt aller Besonderheiten und Regeln. Ein kleiner Sprachführer mit dem jeweiligen Basisvokabular schließt sich an.

Die Qual der Auswahl der Möglichkeiten für längeres Aussteigen und Verweilen erleichtern im dritten Teil die den wichtigsten Städten entlang des Schienenstranges gewidmeten kurzen Stadtführungen einschließlich der jeweiligen Stadtpläne. Wir bewegen uns bei den Städteporträts zunächst in Rußland von West nach Ost. Aufgrund verschiedener Streckenführungen fährt man nicht auf jeder Route durch alle vorgestellten Orte. Nach dem russischen Fernen Osten folgen dann die Mongolei und China.

Im vierten Abschnitt findet man alle möglichen Reiserouten der Transsib. Neben der Transmongolischen und der Transmandschurischen Bahn werden innerhalb Rußlands sowohl die klassische Route von Moskau über Jaroslavl' gen Osten als auch die ursprünglich Route über Čeljabinsk, die tatarische Route über Kazan und – wichtig wegen der 2001 erfolgten Fahrplanänderungen – die neue Route über Nižnij Novgorod sowie die alte Hauptstadtroute aus St. Petersburg mit allen Bahnhöfen entlang der Strecke vorgestellt.

Es folgen praktische Reisetips von A bis Z, die der Vorbereitung und der Orientierung vor Ort dienen. Abschließend gibt es einige Tips zu weiterführenden Büchern, Filmen sowie aktuellen Internetseiten. Ein Anhang stellt Faksimiles der wichtigsten benötigten Dokumente vor.

Das Russische nutzt das kyrillische Alphabet, für das es aber unterschiedliche gebräuchliche Transkriptionen gibt, was erfahrungsgemäß zu Verwirrungen führen kann. Das Buch folgt der sich langsam durchsetzenden wissenschaftlichen Transliteration, da diese keinen Zweifel über die Schreibweise des Originals aufkommen läßt und jeder Begriff problemlos ›rekonstruiert‹ werden kann. Diese Transliteration ist im Sprachführer Russisch in diesem Buch und in jedem Rechtschreibduden zu finden. Wenn in russischen Quellen vom Flugticket bis zum Stadtplan Transkriptionen vorgenommen werden, orientieren sich diese zumeist an der im Englischen üblichen Schreibweise, so daß es hier zu Unterschieden kommen kann. In wörtlichen Zitaten wurde die jeweils dort verwendete Schreibweise von Eigennamen beibehalten. Dies gilt auch für bibliographische Angaben.

Auch das Mongolische benutzt nach wie vor das kyrillische Alphabet, mit einigen vom Russischen abweichenden Zeichen. In den Legenden zu den Stadtplänen sowie bei wichtigen Eigennamen ist in den Passagen über Rußland und die Mongolei auch immer die kyrillische Originalbezeichnung angegeben. Was das Chinesische betrifft, haben wir uns in diesem Buch auf die Abbildungen einiger wichtiger Schriftzeichen beschränkt, die vor Ort nützlich sein könnten.

Alle Angaben basieren auf aktuellen Recherchen. Die Zeit ist aber bekanntlich manchmal etwas schneller als der Expreß der Transsibirischen Eisenbahn und dieses ihn begleitende Handbuch. Wenn Ihnen also irgendwo entlang des Schienenstranges neuere und aktuellere Informationen in die Hände fallen, wären die Autoren und der Verlag Ihnen für Hinweise jeglicher Art dankbar.

Zeichenlegende

 Information über Postämter, Banken, Reisebüros etc.

 Restaurants

 Bahnhöfe und Zugverbindungen

 Bars und Nachtclubs

 Flughäfen und wichtige Flugverbindungen

 Einkaufsmöglichkeiten

 Hotels

 Internetseiten zum Standort, Internetcafés

Häufig vorkommende Abkürzungen

pl.	ploščad'	Platz
ul.	ulica	Straße
per.	pereulok	Gasse
pr.	prospekt	breite, große Hauptstraße
nab.	naberežnaja	Uferstraße
bul.	bul'var	Boulevard

»Die Eisenbahn. Das ist noch so eins der letzten Abenteuer. Einmal im Leben muß man da drauf. Auf die Transsibirische Eisenbahn.«

Hardy Krüger

Länder und Leute

Rußland

Mit vielen Sehnsüchten und Ängsten ist unsere Vorstellung von diesem riesigen Reich verbunden: unendliche Weiten und extremes Klima, Zwiebeltürmchen und rote Sterne, eiserner Vorhang und russische Gastfreundschaft, Schwanensee und Kosakenchöre, Neureiche und Hungerhilfe, Matrjoschkas und Mafia – die Liste der Extreme lässt sich wohl endlos fortsetzen. Sie enthalten einige negative Klischees, die unser Rußlandbild auch heute noch bestimmen. In Klischees steckt zwar immer das berühmte Körnchen Wahrheit, aber das Imperium zwischen Ostsee und Pazifik vermittelt eine sehr viel größere Vielfalt von Eindrücken. Es ist ein mit der mitteleuropäischen Elle schwer zu vermessendes Land der Extreme und Sibirien ist ohne Zweifel sein extremster Teil. Ein altes russisches Sprichwort besagt, daß es besser ist, etwas einmal selbst gesehen als hundertmal darüber gehört zu haben. Gehen Sie also flexibel mit ihrer Elle um und machen Sie sich Ihr eigenes Bild von Rußland.

Die Russische Föderation macht mit einer Fläche von 17 Millionen Quadratkilometern heute etwa 75 Prozent der ehemaligen Sowjetunion aus. Hier leben ungefähr 147 Millionen Menschen, Tendenz leicht fallend. Von Kaliningrad im Westen bis zur Halbinsel Kamčatka durchstreift man fast die halbe Welt, denn Rußland erstreckt sich über elf Zeitzonen. Mit der Transsibirischen Eisenbahn ist man von Moskau bis Vladivostok eine Woche nonstop unterwegs, mit dem Flugzeug bewältigt man dieselbe Strecke in einem Direktflug von neuneinhalb Stunden. Zum Vergleich: Von Berlin aus würde man in Richtung Westen in dieser Zeit bis hinter Chicago kommen. Rußland ist geographisch wie mental die Klammer zweier Kontinente, Europa und Asien. Sibirien erstreckt sich östlich des Urals bis zur Pazifikküste und lieferte seit seiner russischen Eroberung die Landmenge und seine Naturreichtümer, die Rußlands Bedeutung ausmachen.

Rußlands Geschichte ist lang und wohl für seine entscheidenden Abschnitte am besten mit dem Satz »Rußland ist groß, und der Zar ist weit« umschrieben. Von Rußland spricht die Geschichte aber erst ab dem 16. Jahrhundert. Seine Ursprünge liegen in der alten Kiever Rus'. Aus Skandinavien kommende, Varäger genannte Vikinger begannen im 9. Jahrhundert entlang der Flüsse seßhaft zu werden und, sich mit den einheimischen Ostslaven vermischend, die ersten Fürstentümer zu bilden. Die Varäger wurden auch ›Ruotsi‹ – ›die über das Meer Gekommenen‹ – genannt. Daraus wurde dann Rus' und Russen als Bezeichnung für das Gemeinwesen und seine Bewohner. Die bedeutendsten Fürstentümer entstanden zunächst in Novgorod unter Fürst Rurik und danach unter Großfürst Vladimir (ca. 955–1015) ab 980 in Kiev. Heute ist die vielbeschworene ›Mutter aller russischen Städte‹ die Hauptstadt der unabhängigen Ukraine.

Die Kiever Rus' wurde unter Vladimir 899 nicht mit Blick nach Rom, sondern nach Byzanz (später Konstantinopel, heute Istanbul) zum christlichen Glauben bekehrt, so daß sich die russisch-orthodoxe Kirche in der Folgezeit unter dem Einfluß der griechisch-orthodoxen Ostkirche konstituierte. Obwohl sich Vladimirs Sohn Jaroslav (ca. 978–1054) in blutigen Thronzwistigkeiten durchsetzen und das Gebiet seines Reiches ausdehnen konnte, entstanden vor allem im Nordosten neue Machtzentren. Vladimir, Suzdal', Rostov und Jaroslavl' hießen die neuen Hauptstädte der kleinen Fürsten, die Kiev den Führungsanspruch streitig machten. In dieser Zeit gründete auch der Suzdaler Fürst Jurij Dolgorukij Moskau als Außenposten seines kleinen Fürstentums. Sein Sohn marschierte 20 Jahre später gegen Kiev und besiegelte den Zerfall des einstigen Reiches. Doch die untereinander zerstrittenen Fürstentümer waren einer neuen Bedrohung in keiner Weise gewachsen – dem Ansturm der Mongolen und Tataren.

Nach der ersten 1223 durch das Heer Dschingis Khans gewonnenen Schlacht eroberten seine Nachfahren zwischen 1236 und 1241 alle russischen Fürstentümer mit Ausnahme Novgorods. Hier trat Großfürst Aleksandr Nevskij (1220–1263) auf die Bühne, der in seinen Schlachten mit dem Westen siegreich war – 1240 auf der Neva gegen die Schweden und 1242 auf dem Peipus-See gegen die Kreuzritter im Osten –, sich aber den Tataren und Mongolen bedingungslos unterwerfen mußte. Ungeachtet später gewonnener Schlachten zahlten die russischen Fürsten fast 250 Jahre Tribut an die Herrscher aus dem Osten. Im Jahr 1328 ernannte der Großkhan Ivan I. (auch Ivan Kalita genannt, ca. 1295–1340) zum Großfürsten in der neuen Residenzstadt Moskau. Damit wurde Moskau zum Zentrum der Sammlung russischen Landes und der Idee eines eigenständigen Staatswesens. Als Ivan III. (1440–1505) die Nichte des letzten byzantinischen Kaisers heiratete, rief er Rußland zum Nachfolger von Byzanz aus und die Kirchenmetropole Moskau zum ›Dritten Rom‹.

Das Reich dehnte sich aus, Ivan IV. (auch Ivan der Schreckliche genannt, 1530–1584) ließ sich 1547 zum Zaren krönen. Nach der Eroberung der tatarischen Khanate Kazan' und Astrachan' forcierte er den 1581 begonnenen Vormarsch russischer Kosaken nach Sibirien. Dem ersten Kosakenataman Ermak folgten weitere Eroberer. Nach weniger als 70 Jahren wehte die russische Fahne an der Pazifikküste. Das Russische Reich hatte sich in einem in der Weltgeschichte einzigartigen Tempo die größte Landmenge der Erde einverleibt. Und Moskau war weit und steuerte diese Eroberung zunächst kaum, wenn auch der Tribut an wertvollen Fellen als bald größte Einnahmequelle des Hofes sehr willkommen war. In Moskau kam zunächst der Zarengünstling Boris Godunov (ca. 1552–1605) auf den Thron. In den folgenden, auch ›Zeit der Wirren‹ genannten acht zarenlosen Jahren kämpften hier mehrere Prätendenten um ihre Pfründe. Nach der Vertreibung des polnisch-litauischen Heeres wurde Michajl Romanov zum Zaren gewählt. Damit ging die Krone bis zum Zarenmord 1918 an die Romanov-Dynastie über.

Ende des 17. Jahrhunderts ging die Macht an Peter I. (auch Peter der Große, 1672–1725) über. Rußland orientierte sich an westeuropäischen Reformen und wurde zu einer europäischen Großmacht, das neu gegründete St. Petersburg als ›Fenster nach Europa‹ zur neuen Hauptstadt. Zar Peter erkannte zugleich die Bedeutung Sibiriens und leitete umfangreiche Expeditionen zu seiner Erforschung ein, die unter anderem zur Eroberung Alaskas führten. Nach Peters Tod kamen mit seiner Frau Ekaterina I., seiner Nichte Anna I. und seiner Tochter Elizaveta I. drei Zarinnen auf den Petersburger Thron.

Nach der Ermorderung ihres Mannes wurde aus der deutschen Prinzessin von Anhalt-Zerbst Rußlands Zarin Ekaterina II. (auch Katharina die Große, 1729–1796), die das Land in einer Mischung aus Aufklärung und Absolutismus weiter reformierte. Zu Beginn des 19. Jahrhunderts stoppte der russische Winter Napoleons Expansionsdrang, und der als ›Vaterländischer Krieg‹ bekannte Gegenschlag der russischen Armee ließ Zar Alexander I. (1777–1825) auf dem Wiener Kongreß zum ›Retter Europas‹ avancieren. Die in Rußland vorenthaltenen bürgerlichen Freiheiten ließen nach seinem Tode Teile der Aristokratie rebellieren. Die Niederschlagung des sogenannten Dekabristenaufstandes endete mit Hinrichtung und Verbannung. Die Leibeigenschaft wurde in Rußland 1861 durch den später bei einem Attentat ermordeten Aleksandr II. (1818–1881) abgeschafft, immerhin vier Jahre, bevor in Amerika die Sklaverei abgeschafft wurde.

Die Industrialisierung erfaßte Rußland mit Verzögerung. Dieser Prozeß ließ die Ressourcen und den Markt Sibiriens stärker in das Blickfeld rücken. Mit dem Bau der Transsibirischen Eisenbahn, der 1891 begonnen wurde, sollte Sibirien gerade auch wirtschaftlich in das große Reich integriert werden. Die freien Bauern zogen als Neusiedler nach Sibirien oder verdingten sich als Arbeiter in den Industriemetropolen. Dort nahmen die sozialen Spannungen zu, und die Ideen einer sozialen Revolution gewannen Anhänger. Nach der schlimmen Niederlage im Russisch-Japanischen Krieg scheiterte 1905 ein erster Revolutionsversuch. Zehn Jahre später kämpfte das Land in der Entente gegen die Mittelmächte, doch der Patriotismus verlor sich in der katastrophalen wirtschaftlichen Lage im Land. Der Zar dankte zwar ab, doch die provisorische Regierung wurde am 7. November 1917 gestürzt.

Die sich als Diktatur des Proletariates verstehenden neuen Machthaber unter Vladimir Uljanov (Lenin, 1870–1924) konnten sich in einem dreijährigen Bürgerkrieg durchsetzen und begannen nach umfassenden Enteignungen mit dem Aufbau der sozialistischen Ordnung. Ende 1922 wurde die Union der Sozialistischen Sowjetrepubliken gegründet. Nach Lenins Tod übernahm Iosif Džugašvili (Stalin, 1879–1953) die Führung und ließ die Sowjetunion zu einem brutalen

Polizeistaat umbauen. Mit enormen Opfern für die Bevölkerung wurde Rußland zur bedeutenden Industriemacht, die aus einem System von Arbeitslagern in Sibirien billige Arbeitskräfte rekrutierte. Die zwangsweise Kollektivierung der Landwirtschaft brachte Hungersnöte. Doch der wirtschaftliche Erfolg legitimierte damals für die sowjetische Führung jedes Mittel. Eine enge militärtechnische Kooperation mit Deutschland gipfelte 1939 im Nichtangriffspakt zwischen Hitler und Stalin. Als die deutschen Truppen im Sommer 1941 die Sowjetunion überfielen, begann der ›Große Vaterländische Krieg‹ – der entscheidende Schauplatz des Zweiten Weltkrieges. Viele Industriebetriebe wurden in den Ural und nach Sibirien verlagert. Der Krieg endete in Europa im Mai 1945 mit der bedingungslosen Kapitulation Deutschlands, in Asien im August mit der Kapitulation Japans.

Dieser Krieg kostete in der Sowjetunion etwa 20 Millionen Menschen das Leben, unzählige Ortschaften wurden zerstört, ganze Landstriche verwüstet. Er ist

Irkutsk am Anfang des 20. Jahrhunderts

daher im Bewußtsein der Menschen noch immer tief verankert, ebenso wie der eigene Diktator, dessen lange verschwiegenen Todesmühlen das Land nicht weniger Opfer kosteten. Im Ergebnis des Krieges konnte die Sowjetunion den Radius ihres Machtzirkels durch die Entstehung ihr verbundener Staaten in Osteuropa bis zur Oder ausdehnen. Mit dieser Entwicklung wurde auch der Kalte Krieg eingeleitet, der für die nächsten 45 Jahre die Fronten in der Welt und nicht zuletzt an der innerdeutschen Grenze bestimmte. Die Sowjetunion bot den USA im nuklearen Wettrüsten Paroli und hatte lange Jahre in der Weltraumerforschung die Nase vorn. Ab 1956 begann mit der Aufarbeitung des Stalinschen Personenkults eine

Im Kaufhaus GUM in Moskau

vorsichtige Öffnung, ›Tauwetter‹ genannt. Gleichzeitig wurde die Industrialisierung Sibiriens mit dem Bau zahlreicher Wasserkraftwerke und der Erschließung neuer Öl- und Gaslagerstätten in Westsibirien forciert. Wie schon in der Vergangenheit eröffneten die Erlöse aus Sibiriens Reichtümern Rußland den Spielraum für seine Weltpolitik. Nun kamen zu den Reichtümern Zobelfelle, Elfenbein und Gold bis hin zu Diamanten auch Erdöl und Erdgas hinzu.

Doch die mangelnde Effizienz des sowjetischen Wirtschaftssystems trat in den folgenden Jahrzehnten immer deutlicher hervor und rief, zusammen mit der innenpolitischen Stagnation, in den 80er Jahren immer größere Unzufriedenheit hervor. Gorbatschows Umgestaltungspläne scheiterten an ihren ideologischen Scheuklappen und spitzten die Ausweglosigkeit zu. Der 1991 gescheiterte Putsch öffnete dann das Land für den überfälligen, radikalen Wandel: Die UdSSR löste sich selbst auf und wurde durch die Gemeinschaft unabhängiger Staaten (GUS) abgelöst.

Der nationalen Besinnung auf Rußland steht der Demütigungsschmerz der ehemaligen Weltmacht gegenüber. Die Geburtswehen und Auswüchse des heutigen russischen Nomenklatur-Kapitalismus stellten die vielzitierte Leidensfähigkeit der Menschen in Rußland erneut auf eine harte Probe. Viele Entwicklungen sind nicht unumstritten, doch Rußlands Entscheidung für ein marktwirtschaftlich orientiertes Wirtschaftsmodell mit einer gemäß eigener Wortwahl ›gesteuerten Demokratie‹ erscheint unumkehrbar. Die Menschen haben die Freiheiten zu schätzen gelernt, und auch bei der Bewältigung der wirtschaftlichen Probleme machen sie für den Besucher nicht zu übersehende Fortschritte.

Nachdem Boris Jelzin Silvester 1999 das Machtzepter überraschend an Vladimir Putin weitergereicht hatte, konnte dieser sowohl bei den Präsidentschaftswahlen 2000 als auch 2004, wie erwartet, die demokratische Legitimation seiner Präsidentschaft erringen. In Rußland spielten immer weniger Parteien als eher konkrete Politiker die entscheidende Rolle, und so konnte auch die neugegründete und auf ein künftiges ›System Putin‹ zugeschnittene Partei nur wenige Wochen nach ihrer Gründung bei den Parlamentswahlen zur stärksten Fraktion werden. Seitdem ziehen – positiv formuliert – Präsident und Parlament im Reformprozeß an einem Strang. Inwieweit derzeit unverkennbare autokratische Risiken und Nebenwirkungen diesen Prozeß und somit das Land insgesamt künftig prägen werden, wird sich zeigen. Der wirtschaftliche Aufschwung und die politische Stabilisierung haben aber in den letzten Jahren ein spürbar steigendes Interesse an touristischen Reisen nach Rußland bewirkt.

Rußland ist eine zentralistische Föderation und umfasst 89 sogenannte Föderations-Subjekte, die sich in verschiedene Kategorien einteilen lassen. Es gibt mit Moskau und St. Petersburg zwei Städte darunter. Das Gros bilden die den alten Gouvernements vergleichbaren Gebiete (oblast') mit einem gewählten Gouverneur an der Spitze. Fast alle große Städte entlang der Transsib (Jaroslavl', Kirov,

Perm' etc.) sind Hauptstädte entsprechender Gebiete. Daneben gibt es als Regionen (kraj) bezeichnete Gebiete, in denen in autonomen Bezirken nationale Minderheiten leben. An der Transsib trifft das auf Krasnojarsk, Chabarovsk und Primorje mit Vladivostok als Hauptstadt zu. Daneben gibt es innerhalb Rußlands noch mehrere eigenständige Republiken, in denen nichtrussische Völkerschaften die Mehrheit der Bevölkerung bilden. Das einzige Beispiel an der Transsib ist Burjatien mit Ulan-Udė als Hauptstadt und je nach Reiseverlauf noch Kazan' als Metropole der Republik Tatarstan. Während Jelzin mit dem progammatischen Satz »Nehmt Euch so viel Souveränität, wie ihr verkraften könnt« in der Folgezeit einige Probleme mit den Konsequenzen (Stichwort: Tschetschenien) zu verkraften hatte, setzt Putin wieder konsequent auf die Stärkung der Zentralmacht. Er unterteilte das Land in sieben mit den zaristischen Generalgouvernements vergleichbare Verwaltungsbezirke, in denen von ihm eingesetzte Vertreter nun darüber wachen, daß die lokalen Größen nicht allzu große Souverinität erringen und mit ihren lokalen Regularien nicht gesamtrussische Vorgaben aushebeln. Mit der Ausnahme Tschetschenien konnte er diese Politik auch durchsetzen.

Rußlands Wirtschaft ist zu Beginn des 21. Jahrhunderts im Aufwind. Diesen Aufschwung hat das Land auch bitter nötig, etwa ein Viertel der Bevölkerung lebt unter der offiziellen Armutsgrenze. Seine Konjunktur hängt aber stark von der Entwicklung des Ölpreises ab, da Öl und Gas als Hauptexportgüter den Großteil der Devisen erbringen. Doch auch die Binnenkonjunktur hat sich vom Schock der 98er Krise erholt. Nach dem Run auf ausländische Waren besinnt man sich nicht zuletzt aufgrund der neuen Wechselkursrelationen auf heimische Erzeugnisse. Nicht mehr nur der Handel, auch die Produktion wird dank neuer Technologien und Verpackungen wieder interessant und lukrativ. Die Privatisierung ist weitgehend abgeschlossen. Mit Ausnahme weniger staatlich kontrollierter Monopole wie der Gaswirtschaft (Gasprom), den Energieversorgern und der Eisenbahn wird das Gros des Bruttoinlandproduktes in der Privatwirtschaft erzeugt.

Die ausufernde und ineffiziente Bürokratie war und ist ein großes Problem in Rußland, und man arrangiert sich. Moderne Wirtschafts- und Steuergesetzgebungen sind ebenso wie das die sozialistische Rechtssprechung ablösende neue Bürgerliche Gesetzbuch auf den Weg gebracht worden. Es wird wohl einige Jahre dauern, bis sich die Verhältnisse stabilisiert haben, aber die Prognosen stimmen optimistisch und geben den Hoffnungen auf eine Verbesserung der Situation eine solide Grundlage.

Rußland und Deutschland sind auf eine tragfähige Partnerschaft beider Länder angewiesen. Die Traditionen sind lang und bieten Anknüpfungspunkte ohne Ende. Deutsche Prinzessinnen am russischen Hofe, deutsche Forschungsreisende in Sibirien, russische Intellektuelle in der deutschen Emigration – Deutschland war für Rußland immer das Tor nach Europa, Rußland für Deutschland geheimnisvolle Herausforderung im Osten. Ernsthafte Konflikte hatten hingegen, wie vor allem die beiden Weltkriege zeigen, verheerende Auswirkungen. Sensibilität ist also gefordert, und beide Seiten haben noch Entwicklungspotential, was das gegenseitige Verständnis anbetrifft – Impulse dazu müssen nicht nur aus Saunafreundschaften auf höchster Ebene resultieren.

Zum Verständnis Rußlands gehört maßgeblich ein Gefühl für die Vorzüge und Nachteile seiner kaum vorstellbaren Größe. Rußland besteht nicht nur aus Moskau, und eine Reise mit der Transsib ist die kompakte wie komfortable Möglichkeit, diese Erfahrung hautnah zu erleben. Im Gegensatz zu manchen anderen

Russische Winter erfordern schweres Gerät

Ländern mag man die Deutschen als Gäste und Geschäftspartner in Rußland. Vielleicht liegt es auch daran, daß sich noch nicht allzuviele und in der Regel nur vorbereitete Reisende dorthin getraut haben. Man schätzt dort Qualität made in Germany, unsere Zuverlässigkeit, die nach Perfektion strebende Gründlichkeit und den Ordnungssinn, wenn wir vielleicht auch im vergleichenden Seelenverständnis der Russen zumeist nur in der Rubrik Krämerseele landen.

Rußland kann seinen deutschen Besuchern interessante Denkanstöße bieten, dieses Urteil und damit die eigene Haltung zu überdenken. Und ein Urlaub dort kann auch manchen Touristen rußlandsüchtig werden lassen. Die Autoren kennen genauso wie einige bekannte Journalisten oder Geschäftsleute und Privatreisende diese Erfahrung: Es zieht einen immer wieder hin.

Na zdorovje!

Schnaps ist erstaunlicherweise im euroasiatischen Kulturkreis ein vertrauter Begriff, den zumindestens in Rußland jeder kennt und mit Deutschland und Alkohol assoziiert.
In der Transsibirischen Eisenbahn hat man je nach Route die Möglichkeit, entsprechend der drei Länder auch bis zu drei Trinkkulturen und -gewohnheiten kennenzulernen und anzunehmen. Einige Vorkenntnisse kann man sicherlich voraussetzen. Aber während Vodka aus Rußland in Deutschland bereits einen gewissen Bekanntheitsgrad genießt, wird bei den hochgeistigen Getränken aus der Mongolei und China zumeist Neuland betreten.
Das Wort ›Vodka‹ ist eine Verkleinerungsform des Wortes ›Voda‹ (Wasser). Aber es darf als allgemein bekannt vorausgesetzt werden, daß es dieses Wässerchen in sich hat.
Ob der erste Vodka in Polen oder in Rußland gebrannt wurde, ist eine delikate Frage, die hier unbeantwortet bleiben soll. Klar benennen läßt sich hingegen das Ausgangsprodukt:
In der Ukraine, in Polen und anderen europäischen Ländern gelten Kartoffeln als vollwertige Basis, während diese in Rußland als minderwertig angesehen werden. Rußlands Vodka wird aus Getreide hergestellt.
Vodka gilt heute als meistverkaufter Branntwein der Welt. Der Siegeszug von Vodka in der westlichen Welt begann mit dem Image von Reiselust und Eleganz, das anderen Branntweinen fehlte, vor allem aber mit der Werbung, Vodka als Grundlage für frische, moderne Mischgetränke zu nehmen.
Ein gängiges Urteil besagt ›Vodka macht keinen schweren Kopf‹. Das stimmt, denn bei einem qualitativ guten Vodka sind alle Stoffe außer seinem Alkohol und Wasser herausgefiltert und – destilliert (Cognac oder Whiskies enthalten geringe Fremdstoffe zum Beispiel aus der Faßlagerung). Russischer Vodka enthält grundsätzlich 40 Prozent Alkohol. Die renommiertesten und auch international bekannten Marken aus der russischen Hauptstadt sind ›Moskovskaja‹ und ›Stoličnaja‹. Doch auch in der Provinz unternehmen die Spirituosenfabriken große lokalpatriotische Anstrengungen, ihre Marken in den Hirnen und Kehlen der Verbraucher zu verankern. Mit Rezeptpflege, künstlerisch verzierten Flaschen und aufwendiger Reklame umwirbt man die russische Trinkerseele. In Sibirien haben vor allem die Destillerien in Novosibirsk, Minussinsk bei Krasnojarsk und in Barnaul im Altaj einen guten Ruf.
Obwohl die Russen allen möglichen Geschmacksvariationen beim Alkohol eher skeptisch gegenüberstehen und zumeist früher oder später zum klaren Vodka zurückkehren, haben sich doch mehrere Varianten erfolgreich etablieren können: ›Percovka‹ – Vodka mit Peperoni, ›Limonnaja‹ – Vodka mit Zitrone – sowie ›Starka‹ –

Vodka mit Kräutern. An anderen hochgeistigen Getränken sind vor allem die ›Balsam‹ genannten Kräuterbrandys zu empfehlen. Aus dem Altaj und der Ussurij-Taiga mit Ginseng und vielen Heilkräutern angereichert und herb im Geschmack, verbindet man bei deren Genuß das Angenehme mit dem Nützlichen – es handelt sich schließlich dabei fast ohne Einschränkungen um Medizin.
Schwarzbrennerei ist zwar strafbar,

Sammelbilder einer Suppenfabrik zum Thema Transsib (um 1906)

aber nach wie vor insbesondere in ländlichen Gegenden weit verbreitet. Nachdem Gorbachov 1985 seinen Landsleuten das Trinken vermiesen wollte, wurde fast jeder zweite zum Selbstversorger. ›Samogon‹ heißt das selbstgebrannte, extrem hochprozentige Getränk (bis zu 96 Prozent Alkohol), das man sich aber eher nicht antun sollte. Daneben werden auch fast ständig halbprofessionelle Schwarzbrennereien ausgehoben, die ihr minderwertiges Flüssiggut auf dunklen Kanälen in den Einzelhandel bringen. Vorsicht ist bei Spirituosen geboten, die in den Kiosken und auf den Bahnsteigen angeboten werden, wo Methylalkoholvergiftungen keine Ausnahmeerscheinungen sind. In Rußland gehört Vodka zu jeder Feier und zu jedem guten Tisch. So liegt auch eine tiefe Dialektik in der Frage, ob man in Sibirien so viel trinkt, weil die russische Küche so fett ist, oder ob die fetthaltige Küche nur entstand, um den Vodkamengen Paroli bieten zu können. Aber entgegen vielen Vermutungen gibt es in Rußland kein Gesetz, wonach das Sich-Betrinken obligatorisch ist. Rußlands Größe beziehungsweise seine Grenzen- oder Maßlosigkeit schlägt nicht nur bei der Seele, sondern auch beim Durst durch. Da auch andere Länder (zum Beispiel die skandinavischen Staaten) mit langen Wintern und tiefen Minusgraden als Regionen hohen Alkoholkonsums gelten, besteht wohl durchaus ein klimabedingter Hang zum wärmenden Hochprozentigen. Die Sowjetunion war zwar mehr eine Mangel- als eine Planwirtschaft, aber auch wenn es keine Seife, kein Salz oder keine Streichhölzer gab, Vodka war stets erhältlich. Früher wurden alle Spirituo-

›Fachgeschäft‹ für russischen Vodka in Chabarovsk

senflaschen ohne Schraubverschluß produziert, da alle, Hersteller wie Verbraucher, davon ausgingen, daß eine einmal geöffnete Flasche auch ausgetrunken wird.
In Rußland trinkt man nicht zum Essen, man ißt zum Trinken. Im Unterschied zu Deutschland kommt der Alkoholgenuß nicht nach einem möglichst reichlichen Essen, er ist bereits unverzichtbarer Bestandteil des reichlichen Essens. Trinken ohne etwas zu essen ist verpönt, und wenn das reichliche Mahl fehlt, so ist ein Stück Schwarzbrot, ein Happen Speck oder Dörrfisch oder eine saure Gurke das Minimalprogramm. Westliche Standardsnacks oder Süßigkeiten zählen nicht.
Das weltbekannte Standardmaß ›sto gramm‹ (100 Gramm Vodka) ist zwar häufig Klischee, aber auch nicht auszuschließen, zumeist kommt der Umtrunk pro Trinkspruch mit etwa 50 Gramm aus und ist damit vom deutschen Doppelten nicht mehr weit entfernt. In den Restaurants werden alle Spirituosen in Gramm bestellt und zumeist in einer Karaffe serviert. Der Alkoholgehalt wird in ›Grad‹ gemessen, die unseren Prozenten entsprechen. Wer fürchtet, daß gestreckt oder gepanscht wurde, sollte in der Originalflasche bestellen.
Vodka lockert nicht nur die Zunge. Eine mehr oder weniger lockere Zunge ist auch mental die Voraussetzung zum Vodka trinken. Alkoholgenuß bedeutet obligatorisch auch immer Kommunikation. Wer alleine trinkt, besser gesagt, wer es nötig hat, allein zu trinken, gilt als nahezu hoffnungsloser Alkoholiker.
Hier also die immer zu beherzigenden Regeln für den kultivierten und zivilisierten Vodkagenuß, die auch das Katerrisiko deutlich reduzieren: Gut und reichlich essen und den Alkohol immer mit viel alkoholfreier Flüssigkeit (am besten Mineralwasser) mischen. Keine verschiedenen alkoholischen Getränke vermischen.
Wenn Sie sich einmal für Vodka entschieden haben, ist er wie eine gute Ehefrau und verlangt bedingungslose Treue. Besonders deutschen Vodkatestern, die zugleich Neues erproben und Bewährtes genießen wollen, bleibt die Mischung von Vodka und Bier zumeist länger in schmerzhafter Erinnerung.
Vodka wird nur in Gesellschaft und ausschließlich nach einem entsprechenden Trinkspruch getrunken.
Zum Wohl!

Die Mongolei

Kaum ein Ländername hat heute noch einen so exotischen Klang wie die Mongolei – nicht verwunderlich bei nur etwa 4000 Gästen aus dem deutschsprachigen Raum pro Jahr, Transitreisende per Transsib bereits eingerechnet.

Zwei Regionen auf der Welt nennen sich ›Mongolei‹: der selbständige Staat mit der Hauptstadt Ulaanbaatar, früher als ›Äußere Mongolei‹ und ›Mongolische Volksrepublik‹ bekannt, und die ›Innere Mongolei‹ als Bestandteil der Volksrepublik China mit dem offiziellen Status einer autonomen Provinz. Die Zweiteilung in innere und äußere Mongolei entstand, als die Landstriche ab Ende des 17. Jahrhunderts zur Mandschurei gehörten und spiegelt die unterschiedliche Integration in das Reich der Mitte wider. Während die Innere Mongolei wirtschaftlich und demographisch sinisiert wurde, blieb die Äußere Mongolei nur von militärstrategischem Interesse. Im Staat Mongolei stellen die Mongolen bei weitem den größten Anteil der Bevölkerung, in der chinesischen Inneren Mongolei haben sie die Mehrheit infolge der Umwandlung der für die nomadischen Mongolen lebenswichtigen Weiden in Ackerland für die gezielt angesiedelten chinesischen Bauern längst verloren.

Die Unabhängigkeit der äußeren Mongolei kam 1911 mit dem Zusammenbruch der Qing-Dynastie in China. Ein eigenständiger Staat entstand aber erst 1924. Die Volksrepublik Mongolei war zwar formal immer ein selbständiger Staat, aber politisch, militärisch und wirtschaftlich ganz vom großen Nachbarn Sowjetunion abhängig, die das Land fast wie eine der eigenen Sowjetrepubliken behandelte. In ihren sozialistischen Zeiten wurde die Mongolei einerseits als militärisches Aufmarschgebiet gegen China genutzt und diente als Rohstofflieferant (Erze, Vieh); andererseits kostete sie die Sowjetunion aber auch viel Entwicklungshilfe.

Gleich nach der Perestroika orientierte sich das Land, vor allem in seinen Handelsbeziehungen, mehr an China. Die Euphorie ist inzwischen einer gewissen Ernüchterung gegenüber dem Nachbarn im Süden gewichen; man versucht nun, mit beiden großen Nachbarstaaten gut auszukommen.

Besucher aus der Inneren Mongolei, zu Besuch bei ihren Namensbrüdern im Norden, treten nicht selten hochnäsig auf, da der materielle Fortschritt in den chinesich-mongolischen Großstädtern Baotau und Hohhot mit ihren glitzernden Hochhauszentren und dem unvergleichbar größeren Konsumangebot die Bewohner der Republik Mongolei auf den ersten Blick als ärmlich erscheinen lassen. Hier kommen die ›reichen Brüder und Schwestern‹ nicht aus dem Westen, sondern aus dem Süden. Verwandschaftliche Bindungen bestehen aber kaum noch, so daß die Situation kaum Parallelen zu Deutschland oder Korea bietet. Das

Wohlstandsgefälle ist aber auch auf den ersten Blick unschwer zu erkennen und beeinflußt die Stimmungen.

Die fast 1000 Kilometer lange Grenze zwischen Mongolei und Innerer Mongolei hat zwei öffentliche Grenzübergänge, von denen nur der bei Erlian (an der Bahnlinie Ulaanbaatar–Peking) für Ausländer geöffnet ist. Inzwischen verbinden wöchentlich zwei Züge (via Erlian) und zwei Flüge die Hauptstadt Ulaanbaatar und Hohhot miteinander.

Weite, fast menschenleere Steppen, die von tausendköpfigen Antilopenherden durchzogen werden, Wiesen voller Enzian und Edelweiß, Wolkenformationen von nie gesehener Schönheit, Vulkane und Berggipfel, die noch nie von einem Europäer bestiegen wurden, Yaks und anderes seltenes Großwild und die berühmten mongolischen Steppenpferde bilden für den Touristen eine exotische Mischung. Für Kulturinteressierte sind vor allem die Klosteranlagen des Buddhismus tibetanischer Prägung einen Besuch wert – nicht selten ist man hier für Stunden der einzige Gast. Nahezu alle Reisenden, die diese Landschaft mit der Bahn durchfahren, sind beeindruckt ihrer Schönheit, wie sie sich vor allem um Ulaanbaatar präsentiert.

Der bekannteste Mongole war und ist Dschingis Khan (1167–1227). Das mongolische Weltreich unter Dschingis Khan und seinen Nachfolgern war das größte aller Reiche, die jemals in der Geschichte der Menschheit existierten. Es umfaßte das Gebiet von Schlesien bis Korea und von Indien bis Nordrußland.

Neuere archäologische Forschungen schätzen das Alter der frühesten Siedlungszeugnisse auf über 300 000 Jahre. Die im 3. Jahrhundert vor Christus vollendete berühmte Chinesische Mauer wurde zum Schutz gegen die im Gebiet der heutigen Mongolei als Nomaden lebenden Hunnen (oder Xiongnu) errichtet. Später entstand auf dem Gebiet ein Turk-Khanat, das dann im tungussischen Kitan-Reich aufging.

Die Einigung der mongolischen Clans gelang um 1140 Chabul Khan, dem Großvater Dschingis Khans. Dieser organisierte zunächst das Reich und seine Armee neu: nicht mehr die Zugehörigkeit zu den Clans, sondern der militärische Verdienst gegenüber dem Herrscher zählte. Seine getreutesten Gefolgsleute übernahmen die Zehntausendschaften, und die Eroberungszüge begannen. Weder die Chinesische Mauer noch die Weiten Sibiriens konnten die Mongolenreiter aufhalten.

Mitte des 13. Jahrhunderts entstanden drei Teilreiche. Ein Enkel Dschingis Khans saß bis 1294 auf dem chinesischen Kaiserthron in Peking, das Il-Khanat umfaßte den Orient, und die Goldene Horde herrschte im Osten Europas. Seit dem Ende des 17. Jahrhunderts geriet die Mongolei für 200 Jahre unter chinesische, genauer: mandschurische Herrschaft. In dieser Zeit kam auch der Buddhismus ins Land. Die äußere Mongolei erklärte sich nach dem Ende der Monarchie in China 1911 für unabhängig und errichtete eine eigene Monarchie unter der Herrschaft des höchsten Geistlichen der lamaistischen-buddhistischen Staatsreligion.

In den Folgejahren war das Land mit seiner begrenzten Autonomie ein Spielball in der durch die eigenen Probleme im jeweiligen Land geprägten russisch-chinesischen Diplomatie. Im entsprechenden Vertrag von 1915 wurden die russischen Handelsrechte, die chinesische Rechtssprechung und Verzicht auf außenpolitische Souveränität festgeschrieben.

Für kurze Zeit konnten die Chinesen mit dem Einmarsch ihrer Truppen 1918 wiederum die Macht über das Land gewinnen. Doch 1920 erfaßte der russische Bürgerkrieg auch die Mongolei, und 1921 zog die Rote Armee mit mongolischen Partisanen in die Hauptstadt ein. Mit der unter dem Revolutionär Suche Baatar beginnenden Sowjetisierung erlangte das Land mit Hilfe Sowjetrußlands somit seine Unabhängigkeit wieder.

Nach dem Tod des letzten Khans 1924 wurden die Weichen auf Sozialismus gestellt und die Volksrepublik Mongolei ausgerufen. Die sozialistischen Reformen riefen vor allem die Opposition in den lamaistischen Klostern auf den Plan. Nach Aufständen 1932 wurden in den 30er Jahren mit barbarischer Brutalität und sowjetischer Unterstützung fast alle Gebetsstätten und Zeugnisse des Buddhismus ausgemerzt und nahezu alle Priester ermordet.

Im Vorfeld des zweiten Weltkrieges kam es an der mongolisch-mandschurischen Grenze zur ersten militärischen Auseinandersetzung zwischen Japan und der Sowjetunion. Die Gefechte am Chalchin-Gol im Herbst 1938 waren der erste militärische Erfolg des späteren sowjetischen Oberkommandierenden Žukov. Nach dem Krieg wurde die Kollektivierung der Landwirtschaft forciert und eine sozialistische Industrialisierung eingeleitet. Gleichzeitig wurde für das Mongolische die kyrillische Schriftsprache eingeführt. 1961 wurde die Mongolei Mitglied der Vereinten Nationen, ein Jahr später folgte die Mitgliedschaft im COMECON. In den 80er Jahren nahmen die für den Ostblock typischen wirtschaftlichen Probleme auch in der Mongolei zu. 1990 trat die Parteiführung geschlossen zurück. Es folgten Parlamentsneuwahlen, die zum ersten Mal mehrere politische Parteien neben der Kommunistischen Partei zuließen und damit eine Demokratisierung des Landes einleiteten. In den 90er Jahren brachte jede Wahl eine neue politischen Wende. Seit den Wahlen im November 2000 regiert wieder die Nachfolgepartei der Kommunisten.

Das Reisen im Lande ist anstrengend, denn an Infrastruktur fehlt vieles: Hotels in den wenigen Orten mit städtischen Funktionen sind selten und bieten nicht mehr als Null-Sterne-Komfort; die Qualität angebotener Fahrzeuge ist nach westlichen Maßstäben meist schlecht, Engpässe in der Benzinversorgung verhindern das Vorwärtskommen ebenso wie fehlende Brücken – man wartet an

Furten, bis das Wasser im Fluß weitgehend abgelaufen ist. So ist das Reisen über Land anstrengend und zeitraubend. Gleichzeitig ist das ausgeprägt kontinentale Klima sehr hart. Ulaanbaatar hat den Ruf, die kälteste Hauptstadt der Welt zu sein.

Das meiste an touristischem Bedarf muß importiert werden – von der Bettdecke über Fahrzeuge bis zum Getreide und Gemüse –, entsprechend teuer kann es werden, wenn man einen gewohnten Standard auf Reisen im Lande aufrecht

Reiterspiele in der Mongolei

erhalten möchte. Mongolen wirken auf Ausländer zunächst nicht sonderlich freundlich, eher indifferent. Das ändert sich, wenn man Gelegenheit hat, eine mongolische Familie näher kennenzulernen oder zumindest in eine Jurte einkehren darf.

Wenn Komfort und Schnelligkeit die entscheidenden Kriterien sind, ist die Transmongolische Eisenbahn zweifellos die erste Wahl. Bereits im Transit erhält man einen durchaus repräsentativen Eindruck von den Weiten der Steppe und den eigentümlichen, meist wenig spektakulären Gobi-Landschaften, von der geringen Bevölkerungsdichte und auch ein wenig von der nomadischen Lebensform. Einblicke in die Kulturgeschichte fehlen im Transit jedoch ganz, ebenso die sehr attraktiven Gebirgslandschaften und vor allem Einblicke in die Lebensweise der Einheimischen. Wer die Möglichkeit hat, sollte die Reise unbedingt zunächst in Ulaanbaatar unterbrechen und auch eine Übernachtung in der Jurte einplanen. In der Umgebung der Hauptstadt gibt es dazu inzwischen zahlreiche Gelegenheiten, fast ausnahmslos in wunderschöner Natur gelegen und leicht erreichbar in zwei Stunden Autofahrt.

Die Mongolei ist mit gut 1,5 Millionen Quadratkilometern flächenmäßig fast fünfmal so groß wie Deutschland, hat aber nur knapp 2,5 Millionen Einwohner. Fast die Hälfte der Erwerbstätigen sind in der Land- und Forstwirtschaft tätig, die amtliche Arbeitslosenquote beträgt 20 Prozent. Die durchschnittliche Lebenserwartung ist elf Jahre niedriger als in Österreich oder Deutschland.

Wie in allen ehemals sozialistischen Ländern hat die nachdrückliche Förderung des Schulbesuchs zur Folge, daß es kaum Analphabeten gibt. Die Verständigung in den Städten ist wenig problematisch: Die Jugend lernt Englisch, fast alle über Dreißigjährigen beherrschen gut Russisch – und erstaunlich viele dieser Altersgruppe sprechen und verstehen auch gut Deutsch. Die DDR war so etwas wie die Patentante der Mongolei. Tausende Mongolen erhielten eine mehrjährige Ausbildung zwischen Karl-Marx-Stadt und Rostock und befinden sich heute oft in Führungspositionen von Wirtschaft und Politik. In Gesprächen äußern sie durchweg Dankbarkeit für die prägende Unterstützung im früheren sozialistischen Bruderland.

Rechtzeitig zum 20. Jahrestag der DDR schickte die Regierung der Mongolei 1000 Schafe als Geschenk nach Berlin, per Transsibirischer Eisenbahn. Als der Transport nach gut neun Wochen die polnische Grenze erreichte, wollten die Polen das Staatsgeschenk nicht durchlassen. Als Grund wurden falsche Dokumente angegeben – aus den 1000 Schafen waren inzwischen 1038 geworden. Angeblich mußte die russische Regierung intervenieren, damit der Transport rechtzeitig ankommen konnte. Die Mongolen stehen nicht zuletzt dank der sozialistischen Kooperation in der Vergangenheit den Deutschen sehr aufgeschlossen und positiv gegenüber.

Die wirtschaftlichen Probleme des Landes sind immens. Das Bruttosozialprodukt pro Einwohner erreichte 2001 gerade 400 US-Dollar (zum Vergleich: in der Schweiz sind es 38 140 US-Dollar). Die Liberalisierung des Handels offenbarte vor allem im Vergleich zu China eine kaum konkurrenzfähige Inlandsproduktion. Es gibt kaum eigne Industrie. In den ländlichen Gebieten dominiert nomadische Viehzucht, es gibt wenig Ackerbau. Devisenbringer sind Kashmirwolle, Felle und eine gigantische Kupfermine.

Die Bevölkerung besteht zu fast 90 Prozent aus Mongolen; mit gut fünf Prozent bilden Kasachen die größte nichtmongolische ethnische Gruppe, gefolgt von Burjaten mit knapp zwei Prozent.

Dschingis Khan

Man darf schon davon ausgehen, daß Dschingis Khan wirklich gelebt hat. Fast alle Darstellungen beruhen auf einer von anonymen Autoren verfaßten historischen Beschreibung, die über zehn Jahre nach Dschingis Khans Tod verfaßt wurde, die ›Geheime Geschichte der Mongolen‹.
Geboren zwischen 1154 und 1166, verlor Temudschin (Dschingis Khan) den Vater bereits im Kindesalter.
Es gelang ihm ungefähr 1200, die verschiedenen, bisher zumeist zerstrittenen Stämme der Mongolen erstmals unter seiner Fahne zu einigen. ›Dschingis Khan‹ ist ein Titel und bedeutet ›Herrscher der Welt‹, den Temudschin um 1205 von der Versammlung der mongolischen Fürsten zugesprochen bekam.
Mit der ›Yasa des Dschingis Khan‹ gab es gegen 1210 das erste Gesetzwerk, das das Leben der Mongolen in den damals wichtigen Fragen zu regeln versuchte, und zwar auf der Basis militärischer Strukturen und Grundsätze.
Als Dschingis Khans Macht gefestigt erschien, unternahm er seinen ersten großen Feldzug gegen den bedrohlichen großen Nachbarn im Süden, China. Peking wurde gegen 1215 erobert, dann begannen die Eroberungszüge gegen im Westen gelegene Reiche in Zentralasien, Nordindien und die russischen Fürstentümer. Es gelang den Mongolen, mit einem Minimum eigener Landsleute für begrenzte Zeit ein Vielfaches fremder Völker unter Besatzung zu halten.
Etwa 1220 erfolgte die Gliederung in Teilreiche – Dschingis vergab sie an seine Söhne und Enkel, blieb aber Großkhan als übergeordneter Herrscher. Seine Nachfolger konnten der Geschichte weiter Teile Asiens und Osteuropas, für kurze Zeit auch Mitteleuropas, einen nachhaltigen Stempel aufdrücken.
Dschingis Khan starb ungefähr sechzigjährig während eines Feldzuges gegen die Tunguten und wurde an einem geheimgehaltenen Platz begraben. Heute konkurrieren mindestens vier Orte in der Mongolei um den Ruf, letzte Heimat des größten Mongolen aller Zeiten zu sein.
In Rußland, das (ausgehend von seinen heutigen Grenzen) über Jahrhunderte unter der Besetzung durch die Mongolen und ihre Nachfolger zu leben hatte, blieb das Thema ›Dschingis Khan‹ lange Zeit ein großes Tabu. Zur Sowjetzeit war der Pop-Hit ›Dschingis Khan‹ von Boney M. in Moskau verboten; je weiter weg aber von der Hauptstadt, umso öfter wurde er gespielt. Als zweiter sozialistischer Staat der Welt unterdrückte die Mongolei selbst ab 1924 in vorauseilendem Gehorsam die Erwähnung ihres berühmtesten Ahnen.

China

Auf dem Weg nach China über die Mongolei betritt man in Erlian (Erenhot) chinesischen Boden und damit eine neue Welt. Der Unterschied zwischen den beiden Ländern ist trotz der Abgelegenheit der Grenzstation schon deutlich sichtbar.

Unser Verhältnis zu China ist immer noch mit vielen, sehr unterschiedlichen Vorurteilen belastet, basierend auf den Berichten alter Reisender, der Kolonialmächte, der Politiker aller Richtungen des vergangenen Jahrhunderts und der heutigen Medien. Laotse soll einmal gesagt haben: »Wer reist, der tut es um Augen und Ohren zu öffnen und seine Seele zu erleichtern ...« Touristen sind oft versucht, ihre Vorurteile an irgendeiner Ecke bestätigt zu finden, um einer gewissen Konfusion zu entrinnen, die sich durch die neuen Eindrücke breit macht. Erleichtern Sie Ihre Seele von Vorurteilen und machen Sie sich Ihr eigenes Bild von China.

Beobachten Sie unvoreingenommen, wie alles funktioniert; denken Sie ein bißchen quer; überlegen Sie, ob nicht 1,3 Milliarden Chinesen etwas anders regiert werden müssen als 260 Millionen Amerikaner; prüfen Sie, ob die Ideale westlicher Philosophen mit den Idealen der großen chinesischen Denker übereinstimmen und inwieweit unser Begriff von Demokratie weltweit einheitlicher Auffassung unterliegen muß. Autorität hängt in Asien an der Person und nicht am Papier. Wenn Sie in Europa jemand auf eine Regel hinweisen, dann fragt er, wo das steht. In Asien kommt die Frage, wer das sagt. China modernisiert sich mit Riesenschritten, aber es will die Nachteile dieses Prozesses vermeiden. Deng Xiaoping, der Vater der Öffnungspolitik, brachte es auf die Formel: »Den frischen Wind einlassen – die Moskitos fernhalten.«

Die Kulturrevolution hat eine Generation ihrer Ausbildungsmöglichkeiten beraubt. Diese Generation kommt jetzt in Führungspositionen. Sie hat mit großem Fleiß versucht, die Wissenslücken zu schließen, aber das Fundament fehlt. So gilt das Wort Grillparzers »Die Ignoranz gibt die Freiheit zur Entscheidung«, und deswegen findet man im heutigen China teilweise kuriose, ja sogar bizarre Übernahmen westlicher Lebensart. Aber das wird sich sehr schnell ändern. In den heutigen Schulen und Ausbildungsstätten werden wieder Prüfungen abgehalten, vor denen sich die Studenten genauso fürchten müssen wie früher vor dem Mandarinexamen.

Die Chinesen haben bedeutende Erfindungen lange vor den Europäern gemacht, unter anderem Papier, Schießpulver und Porzellan, Kompaß, Erdbebenmesser, Zeitungen, Buchdruck und Fliegerei. Schon 400 Jahre vor Gutenberg wurde in China mit beweglichen Lettern gedruckt, und 1400 Jahre vor den Gebrüdern Wright gelang einem Chinesen ein Flug über drei Kilometer mit einem Drachen. Das Kreuzworträtsel ist eine chinesische Erfindung. Eine Rechenoperation mit dem Abakus, dem chinesischen Rechenbrett, geht schneller als das Eintippen der gleichen Aufgabe in einen Taschenrechner. Ohne die chinesische Erfindung des binären Rechnens gäbe es keine EDV. Der Lehrsatz des Pythagoras vom rechtwinkligen Dreieck stand schon 500 Jahre vor ihm in einem chinesischen Rechenbuch. Das größte Lexikon und das größte Arzneimittelbuch der Welt entstanden in China, lange bevor es in Europa Ähnliches gab. Amerika wurde lange vor Kolumbus durch chinesische Seefahrer entdeckt.

Den sparsamen Umgang mit erneuerbarer Energie haben nicht die Grünen erfunden, sondern die Chinesen. Brennstoff ist schon immer knapp gewesen. Also erfanden die Chinesen die punktförmige Verbrennung von scharf gebündeltem Stroh und Reisig unter dem Mittelpunkt eines halbkugelförmigen Gefäßes (Wok) und schnippelten alle Speisen in kleine Stückchen. Auf diese Weise liefert auch ein schwacher Energieträger noch genügend Hitze zum Garen.

Diese Liste ließe sich beliebig fortsetzen. China ist das Land der großen zivilisatorischen Errungenschaften, die die westliche Welt in der Summe nie zu überbieten vermochte. Es konnte nur sehr oft nicht davon Gebrauch machen. Durch die Geschichte Chinas zieht sich wie ein roter Faden das Bestreben der Mächtigen, alle Neuerungen erst einmal daraufhin zu prüfen, ob sie ihrer Herrschaft schaden könnten. Ging diese Prüfung positiv aus, dann verschwand die Neuerung in Akten, Magazinen, Arsenalen und Gefängnissen, und Fortschritt fand nicht statt.

Die Geschichte Chinas ist lang, und nirgendwo ist der Spruch von Ben Akiba, daß alles schon mal dagewesen sei, berechtigter als hier. Berichte über Macht, Willkür, Größe und Unfähigkeit der Kaiserzeit, die Wirren der Republik, die Volksrepublik Maos mit der Kulturrevolution, die Öffnung zur Welt mit dem Makel der ›Purpurnacht‹, Menschenrechtsverletzungen, Korruption und Moderni-

In der Verbotenen Stadt in Peking

sierung des Landes bilden ein fast unentwirrbares Knäuel von widersprüchlicher Information. Von all dem sollte man sich nicht verwirren lassen.

Nach der Legende entstand China aus dem Reich der drei höchsten Machthaber und fünf Kaiser. Der erste Machthaber, Fuxi, gewöhnlich Seite an Seite dargestellt mit seiner Schwester und Gemahlin, der Göttin Nügua, als Menschen mit Drachenschwänzen statt Beinen. Nügua soll den Menschen aus Lehm geschaffen und die Ehe gestiftet haben, während Fuxi ihn mit den Fähigkeiten zu Jagd, Fischfang und Viehzucht ausstattete. Der dritte Machthaber, der ochsenköpfige Shennong, führte den Ackerbau ein und verbreitete das Wissen über die medizinischen Eigenschaften aller Pflanzen.

Den fünf Kaisern wird die Einführung einiger wichtiger Kulturgüter nachgesagt wie die Erfindung landwirtschaftlicher Kalender, die Entwicklung von Booten, Waffen, Keramik, Schreibpinseln und der Monarchie.

Noch wenig weiß man über die ersten Dynastien der Xia, Shang und Zhou (2200–300 vor Christus). Ihr Untergang wird der Unfähigkeit und Korruption ihrer Regenten zugeschrieben. In dieser Zeit lebte und lehrte Konfuzius (551–479 vor Christus). Wesentliche Eigenschaften des chinesischen Bildungssystems, das bis 1911 beibehalten wurde, entstanden in dieser Zeit.

Der für seine Grausamkeit und die Terrakotta-Armee seines Grabmals bekannte Kaiser Qin Shi Huang (221–207 vor Christus) ist der eigentliche Gründer Chinas, der Qin-Dynastie und der Großen Mauer. Unter ihm erhielt das Land eine

Werbung für eine Fahrt im Luxuszug nach Peking

Verwaltung, deren Prinzipien für mehr als 2000 Jahre galten. Die nachfolgende Han-Dynastie (206 vor Christus bis 220) brachte den ersten großen Kontakt mit der Welt außerhalb Chinas und öffnete die Handelswege bis nach Rom.

Bis zur Sui-Dynastie (589–618) zerfiel das Land in ziemliches Durcheinander, kleine Reiche und Völkerstämme bekämpften einander, bis der General Yang Jian, bekannt als Kaiser Wendi, das Land wieder einigte und durch verschiedene Reformen den Grundstein für die Tang-Dynastie legte.

Die Tang-Dynastie (618–907) wird als die ruhmreichste und beste Chinas bezeichnet. Einflüsse aus dem Ausland internationalisierten die chinesische Gesellschaft in nie gekannter Weise. Der Höhepunkt der Tang-Dynastie wurde unter dem Kaiser Xuanzong (685–761) erreicht. Seine Hauptstadt Khang An (heute Xi'an) gehörte mit einer Million Einwohnern zu den größten Städten der damaligen Welt. Die Tangzeit endete im Chaos. Erst die Song-Dynastie (960–1279) einigte das Land wieder und erzielte große wirtschaftliche Fortschritte. Das beste Porzellan stammt aus dieser Zeit.

Der Mongolensturm brachte die Yuan-Dynastie (1271–1368), deren Höhepunkt unter Kublai Khan durch die Berichte Marco Polos auch in Europa bekannt wurden. Die Mongolen regierten das Land mit harter Hand, mischten sich jedoch kaum in die wirtschaftliche Entwicklung ein. Das ›Wirtschaftswunder‹ der Song-Dynastie konnte, gestützt durch das mongolische Law-and-Order System, ungehindert weitergehen. Die Mongolenherrschaft endete durch eine Rebellion der Chinesen, deren wichtigster Führer, Zhu Yuanzhang, 1368 die Ming-Dynastie begründete.

In der Ming-Dynastie (1368–1644) wurde die Große Mauer vollendet. Der Kontakt mit dem Ausland, insbesondere Europa, war eng. Am Kaiserhof wirkten jesuitische Berater und erhielten teilweise hohe Ämter. Am Ende stand jedoch der Staatsbankrott wegen großer Korruption, Eunuchenherrschaft, Isolation und teuren Kriegen gegen Korea und Japan. Eine Hungersnot in Shaanxi war der Zündfunken für eine Rebellion, die es dem Volk der Mandchus erlaubte, die Macht an sich zu reißen und die Qing-Dynastie zu begründen.

Die erste Zeit der Qing-Dynastie (1644–1911) brachte erneut große wirtschaftliche Fortschritte. Die Mandchus übten die Macht vollständig mit eigenen Leuten aus, unbeeinflußt von chinesischer Lebensart. Die Ablehnung der Mandchu-Herrschaft durch die Chinesen führte zur Bildung von geheimen Gesellschaften, die gegen sie konspirierten und die bis heute als Triaden oder Chinesenmafia, als Verbrecherbanden, überlebten. Die Kaiser Kanxi, Yongcheng und Qianlong gehörten zu den fähigsten Regenten, die China je besessen hat. Ihre Nachfolger wurden jedoch immer mehr von chinesischer Lebensart korrumpiert und konnten bald nicht mehr von den Chinesen unterschieden werden. China blieb eine auf sich selbst fixierte Nation und versäumte die großen technischen und wissenschaftlichen Revolutionen der westlichen Welt. Kaum auszudenken, wie die Welt heute aussehen würde, wenn China unter Kaiserin Cixi die gleiche Entwicklung genommen hätte wie Japan unter ihrem Zeitgenossen und Kollegen Meiji.

Die europäischen Kolonialmächte beschleunigten den Fall der Mandchus und legten so den Grundstein für das China von heute. Opiumkrieg, Boxeraufstand und die unfähige, despotische Kaiserin Cixi leiteten den Niedergang der Qing-Dynastie ein; die Revolution von Dr. Sun Yatsen beendete sie endgültig im Jahre 1911. Er konnte aber die junge Republik nicht zusammenhalten, und so zerfiel China in Bürgerkriegsgebiete unter der Herrschaft einzelner Kriegsherren und der japanischen Besatzung. Erst Mao Zedong konnte nach dem Zweiten Weltkrieg das Land wieder vereinen und 1949 die Volksrepublik ausrufen.

Unter Mao Zedongs Führung verabschiedete sich China mehr oder weniger für fast dreißig Jahre von der Welt. Anfangs florierte die durch den Krieg und Bürgerkrieg total ruinierte Wirtschaft. 1953 konnte die Inflation aufgehalten, die Industrieproduktion wieder auf Vorkriegsniveau gebracht und alles Ackerland an die Bauern verteilt werden. Die ideologische Kontrolle wurde aber immer mehr verstärkt und führte zunehmend zu Auseinandersetzungen mit den Intellektuellen. Durch den ›Großen Sprung nach vorn‹, strenge ideologische Bevormundung, den Bruch mit der Sowjetunion 1960, Dürrekatastrophen und Zwangskollektivierung von Landwirtschaft und Industrie versank das Land im wirtschaftlichen Chaos. Nach Schätzungen verhungerten in dieser Zeit zwischen 30 und 60 Millionen Chinesen. Die Kulturrevolution der Jahre 1966 bis 1970 war als erneuter Sprung nach vorn gedacht. Sie beraubte allerdings das Land seiner kulturellen Entwicklung und nahm vielen Chinesen die Chance zu einer guten Ausbildung. Alle Intellektuellen, die nicht absolut linientreu waren, wurden in die Landwirtschaft und Industrieproduktion zwangsverschickt.

Erst nach dem Tod Maos am 8. September 1976 und dem politischen Aus seiner Nachfolger – oft als ›Viererbande‹ bezeichnet – konnte Deng Xiaoping nach 1980 mit Reformen den Weg zur heutigen wirtschaftlichen Entwicklung ebnen. Inflation, Korruption und Nepotismus als Begleiterscheinungen dieser wirtschaftlichen Liberalisierung führten zu den Demonstrationen auf dem Tian-An-Men-Platz, die 1989 in dem bekannten Massaker endeten. Nach diesem Vorfall wurden zwar noch mehr wirtschaftliche Freiheiten gewährt, die politischen Freiheiten jedoch kaum erweitert, aus Angst vor einem politischen Zerfall des Landes und aus Angst der heutigen Führer, doch noch für das Massaker vor Gericht gestellt zu werden.

Im Jahre 1997 wurde Hongkong als Sonderverwaltungszone an China zurückgegeben, ebenso Macao im Jahre 2000. Der im Herbst 2002 vollzogene Generationswechsel an der chinesischen Führungsspitze verheißt für die Zukunft eine konsequente Weiterführung der Wirtschaftsreformen. Die Auslandsinvestitionen boomen ungebrochen und dabei sind heute nicht mehr nur die billigen Arbeitskräfte die entscheidende Trumpfkarte. Nach japanischem Vorbild werden die chinesischen Waren aus puren Imitationen immer weiter verbessert, und wie aktuell das Beispiel Transrapid zeigt, agiert man im Aufstieg in die Liga neuer Technologien sehr clever. Trotz des stark gewachsenen sozialen Gefälles zwischen Reich und Arm und zwischen Stadt und Land werden Chinas Verbraucher auch immer kaufkräftiger, und keines der weltweit agierenden Unternehmen kann es sich heute mehr leisten, diesen Markt zu ignorieren. Die KP ist ebenfalls bemüht, ihre Ideologie an die veränderten sozialen Verhältnisse anzupassen und will sich künftig selbst für Unternehmer öffnen.

Die wachsende Wirtschaftskraft im Reich der Mitte läßt das internationale Ansehen und Selbstbewußtsein Chinas steigen. Peking wird 2008 die Olympischen Sommerspiele ausrichten. Zwei Jahre später wird die nächste EXPO in Schanghai stattfinden. Innenpolitisch findet die Öffnungspolitik Zustimmung. Im nach wie vor gespannten Verhältnis zu Taiwan lieferte Hongkong das Vorbild für das mittelfristig zu erwartende Szenarium der Wiedervereinigung. Heikel wird aber auch in Zukunft das Thema Tibet bleiben.

Der Tourist steht vor allem staunend vor den riesigen Baustellen dieses Aufschwungs Fernost. Die neuen Hochhäuser und Skylines sind mittlerweile keineswegs nur für Peking und Shanghai typisch. Luxushotels, Shopping Malls, eine immer besser werdende Infrastruktur mit neuen U-Bahn-Linien, staatlichen Maut-Autobahnen sowie auch dem umstrittenen Jangtse-Staudamm prägen die Eindrücke und führen die uralte Zivilisation Chinas zu neuer Blüte.

Unter dem Strich ist China aber derzeit eines der besten, ruhigsten, sichersten und interessantesten Reiseländer der Erde, das man besuchen sollte, bevor der Tourismus zu einer Massenerscheinung wird.

Der Zug Dalian–Shenyang

Diktatoren unter dem roten Stern

Sowohl Mao Zedong als auch Vladimir Ilič Uljanov und Iosif Vissarionovič Džugašvili gehörten wohl zu den prägendsten politischen Führern des 20. Jahrhunderts. Ihr Versuch der praktischen Umsetzung der von Karl Marx und Friedrich Engels begründeten Theorien vom Aufbau einer Kommunismus genannten klassenlosen Gesellschaft ist bekanntlich gescheitert. Während sich diese Auffassung in Rußland mittlerweile durchgesetzt hat, schwört China innenpolitisch immer noch auf die allerdings sehr flexible und pragmatische Umsetzung der Sozialismus-Idee.

Der Aufstieg der Sowjetunion zur Weltmacht Nr. 2 und ihr maßgeblicher Einfluß auf die Weltpolitik waren die eine Seite der Medaille, die andere war gekennzeichnet durch die allgegenwärtige Mangelwirtschaft und die Millionen Opfer des Gulags. Wenn auch dem scherzhaft ›homo sovieticus‹ genannten neuen Menschentyp seit über zehn Jahren seine Existenzgrundlage eigentlich abhanden gekommen ist, so werden die guten wie schlechten Erinnerungen, Erfahrungen und Folgen von Lenin und Stalin die derzeitige russische Gesellschaft noch lange nachhaltig beeinflussen.

In China stand im Unterschied zu Rußland nicht die Arbeiterschaft, sondern immer die Bauernschaft im revolutionären Fokus der Partei. Nicht weniger brachial wurde hier zunächst ein zentral verordneter wirtschaftlicher Aufschwung erzielt, der nach Mao durch eine zwar bis heute in keiner Weise politische, aber doch wirtschaftliche Liberalisierung mit beachtlichen Fortschritten fortgeführt werden konnte. Doch im Spagat zwischen dem legitimen Gewinnstreben und der politischen Gleichschaltung hat bereits lange Jahre der Pragmatismus die Oberhand.

Vladimir Uljanov

Wer waren die großen Steuermänner, die ihre Länder unter dem roten Stern so nachhaltig prägten?

Vladimir Uljanov wurde am 22. April 1870 als Sohn eines Schulinspektors mit russischen wie tatarischen, deutschen und jüdischen Vorfahren in Simbirsk, dem heutigen Uljanovsk an der Volga geboren. Als liberaler Intellektueller sympathisierte er früh mit der neuen revolutionären Bewegung. Sein Bruder war 1887 nach einem fehlgeschlagenen Attentat auf den Zaren als einer der Mittäter hingerichtet worden. Nach einem Jura-Studium in Kazan und St. Petersburg wurde er als überzeugter Marxist von 1896 bis 1899 für drei Jahre nach Sibirien verbannt. Sein Pseudonym soll er aus dem Namen des sibirischen Stroms Lena abgeleitet haben. Aus seinem Verbannungsort Šušenskoe am Oberlauf des Enisej bei Abakan wurde zu Sowjetzeiten ein ganzes Museums-Dorf. Aus Sibirien ging er wie viele andere russische Sozialdemokraten ins Exil, wo Leipzig, München, Paris, London und Zürich seine Stationen waren. Er wurde der Führer der 1898 gegründeten Russischen Sozialdemokratischen Partei (RSDRP), als er 1903 auf dem zweiten Parteitag sein Konzept einer revolutionären Elitepartei neuen Typus durchsetzte und sich die Partei in zwei Fraktionen spaltete. Lenins Ideen folgte die Mehrheit, nach dem russischen Wort für Mehrheit (bolšinstvo) entstanden für die Bewegung auch die Bezeichnungen Bolschewiki und Bolschewismus. Nach der Abdankung des Zaren kehrte Lenin im April 1917 mit einer Gruppe Gleichgesinnter in einem unter Sonderbewachung stehenden Eisenbahnwaggon nach Petersburg zurück.

Vor dem Hintergrund der sich dramatisch zuspitzenden Konflikte in Rußland gelang es den Bolschewiki, am 7. November 1917 die Macht zu übernehmen. Lenin stand an der Spitze des Rates der Volkskommissare und startete das Gesellschaftsexperiment mit Dekreten über den sofortigen Friedensschluß, die Enteignung von Grund und Boden und die Nationaliserung der Wirtschaft. Mit der Gründung der Čeka (Ausnahmekommission) genannten Geheimpolizei schuf er die Struktur, die alle Gegner seiner Diktatur des Proletariats ohne Rücksicht auf Verluste aus dem Weg räumte. Nach wirtschaftlichen Mißerfolgen sorgte er mit der Neuen Ökonomischen Politik (NÖP) noch für eine gewisse Liberalisierung. Doch durch ein mißlungenes Attentat angeschlagen, mußte er sich nach zwei Schlaganfällen aus der aktiven Politik zurückziehen und das Feld trotz Vorbehalte und mehrfacher Warnungen dem neuen Diktator Iosif Stalin überlassen. Lenin verstarb am 21. Januar 1924. Sein einbalsamierter Leichnam wurde in einem Glassarg ikonenartig im Lenin-Mausoleum auf dem Roten Platz aufgebahrt und bis in die Gegenwart zur Pilgerstätte seiner zwischenzeitlich jedoch stark dezimierten Anhängerschaft. Die in den letzten Jahren vieldiskutierte Überlegung eines Begräbnisses seiner sterblichen Überreste führte allerdings noch zu keiner endgültigen Entscheidung.

Iosif Džugašvili wurde am 21. Dezem-

ber 1879 in Gory im damals zu Rußland gehörenden Georgien als Sohn eines Schusters geboren.
Noch während des Besuch eines Priesterseminars gelangte er zur sozialrevolutionären Bewegung. Er war kein Intellektueller und bahnte sich seinen Weg in die Führungsspitze der Bolschewisten mit seinem populistischen Machtinstinkt. Als Mitglied der Parteiführung verbrachte er die Jahre 1913 bis 1917 in der sibirischen Verbannung im Dorf Kurejka am nördlichen Lauf des Enisej. Hier legte er sich auch das mit ›der Stählerne‹ zu übersetzende Pseudonym Stalin zu. Später an der Spitze der Macht, hat er aber Sibirien nie wieder besucht. Im Rat der Volkskommissare war er zunächst für die Nationalitätenpolitik zuständig. Er kontrollierte alsbald vor allem den Apparat der Partei und konnte sich so gegen Trotzkij in der Auseinandersetzung um die Leninnachfolge durchsetzen.
Stalin trieb die sozialistische Industrialisierung und die Zwangskollektivierung ohne Rücksicht auf Verluste voran.
Als in der Partei zaghafter Zweifel aufkam, avancierte Stalin zum in jeder Hinsicht gnadenlosen Diktator. Das Schlüsselereignis war der 17. Parteitag im Jahre 1934, der dem Leningrader Parteichef Sergej Kirov eine größere Popularität als dem Georgier signalisierte. Mit dem von Stalin als Aktion einer schleichenden Konterrevolution inszenierten Mord an Kirov begann die in den Schauprozessen von 1937 gipfelnde Abrechnung mit den ehemaligen Weggefährten. Im Nichtangriffspakt mit dem faschistischen Deutschland verkalkulierte er sich und blieb nach Hitlers Angriff auf die Sowjetunion zunächst wochenlang sprachlos. Doch mit kaum vorstellbaren Opfern und dem Schlachtruf ›Für die Heimat, für Stalin‹ vernichtete die Rote Armee das Nazi-Regime in Berlin. Doch der Personenkult ging weiter und nahm mit neuen Feindbildern immer abstrusere Formen an, die zugleich immer mehr Menschen in den Gulag trieben.
Stalin starb am 5. März 1953 einsam auf seiner Datsche am Moskauer Stadtrand. Noch drei Jahre sollten vergehen, bis auf der berühmten Geheimrede auf dem 20.Parteitag eine mehr als zaghafte Auseinandersetzung mit dem Erbe Stalins begann. Nachdem sich sein zunächst ebenfalls einbalsamierter Leichnam 1953 bis 1960 neben Lenin im Mausoleum befand, wurde er danach an der Kremlmauer in der Reihe berühmter Persönlichkeiten der Sowjetunion begraben.
Mao Zedong wurde am 26. Dezember 1893 in einem Dorf in der Provinz Hunan geboren. Als Kind einer Bauernfamilie erfuhr er das Leben auf dem Lande und erlebte auch prägend die Hungerrevolte in Hunan einschließlich der sich anschließenden Exekution ihrer Anführer.
Er besuchte von 1913 bis 1918 ein Lehrerbildungsinstitut, wo er in

Mao Zedong

patriotischen Zirkeln auch Bekanntschaft mit den marxistischen Ideen des Sozialismus machte. Er arbeitete zunächst als Bibliothekar, dann als Lehrer. Er nahm 1921 an der Gründungsversammlung der Kommunistischen Partei Chinas statt und organisierte in seiner Heimatprovinz Gewerkschaften und den ersten Regionalverband der Partei. Nach dem Massaker der Kuomintang an den Kommunisten im Jahr 1927 war die antiimperialistische Einheitsfront begraben und Chiang Kai-Chek übernahm das Ruder. Mao formierte im Untergrund eine Armee, die auf der ›Langen Marsch‹ genannten Sammlung in Nordwestchina die Ausgangsbasis für eine künftige Revolution schuf. Nach dem Zweiten Weltkrieg gewannen die Kommunisten im Bürgerkrieg die Oberhand und riefen 1949 die Volksrepublik aus. Nachdem zunächst der sowjetische Zentralismus in der Wirtschaft kopiert wurde und nicht den gewünschten Fortschritt brachte, überwarf sich Mao mit den Sowjets und setzte ab 1958 in den ›Volkskommunen‹ auf die Bauernschaft und Dezentralismus. Doch die proklamierte Politik des wirtschaftlichen ›Großen Sprunges‹ endete mit einer Hungersnot. Vor allem in der Intelligenz sah Mao die Saboteure seiner Politik, so daß er mit der Kulturrevolution als völliger Gleichschaltung die wohl größte Barbarei am chinesischen Volk einleitete. Bedingungsloser egalitärer Gehorsam, Verfolgung von Kunst und Kultur, Arbeitslager und Umerziehung – die berüchtigten ›Roten Garden‹ verbreiteten in der zweiten Hälfte der 60er Jahre Zerstörung, Angst und Schrecken. China wurde zur Militärdiktatur der sogenannten Volksbefreiungsarmee. Der gesundheitlich bereits angeschlagene große Steuermann zog sich aber gezwungenermaßen aus der Öffentlichkeit zurück. In den letzten Lebensjahren fast paralysiert, starb Mao 1976. Sein zu Lebzeiten ungeliebter, liberaler Kontrahent Deng Xiaoping beerbte ihn als Steuermann der chinesichen Revolution, der in den Folgezeit allerdings wenig im Rampenlicht, sondern mehr im Hintergrund als graue Eminenz die Reformfortschritte einleitete. Doch ikonengleich hängt Maos Portrait nicht nur über dem Eingang zur verbotenen Stadt.

»Nach langer Seefahrt in die Heimat zurückgekehrt haben Sie gemäß Meinen Befehlen am 19. Mai 1891 in Wladiwostok die Arbeiten an der Eisenbahnlinie eingeweiht, die gemäß Meinen Plänen quer durch Sibirien gebaut werden soll.«

Zar Aleksander III. an seinen Sohn Nikolaj

Die Geschichte der Transsib

Die erste Bahnlinie Rußlands wurde 1837 ihrer Bestimmung übergeben. Sie verband die damalige Hauptstadt St. Petersburg mit dem 23 Kilometer entfernt im Vorort Pavlovsk gelegenen Zarenschloß. Die beiden an der Neva und an der Moskva gelegenen größten Metropolen des Landes wurde 1851 nach achtjähriger Bauzeit durch den Schienenstrang miteinander verbunden. Doch der Eisenbahnboom, in dieser Zeit Motor der industriellen Revolution in Westeuropa und den USA, erreichte Rußlands Weiten nur sehr schleppend. Um 1860 beispielsweise, als in den USA bereits 49 000 Schienenkilometer verlegt worden waren und auch in Deutschland die Länge des Bahnnetzes bereits 11 000 Kilometer überschritt, verfügte Rußland nur über insgesamt knapp 2000 Kilometer lange Eisenbahnstrecken und erreichte die 50 000-Kilometer-Grenze erst zur Jahrhundertwende.

Die ersten Pläne für den Eisenbahnbau in Sibirien tauchten um 1850 auf. Durch eine von Amerikanern vorgeschlagene Zugverbindung zwischen dem Enisej und dem Amur sollte Sibirien für den amerikanischen Handel geöffnet werden. Vor allem der Irkutsker Generalgouverneur griff den Eisenbahngedanken auf, um im Interesse der Kaufleute und Fabrikanten Sibirien besser in die innerrussische Wirtschaft einzubinden.

Der Durchbruch kam allerdings mit der Thronbesteigung durch Alexander III. im Jahre 1881. Die seit 1869 bestehende Eisenbahnverbindung quer durch die Vereinigten Staaten von Amerika und die in vollem Gange befindliche Verlegung eines Kanada durchziehenden Schienenstranges ließen auch in Rußland das Interesse an derartigen Projekten wachsen. Im Jahre 1887 begaben sich drei große Expeditionen auf den Weg, um die angedachten Varianten der Trassenführung zu untersuchen. Während man östlich des Enisej sehr schnell die Strecke festlegen konnte, wurde die Frage des Ausgangspunktes im Ural lange diskutiert, bevor man Čeljabinsk gegenüber Perm und Orenburg den Vorzug gab.

Mit dem Projekt der Großen Sibirischen Bahnlinie wurden mehrere Ziele verfolgt. Besonders den strategisch wichtigen Fernen Osten galt es, besser in das Reich einzubinden. Durch eine großangelegte Umsiedlung von Bauern aus dem europäischen Teil Rußlands wollte man östlich des Urals stärker Fuß fassen und auch den zum Ende des 19. Jahrhunderts an Popularität gewinnenden Seperatismusbestrebungen entschieden begegnen. Eine Verbesserung der Zugriffsmöglichkeiten auf den Rohstoffreichtum Sibiriens, die Schaffung neuer Freiräume für die expandierende russische Industrie, die Hoffnung, mit einem derartigen Transportkorridor auch stärker am Welthandel partizipieren zu können – all diese wirtschaftlichen Überlegungen stießen bei den Politikern und Militärs auf fruchtbaren Boden. Die Zeit in Rußland war reif für diese das Land in seiner Ost-West-Ausdehnung durchziehende Eisenbahn. Im Gegensatz zu den Erfahrungen anderer Länder gab in Rußland aber der Staat das Zepter nicht aus der Hand. Obwohl private Geldgeber aus dem In- und Ausland ihr Interesse nachdrücklich signalisierten, wurde der Bau staatlich koordiniert und finanziert. Historische Eisenbahnaktien zum Thema Transsib sucht man also vergebens.

Besonderes Engagement für das Projekt kam vom damaligen Finanzminister Sergej Witte (1849–1915). Der aus einer russisch-holländischen Ehe stammende Witte hatte seine Beamtenlaufbahn in der Odessaer Eisenbahnverwaltung begonnen, wurde Verkehrsminister und führte als Finanzminister den Goldstandard für den Rubel ein. Auf sein Drängen wurde im Dezember 1892 in St. Petersburg unter dem Vorsitz des späteren Zaren Nikolaj II. das Komitee der Sibirischen Eisenbahn gegründet, das parallel zum Bahnbau die weitere Erschließung Sibiriens zu koordinieren hatte. Dieser Ausschuß hatte das Recht, »Mittel zu bewilligen, Kosten-

Einweihung des Bahnhofes Ob'

budgets festzusetzen, Grund und Boden, Holz und Gebäude zu beschlagnahmen, Sträflinge und Soldaten zum Arbeitsdienst heranzuziehen, eine Eisenbahnpolizei aufzubauen, über Streckenführungen zu entscheiden ...« Witte zog alle Fäden und gab eineinhalb Jahre nach dem ersten vorsichtigen Spatenstich mit der von ihm entwickelten und vom Zaren abgesegneten Aufteilung in die einzelnen Bauabschnitte das Tempo für den Bau der längsten Bahnstrecke der Welt vor. In Spitzenzeiten wurden an den verschiedenen Abschnitten zusammengenommen mehr als 100 000 Menschen beschäftigt.

Die Transsibirische Eisenbahn machte aus der zwar nicht durch Meere getrennten, aber doch zuvor weit entfernten Kolonie Sibirien einen Teil des Russischen Reiches. Die Industrialisierung schritt voran, die Ausbeutung der reichen Bodenschätze wurde in Angriff genommen, Landwirtschaft und der Handel boomten. Dank der Neusiedler verdoppelte Sibirien in den ersten zehn Jahren des 20. Jahrhunderts seine Einwohnerzahl, vor allem der prozentuale Anteil der Russen stieg erheblich. Probleme bereiteten allerdings die erheblichen Qualitätsmängel an der

Strecke, die noch Nachbesserungen hinsichtlich des Austausches von Holzbrücken, der Verwendung besserer Schienen und der Optimierung der Streckenführung erforderten. Da vielerorts die Abstände zwischen den Bahnhöfen und den Ausweichstellen sehr groß waren, kam auch schnell der zweispurige Ausbau auf die Tagesordnung.

Doch die ingenieurtechnische Leistung und der wirtschaftliche Kraftakt, den Rußland mit der Bau dieser Bahnlinie vollbracht hatte, steht außer Frage und brachte dem Land dank steigender Fahrgastzahlen sowohl die wirtschaftlichen als auch die erhofften politischen Dividenden. Während 1897 nur etwa 600 000 Reisende die bereits in Betrieb befindlichen Teile der Transsib nutzten, überstieg die jährliche Passagierzahl 1900 die Millionengrenze und erreichte 1910 bereits drei Millionen.

Lokomotive der Reihe VL (Vladimir Lenin)

Deutsche Forscher in Sibirien

Zu Beginn des 18. Jahrhunderts war mit Peter dem Großen ein weltoffener Zar an der Macht, der sich die Förderung der russischen Wirtschaft durch ausländisches Know-How auf die Fahnen geschrieben hatte und in diesem Geist auch die Wissenschaft seines Landes vorantrieb. Die neu geschaffenen Institutionen und Akademien in St. Petersburg boten also große Karrierechancen, und das weitestgehend unerforschte Riesenreich bot nicht minder große wissenschaftliche Herausforderungen.
Eine Vision von Größe und Weite, die vor allem in Deutschlands Kleinstaaterei viele junge Akademiker faszinierte und gen Osten aufbrechen ließ. Rußland war sehr daran interessiert, Klarheit über seine geographischen Besitzstände zu erlangen. Die Legenden um die sagenhaften Reichtümer, die die neuen Kolonialmächte in ihren eroberten Gebieten erlangt hatten, weckten auch in Rußland Appetit und die Hoffnung, daß sich in den bislang unbekannten Territorien ungeahnte Schätze heben ließen. Entsprechend großzügig wurden die Expeditionsprojekte durch die Zarenkrone finanziert.
Die bekannteste und zugleich auch eine der kürzesten Forschungsreisen ist dabei wohl die Sibirien-Exkursion, die Alexander von Humboldt gut 100 Jahre später unternahm. Die entscheidenden Reisen erfolgten aber in der ersten Hälfte des 18. Jahrhunderts, und der Beitrag deutscher Forscher insbesondere zur Erforschung Sibiriens ist dabei keineswegs unerheblich. Im Namen des Zaren durchreisten, erforschten, beschrieben, archivierten, katalogisierten und klassifizierten sie Sibiriens Weiten in allen Dimensionen und Fachgebieten. Forschern wie Messerschmidt, Steller, Pallas, Gmelin, Müller gebührt für ihre Leistungen der Respekt der Geschichte. In Sibirien, wo nicht wenige Publikationen sie bereits als Russen vereinnahmen, findet man ihre Spuren noch heute an vielen Orten. Mit diesen Reisen sind sehr unterschiedliche Schicksale verbunden. Von großen Entbehrungen und Eroberungen, wissenschaftlichen Durchbrüchen, Ruhm und Anerkennung über ein zweite Heimat gewordenes Rußland bis zum frühen Tod in der Ferne reicht die Bandbreite.
Sie läßt sich exemplarisch an den Biographien von Daniel Gottlieb Messerschmidt (1685–1735) und Gerhard Friedrich Müller (1705–1783) ermessen.
Messerschmidt, ein promovierter Arzt aus Halle, folgte 1716 dem Ruf des Zaren Peter an die Neva. Von 1720 bis 1727 unternahm Messerschmidt mit dem Auftrag, die Naturreichtümer West- und Mittelsibiriens zu erfassen, die erste und wohl eine der längsten Erkundungsreisen der Geschichte.
Das Ergebnis bestand unter anderem aus neun engbeschriebenen Bänden, die jedoch damals nicht veröffentlicht

wurden und erst über 250 Jahre später erstmals als Buch erschienen.
Außerdem hatten die Strapazen der langen Reise sein seelisches Gleichgewicht angeschlagen. Das mangelnde Interesse an den Ergebnissen seiner Reise verstärkte seine Enttäuschung, so daß er nach seiner Rückkehr in die russische Hauptstadt als leicht verwirrt galt. Überraschend heiratete er 1729 die deutlich jüngere Brigitta Helene von Böckler und wollte mit ihr in seine Geburtsstadt Danzig zurückkehren. Doch bei einem Schiffsuntergang auf der Ostsee verloren sie ihren gesamten Besitz, so daß beide mittellos nach Petersburg zurückkehrten, wo Messerschmidt aufgrund seiner zunehmenden geistigen Verwirrung keine Anstellung finden konnte und in völliger Armut verstarb.
Am 25. Februar 1723 notierte er:
»Der Woiwode hatte die halbe Nacht durch mit den anderen Russen kataiet (Schlitten fahren) und sich also dadurch sehr müde gemacht. Es ist aber dieses Kataien mit unter ihren vornehmsten Ludis Bacchanalibus oder Maslenica-Plaisieren eines und besteht kurz in nichts anders, als daß sich vier oder fünf Personen oder mehr auf eine rohe Rindshaut setzen, so daß die glatte Seite unten lieget, und sodann von einem hohen Ufer, welches vorhero mit Schnee und Wasser eben gemacht worden, auf den Strom herunterfahren, und dieses so oft, als es ihnen beliebet. Ihre Knechte oder andere verwegene Russen treten wohl zuweilen mit auf solche Haut, halten sich etwas an den anderen Sitzenden und fahren also stehends hinunter. Es gebühret aber auch ofte, daß von selbigen einer oder der andere herunterfället und mit blutigem Kopf nach Hause gehen muß, dahero man ordinär auf solcher Eisbahn folgenden Tages Blut zu finden pflegt. Dieses Kataien geschiehet fast so, wie in Teutschland die Matrosen mit kleinen Handschlitten es zu machen pflegen, ist aber sowohl eines als das andere ein canaillieuses Divertissement und honetten Leuten wohl billig unananständlich.«
Der in Herford geborene Westfale Gerhard Friedrich Müller kam – nach seinem Studium der Literatur und Geschichte in Leipzig – 20-jährig nach St. Petersburg und wurde bereits fünf Jahre später Akademieprofessor. Als die Akademie der Wissenschaften eine Gruppe von Gelehrten zur Großen Nordischen Expedition beorderte, waren darunter zwei Deutsche: G. F. Müller und J. G. Gmelin. Müllers Auftrag war, die Sitten der zwischen dem Ural und der Pazifikküste lebenden Völker zu beschreiben und die vorhandenen Archive zu sichten.
Die Expedition brach im August 1733 mit großem Staat aus Schreibern, Kartenzeichnern und viel wissenschaftlichen Gerätschaften auf. Nach sechs Monaten war Tobol'sk erreicht, bis Irkutsk zogen weitere 13 Monate ins Land. Nach Jakutsk kam der Troß im September 1736. Da Richtung Osten die Verhältnisse immer unkomfortabler wurden und auch vielfache

Überquerung des Irtyš im 18. Jahrhundert

Beschwerden bei den örtlichen Verwaltungen ohne Ergebnis blieben, hielt sich Müllers Begeisterung für ein weiteres Vordringen nach Osten und die eigentliche Kamčatka-Erforschung in Grenzen.
Er machte – genau wie auch Gmelin – in Jakutsk kehrt und verbrachte die folgenden zehn Jahre mit der Erforschung der Sprache und Kultur der Stämme sibirischer Ureinwohner zwischen Jakutsk und dem Ural.
Im Privatarchiv der Stroganovs sowie in den Stadtchroniken und Klöstern rekapitulierte er die Geschichte der Erkundung und Besiedlung Sibiriens.
Er entdeckte auch im Jakutsker Archiv den Bericht über Semën Dežnëvs Entdeckung des Seeweges durch das Nordpolarmeer. Die vollständige Liste seiner Schriften umfaßte 163 eigenständige Arbeiten, 81 von ihm bearbeitete Berichte anderer Forscher und Reisender, 70 originale Karten und Zeichnungen sowie 233 Abschriften von Chroniken und Archivdokumenten.
Nach seiner Hochzeit mit der Witwe Kristina Netzer kehrte er 1743 nach Petersburg zurück und nahm die russische Staatsbürgerschaft an. Er veröffentlichte das Buch ›Zur Herkunft des Volkes und des Namens Rußlands‹, ordnete das Archivwesen in Moskau und war kurze Zeit der Rektor der Moskauer Universität sowie der erste Herausgeber einer russischen Monatszeitschrift. Kurz vor seinem Tode äußerte er den Wunsch, zum Gouverneur einer entlegenen Provinz Rußlands ernannt zu werden. Heute bezeichnet man ihn als den ›Vater der Geschichtsschreibung Sibiriens‹.

100 Jahre Transsib

Die Transsibirische Eisenbahn feierte Geburtstag. Das 100-jährige Jubiläum der Inbetriebnahme ließ die Herzen aller russischen Eisenbahner höher schlagen. Doch der Zeitpunkt des Festes war umstritten. Die Feierlichkeiten im Jahr 2001 überraschten vor allem die Historiker, denn in allen historischen Dokumenten jener Jahre wurde der 1. Juli 1903 als Datum der Inbetriebnahme und Aufnahme des Regelzugverkehrs zwischen St. Petersburg bzw. Moskau und Port Arthur und etwas später Vladivostok benannt. Dennoch stand am 30. Juni 2001 der Moskauer Kreml-Palast ganz im Zeichen der Transsib. Tagsüber fand eine diesem Thema gewidmete große Konferenz statt, und abends gab es einen Staatsakt mit großem Festkonzert. Am 9. Juli startete ein Jubiläumsexpreß von Moskau über Ekaterinburg und Čeljabinsk nach Vladivostok. 10 Tage später traf der spektakuläre Sonderzug, dem unterwegs auf jedem Bahnhof auch der entsprechende Bahnhof bereitet wurde, am Pazifik ein. Alle Eisenbahnverwaltungen entlang der Strecke waren jeweils mit einem Waggon ihres Paradezuges vertreten. So war der aus Waggons so bekannter Züge wie ›Rossija‹, ›Bajkal‹, ›Sibirjak‹ und ›Enisej‹ zusammengestellte Sonderzug in beeindruckender farblicher Vielfalt schon eine Sehenswürdigkeit an sich. Offensichtlich bestand 2001 in Rußland angesichts der politisch wie wirtschaftlich optimistisch stimmenden Entwicklung Bedarf, auch die Eisenbahn einmal wieder entsprechend zu würdigen. Der Zeitpunkt erschien günstig. In Rußland feiert man bekanntlich gern, und wer weiß, was in dieser schnellebigen Zeit bis zum ›echten‹ Jubiläum 2003 noch alles passieren kann.

Im Juni 1901 waren die Bauarbeiten am letzten fehlenden Teilabschnitt, der Ostchinesischen Eisenbahn, weitestgehend abgeschlossen. Man begann mit dem Probebetrieb. Noch nicht fertiggestellt waren nur zwei Brücken und ein Tunnel. Doch das damals geplante Datum der Inbetriebnahme, der 21. Oktober 2001, fiel wie auch ein Gros der erbauten Bahnanlagen dem Boxeraufstand zum Opfer, so daß von einer Aufnahme des Regelzugverkehrs auf absehbare Zeit keine Rede mehr sein konnte. Nach der Niederschlagung des Aufstandes und der Wiederherstellung der Bahnanlagen konnte der Probebetrieb im Frühjahr 1903 beginnen. Der Regelzugverkehr sollte zunächst am 14. Juni beginnen und startete dann nach dem alten Kalender am 1. Juli. Man darf also gespannt sein, ob und was in Rußland im Juli 2003 gefeiert wird.

Hinsichtlich längerfristiger Planungen für mögliche Feierlichkeiten seien noch andere Eckdaten des weiteren Transsib-Ausbaus erwähnt. Man sprach zwar bereits vom durchgehenden Regelzugverkehr, aber die Bahnlinie war 1903 noch durch die Fähre über den Baikalsee unterbrochen. Auf der Baikal-Bahn fuhr erstmals am 1. Oktober 1904 ein Zug, für den Regelzugverkehr wurde dieser

Streckenabschnitt dann am 29. Oktober 1905 freigegeben, so daß sich 2004 bzw. 2005 wiederum zwei Jubiläums-Alternativen auf der Großen Sibirischen Bahn anbieten. Last but not least sei noch an den 18. Oktober 1916 erinnert. Hier jährt sich in 2016 mit der Übergabe der Amurbrücke bei Chabarovsk die Vollendung der Amur-Bahn zum 100. Male. Nun fuhr die Transsib zwischen Ural und Pazifik vollständig nur auf russischem Hoheitsgebiet.

So bestehen also auch gute Chancen, daß das vorliegende Transsib-Handbuch – 2001 sozusagen unbewußt als Jubiläumsbuch in erster Auflage erschienen – in dieser vierten und den nachfolgenden Auflagen immer wieder auf's neue ein Jubiläumsbuch sein wird.

Das erste ›Transsib-Handbuch‹ erschien 1901 unter dem Titel ›Reiseführer auf der Großen Sibirischen Eisenbahn‹ unter der Redaktion von A. I. Dmitriev-Mamonov anlässlich der geplanten Inbetriebnahme der durchgängigen Zugbetriebes zwischen Moskau bzw. St. Petersburg und Vladivostok. Es umfaßte sowohl die Ostchinesische Bahn als auch die Schiffsfahrt auf dem Amur. Zum damals stolzen Preis von 3,50 Rubel bot das Buch – flankiert von zwei Anzeigenblöcken von 130 und 144 Seiten – im eigentlichen, 396 Seiten starken Reiseteil umfangreiche Informationen über Land und Leute, die Streckenführung und alle Orte entlang der Bahnstrecke. Insgesamt 190 Fotos, alle Fahrpläne und mehrere Karten ergänzten die Ausführungen. Auch der Vermerk, daß alle Abbildungen von der Zensur genehmigt sind, fehlt nicht. So sah staatliche Tourismus-Förderung vor 100 Jahren aus. Das Buch erschien fast zeitgleich auch in englischer und deutscher Übersetzung.

Schon bald inspizierte die Vorhut der Reiseschriftsteller mutig die neue Route. Eines der ersten Bücher war dabei Eugen Zabels 1903 erschienenes Buch ›Auf der sibirischen Bahn nach China‹. Anläßlich des 100-jährigen Jubiläums der Reise bringt die Edition Erdmann 2003 eine Neuauflage des gesamten Buches heraus.

Auch die Verleger für Reiseführer schickten ihre Autoren bald in die transsibirische Spur, allerdings mit recht unterschiedlichen Ergebnissen. So schrieb der renommierte Baedeker-Reiseführer noch 1912: »In Ostsibirien und in der Mandschurei ist im Sommer ein Mückenschleier angenehm. Bei Reisen abseits der Bahn und in der Mandschurei trage man einen Revolver bei sich. Die Gasthäuser sind fast alle sehr mäßig, dabei teuer. Im allgemeinen ist das Reisen in Sibirien um ein Drittel kostspieliger als im europäischen Rußland.« Zwei Jahre später liest man im sehr fundierten Reiseführer von Hendschel: »Was die sonstige Reiseausrüstung betrifft, so sei darauf hingewiesen, daß man sich nicht mit einem Revolver zu bewaffnen braucht. Wer Schießwaffen bei sich führt, kann in große Unannehmlichkeiten kommen, und es gibt auch beim besten Willen in den russischen Bahnen nichts zu schießen.« Dem ist eigentlich auch bis heute nichts hinzuzufügen.

Die Bahnabschnitte der Transsib

Entsprechend den einzelnen Bauabschnitten wurde die Strecke zunächst in sechs Teile geteilt und entsprechenden Verwaltungen unterstellt. Die zunächst zu teure Amur-Bahn ersetzte man durch die Strecke durch die Mandschurei, die aber letztendlich ein Provisorium blieb, da die Amur-Bahn doch gebaut werden mußte.

- Die Westsibirische Bahn reichte mit einer Länge von 1418 Kilometern von Čeljabinsk bis zum Ob'.
- Die Mittelsibirische Bahn führte über 1831 Kilometer vom Ob' bis nach Irkutsk.
- Die Baikal-Bahn bestand aus der Strecke Irkutsk–Bajkal'sk und der später folgenden Baikal-Ringbahn. Mit einer Gesamtlänge von 328 Kilometern war sie zwar der kürzeste, aber der landschaftlich schönste und auch teuerste Abschnitt.
- Die Transbaikal-Bahn mit einer Länge von 1105 Kilometern verband das Ostufer des Baikalsees mit dem Amur.
- Die Ostchinesische Bahn verband zunächst als billigere Alternative zur Amurbahn über 250 Kilometer die heutigen Orte Karymskoe und Ussurijsk über das Territorium der zu China gehörenden Mandschurei. Teile der Strecke werden heute auch als Transmandschurische Bahn bezeichnet.
- Die Amur-Bahn entstand als letzter Abschnitt und gewährleistete die durchgehende Streckenführung auf russischem Hoheitsgebiet.

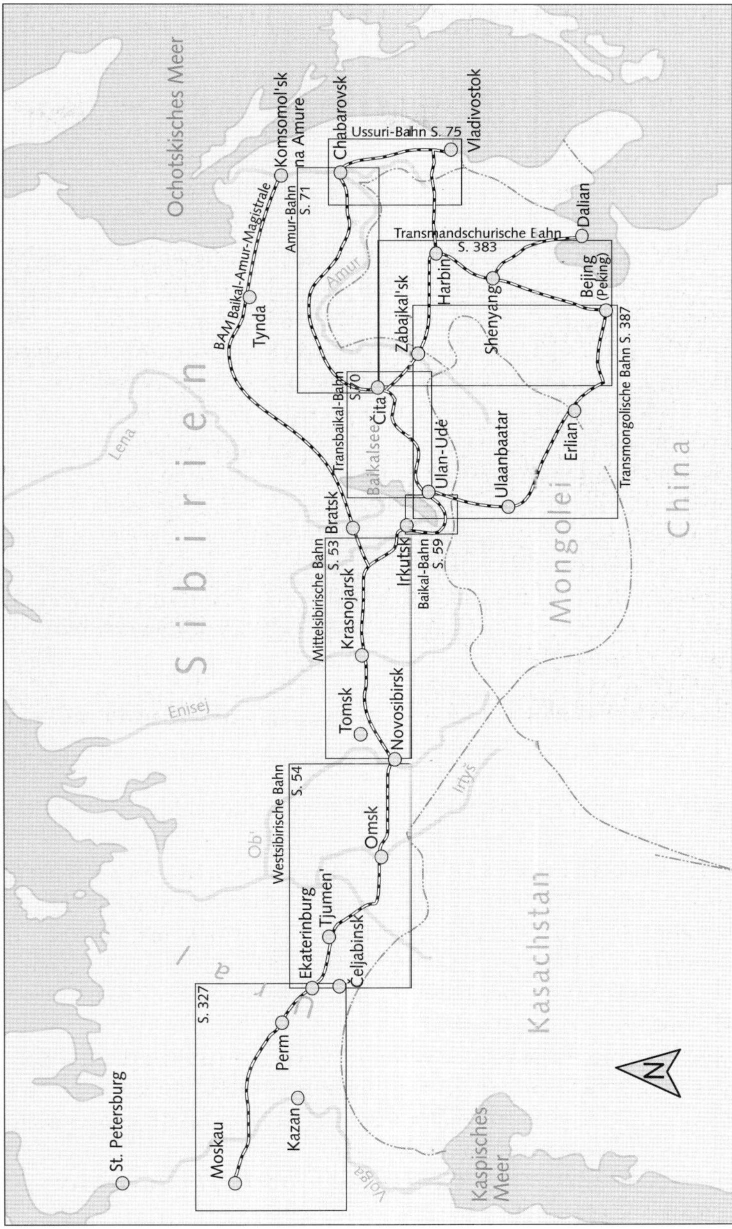

Übersicht über die Teilabschnitte der Transsib

► Die Ussuri-Bahn verband mit einer 769 Kilometer langen Strecke die beiden Metropolen des Fernen Ostens, Vladivostok und Chabarovsk.
► Die Transmongolische Bahn verbindet seit 1955 über das Territorium der Mongolei Rußland und China. Die Verbindung Moskau–Peking ist unter Transsibreisenden die populärste.

Die Westsibirische Bahn

Am 19. Juni 1892 wurde in Čeljabinsk mit dem Bau der Westsibirischen Bahn begonnen. Parallel dazu begann man am linken Ufer des gewaltigen Stromes Ob' mit der Suche nach einem geeigneten Ort für die künftige Brücke. Aus der damals gegründeten und nach dem Zaren Novonikolaevsk benannten Eisenbahnersiedlung hat sich dann die heute größte Metropole Sibiriens – Novosibirsk – entwikkelt. Die Leitung oblag Konstantin Garin-Michailovskij, dessen Spuren heute vor allem in Novosibirsk noch vielerorts zu finden sind. Die Streckenführung durch die Steppen des Westsibirischen Tieflandes war zwar im Vergleich zu den ostwärts folgenden Abschnitten weniger anspruchsvoll, doch vor allem die Logistik für die aus dem europäischen Teil Rußlands heranzuschaffenden Baumaterialien bereitete Probleme. Der Stahl kam aus dem Ural, der Zement wurde aus Petersburg geliefert, und das vor Ort anzutreffende Baumholz war zu weich. Ein Teil des Materials war in Zügen untergebracht, die auf einem provisorischen Schienenstrang entsprechend dem Baufortschritt der Hauptstrecke vorrückten. Vier Eisenbrücken und über 250 Holzbrücken mußten aufgebaut werden. Vielerorts wurden artesische Brunnen gebohrt, da das Oberflächenwasser zu kalkhaltig für

Die Westsibirische Bahn

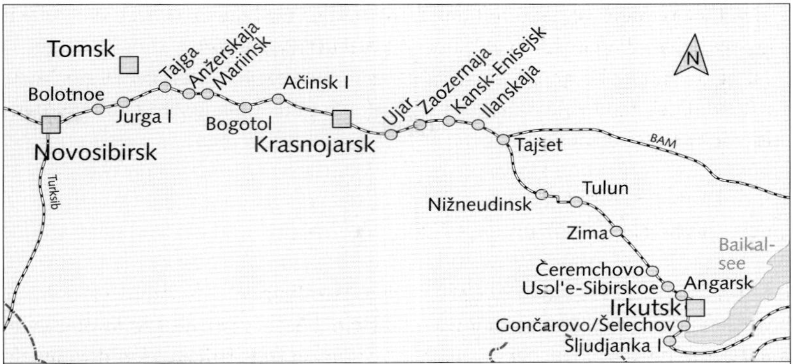

Die Mittelsibirische Bahn

0 200 400 km

die Wasserversorgung der Lokomotiven war. Im Oktober 1896 wurde der 1415 Kilometer lange Abschnitt vollständig in Betrieb genommen, und auch die noch heute auf ihren Steinpfeilern stehende Stahlbrücke über den Ob' war vollendet. Die durchschnittliche Reisegeschwindigkeit erreichte aufgrund der auf diesem Abschnitt fehlenden Steigungen den Spitzenwert von 34 km/h.

Die Mittelsibirische Eisenbahn

Im Juli 1893 startete am rechten Ob'-Ufer der Bau der Mittelsibirischen Eisenbahn über Krasnojarsk in Richtung Irkutsk. Der Bauabschnitt stand unter der Leitung von Nikolaj Mešeninov. Im Vergleich zum westsibirischen Streckenabschnitt verlief hier ein Viertel der Strecke durch bergiges Gelände. Gleichzeitig fuhr man durch die Taiga, was zwar einerseits den Zugang zu hartem Schwellen- und Brückenholz erleichterte, aber andererseits auch umfangreiche Rodungen erforderlich machte. Hier kamen auch erstmalig Sträflinge zum Einsatz. Acht Monate beim Eisenbahnbau wurden gegen ein Jahr Zwangsarbeit aufgewogen. Über 800 Brücken wurden errichtet, davon waren 21 aus Eisen. Die Verbindung wurde in zwei in Krasnojarsk getrennten Teilabschnitten errichtet. Die Schienen wurden aus England importiert und kamen über das Nordmeer den Enisej flußaufwärts nach Krasnojarsk. Der westliche Teil der Strecke wurde im Februar 1898 vollendet, der östliche Abschnitt folgte fast genau ein Jahr später, als auch die neue Brücke über den Enisej fertig war. Diese einzigartige Metallkonstruktion wurde auf der Pariser Weltausstellung im Jahre 1900 mit einer Goldmedaille honoriert. Bei den ersten Zugverbindungen wurde eine durchschnittliche Reisegeschwindigkeit von 27 bis 28 km/h erreicht.

Die ›Tschechische Legion‹

Zu Beginn des Ersten Weltkrieges waren etwa 10 000 in Rußland lebende Tschechen und Slowaken auf der russischen Seite gegen Deutschland und vor allem die Habsburger Monarchie in den Krieg gezogen, da sie sich von einem Sieg der Entente auch die Unabhängigkeit ihrer Länder versprachen. Nachdem Rußland unter den Bolschewisten aus dem Krieg ausgeschieden war, kam die mittlerweile durch die Mobilisierung von Kriegsgefangenen auf eine Stärke von fast 60 000 Mann angewachsene ›tschechische Legion‹ im Rahmen der Entente unter französisches Kommando. Als kürzesten Weg zu den neuen Fronten nach Frankreich sah ein Abkommen zwischen den Sowjets auf der einen und der französischen Regierung sowie dem tschechischen Nationalistenführer Masaryk auf der anderen Seite unter Umgehung der Mittelmächte die Transsibirische Eisenbahn nach Vladivostok mit nachfolgender Verschiffung nach Marseille vor.
Neben dieser Vereinbarung ließ vor allem der am 3. März 1918 zwischen Rußland und Deutschland abgeschlossene Frieden von Brest-Litovsk die Tschechen schnellstmöglich das Weite suchen, da sie ihre Auslieferung an den Feind fürchteten. Ebenso mißtrauten die Russen dieser großen Militärmacht im eigenen Land und überwachten sie mit großer Strenge. So bewegten sich im Frühjahr 1918 insgesamt über 70 Züge mit den Angehörigen der Legion auf der Transsib gen Osten nach Vladivostok, wo bereits etwa ein Fünftel der Truppe angekommen war. Die Lage war gespannt, die Nerven lagen blank, und ein Vorfall im Ural wurde zum Auslöser dramatischer Entwicklungen.
Ein mit Tschechen besetzter Zug gen Osten und ein in Gegenrichtung fahrender, mit heimkehrenden ungarischen und zur Entente haltenden Kriegsgefangenen besetzter Zug standen sich im langen Halt auf den Gleisen des Bahnhofs in Čeljabinsk gegenüber. Aus Sprüchen wurden Handgreiflichkeiten, die brutale Auseinandersetzung kostete auf beiden Seiten Opfer. Der unbeholfene örtliche Sowjet forderte ein unverzügliches Machtwort aus Moskau. Als Trotzkij reagierte und die vollständige Entwaffnung der Legion verlangte, eskalierte die Situation. Die Tschechen revoltierten am 27. Mai 1918 gegen die Rote Armee und besetzten die wichtigsten Bahnhöfe, als erstes Čeljabinsk und Novonikolaevsk. Im Handumdrehen kontrollierte die erfahrene Truppe die Hauptschlagader allen öffentlichen Lebens in Sibirien. Die Sowjets waren in der Provinz vollkommen überrumpelt worden und konnten der Legion kaum Widerstand leisten. Diesen innerrussischen Widerstand gegen die neue Regierung wollten die Alliierten, die von der bolsche-

wistischen Revolution alles andere als begeistert waren, für ihre eigenen Ziele instrumentalisieren. Die Tschechen spielten mit und wollten nun die gesamte Strecke der Transsib erobern und somit einen Brückenkopf für eine künftige Invasion der Alliierten schaffen. Bereits Ende 1918 kämpften über 70 000 Japaner, 8000 Amerikaner, 2500 Briten sowie etwa je 1500 Franzosen und Italiener auf sibirischem Boden. Der Bürgerkrieg zwischen den roten Kommunisten und ihren mit der Farbe weiß titulierten Gegnern tobte entlang der Transsibirischen Eisenbahn mit erbitterter Grausamkeit. Jeder Panzerzug wurde zur Basis einer Privatarmee und auf dem

Die Tschechische Legion bewacht die Transsibirische Eisenbahn. Die Inschrift lautet: Wenn jeder von uns ein Stein ist, wird die Nation zum Fels

Schlachtfeld Schienenstrang blieb häufig nicht nachvollziehbar, wo rot und wo weiß war, und wer hier eigentlich gegen wen kämpfte. Gekämpft wurde vor allem um die ›Bronewik‹ genannten Panzerzüge und die Lokomotiven. Unzählige Züge blieben irgendwo stecken, da ihre Loks erobert wurden und nun andere Waggons durch die vom Bürgerkrieg gequälten Weiten Sibiriens zogen.

Die Unterstützung der Weißen durch die mehr auf die roten Sowjets hoffende Bevölkerung hielt sich in Grenzen. Zwar hatte sich aus der antibolschewistischen Opposition in Omsk unter General Aleksandr Kolčak eine provisorische Gegen-

Getarnter Panzerwagen der Tschechischen Legion

regierung gebildet, doch sie war bald zerstritten und wurde immer handlungsunfähiger. Gleichzeitig terrorisierten Banden unter Kosakenatamanen wie Grigorij Semenov und Ivan Kalmykov mit Waffenunterstützung der Allierten die Zivilbevölkerung auf brutalste Art und Weise. Angewidert vom unbeschreiblichen Chaos, zogen sich auch die tschechischen Legionäre zurück. Mit der Ausrufung der unabhängigen Republik in Prag im Oktober 1918 sahen sie ihr Ziel nun in einer schnellstmöglichen Rückkehr in die Heimat. Die letzten Soldaten der Legion verließen Rußland am 2. September 1920. Bereits am 7. Februar des Jahres war General Kolčak nach seiner Niederlage in Omsk vom Geheimdienst in Irkutsk hingerichtet worden. Doch in Sibirien und vor allem im Fernen Osten tobte der Bürgerkrieg noch über zwei Jahre, bis sich die Sowjets 1922 überall als Sieger etablieren konnten.

Ein berühmter, seit 1915 in der tschechischen Legion kämpfender Tscheche wechselte 1918 bei der Ankündigung der Unterstellung unter französischen Befehl die Fronten und kämpfte die nächsten zweieinhalb Jahre auf der roten Seite der Barrikade, wo er bis zu seiner Rückkehr nach Prag im Dezember 1920 als Politkommissar und Zeitungsredakteur tätig war – Jaroslav Hašek, der Erfinder des braven Soldaten Schwejk. Gedenktafeln in Čeljabinsk (ul. Timirjaševa) und in Irkutsk (ul. Marksa) erinnern an sein Wirken in den beiden Städten.

Die Baikal-Bahn

Die Baikal-Bahn ist ohne Zweifel einer der landschaftlich schönsten Abschnitte der gesamten Strecke vom Ural bis zum Pazifik. Gleichzeitig war es das ingenieurtechnisch anspruchsvollste und, auf die Baukosten pro Streckenkilometer zurückgerechnet, mit Abstand teuerste Teilstück der Großen Sibirischen Eisenbahn. Nicht von ungefähr kam die Bezeichnung ›Goldschnalle des russischen Stahlgürtels‹, die in zweierlei Hinsicht ihre Berechtigung hat. Vor ihrer Inbetriebnahme waren die beiden Baikalfähren die einzige aus Eisenbahnsicht offene Stelle des das russische Reich zusammenbindenden Stahlgürtels. Nun entstand die Schnalle, die die Teile verband, zu einem Preis, der die Metapher ›Goldschnalle‹ nahelegte. Auf Russisch heißt der Abschnitt ›Krugobajkalka‹, weshalb auch Bezeichnungen wie Baikal-Rundeisenbahn oder Circum-Baikalbahn anzutreffen sind.

Nicht von ungefähr hatte man bei der ursprünglichen Streckenplanung die Variante, den Baikal mit Fähren zu überqueren, favorisiert. 1896 kam die Eisenbahn nach Irkutsk, der weitere Weg wurde jedoch vom Baikalsee versperrt. Es gab drei Planvarianten des Bahnbaus um den See: die erste führte am Fluß Irkut entlang, auf der zweiten verläuft die in den 50er Jahren gebaute heutige Haupttrasse und die dritte verlief am Ufer des Baikalsees entlang. Aufgrund des horizontalen Profils der Strecke wurde das am wenigsten effektive und das teuerste dritte Projekt gewählt. Man befürchtete, daß die Lokomotiven den Anstiegen an den östlichen Ausläufern des Sajan-Gebirges nicht gewachsen wären. Die Eisenbahn wurde zunächst entlang des Angaraufers von Irkutsk bis zum Baikalufer gebaut. Der Bau der Strecke um die südliche Hälfte des Sees wurde zugunsten der Fährüberquerung in die Zukunft vertagt. Im Hafen von Port Bajkal wurde eine spezi-

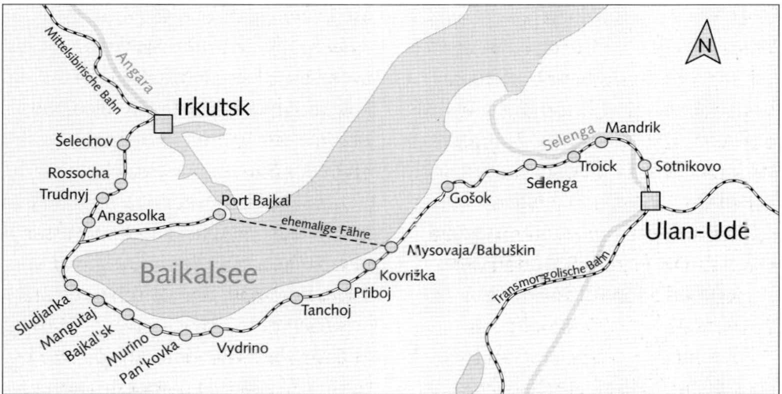

Die Baikal-Bahn

0 200 400 km

elle Anlegestelle für die Eisenbahnwaggons errichtet. Die Züge, die in Port Bajkal ankamen, wurden auf eine in England georderte Fähre geladen und auf das gegenüber liegende Ufer gebracht, zur Station Mysovaja. Die Überfahrt über den Baikalsee wurde Ende April 1900 eröffnet und die Fahrtdauer in eine Richtung betrug bei gutem Wetter nicht länger als dreieinhalb Stunden.

Der als Mischung aus Eisbrecher und Fährschiff geforderte Dampfer erreichte 1896 über die Angara seinen künftigen Einsatzort. In durchnumerierte Einzelteile zerlegt, wurde er auf der dafür speziell errichteten Werft im Dorf Listvjanka in ungefähr zwei Jahren wieder zusammengebaut. Im gleichen Jahr wurde zusätzlich ein zweiter, kleinerer Dampfer bestellt. Beide Schiffe erhielten mit ›Bajkal‹ und ›Angara‹ die passenden Namen.

Fährschiff	**›Bajkal‹**	**›Angara‹**
Hersteller	Amstrong & CO., Newcastle/England	
Länge	88,4 m	61 m
Breite	17,4 m	10,7 m
Antrieb	3 Schrauben	1 Schraube
Antriebskraft	3750 PS	1250 PS
Geschwindigkeit	13 Knoten	12,5 Knoten
Ladekapazität	500 t plus	200 t plus
	200 t Brennstoff	150 t Brennstoff
Passagiervolumen	300 Passagiere	150 Passagiere
Frachtvolumen	25 Waggons	–

Doch der nächste Winter zeigte, daß man die Dicke des Baikaleises unterschätzt hatte. Die Hoffnung, dank der Eisbrecher die Navigationsperiode von acht auf neun oder zehn Monate verlängern zu können, blieb eine Hoffnung, so daß die Verbindung von Mitte Januar bis Mitte Mai in bewährter Manier mit Pferdeschlitten erfolgen mußte. Fast dreitausend Pferde wurden im Winter gebraucht, um Passagiere und Gepäck in den Schlitten über den See zu transportieren. Für die Reisenden der 1. und 2. Klasse waren standesgemäß 100 russische Pferdetrojkas im Einsatz, Passagiere der dritten Klasse sowie Gepäck und Fracht wurden mit Einspännern befördert. Im Abstand von sechs Werst (etwa sechseinhalb Kilometer) wurden auf dem See mit Filz ausgekleidete Baracken errichtet, wo man sich bei Bedarf während der Überfahrt aufwärmen konnte.

Geschichten von jeden Winter über das Eis des Sees dampfenden Zügen sind Legenden. Nur einmal, im Winter 1904, wurde der gewagte Versuch unternommen, Gleise auf dem Eis zu verlegen. Ein aus der Not geborenes Risiko, denn Ruß-

Hamburg als Endpunkt der Transsib

Anstoß zu dem Projekt, die Transsib in Deutschland enden zu lassen, gab die sowjetische Regierung 1981. Sie ließ Bonn ihr Interesse an einer Eisenbahnfähre von Klaipėda (damals Sowjetrepublik Litauen) nach Schleswig-Holstein wissen.
Im Westen nahm man an, daß so das politische unzuverlässige Polen umgangen werden sollte. Moskau schlug im Anschluß an die Eisenbahnfähre eine große Umspuranlage auf westdeutschem Boden vor, gemeinsam betrieben von UdSSR und BRD.
Deutsche Geheimdienste und wohl auch die NATO waren entsetzt, die antikommunistische Presse spuckte Gift und Galle gegen das Projekt, da es ihrer Meinung nur dazu diene, am ersten Tag des Dritten Weltkriegs Sowjetpanzer auszuspucken.
Vier Jahre später gab es einen Bonner Kabinettsbeschluß. Ein ›Nein‹ zur Umspuranlage auf westdeutschen Boden, ein ›Ja‹ zur Eisenbahnfähre, allerdings angereichert mit vielfältigen militärischen und wirtschaftlichen Bedingungen.
Berechnungen zufolge konnte Fracht auf der Strecke zwischen der Ostsee und Jokohama mittels Klaipėda-Fähre und Transsib in durchschnittlich 16 Tagen am Ziel sein – gegenüber 25 Tagen per Schiff durch den Suezkanal, außerdem sollte die neue Fernostverbindung gut zehn Prozent billiger sein.
Die geschäftstüchtigen Hamburger waren alarmiert. Ein neuer Welthandelsweg, der in Kiel oder Lübeck enden und eventuell unter Umgehung von Hamburg die Waren etwa via Hannover im Lande verteilen würde? Eilig schlug der Hamburger Senat eine neue Bahnlinie von Hamburg nach Kiel oder Lübeck vor – durchgehend mit russischer Breitspur. Dieses Projekt wurde 1986 auf einer Ausstellung europaweit präsentiert und in einem eigenen Bildband gefeiert.
Die Sowjetunion hatte jedoch ihre eigenen Vorstellungen. In den langen Jahren des Wartens, die seit ihrer ersten Initiative vergangen waren, immer im Ungewissen, ob Bonn überhaupt mitmache, hatten die Werktätigen der DDR damit begonnen, im Fischerdorf Mukran auf Rügen einen großen Fährhafen zu bauen.
Gleichzeitig wurden auf einer Werft in Wismar mehrere Eisenbahnfähren in Auftrag gegeben, jeweils mit einer Kapazität von über 100 Güterwaggons.
Seit einigen Jahren verkehrt nun die Fähre von Mukran nach Klaipėda, das damals unzuverlässige Polen wird wie geplant umgangen, nur ist das selbständige Litauen heute noch unzuverlässiger für Rußland, als es Polen für die UdSSR je war. Und Hamburg hat immer noch keinen Gleisanschluß mit russischer Breitspur, aber den Löwenanteil des Ostasienhandels – wie eh und je per Schiff, auch ohne Transsib-Endstation.

land befand sich seit dem japanischen Angriff auf Port Arthur am 8. Februar im Krieg mit Japan, und die Fähren hatten zwei Wochen zuvor ihre Navigation eingestellt. Einerseits mußten schnellstmöglich Geschütze und Munition zum Pazifik befördert werden, andererseits benötigte die Bahn nun zusätzliches rollendes Material auf der Ostseite des Baikalsees, um den Nachschub für die Front zu gewährleisten. Die Strecke war vom 28. Februar bis zum 25. März 1904 in Betrieb. Dabei wurden aber sowohl die Waggons als auch die in Chassis und Oberteil zerlegten Lokomotiven von Pferden über das Eis gezogen. Die Rechnung ging auf: Nur eine Lok versank im See, aber über 60 Lokomotiven und über 2300 Waggons überquerten auf den auf dem Eis verlegten Schienen den Baikalsee. Der Krieg war aber trotz dieses logistischen Erfolges für Rußland nicht zu gewinnen.

Nach der Inbetriebnahme der Baikalbahn wurde der direkte Fährbetrieb eingestellt, doch beide Schiffe verblieben auf dem See. Die größere ›Bajkal‹ stand in Spitzenzeiten für Güterzüge zur Verfügung. Sie sank in den Kämpfen des Bür-

Übers Eis des Baikalsees während des Russisch-Japanischen Krieges

gerkrieges, die ›Angara‹ fuhr noch lange Jahre als Fahrgastschiff, bevor sie nach ihrer Ausmusterung zum Museum für die Baikalschiffahrt umgebaut wurde und heute an der Irkutsker Staumauer ihre Besucher erwartet.

Als die Risiken der Fährverbindung offensichtlich wurden, kam man nicht umhin, dem Schienenstrang eine Trasse in die Felsen des Baikalufers zu sprengen. Anfang 1902 begann man nach umfangreichen geologischen Untersuchungen mit dem Bau. Für einen Kilometer Strecke wurde etwa ein Waggon Sprengstoff verbraucht. Es wurde auch nach speziellen technischen Standards gebaut: Im Vergleich mit anderen Abschnitten der großen Transsibirischen Eisenbahn wurden schwerere Gleise sowie besondere Schwellen verwendet und die Anzahl der Schwellen erhöht. Ursprünglich plante man die erste, eingleisige Linie in etwas

Fëdor Tjuchev: Rußland und Deutschland

»Lange Zeiten erinnerten im Westen die Vorstellungen über Rußland in gewisser Weise denen von Columbus. Derselbe Irrtum, dieselbe optische Täuschung ... Bei aller Begeisterung für die unsterbliche Entdeckung lehnten es die Menschen der Alten Welt ab, an die Existenz einer Neuen Welt zu glauben... Ein ähnliches Schicksal erfuhren die Vorstellungen über eine andere neue Welt – Osteuropa, dessen Seele und Triebkraft immer Rußland war... Ganze Jahrhunderte glaubte Westeuropa in seiner Einfalt, daß es kein anderes Europa gibt und auch nicht geben kann... Lange Zeit war der Irrtum verzeihlich, viele Jahrhunderte in Folge blieb die Schöpferkraft im Chaos begraben, sie wirkte nur langsam, fast unbemerkt, ein steifer Vorhang verbot die Schaffung einer einheitlichen Welt. Doch endlich wurde der Vorhang aufgezogen und das Europa Karls des Großen stand dem Europa Peters des Großen gegenüber.
Rußland ist bereit, die historische Gesetzmäßigkeit Ihrer Rechte zu achten, vor 30 Jahren hat es gemeinsam mit Ihnen für Ihre Wiederherstellung und Rückkehr zu den bewährten Grundlagen Sorge getragen. Folglich neigt Rußland dazu, Ihre Rechte nicht nur im Prinzip, sondern mit allen extremen Folgen, Späßen und Schwächen zu achten. Sie aber müssen es lernen, uns in unserer Einheit und Kraft zu achten ...
Schauen Sie zum Beispiel nach England auf das Fabrikvolk oder nach Irland. Wenn Sie jetzt auf einer ehrlichen Waage die so schrecklichen Folgen der russischen Barbarei und der englischen Aufklärung abwägen würden, vielleicht würde ihr Urteil differenzierter ausfallen als die Übertreibung in den Ausführungen desjenigen, dem beide Länder gleich fremd sind und der trotzdem mit voller Überzeugung verkündet, daß es im Vereinigten Königreich mindestens eine Million Menschen gibt, die bei einer Verbannung nach Sibirien nur gewinnen könnten.«

Zitiert und übersetzt nach: Auf der Suche seines Weges: Rußland zwischen Europa und Asien, Moskau 1997 (russ.)

Fëdor Tjuchev (1803–1873) wurde vor allem durch die zum Aphorismus avancierten Zeilen eines seiner Gedichte, daß man Rußland mit dem Verstand nicht erfassen kann und an Rußland einfach glauben muß, bekannt. Der Dichter war aber auch Diplomat und lebte als russischer Gesandter viele Jahre in München. Den hier auszugsweise zitierten Artikel verfaßte er 1844 als Reaktion auf deutsche Veröffentlichungen. Man sieht, daß das Rußlandbild in den deutschem Medien schon damals ein schwieriges Thema war.

Entlang des Baikalsees

mehr als drei Jahren zu bauen. Aber die sich zuspitzende Lage im Fernen Osten und der Russisch-Japanische Krieg zwangen dazu, das Tempo der Bauarbeiten zu beschleunigen, so daß die Bahnstrecke in zwei Jahren und vier Monaten fertiggestellt wurde. Insbesondere während des im Februar 1904 begonnenen Krieges gegen Japan wurde der Baikalsee zum Nadelöhr und Rußland bereute, seine Schnalle nicht nicht schon früher zusammengebunden zu haben.

Die Gesamtlänge der Eisenbahnstrecke von Port Bajkal bis Sljudjanka beträgt 84 Kilometer. Auf diesem Abschnitt wurden 424 Ingenieurbauwerke errichtet. Die größte Sehenswürdigkeit der Bahn stellen die 39 Tunnels dar, deren Gesamtlänge sieben Kilometer beträgt. Der Tunnelbau geschah manuell mit einer Geschwindigkeit von 40 bis 50 Zentimetern pro Tag. Alle Tunnels wurden von innen mit einem speziellen Stein verkleidet. Für diese Arbeiten wurden Spezialisten aus Italien und Albanien eingeladen, die Elemente des zyklopischen Legens verwendeten, bei dem die Steine nicht behauen, sondern je nach Form zurechtgelegt wurden. Jeder Tunnel ist ein Unikat. Am 30. September 1904 fuhr im ersten Zug von Port Bajkal bis Kultuk der Eisenbahnminister Fürst Michajl Ivanovič Čilkov, am 15. Oktober 1905 wurde der permanente Zugverkehr eröffnet. Das zweite Gleis der Baikal-Eisenbahn wurde in den Jahren 1911 bis 1915 fertiggestellt.

Die neuerbaute Erlöserkathedrale in Moskau
Blick über den Moskauer Kreml; Der Bahnhof von Kazan'

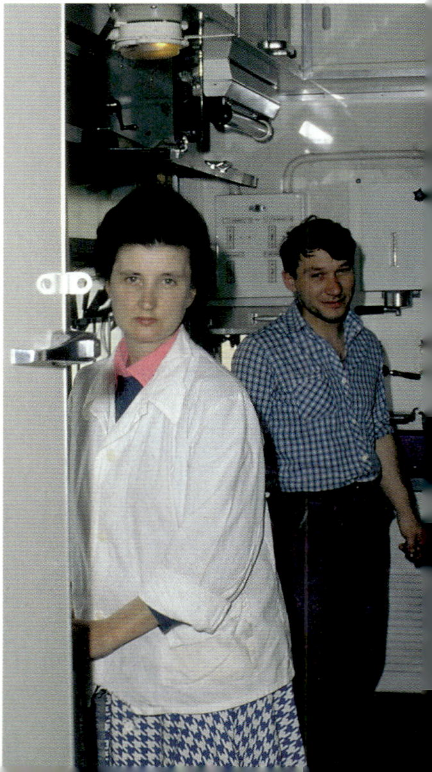

Der letzte durchgehende Zug fuhr am 30. Juni 1956 auf dieser Strecke. Ab 1950 begann man mit dem Bau der heutigen Bahntrasse zwischen Irkutsk und der südwestlichen Baikalspitze in Kultuk. Die neuen Diesel- und Elektroloks verkrafteten die Steigungen im Unterschied zu den Dampflokomotiven aus den Transsib-Gründerjahren ohne Probleme. Gleichzeitig entstand das Irkutsker Wasserkraftwerk, dessen Inbetriebnahme die Angara zwischen Irkutsk und dem Baikalsee aufstaute und die parallel zur Angara verlaufenden Gleise überflutete. Als Teil der Ostsibirischen Eisenbahn blieb nur die Strecke zwischen Kultuk und Mysovaja noch am Hauptgleis in Betrieb. Auf der anderen Hälfte der Krugobajkalka verkehrten ab Juli 1956 nur noch sporadisch Bummelzüge. Der größte Teil der legendären Goldschnalle des Rußland zusammenhaltenden Stahlgurtes versank in der Bedeutungslosigkeit.

Hier folgt ein kurzer Überblick der wichtigsten Sehenswürdigkeiten an der Baikalbahn. Die Kilometerangaben beginnen rückwärts ab Sludjanka. Sie beziehen sich auf die alte Strecke von Irkutsk nach Sludjanka. Heute ist in Port Bajkal aber bei Kilometer 72 Schluß.

► 149: Nur auf diesem Abschnitt sieht man noch Überreste der zugeschütteten Ufermauer der ersten Eisenbahn. Die jetzige Bahntrasse verläuft auf dem breiteren Damm.

Der Steinviadukt überquert den Fluß Angasolka.

► 148: Die Brücke über die Bucht Upornaja ist der einzige Bogenviadukt über den Baikalsee.

► 147: Hier ist die einzige Eisenbahnbrücke ohne Portale auf der Strecke.

► 144: Auf der Landzunge Šabartuj erhebt sich ein hohes, malerisches Felsenkap.

► 141: Über den Fluß mit dem Namen ›Große gebogene‹ Lippe (Bolšaja Krutaja Guba) führt ein malerischer Steinviadukt.

► 131: Die steile Klippe auf der Landzunge trägt den Namen ›Pfähle‹(Stolby).

► 130: Der pittoreske Bogenviadukt überquert den Fluß Šabartuj. Bei Kilometer 120 überquert ein ähnlicher Viadukt den Fluß Martuj.

► 128: Am Tunnel ›Baklanij‹ erhebt sich ein Fels in Form eines Pilzes.

► 126: Hier folgt ein riesiger Steinblock, der an eine Glocke erinnert.

► 123: Hier mußte das Baikalufer durch unterstützende ›italienische‹ Ufermauern zusätzlich befestigt werden. Uferbefestigungen dieser Art folgen noch bei Kilometer 102 und Kilometer 96.

► 110: Über den Fluß Polovinnaja führt ein weiterer malerischer Bogenviadukt.

Im Führerstand; Auf der Baikalbahn; Umspuren am Grenzbahnhof
Ein freundlicher Schaffner; Im Abteil; Gang eines Sonderzuges; Im Küchenwagen

► 105: In der sogenannten ›Weißen Senke‹ kann man im Uferbereich des Sees den Austritt von Marmor in einer seltenen Kombination mit Gesteinen und Mineralien beobachten.
► 100: Die Brückenruine, die abrupt am Wasser endet, war ursprünglich eine temporäre Brücke über die Bucht, die später abgerissen wurde.
► 92: Die Osinovskaja-Eisenbahnbrücke ist die einzige zweigleisige Eisenbahnbrücke, die heute aber nicht mehr benutzt wird.
► 73: Hier ist der Marmor-Austritt noch besser zu begutachten. Der Ort ist ein beliebtes Ausflugsziel für Geologen.
► 72: Endstation am Bahnhof Port Baijkal an der Quelle der Angara. Die einzige vorstehende Klippe an der Angara-Stromschnelle ist der Schamanenstein, der dank der schönen Legende von der Angara berühmt geworden ist.

Die Transbaikal-Bahn

Am Ostufer des Baikalsees begann der Bau der Bahn 1895. Die Strecke war zunächst bis Sretensk geplant, wo man dann auf die Flußschiffe umstieg, die auf dem Amur bis nach Chabarovsk verkehrten. Erst mit der Eröffnung der Amur-Bahn entstand eine durchgehende Bahnverbindung. Die erste ganz Rußland durchziehende Route sah neben der Fährüberquerung des Baikalsees auch eine Dampferfahrt auf dem Amur vor. Da die Strecke hier über weite Strecken durch

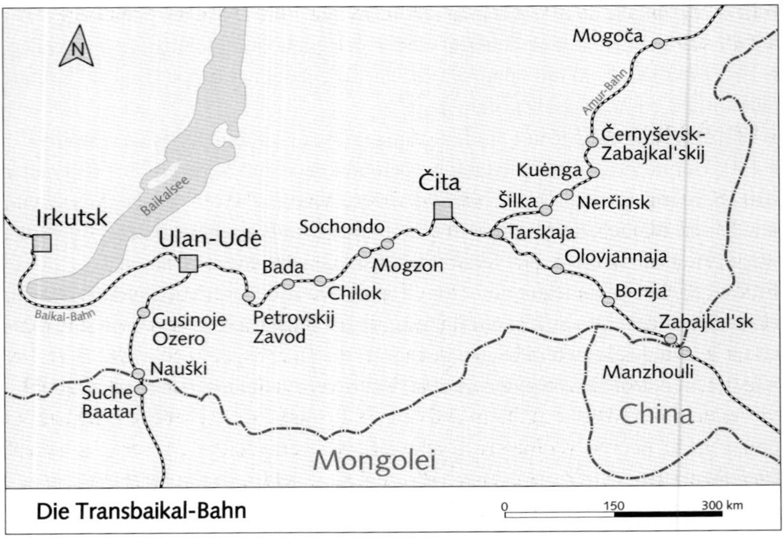

Die Transbaikal-Bahn

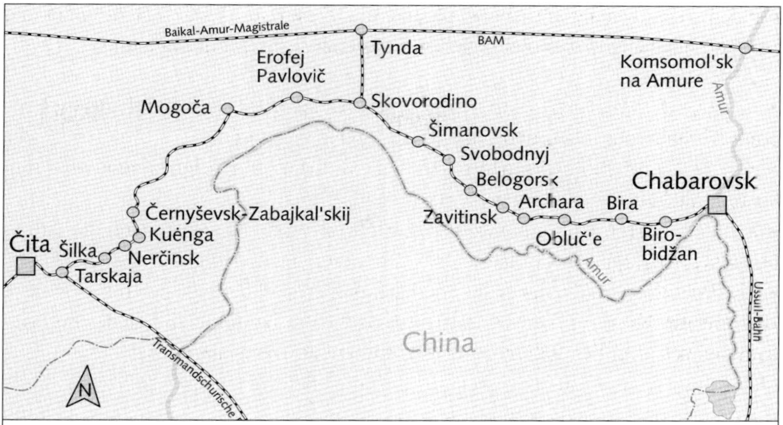

Die Amur-Bahn

Flußtäler verläuft, waren umfangreiche Sprengarbeiten in den Felsen nötig. Hohe Steigungen und enge Kurven sorgten für zusätzliche Probleme. Im Tal des Flußes Ingoda zerstörten Erdrutsche und Überschwemmungen bereits fertige Abschnitte. Aufgrund der geringen Bevölkerungsdichte war auf diesem Bauabschnitt die Arbeitskräftesituation besonders angespannt, so daß man neben Sträflingen auch chinesische Arbeiter anwarb. Mit über einjähriger Verspätung wurde Mitte des Jahres 1900 der regelmäßige Zugverkehr aufgenommen. Die Durchschnittsgeschwindigkeit auf dem Transbaikalien durchziehenden Bahnabschnitt belief sich auf 19 km/h.

Die Amur-Bahn

Am schwierigsten gestalteten sich die Erschließungsarbeiten für die Amurbahn, die Transbaikalien und Chabarovsk miteinander verbinden sollte. Über weite Strecken stieß man auf die südlichen Ausläufer des Dauerfrostbodens, wo die Erdoberfläche im Sommer nur wenige Zentimeter auftaut und alles andere als eine akzeptable Basis für die Trassenführung liefert. Die härtesten Fröste im südsibirischen Winter, viele zu überwindende Flüsse, die im Frühjahr regelmäßig über ihre Ufer treten, Logistikprobleme während der zu kurzen Sommer und andere Probleme verursachten den Technikern und den die Kosten überwachenden Buchhaltern graue Haare. Da stießen Ideen hinsichtlich einer veränderten Trassenführung auf fruchtbaren Boden. So rückte auch die zu China gehörende Mandschurei in das Blickfeld der Transsib-Erbauer. Die Streckenführung durch dieses Gebiet verkürzte die Entfernung zwischen Čita und Vladivostok um fast 700 Kilometer und verlangte bedeutend weniger ingenieurtechnische Extremleistungen.

Doch die politischen Ereignisse zwangen Rußland alsbald erneut, die schon ad acta gelegten Pläne für die Amurbahn erneut auf ihre Machbarkeit zu prüfen. Rußlands verheerende Niederlage im Krieg gegen Japan schürte in Petersburg die Angst, daß im Falle einer japanischen Annexion der Mandschurei samt der durch sie führenden russischen Eisenbahn Rußlands Ferner Osten vom Rest des Reiches mit allen weiteren Konsequenzen abgeschnitten wäre. Also begannen die Arbeiten am Amur erneut im Jahre 1908. In Spitzenzeiten wurden bis zu 20 000 Arbeitskräfte beim Bau der Bahn beschäftigt. Mit der Übergabe der Amur-Brücke vor Chabarovsk im Oktober 1916 war das Werk vollbracht. Die wichtigsten Metallkonstruktionen für diese Brücke kamen aus Warschau mit der Bahn nach Odessa und dann auf dem Seeweg mit mehreren Schiffen nach Vladivostok. Doch die Inbetriebnahme der bereits 1915 fertiggestellten Strecke verzögerte sich um fast ein Jahr, da ein deutscher Kreuzer eines dieser Schiffe im Indischen Ozean versenkte. Doch Ende gut, alles gut. Das Jahrhundertprojekt Transsibirische Eisenbahn war mit der Einweihung der bis zum Frühjahr des Jahres 2000 in Betrieb befindlichen Brücke abgeschlossen.

Die Ostchinesische Bahn

Als preiswerte Alternativstrecke entstanden, wurde die Streckenführung durch China zu einer Eskapade in der Geschichte der Transsibirischen Eisenbahn. Das Reich der Mitte hatte 1895 den Krieg um Korea gegen die Japaner verloren und war wirtschaftlich wie politisch stark angeschlagen. Rußland sah seine Chance und nutzte sie. Man verhandelte über Konzessionen für einen Eisenbahnkorridor nach Vladivostok und den Zugang zu einem ganzjährig eisfreien Hafen. Zur Finanzierung wurde eine Russisch-Chinesische Bank gegründet, die dann eine de jure unabhängige, aber de facto mit der Staatsräson des Zarens die russischen Interessen durchsetzende ›Gesellschaft der chinesischen Ostbahn‹ finanzierte. Im Frühjahr 1896 wurde der Konzessionsvertrag als Geheimabkommen beider Länder während des Besuches des chinesischen Kanzlers anlässlich der Krönungsfeierlichkeiten für Nikolaj II. in Petersburg unterzeichnet. Drei Jahre später folgte ein weiterer Vertrag, der Rußland für 25 Jahre die Pachthoheit für das sogenannte Kwantung-Gebiet mit seinen beiden Hafenstädten Port Arthur und dem nun in Dal'nij umbenannten Talienwan zusicherte. Die Bahngesellschaft hatte das Betriebsrecht auf 80 Jahre erhalten, das aber durch eine nach 36 Jahren eintretende Kaufoption der Chinesen eingeschränkt war. Im Sommer 1898 begann unter der Leitung von Aleksandr Jugovič in Harbin der Bau der Bahnlinie.

Doch China brodelte, sein seinerzeitiger Verhandlungsführer mit Rußland wurde zum Tode verurteilt. Die nationalistische und der körperlichen Ertüchtigung frönende Sekte Yihetuan (Faust im Namen des Friedens und der Gerechtigkeit) mobilisierte die Bevölkerung zum sogenannten ›Boxeraufstand‹. Der bereits 1901 fertiggestellte Bahnbau wurde dadurch zwar erheblich in Mitleidenschaft gezogen, doch Rußland verstärkte seine militärische Präsenz in der Mandschurei und eröffnete im Juli 1903 den normalen, durchgehenden Regelzugverkehr auf der Großen Sibirischen Bahn.

Zu dieser Zeit gab es Pläne, Port Arthur anstelle von Vladivostok zum strategischen Stützpunkt Rußlands an der Pazifikküste auszubauen, so daß für geraume Zeit auch Port Arthur (heute Lüshun) bzw. Dalnyj (Dalian) als Endpunkte der Sibirischen Bahn fungierten. Die vertraglichen Rechte an der Eisenbahn lieferten damals zugleich den Vorwand für die militärische Besatzung. Im Ergebnis des Russisch-Japanischen Krieges verlor Rußland jedoch seine Pachtrechte für die chinesischen Häfen, aber dank des Geschicks von Verhandlungsführer Witte verblieb bei der Ostchinesischen Eisenbahn alles wie gehabt. 1931 bewahrheitete sich die drohende Vision von der japanischen Besetzung der Mandschurei. Rußland verlor die Bahn, holte sie sich aber im Ergebnis der Kapitulationsverhandlungen 1945 wieder zurück. Erst zu Beginn der 50er Jahre wurden unter Stalin und Mao Zedong die Rechte an der Bahn dem damaligen sozialistisch wie brüderlich verbundenen chinesischen Volk zurückübertragen.

Heute ist das Gros der Strecke als Transmandschurische Bahn bekannt (Karte siehe Seite 393), die Streckenführung über Čita in Richtung Peking folgt zunächst bis Harbin der Strecke der traditionellen Ostchinesischen Bahn und weiter in Richtung Süden bis Shenyang (früher: Mukden) der alten Strecke nach Port Arthur. Der ebenfalls zur alten Ostchinesischen Bahn gehörende Streckenabschnitt zwischen Harbin und Vladivostok besitzt heute nur noch regionale Bedeutung.

Die Transmongolische Bahn

Nachdem die staatlichen Beziehungen zwischen der Sowjetunion und der Volksrepublik China nach 1949 mit dem gemeinsamen Ziel Kommunismus eine neue Qualität erlangt hatten, wurde im darauffolgenden Jahr der Bau einer neuen, etwa 1000 Kilometer kürzeren Eisenbahnverbindung zwischen Peking und Rußland beschlossen. Die der alten Teestraße folgende Streckenführung ab dem südlich des Baikalsees gelegenen Ulan-Udė durch Moskaus Satellitenstaat Mongolei über Datong nach Peking gab der Strecke auch den Namen. Die heute unter Transsib-Touristen populärste Verbindung zwischen Moskau und Peking wurde nach fünfjähriger Bauzeit 1955 dem Verkehr übergeben (Karte siehe Seite 397).

Das Transsib-Fabergé-Ei

In der Sammlung der einzigartigen Prunkeier von Peter Carl Fabergé befindet sich auch ein der Transsibirischen Eisenbahn gewidmetes Kunstwerk. Das vermutlich 1901 geschaffene Ei hat eine Höhe von 27,3 Zentimetern. Die Spitze ziert der Zarenadler. Drei Greifvögel schützen das Ei. Zwischen den grün leuchtenden Rändern dominiert ein breites Silberband mit der Inschrift ›Die Große Sibirische Eisenbahn, 1900‹. Eine eingravierte Karte zeigt den Streckenverlauf von Moskau nach Vladivostok. Der dazugehörende Miniaturzug fährt, wenn er mit dem Schlüssel aus purem Gold aufgezogen wird. Er hat mit seiner Lokomotive und den fünf Waggons – ein Gepäckwagen, drei Personenwagen und der berühmt gewordene Kirchenwagen – eine Länge von 39,8 Zentimetern. Das Kunstwerk befindet sich heute in der Sammlung der Rüstkammer im Moskauer Kreml.

Das Transsib-Ei

Ostereier gelten auch in der russisch-orthodoxen Kirche als Symbol des Lebens und der Auferstehung und wurden vom Zaren in prunkvoller Gestaltung gern als Geschenke in Auftrag gegeben. Das erste Fabergé-Ei schenkte Alexander III. seiner Gattin im Jahre 1885. Die thematische Gestaltung der Eier variierte und oblag allein Fabergé, der sich auch nicht in die Karten schauen ließ. »Majestät werden zufrieden sein« – so seine Standardantwort auf die Neugier des Zaren.
Peter Carl Fabergé wurde 1846 in St. Petersburg als Sohn eines aus Frankreich eingewanderten Juweliers geboren. Mit seiner Verknüpfung des Gold- und Silberschmiedehandwerks und der Edelsteinschleiferei sowie der Kunst, durch verschiedene Legierungen von Edelmetallen unzählige Farbnuancen zu erreichen, gelangen seiner Werkstatt vor allem mit den Prunkeiern einzigartige Kunstwerke. Fabergé kümmerte sich vor allem um die Ideen, die Qualität und die Aufträge, die handwerkliche Umsetzung lang in den Händen der Werkmeister. Mit der Oktoberrevolution kam die Enteignung. Peter Carl Fabergé floh ins Ausland und verstarb 1920 in der Schweiz. Die Firma Fabergé hat ihren Sitz in New York. Das Privileg des Werkmeisters genießt heute eine traditionsreiche Pforzheimer Firma.

Die Ussuri-Bahn

Der erste Spatenstich oder besser gesagt die erste Schubkarre für die Trasse des Jahrhunderts wurde am 19. Mai 1891 um 10 Uhr Ortszeit in der Nähe des heutigen Vladivostoker Bahnhofs ›Vtoraja Rečka‹ durch den Zarenthronfolger Nikolaj ausgekippt. Nach der Rückkehr von einer ihn nach Ägypten, Indien und Japan führenden Weltreise hatte der Carevič gerade wieder russischen Boden unter den Füßen und durfte diese Zeremonie im Auftrage seines Vaters wahrnehmen. Die Vollmacht des Zaren an seinen Sohn lautete: »Ich befehle nun mit dem Bau einer durch ganz Sibirien gängigen Eisenbahnstrecke zu beginnen, die das Ziel hat, die reichhaltigen Naturschätze der sibirischen Gebiete mit dem inneren Schienenverkehrsnetz zu verbinden. Ich übertrage Euch die Aufgabe, diesen, meinen Willen nach Eurer Heimkehr auf russischen Boden von der Besichtigung der Länder des Ostens kund zu tun. In diesem Zusammenhang übertrage ich Euch in Vladivostok den Vollzug der Grundsteinlegung des zum Bau durch unmittelbare Regierungsverfügung auf Kosten der Staatskasse genehmigten Ussuri-Abschnitte des Großen Sibirischen Schienenstranges.« Hiermit begann der Thronfolger seine Schirmherrschaft für das Jahrhundertprojekt. Auch seine folgende, drei Monate dauernde Rückkehr nach Moskau war zugleich ein Novum für den Zarenhof und Zeichen

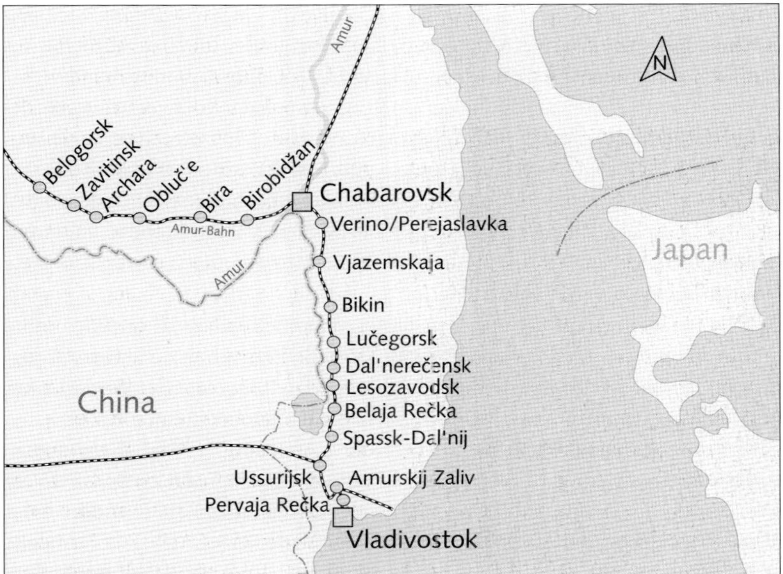

Die Ussuri-Bahn

dafür, daß der Stellenwert Sibiriens deutlich angestiegen war. Erstmalig bereiste ein Mitglied der Zarenfamilie und noch dazu der künftige Zar das russische Reich in seiner ganzen Ausdehnung von Ost nach West und machte sich mit den Zuständen in Sibirien vertraut.

Der Bau der Ussuri-Bahn stand unter der Leitung von Orest Vjazemskij, an den heute die Station bei Kilometer 8651 erinnert. Die Einweihung der insgesamt 769 Kilometer langen Strecke erfolgte 1897. Am 26. Oktober nahm sie ihren Probebetrieb auf, zwei Wochen später begann der reguläre Zugbetrieb. Die durchschnittliche Geschwindigkeit schwankte aufgrund der unterschiedlichen Steigungen zwischen 22 km/h in Richtung Norden und 26 km/h in Richtung Süden. Doch wie so oft wurde auch dieser Bau deutlich teurer als geplant. Die realen Baukosten von etwa 43 Millionen Rubel hatten das vorgesehene Budget um das Doppelte überschritten und lieferten einen Vorgeschmack auf die Rußland noch bevorstehenden Aufwendungen. Die Befürchtungen vom ›bis dahin teuersten Friedensunternehmen der modernen Geschichte‹ sollten sich sehr bald bewahrheiten.

Die Baikal-Amur-Magistrale

Am 27. Oktober 1984 verkündete die Moskauer Nachrichtenagentur ›TASS‹ die Verlegung des ›goldenen Gleises‹ bei Kilometer 877 in der Nähe der Siedlung Kuanda. Die sowjetische Propaganda lief auf Hochtouren, um den Abschluß des Jahrhundertbauwerkes Baikal-Amur-Magistrale als Erfolg der Industrie- und Verkehrspolitik der Partei zu verkünden. Doch auch wenn das goldene Gleis glänzte, befahren werden konnte es noch lange nicht. Im April 1985 befuhr ein sogenannter Wissenschaftsexpreß erstmalig die gesamte Strecke, um ein Bild über den realen Zustand der Bahn zu bekommen. Es gab noch unzählige Provisorien, so daß die 3145 Kilometer lange Strecke von Ust-Kut nach Komsomol'sk am Amur zunächst nur als eine Art ›Light-Version‹ in Betrieb genommen wurde. Die volle Betriebsbereitschaft besteht seit 1991.

Die ersten Projekte für den Bau dieser Bahnlinie gehen in die 30er Jahre zurück, als ein Generalplan für die wirtschaftliche Entwicklung Sibiriens ausgearbeitet wurde. Der östlichste Streckenabschnitt zwischen der gerade am Amur gegründeten Stadt Komsomol'sk und dem 475 Kilometer entfernten Pazifikhafen Sovetskaja Gavan wurde zu Beginn der 40er Jahre zügig in Angriff genommen und nach kriegsbedingter Unterbrechung Ende der 40er Jahre übergeben. Planung und Umsetzung der Baikal-Amur-Magistrale übernahm das 1932 in der an der Transsib gelegenen Ortschaft Svobodny angesiedelte BAMLAG. Dabei handelte es sich um eine von vielen Unterabteilungen des GULAG, die 1934 bereits über 60 000 Häftlinge für den Bau des 180 Kilometer langen, künftigen Verbindungsstückes zwischen Bamovskaja an der Transsib und Tynda im Norden einsetzte. Parallel dazu begannen 1937 in Tajšet die Arbeiten am heutigen westlichen Ausgangspunkt der BAM in Richtung Bratsk und das am Strom Lena gelegene Ust-Kut. Auch diese Strecke bauten in erster Linie Sträflinge. Doch während des Zweiten Weltkrieges wurde ein Teil der Schienen wieder herausgerissen, da man sie für die Reparatur der zerstörten Strecke Saratov–Stalingrad benötigte. Nach dem Ende des Zweiten Weltkrieges arbeiteten daneben viele japanische Kriegsgefangene beim Bahnbau. Nach Stalins Tod wurde das Projekt BAM auf Eis gelegt und die Bahnstrecke nicht weiter vorangetrieben.

Erst ab 1971 begannen erneut die Arbeiten am fehlenden Hauptstück zwischen den Strömen Lena und Amur, den Städten Ust-Kut und Komsomol'sk. Es wurde der größte und der schwierigste Eisenbahnbau in der zweiten Hälfte des 20. Jahrhunderts. Wirtschaftlich sollte die Region mit ihren faktisch die gesamte Mendeleev-Tabelle abdeckenden Bodenschätzen für die Volkswirtschaft erschlossen werden, politisch waren in dieser Zeit die sowjetisch-chinesischen Beziehungen

Waggonuntergestelle

außerordentlich angespannt. Aus militärstrategischer Sicht wäre die Transsib-Strecke im Ernstfall daher aufgrund ihrer Nähe zur chinesischen Grenze über Nacht Frontgebiet, so daß die BAM zugleich als strategisch sichere Alternative im Hinterland geplant wurde. Die Trasse verläuft zwischen 400 und 700 Kilometern nördlich der Transsib.

Die eingleisige Streckenführung erfolgte auf kaum vorstellbar schwierigem Terrain. Mehr als 2000 Brücken über Flüsse und Schluchten sowie Tunnelbauten durch sieben im Permafrost befindliche Bergrücken waren nötig. Der längste bislang in Rußland gebaute Tunnel durch das Stanovoygebirge erreicht eine Länge von über 15 Kilometern. Obwohl Stalins tödlicher GULAG der Vergangenheit angehörte, kamen die Gleisbauer auch hier nicht ohne Strafgefangene aus. Ein populärer Witz jener Jahre beschreibt die Rede des bereits senilen Parteichefs Leonid Brežnev vor den Erbauern der BAM, die er mit den Worten: »Verehrte Genossen Komsomolzen, verehrte Genossen Matrosen« beginnt. Ein einhelliges Räuspern der ihn begleitenden Funktionäre läßt ihn innehalten. Doch auch der zweite Versuch dieser Anrede löst dieselbe Reaktion und Brežnevs Unmut aus. Bevor er ein drittes Mal starten kann, flüstert ihm ein Apparatschik zu: »Aber Genosse Brežnev, Matrosen tragen doch quergestreifte Kleidung«.

Doch ungeachtet der hohen Häftlingsquote auf dieser Großbaustelle des Kommunismus folgten nicht wenige freiwillig dem Aufruf des Jugendverbandes Komsomol, den die Partei 1974 in Almaty auf einem Komsomol-Kongreß proklamiert hatte. Abenteuergeist, Romantik, gute Verdienstmöglichkeiten und Wohnungsaussichten brachten viele Komsomolzen als stolze Erbauer und Neusiedler in die neu entlang des Schienenstrangs entstehenden Orte. Alljährlich im Sommer verdienten sich auch viele Studenten in sogenannten Studentenbrigaden auf den über das ganze Land verstreuten Großbaustellen ihre ersten Sporen und Rubel in der sozialistischen Produktion. Die Studenten erhielten eine uniformierte Arbeitskleidung und den jeweiligen Einsatz belegende Aufnäher. Die BAM wurde ein Schwerpunkt für solche Einsätze, doch das ist längst Geschichte.

Die BAM hat als zunächst als Provisorium den Sprung in die Marktwirtschaft überlebt. Aufwand und Nutzen bilden für viele Beteiligte ein Fragezeichen. Die geologisch wie klimatisch extreme Region wird ihre Strukturschwäche nicht aus eigener Kraft überwinden können. Doch die wieder an Attraktivität gewinnende Erschließung der Rohstoffreichtümer im Dauerfrostboden Sibiriens einerseits und die verbesserten finanziellen Rahmenbedingungen andererseits ließen den Investitionsstrom entlang der BAM wieder stärker fließen. So konnte im Dezember 2003 mit der Betriebsbereitschaft des Severomysker Tunnels für den Regelzugverkehr das letzte große Nadelör im ursprünglichen Streckenplan beseitigt werden. Der Anspruch des ›goldenen Gleises‹ aus dem Oktober 1984 wurde somit mit knapp 20jähriger Verspätung erfüllt.

Aussteigen auf der stillen Station Sima …

Aussteigen auf der stillen Station Sima.

Doch vorher die Scheibe herunterlassen,
am Fenster stehen und sehn: die vertrauten Häuser der Jugend
mit ihrem uralten Zierat, ockerfarben und rosa.

Dann vom Trittbrett springen, wie früher
den Damm runter über die Schlacke knirschen,
wo der Bahnhofsvorsteher den Gartenschlauch schwenkt
und die Schwüle verflucht nach allen Regeln,
wo die Enten die Köpfe kühlen im Bach,
wo die Hähne laut in den Morgen trompeten,
wo Sterne aus roten und weißen Ziegeln ausgelegt sind
unterm Rangierberg, dem Katzenbuckel …

Die staubigen Platten des Fußwegs betreten,
wo die Uhr ist über der Treppe zum Kreiskomitee
und der alte Zaun, wo der Hafer raschelt,
und der alte Markt, wo die Waage klirrt;
wo farbige Körbe, aus Rinden geflochten,
voll Blaubeeren stehn auf niedrigen Tischen,
wo Butterkugeln, hellgelb wie Flaum,
im Wasser der bunten Schüsseln schwimmen …

Die Nester der Vögel wiedersehn
in der Nische des ausgeblichenen Torwegs,
und dieses Haus wiedersehn – nicht kleiner, nicht größer –
und den brettergeflickten Zaun,
und den Ofen, an dem wie vor Jahren
noch immer die Birkenrute lehnt,
und im Fenster den Steintopf mit Pilzen,
die wackligen Stufen und die Spalte darin,
durch die man im Keller die Champignons sieht…

Wie in Kindertagen eine Schraube aufheben,
in der Faust sie pressen und glücklich sein,
hangabwärts springen und Geröll prasseln lassen
hinunter zur nebelbedeckten Oka,

und den Wald durchstreunen, Türkenbund suchen,
einen Dickichtweg gehen aus Frankraut und Moos,
einem sommersprossigen Bootsmädchen helfen,
ihr die Zugleine halten, ihr das Teertau aufwinden.

Am Bienenstand, nahe am Teich,
den Honig würdigen nach Gebühr,
auf einem Wagen sacht über Feldwege schaukeln,
mit einer Gerte streicheln das Pferd,
über Preiselbeersträucher gehn
mit einer Rotte Jungen
und unter den Brücken beim Angeln lauschen,
wie die Züge hindonnern hoch über uns …

Im Gras liegen, lachen, das Hemd sich vom Leib ziehn,
vom schrägen Ufer ins Wasser sich stürzen
und plötzlich begreifen: Wie wenig hab ich im Leben getan,
wieviel kann ich im Leben noch tun.

Aus: Jewtuschenko, Jewgenij, Lyrik, Prosa, Dokumente, Nymphenburger Verlagshandlung 1972, S. 78.

Der Bahnhof von Zima, dem Geburtsort des Dichters Evgenij Evtušenko; das Gebäude wurde inzwischen leider durch einen Neubau ersetzt

Lokomotiven und Waggons auf der Transsib

Lokomotiven

Dampflokomotiven sind in Rußland heute manchmal bei touristischen Sonderzügen noch im Einsatz. Es gab in den 90er Jahren auf der Transsib mehrere Sonderreisen nach Vladivostok, die von Jaroslavl' bis zur Pazifikküste vollständig von historischen Dampfloks gezogen wurden. Auf der 9000 Kilometer langen Strecke kamen dabei über 70 verschiedene Loks zum Einsatz, die – zumeist im Doppelpack – den Zug über die einzelnen Streckenabschnitte zogen. Im Bahnalltag werden Dampflokomotiven machmal noch bei Rangierfahrten eingesetzt. Daneben kann man entlang der Strecke auf einzelnen Bahnhöfen eine Reihe von rekonstruierten Dampfloks bewundern, die als Denkmal auf entsprechenden Podesten stehen. Auf verschiedenen Lokfriedhöfen sind ebenfalls noch eine Vielzahl alter Dampfloks zu besichtigen, die, teilweise noch funktionsfähig, zur strategischen Transportreserve der Roten Armee gehören oder aber größtenteils langsam aber sicher verrotten. Dabei finden sich auch viele amerikanische Loks aus dem Hilfsprogramm während des Zweiten Weltkrieges sowie deutsche Loks aus den Reparationszahlungen nach diesem Krieg. Die russischen Loks tragen übrigens einen grünen Anstrich, während es sich bei schwarzen Loks zumeist um Importe handelt. Die wichtigsten russischen Loktyps und Baureihen waren die hier kurz vorgestellten Reihen P 36, FD und IS. Aufgrund des breiteren Spurprofils sind die meisten russischen Loks höher als westeuropäische Modelle.

Die meisten Dampfloks für den Güterverkehr stammen aus der Baureihe FD. Der Prototyp der nach dem Gründer des sowjetischen Geheimdienstes Feliks Dzeržinskij benannten Reihe wurde 1931 in Vorošilovgrad (heute Lugansk/Ukraine) gebaut. Mit ihr begann eine grundlegende Erneuerung des sowjetischen Lokomotivparkes auf der Basis inländischer Produktionskapazitäten. Zwei Jahre später begann die bis in die 50er Jahre dauernde Serienfertigung der 3000 PS starken Lok mit einer Achsfolge von 1E1.

Die Achsfolge wird in Rußland nur mit Ziffern und Bindestrichen ohne Buchstaben beschrieben (Russisch: 1-4-2 bedeutet somit deutsch: 1D2). Die mittlere Ziffer bzw. die Nummer des Buchstabens im Alphabet bezeichnen die Zahl der großen Räder und Achsen der Lokomotive, beispielsweise 4 oder D als vierter Buchstabe des Alphabetes. Es gibt kein Apostroph zur Kennzeichnung nicht zum Hauptrahmen gehörender Achsen (etwa russisch: 1-3-2 = deutsch: 1'C2'). Das bedeutet, daß den drei Achsen des Hauptrahmens eine Achse vorgeschaltet und zwei Achsen nachgeschaltet sind. Einzelachsantrieb ist im Russischen ebenfalls durch eine allerdings kleinere o gekennzeichnet (russisch: 1-5o-1 = deutsch: 1Eo1). Ein Plus steht allerdings nicht nur für auch einzeln fahrbereite Lokeinheiten (z. B. russisch: 0-3-0+0-3-0 kann auf deutsch C'C' oder C'C oder C+C bedeuten).

Neben dem Güterverkehr wurde auch eine neue Lokreihe für den Personenverkehr konzipiert, die nach dem Plattformprinzip eine ganze Reihe von für beide Baureihen austauschbaren Teilen nutzen sollte. Ihr Prototyp mit der Achsfolge 1D2 verließ 1932 die Lokfabrik Kolomna und erhielt ›auf Wunsch des Kollektivs der Arbeiter und Angestellten des Maschinenbaubetriebes Kolomna zu Ehren von Iosif Vissarionovič Stalin‹ die Bauartenbezeichnung IS. Die 3200 PS starke Lok ging zu Beginn des Jahres 1933 in Kolomna mit einem vierachsigen Tender und ab 1936 auch in Vorošilovgrad mit einem sechsachsigen Tender in Serie. Hier erfolgte auch die stromlinienförmige Verkleidung, mit der die Lok eine Höchstgeschwindigkeit von 155 km/h ereichte.

Die Reisezug-Dampflokomotive aus der Baureihe P36 wurde von 1947 bis 1950 mit einer Achsfolge 2D2 und einer Leistung von 2500 PS im Lokomotivenwerk Kolomna entwickelt Der vollständig geschweißte Kessel lag auf einem zweiteiligen Zylinderblock. Das Führerhaus war sehr geräumig. Die Lokomotiven mit einer Höchstgeschwindigkeit von 125 km/h wurden bis 1956 in Serie produziert und sind in ihren Dimensionen mit einer Länge von 30 Metern und einem Gewicht von 130 Tonnen beeindruckend. Dieses Modell fuhr bis 1970 auf der Transsib östlich von Irkutsk noch im Linienverkehr.

China begann erst nach dem Zweiten Weltkrieg mit der Produktion eigener Dampflokomotiven in den Fabriken Sifang und Dailang. In den Anfangsjahren wurden aber auch über 1000 gebrauchte Dampflokomotiven aus der Sowjetunion importiert. Die letzte Dampflok der am weitesten verbreiteten Baureihe QJ mit der Achsfolge 1Eo1 wurde 1983 produziert. Wenn auch ohne Personenbezeichnung, so erfolgte die Namensgebung für die Baureihen in China ebenfalls mit revolutionärem Bezug: QJ steht für Qanjin (Fortschritt), SY für Shangyou (Hohes Ziel), JS für Jianshe (Aufbau) und YJ für Yanjing (Vorwärtssprung).

Diesellokomotiven begegnen dem Reisenden in Rußland auf dem bislang noch nicht elektrifizierten Restabschnitt im Fernen Osten und auf vielen ebenfalls nicht elektrifizierten Nebenstrecken. Die ersten Diesellokomotiven wurden in der Sowjetunion in den 20er Jahren gebaut. Doch die vor allem in den Leningrader Putilov-Werken entwickelten Loks gingen nicht in Serie. Die Idee, sie vor allem im südlichen Mittelasien für die unter dem Wassermangel leidenden Dampfloks einzusetzen, ging aufgrund von damals nicht auszuräumenden Problemen mit der Kühlung nicht auf. Die Serienfertigung von Streckenlokomotiven auf Dieselbasis begann somit erst 1948 mit der Baureihe TE2 in der Lokomotivenfabrik Charkov (heute Charkiv/Ukraine). In der Benennung orientierte man sich diesmal nicht an den Parteigrößen, sondern an technischen Parametern: T steht dabei für Teplovoz (Diesellok) und E für elektrische Übertragung im Unterschied zu G für hydraulische Übertragung. Der in 500 Einheiten gebauten Doppellok mit der Achsfolge Bo'Bo,+Bo'Bo, und einer Leistung von zweimal

Die Güterzuglok Feliks Dzeržinskij (FD)

Eine Lok vom Typ P 36-002

1200 PS folgte mit der Baureihe TE3 eine neue leistungsstärkere Generation. Außer in Charkov begann ihre Produktion nach dem Aus für die Dampflokomotiven auch in Kolomna und Vorošilovgrad. Bis zum Jahr 1973 wurde sie in verschieden Folgeversionen und Modifikationen (TE 7, TE 10, TE 50, TEP 60 u. a.) in über 10 000 Exemplaren produziert und machte Rußland zum größten Diesellokhersteller der Welt.

Alle diese Lokomotiven haben eine elektrische Kraftübertragung. Mit der gängigeren, hydraulischen Kraftübertragung, die das Gewicht einer Lok um etwa 30 Prozent verringert, wurden zwar Versuchsreihen (TG 16, TGM4) entwickelt, sie konnten sich aber vor allem unter den extremen klimatischen Bedingungen in Sibirien nicht durchsetzen. Auch die hierzulande unter dem Spitznamen ›Taigatrommel‹ bekannte Diesellok TE109, die die DDR aus der Sowjetunion impor-

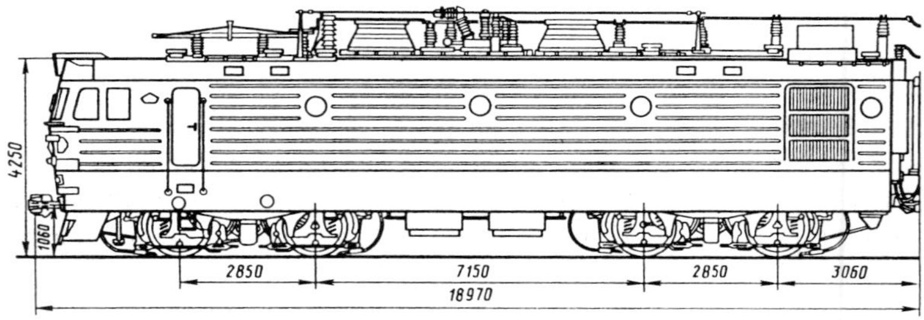

Eine Elektrolok vom Typ Vladimir Lenin (VL84)

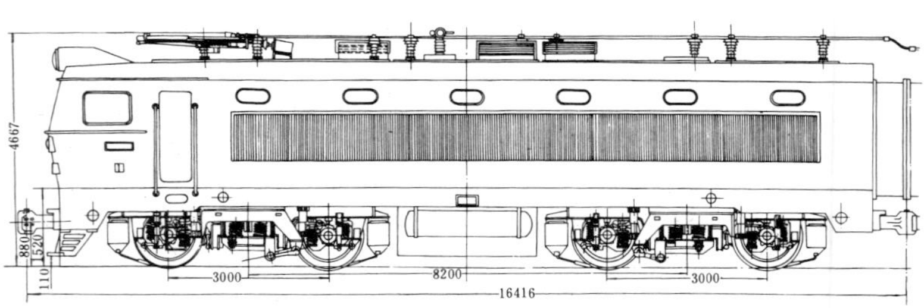

Eine chinesische Lok vom Typ SS4

tierte, trommelt heute noch in der Ussuri-Taiga im Fernen Osten. Die 1990 in Kolomna gebaute Lok TEP 80 hält übrigens aktuell mit einer bei Versuchsfahrten erreichten Höchstgeschwindigkeit von 271 km/h den Rekord der schnellsten Diesellok der Welt.

Die Doppeldiesellok für den Güterverkehr mit der Typenbezeichnung TE3 mit einer Leistung von zweimal 2000 PS und einer Co'Co,+Co'Co,- Achsfolge brachte 1953 der Dieseltechnik bei der sowjetischen Bahn den Durchbruch. Mit ihrer Leistung existierte erstmalig eine Diesellok, die den leistungsstarken Dampfloks Paroli bieten konnte. Unter der Bezeichnung TE7 wurde ab 1957 eine Variante für den Schnellzugdienst produziert, die eine Höchstgeschwindigkeit von 140 km/h erreichte.

In China begann die Serienproduktion von Diesellokomotiven 1964 unter der Bezeichnung ›Ostwind‹ mit der Baureihe DF (Dong Feng). Die größte Verbreitung fand die DF4 mit Co-Co-Achsfolge und einer Leistung von 3300 PS sowie einer Höchstgeschwindigkeit von 120 km/h. Daneben wurden auch Diesellokomotiven aus den USA, Rumänien und später auch aus Deutschland (Thyssen-Henschel) importiert. Die Mongolei setzte nur aus der Sowjetunion importierte Dampf- und Diesellokomotiven ein.

Die Strecke der Transsibirischen Eisenbahn von Moskau nach Vladivostok ist seit dem 25. Dezember 2002 durchgehend elektrifiziert Die in Rußland eingesetzten Elektroloks stammen aus russischer oder aus tschechischer Produktion. Die ersten E-Loks wurden in der Sowjetunion in den 30er Jahren gebaut. Nach den positiven Erfahrungen mit dem 1929 elekrifizierten ersten Abschnitt von Moskau nach Mytišči beschloß die Partei 1931, alle wichtigen Strecken des Landes zu elektrifizieren. Parallel dazu wurde beschlossen, anstelle der Lokimporte eine eigene Produktion von Elektroloks aufzubauen. Die Baureihe wurde nach dem Führer der russischen Revolution benannt: VL für Vladimir Lenin. Die Bezeichnung hat auch für alle Nachfolgemodelle bis heute noch Gültigkeit. Lenin stand also für Strom und Stalin für Dampf.

Die ersten Elektroloks kamen Ende des Jahres 1932 unter der Bezeichnung VL19 mit einer Co'Co,-Achsstellung auf das Gleis, wobei die Zahl 19 für die Achslast von 19 Mp steht. Es folgten VL22 und VL22M mit einer Leistung von 2750 und 3200 PS, die bis 1955 produziert wurden. Von 1956 bis 1960 folgte die weniger in der Technik als vor allem im äußeren Erscheinungsbild modernisierte VL23.

Im Reisezugverkehr gelangten ab 1955 im Rahmen der COMECON-Zusammenarbeit auch importierte Škoda-Lokomotiven der Baureihen CS1 bis CS3 zum Einsatz. Nachdem ab 1960 Wechselstrom in der weiteren Elektrifizierung dominierte, kam auch die Lokindustrie mit einer neuen Lokreihe unter dem Namen VL60 auf die Schiene. Auf diese 5400 PS starke Co'Co'-Lok folgte zwei Jahre später mit der VL80 eine Bo'Bo'+Bo'Bo'-Doppellok mit einer Leistung von fast 8500 PS. Häufig anzutreffen ist auch die Škoda-Lok CS4, die mit ihrer Achsfolge Co'Co' eine Leistung von 7500 PS aufweist.

Mit den Baureihen VL62 und VL82 gibt es auch bereits Universallokomotiven, die sowohl mit Gleich- als auch mit Wechselstrom fahren können. Die Anzahl der bislang produzierten Loks dieser Typs nimmt sich aber noch recht bescheiden aus.

China begann in den 50er Jahren mit der Elektrifizierung seines Eisenbahnstreckennetzes und errichtete in der Provinz Hunan eine eigene Fabrik für Elektrolokomotiven. Sie produziert die Lokomotiven der Baureihe SS (Shau Shan), die vor allem als Einzellok SS3 und als Doppellok SS4 überall im Land anzutreffen sind.

Die Ėlektrička-Triebwagen

Viele Metropolen entlang der Transsibirischen Eisenbahn haben in ihrem Umland umfangreiche Nahverkehrssyteme. Dabei werden in Rußland Entfernungen bewältigt, die in Mitteleuropa dem Fernverkehr schon alle Ehre machen würden – die Enfernungen sind in diesen Gefilden nun einmal etwas länger. Hier verkehren ›Ėlektrička‹ genannte Triebwagen, deren unterschiedlichen Ausführungen der letzten 40 Jahre man entlang der Strecke in den verschiedenen Orten begutachten

Zwei Ėlektrička-Triebwagen

kann. Auf die Herstellung solcher Elektrotriebwagen für die gesamte Sowjetunion spezialisierte sich in den 50er Jahren das Eisenbahnwerk Riga im heutigen Lettland, so daß der Nachschub mit dem Zerfall der Sowjetunion nachhaltig ins Stocken geriet. Die dreigliedrigen Einheiten sind auf eine Höchstgeschwindigkeit von 130 km/h ausgerichtet und laufen zumeist im Verbund von zwei oder drei Einheiten (sechs beziehungsweise neun Wagen). Dank der russischen Breitspur haben die Bänke auf beiden Seiten des Mittelganges jeweils drei Sitze, so daß ein Wagen zwischen 105 und 108 Sitzplätzen hat. Die älteren Züge haben noch Holzbänke, ab 1975 wurde gepolstert.

Reisezugwagen

Die ersten russischen Personenwaggons wurden 1846 in St. Petersburg in verschiedenen Varianten produziert. Man orientierte sich zunächst sowohl an amerikanischen Mustern des Großraumwagens als auch an der europäischen Bauart der Abteilwagen, die jedoch beide den russischen Gegebenheiten nur bedingt gerecht wurden. Bereits 1869 wurden Richtlinien für den Waggonbau erlassen, die neben Vorschriften für Bremsen und Beleuchtung auch aufgrund der Entfernungen Liegemöglichkeiten und aufgrund der kalten Winter eine entsprechende Heizung vorsahen. Es entstand der Seitengangwagen mit schmalen Doppelfenstern und geschlossenen Endplattformen. Es gab drei, teilweise vier Wagenklassen und obligatorische Platzkarten. Nach der Revolution wurden aus den gepolsterten Klassen 1 und 2 die ›weiche‹ Klasse (mjagkij vagon), die sich dann erst wieder in den 50er Jahren in Kategorie 1 und 2 unterteilte, je nachdem ob sich zwei oder vier Schlafplätze im Coupé befanden. Diese bekamen jetzt mit zwei Schlafplätzen die Bezeichnung ›mjagkij vagon‹ und mit vier Schlafplätzen die Bezeichnung Coupé-Waggon (›kupejnyj vagon‹). Aus der zur Zarenzeit vom Material der Bänke zu Recht abgeleiteten ›Holzklasse‹ wurde nach der Revolution die ›harte Klasse‹ (›tverdyj vagon‹), die sich heute ›Platzkarten-Waggon‹ (›plackartnyj vagon‹) nennt.

In der Zeit des Baus der transsibirischen Eisenbahn betrug die Normlänge eines Passagierwaggons 19,2 Meter. In den 20er Jahren verlängerte sich die Standardlänge um einen Meter. Die Wagen gab es in folgenden Varianten:

- 28 ›weiche‹ Liegeplätze in sieben Abteilen
- 32 ›harte‹ Liegeplätze in acht Abteilen
- 56 ›harte‹ Liegeplätze im nachtfahrenden Fernverkehr oder 86 Sitzplätze im am Tage fahrenden Nahverkehr, wobei der Innenraum nicht in Coupés unterteilt war und sich neben den quer zur Fahrtrichtung befindlichen Liegen am seitlichen Gang in Längsrichtung zusätzliche Liegen befanden.

In den 30er Jahren wurde das mit Stahlplatten verkleidete Holzgestell zunächst experimentell in Versuchsserien durch Stahlwaggons ersetzt. Der bis heute gültige Standard des Stahlwaggons mit geriffelten Wagenseiten und einer Kastenlänge von 23,95 Metern kam 1953 auf die Gleise. Ab 1962 wurden die Wagen nicht nur mit Heizung, sondern auch serienmäßig mit Klimaanlage ausgestattet.

Nahezu alle heute in Rußland verkehrenden Reisezugwagen stammen aus Ostdeutschland. Der aus der 1823 gegründeten Wagenfabrik Gottfried Lindner hervorgegangene Waggonbau Ammendorf produzierte die Reisezugwagen zunächst im Rahmen der deutschen Reparationszahlungen und lieferte im Startjahr 1948 die ersten Waggons. Daraus entstand später eine Spezialisierung im Rahmen der COMECON-Arbeitsteilung. Jährlich wurden durchschnittlich 500 bis 600 Reisezugwagen für die Sowjetunion produziert und an den ›großen Bruder‹ ausgeliefert. Das in einem Vorort von Halle an der Saale ansässige Unternehmen besaß geradezu ein Monopol auf dem sowjetischen Markt. Von den in zwölf verschiedenen Ausfertigungen produzierten Waggons, die für eine Geschwindigkeit von 160 km/h und Temperaturen von +50 Grad bis –50 Grad oder sogar –60 Grad Celsius ausgelegt waren, wurden allein von 1948 bis 1990 exakt 26437 Exemplare an die Sowjetische Eisenbahn übergeben. Die heute in Rußland verkehrenden Reisezugwagen sind in folgenden Varianten anzutreffen:

► 18 ›weiche‹ Liegeplätze in neun Abteilen (›weicher Waggon‹)
► 32 ›weiche‹ Doppelstock-Liegeplätze in acht Abteilen (›Coupé-Wagon‹)
► 36 ›weiche‹ Doppelstock-Liegeplätze in neun Abteilen (›Coupé-Wagon‹ in der am weitesten verbreiteten Ausführung – siehe Zeichnung)
► 38 ›harte‹ Liegeplätze in neun Abteilen (diese Variante wurde wieder eingestellt)
► 58 ›harte‹ Liegeplätze oder 87 Sitzplätze im ungeteilten Innenraum.

Das renommierte DDR-Unternehmen wurde nach der Wende privatisiert und gehört heute zum kanadischen Unternehmen Bombardier. In Tver', nordöstlich von Moskau, besteht eine Tochterfirma, die vor allem fachgerechte Reparaturen des bestehenden Waggonparks vornimmt. Neue Aufträge von der Russischen Bahnverwaltung sah man in Halle-Ammendorf nur in der ersten Hälfte der 90er Jahre: Von 1991 bis 1994 gingen nochmals knapp 2500 Waggons an die Russischen Staatsbahnen. Seitdem aber die deutsche Exportversicherung Hermes 1994 ihre Anforderungen für Kredite an russische Abnehmer verschärft hat, wurden nur noch ganze 190 neue Reisezugwagen aus Rußland bestellt und ausgeliefert.

Frachtkorridor Transsib

Der Frachtverkehr auf der Transsibirischen Eisenbahn hat in der postsowjetischen Zeit erhebliche Einbrüche erlitten. Hohe und wohl auch überhöhte Preise für lange Transportzeiten, schlechter Service und hoher Schwund vertrieben in- und ausländische Kunden. Das nicht marktgerechte Funktionieren der Bahn hatte in diesem Bereich weitreichende Konsequenzen für die innerrussischen Wirtschaftsbeziehungen, insbesondere östlich des Baikalsees. Da hier bis heute zum Schienenstrang keine durchgehende Straße als Alternative existiert, zwangen die hohen Frachtkosten viele russische Unternehmen, ihre langjährigen innerrussischen Geschäftskontakte aufzugeben und sich Partner in China oder Japan zu suchen. Gleichzeitig sank die Rolle der Transsib im Frachtverkehr zwischen Europa und Südostasien. Die Konkurrenz schlief nicht, und vor allem die der alten Seidenstraße folgenden Bahntrassen über China und Kasachstan profilierten sich als Alternative. Doch beide Strecken entsprechen den heutigen Anforderungen an eine attraktive Bahntrasse nur mit Einschränkungen, und Rußland möchte seine Marktführerschaft in

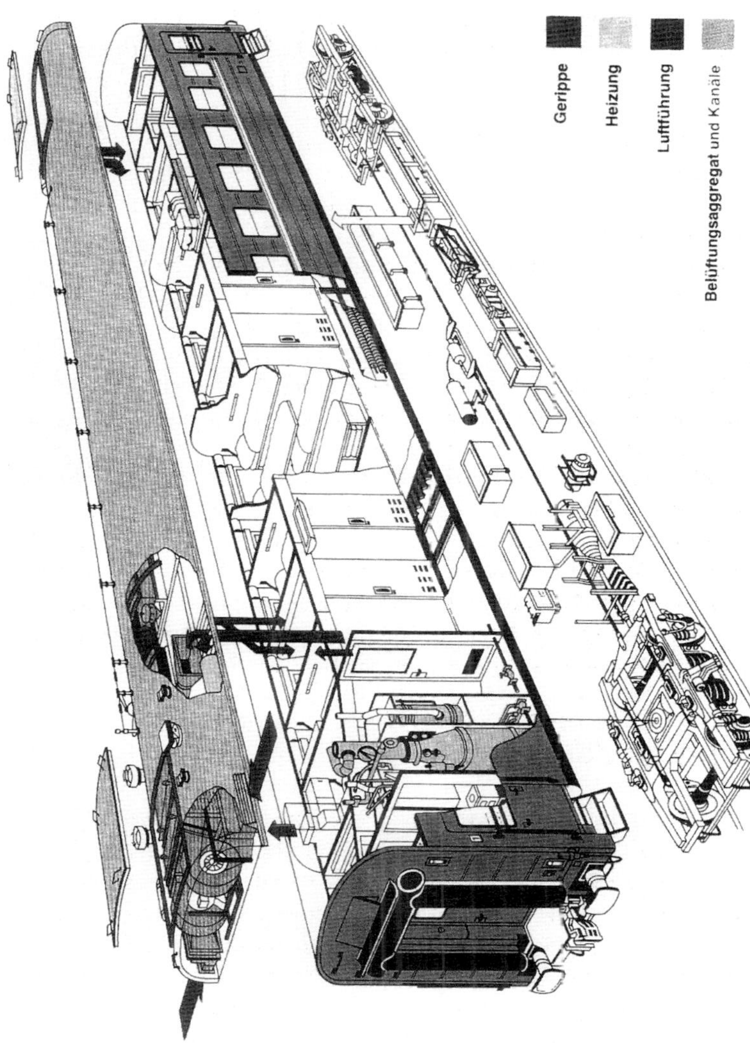

Schnitt durch einen Reisezugwagen

diesem Bereich nicht verlieren. Seit 1999 steigen die Frachtvolumen. Man versucht durch garantierte Durchlaufzeiten von den Häfen Nachodka und Vostochnyj an der Pazifikküste bis zur russisch-finnischen Grenze Buslovskaja/Vainikkala bzw. zur weißrussisch-polnischen Grenze Brest/Malaszewicze und entsprechen-

Güterwaggons am Baikalsee

des Marketing frühere Marktpositionen zurückzugewinnen und auszubauen. So wuchs der Containerverkehr in den letzten Jahren von etwa 100 000 auf über 145 000 Einheiten bei einer nach Angaben des russsischen Eisenbahnministeriums auf 200 000 Einheiten gestiegenen Maximalkapazität. Die Anzahl der Transitfrachten erhöhte sich dabei von knapp 35 000 auf etwa 65 000 Container in 2003.

Täglich gehen drei bis vier mit Transit-Containern beladene, sogenannte ›Blockzüge‹ unter der Bezeichnung ›West- bzw. Ostwind‹ in die Schienenspur. Jeder Container kann über ein satellitengestütztes Informationssystem jederzeit auf der Strecke geortet werden. Die Container werden ›Tür an Tür‹ verladen, und jeder Blockzug wird von einer bewaffneten Wachmannschaft begleitet, so daß sich die Sicherheit der Transporte deutlich verbessert hat.

Als der seit 1993 den Transsitverkehr auf der Transsib koordinierende CCTST (Coordination Council for Transsiberian Transport, www.cctst.msk.ru) im Oktober 2000 in Tokyo tagte, nahmen immerhin 29 Länder daran teil. Im Jahr 2002 rückte der Transitkorridor zusätzlich mit der Idee einer transkoreanischen Verlängerung der Transsib bis zum südkoreanischen Hafen Pusan in die Aufmerksamkeit der Weltöffentlichkeit. Im Zusammenhang mit der geplanten Wiederaufnahme des Zugverkehrs zwischen Nord- und Südkorea wurden auch entsprechende Verhandlungen mit Nordkorea aufgenommen. Nordkoreas Diktator Kim Ir Chen, der im selben Jahr Rußland mit seinem gepanzerten Sonderzug besuchte, soll seine Zustimmung gegeben haben.

www.transsib.ru

Unter dieser Adresse befindet sich die ultimative Internetseite in russischer Sprache für alle Transsib-Fans. Aber nicht nur, es gibt auch englische und deutsche Versionen.

Der Vater der Idee heißt Sergej Sigačov und lebt in St. Petersburg. Der studierte Betriebswirt wurde 1964 in Irkutsk geboren. Seine Liebe zur Eisenbahn entdeckte er als 8-jähriger Knirps bei seiner ersten großen zweitägigen Bahnreise von Chabarovsk nach Petrovskij Zavod. Er begann, alles über die Bahn und ihre Strecken zu sammeln und hatte auf seinen Reisen auch Gelegenheit, Erfahrungen vor Ort zu machen, zumal er in seiner Familienchronik herausfand, daß sein Urgroßvater und sein Großvater in der Mandschurei und in Ostsibirien an dem Jahrhundertbau mitgewirkt hatten. Zwischen 1974 und 2004 befuhr er die gesamte Strecke Moskau – Vladivostok insgesamt neunmal. Nach seiner ersten Bekanntschaft mit dem Internet im Jahre 1997 kam ihm die Idee, eine entsprechende Seite zu gestalten. Das Ergebnis, das am 17. Juni 1998 erstmals im Netz stand und seither ständig aktualisiert und ergänzt wird, kann sich sehen lassen. Seinem

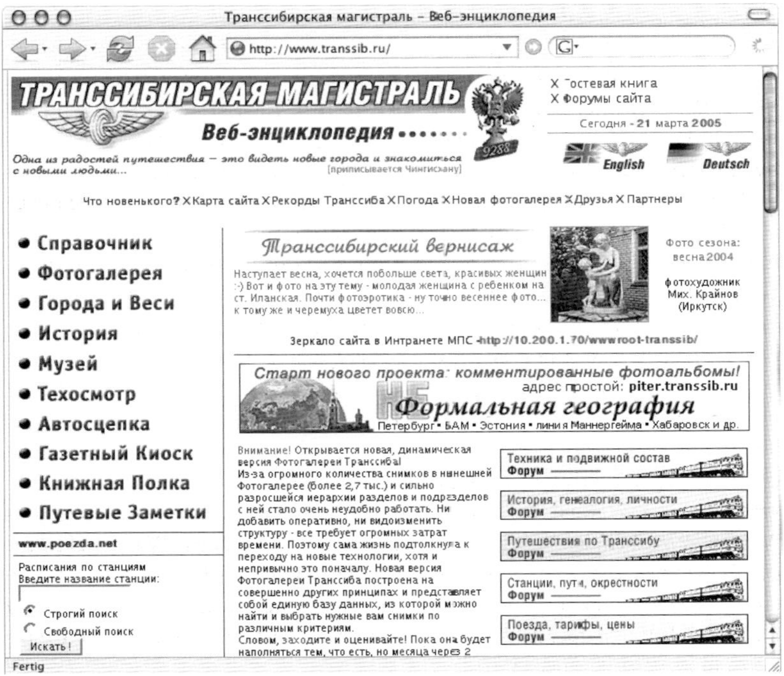

Untertitel, ›Web-Enzyklopädie über die Transsibirische Eisenbahn‹, macht es alle Ehre und ist in seinen Dimensionen fast ein Kandidat für das Guinness-Buch der Rekorde. Ein Transsibregister, ein detaillierter Überblick über die Strekkenführung, ausführliche Abrisse zur Geschichte der Transsib, umfangreiche Informationen über die Städte entlang der Strecke, eine Fotogalerie mit über 2600 Aufnahmen mit Transsibbezug, eine Linksammlung mit fast 500 Internetverweisen und anderes sind heute abrufbar. Mit inhaltlichen Abstrichen gibt es jetzt auch eine englische und eine deutsche Version. Letztere ist Patrick Bonacker (Jahrgang 1967) aus Rostock zu verdanken. Er studierte in Moskau Geologie und hat vor allem im Jahr 2000 verdienstvollerweise viele Seiten ins Deutsche übersetzt. Aber die deutsche Version www.trans-sib.de ist wirklich nur eine Kurzfassung des sich ständig erweiternden russischen Originals. Der Bindestrich war notwendig, da www.transsib.de bereits vergeben war. Nachdem lange Zeit hier nur der Link zu einem Berliner Reiseveranstalter auftauchte, gewinnt diese Seite seit einiger Zeit ebenfalls an Profil.

Die Transsib in der Kunst

Berühmte Routen und ihre Reisenden sind aus künstlerischer Sicht ja bekanntlich ein oft strapaziertes Thema für Romanciers und Filmemacher. Besinnlichkeit und nachdenkliche Reisebekanntschaften, herrliche Landschaftsschilderungen oder Vor- und Nachteile des technischen Bahnfortschritts, aber auch kriminalistische Kammerspiele und aktionsbetonte Verfolgungsjagden finden in Fernzügen bekanntlich eine dankbare Umgebung. Doch auf der längsten Eisenbahnstrecke der Welt hält sich die – zumindestens uns bekannte – Ausbeute der Stoffe, aus dem sich die Transsib-Träume weben lassen, in vergleichsweise bescheidenen Grenzen. Die folgende kurze, international zusammengewürfelte Aufzählung aus den verschiedenen Bereichen der Kunst erhebt keinen Anspruch auf Vollständigkeit.

Literatur

Bereits 1913 machte ein auf einem zwei Meter langen Leporello veröffentlichtes Gedicht in Paris Furore: ›Die Prosa von der Transsibirischen Eisenbahn und der Kleinen Jehanne von Frankreich‹. Der experimentierfreudige Autor Blaise Cendrars verarbeitete seine Reiseerfahrungen zur Zeit des Russisch-Japanischen Krieges im Jahr 1904 in harten Bildern zu einer furiosen Metapher über das Leben in seiner zugähnlichen Dynamik – ein ungewöhnliches Transsibirienexpress(ionistisches) Gedicht.

Eine klassische und in Moskau Aufsehen erregende Erzählung aus dem der Revolution folgenden Bürgerkrieg wurde Vsevolod Ivanovs später fürs Theater dramatisierte Erzählung ›Panzerzug 14-69‹ aus dem Jahre 1927. Ein in den Händen der Weißgardisten befindlicher Panzerzug wird, sinnbildlich für den Bürgerkrieg, irgendwo auf der Amur-Bahn von den roten Aufständischen durch Brückensprengungen und Schienenzerstörungen in seinem Aktionsradius immer mehr eingeengt und schließlich erobert.

Viele bekannte russische Schriftsteller wie Boris Pasternak, Vasilij Šukšin, Aleksandr Vampilov oder Andrei Makine schildern in Episoden ihrer Werke Bahnfahrten auf dem Russland durchziehenden Schienenstrang, explizit sind diesem Thema aber keine ihrer Werke gewidmet.

Dafür griffen aber ausländische Autoren das dankbare Thema auf. So blieb auch die Transsibirische Eisenbahn von Heinz Konsaliks klischeetriefenden Rußlandabenteuern nicht verschont. In seinem ›Transsibirienexpreß‹ (1974) erlebt ein deutscher Ingenieur bei seiner Transsib-Fahrt von Gorkij (heute wieder Nižnij Novgorod) nach Vladivostok sowohl eine Art ›Schuld und Sühne light‹ als auch die russische Seele im weiblichen Körper. Etwas aktionsbetonter vermischen sich die Klischees im ›Trans-Siberian Express‹ (1977) von Warren Adler, der die Abenteuer eines russischstämmigen, amerikanischen Arztes beschreibt, der nach einer Leukämie-Behandlung des KP-Generalsekretärs mit der Transsib über Japan heimkehren soll.

Zwar auch nicht gerade eine klischeefreie Zone, aber doch schon lesenswerter ist Hans Herlins ›Sibirien Transfer‹ (1988). Ein englischer Geologe schlägt sich zwischen Rotgardisten, die einen verschollenen Zug mit dem Zarengold suchen, den Weißen und der Tschechischen Legion zumeist auf der Transsib durch die Wirren des russischen Bürgerkriegs.

Selbst der Comic-Held Corto Maltese aus der Feder des Italieners Hugo Pratt mischte in der Zeit des Bürgerkriegs auf der Transsibirischen Eisenbahn mit. Dank eines sehr fundierten zeitgeschichtlichen Einführungskapitels ist ›Corto

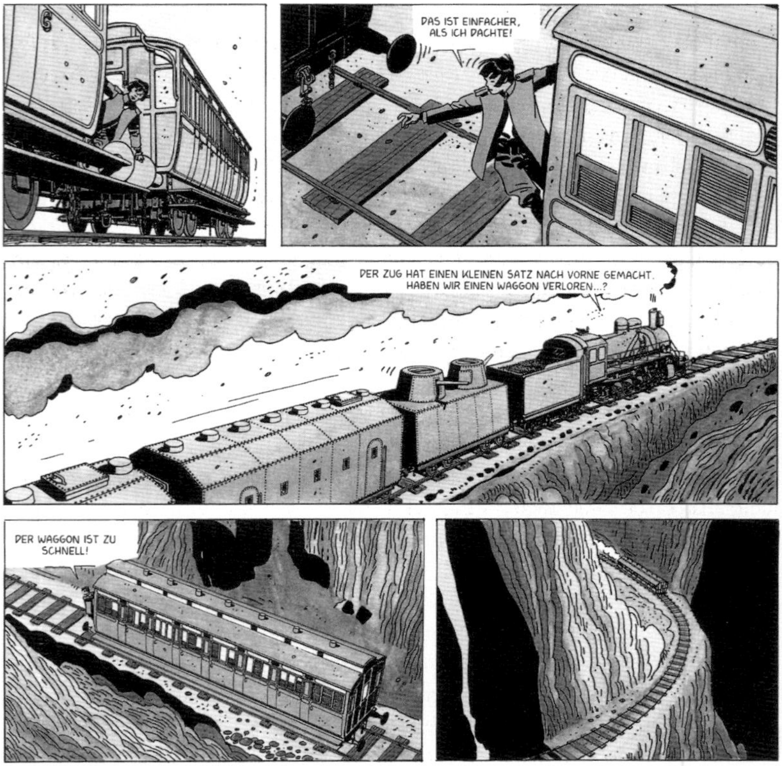

Corto Maltese in Sibirien

Maltese in Sibirien‹ (1974) durchaus mehr als ein Kult-Comic und wurde 2002 als Trickfilm verfilmt.

Wirklich eindrucksvolle Schilderungen der Bahnreisen zwischen Tomsk, Vladivostok und Harbin in den Zeiten ihres Baus sowie der Revolution und des Bürgerkrieges finden sich auch bei Lothar Deeg in seiner halb dokumentarischen, halb belletristischen Geschichte des Vladivostoker Handelshauses Kunst & Albers (1996).

Zeitgeschichtlich interessant ist ebenfalls ›Der Blick durch den Spiegel‹ (1998) von Christa Hein, deren Romanheldin 1904 mit der Transsibirischen Eisenbahn von Riga nach Port Arthur reist und dort den russisch-japanischen Krieg erlebt.

Reisebeschreibungen

Die Faszination der Route durch Sibirien zog im Laufe des letzten Jahrhunderts unzählige Reisende derart in ihren Bann, daß sie ihre Reiseerlebnisse geplant oder spontan niederschrieben. Ob Forschungsreisende oder Nobelpreisträger, professionelle Journalisten oder Laienschriftsteller, Eisenbahnfreaks oder Weltenbummler, Geschäftsleute oder Lehrer – die Liste derer, die ihre Reiseerinnerungen veröffentlichten, ist lang. Neben ansonsten unbekannt gebliebenen Autoren findet man auch so prominente Namen wie Eugen Zabel, Fridtjof Nansen, Sven Hedin, Sigrid Undset, Paul Theroux, Eric Newby, Hugo Portisch und Hardy Krüger in der schreibenden Zunft der Transsib-Touristen. Die Autoren dieses Handbuches haben eine Sammlung verschiedenster Reisebeschreibungen zu diesem Thema zusammengestellt. Dieses ›Transsib-Lesebuch‹ erschien 2002 ebenfalls beim Trescher Verlag Berlin.

Im Jahre 2003 erschien eine Neuausgabe der historischen Reisebeschreibung ›Auf der Sibirischen Bahn nach China‹ von Eugen Zabel unter dem Titel ›Trans-Sibirien. Mit der Bahn durch Rußland und China 1903‹ in der Edition Erdmann. Der 1851 geborene Reiseschriftsteller war einer der ersten Reisenden auf der Strecke zwischen Moskau und Port Arthur nach Aufnahme des Regelzugverkehrs. Auch 100 Jahre nach der Erstveröffentlichung bietet sein Reisebericht eine spannende Annäherung an Länder und Menschen entlang der Transsib.

Film

Das große (Rail-) Road-Movie über die Transsib wurde wohl bislang noch nicht gedreht. Erwähnung sollten folgende, die ganze Bandbreite filmischer Erzählvarianten abdeckende Streifen finden. Der renommierte sowjetische Regisseur Julij Raisman drehte 1946 ›Expreß nach Fernost‹ – eine musikalische Komödie über einen Armeeoffizier und eine Lehrerin, die von Moskau zu ihren neuen Arbeitsorten in Sibirien unterwegs sind. Ein romantischer Film, der doch erfrischend aus dem sowjetischen Zeitgeist ausbrach und nach seiner umjubelten Premiere auch für über 10 Jahre von der Leinwand in der Versenkung verschwand.

Auch als Gruselkulisse diente die Transsibirische Eisenbahn schon. Zwar nicht an Originalschauplätzen, sondern in Spanien entstand 1974 beispielsweise der englisch-spanische ›Horror-Expreß‹. Ein archäologischer Fund wird um 1910 im Gepäckwagen des Transsibirien-Expresses lebendig und versetzt die u.a. von Christopher Lee und Telly Savallas gespielten Passagiere in Angst und Schrecken.

Einen klassischen ›Eastern‹ drehte El'dor Urazbajev 1978 mit ›Transsibirienexpreß‹. Die Handlung spielt 1927, als ein in der Mandschurei lebender exilrussischer Kaufmann vom Geheimdienst angeworben wird, im Zug von Harbin nach Moskau für einen geplanten Mord den Lockvogel zu spielen. Interessant an dem Film ist aber auch, daß das in Deutschland auch als Taschenbuch erschienene Drehbuch ein gemeinsames Frühwerk der heute so bekannten, wie verschiedenen Brüder Nikita Michalkov und Andrej Michalkov-Končalovskij ist. Beide genießen heute als Filmregisseure Weltruhm inclusive Oscar und Palmen aus Los Angeles und Cannes und verarbeiteten später nochmals das Thema Sibirien in meisterhaften Monumentalfilmen wie ›Sibiriade‹ (A. Michalkov-Končalovskij 1980) und dem im Dezember 2000 in die deutschen Kinos gekommenen ›Barbier von Sibirien‹ (N. Michalkov 1998).

Ein so ungewöhnlicher wie interessanter Film ist auch Ulrike Ottingers ›Johanna D'Arc of Mongolia‹ aus dem Jahr 1989. Vier Frauen, eine Studienrätin, eine Musical-Sängerin, eine Professorengattin und eine Rucksack-Touristin fahren in einem Salonwagen der Transsib in die Mongolei und diskutieren vor dem Hintergrund ihrer exotischen Grenzerfahrungen auf dieser Reise über Gott und die Welt.

Es gibt verschiedene Dokumentarfilme, die das Thema der das Land durchziehenden Bahnlinie als Spiegelbild für die jeweils aktuellen Probleme des Riesenreiches aufgreifen. Stellvertretend seien hier ›Der stählerne Breitengrad‹ von Achim Roth (DDR-Fernsehen, 1988), die ›Reise nach Sibirien‹ von Peter Welz (Bayrischer Rundfunk, 1991) und ›Orient-Express: Moskau–Peking‹ (Schweizer Fernsehen 1993) genannt.

Ein Berliner Filmteam arbeitete unter der Regie von Frank Müller mit internationalen Geldgebern unter dem Arbeitstitel ›Secrets of Siberia – Journey through the Wilderness‹ am ersten großformatigen IMAX-Film über die Transsibirische Eisenbahn. In Anlehnung an ein russisches Sprichwort (Ein großes Schiff braucht auch ein großes Wasser) könnte man das Projekt unter das Motto ›Eine große Bahnlinie braucht auch eine große Leinwand‹ stellen. Für 2004 geplant, ist er aber bis jetzt noch nicht in die Kinos gekommen. Coproduzent des Filmes ist die amerikanische National Wildlife Foundation.

Eisenbahnhumor

Der russische Humor ist legendär, und auch die Transsibirische Eisenbahn ist Gegenstand zahlreicher Witze und Karikaturen. Ein beliebtes Objekt teils sarkstischern Humors ist zum Beispiel Tolstojs Romanfigur ›Anna Karenina‹, die den Freitod auf Eisenbahnschienen gewählt hat.

Anna, es ist für Dich!

Ein in vielen verschiedenen Variationen erzählter Transsib-Witz lautet wie folgt:
Ein Zug steht auf den Gleisen der Transsibirischen Eisenbahn. In einem Waggon sitzen Nikolaus II., Lenin, Stalin, Chruščëv, Breznev, Gorbačëv und Jelzin. Der Zug rührt sich nicht von der Stelle. Alle sind sich einig, es muß etwas passieren.
Nikolaus II. steht auf. »Ich werde den Zug zum Fahren bringen!« Er steigt aus, sattelt ein Pferd um zur Zarin zu reiten und ward nicht mehr gesehen. Der Zug steht.
Lenin steht auf. »Ich werde den Zug zum Fahren bringen!« Er verläßt den Waggon und kehrt nach einigen Minuten zurück. »Ich habe die 8-Tage-Arbeitswoche eingeführt!« Der Zug steht.
Stalin steht auf. »Ich werde den Zug zum Fahren bringen!« Er verläßt den Waggon und kehrt nach wenigen Minuten zurück. »Ich habe den Lokführer erschießen lassen!« Der Zug steht.
Chruščëv steht auf. »Ich werde den Zug zum Fahren bringen!« Er verläßt den Waggon und kehrt nach einigen Minuten zurück. »Ich habe den Lokführer rehabilitiert!« Der Zug steht.
Breznev steht auf. »Ich werde den Zug zum Fahren bringen!« Er schließt die Vorhänge und instruiert alle, sich so zu bewegen, als ob der Zug fahren würde. Doch der Zug steht.
Gorbačëv steht auf. »Ich werde den Zug zum Fahren bringen!« Er steht auf, öffnet das Fenster, schaut hinaus und sagt: »Der Zug fährt wirklich nicht!« Und der Zug steht.
Jelzin steht auf. »Ich werde den Zug gegen einen anderen Zug austauschen, der fährt.« Er verläßt den Zug und kommt bald mit einem neuen Zug zurück. Doch beim Einsteigen sehen die Passagiere an der Zugspitze eine mit einer amerikanischen Flagge geschmückte alte deutsche Reichsbahn-Dampflok ohne Räder. Ob der Zug je fahren wird?

Musik

Die Radiobeschallung in den Zugabteilen hat ihre Penetranz aus sowjetischen Zeiten verloren. Je nach Laune und musikalischen Vorlieben des Zugchefs spielt ein Dudelprogramm, das man mit dem Drehknopf über dem Abteilfenster oder im Korridor zwischen ganz leise (Stille) und ganz laut variieren kann. Es gibt bereits eine Vielzahl von Musikstücken mit dem Thema Transsib. An erster Stelle ist hier sicherlich die als Gesamtkunstwerk dem Thema gewidmete CD ›Trans-Siberia‹ der bekannten Berliner Gruppe ›Tangerine Dream‹ zu nennen. Sie erschien 1994 und ist mit gängigen Instrumentalstücken wie ›Jaroslavler Bahnhof‹, ›Sibirische Nächte‹ eine stimmungsvolle Untermalung für das Bahnrattern. Bereits aus dem Jahr 1980 stammt ›Trans Siberian Express‹ von Bardi Blaise – die etwas schrille Rockballade erreichte aber keinen größeren Bekanntheitsgrad. Ähnlich erging es der italienischen Gruppe ›Dirty Mind‹, die 1994 den Titel ›Transsiberiana‹ herausbrachte. Viel melancholischer dagegen fährt die Münchner Interpretin Michaela Dietl auf Ihrer CD ›Siebzehnmal Do it‹ (1996) instrumental sehr melodisch mit Violine und Kontrabaß sechs Minuten ›Transsib‹. In Rußland ist das Thema Reise und Bahn zwar vor allem bei Liedermachern und Chansonniers ein beliebtes Thema, aber die Transsib kommt selten darin vor. Nur der bekannte Petersburger Chansonnier Aleksandr Rozenbaum veröffentlichte 2001 eine CD unter dem Titel ›Transsibirische Magistrale‹, wobei sich auch Song Nummer 2 direkt dem Thema zuwendet. Viele Gitarrensongs wurden dagegen über die BAM genannte Baikal-Amur-Magistrale geschrieben, als viele Enthusiasten ab 1975 unter der Ägide des kommunistischen Jugendverbandes durch den Schienenbau in der Taiga ihrer Abenteuerlust frönten.

Sammelleidenschaft

Der Mythos Transsibirische Eisenbahn lebt und wird als zeitgeschichtliches Ereignis, Wirtschaftsfaktor, eisenbahntechnischer Superlativ, Reiselegende und mentale Herausforderung gehegt und gepflegt. Das Thema taucht aber auch als Münz- oder Briefmarkenmotiv und selbst als Gesellschaftsspiel auf. Neben Rußland, wo es sowohl Briefmarken als auch die dort weit verbreiteten Motiv-Briefumschläge zum Thema Transsib gibt, brachten auch die Mongolei und Staaten wie Ungarn und Guyana Briefmarken zu diesem Thema heraus.

Unter Münzsammlern sind vor allem die drei russischen Gedenkmünzen begehrt. Aus der Mongolei gibt es ebenfalls eine Gedenkmünze zur Transsib. In Frankreich widmeten sich die Münzer 2004 dem Thema und veröffentlichten eine aus vier Münzen bestehende Serie über die verschiedenen Verkehrsmittel, mit denen man auf dem Weg nach Südostasien Sibirien durch- und überqueren kann. Die Transsibirien-Expreß-Münze in der deutschen Münzedition Eisenbahnlegenden ist dagegen eher der Rubrik Schnickschnack zuzuordnen.

Abzeichen sind in Rußland ebenfalls ein populäres Souvenir und Sammelobjekt. Direkt zum Thema Transsib gibt es allerdings kaum Abzeichen. Allerdings wurde der Bau der auch Transsib des 20. Jahrhunderts umschriebenen Baikal-Amur-Magistrale in vielen Abzeichenserien verewigt. Daneben gibt es aber noch viele andere Bahnmotive mit mehr oder weniger direktem Bezug zur Transsib.

Häufig werden auch die bekannten russischen Teeglashalter aus Metall mit der russischen Eisenbahn und der Transsib assoziiert, denn die meisten Reisenden machen die Bekanntschaft damit vor allem in den Zügen durch Rußland. Spezielle Teeglashalter aus vernickeltem Messing mit einem Eisenbahnmotiv und dem Aufdruck der damaligen russische Bahnverwaltung gab es aber nur in den Jahren von etwa 1925 bis 1940. Aber vielleicht lebt ja diese Tradition wieder auf.

Für Spielernaturen unter den Transsib-Fans gibt es auch zwei Gesellschaftsspiele zum Thema. Aus Deutschland stammt das Brettspiel ›Transsib‹, das – vor etwa zehn Jahren entstanden – den Spielern die neuen Regeln des russischen Kapitalismus im Speisewagen des Expreßzuges Irkutsk–Moskau zwischen Mangelwirtschaft, Schutzgelderpressung und viel Vodka erwürfeln läßt. Selbst für ausgewiesene Klischee-Fans ist es aber mittlerweile am ehesten ein zeithistorisches Spielzeug.

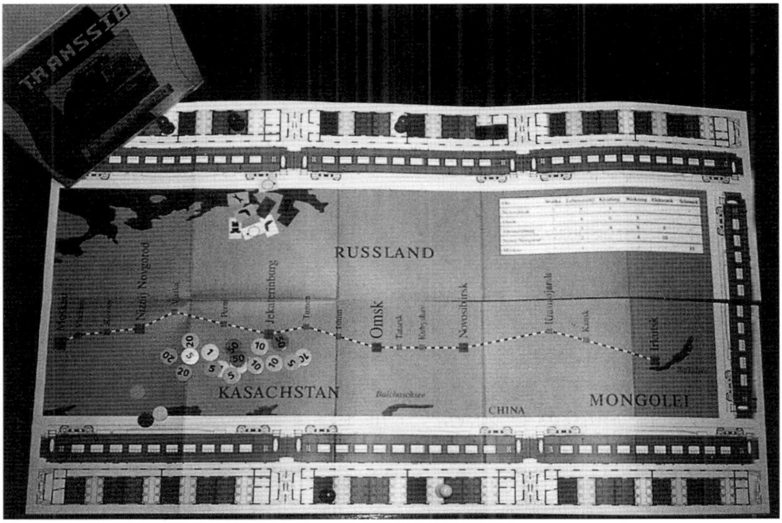

Gesellschaftspiel zum Thema Transsib

Transsib von A bis Z

An- und Abfahrt mit der Bahn

Zugverbindungen, teilweise täglich bzw. mehrmals wöchentlich, sind zum Beispiel von folgenden Städten möglich (siehe www.bahn.de):

Hannover/Hbf–Moskau. Fahrtdauer ca. 34 Stunden; Kurswagen, Schlafwagenzug.
Berlin–Moskau, Fahrtdauer ca. 28 Stunden.
Berlin–Novosibirsk, Fahrtdauer: ca. 104 Stunden; Kurswagen, Schlafwagenzug.
Wien/Südbf (Ost)–Moskau, Fahrtdauer: ca. 31 Stunden; Schlaf-/Liegewagenzug.
Moskau–Wien/Südbf (Ost), Fahrtdauer: ca. 34 Stunden; Kurswagen, Schlafwagenzug.
Basel SBB–Moskau, Verbindung über Deutschland, Fahrtdauer: ca. 37 Stunden; Kurswagen, Schlafwagenzug.
Zürich–Moskau, Fahrtdauer: ca. 45 Stunden.

Anreise mit dem Flugzeug

(siehe auch www.opodo.de)
Berlin–Moskau, mehrmals täglich.
Frankfurt/M.–Moskau, mehrmals täglich.
Frankfurt/M.–Peking, täglich.
Peking–Frankfurt/M., täglich.
Ulaanbaatar–Frankfurt/M., wöchentlich.
Berlin–Ulaanbaatar, Direktflug wöchentlich.
Ulaanbaatar–Berlin, Direktflug wöchentlich.
Berlin–Novosibirsk, täglich.
Wien–Moskau, täglich.
Wien–Peking, mehrmals wöchentlich.
Peking–Wien, mehrmals wöchentlich.

Vier-Bett-Abteil in einem Regelzug

Zürich–Moskau, täglich.
Moskau–Zürich, täglich.
Peking–Zürich, mehrmals wöchentlich.
Zürich–Peking, mehrmals wöchentlich.

Desweiteren gibt es Verbindungen in andere russische Städte, in der Regel über Frankfurt oder Moskau:

Frankfurt–Perm, mehrmals wöchentlich.
Frankfurt–Omsk, wöchentlich.
Wien–Ekaterinburg, täglich.
Zürich–Ekaterinburg, täglich.
Zürich–Novosibirsk, täglich
Wien–Novosibirsk, täglich.

Tägliche Verbindungen bestehen zudem mit Aeroflot zwischen Moskau und Perm', Omsk, Novosibirsk, Irkutsk, Ulan-Udė, Čita, Vladivostok sowie Chabarovsk

Die in diesem Buch (S. 431) genannten Reiseveranstalter helfen auch Individualreisenden bei der Organisation von Anschlüssen und der Buchung von Tickets.

Abfahrt des Zuges in Rußland

Vor Abfahrt des Zuges sollte man sich rechtzeitig am Bahnhof einfinden, spätestens eine Stunde vorher ist ratsam. So hat man Zeit, die fast durchweg interessante Atmosphäre zu schnuppern und auch, falls nötig, noch Reisebedarf einzukaufen – seit der Perestroika gibt es im näheren Umfeld der Bahnhöfe zahlreiche Kioske und fliegende Händler. Das Bahnpersonal und auch Passanten können weiterhelfen, wenn großes Gepäck in der Gepäckaufbewahrung deponiert werden soll.

Zunächst etwas irritierend für den Touristen sind die unterschiedlichen Uhrzeiten auf dem Bahnhofsgelände: Die Uhren zum Bahnhofsvorplatz zeigen in der Regel Ortszeit, die zum Bahnsteig hin zeigen allesamt Moskauer Zeit.

Da die Fernzüge der Transsib bis zu 500 Meter lang sind, empfiehlt es sich, einen der Gepäckträger zu mieten, die man auf allen großen Bahnhöfen findet. In Moskau und St. Petersburg sind es seit Zarenzeiten Tataren, die das Monopol auf die Gepäckträgerdienste haben; pro Gepäckstück nehmen sie etwa drei Euro in Rubeln oder US-Dollar, Wartezeit wird nicht berechnet. Auf kleineren Bahnhöfen ohne Monopol kostet die gleiche Leistung einen halben Euro.

Auf den Start- und Endbahnhöfen Moskau und St. Petersburg stehen Bahnpolizisten am Aufgang des Bahnsteiges und schicken Reisende mit Großgepäck (über 36 Kilogramm) unweigerlich zurück – Übergepäck darf nicht in die Reisewaggons, sondern wird gegen Zusatzberechnung im Gepäckwaggon transportiert.

Gut eine halbe Stunde vor Abfahrt fährt der leere Zug in den Startbahnhof ein. Jeder Waggon trägt neben dem Einstieg eine große Nummer, die auch auf dem Fahrschein vermerkt ist. Bevor jemand an Bord gelangen kann, bauen sich die Schaffner mit energischem Blick vor der Waggontür auf und prüfen sehr sorgfältig die Fahrkarten. Nur wer exakt für diesen Waggon eine Reservierung vorweisen kann, darf einsteigen. Auch für alle Bahnhöfe unterwegs gilt, daß niemand ohne Reservierung an

Bord darf, auch keine Händler und keine Helfer.

Jedes Abteil hat eine Numerierung in römischen Zahlen (I bis IX), dazu die auf dem Fahrschein vermerkten Bettplätze: in 4-Bett-Waggons Nr. 1 bis Nr. 36, in 2-Bett-Waggons Nr. 1 bis Nr. 18.

Die Schaffner wirken zunächst durchweg sehr distanziert; das ändert sich nach ein paar freundlichen Worten und/oder Blicken Ihrerseits. Hilfreich auch, wie überall auf der Welt, kann eine kleine Aufmerksamkeit sein, die man ihnen kurz nach Beginn der Reise überreicht, etwa Parfüm oder Schokolade.

Die Abfahrt des Zuges wird nur auf russisch angesagt, weitere Signale gibt es nicht, die Schaffner werden aber von nun an, auch auf allen Unterwegsbahnhöfen, die Passagiere eher übervorsichtig rechtzeitig zurück in den Waggon bitten.

Nach der ersten Stunde Fahrt ist das Heißwassergerät aufgeheizt, die Schaffner bieten Tee und Kaffee an und bringen die gewünschten Getränke auch ins Abteil. Das kostet 0,25 bis 0,5 Euro und wird meist – inklusive Trinkgeld – am letzten Reisetag abgerechnet.

Abteil

Bis auf die Zahl der Betten – zwei oder vier –ist die Ausstattung der Abteile gleich:

Über der Tür ist Stauraum für drei oder vier Reisetaschen, unter den Betten nochmal für zwei weitere. Wenn man das untere Bett anhebt, steht ein weiterer Container für eine mittelgroße Reisetasche zur Verfügung. Wer um Wertgegenstände besorgt ist, legt diese nachts hier hinein und schläft anschließend

beruhigt. Die unteren Betten lassen sich außerdem einige Zentimeter zur Abteilmitte hin herausziehen.
Zu jedem Bett gehört eine halbwegs lichtstarke Bettlampe, die individuell an- und ausgeschaltet werden kann.
Die umfassende Abteilbeleuchtung hat zwei Helligkeitsstufen.
Der Knopf, mit dem man die Lautstärke des Bordradios regulieren kann, befindet sich etwas versteckt an der Fensterfront. An jedem Bett befindet sich noch eine 20 mal 10 Zentimeter große, klappbare Netzablage für Brille, Nachtlektüre oder Betthupferl.
Die Tür kann von innen verriegelt werden. Die Klimanalage funktioniert, sobald und solange der Zug rollt.

Bettwäsche

Die Bettwäsche umfaßt ein weißes Laken und einen Bettbezug, dazu ein ungewöhnlich kleines Handtuch.
Die Bettwäsche kostet 1,5 Euro und wird beim Schaffner üblicherweise bar bezahlt. Wer frische Bettwäsche wünscht, kann diese jederzeit bekommen. Auf Sonderzug- und Gruppenreisen ist die Bettwäsche bereits bezahlt und wird etwa alle drei Tage gewechselt.

Bezahlung an Bord

Je nach Land, in dem sich der Zug gerade befindet, gelten unterschiedliche Regeln beim Bezahlen an Bord: Auf Regelzügen in Rußland wird ausnahmslos in Rubeln bezahlt.
Auf Sonderzugreisen bestimmt der Veranstalter die Bordwährung; sie richtet sich meist nach dem Herkunftsland der Gäste. In mongolischen Zügen zahlt man meist mit US-Dollar, in China mit der Landeswährung Yuan.
Da die Wechselstuben an Grenzen sehr oft nicht geöffnet sind oder gerade kein Geld vorrätig haben, empfehlen wir, wenn gewechselt werden soll, sehr diskret das jeweilige Zugpersonal zu fragen. Hat man dort kein Glück, kann man auch, ebenso diskret, einzelne Mitreisende ansprechen. Dies ist zwar nicht überall legal, aber bei kleinen Summen unkompliziert. Und geklappt hat es so in den letzten 15 Jahren immer und ausnahmslos.

Etikette an Bord

Ein freundliches ›Guten Tag‹, in welcher Sprache auch immer, beim Einsteigen zu Schaffnern und Mitreisenden ist der erste Beitrag zu angenehmer Bordatmosphäre.
Tschetschenen und Österreicher, Ukrainer und Burjaten, Frauen und Männer werden auf Regelzügen im Abteil so zusammengewürfelt, wie der Computer die Bettplätze zugeteilt hat. Die wichtigste ungeschriebene Regel in gemischt belegten Abteilen lautet: Zur Bettgehzeit verabschieden sich alle männlichen Wesen aus dem Abteil und sagen deutlich an, daß sie erst in 20 bis 30 Minuten zurückkehren.
Beim ersten Besuch des Speisewagens stellt man sich am besten kurz vor und fragt nach den Öffnungszeiten.

Zunächst gibt niemand vom Speisewagenpersonal zu, daß er/sie eine Fremdsprache mehr oder weniger beherrscht. Wenn man aber freundlich und bestimmt nachfragt, wird man nach einigen Minuten wissen, an wen man sich auf deutsch oder englisch wenden kann.
Raucher, die großzügig von eigenen Zigaretten anbieten, sind gerngesehene Pasagiere. Und die Raucherecke ist meist ein idealer Treff für erste Kontakte.
Russen sind meist sehr zurückhaltend gegenüber Ausländern. Durch Freundlichkeit kann man aber das Eis rasch auftauen, bereits am zweiten Tag Ihrer Reise haben Sie dann gewiß erste einheimische Bekannte.

Bevor Sie am Ende eines Bahnabschnittes den Zug verlassen, rechnen Sie bitte rechtzeitig bei Ihren Schaffnern den verzehrten Kaffee und Tee ab. Eine Trinkgeldempfehlung für Sonderzüge: ein bis zwei Euro pro Reisetag pro Reisenden und ein Aufrunden macht Sie vermutlich nicht arm, erfreut die Schaffner aber sehr. In Regelzügen ist ein Trinkgeld weniger üblich.

Fahrpreise

In den letzten Jahren wurden vielfältige Anstrengungen unternommen, das Leistungsangebot und den Service der Bahn zu verbessern. Allerdings verteuerten sich auch die Fahrkarten drastisch, obwohl sie auf

Kilometer zurückgerechnet im Vergleich zu Europa immer noch sehr preiswert sind. Für eine durchgängige Fahrkarte Moskau–Vladivostok muß man derzeit als Grundpreis im Vierbettabteil etwa 220 Euro und im Zweibettabteil 400 Euro veranschlagen. Für die kürzere Strecke Moskau–Peking kosten die durchgängigen Fahrkarten je nach Route im Vierbettabteil zwischen 200 und 230 Euro und zwischen 320 und 360 Euro im Zweibettabteil. Mit der Bahncard kommt man allerdings in Rußland nicht zum Zuge. Die letzte Preiserhöhung im Sommer 2003 brachte aber eine echte Neuerung, um die Kundenströme aus der Hauptsaison in die Nebensaison zu steuern. Es wurden saisonale Preiskoeffizienten in Abhängigkeit von der Reisezeit eingeführt. Dazu wurde das Kalenderjahr in zwölf Zeiträume unterteilt, in denen nun je nach durchschnittlicher Nachfrage das Angebot billiger oder teurer wird. Um dem Schwarzhandel mit Tickets zu begegnen, muß man sich beim Kauf ausweisen. Der Name wird auf dem Ticket vermerkt, was beim Einsteigen kontrolliert wird.

▸ Fahrpreiskoeffizienten 2004

Zeitraum	Anzahl Tage	Fahrpreis-koeffizient
01.01–14.01	14	0 %
15.01–29.02	46	plus 15 %
01.03–25.04	56	plus 20 %
26.04–30.04	5	plus 40 %
01.05–09.05	9	plus 15 %
10.05–10.06	32	plus 25 %
11.06–09.07	29	plus 30 %
10.07–05.08	27	plus 35 %
06.08–31.08	26	plus 40 %
01.09–10.11	71	plus 20 %
11.11–19.12	39	plus 15 %
20.12–30.12	11	plus 40 %
31.12	1	plus 30 %

Grenzübertritte

An der russisch-chinesischen Grenze in Zabaikal'sk:

Devisen bis 1500 US-Dollar Gegenwert bei Einreise nach Rußland und bei Ausreise aus Rußland sind eigentlich deklarationsfrei, aber das wissen die Grenzer hier nicht immer! Halten Sie Ihre russischen Devisendeklarationen von der Einreise bereit und füllen zusätzlich ein gleiches Formular für die Ausreise aus. Sie dürfen nicht mehr Geld mit hinausnehmen als Sie eingeführt hatten, und als Nichtrusse dürfen Sie keine Rubel aus Rußland ausführen. Entweder man tauscht restliche Rubel vorher diskret an Bord, oder man vertraut sie einem Mitreisenden mit russischem Paß an, der ja Rubel ausführen darf.

›Keine Rubel ausführen‹ heißt in russischem Verständnis: bis zu etwa 50 Euro in Rubel zählen normalerweise nicht, aber die Grenzer haben eigentlich das Recht, sie zu konfizieren (passiert allerdings sehr selten).

Die Paßkontrolle nimmt eine halbe Stunde in Anspruch; manchmal werden die Pässe auch zuerst einge-

sammelt und erst kurz vor Abfahrt des Zuges wieder verteilt. Alle Kontrollen finden bequem im Abteil statt.
Die Einfuhr von chinesischem Geld nach China ist für Europäer verboten, und man kann größeren Ärger bekommen, wenn man dagegen verstößt. Es lohnt sich auch nicht, da chinesisches Geld außerhalb Chinas einen schlechteren Kurs bringt als legal im Lande getauscht.
Fragen Sie Ihre Schaffner, ob und wann Sie aussteigen dürfen.

▸ An der russisch-mongolischen Grenze in Nauški:
Die russischen Ausreiseformalitäten in Nauški an der russisch-mongolischen Grenze verlaufen genau wie vor 30 Jahren: Der Zug rollt ein; russische Zolldeklarationen werden ins Abteil gereicht und müssen ausgefüllt werden. Dazu sollte man folgendes bereithalten: die russische Zolldeklaration, die man gegebenenfalls bei der Einreise nach Rußland ausgefüllt hat und die bei der Einreise abgestempelt wurde.
Dann wird der Paß eingesammelt, und man ist für eine gute Stunde frei. Die Zugtoiletten werden kurz vor Nauški abgesperrt und bleiben für die Dauer des Aufenthalts gesperrt – wie immer auf Bahnhöfen. Die Toiletten im Bahnhof sind sehr bescheiden, aber benutzbar.
Eine halbe Stunde vor der fahrplanmäßigen Abfahrt pfeift die Lok einmal (oder auch nicht), und alle Reisenden gehen in ihre Abteile. Dort werden die Pässe verteilt und die Zolldeklarationen (2 Stück pro Person, siehe oben) eingesammelt.

Der Bahnhof von Novosibirsk

▶ An der mongolisch-chinesischen Grenze bei Erlian:
Die Grenzformalitäten verlaufen wie bisher: Zolldeklaration ausfüllen, Paß abgeben, warten im Abteil, hier angereichert durch einen Gesundheits-Fragebogen, ob Sie Husten haben, Ausschlag oder AIDS. Wenn Sie hier irgendwo bei ›Yes‹ ein Kreuzchen machen, müssen Sie damit rechnen, daß die geballte Gesundheitsbürokratie Ihnen nachdrücklich auf den Leib rückt; möglicherweise wird die Einreise verweigert.

Kleidung im Zug
Ein typisches Bild: Ein General der Roten Armee steigt in Moskau in voller Uniform ein, eine halbe Stunde später und bis zum Ende seiner Reise sieht man ihn dann nur noch im Trainingsanzug. Während der Reise einen möglichst dunkelfarbigen Trainingsanzug zu tragen, ist auch unsere Empfehlung. Formelle Kleidung ist unangebracht, leicht, locker, luftig sollte man an Bord russischer Züge gekleidet sein. Da im Winter gut geheizt ist, sollten sich einige zusätzliche T-Shirts im Gepäck befinden.

Sonderzugreisen
Einige Veranstalter in Europa bieten auf verschiedenen Routen der Transsib Reisen im Sonderzug an, so beispielsweise mit dem ›Russischen Orient Express‹ (Reisebüro Mittelthurgau, Schweiz, Tel. 00 41 71/ 629 85 85, Fax 622 34 07) oder dem ehemaligen Regierungszug von KP-Chef Breschnjew, der als ›Zarengold‹ in drei verschiedenen Preis- und Komfortkategorien angeboten wird (Lernidee Reisen, Berlin, Tel. 030/786 00 00, Fax 786 55 96). Auch Dampfsonderzüge und Themenreisen werden angeboten (GW Travel, Tel. 00 41 61/928 94 10, Fax 941 61 01).
Eines ist allen Sonderzugreisen gemeinsam: Sie bieten ein Höchstmaß an Komfort, Sicherheit und Betreuung und dazu meist kurzweilige Bordprogramme, unterwegs Stops mit Tagesausflügen, die sonst nur mit meist mehrtägigem Aufwand durchzuführen sind, einen geselligen Barwagen und gut geschultes Personal. Manche Reisende mit einem besonderen Sicherheitsempfinden schätzen es zudem, daß keine Einheimischen an Bord sind.
Regelzugreisen dagegen bieten authentisches Reisen mit durchaus akzeptablem Komfort und Standard. Bis auf eine geringfügig erhöhte Diebstahlgefahr ist die Sicherheit genauso gegeben wie auf Sonderzügen. Es ist also im wesentlichen eine Frage des persönlichen Geschmacks, des subjektiven Sicherheitsgefühls und natürlich des Geldbeutels, welcher Reisevariante der Vorzug gegeben wird.

Speisewagen
Speisewagen verlassen ihr Heimatland nicht – auf dem internationalen Zug Nr. 4 Moskau–Peking fährt von Moskau bis zur russisch/mongo-

lischen Grenze ein russischer Speisewagen mit, auf mongolischem Territorium ein mongolischer, in China ein chinesischer.

▸ Rußland

Vorbei sind die Zeiten, als aus dem Speisewagen heraus die Vorräte schnellstmöglich ans Landvolk unterwegs verkauft wurden und der Direktor nach 12 Stunden notieren konnte: Plan zu 115 Prozent erfüllt. Heute wird, durchaus in unterschiedlichem Qualitäts- und Servicestandard, alles Notwendige für die Ernährung geboten – und meist auch etwas mehr. Jeder Speisewagen hat mindestens fünf Mitarbeiter: einen Koch, einen Kochgehilfen, zwei Kellner und einen Direktor. Sie bereiten fast alles frisch zu, angefangen vom Schälen der Kartoffeln. Frische Ware wird per Zugfunk bestellt und ein- bis dreimal täglich zugeladen.
Ein Speisewagen der Standardkategorie hat 48 Plätze und einen kleinen Verkaufskiosk mit Keksen, Schokolade, Getränken, manchmal auch Kaviar. Sollte etwas nicht erhältlich sein, wird es auf Anfrage für den nächsten Bahnhof bestellt.
Die Speisekarte ist auf russisch und englisch verfaßt; nur die Gerichte, hinter denen ein Preis notiert ist, sind auch erhältlich. Die Gliederung jeder Speisekarte umfaßt landeseinheitlich folgende Rubriken: kalte und warme Vorspeisen, Suppen, Hauptgerichte, Nachtisch, Zigaretten, Schokolade, Obst, Getränke.
Individualreisende wählen ihr Menü selbst; für Gruppenreisende bestellt die Reiseleitung vorab. Ein typisches Frühstück umfaßt ein heiße Suppe wie Würstchen mit Buchweizengrütze, Omelett oder Spiegeleier mit Schinken, dazu Schwarz- und Weißbrot mit Wurst und Käse, seltener auch Marmelade. Kaffee oder Tee werden landesüblich erst nach dem Frühstück gebracht; wünscht man die Getränke zu den Speisen, muß man deutlich darauf hinweisen. Milch zum Kaffee ist nicht immer vorhanden.
Das Frühstück wird zwischen 8 Uhr und 10 Uhr (manchmal auch 11 Uhr) Ortszeit serviert. Sie können aber alle Bestandteile eines Frühstücks auch noch um 17 Uhr bestellen. Wenn Sie unsicher sind, etwa welches die nun gerade geltende Ortszeit ist, fragen Sie einfach.
Ein Mittagessen umfaßt als übliches Menü für Gruppenreisende zunächst eine kalte Vorspeise, Brot, eine Suppe, schließlich ein Hauptgericht (Fleisch mit Kartoffeln oder Reis und einer Gemüsebeilage, oft Dosenerbsen) und zum Nachtisch Kuchen oder Obst und Kaffee oder Tee. Das Abendessen für Gruppenreisende entspricht dem Mittagessen, nur fehlen die Suppe und die Butter zum Brot.
Nach dem Abendessen sitzt man oft noch bei Bier oder Vodka beisammen; solange die Gäste sympathisch sind oder der Umsatz stimmt (in dieser Reihenfolge), bleibt geöffnet – laden Sie die Mitarbeiter des Speise-

Tea-time im Speisewagen

wagens am ersten oder zweiten Abend auf ein Getränk ein!
Oft werden die Köche nicht genug gefordert und freuen sich über extravagante Aufträge: Wenn Sie sich Alternativen überlegen, einen Dolmetscher ausfindig machen und mit ihm zum Koch gehen, ein Wunschmenü für den Folgetag bestellen und gleich einen Preis anbieten, werden Sie gewiß zufriedengestellt werden.

▸ Mongolei
Es gibt pro Fernzug einen Speisewagen mit 32 Plätzen, egal wieviele Reisende oder Touristen sich an Bord befinden (Einheimische gehen eher selten in den Speisewagen).
Während auf russischen Speisewagen eine Besatzung von fünf bis sechs Mitarbeitern vorgeschrieben ist, haben die mongolischen Speisewagen nur zwei bis drei – entsprechend lange dauern die Bestellungen, und so mancher Reiseleiter mußte kurzerhand vom Servieren bis zum Spülen Hand anlegen, um die ihm Anvertrauten satt zu bekommen. Je weiter der Zug sich von Ulaanbaatar entfernt, um so kleiner wird das Angebot.
Es gibt zwei unterschiedliche Speisekarten: eine mongolische und eine in englisch, bei der die Preise um gut 50 Prozent höher sind. Ein Tellergericht von der englischsprachigen Karte kostet beispielsweise etwa fünf Euro.
Außerdem befindet sich ein Tisch als

Verkaufskiosk mit an Bord. Dort kann man handgestickte Nationaltrachten und bunte mongolische Briefmarken erwerben, auch scharfe Alkoholika internationaler Herkunft.
Bordwährung sind in der Mongolei US-Dollar und mongolische Tugrik. Schecks und Kreditkarten werden nicht akzeptiert!
Wer sich auf den Speisewagen verläßt, sollte sich frühestmöglich hinbegeben. Wer unabhängig sein möchte, kauft in Ulaanbaatar den Reiseproviant selbst ein – auf den Bahnhöfen unterwegs ist bis Peking keine nennenswerte Verproviantierung möglich, nur Getränke wie Coca-Cola und Bier werden an einigen Bahnhöfen unterwegs verkauft.

▸ China
Im Chinesischen Speisewagen gibt es 44 bis 48 Sitzplätze. Das Personal (vier bis fünf pro Speisewagen) arbeitet sehr flink – zwischen Bestellung und Lieferung vergehen meist keine fünf Minuten. Die Speisekarte ist in englisch und chinesisch verfaßt. Messer und Gabel sind oft nicht vorhanden – erstaunlicherweise wird aber jeder Hungrige, der zuvor beteuerte, er habe noch nie mit Stäbchen gegessen, gut satt.
Als Frühstück gibt es auf chinesischen Zügen sowohl eine sehr schmackhafte chinesische Variante – Nudelsuppe, Reis und Gemüse – als auch eine ›westliche‹ – Brot, Butter, Marmelade und eine Eierspeise.
Die Hauptgerichte zum Mittag- und Abendessen werden frisch zubereitet und weisen eine unerwartete Vielfalt auf. Passen Sie sich einfach der chinesischen Essensweise an und nehmen von allen Gerichten.
Ungewohnt ist zunächst, daß der Reis nach den anderen Speisen serviert wird und die Suppe ganz zum Schluß.
Bezahlt wird in der Landeswährung Yuan; auf Zügen, die Rußland oder die Mongolei berühren, auch mit US-Dollar. Man sollte sich kleine Scheine, also 5- und 10 US-Dollar-Noten mitbringen. Ein Kleingruppenmenü mit sechs bis acht Gerichten kostet etwa sechs bis acht Euro pro Person.
Während man ohne weiteres morgens um 6 Uhr etwas zu essen bekommt, geht in chinesischen Speisewagen nach 20 Uhr meist nichts mehr.

Städtenamen in Rußland

heutiger Name	sowjetischer Name
Nižnij Novgorod	Gor'kij
Ekaterinburg	Sverdlovsk
St. Peterburg	Leningrad
Tver'	Kalinin
Mysovaja	Babuškin

Die Bahnverwaltung verwendet auch im Jahr 2002 noch meist die Namen der Sowjetzeit, entsprechend sind die Orte auf den Fahrplänen ausgewiesen. Darüber hinaus haben sich die Namen der Sowjetzeit vielfach erhalten: So heißt das sowjetische

Sverdlovsk zwar längst Ekaterinburg, der Verwaltungsbezirk aber amtlich weiterhin ›Sverdlovsker Gebiet‹. Auch der Bahnhof in Moskau, von dem alle Züge nach St. Petersburg abfahren, heißt weiterhin ›Leningrader Bahnhof‹.

Temperaturen an Bord

Jeder Zug hat zwei unabhängige Heizsysteme: das von der Oberleitung gespeiste elektrische, das den ganzen Zug versorgt, und ein mit Kohle betriebenes, das nur den jeweiligen Waggon versorgt. Sollte es im Sommer einmal unerwartet frisch werden, wird die Heizung angeworfen (sie läßt sich im Abteil nicht regulieren).

Im Winter sind die Waggons oft sehr gut geheizt – 22 bis 25 Grad sind üblich. Gerade wenn Gäste aus Westeuropa an Bord sind, die man verwöhnen möchte, setzt das Personal seinen Ehrgeiz daran, es möglichst warm an Bord zu halten (chinesische Züge hingegen sind im Winter meist zu kalt).

Es ist ratsam, rechtzeitig vor dem Schlafengehen den Schaffner zu bitten, die Temperatur in der Nacht beispielsweise auf 20 Grad zu halten.

Toiletten

Alle Toiletten werden kurz vor Erreichen eines Bahnhofs abgeschlossen und kurz nach Abfahrt wieder aufgeschlossen. Im Einzugsbereich großer Städte und bei eventuell längeren Aufenthalten können die Toiletten für mehrere Stunden verschlossen sein.

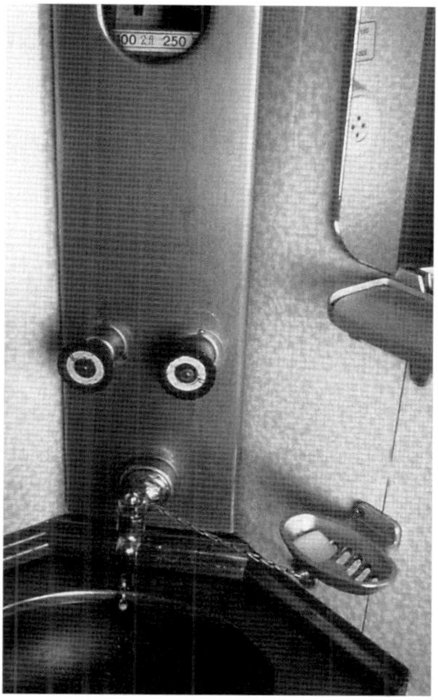

Waschraum im Reisezug

Waggons

Jeder Zug umfaßt maximal 21 Waggons, darunter immer einen Gepäck- und einen Speisewagen, die Mindestlänge eines Zuges beträgt aus bremstechnischen Gründen sieben Waggons. Die Waggons mit Zwei-Bett-Abteilen befinden sich entweder direkt hinter der Lok oder ganz am Zugende. In der Zugmitte, meist im Waggon Nr. 9, hat der Zugchef sein Abteil. Er verfügt über das Bordradio und hat Funkkontakt zu den Bahnhöfen.

Regelzüge auf der Route der Transsib führen mehrheitlich Waggons mit Vier-Bett-Abteilen, pro Waggon neun Abteile mit je zwei Betten oben und unten. Ein bis zwei Waggons im Zug haben Zwei-Bett-Abteile, beide Betten stehen dann unten.

Eine 1. Klasse gibt es nicht; in russischer Bahnterminologie heißen die Waggons mit Zwei-Bett-Abteilen ›ės-wė‹ (auch ›ljuks‹), die mit Vier-Bett-Abteilen ›Kupė‹.

Außerdem gibt es noch auf vielen Zügen die Klasse ›Plackartnij‹, das ist ein Großraumwaggon mit 54 Betten ohne Abteile. Diese Klasse wird von westlichen Besuchern in der Regel nicht gebucht.

Jeder Waggon wird von zwei Schaffnern/Schaffnerinnen (provodnik/-nica) bis zum Zielbahnhof des Zuges begleitet. Sie haben am Waggonende ein Dienstabteil, daneben ein eigenes Schlafabteil. Ihre Hauptaufgaben bestehen darin, Personen ohne Reservierung den Zugang zum Waggon zu verwehren, zu putzen und Tee zu servieren.

Ein- bis zweimal täglich wird der Teppich im Korridor gesaugt, zusätzlich auch die Abteile. Die Toiletten werden zweimal täglich gereinigt, bei Bedarf auch öfter.

Die Waggons sind fast ausnahmslos klimatisiert, daher lassen sich die Fenster im Abteil nicht öffnen, die auf dem Korridor dagegen schon. Rauchen ist in den Abteilen und Korridoren strikt verboten (Rauchmelder im Abteil!), nur ganz am Ende des Waggons darf geraucht werden, oft auch im Speisewagen und auf Sonderzügen im Barwagen.

An jedem Waggonende befindet sich ein Waschraum mit Toilette. Duschen gibt es generell nicht, mit Ausnahme

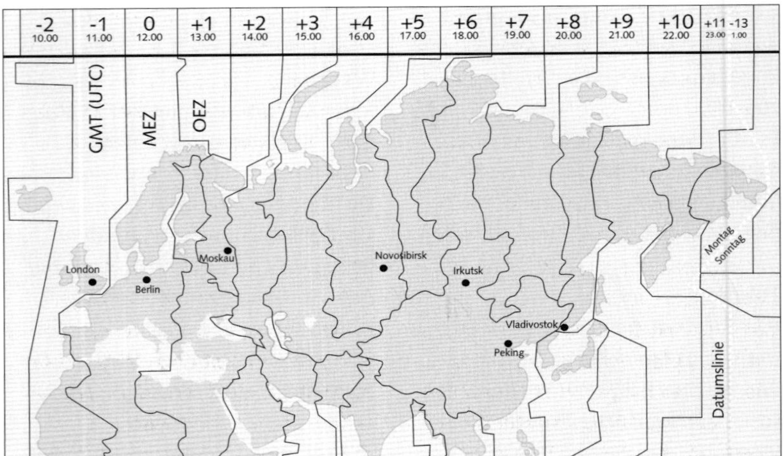

Zeitzonen in Rußland, der Mongolei und China

von Sonderzügen und der Zwei-Bett-Klasse in dem chinesischen Zug Nr. 3/Nr. 4. Dieser Zug führt in der Zwei-Bett-Klasse zudem besonders schöne Waggons mit je acht Abteilen, wobei sich jeweils zwei benachbarte Abteile einen Waschraum mit einfacher Dusche teilen. Diese Waggonkategorie, Nostalgiekomfort der 1960er Jahre, wird auch manchmal bei Sonderzugreisen mitgeführt.
Wer das Besondere plant, kann außerdem Salonwaggons mit je sechs bis acht Betten, eigener Küche, Konferenzraum und Bordvideo mieten und auch an einen Regelzug anhängen lassen.
In den Abteilen gibt es keinen Stromanschluß, im Waschraum und davor aber je eine Steckdose mit 110 oder 220 Volt Spannung für Elektrorasierer und ähnliche kleine Stromverbraucher. Akkus für die Filmkamera können in der Regel auch angeschlossen werden; weitere Stromquellen befinden sich beim Schaffner, im Speisewagen oder beim Zugchef.
Gegenüber dem Dienstabteil steht ein Heißwassergerät, das die ganze Reise über heißes Wasser für Tee, Tütensuppen und Ähnliches liefert. Teegläser gibt es beim Schaffner, Tassen notfalls im Speisewagen. Links neben dem Dienstabteil, und nur dort, können Sie einwandfreies Trinkwasser zapfen. Rechts neben dem Dienstabteil hängt ein Thermometer. Im Winter ist die Temperatur in Thermometerhöhe drei bis vier Grad wärmer als zu Ihren Füßen.
In der Mitte des Waggons hängt im Korridor der Fahrplan Ihres Zuges mit allen Haltebahnhöfen nach Moskauer Zeit. Rechts vom Stationsnamen steht die Ankunftszeit, daneben die Abfahrtszeit. Die ein- und zweistelligen Zahlen zwischen eins und fünfundzwanzig geben die jeweilige Aufenthaltsdauer in Minuten an, so daß Sie vorab entscheiden können, wo Sie sich ein wenig umsehen möchten.
An demjenigen Waggonende, das dem Dienstabteil entgegengesetzt liegt, befindet sich rechts ein Abfalleimer mit Holzdeckel. Im Korridor jedes Waggons befinden sich ziemlich gleichmäßig verteilt drei bis vier Schalter für das Zugradio.

Waggonschaffner(in)

Sie sind verantwortlich für Ihre Sicherheit, die Sauberkeit an Bord, das Heizen und allgemein den Service. Für Ihr Wohlbefinden kann das Verhältnis zu Ihrem Schaffner ziemlich entscheidend sein. Richten Sie sich daher vor allem zu Beginn der Reise nach den Hinweisen des Waggonpersonals.

Zeitzonen

Wir empfehlen, zwei Uhren mitzunehmen, eine Uhr auf Moskauer Zeit zu lassen und eine zweite auf die jeweilige Ortszeit umzustellen. Wer es nicht tut, gerät erfahrungsgemäß in Verwirrung: Im russischen Fernen Osten muß man sich dann beispielsweise um ein Uhr Moskauer

Zeit zum Frühstück einfinden, um zehn Uhr morgens zum Abendessen. 1996 dekretierte Boris Jelzin, daß Novosibirsk nur noch drei Zeitzonen von Moskau entfernt sein solle statt zuvor vier. Man vergaß allerdings, Fluggesellschaften, die Bahn etc. davon rechtzeitig zu informieren, so daß ein wildes Tohuwabohu ausbrach. 1998 wurde Kazan' in die Moskauer Zeitzone einbezogen. 1995 gönnte sich Rußland sogar eine neue Zeitzone: Das Kaliningrader Gebiet erhielt Moskauer Zeit minus eine Stunde, so daß sich Rußland heute über elf Zeitzonen erstreckt. Züge in Rußland verkehren alle nach Moskauer Zeit. Die Bahnhofsuhr zum Bahnsteig hin zeigt Moskauer Zeit, die Bahnhofsuhr zum Vorplatz hin die jeweilige Ortszeit.
Wichtig zu wissen für Individualreisende: Der Speisewagen hat amtlich von 8 Uhr bis 21 Uhr Ortszeit geöffnet. Ganz versteckt befindet sich in jedem Speisewagen eine Klingel. Und wenn Sie mehr als einen Schluck Wasser wollen, wird man Sie auch spät am Abend gern bedienen. Gar nicht so selten macht sich die Speisewagenbesatzung auch einen schönen Abend. Wenn Sie deren Herzen ein wenig geöffnet haben, dürfen Sie meist mitmachen.

Zugqualitäten

Das sowjetische staatliche Eisenbahnmonopol ist insofern aufgebrochen, als es inzwischen konkurrierende Bahnverwaltungen gibt.
Strahlender Sieger im Urteil der Reisenden ist seit vier Jahren ausnahmslos der Zug Nr. 10 ›BAJKAL‹ Moskau–Irkutsk unter Regie der Irkutsker ›Ostsibirischen Eisenbahn‹ (in umgekehrter Richtung lautet seine Bezeichnung Nr. 9), der alle zwei Tage in jeder Richtung verkehrt. Als Zweitbester gilt der Zug Nr. 26 ›Sibirjak‹ der ›Westsibirischen Eisenbahn‹, Basis Novosibirsk (umgekehrt Nr. 25). Der zur Sowjetzeit immer als beste Verbindung gerühmte Zug Nr. 2 ›Rossija‹ Moskau–Vladivostok (umgekehrte Richtung Zug Nr. 1) hat qualitativ nachgelassen. Der chinesische Zug Nr. 4 Moskau–Peking bzw. Nr. 3 Peking–Moskau wird vielfach als sauberster und stilvollster Regelzug gelobt, hat aber ein Manko: Die meist stimmungsvolle Herzlichkeit russischer Schaffner entfällt völlig. Zahlreiche Reisende kritisieren, daß die chinesischen Schaffner damit beschäftigt seien, für sich zu kochen und zu plaudern. Als Alternative bietet sich der russische Zug Nr. 20 (in umgekehrter Richtung Nr. 19) an, der die Strecke Moskau–Peking via Mandschurei mit freundlichem russischen Personal durchfährt.
Insgesamt gilt: je niedriger die Zugnummer, umso besser die Zugqualität. Daneben haben aber verschiedene Provinzverwaltungen viel Ehrgeiz darauf gerichtet, gute Zugqualitäten (Waggons, Personal) anzubieten, vor allem auf der jeweiligen Verbindung mit Moskau.

Sprachführer Russisch

Das kyrillische Alphabet

	Aussprache	Transliteration	Transkription	englische Transkription
а	›a‹ in ›Vater‹	a	a	a
б	›b‹ in ›Ball‹	b	b	b
в	›w‹ in ›Wasser‹	v	w	v
г	›g‹ in ›gut‹, in den Endungen -ero und -oro ›w‹	g	g	g
д	›d‹ in ›dort‹	d	d	d
е	›je‹ in ›jeder‹	e	e	e
ё	›jo‹ in ›Joch‹, immer betont	ë	jo	yo
ж	›j‹ in ›Journal‹	ž	sch	zh
з	›s‹ in ›Rose‹ (stimmhaft)	z	s	z
и	›i‹ in ›Ritus‹	i	i	i
й	kurzes ›j‹	j	i	y
к	›k‹ in ›Kamm‹	k	k	k
л	›l‹ in ›Wall Street‹	l	l	l
м	›m‹ in ›Milch‹	m	m	m
н	›n‹ in ›Natur‹	n	n	n
о	›o‹ in betonten, ›a‹ in unbetonten Silben	o	o	o
п	›p‹ in ›Post‹	p	p	p
р	rollendes Zungenspitzen ›r‹	r	r	r
с	›s‹ in ›das‹ (stimmlos)	s	s	s
т	›t‹ in ›Tisch‹	t	t	t
у	›u‹ in ›gut‹	u	u	u
ф	›f‹ in ›falsch‹	f	f	f
х	vor a, o, u wie ›ch‹ in ›acht‹, vor i, e, ë, ja, ju wie ›ch‹ in ›ich‹	ch	ch	kh
ц	›z‹ in ›Zar‹	c	z	ts
ч	›tsch‹ in ›Tscheche‹	č	tsch	ch
ш	›sch‹ in ›Schule‹	š	sch	sh
щ	im vorderen Mundbereich ausgesprochener, etwas			

	längergezogener ›sch‹-Laut	šč	schtsch	shch
ъ	sog. ›hartes Zeichen‹, wird nicht ausgesprochen	-		
ы	dumpfer, im hinteren Mundbereich ausgesprochener ›i‹-Laut, fast wie ›üi‹	y	y	y
ь	sog. ›weiches Zeichen‹, vorhergehender Konsonant wird im vorderen Mundbereich ausgesprochen	'	entfällt	entfällt
э	›e‹ in ›Ernte‹	ė	e	e
ю	›ju‹ in ›Junge‹	ju	ju	yu
я	›ja‹ in ›Januar‹	ja	ja	ya

Allgemeine Wendungen
deutsch/russisch [Transliteration]

Guten Tag!
Добрый день! [Dóbryj den']

Guten Morgen!
Доброе утро! [Dóbroe útro]

Gute Nacht!
Спокойной ночи! [Spokójnoj nóči]

Auf Wiedersehen!
До свидания! [Do svidánija]

Hallo!
Привет! [Privét]

Danke!
Спасибо! [spasíbo]

Bitte!
Пожалуйста! [požálujsta!]

Ja
да [da]

Nein
нет [net]

Wie heißt du?/Wie heißen Sie?
Как тебя зовут?/Как Вас зовут?
[Kak tebjá zovút?/Kak Vas zovút?]

Ich heiße …
Меня зовут … [Menjá zovút …]

Wie geht es dir/Ihnen?
Как твои/Ваши дела? [Kak tvoí/Váši delá?]

Sagen Sie bitte, wo ist …?
Скажите пожалуйста, где находится …?
[Skažíte požálujsta, gde nachóditsja …?]

Sprechen Sie deutsch/englisch?
Говорите ли Вы по-немецки/по-английски?
[Govoríte li Vy po-nemécki/po-anglíjski?]

Ich verstehe nicht.
Я не понимаю. [Ja ne ponimáju.]

Hast du …/Haben Sie …?
У тебя есть …/У Вас есть …?
[U tebjá est' …/U Vas est' …?]

Wieviel Grad sind heute?
Сколько сегодня градусов?
[Skól'ko segódnja grádusov?]

Öffentliche Verkehrsmittel
Bahnhof
вокзал [vokzál]

Zug
поезд [póezd]

Bus
автобус [Avtóbus]

Straßenbahn
трамвай [Tramváj]

Eisenbahn
Железная дорога
[Želéznaja doróga]

Transsibirische Eisenbahn
Транссибирская магистраль
[Transsibírskaja magistrál']

Auf dem Bahnhof
Abfahrt
отправление [Otpravlénie]

Ankunft
прибытие [Pribýtie]

Wann fährt der Zug nach …?
Когда отправляется поезд в …?
[Kogdá otpravljáetsja póezd v …?]

Von welchem Bahnsteig?
С какой платформы? [S kakój platfórmy?]

Gleis
путь [put']

Der Zug verspätet sich um …
Поезд опаздывается на …. [Póezd opázdyvaetsja na …]

Einen Fahrschein nach Omsk, bitte!
Один билет в Омск, пожалуйста!
[Odín bilét v Omsk, požálujsta!]

Gute Reise!
Счастливого пути! [Sčastlívogo putí]

Gepäckaufbewahrung
Камера хранения [Kámera chranénija]

Wagennummer
номер вагона [nómer vagóna]

Im Zug
Wann muß ich aussteigen?
Когда мне выйти? [Kogdá mne výjti?]

Wann sind wir in…?
Через сколько мы будем в …? [Čérez skól'ko my búdem v …?]

Kann ich bitte frische Bettwäsche bekommen?
Можно ли получить свежее постельное бельё?
[Móžno li polučít' svéžee postél'noe bel'ë?]

Wo befindet sich der Speisewagen?
Где находится вагон-ресторан?
[Gde nachóditsja vagón-restorán?]

Haben Sie Tee?
Есть ли у вас чай? [Est' li u vas čaj?]

Ich habe … schmerzen!
У меня болит … ! [U menjá bolít …!]

Zugbegleiter/-in
проводник/-ница [provodník/-níca]

Schlafwagen
спальный вагон [spál'nyj vagón]

Zugabteil
купе [kupé]

Platz
место [mésto]

Bettwäsche
постельное бельё [postél'noe bel'ë]

Ortsangaben und öffentliche Einrichtungen

Post
почта [póčta]

Geschäft, Laden
магазин [magazín]

Bank, Sparkasse
банк, сберкасса [bank, sberkássa]

Geldautomat
банкомат [bankomát]

Hotel
гостиница [gostínica]

Botschaft
посольство [posól'stvo]

Apotheke
аптека [aptéka]

Arzt
врач [vrač]

Straße
улица [úlica]

Platz
площадь [plóščad']

Herrentoilette
мужской туалет [mužskój tualét]

Damentoilette
женский туалет [žénskij tualét]

rechts, nach rechts
право, направо [právo, naprávo]

geradeaus
прямо [prjámo]

hier
здесь [zdes']

dort
там [tam]

Eingang
вход [vchod]

Ausgang
выход [východ]

Im Geschäft, Laden

Abteilung
отдел [otdel]

Was kostet das?
Сколько это стоит? [Skól'ko ėto stóit?]

Zeigen Sie mir bitte …!
Покажите мне пожалуйста … !
[Pokažíte mne požálujsta …!]

Geben Sie mir bitte …!
Дайте мне пожалуйста … ! [Dájte mne požálujsta …!]

Haben Sie …?
У Вас есть … ? [U Vas est' …?]

Tüte
пакет [pakét]

Eine Packung …, bitte
Одну пачку … , пожалуйста
[Odnú páčku …, požálujsta]

Eine Flasche …, bitte
Одну бутылку … , пожалуйста
[Odnú butýlku …, požálujsta]

Zeitung
газета [gazéta]

Im Speisewagen

Die Speisekarte bitte!
Меню, пожалуйста! [Menju, požálujsta!]

Ich möchte zahlen.
Я хочу заплатить. [Ja choču zaplatít'.]

Bringen Sie bitte …!
Принесите, пожалуйста … ! [Prinesíte, požálujsta …!]

Aschenbecher
пепельница [pépel'nica]

Bei uns wird nicht geraucht!
У нас не курят! [U nas ne kúrjat!]

Vorspeisen
закуски [zakúski]
Erster Gang (Suppe)
первое (суп) [pérvoe (sup)]

Zweiter Gang
второе [vtoróe]

Nachspeise
десерт [desért]

Brot
хлеб [chleb]

Kartoffeln
картошка [kartóška]

Fisch
рыба [rýba]

Fleisch
мясо [mjáso]

Huhn
курица [kúrica]

Käse
сыр [syr]

Obst und Gemüse
фрукты и овощи [frúkty i óvošči]

Mineralwasser
минеральная вода [minerál'naja vodá]

Saft
сок [sok]

Wein
вино [vinó]

Bier
пиво [pívo]

Tee mit Zitrone
чай с лимоном [čaj s limónom]

Kaffee mit Milch und Zucker
кофе с молоком и сахаром [kófe s molokóm i sácharom]

Telefonieren

Ich höre.
Слушаю. [Slúšaju]

Wer spricht?
Кто говорит? [Kto govorít?]

Wen möchten Sie sprechen?
Кто вам нужен? [Kto vam núžen?]

Ich möchte bitte … sprechen.
Позовите пожалуйста… к телефону. [Pozovíte požálujsta ... k telefónu.]

Ich möchte nach Deutschland telefonieren.
Я хочу позвонить в Германию. [Ja choču pozvonít' v Germániju.]

Vorwahl
код [kod]

Zahlen

eins
один [odín]

zwei
два [dva]

drei
три [tri]

vier
четыре [četýre]

fünf
пять [pjat']
sechs
шесть [šest']

sieben
семь [sem']

acht
восемь [vósem']

neun
девять [dévjat']

zehn
десять [désjat']

elf
одиннадцать [odínadcat']

zwölf
двенадцать [dvenádcat']

dreizehn
тринадцать [trinádcat']

vierzehn
четырнадцать [četýrnadcat']

fünfzehn
пятнадцать [pjatnádcat']

sechzehn
шестнадцать [šestnádcat']

siebzehn
семнадцать [semnádcat']

achtzehn
восемнадцать [vosemnádcat']

neunzehn
девятьнадцать [devjatnádcat']

zwanzig
двадцать [dvádcat']

hundert
сто [sto]

tausend
тысяча [týsjača]

Zeitangaben
Wie spät ist es?
Который час? [Kotóryj čas?]

heute
сегодня [segódnja]

gestern
вчера [včerá]

morgen
завтра [závtra]

Stunde
час [čas]

am Morgen
утром [útrom]

am Tag
днём [dnëm]

am Abend
вечером [véčerom]

Montag
понедельник [ponedél'nik]

Dienstag
вторник [vtórnik]

Mittwoch
среда [sredá]

Donnerstag
четверг [četvérg]

Freitag
пятница [pjátnica]

Sonnabend
суббота [subbóta]

Sonntag
воскресенье [voskresén'e]

Sprachführer Mongolisch

Besonderheiten des mongolischen Alphabets gegenüber dem kyrillischen

Ū	›n‹ in ›und‹, am Wortende wie in ›Tank‹	n
o	›o‹ wie in ›Orden‹	o
ө	langes ›u‹, Tendenz zum ›ö‹	uu
y	›o‹ wie in ›Ofen‹	u
γ	›u‹ wie in ›Uhu‹	u

Allgemeine Wendungen
deutsch/mongolisch [Transliteration]

Guten Tag (zu einer Person)
Сайн байна уу? [Sajn bajn uu?]

Guten Tag (zu mehreren Personen)
Сайн байцгаана уу? [Sajn bajcgaan uu?]

Gute Nacht!
Сайхан нойрсоорой! [Sajchan nojrsooroj!]

Auf Wiedersehen!
Баяртай! [Bajartaj!]

Wie heißen Sie?
Таныг хэн гэдэг вэ? [Tanyg chen gedeg ve?]

Ich heiße …
Намайг… гэдэг.… [Namajg … gedeg.]

Danke!
Баярлалаа! [Bajarlalaa!]

Bitte!
Зугээр! [Zugeer!]

Ja
за [za]

Nein
Угуй [Uguj]

Entschuldigung!
Уучлаарай! [Uučlaaraj!]

Prosit!
Эрүүл мэндий төлөө! [Eruul mendij tuluu!]

Guten Appetit!
Сахайн зоглоорой! [Sachajn zoglooroj!]

Wie geht es Ihnen?
Таны бие сайн уу? [Tany bie sajn uu?]

Wo ist … ?
… хаана байдаг вэ?
[… chaan bajdag ve?]

Was kostet das?
Энэ ямар Uнэтэй вэ? [En jamar unetej ve?]

Verkehrsmittel
Auto
машин [maдin]

Bus
автобус [avtobus]

Busstation
автобусны буудал [avtobusny buudal]

Eisenbahn
галт тэрэг [galt tereg]

Bahnhof
вокзал [vokzal]

Fahrkarte
билет [bilet]

Flugzeug
нисэх онгоц [nisech ongoc]

In der Stadt

Hotel
зочид буудал [zočid buudal]

Post
шуудан [šuudan]

Geld
мөнгө [muung]

Geldwechsel
мөнгө солих [muung solich]

Telefon
утас [utas]

Restaurant
ресторан [restoran]

Briefmarke
шуудангийн марк [šuudangijn mark]

Toilette
бие захас газар [bie zachas gazar]

Zahlen

eins
нэг [neg]

zwei
хоёр [chojor]

drei
гурав [gurav]

vier
дqрqв [duuruuv]

fünf
тав [tav]

sechs
зургаа [zurgaa]

sieben
долоо [doloo]

acht
найм [najm]

neun
ёс [ës]

zehn
арав [arav]

zwanzig
хорь [chori]

fünfzig
тавь [tavi]

hundert
зуу [dsuu]

hunderteins
зуун нэг [dsuun neg]

tausend
мянга [mjanga]

zehntausend
арван мячга [arvan mjanga]

Lebensmittel
Ich möchte…kaufen
Би… авмаар байн
[bi… avmaar bajn]

Wieviel kostet das?
Энэ ямар үнэтэи вэ?
[En jamar untej ve?]

Lebensmittelgeschäft
хүнсний дэлгүүр
[chunsnij delguur]

Kaufhaus
их дэлгүүр
[ich delgur]

Souvenirs
бэлэг дурцгалын зүйл
[beleg dursgalyn dsujl]

Brot
талх [talch]

Butter
масло [maslo]

Kartoffeln
тqмс [tuums]

Nudeln
гоймон [gojmon]
Fleisch
мах [mach]

Fisch
загас [zagas]

Tee
цай [caj]

Limonade
ундаа [undaa]

Vodka
архи [archi]

Bier
пиво, шар айраг
[pivo, šar ajrag]

Zucker
элсэн чихэр
[elsen čicher]

Salz
давс [davs]

Sprachführer Chinesisch

Chinesisch wird von weit über einer Milliarde Menschen als Muttersprache gesprochen und ist somit die meistgesprochene Sprache der Welt. Innerhalb der Volksrepublik China wird es von rund 95 Prozent der Bevölkerung gesprochen, außerdem spricht man es auf Taiwan, in Hongkong, Singapur und Malaysia. Auch in den Gebieten, in denen Minderheiten wohnen, wird es meist verstanden und neben der eigenen Muttersprache gesprochen. In China ist die offizielle Sprache das dem nordchinesischen Dialekt um Peking angenäherte Hochchinesisch (Putonghua – Allgemeinsprache), das heute in ganz China verbreitet ist. Daneben gibt es noch verschiedene große Dialektgruppen, die sich in der Aussprache stark voneinander unterscheiden. So wird zum Beispiel in und um Hongkong und Kanton (Guangzhou) fast ausschließlich der kantonesische Dialekt gesprochen, den etwa Chinesen aus Peking praktisch nicht verstehen können. Wie auch die meisten Hongkong-Chinesen Putonghua, auch Mandarin genannt, nicht oder nur eingeschränkt verstehen.

Das monosyllabische Chinesisch ist für uns Europäer vor allem deswegen relativ schwer zu sprechen, weil jede Silbe noch einen besonderen Ton trägt, der bedeutungsentscheidend ist. Die chinesische Schrift ist im Prinzip eine Zeichen- und Bilderschrift. Im modernen Chinesisch besteht ein Wort zumeist aus mehreren Schriftzeichen. Im Laufe der Geschichte entstanden bis zu 50 000 Schriftzeichen. Heute sind in China und Hongkong circa 5000 bis 7000 in ständigem Gebrauch. Mit Kenntnis von etwa 3500 Schriftzeichen kann man den Großteil einer Tageszeitung verstehen. Sie werden mit Erstaunen feststellen, daß Sie jeden Tag mindestens ein Zeichen lernen.

In der Volksrepublik China sind ein Teil der Schriftzeichen – jedes Schriftzeichen besteht aus einer genau festlgelegten Anzahl einzelner Striche – in der Schreibung vereinfacht worden. In Hong Kong und Taiwar werden noch die tradtionellen, nicht vereinfachten Schriftzeichen benutzt. Oft wird neben den chinesischen Schriftzeichen bereits eine lateinische Umschrift benutzt, das sogenannte Pinyin. So heißt in dieser auch von der UN anerkannten Umschrift die chinesische Hauptstadt Beijng, nach einer alten Umschrift Peking.

In den Touristen-Hotels beherrschen viele Angestellte Englisch, oft allerdings nur sehr eingeschränkt. Vor allem bei Zahlen sollten Sie im Zweifelsfalle alles aufschreiben. Jüngere Leute verstehen zwar oft Englisch, haben aber Schwierigkeiten, es zu sprechen. Kaum ein Taxifahrer in China spricht Englisch. Wenn Sie bestimmte Ausflüge etc. auf eigene Faust planen, lassen Sie sich im Zweifelsfalle etwa Ortsnamen und

ähnliches an der Rezeption Ihres Hotels in chinesischen Schriftzeichen aufschreiben.
Nachstehend einige Schriftzeichen, die vor allem Sehenswürdigkeiten und touristische Einrichtungen bezeichnen und auf die Sie zum Beispiel im Taxi zeigen können.

北京站

Peking Hauptbahnhof

友谊商店

Freundschaftsladen

天安门

Tian-An-Men-Platz

雍和宫

Lamatempel

故宫午门

Kaiserpalast Mittagstor

白云观

Tempel der Weißen Wolke

前门

Qian-Men-Tor

颐和园

Sommerpalast

琉璃厂

Antiquitätenstraße Liulichang

碧云寺

Tempel der Azurblauen Wolke

卧佛寺

Liegender Buddha (Wofosi)

潭泽寺

Tanzhe Si

戒台寺

Jie Tai Si

天坛

Himmelstempel

景山

Jingshan-Park (Kohlenhügel)

芳山饭店

Fang-Shan-Restaurant

北京饭店

Peking-Hotel (Wang Fu Ching)

新东安市场

Sun-Dong-Shopping-Mall

燕莎商城

Lufthansa Einkaufszentrum

秀水东街

Seideneinkaufsstraße

»Aber das Thema, in wenigen Wochen durch zwei Drittel Europas sowie ganz Asien zu rollen (…), hatte auch für andere, wie ich mich überzeugen konnte, etwas Hypnotisierendes und phantastisch Aufregendes.«

Eugen Zabel,
Auf der sibirischen Bahn nach China, 1904

Städte entlang der Transsib

Moskau

Rußlands Hauptstadt ist mit knapp zehn Millionen Einwohnern und einer Fläche von 900 Quadratkilometern das Herz des unendlichen russischen Reiches. 1147 erstmalig urkundlich erwähnt, fristete es über Jahrhunderte ein bescheidenes Dasein. Stadtgründer Jurij Dolgorukij ließ die erste, Kreml genannte Burganlage bereits 1158 anlegen. Doch 1238 fiel die Stadt unter das Joch der Mongolen und Tataren. Erst zu Beginn des 14. Jahrhunderts setzte sich Moskau gegen Tver' als Hauptstadt des nun gleichnamigen Fürstentums durch. Wenige Jahre später brannten die Tataren die Stadt aber wieder vollkommen nieder. In seiner Geschichte war Moskau oft heiß umkämpft. Beim Anmarsch Napoleons zündeten die Moskoviter ihre Stadt selbst an. Hitlers Armeen konnten kurz vor der Stadt gestoppt werden. Man sieht das Denkmal der symbolischen letzten Panzersperre auf dem Weg vom Flughafen Šeremet'evo in die Stadt.

Imperiale Ansprüche haben ebenfalls Tradition. Nachdem die meisten russischen Fürstentümer unter Moskaus Führung geeint worden waren, sah man sich im 15. Jahrhundert als Mittelpunkt der Welt und des Christentums und Moskau nach Rom und Konstantinopel in der Rolle des ›Dritten Roms‹. Später avancierte es zum ›Rom der Tataren‹. Der unter dem roten Stern stehende Führungsanspruch Moskaus im 20. Jahrhundert war zwar atheistisch, aber ebenfalls nicht von Erfolg gekrönt.

Insbesondere unter Ivan dem Schrecklichen entwickelte sich die Stadt. Der Kreml nahm seine heute bekannte Größe an, und auch die weltberühmte Basilius-Kathedrale entstand in dieser Zeit. Zu Beginn des 17. Jahrhunderts zählte Moskau bereits über 200 000 Einwohner und entwickelte sich auch wirtschaftlich zur wichtigsten Handelsmetropole des Reiches. Doch 1703 gründete Peter der Große seine neue Hauptstadt an der Neva – St. Petersburg – Moskau verlor seine politisch führende Rolle. Über 200 Jahre lag die politische Macht in St. Petersburg, doch Moskau blieb das wirtschaftliche Zentrum und mentale Herz Rußlands. Die Macht kam zwar aus Petrograd und Leningrad an die Moskva zurück, doch die Rivalität beider Städte ist bis heute ungebrochen. Rußlands neuer Präsident Vladimir Putin kommt nun wieder aus Petersburg, was sicherlich dem einen oder anderen Moskoviter Kopfzerbrechen bereitet.

Stadtrundgang

Unsere Empfehlungen zu Moskau beschränken sich in diesem Buch auf einige Höhepunkte, denn im Unterschied zu Rußlands Provinz und zur Transsibirischen Eisenbahn gibt es viele Reiseführer, die Moskau detailliert vorstellen.

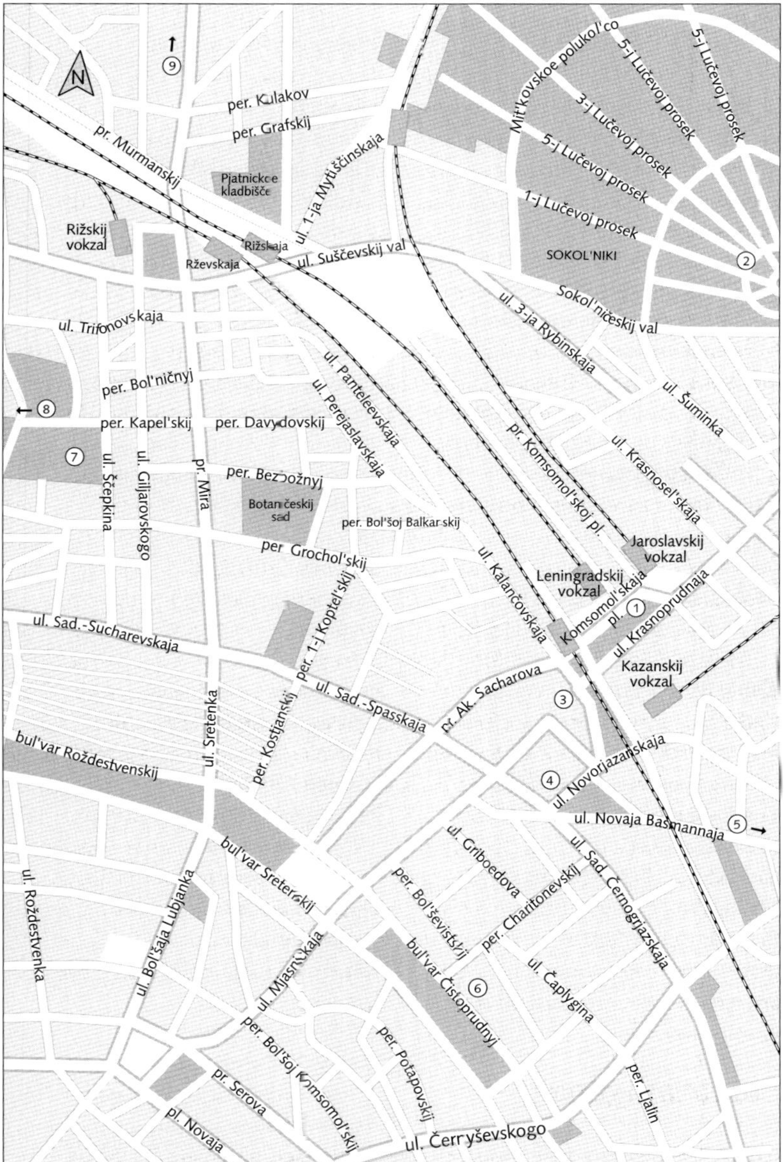

Moskau (Москва), rund um die Bahnhöfe

0 250 500 m

Legende

1 Leningrader, Jaroslavler und Kazaner Bahnhof (Ленинградский, Ярославский и Казанский вокзалы)
2 Sokol'niki-Park (Сокольники)
3 Hotel ›Leningrad‹ (Гостиница »Ленинград«)
4 Bürohochhaus im Stalin-Stil
5 Epiphania-Patriarchats-Kirche (Собор Богоявления в Елохове)
6 Theater ›Sovremennik‹ (Театр »Современник«)
7 Sportkomplex ›Olimpijskij‹ (Спортивный Комплекс »Олимпийский«)
8 Armee-Museum (Центральный музей Вооруженных Сил)
9 Fernsehturm ›Ostankino‹ (Телебашня »Останкино«)

Straßen und Plätze

1-j Koptel'skij, per.
(1-й Коптельский пер.)
1-5-j Lučevoj prosek
(1-5-й Лучевой просек)
1-ja Mytiščinskaja, ul.
(1-я Мытищинская, ул.)
3-ja Rybinskaja, ul.
(3-я Рыбинская, ул.)
Akademika Sacharova, pr.
(Академика Сахарова, пр.)
Bezbožnyj, per.
(Безбожный пер.)
Bol'ničnyj, per.
(Больничный пер.)
Bol'šaja Lubjanka, ul.
(Большая Лубянка, ул.)
Bol'ševistskij per.
(Большевистский, пер.)
Bol'šoj Balkanskij, per.
(Большой Балканский, пер.)
Čistoprudnyj bul'var
(Чистопрудный бульвар)
Davydovskij, per.
(Давыдовский, пер.)
Giljarovskogo, ul.
(Гиляровского, ул.)
Grafskij, per.
(Графский, пер.)
Griboedova, ul.
(Грибоедова, ул.)
Grochol'skij, per
(Грохольский, пер.)
Komsomol'skaja, pl.
(Комсомольская, пл.)
Komsomol'skoj ploščadi, pr.
(Комсомольской площади, пр.)
Kostjanskij per.
(Костянский, пер.)
Krasnoprudnaja, ul.
(Краснопрудная, ул.)
Mira, pr.
(Мира, пр.)
Mit'kovskoe polukol'co
(Митьковское полукольцо)
Mjasnickaja, ul.
(Мясницкая, ул.)
Murmanskij, pr.
(Мурманский, пр.)
Novaja Basmannaja, ul.
(Новая Басманная, ул.)
Panteleevskaja, ul.
(Пантелеевская, ул.)
Perejaslavskaja, ul.
(Переяславская, ул.)
Sadovaja-Černogrjazskaja, ul.
(Садовая-Черногрязская, ул.)
Sadovaja-Spasskaja, ul.
(Садовая-Спасская, ул.)
Sadovaja-Sucharevskaja, ul.
(Садовая-Сухаревская, ул.)

Ščepkina, ul.
(Щепкина, ул.)
Sokol'ničeskij val
(Сокольнический вал)
Sretenka, ul.
(Сретенка, ул.)
Sretenskij bul'var
(Сретенский бульвар)
Šuminka, ul.
(Шуминка, ул.)
Suščevskij val
(Сущевский вал)
Trifonovskaja, ul.
(Трифоновская, ул.)

Die größte Anziehungskraft üben ohne Zweifel der Rote Platz und der angrenzende Kreml aus. Nach dem Brand im Jahre 1493 befahl Zar Ivan III., einen Landstreifen an der Kremlmauer nicht zu bebauen. Aus dem Brandplatz wurde ein Marktplatz, der seit dem 17. Jahrhundert zum Roten Platz, Krasnaja Ploščad', wurde. Das ursprüngliche Attribut schön (eine alte Bedeutung des Adjektives ›krasnaja‹) beschrieb einen Platz, dessen Gebäude einschließlich der Kremlmauer noch weiß waren. Daraus wurde wegen des verwendeten roten Backsteins das Attribut rot, später noch durch den roten Oktober und die gleichnamige Revolution politisch untermauert. Eingerahmt wird der Platz vom Historischen Museum, dem majestätischen Kaufhaus GUM und der aus neun Kirchen bestehenden Basilius-Kathedrale, die 1561 zur Erinnerung an den Sieg über die Tataren bei Kazan' geweiht wurde.

Der Kreml ist ein von einer 2235 Meter langen Mauer umgebenes, dreieckiges Areal. Er ist heute der Amtssitz des russischen Präsidenten und teilweise auf einer Route zwischen dem Borovickij-Turm und dem Dreifaltigkeitstor zu besichtigen. Sehenswert sind vor allem die Erzengel-Michael-Kathedrale, die Maria-Entschlafens-Kathedrale, der Glockenturm ›Ivan der Große‹, der Facettenpalast, die Zarenglocke und die Rüstkammer, wo in Saal 3 auch das der Transsibirischen Eisenbahn gewidmete Fabergé-Ei zu besichtigen ist. Im Kreml-Palast, der für kommunistische Parteitage erbaut wurde, finden häufig Theatervorstellungen statt.

Am Nordende des Roten Platzes gelangt man zum Manegenplatz, einem auf mehrere Ebenen unter und über der Erde verteilten 1997 eröffneten Einkaufszentrum, wo sich alles trifft, was Rang und Namen hat. Linker Hand erhebt sich das alte Gebäude der Moskauer Universität und der ›Manege‹ genannte größte Ausstellungssaal Moskaus. Rechter Hand führt hinter dem Hotel ›Moskva‹ die breite Straße Ochotnyj Rjad am russischen Parlament, der Duma, vorbei zum Theaterplatz, dessen bedeutendste Attraktion ohne Zweifel das 1824 erbaute ›Große Theater‹ (Russisch: Bol'šoj Teatr) mit 2300 Plätzen ist. Das Gebäude wird in den nächsten Jahren einer umfassenden Rekonstruktion unterzogen, so daß das Thea-

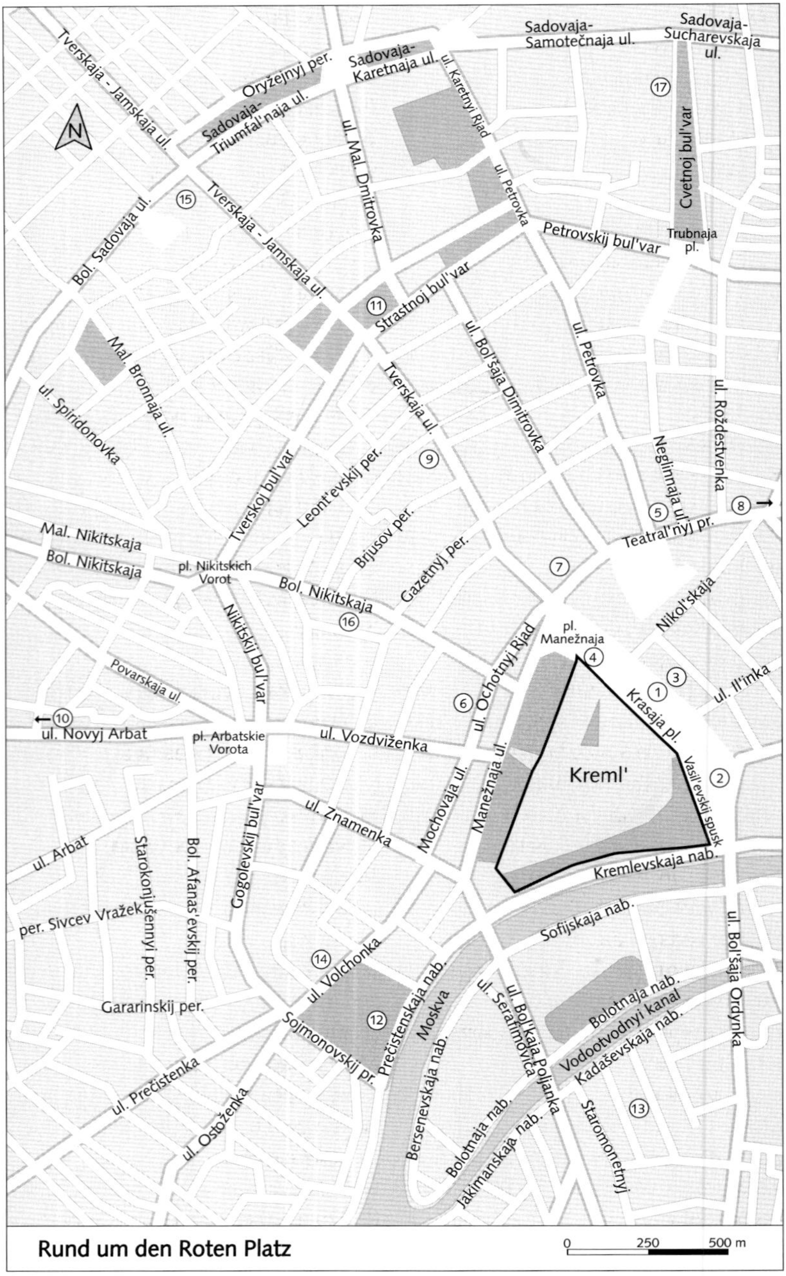

Rund um den Roten Platz

Legende

1 Roter Platz
(Красная площадь)
2 Basilius-Kathedrale
(Храм Василия Блаженного)
3 GUM
(ГУМ)
4 Historisches Museum
(Исторический музей)
5 Bolschoj-Theater
(Большой театр)
6 Alte Universität
(МГУ, старое здание)
7 Duma
(Дума)
8 FSB-Zentrale (Lubjanka)
(Федеральная служба безопасности, Лубянка)
9 Rathaus
(Мэрия)
10 Weißes Haus
(Белый дом)
11 Puschkin-Denkmal
(Памятник Пушкину)
12 Christi-Erlöser-Kathedrale
(Храм Христоса-Спасителя)
13 Tret'jakov-Galerie
(Третьяковская галерея)
14 Puschkin-Museum
(Музей им. А.С. Пушкина)
15 Konzertsaal und Satire-Theater
(Концертный зал, Театр Сатиры)
16 Konservatorium
(Консерватория им. Чайковского)
17 Alter Zirkus
(Старый цирк)

Straßen und Plätze

Arbat, ul.
(Арбат, ул.)
Arbatskaja, pl.
(Арбатская, пл.)
Bersenevskaja naberežnaja
(Берсеневская набережная)
Bolotnaja naberežnaja
(Болотная набережная)
Bol'šaja Dimitrovka, ul.
(Большая Димитровка, ул.)
Bol'šaja Lubjanka, ul.
(Большая Лубянка, ул.)
Bol'šaja Sadovaja, ul.
(Большая Садовая, ул.)
Bol'šaja Ordynka, ul.
(Большая Ордынка, ул.)
Cvetnoj bul'var
(Цветной бульвар)
Gercena, ul.
(Герцена, ул.)
Gogolevskij bul'var
(Гоголевский бульвар)
Il'inka, ul.
(Ильинка, ул.)
Jakimanskaja naberežnaja
(Якиманская набережная)
Kadaševskaja naberežnaja
(Кадашевская набережная)
Kremlevskaja naberežnaja
(Кремлевская набережная)
Manežnaja, pl.
(Манежная, пл.)
Manežnaja, ul.
(Манежная, ул.)
Mochovaja, ul.
(Моховая, ул.)
Moskvoreckaja, ul.
(Москворецкая, ул.)
Neglinnaja, ul
(Неглинная, ул.)
Nikitskie vorota, pl.
(Никитские ворота, пл.)

Nikitskij bul'var
(Никитский бульвар)
Nikol'skaja, ul.
(Никольская, ул.)
Novyj Arbat, ul.
(Новый Арбат, ул.)
Ochotnyj Rjad, ul.
(Охотный Ряд, ул.)
Oružejnyj per.
(Оружейный пер.)
Ostoženka, ul.
(Остоженка, ул.)
Petrovka, ul.
(Петровка, ул.)
Petrovskij bul'var
(Петровский бульвар)
Prečistenka, ul.
(Пречистенка, ул.)
Roždestvenka, ul.
(Чехова, ул.)
Roždestvenskij bul'var
(Рождественский бульвар)
Ryleeva, ul.
(Рылеева, ул.)
Sadovaja-Karetnaja, ul.
(Садовая-Каретная, ул.)
Sadovaja-Kudrinskaja, ul.
(Садовая-Кудринская, ул.)
Sadovaja-Samotečnaja, ul.
(Садовая-Самотечная, ул.)
Sadovaja-Sucharevskaja, ul.
(Садовая-Сухаревская, ул.)
Sadovaja-Triumfal'naja, ul.
(Садовая-Триумфальная, ул.)
Sivcev Vražek, per.
(Сивцев Вражек)
Sofijskaja naberežnaja
(Софийская набережная)
Spiridonovka, ul.
(Спиридоновка, ул.)
Starokonjušennyj per.
(Староконюшенный пер.)
Strastnoj bul'var
(Страстной бульвар)
Tverskaja, ul.
(Тверская, ул.)
Tverskoj bul'var
(Тверской бульвар)
Teatral'nyj, pr.
(Театральный пр.)
Varvarka, ul.
(Варварка, ул.)
Volchonka, ul.
(Волхонка, ул.)
Vozdviženka, ul.
(Воздвиженка, ул.)
Znamenka, ul.
(Знаменка, ул.)

ter selbst auf seiner in den letzten drei Jahren neu errichteten und unmittelbar angrenzenden Ersatzbühne auftreten wird. Die Straße führt weiter zum Lubjanka-Platz mit der berühmt-berüchtigten Zentrale des russischen Geheimdienstes.

Vom Manegenplatz zweigt ebenfalls Moskaus wichtigste Magistrale ab, die ul. Tverskaja. Sie führt fast geradlinig in Richtung des internationalen Flughafens Šeremet'evo sowie über Tver' nach St. Petersburg. Zu Fuß lohnt sich ein Spaziergang bis zum Puschkin-Platz oder weiter bis zum Majakovskij-Platz. Das Moskauer Rathaus, gegenüber dem Reiterdenkmal für den Stadtgründer Jurij Dolgorukij, Moskaus beliebtester Rendezvous-Platz am Puschkin-Denkmal und viele bekannte geschichtsträchtige wie auch neue Geschäfte (›Elizeevskij‹) und Theater (›Stanislavskij-Theater‹), Hotels (das Emigrantenhotel ›Ljuks‹), Restaurants und Bars befinden sich hier.

Am Puschkin-Platz kreuzt die Tverskaja den Boulevardring. Mit ausladenden Bäumen und einer breiten Fußgängerallee in der Mitte der beiden vielbefahrenen Fahrbahnen bietet der Boulevard mit Spielplätzen und Parkbänken eine kleine grüne Lunge im Zentrum der Metropole. Zwar ist der Ring im Süden nicht ganz geschlossen, aber man kann hier schon auf einem längeren Spaziergang das Zentrum umkreisen.

In Richtung Süden gelangt man nach etwa zwei Kilometern zu einem Verkehrsknotenpunkt, den Arbat-Platz. Nach links gelangt man über die ul. Vozdviženka geradewegs zum Dreifaltigkeitstor des Kremls. Rechter Hand hat man die Wahl zwischen der das alte Moskau symbolisierenden Fußgängerzone ›Arbat‹ und dem auch ›neuer Arbat‹ genannten Kalinin-Prospekt. Das ist eine durch die Altstadt geschlagene Schneise, die sich heute mit sechs Spuren und den dazugehörigen Hochhäusern als Inbegriff des für die 70er Jahre typischen Verständnisses von moderner sowjetischer Architektur präsentiert. Geschäfte und Restau-

Die Basilius-Kathedrale

An der Moskva

rants geleiten den Spaziergänger bis zum Moskva-Fluß, wo sich am anderen Ufer das Hotel ›Ukraina‹ erhebt. Es ist neben der Lomonosov-Universität und dem Außenministerium eines der sieben Hochhäuser, die nach dem Zweiten Weltkrieg im sogenannten ›Stalinschen Zuckerbäckerstil‹ erbaut wurden und seither das Antlitz der Stadt prägen. Rechts eröffnet sich der Blick auf das Haus der russischen Regierung. Von dieser Brücke schossen die Panzer 1993 das auch ›Weißes Haus‹ genannte Regierungsgebäude in Flammen.

Beschaulicher gestaltet sich da schon ein Spaziergang auf dem ›alten Arbat‹. Die traditionsreiche Straße war die erste Fußgängerzone der Stadt und lockt mit ihren Läden, Cafés, Ausstellungen und Geschäften Touristen wie auch Straßenmusikanten sowie fliegende Händler und Künstler an. Die Fußgängerzone endet neben dem russischen Außenministerium am Gartenring.

Eine Fahrt mit Moskaus Untergrundbahn ist sehr zu empfehlen. Insbesondere innerhalb der Ringlinie ist jeder Bahnhof des zwischen 1935 und 1955 gebauten Metronetzes ein einzigartiges Schmuckstück. Die aus Marmor erbauten Paläste unter der Erde beeindrucken mit ihren sowjetisch angehauchten Kunstwerken: Mosaike, Glasmalereien und Skulpturen. Besonders zum Aussteigen und Betrachten geeignet sind die Stationen Komsomol'skaja, Novoslobodskaja, Belorusskaja, Kievskaja, Kropotkinskaja, Majakovskaja, Pl. Revoljucii.

Wer sich für Museen interessiert, sollte in erster Linie der national ausgerichteten Tret'jakov-Galerie (Lavrusinskij per. 12, Tel. 230 77 88) als phantastastische

Sammlung russischer Malerei und dem international ausgerichteten Puschkin-Museum (ul. Volchonka 12, Tel. 203 95 78) mit einer eindrucksvollen Sammlung bildender Kunst aus aller Welt und allen Jahrhunderten einen Besuch abstatten.

Der Platz am Abfahrtsbahnhof der Transsibirischen Eisenbahn ist in Moskau als ›Platz der drei Bahnhöfe‹ bekannt. Offiziell ist er immer noch nach dem Kommunistischen Jugendverband Komsomol benannt und heißt Komsomol'skaja pl. Der Verkehr ist hier immer sehr lebhaft, und vor allem im Berufsverkehr sind die Vorortzüge auf allen drei Bahnhöfen sehr stark frequentiert. Der erste Bahnhof am Platz war der 1851 eröffnete Petersburger beziehungsweise Leningrader Bahnhof, der im Moskauer Bahnhof in der Neva-Metropole ursprünglich seinen architektonischen Zwilling hatte. Zu Beginn des 20. Jahrhunderts folgten in unmittelbarer Nachbarschaft der an ein Märchenschloß erinnernde, 1904 eingeweihte Jaroslaver Bahnhof und gegenüber auf der Südseite des Platzes der orientalisch angehauchte, von 1912 bis 1926 erbaute Kazaner Bahnhof, dessen Turm an den Sjüjümbike-Turm in Kazan' erinnert. Hinter der Überführung der Ringbahn erhebt sich das 1954 eröffnete Hotel ›Leningrad‹. Es ist mit seinen 25 Etagen das kleinste der bekannten sieben Hochhäuser, die seit den 50er Jahren das Panorama der Stadt prägen. Links dahinter erkennt man die Silhouette eines weiteren Gebäudes dieser Serie, das am Gartenring mehrerere Verwaltungseinrichtungen und Wohnungen beherbergt. Am gegenüberliegenden Rand des Platzes befindet sich das nach dem GUM und dem Kaufhaus ›Kinderwelt‹ (Detskij Mir) drittgrößte Kaufhaus der Stadt.

Zeitunterschied: MEZ plus zwei Stunden.
PLZ: 100 000.
Vorwahl: 095.
Bank: In allen großen Hotels gibt es Wechselstuben.
Geldautomat: am Flughafen, in den meisten Vier-und Fünfsternehotels sowie um den roten Platz.
Taxi: Tel. 927 00 00.

Moskau hat sieben Bahnhöfe. Für Transsib-Reisende ist vor allem der Komsomolplatz im Nordosten der Stadt, auch ›Platz der drei Bahnhöfe‹ genannt, von Interesse. Hier befinden sich drei nach den hier beginnenden Strecken benannte Sackbahnhöfe: der Leningrader Bahnhof (Komsomol'skaja pl. 3, Tel. 262 95 24) und der Jaroslavler Bahnhof (Komsomol'skaja pl. 5, Tel. 266 02 18) auf der einen Seite und gegenüber der Kazaner Bahnhof (Komsomol'skaja pl. 2, Tel. 264 64 09). Fast alle regulären Linienzüge Richtung Sibirien fahren vom Jaroslavler Bahnhof ab. Die meisten die Transsib angehenden Sonderzüge starten allerdings vom Kazaner Bahnhof. Alle Züge in Richtung Polen, Deutschland und Westeuropa starten vom Smolensker (Weißrussischen) Bahnhof (Tverskaja Zastava pl. 1, Tel. 973 81 91). Die Züge nach Prag, Budapest und Wien verkehren vom Kiever Bahnhof (pl. Kievskogo vokzala, Tel. 240 11 15).

Alle genannten Bahnhöfe sind durch die Ringlinie der Metro miteinander verbunden. Die beiden Metro-Stationen am Platz der drei Bahnhöfe heißen beide ›Komsomol'skaja‹ (Ringlinie und Radiallinie).

Moskau hat fünf Flughäfen. Das wichtigste Tor zur Welt ist der 1980 erbaute, nordöstlich der Stadt liegende internationale Flughafen Šeremet'evo 2. Hier starten und landen nahezu alle internationalen Fluggesellschaften. Es gibt täglich Flüge nach Frankfurt, Düsseldorf, München, Hamburg über Berlin, Wien und Zürich. Auf der anderen Seite der Rollbahnen liegt sein Vorgänger Šeremet'evo I, von dem aus heute die Linien in Richtung St. Petersburg und Kaliningrad sowie in die Ukraine, nach Weißrußland und ins Baltikum starten. Die beiden großen Inlandsflughäfen liegen südlich von Moskau. Im Südwesten liegt Vnukovo, von wo aus die meisten Flüge in Richtung Sibirien starten. Von Domodedovo im Südosten führen die Flüge in den Ural und in den Fernen Osten. Der fünfte Flughafen Bykovo ist unbedeutend.

Am Platz der drei Bahnhöfe befindet sich das Hotel ›Leningradskaja‹. Architektonisch zwar interessant, als Hotel aber weniger zu empfehlen (ul. Kalančevskaja 21/40, Tel. 975 18 15). Interessante Hotels sind beispielsweise das exklusive ›Metropol‹ (Teatralnyj proezd 1, Tel. 927 60 00) oder das Hotel ›Ukraina‹ (Kutuzovskij pr. 2/1, Tel. 243 30 30).

An besseren Restaurants in der Nähe des Platzes der drei Bahnhöfe ist das Fischrestaurant ›Sirena‹ zu empfehlen, wo neben der guten Küche der Fußboden als riesiges Aquarium mit lebenden Stören beeindruckt (Bol'šaja Spasskaja ul. 15, Tel. 208 14 12).

Das bekannteste Moskauer Kaufhaus ist das GUM auf dem Roten Platz. Das drittgrößte Kaufhaus der Stadt mit Namen ›Moskovskij‹ steht am östlichen Rand des Platzes der drei Bahnhöfe. Empfehlenswert ist am Wochenende der Souvenir-Markt im Izmajlovo-Park und wochentags der Flohmarkt am Gorkij-Park.

www.moskva.net/moskau/wiss.html (D).
www.moscow-guide.ru (R/E).
all-moscow.ru/moscow.ru.html (R/E).
www.ivan.ru (R/E).
www.mos.ru (R).
www.in.msk.ru (R).
www.moscow.media.ru (R).

Die neuen Russen

Das Phänomen der sogenannten ›neuen Russen‹ ist mittlerweile auch über die Grenzen Rußlands hinaus bekannt. Im Wandel von der sozialistischen Planwirtschaft zur am Westen orientierten Marktwirtschaft bildete sich eine neue Schicht, die es je nach der Situation verstanden hat, über Beziehungen und Posten, mit Cleverness und Rücksichtslosigkeit, unternehmerischem Denken und halblegalen Machenschaften, Riesenglück und krimineller Energie in sehr kurzer Zeit zu sehr großen Reichtümern zu gelangen. Sie wurden zum Inbegriff der Ungerechtigkeiten des russischen ›Transformationsprozesses‹ und verblüfften Ivan Normalverbraucher im eigenen Lande genauso wie beispielsweise Otto Normalverbraucher hierzulande. Für diese Schicht spielt Geld offenbar keine Rolle mehr, aber nicht im kommunistischen Sinne der geldlosen Gleichheit aller, sondern im Sinne der Maßlosigkeit der eigenen Ansprüche. Humor ist bekanntlich, wenn man trotzdem lacht, und das tut man in Rußland zu diesem Thema zur Genüge:

Es treffen sich zwei ›neue Russen‹. Der eine weist stolz auf sein neues Jackett, das er soeben in einer Boutique an der nächsten Straßenecke für 1200 Dollar erworben hat. Darauf antwortet der andere entnervt: »Du hast dich schon wieder über den Tisch ziehen lassen. Zwei Straßenecken weiter kostet genau das gleiche Jackett 1400 Dollar«.

Ein ›neuer Russe‹ kommt zum Zahnarzt. Er zeigt ihm sein Gebiß, das nur aus Goldbrücken, Platin-Inlets und Diamanten besteht. Der Zahnarzt schaut sich die Zähne sorgfältig an und sagt: »Ich weiß gar nicht, welchen Zahn ich behandeln soll!« Darauf der Patient: »Wer redet denn hier von Behandeln, ich brauche eine Alarmanlage!«

Ein ›neuer Russe‹ hatte mit seinem 600er Mercedes einen schweren Verkehrsunfall. Passanten ziehen den Schwerverletzten aus dem Wagen. Mit letzter Kraft tritt er vor sein demoliertes Auto und jammert: »Oh, mein Mercedes, oh mein Mercedes!« Die verblüfften Passanten weisen ihn vorsichtig darauf hin, daß der Totalschaden des Autos doch halb so schlimm wäre, ihm aber bei dem Unfall der linke Arm abgerissen worden sei, worauf der neue Russe entsetzt aufschreit: «Oh, meine Rolex, oh meine Rolex!«

Der Steuerinspektor fragt den ›neuen Russen‹:
»Sind sie wirklich sicher, daß Sie Ihre Villa, die Wohnungen und Autos mit ehrlich erworbenem Geld bezahlt haben?«
»Mit was für Geld denn sonst!«
»Ich habe den Eindruck, daß das alles mit dem Geld des Volkes bezahlt wurde!«
»Wo soll das Volk denn solche Summen herhaben?«

Ein ›neuer Russe‹ und ein alter Jude fahren zusammen im Zug.
»Wie kommt es, daß die Juden immer so clever sind?« fragt der Russe.
»Weil wir Heringsköpfe essen. Die enthalten viel Phosphor, und das regt die Gehirntätigkeit an.«
»Dann verkaufen Sie mir den Salzhering, den sie dabei haben.«
»Kann ich nicht, das ist mein ganzes Abendbrot.«
»Ich biete 300 Dollar.«
»Einverstanden. Bitteschön. Guten Appetit!«
Der ›neue Russe‹ nimmt den Salzhering und beißt zufrieden den Kopf ab. Beim nächsten Halt des Zuges trinkt er auf dem Bahnsteig ein Bier. Nach der Rückkehr in das Zugabteil sagt er zu dem Juden:
»Ich bin doch bescheuert. Im Bahnhofsbuffet kostet der Salzhering fünf Rubel und ich hab' Ihnen 300 Dollar dafür gegeben.«
»Sehen sie, das Phosphor fängt schon an zu wirken.«

Ein ›neuer Russe‹ erzählt seinem Freund: »Weißt du, ich bin wirklich ein kluges Kerlchen!«
»Wieso denn?«
»Ich habe meinem Sohn einen LEGO-Baukasten gekauft und ihn in nur drei Tagen zusammengebaut.«
»Na und?«
»Auf der Packung stand 3–5 Jahre!«

Ein ›neuer Russe‹ erfährt, daß er schwer krank ist und nur noch ein Jahr zu leben hat. Niedergeschlagen sucht er Trost bei einem Pfarrer und bittet um Verzeihung für seine Sünden. Der Pfarrer lauscht verständnisvoll und gibt ihm folgenden Ratschlag: »Mein Sohn, verkauf deinen 600er Mercedes und kauf dir einen Lada, laß dich scheiden und heirate eine Obdachlose aus dem Bahnhofsviertel, verkauf deine Villa im Stadtzentrum und kauf dir eine Hütte auf dem Lande.« »Und dann werde ich länger leben?« fragt der neue Russe den Pfarrer. »Das nicht, aber das eine Jahr wird dir wie die Ewigkeit vorkommen.«

Jaroslavl'

Jaroslavl' tauchte 1071 erstmals in den Chroniken auf. Der Kiever Fürst Jaroslav der Weise soll 1010 hier am Zufluß des Kotorosl' in die Volga in der Bärenecke genannten Gegend einen Bären erlegt und sich aus diesem Grund für diesen Standort entschieden haben. Ab 1218 befand sich hier ein eigenständiges Fürstentum, und Jaroslavl' entwickelte sich zu einem wichtigen geistlichen und kulturellen Zentrum. Das bekannteste Werk altrussischer Dichtkunst – das ›Lied von der Heerfahrt Igors‹ – wurde Ende des 18. Jahrhunderts in der örtlichen Bibliothek entdeckt. Im Jahre 1463 wurde das Reich um Jaroslavl' dem Moskauer Fürstentum angegliedert. Der Handel florierte, Jaroslavl' entwickelte sich zum wichtigsten Hafen für Moskau und avancierte nach Moskau und Kazan' zur drittwichtigsten Handelsmetropole Rußlands. Das selbstbewußte Bürgertum und die reichen Kaufleute prägten mit ihren Aufträgen das Antlitz der Stadt, in der sich eine eigenwillige Architektur entwickelte.

Nachdem die Stadt durch einen Großbrand im Jahre 1658 fast vollständig vernichtet wurde, setzte man konsequent auf Stein als Baumaterial. In Jaroslavl' fanden farbenfreudige Fresken und Muster sowie glasierten Kacheln eine weite Verbreitung; sie verleihen dem Stadtbild sein typisches Flair. Als sich mit dem Umzug der Hauptstadt nach St. Petersburg auch die Handelsströme verlagerten, reagierte man mit der Ansiedlung von Textilmanufakturen, die die Basis für spätere Industrieansiedlungen legten. Die Funktion des Moskauer Fernhafens behielt Jaroslavl' noch bis zur Eröffnung des Volga-Moskva-Kanales im Jahre 1937.

Heute ist Jaroslavl' zwar ein Industriezentrum, in dem vor allem die chemische Industrie einen bedeutenden Faktor darstellt, doch umfangreiche Grünanlagen im Zentrum und die malerische Lage an der Volga lassen den Besucher nicht viel davon spüren. Die Stadt hat ein eigenes Kolorit und beeindruckt den Besucher durch ihre wachen Kirchen- und Kulturtraditionen. Vielleicht nicht unbedingt als erster Stop entlang der noch so langen Transsibirischen Eisenbahn, aber als lohnenswerter Wochenendausflug von Moskau ist Jaroslavl' auf jeden Fall sehr zu empfehlen. In der Stadt leben heute 630 000 Einwohner. Es besteht eine Städtepartnerschaft mit Kassel.

Stadtrundgang

Vom Bahnhof gelangt der Besucher über die ul. Svobody in das etwa zweieinhalb Kilometer entfernte Stadtzentrum. Vorbei an der örtlichen Kunsthalle (ul. Svobody 15, Tel. 32 83 83) und am neuen Jugendtheater kommt man zum Volkov-Platz.

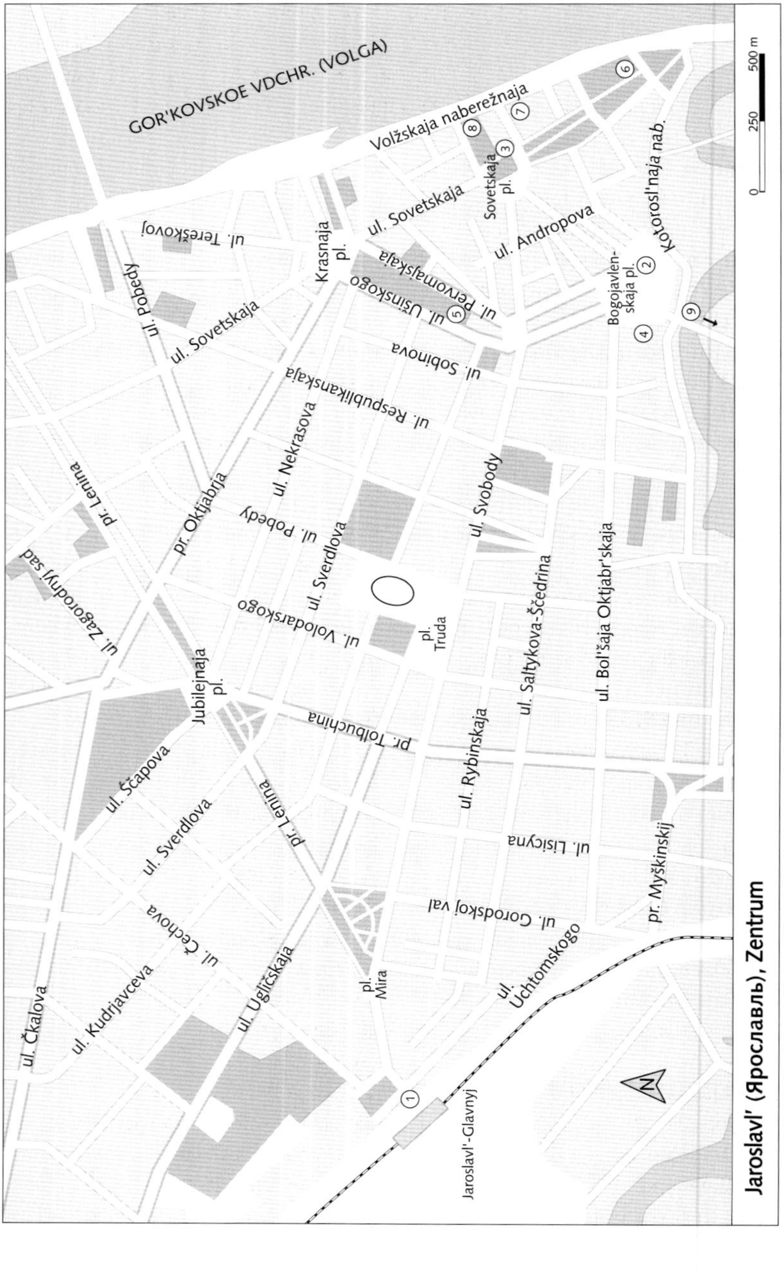

Jaroslavl' (Ярославль), Zentrum

Hier steht das nach dem Schauspieler Fëdor Volkov benannte örtliche Schauspielhaus (Tel. 309188). Volkov (1729–1763) gründete in Jaroslavl' 1750 die in Rußland erste Schauspielbühne, die einem breiten Publikum zugänglich war und eine feste Spielstätte aufwies. In Richtung Süden gelangt man entlang der alten

Legende

1 Bahnhof (Вокзал)
2 Erlöser-Kloster (Спасо-Преображенский монастырь)
3 Prophet-Elias-Kirche (Церковь Ильи Пророка)
4 Christi-Erscheinungskirche (Церковь Богоявления)
5 Schauspielhaus (Драматический театр им. Волкова)
6 Metropolitenpalast (Митрополичьи палаты)
7 Heimatkundemuseum (Краеведческий музей)
8 Kunstmuseum (Художественный музей)
9 Korovniki (Коровницкая слобода)

Straßen und Plätze

Bol'šaja Oktjabr'skaja, ul.
(Большая Октябрьская, ул.)
Čechova, ul.
(Чехова, ул.)
Gorodskoj Val, ul.
(Городской Вал, ул.)
Jubilejnaja, pl.
(Юбилейная, пл.)
Krasnaja, pl.
(Красная, пл.)
Lenina, pr.
(Ленина, пр.)
Lisicyna, ul.
(Лисицына, ул.)
Nekrasova, ul.
(Некрасова, ул.)
Oktjabrja, pr.
(Октября, пр.)
Pobedy, ul.
(Победы, ул.)
Respublikanskaja, ul.
(Республиканская, ул.)
Rybinskaja, ul.
(Рыбинская, ул.)
Saltykova-Ščedrina, ul.
(Салтыкова-Щедрина, ул.)
Ščapova, ul.
(Щапова, ул.)
Sobinova, ul.
(Собинова, ул.)
Sovetskaja, pl.
(Советская, пл.)
Sovetskaja, ul.
(Советская, ул.)
Sverdlova, ul.
(Свердлова, ул.)
Svobody, ul.
(Свободы, ул.)
Tereškovoj, ul.
(Терешковой, ул.)
Tolbuchina, pr.
(Толбухина, пр.)
Truda, pl.
(Труда, пл.)
Ugličskaja, ul.
(Угличская, ул.)
Volžskaja naberežnaja, ul.
(Волжская набережная, ул.)
Volodarskogo, ul.
(Володарского, ул.)

Handelsreihen zum Bogojavlenskij-Platz, wo sich neben einem dem Stadtgründer gewidmeten Denkmal sowohl die backsteinrote Christi-Erscheinungs-Kirche als auch das aus dem ursprünglichen Kreml hervorgegangene weiße Erlöser-Kloster befinden (Bogojavlenskaja pl. 25, Tel. 30 56 30). Die umfangreiche Museumsanlage mit mehreren Ausstellungen ist von der dem Fluß zugekehrten Seite aus zu erreichen. Vom Glockenturm hat man eine sehr schöne Sicht auf die Stadt. In Richtung Volga erheben sich drei weitere Kirchen, die 1680 geweihte Garnisons-Kirche, die Stadtkirche des Erlösers aus dem Jahre 1672 und die 1695 erbaute Nikolaj-Rublennyj-Kirche. Hier lohnt ein Spaziergang zum Ufer der Volga. An der Strelka genannten Landspitze hat die Stadt ihren Ursprung.

Am anderen Ufer des Kotorosl' befindet sich Korovniki, die frühere Vorstadt der Rinderzüchter (korova – Rind), wo ein herrliches Kirchenensemble die Blicke anzieht. Das Gesamtkunstwerk besteht aus zwei einander gegenüberstehenden und durch das zur Volga gewandte Tor verbundene Kirchen und einem schlanken 37 Meter hohen Glockenturm. Mitte des 17. Jahrhunderts durch Altgläubige erbaut, sind die Kirchen auch heute selten für die Öffentlichkeit zu besichtigen (nab. Portovaja 2). Auf dieser Seite des Flusses ist weiterhin die in der Vorstadt der Gerber gelegene, Johannes dem Täufer gewidmete Kirche mit ihren 15 Kuppeln sehenswert (pr. Tolbuchina).

Reinigungsarbeiten unterwegs

An der Uferstraße an der Volga befindet sich in den Mitropolit-Kammern das Museum für altrussische Kunst (Volžskaja nab. 1, Tel. 22 96 65). Vorbei am Volga- bzw. Arsenalturm sowie am Museum für Stadtgeschichte (Volžskaja nab. 17/1, Tel. 30 41 75) kann man durch den Sovetskij pereulok zum zentralen Platz der Stadt, dem Sovetskaja pl. gelangen. Es lohnt aber auch ein Spaziergang entlang der Uferstraße zum Passagierhafen. Zwischen dem Sovetskij per. und dem Narodnyj per. befindet sich im 1822 erbauten Gebäude des ehemaligen Gouverneurs-Palastes das eindrucksvolle Museum für bildende Künste (Volžskaja nab. 23, Tel. 32 98 18). Es folgt – von der 1620 erbauten Nikolaj-Nadein-Kirche und der 1644 vollendeten Christi-Geburts-

Kirche eingerahmt – das von Dimitrij Mostoslavskij begründete private Museum ›Musik und Zeit‹ (Volžskaja nab. 33a). Am modernen Passagierhafen erinnert ein Denkmal an den Dichter Nikolaj Nekrasov (1821–1878), der aus der Umgebung stammte und in der Stadt seine Jugend verbrachte.

Über die ul. Pervomajskaja, die vom Ufer wegführt, gelangt man zum sogenannten Roten Platz, der aber im Gegensatz zu seinem Moskauer Pendant außer der örtlichen Universität nicht mit besonderen Sehenswürdigkeiten aufwarten kann. Vom Roten Platz führt die ul. Pervomajskaja zum bereits bekannten Volkov-Platz, und über die ul. Sovetskaja kommt man zum gleichnamigen zentralen Platz der Stadt, wo sich mit Gebietsadministration und Duma das Verwaltungszentrum befindet. Auf der anderen Seite des Platzes steht die dem Propheten Elias gewidmete Kirche. Sie wurde 1650 geweiht und ist vor allem für ihre einzigartigen Kachelfresken bekannt.

Zeitunterschied: MEZ plus zwei Stunden.
PLZ: 150 000.
Vorwahl: 08 52.
Hauptpostamt: pl. Bogojavlenskaja 22/28.
Bank: Mosstroyekonombank, pr. Lenina 44, Tel. 32 02 02.
Geldautomat: ul. Pjatnickaja 6.
Reisebüro: Inturist, Bol'šaja Oktjabr'skaja ul. 87 (im Hotel ›Kotorosl'‹), Tel. 22 45 94.

Der Hauptbahnhof von Jaroslavl' befindet sich in der nördlichen Hälfte der Stadt am westlichen Rand des Stadtzentrums (ul. Svobody, Tel. 79 90 14). Die Stadt hat in Richtung Norden einen kleinen Flughafen, der aber aufgrund der Nähe zu Moskau vollkommen unbedeutend ist. Daneben gibt es den Busbahnhof (pl. Podvojskogo) und den Passagierhafen an der Volga (Flotskij spusk).

Das beste und neueste Hotel der Stadt ist das 2000 eröffnete Hotel ›Medvežij Ugol‹ (ul. Sverdlova 16, Tel. 72 82 14). Alternativen sind das am Kotorosl'-Ufer gelegene Hotel ›Jubilejnaja‹ (Kotorosl'naja nab. 11a, Tel. 22 41 59) und das Hotel ›Kotorosl'‹ (Bol'šaja Oktjabr'skaja ul. 87, Tel. 21 24 15).

An Restaurants sind das ›Staroe Mesto‹ (ul. Komsomol'skaja) und das ›Volga‹ im Gebäude des Passagierhafens (Volžskaja nab.) zu empfehlen.

Iaroslavl.narod.ru (R).
www.adm.yar.ru (R/E).
Info.yaroslavl.ru (R/E).
Zakladki.yaroslavl.ru (R).

Kirov

Die Stadt zieht sich fast 20 Kilometer am linken, hohen Ufer des Flusses Vjatka entlang. Ursprünglich hieß der 1374 gegründete Ort Chlynov. Dank seiner Lage am Hochufer einer Furt avancierte der Ort schnell zu einem Zentrum des Pelzhandels. Am Sibirischen Trakt gelegen, wurde die Stadt zu Beginn des 19. Jahrhunderts zum wohl westlichsten Verbannungsort auf der Strecke gen Osten. Rußlands liberaler Philosoph Aleksandr I. Gercen (1812–1870), der satirische Schriftsteller Michail Saltykov-Ščedrin (1826–1889) und auch der spätere Begründer des KGB, Feliks E. Dzeržinskij (1877–1926), durchlebten hier Jahre ihrer Verbannung. Mitte der 30er Jahre wurde die Stadt dann nach dem ermordeten Leningrader Parteiführer Sergej Kirov benannt. Viele Jahre später erst kam die Wahrheit ans Licht, daß dieser den Vorwand für die großen Repressionswellen Stalins liefernde Mord von Stalin selbst veranlasst war, der damit einen in der Bevölkerung sehr populären Konkurrenten ausschaltete. Die heute 338 000 Einwohner zählende Stadt sollte zwar in den 90er Jahren wieder zurückbenannt werden, aber der neue ›alte‹ Name konnte sich in der Bevölkerung nicht durchsetzen, und so blieb es bei Kirov. Es ist eine typische russische Provinzstadt, die aber durchaus ihre Reize hat.

Der Bahnhof von Kirov

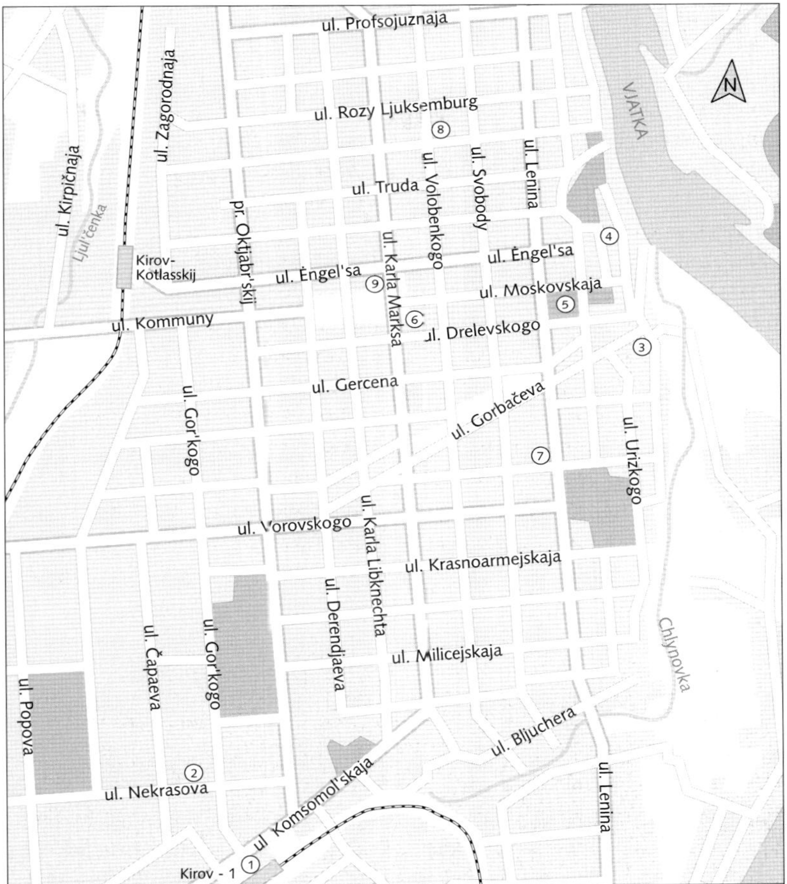

Kirov (Киров), Zentrum

Legende

1 Bahnhof (Вокзал)
2 Busbahnhof (Автовокзал)
3 Trifonov-Kloster (Трифонов монастырь)
4 Jungfrauen-Kloster mit Erlöserkirche (Спасо-Преображенский Новодевичий монастырь)
5 Heimatkundemuseum (Краеведческий музей)
6 Gemäldegalerie (Художественный музей)
7 Saltykov-Ščedrin-Museum (Музей М. Е. Салтыка-Щедрина)
8 Aleksandr-Grin-Museum
7 Schauspielhaus (Драматический театр)

Straßen und Plätze
Čapaeva, ul.
(Чапаева, ул.)
Drelevskogo, ul.
(Дрелевского, ул.)
Ėngel'sa, ul.
(Энгельса, ул.)
Gercena, ul.
(Герцена, ул.)
Gorbačeva, ul.
(Горбачева, ул.)
Gor'kogo, ul.
(Горького, ул.)
Karla Marksa, ul.
(Карла Маркса, ул.)
Kommuny, ul.
(Коммуны, ул.)
Krasnoarmejskaja, ul.
(Красноармейсая, ул.)
Milicejskaja, ul.
(Милицейская, ул.)
Moskovskaja, ul.
(Московская, ул.)
Lenina, ul.
(Ленина, ул.)
Oktjabr'skij, pr.
(Октябрьский, пр.)
Popova, ul.
(Попова, ул.)
Rozy Luksemburg, ul.
(Розы Луксембург, ул.)
Svobody, ul.
(Свободы, ул.)
Truda, ul.
(Труда, ул.)
Volodarskogo, ul.
(Володарского, ул.)
Vorovskaja, ul.
(Воровская, ул.)
Zagorodnaja, ul.
(Загородная, ул.)

Stadtrundgang

Vom 2001 umfassend renovierten Bahnhof nach rechts gelangt man auf der ul. Komsomol'skaja zur ul. Marksa, der zentralen Nord-Süd-Magistrale der Stadt. Eine zweite Hauptstraße, die ul. Lenina, verläuft drei Straßen weiter parallel. Hier befinden sich die Philharmonie (ul. Lenina 102b) und das Saltykov-Ščedrin-Museum. In dem grünen Holzhaus lebte der verbannte Michail Saltykov, der unter dem Pseydonym Ščedrin schrieb, von 1848 bis 1855 (ul. Lenina 93, Tel. 62 53 78). Auf der ul. Gorbačeva, die aber weder wegen Michail noch wegen des Vodkas so heißt, gelangt man in der Altstadt in Richtung des Flusses zum Uspenskij-Trifonov-Kloster aus dem 17. Jahrhundert, das neben der der von 1684 bis 1689 errichteten und für ihre riesige Ikonenwand bekannten Erlöser-Kathedrale und drei weiteren Kirchen aufweist (ul. Bol'ševikov 50, Tel. 69 25 19). Gegenüber liegt das Volkskunstmuseum mit einer Auswahl ortstypischer Souvenirs und Vjatkaer Spitzen.

Bekannt ist Vjatka vor allem für die ›Dymkover Spielsachen‹. Am anderen Ufer der Kirov befindet sich der eingemeindete Stadtteil Dymkovo, der den bekannten Tonfiguren den Namen gibt. Die Spielsachen sind kleine handgeformte Tonfiguren und Pfeifen mit Trachtenfiguren, Husaren, Musikanten oder Tieren als Motiven (ul. Drelevskogo 4b, Tel. 62 22 50).

Nördlich davon, in Richtung Uferpromenade, befand sich die den Ursprung der Stadt bildende Festung. Dahinter liegt das Jungfrauen-Kloster mit der Erlöserkirche und der Johannes dem Täufer gewidmeten Kirche. Hier gelangt man auch zum Grin-Museum. Der bekannte Schriftsteller Aleksandr Grin (eigentlich Grinevskij, 1880–1932) stammte aus einem Dorf in der Umgebung. Aus seinem von der Romantik geprägten Schaffen ist vor allem die märchenhafte Erzählung ›Das purpurrote Segel‹ (Alye parusa) bekannt (ul. Volodarskogo 44, Tel. 69 07 77). Über die Uferpromenade kommt man zur ul. Kommuny, deren Anfang an der Uferanhöhe das Denkmal für die Opfer des Zweiten Weltkrieges bildet. Daneben kann man sich im ›Diorama‹ genannten Museumszentrum auf einer gigantischen Leinwand auch die revolutionären Ereignisse des 1. Dezember 1917 anschauen (ul. Gor'kogo 32, Tel. 64 04 55). Entlang der ul. Kommuny kommt man am Jugendtheater vorbei zum Heimatkundemuseum (ul. Lenina 82) und zu einem Platz, der die ul. Marksa kreuzt. Hier befinden sich neben der örtlichen Hochschule auch das 1877 gegründete Schauspielhaus (ul. Moskovskaja 37, Tel. 62 32 52) und die über die Grenzen der Stadt hinaus bekannte Gemäldegalerie (ul. K. Marksa 70, Tel. 62 78 48). Alljährlich am 3. Juni ist Kirov Ausgangspunkt der mit 170 Kilometer längsten Pilgerprozession Rußlands. Hinter der Ikone von Nikolaj dem Wundertäter zieht der Pilgerzug in drei Tagen zum Dorf Velikoreckaja.

Zeitunterschied: MEZ plus drei Stunden.
PLZ: 610 000.
Vorwahl: 83 32.
Bank: Sberbank, ul. Derendjaeva 25, Tel. 65 33 66.
Reisebüro: Inturist, ul. Volodarskogo 127, Tel. 9 09 49.

Der Hauptbahnhof Kirov I befindet sich am südlichen Stadtrand (Komsomol'skaja ul.). Hier kreuzt die Transsib die Nord-Südverbindung von Nižnij Novgorod nach Kotlas, an der sich der Kotlasser Bahnhof (ul. Ėngel'sa) befindet.
Der Busbahnhof befindet sich an der ul. Nekrasova.

Der Flughafen Zonovo liegt nordwestlich des Zentrums. Aeroflot unterhält ein Büro in der ul. Gor'kogo 56, Tel. 444 72.

Die besten Unterkünfte der Stadt sind das Hotel Vjatka (pr. Oktjabr'skij 145, Tel. 64 83 96) und das auch öffentlich zugängliche Gästehaus der Gebietsadministration (ul. Gercena 44, Tel. 38 10 16)

Als bestes Restaurant der Stadt gilt das ›Rossija‹ (ul. Moskovskaja 5).
Die beiden Kneipen ›Pivnuška‹ und ›Bočka‹ befinden sich auf dem Oktjabr'skij pr. 20 und 110.

Nižnij Novgorod

Nižnij Novgorod, das ›untere‹ Novgorod – in Unterscheidung zu Novgorod oder Velikjj Novgorod in der Nähe von St. Petersburg –, wird häufig auch nur einfach ›Nižnij‹ genannt. Von 1932 bis 1990 trug die heute knapp 1,5 Millionen Einwohner zählende Stadt den Namen des hier 1868 geborenen Schriftstellers Maksim Gor'kij.

Der Ort wurde 1221 von Jurij Vsevolodič, einem Fürsten aus Vladimir, gegründet. Der Handel florierte an den östlich der Mündung des Flußes Oka in die Volga gelegenen Hügeln und ließ die Ansiedlung schnell wachsen und zu Beginn des 14. Jahrhundert sogar für zwei Generationen ein selbständiges Fürstentum entstehen. Doch die Streitigkeiten unter den russischen Fürsten sowie die Bedrohung durch die Tataren und Mongolen stoppten die Entwicklung und ließen Nižnij Novgorod zweimal in Schutt und Asche versinken. Erst im 16. Jahrhundert gab unter Moskauer Herrschaft die Vollendung der steinernen Kremlfestung die in den Auseinandersetzungen mit den Tataren notwendige Sicherheit. Die Stadt expandierte an das westliche Oka-Ufer und umfaßt bis heute im Ortsteil ›Nagornaja‹ (auf dem Berg) um den Kreml herum das Stadtzentrum und den Ortsteil ›Zarečnaja‹ (hinter dem Fluß) mit den Gewerbeansiedlungen und den dazugehörenden Wohnbezirken.

Nižnij Novgorod wurde eine der bedeutendendsten Handels- und Industriestädte Rußlands und ist es bis heute geblieben. Neben der in den letzten Jahren wiederbelebten Messe dominieren der Maschinenbau, die Werftindustrie und der Fahrzeugbau. Hier werden die Autos der Marke ›Volga‹ hergestellt. Zugleich war die Stadt eine bedeutende Waffenschmiede Rußlands, weshalb sie auch zu Sowjetzeiten für Ausländer nicht zugänglich war. Im Stadtbild finden sich viele architektonische Belege für den Reichtum der örtlichen Kaufleute. Heute werden diese Traditionen wieder neu belebt. Vor allem dank des jungen Reform-Gouverneurs Boris Nemcov gilt die Region als eine der dynamischsten Wirtschaftsstandorte des neuen Rußland. Es besteht eine Städtepartnerschaft mit Essen.

Stadtrundgang

Nižnij Novgorod liegt an beiden Seiten der Oka-Mündung in die Volga. Der Hauptbahnhof befindet sich ›hinter dem Fluß‹. Auf dieser Seite der Oka sind die 1817 eröffneten Messehallen und die beiden Messe-Kathedralen sehenswert. Die einzige Metrolinie der Stadt bleibt in dieser Stadthälfte. Mit der Straßenbahnlinie 1 gelangt man über die Kanavinskij-Brücke zum Kreml und ins Stadtzentrum. Von der Brücke über die Oka bietet sich auch ein herrlicher Blick auf die Mündung in die majestätische Volga. Man gelangt über die Uferpromenade am Flußhafen vorbei oder parallel über die mit ihren im Jugendstil und im Klassizismus gehaltenen Kaufmannshäuser beeindruckende ul. Roždestvenskaja hinauf zum Kreml, dessen Eckpunkte fünf dicke, quadratische Türme und sechs kleinere runde Türme bilden. Die Kremlmauer ist fast zwei Kilometer lang und über zehn Meter hoch. Durch den Ivan-Turm von der Volga kommend oder durch den Dimitrij-Turm vom Stadtzentrum her, gelangt man in das Innere des Kremls. Hier findet man den Sitz des Gouverneurs, die 1631 erbaute Erzengel-Michael-Kathedrale, die Phil-

Die Filiale der Zentralbank

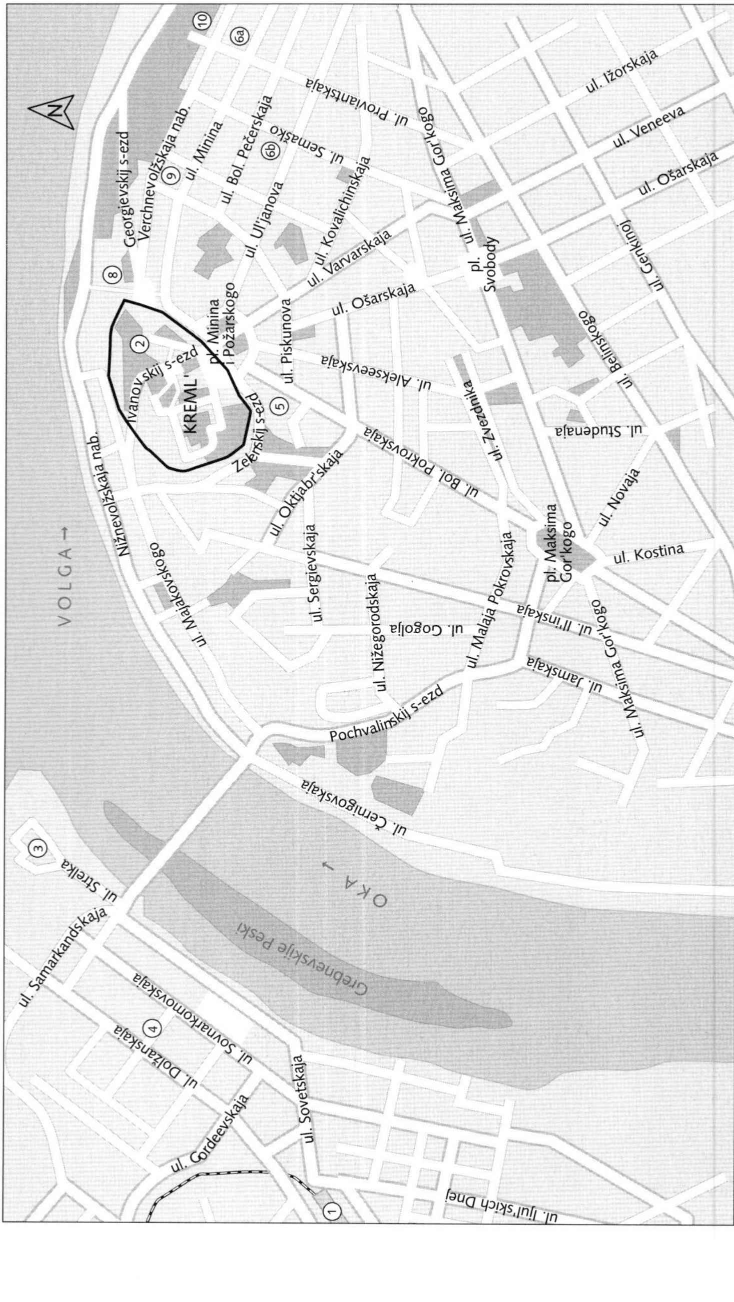

Nižnij Novgorod (Нижний Новгород), Zentrum

Legende

1 Bahnhof (Вокзал)
2 Kreml' (Кремль)
3 Aleksandr-Nevskij-Kirche (Ямарочный собор Александра Невского)
4 Messegelände (Нижегородская Ярмарка)
5 Schauspielhaus (Театр драмы им. М. Горького)
6 a,b Maksim-Gor'kij-Museum (Дом-музей М. Горького)
7 Andrej-Sacharov-Museum (Музей-квартиа А. М. Сахарова)
8 Čkalov-Denkmal (памятник Чкалову)
9 Heimatkundemuseum (Историко-архитектурный музей-заповедник)
10 Skischanze (лыжный трамплин)

Straßen/Plätze

Alekseevskaja, ul.
(Алексеевская, ул.)
Belinskogo, ul.
(Белинского, ул.)
Bol'šaja Pečerskaja, ul.
(Большая Печерская, ул.)
Bol'šaja Pokrovskaja, ul.
(Большая Покровская, ул.)
Gagarina, pr.
(Гагарина, пр.)
Georgievskij s-ezd
(Георгиевский съезд)
Gogolja, ul.
(Гоголя, ул.)
Gruzinskaja, ul.
(Грузинская, ул.)
Ijul'skich dnej, ul.
(Июльских дней, ул.)
Ivanovskij s-ezd
(Ивановский съезд)
Kazanskij s-ezd
(Казанский съезд)
Lenina, pl.
(Ленина, пл.)
Maksima Gor'kogo, ul.
(Максима Горького, ул.)
Malaja Pokrovskaja, ul.
(Малая Покровская, ул.)
Minina, ul.
(Минина, ул.)
Minina i Požarskogo, pl.
(Минина и Пожарского, пл.)
Nižegorodskaja, ul.
(Нижегородская, ул.)
Niževolžskaja naberežnaja, ul.
(Нижеволжская набережная, ул.)
Oktjabr'skaja, ul.
(Октябрьская, ул.)
Ošarskaja, ul.
(Ошарская, ул.)
Piskunova, ul.
(Пискунова, ул.)
Pochvalinskij s-ezd
(Похвалинский съезд)
Roždestvenskaja, ul.
(Рождественская, ул.)
Semaško, ul.
(Семашко, ул.)
Sovetskaja, ul.
(Советская, ул.)
Sovnarkomovskaja, ul.
(Совнаркомовская, ул.)
Strelka, ul.
(Стрелка, ул.)
Svobody, pl.
(Свободы, пл.)
Ul'janova, ul.
(Ульянова, ул.)

Varvarskaja, ul.
(Варварская, ул.)
Verchnevolžskaja naberežnaja, ul.
(Верхневолжская набережная, ул.)

Zelenskij s-ezd
(Зеленский съезд)

harmonie (Tel. 39 11 87) und die städtische Gemäldegalerie (Tel. 39 08 55). Die größtenteils überdachte Mauer ist als Museum (Tel. 391888) teilweise ebenfalls begehbar und bietet einen schönen Blick auf die Stadt und die Volga.

Durch den Dimitrij-Turm gelangt man auf den nach Kuzma Minin und Dimitrij Požarskij benannten Platz. Beide kamen aus Nižnij Novgorod, organisierten in der sogenannten ›Zeit der Wirren‹ den Sieg über die polnischen Interventen und legten somit entscheidende Grundlagen für den Beginn der Romanov-Dynastie, was auch auf Moskaus Rotem Platz mit einem Denkmal gewürdigt wird. Hier beginnt die ul. Bol'šaja Pokrovskaja – als Fußgängerzone bis zum Gor'kij-Platz die wichtigste Flaniermeile der Stadt. Rechts erhebt sich ein Kaufhaus, kurz dahinter folgt das Schauspielhaus (ul. B. Pokrovskaja 13, Tel. 30 58 55). Das Operntheater befindet sich in der ul. Belinskogo 39 (Tel. 35 16 40). Allen Hobby-Fotografen sei das Fotografie-Museum empfohlen, das in einer Nebenstraße an die beiden bedeutenden russischen Fotografen Andrej Karelin und Maksim Dmitrev erinnert (ul. Piskunova 9, Tel. 34 25 23). Märchenschloßartig erhebt sich an der nächsten Ecke die örtliche Filiale der Zentralbank. Es folgen die Universität, das Puppentheater

Der Platz vor dem Kreml

(B. Pokrovskaja 39, Tel. 39 07 21) und viele Geschäfte, Cafés und Restaurants. Am Gor'kij-Platz erinnert ein Denkmal an den großen Sohn der Stadt, dem auch zwei Museen gwidmet sind das Haus, in dem er nach 1902 lebte (ul. Semaško 19, Tel. 36 15 29) und ein Literaturmuseum (ul. Minina 26, Tel. 36 65 83).

Vom Minin-Požarskij-Platz lohnt auch ein Spaziergang zur Volga. Hier stößt man auf die vielfotografierte Volga-Treppe und das Denkmal für den russischen Polarflieger Valery Čkalov. Die Uferpromenade ist ein beliebter Ort für Spaziergänge. Das Heimatkundemuseum (offiziell: Museum für Geschichte und Architektur) an der Promenade ist seit geraumer Zeit wegen Rekonstruktion geschlossen (Verchne-Volžskaja nab. 7, Tel. 36 37 61).

Abseits des Zentrums lohnt das Andrej-Sacharov-Museum einen Besuch. Der Kernpysiker Sacharov (1921–1989) war wohl der bekannteste sowjetische Dissident der Breznev-Ära und von 1980 bis 1986, bis ihm im Rahmen der Perestroika Michail Gorbačëv die Rückkehr nach Moskau erlaubte, nach Gor'kij verbannt worden. Seine damalige Neubau-Wohnung beherbergt heute ein ihm und seiner Verbannung gewidmetes Museum (pr. Gagarina 214, Tel. 66 86 23).

Zeitunterschied: MEZ plus drei Stunden.
PLZ: 603 000.
Vorwahl: 83 12.
Hauptpostamt: pl. Gor'kogo 1.
Bank: NBD Bank, pl. Gor'kogo 6, Tel. 34 39 90, www.nbdbank.ru.
Geldautomat: ul. Gor'kogo 4.
Reisebüro: ul. Sovetskaja 12, Tel. 44 46 92.

Der Bahnhof befindet sich vom Kreml aus am anderen Oka-Ufer, Tel. 44 27 24.

Der Flughafen Strigino befindet sich südwestlich des Stadtzentrums. Das Aeroflot-Büro in der Innenstadt liegt am pl. Lenina, Tel. 44 39 76. Es gibt wöchentlich zwei Lufthansa-Verbindungen nach Frankfurt/M.

Das beste Hotel der Stadt mit Volga-Blick ist das ›Oktjabr'skaja‹, Verchnevolžskaja nab. 9a, Tel. 32 12 90. Alternativen sind das ältere und ebenfalls am Volgaufer gelegene Hotel ›Volžskij Otkos‹ (ehemals Rossija, Verchnevolžskaja nab. 2, Tel. 39 16 41) oder das in Bahnhofsnähe gelegene Hotel ›Central'nyj‹, ul. Sovetskaja 12, Tel. 77 55 00.

In der Fußgängerzone sind die Gaststätten ›Ermitaž, Bolšaja Pokrovskaja 21, Tel. 33 47 79, und ›Vitalič‹, B. Pokrovskaja 35, Tel. 33 16 91, zu empfehlen. Gute Küche findet man auch im ›Burlatskaja Svoboda‹, Georgievskij s'ezd 1 Tel. 36 19 07. McDonalds ist mittlerweile auch eingetroffen, pl. Gor'kogo 2.

www.unn.runnet.ru/nn (E,R)
www.nnovcity.ru (R)
www.nn.ru (R).

Kazan'

Das 1177 als Bulgar-Dzadid gegründete Kazan' ist heute die Hauptstadt der Republik Tatarstan und einerseits der Inbegriff für die maximal erreichbare Autonomie eines Föderationssubjektes und andererseits das Zentrum des Islams in Rußland. Die moslemischen Tataren machen etwa 48 Prozent der Bevölkerung aus. Die ursprünglich an der Volga ansässigen Volga-Bulgaren wurden im 13. Jahrhundert durch die Mongolen und Tataren vertrieben. Als die Goldene Horde sich auflöste, wurde Kazan' zur Hauptstadt des gleichnamigen, Khanat genannten, Fürstentums. Im Jahre 1552 wurde die Stadt unter Ivan dem Schrecklichem erobert und an Rußland angegliedert.Die berühmte Moskauer Basilius-Kathedrale wurde übrigens zu Ehren dieser siegreichen Schlacht errichtet. Auch in Kazan' hielt das Kreuz Einzug. Der islamische Halbmond wurde unterdrückt und erst Ende des 18. Jahrhunderts unter Ekaterina der Großen wieder toleriert.

Heute prägen sowohl russische Kirchen als auch tatarische Moscheen die Stadtsilhouette. Im 19. Jahrhundert wurde Kazan' zu einer prosperierenden Handels- und Industriemetropole, was sich auch in der städtebaulichen Entwicklung niederschlug. Mit den ersten Ölfunden Ende des 19. Jahrhunderts kam ein neuer Boom. Heute ist der bedeutende Industriestandort vor allem durch die petrochemische Verarbeitung des in Tatarstan geförderten Erdöls und Erdgases, die Luftfahrttechnik, insbesondere die Herstellung von Flugzeugen und Hubschraubern, und die optische Industrie (Ferngläser, Nachtsichtgeräte) geprägt. In der Stadt lebt etwas mehr als eine Million Menschen. Kazan' ist die Heimatstadt des Sängers Fëdor Šaljapin (1873–1938) und des Ballettänzers Rudolf Nureev (1938–1993). Die erste islamische Universität Rußlands eröffnete 1999 ihre Pforten.

Obwohl nicht an der klassischen Transsib-Route gelegen, wird Kazan' von einigen Sonderzügen angefahren und deshalb hier beschrieben.

Stadtrundgang

Kazan' liegt heute an der Volga. Früher lag der Ort nur am Fluß Kazanka, sechs Kilometer vom Volgaufer entfernt. Doch seit an der Volga eine Staudamm-Kaskade errichtet wurde und sich von dort ein Rückstau gebildet hat, ist Kazan' eine Hafenstadt, und der Bahndamm liegt jetzt genau am Ufer des Stromes zwischen dem Fluß und dem Zentrum der tatarischen Hauptstadt. Vom Bahnhof gelangt man am besten nach links über die ul. Said-Galieva zum Volganebenfluß Kazanka. In die ul. Novokremlëvskaja einbiegend, findet man linker Hand den Zentralmarkt, den auf 2400 Zuschauer ausgelegten Kuppelzirkus (ul. Novokrem-

Im Bahnhof von Kazan'

lëvskaja 2, Tel. 32 48 54) und einen Sportkomplex, wo das auch international bekannte Kazaner Eishockey-Team ›Ak Bars‹ den Puck jagt.

Von weitem sieht man bereits am Ufer der Kazanka den gewaltigen, schneeweißen Kreml, dessen Mauer eine Länge von 1,7 Kilometern erreicht. Durch den 45 Meter hohen Erlöser-Turm gelangt man in das Innere des Kremls. Er stammt wie die Maria-Verkündigungs-Kathedrale (Blagoveščenskij sobor) aus der Mitte des 16. Jahrhunderts. 100 Jahre später folgten die Palast-Kirche (Dvorcovaja cerkov') und der Gouverneurs-Palast, der heutige Sitz des Präsidenten Tatarstans. Die Silhouette des Kremls wird vor allem durch den 57 Meter hohen und sich um eineinhalb Meter zur Seite neigenden Turm bestimmt. Er ist nach der angeblich von Ivan dem Schrecklichen angebeteten und patriotisch wie tragisch im Freitod endenden Tatarenfürstin Sjujümbike benannt.

Neben den orthodoxen Kirchen fällt heute vor allem der bislang noch im Rohbau befindliche Neubau einer riesigen Moschee ins Auge. Es soll das größte islamische Gotteshaus außerhalb des islamischen Herrschaftsbereiches werden und ist Ausdruck eines neuen, teilweise auch durch nationalistische Züge geprägten Selbstbewußtseins der Tataren.

Die zentralen Straßen Kazans sind die ul. Baumana und die parallel verlaufende ul. Profsojuznaja. Am Beginn erinnert ein Denkmal an den tatarischen Nationaldichter Musa Džalilja. Er geriet im Zweiten Weltkrieg in deutsche Gefangen-

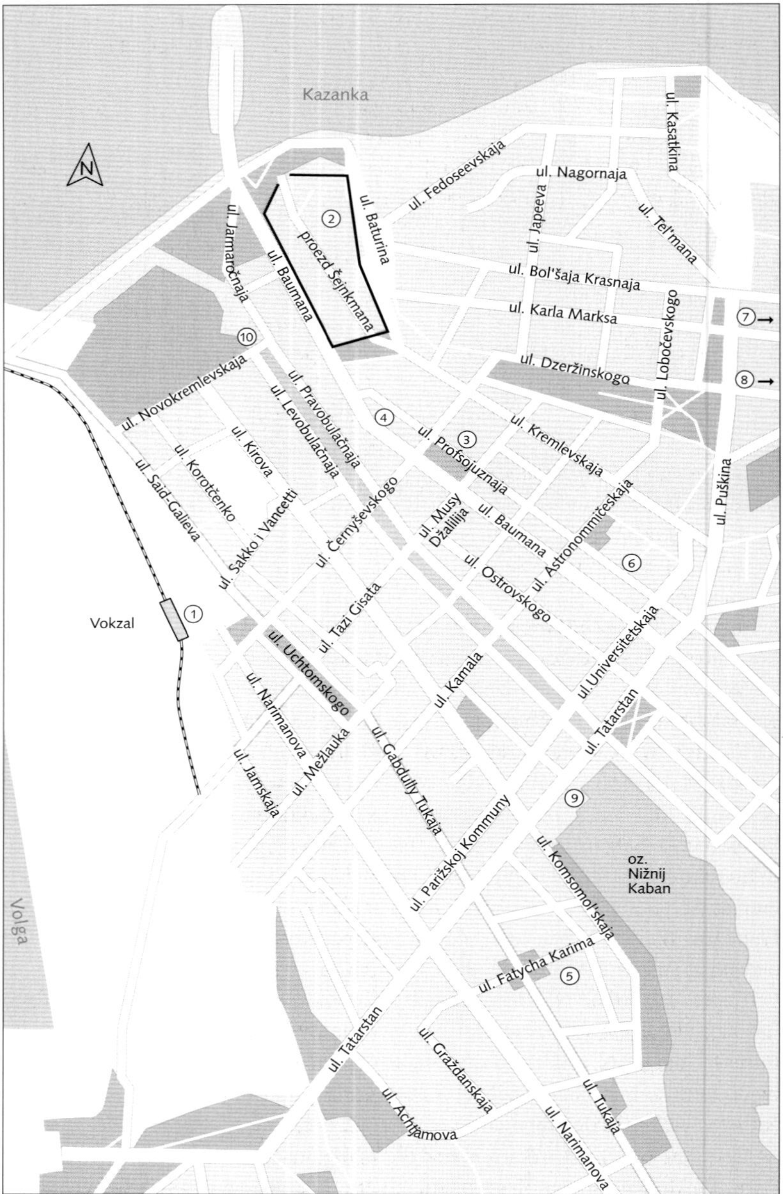

Kazan' (Казань), Zentrum

schaft, kam zunächst in das KZ Sachsenhausen und wurde dann im Gefängnis Berlin-Moabit 1944 hingerichtet. Innerhalb seines poetischen Schaffens sind vor allem die aus dem Gefängnis geschmuggelten und später im Band ›Moabiter Hefte‹ erschienenen Gedichte sehr eindrucksvoll. Auch das Kazaner Opern- und Balletttheater trägt den Namen des Dichters.

Neben der Nikolaj-Kirche befindet sich die farbenfreudig gemusterte Peter-und-Paul-Kathedrale, eine der schönsten Barockkirchen Rußlands. Hier befand

Legende

1 Bahnhof (Вокзал)
2 Kreml' (Кремль)
3 Peter-und-Pauls-Kathedrale (Петропавловский собор)
4 Nikolai-Kirche (Николо-Низская церковь)
5 Apanaev-Moschee (Апанаевская мечеть)
6 Universität (Университет)
7 Gemäldegalerie (Картинная галерея)
8 Gor'kij-Museum (Литературно-мемориальный музей им. М. Горького)
9 Tatarisches Nationaltheater (Татарский национальный театр)
10 Zirkus (Цирк)

Straßen und Plätze

Baturina, ul.
(Батурина, ул.)
Baumana, ul.
(Баумана, ул.)
Bol'šaja Krasnaja, ul.
(Большая Красная, ул.)
Černyševskogo, ul.
(Чернышевского, ул.)
Fatuchy Karima, ul.
(Фатухы Карима, ул.)
Gabdully Tukaja, ul.
(Габдуллы Тукая, ул.)
Japeeva, ul.
(Япеева, ул.)
Jarmaročnaja, ul.
(Ярмарочная, ул.)
Kamala, ul.
(Камала, ул.)
Karla Marksa, ul.
(Карла Маркса, ул.)
Kirova, ul.
(Кирова, ул.)
Komsomol'skaja, ul.
(Комсомольская, ул.)
Kremlevskaja, ul.
(Кремлевская, ул.)
Levobulačnaja, ul.
(Левобулачная, ул.)
Novokremlevkaja, ul.
(Новокремлевсая, ул.)
Ostrovskogo, ul.
(Островского, ул.)
Parižskoj Kommuny, ul.
(Парижской Коммуны, ул.)
Pravobulačnaja, ul.
(Правобулачная, ул.)
Profsojuznaja, ul.
(Профсоюзная, ул.)
Šejnkmana, proezd
(Шейнкмана, проезд)
Tatarstan, ul.
(Татарстан, ул.)
Tazi Gisata, ul.
(Тази Гисата, ул.)

sich zu sowjetischer Zeit, als auch das örtliche Parteiarchiv in dieser Kirche untergebracht war, die heute als ›verschollen‹ geltende wundertätige Ikone der Kazaner Gottesmutter – eines der bedeutendsten Meisterwerke russischer Ikonenkunst.

Bekannt ist die 1804 gegründete Universität, die auch mit einem eigenen Museum aufwarten kann (ul. Profsojuznaja). Seine literarisch auch entsprechend verewigte ›Universität des Lebens‹ fand in Kazan' der proletarische Schriftsteller Aleksej Maksimovič Peškov (1868–1936) während seines vierjährigen Aufenthaltes in der Stadt. Der unter seinem Pseudonym Maxim Gorki (Maksim Gor'kij) bekannte Autor arbeitete damals in einer Kellerbäckerei, die heute ein Museum ist (ul. Gor'kogo 10, Tel. 38 47 78). Zwei Ecken weiter lohnt das eindrucksvolle Kunstmuseum ebenfalls einen Besuch (ul. Marksa 64, Tel. 36 69 21).

Über die ul. Kujbyševa, die dann zur ul. Tatarstan wird, gelangt man am gleichnamigen Hotelhochhaus vorbei zum Wildschweinsee (Kabanskoe ozero). Auf dem Boden des Sees sollen sich noch Schätze der Goldenen Horde befinden. An seinem nördlichen Ufer steht das moderne Tatarische Nationaltheater ›Galiasgara Kamala‹ (ul. Tatarstan 1, Tel. 32 93 74). Der See galt ursprünglich als eine Trennlinie zwischen den russischen und tatarischen Quartieren der Stadt. Während die Russen sich in Richtung Kreml im Zentrum niederließen, siedelten sich die Tataren in den Vorstädten an. Daher finden sich viele Kirchen im Zentrum, die Moscheen zumeist außerhalb davon. Die bekannteste Moschee der Stadt ist die 1887 errichtete Asimov-Moschee mit ihrem 51 Meter hohen Minarett. Erst ab 1920 wurde unter dem Vorzeichen der neuen Nationalitätenpolitik Lenins eine gemischte Ansiedlung gefördert. Einerseits erfuhr das tatarische Kulturerbe unter dem Sowjetstern eine gezielte Förderung, andererseits wurde die Schriftsprache 1939 zwangsweise kyrillisiert. Heute sind Russisch und Tatarisch gleichberechtigte Amtssprachen.

Vom Wildschweinsee kehrt man in Richtung Norden auf einer der beiden Uferstraßen, die den früher schiffbaren Stadtkanal säumten und daher ihren Namen tragen (ul. Pravobulačnaja und ul. Levobulačnaja), ins Zentrum zurück.

Zeitunterschied: MEZ plus drei Stunden.
PLZ: 420 000.
Vorwahl: 84 32.
Hauptpostamt: ul. Baumana.
Bank: Bank Ak Bars, ul. Dekabristov 1, Tel. 25 83 04.
Geldautomat: im Hotel ›Tatarstan‹.
Reisebüro: Inturist (Hotel Kazan', ul. Baumana 9/15, Tel. 32 41 95).

Der Bahnhof liegt am westlichen Rand des Zentrums, unmittelbar am Ufer der hier aufgestauten Volga (ul. Said-Galieva).

Der Flughafen liegt nördlich von Kazan'. Es gibt zwei wöchentliche Lufthansa-Flugverbindungen nach Frankfurt/M.

Daneben gibt es umfangreiche Inlandverbindungen, darunter täglich zwei Flüge nach Moskau (Tel. 37 97 65).

Das beste Hotel der Stadt ist das ›Safar‹ (ul. Odnostoronnogo grivka 1, Tel. 43 97 43). Reisegruppen werden häufig im noch recht sowjetischen Hotel ›Tatarstan‹ untergebracht (ul. Kujbyševa 2, Tel. 32 69 79).

Als bestes Restaurant der Stadt gilt der ›Vinnyj Pogreb‹ (ul. Puškina).

Das größte Kaufhaus der Stadt befindet sich in der Nähe des Kremls neben dem Zirkus.

www.kazan.ru (R).
www.kcn.ru (R/E).
akm.kazan.ru/kazan (R/E).
e-kazan.ru (R).

Perm'

Perm' erstreckt sich am Fuße des Urals entlang der in die Volga fließenden Kama auf knapp 60 Kilometer Länge. Der Stadtname stammt aus dem Finno-Ugrischen und bedeutet fernes Land. Perms Geschichte begann im Jahr 1723, als man unweit des Dorfes Egošicha Kupfererz entdeckte. Der Bergbauingenieur V. N. Tatiščev, der auch als Gründer von Ekaterinburg gilt, plante hier ebenfalls den Bau einer Kupferhütte. Um sie herum entstand eine neue Siedlung, die 1796 das Stadtrecht erhielt. Insbesondere dank seines Hafens an der Kama, Nebenfluß der Volga, wurde Perm' zu einem regen Handelsplatz und zum Tor in ein noch ferneres Land – Sibirien. Aufgrund der Erzlagerstätten entwickelte sich auch die Schwerindustrie, unter anderem entstand hier Mitte des 19. Jahrhunderts die größte Kanonenfabrik Rußlands. Perm' galt damals bereits als Zentrum des russischen Motorenbaus. 1878 erreichte die Eisenbahn die Stadt. Die Transsib fuhr in den ersten Jahren von Moskau weiter südlich zum Ural, erst seit Ende der 20er Jahre verkehren die meisten Züge der Transsib über Perm'.

Doch nicht nur Industrie und Handel, auch kulturelle Traditionen sind in Perm' erwähnenswert. Das die Grundlage des heutigen Heimatmuseums bildende Industriemuseum war bei seiner Gründung 1890 das erste seiner Art in Rußland. Kurz zuvor hatte das Operntheater seinen Spielbetrieb aufgenommen, 1916 wurde die Universität gegründet. Heute ist die Stadt wirtschaftlich vor allem als Zentrum des Maschinenbaus und für die hier produzierten Flugzeugturbinen und Fahrräder bekannt. Aber auch die Theaterszene genießt einen guten Ruf. Von 1940 bis 1957 hieß die Stadt nach Stalins Außenminister Molotov, beschrieben wird sie auch als Jurjatino. Nobelpreisträger Boris Pasternak lebte mehrere Jahre in Perm' und verewigte sie unter diesem Namen in seinem Roman ›Dr. Schiwago‹. Zu Beginn der

Perm' (Пермь), Zentrum

80er Jahre überschritt die Einwohnerzahl die Millionengrenze, heute leben in Perm' ungefähr 1 030 000 Einwohner. Zu Zeiten der Sowjetunion war der Ort wie alle Uralmetropolen eine geschlossene Stadt und für Ausländer nicht zugänglich. Eine Ausnahme bildete nur die DDR, die in den 80er Jahren mit großem Baukontingent und vielen Arbeitskräften im Rahmen der Comecon-Kooperation einen Teilabschnitt der Erdgaspipeline Westsibirien–Mitteleuropa in der Umgebung von Perm' und Kungur errichtete.

Stadtrundgang

Der Bahnhof Perm' I befindet sich heute unmittelbar an der Stelle am südlichen Ufer der Kama, wo der kleine Fluß Egošicha in die Kama mündet und sich

Legende

1 Bahnhof (Вокзал)
2 Heimatkundemuseum (Краеведческий музей)
3 Gemäldegalerie (Картинная галерея)
4 Oper (Театр оперз и балета)
5 Schauspielhaus (Даматический театр)
6 Kazaner Kirche (Казаньская церковь)
7 Peter-und-Pauls-Kirche (Петропавловский собор)
8 Moschee (Мечеть)

Straßen und Plätze

Bol'ševistskaja, ul.
(Большевистская, ул.)
Gazety Zvezda, ul.
(Газеты Звезда, ул.)
Gleba, ul.
(Глеба, ул.)
Kirova, ul.
(Кирова, ул.)
Kommunističeskaja, ul.
(Коммунистическая, ул.)
Komsomol'skij, pr.
(Комсомольский, пр.)
Kujbyševa, ul.
(Куйбышева, ул.)
Lenina, ul.
(Ленина, ул.)
Lunačarskogo, ul.
(Луначарского, ул.)
Okulova, ul.
(Окулова, ул.)
Ordžonikidze, ul.
(Орджоникидзе, ул.)
Puškina, ul.
(Пушкина, ул.)
Revoljucii, ul.
(Революции, ул.)
Sovetskaja, ul.
(Советская, ул.)
Švedcova, ul.
(Шведцова, ул.)
Timirjazeva, ul.
(Тимирязева, ул.)
Uspenskogo, ul.
(Успенского, ул.)

Der Bahnhof von Perm'

ursprünglich das gleichnamige Dorf befand. Direkt daneben erhebt sich der Passagierhafen. Hier befindet sich das alte Perm' mit vielen interessanten Holzhäusern und der 1765 errichteten und Petrus und Paulus gewidmeten Barock-Kathedrale. Das heutige Stadtzentrum von Perm' liegt weiter westlich vom Kamafluß in Richtung Süden. Das weit gestreckte Stadtgebiet zieht sich über verschiedene Hügel und Täler. Zur Hauptgeschäftsstraße der Stadt gelangt man vom Bahnhof am besten über die ul. Ordžonikidze oder die ul. Sovetskaja. Weiter südlich verläuft mit der ul. Lenina parallel zu ihnen eine der bedeutenden Geschäftsstraßen der Stadt, in der seinerzeit auch Boris Pasternak wohnte. In einer kleinen Parkanlage zwischen beiden Straßen befindet sich das nach Peter Tschaikowsky benannte Permer Operntheater (ul. Kommunističeskaja 25a).

Auf allen diesen Straßen gelangt man zur wichtigsten Geschäftsstraße der Stadt, dem Komsomol'skij prospekt, der das Zentrum Perms als Nord-Süd-Magistrale auf etwa zweieinhalb Kilometern durchzieht. Hier befinden sich neben vielen wichtigen Einrichtungen der Stadt auch das größte Hotel, verschiedene Restaurants, Geschäfte und das größte Kaufhaus. Interessant wird es vor allem in

Улаанбаатар хот   Маягт №2

БАРИМТ № А ..2..

Хэрэглэгчийн нэр: ....

Суудлын № ....   Вагон № ....

Ор дэвсгэрийн багцыг хэрэглэсний төлбөрт ....

.... төгрөг хураав.

Үйлчлэгч: ....

200 .. .. оны .. .. сар .. .. өдөр

САНАМЖ

Цагаан хэрэглэлээ зөв соёлтой хэрэглэнэ үү. Угаалгаар арилахгүй толбо үүссэн, урсан, үрэгдүүлсэн тохиолдолд төлбөр тавигдахыг анхаарна уу.

Та аян замдаа сайн яваарай!

Улаанбаатар хот   Маягт №2

БАРИМТ № А .. 1 ..

Хэрэглэгчийн нэр: ....

Суудлын № ....   Вагон № ....

Ор дэвсгэрийн багцыг хэрэглэсний төлбөрт ....

.... төгрөг хураав.

Үйлчлэгч: ....

200 .. .. оны .. .. сар .. .. өдөр

САНАМЖ

Цагаан хэрэглэлээ зөв соёлтой хэрэглэнэ үү. Угаалгаар арилахгүй толбо үүссэн, урсан, үрэгдүүлсэн тохиолдолд төлбөр тавигдахыг анхаарна уу.

Та аян замдаа сайн яваарай!

Richtung des Flusses. Auf der rechten Seite erwartet den Touristen zunächst der Ausstellungssaal des örtlichen Künstlerverbandes (Komsomol'skij pr. 10). Nach der nächsten Kreuzung folgt das Heimatkundemuseum mit umfangreichen Expositionen zu den Bereichen Natur, Geschichte, Technik (Komsomol'skij pr. 6, Tel. 12 28 07). Unmittelbar daneben befindet sich im beeindruckenden Gebäude der von 1793 bis 1798 erbauten Erlöserkirche die Permer Kunstgalerie. Es wurde eine zweite Decke eingezogen, so daß die Galerie neben der durchgehenden Ikonenwand auf zwei Etagen die einzigartigen Stroganov-Ikonen und viele Werke bekannter russischer Maler zeigt. Die Galerie ist eine der größten Kunstsammlungen Rußlands und auf jeden Fall einen Besuch wert (Komsomol'skij pr. 4, Tel. 12 22 50). Am Ufer der Kama lohnt sich an der ul. Okulova ein Blick auf den Flußlauf. An der Kreuzung des Komsomol'skij pr. und der ul. Lenina bietet sich ein Spaziergang auf der ul. Lenina in Richtung Westen an. Eine gigantische Parkanlage wird hier von der Gebietsadministration und dem modernen Schauspielhaus (ul. Lenina 53) eingerahmt.

Zeitunterschied: MEZ plus vier Stunden.
PLZ: 614 000.
Vorwahl: 34 22.
Hauptpostamt: ul. Lenina 68.
Bank: Alfa Bank, ul. Bol'ševistskaja 120, Tel. 90 40 76.
Geldautomat: ul. Bol'ševistskaja 120.
Reisebüro: Permtourist, ul. Lenina 58, Tel. 12 78 43, www.permtourist.ru.

Perm' hat mit Perm' I im Osten der Stadt und mit Perm' II im Westen der Stadt zwei Bahnhöfe. Perm' II ist dabei der bedeutendere an der Strecke der Transsib. Die Strecke verläuft nach der Brücke über die Kama parallel zum Fluß, so daß sich der Bahnhof neben dem Passagierhafen am Kama-Ufer befindet.

Der Flughafen Bol'šoe Savino ist etwa 15 Kilometer vom Stadtzentrum entfernt. Er wird auch zweimal wöchentlich aus Frankfurt/M. mit Zwischenlandung in Kazan' von der Lufthansa angeflogen (Stadtbüro: ul. Krisanova 19, Tel. 33 46 68).

Das größte Hotel der Stadt ist das 1984 erbaute, achtstöckige Hotel ›Ural‹ (ul. Lenina 58, Tel. 34 44 17).

Als bestes Restaurant der Stadt gilt das ›Evropejskaja‹ (ul. Lenina 72b).

Das größte Kaufhaus der Stadt befindet sich an der Ecke der ul. Lenina und des Komsomol'skij pr. Der zentrale Markt befindet sich in der ul. Puškina.

www.perm.ru (R).
www.gorodperm.ru (R).
www.museum.psu.ru (R).

Dr. Schiwago

Das Ehepaar Antipov hatte sich über Erwarten gut in Jurjatino eingelebt. Die Guichards waren überall in bester Erinnerung. Das verringerte ihre Schwierigkeiten, die mit der Umsiedlung an einen neuen Ort immer verbunden sind.

Lara war über und über beschäftigt. Sie hatte für das Haus zu sorgen und für ihre Tochter Katjenka, die jetzt drei Jahre alt war. Sosehr sich auch die rothaarige Marfutka, die bei Antipovs Bedienerin war, bemühte, ihre Hilfe reichte nicht aus. Larissa Fjodorowna nahm an allen Anliegen Pawel Pawlowitschs Anteil. Sie selber unterrichtete am Mädchengymnasium.

Sie arbeitete unermüdlich und war glücklich. Eben das war das Leben, das sie sich erträumt hatte.

Es gefiel ihr in Jurjatino. Es war ihre Heimat. Die Stadt lag am Ufer der Rynjwa, die bis zum Oberlauf schiffbar war. Eine Ural-Bahnlinie durchquerte die Stadt.

In Jurjatino kündigte sich das Nahen des Winters dadurch an, daß die Kähne in Bauernwagen in die Stadt hinaufgefahren wurden, wo man sie auf den Höfen ihrer Besitzer ablud. Hier überwinterten sie unter freiem Himmel. Die umgekippten Kähne, die sich im Innern der Höfe als weiße Flecke vom Boden abhoben, bedeuteten für Jurjatino das gleiche wie anderswo der herbstliche Flug der Kraniche oder der erste Schnee. Katjenka spielte in solch einem umgekippten Boot wie unter dem bauchigen Dach eines Gartenpavillons. Der weißgestrichene Kahn lag im Hof des Hauses, das vom Ehepaar Antipov bewohnt wurde. Das Leben in diesem weltfernen Winkel entsprach vollkommen der Seelenhaltung Larissa Fjodorownas. Die Intellektuellen dieser Stadt – man sprach von der ›Ortsintelligenz‹ – sprachen das ›O‹ wie die Nordrussen aus. Alle trugen Filzstiefel und pelzverbrämte Jacken aus grauem Flanell. Die Vertrauensseligkeit der Bewohner war rührend naiv. Lara fühlte sich zur Erde und zum einfachen Volk hingezogen.

Dagegen entdeckte Pawel Pawlowitsch, obgleich er der Sohn eines Eisenbahners war, seine Liebe zum Leben in den Hauptstädten. Er beurteilte die Bewohner von Jurjatino, deren Wildheit und Kulturlosigkeit ihn immer wieder reizten, viel strenger und unnachsichtiger als seine Frau. (...)

Das Haus, in dem Antipov wohnte, befand sich in einem dem Hafen entgegengesetzten Stadtteil. Es war das letzte der Straße. Hinter ihm begannen die Felder, die von der Bahnlinie überquert wurden. In der Nähe der Bahn befand sich ein Wärterhäuschen. Über die Schienen führte ein Fahrweg.

Aus: Boris Pasternak, Doktor Schiwago, Frankfurt/M. 1967

Ekaterinburg

Ekaterinburg bildet eine Schnittstelle zwischen Europa und Asien. Die Metropole am Ural ist ein Symbol der ewigen russischen Frage, ob man sich nun als Eurasien oder Asiopa fühlt.

Der Ort entstand 1721 im Rahmen der unter Peter I. forcierten Erschließung der Naturreichtümer des Urals, als der Bergbauingenieur V. N. Tatiščev den Ort als optimal zwischen den geplanten Eisenfabriken gelegen auswählte. Als offizielles Gründungsjahr gilt 1723, als die erste Fabrik – offiziell genehmigt und in Rekordtempo errichtet – in Betrieb ging und parallel dazu der Bau des Siedlung begann. Der Name des Ortes wurde zu Ehren der Zarin Ekaterina I. gewählt. Ab 1763 verlief der Sibirische Trakt durch Ekaterinburg. Das Stadtrecht wurde dem fortan als ›Fenster nach Asien‹ bezeichneten Ort 1783 verliehen. Zunächst dominierten die Erzgewinnung und die Eisenproduktion. Später folgten der Metallurgie der Schwermaschinenbau und auch die chemische Industrie. Später wurden gigantische Industriebauten, mit Stalins forcierter Industrialisierung entstanden, und die während des Zweiten Weltkrieges hierher evakuierten Fabriken stadt- und

Eisskulpturenpark in Ekaterinburg

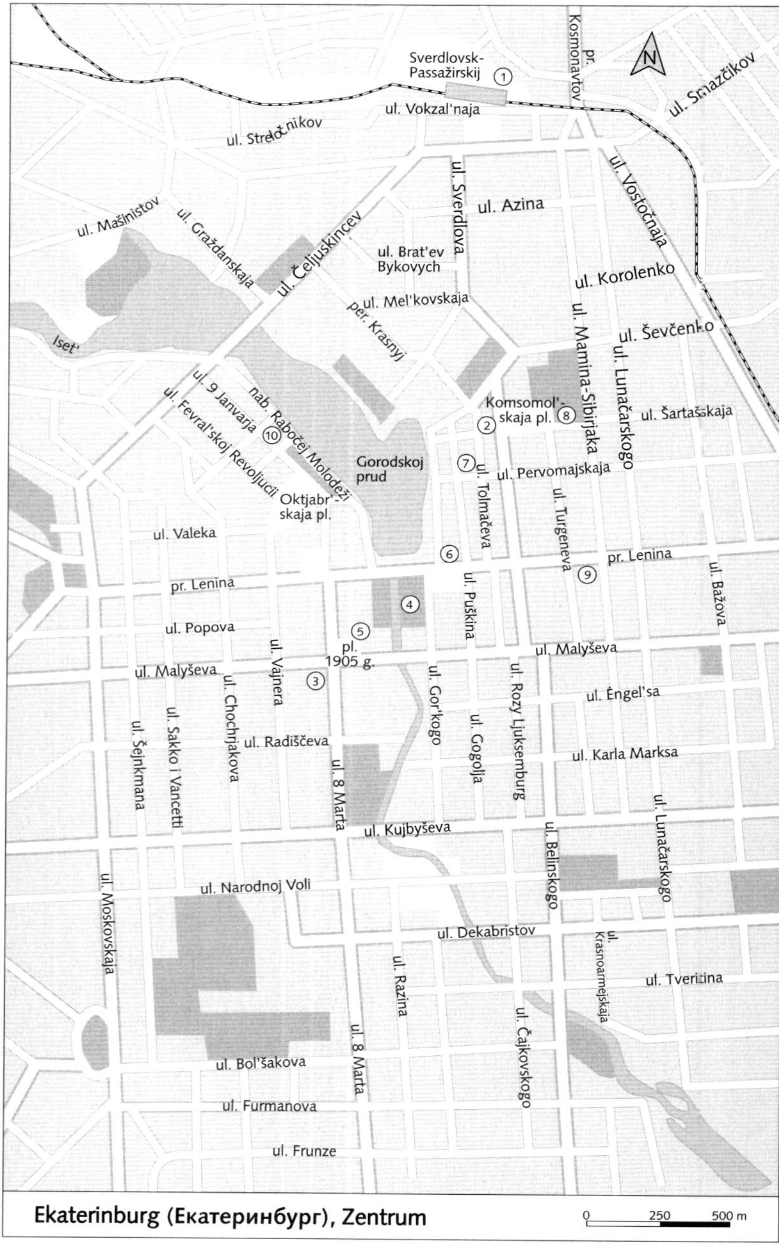

Ekaterinburg (Екатеринбург), Zentrum

Legende

1 Bahnhof (Вокзал)
2 ehem. Ipat'ev-Haus (быв. Ипатьевский дом)
3 Heimatkundemuseum (Краеведческий музей)
4 Naturkundemuseum (Музей природы Урала)
5 Gemäldegalerie (Картинная галерея)
6 Museum für Stein- und Juwelierkunst (Музей истории камнерезного и ювелирного искусства)
7 Literaten-Museen (Литературные музеи)
8 Auferstehungskirche (Храм Вознесения Господня)
9 Oper (Театр оперы и балета им. А. В. Луначарского)
10 Schauspielhaus (Драматический театр)

Straßen und Plätze

8-go Marta, ul.
(8-го Марта, ул.)
Azina, ul.
(Азина, ул.)
Belinskogo, ul.
(Белинского, ул.)
Brat'ev Bykovych, ul.
(Братьев Быковых, ул.)
Čeljuskincev, ul.
(Челюскинцев, ул.)
Dekabristov, ul.
(Декабристов, ул.)
Ėngel'sa, ul.
(Энгельса, ул.)
Fevral'skoj Revoljucii, ul.
(Февральской Революции, ул.)
Gor'kogo, ul.
(Горького, ул.)
Graždanskaja, ul.
(Гражданская, ул.)
Karla Marksa, ul.
(Карла Маркса, ул.)
Komsomol'skaja, pl.
(Комсомольская, пл.)
Korolenko, ul.
(Короленко, ул.)
Kujbyševa, ul.
(Куйбышева, ул.)
Lenina, pr.
(Ленина, пр.)
Lunačarskogo, ul.
(Луначарского, ул.)
Malyševa, ul.
(Малышева, ул.)
Mašinistov, ul.
(Машинистов, ул.)
Mel'kovskaja, ul.
(Мельковская, ул.)
Narodnoj Voli, ul.
(Народной Воли, ул.)
Oktjabr'skaja, pl.
(Октябрьская, пл.)
Pervomajskaja, ul.
(Первомайская, ул.)
Rabočej Molodeži, ul. naberežnaja
(Рабочей Молодежи, ул.)
Razina, ul.
(Разина, ул.)
Rozy Luksemburg, ul.
(Розы Луксембург, ул.)
Ševčenko, ul.
(Шевченко, ул.)
Streločnikov, ul.
(Стрелочников, ул.)
Sverdlova, ul.
(Свердлова, ул.)

Tolmačeva, ul.
(Толмачева, ул.)
Valeka, ul.
(Валека, ул.)
Vokzal'naja, ul.
(Вокзальная, ул.)
Vostočnaja, ul.
(Восточная, ул.)

stadtbildprägend. Daneben entwickelte sich auf der Basis von Gold- und vor allem Mineralfunden im Ural noch eine angesehene Juwelierindustrie, die insbesondere durch ihre ortstypische Verarbeitung verschiedener Halbedelsteine bekannt wurde. Ekarerinburg war und ist somit heute einer der wichtigsten Standorte der klassischen Schwerindustrie Rußlands.

Heute leben hier knapp 1 400 000 Menschen. An der Spitze der Region steht seit zwei Wahlperioden der deutschstämmige Gouverneur Eduard Rossel. Von 1924 bis 1991 war die Stadt nach dem ersten bolschewistischen Ministerpräsidenten Jakov M. Sverdlov (1885–1919) benannt und hieß Sverdlovsk. Er war hier in den Jahren 1905 bis 1907 einer der revolutionären Arbeiterführer.

Traurige Berühmtheit erlangte die Stadt im Jahre 1918, als auf einen Ukas Sverdlovs hin in der Stadt die Zarenfamilie ermordet und ihre Leichen an einem geheimgehaltenen Platz verscharrt wurden. Mit der Perestrojka und der Wende begann die 1991 erfolgreiche Suche nach den sterblichen Überresten, deren eindeutige Identifizierung auf der Basis von DNA-Analysen gelang. Nach langwierigen Verhandlungen zwischen Staat, Kirche und den Romanov-Nachfahren wurde die Zarenfamilie 1998 in der Petersburger St.-Pauls-Kathedrale in allen Ehren bestattet und später durch die russisch-orthodoxe Kirche heiliggesprochen.

Stadtrundgang

Der Bahnhof befindet sich nördlich des Stadtzentrums. Von ihm aus gelangt man in Richtung Süden über die ul. Sverdlova und die ul. Libknechta zu den beiden die Stadt in Ost-West-Richtung durchziehenden Hauptstraßen pr. Lenina und ul. Malyševa. Das Zentrum kann man auch mit der U-Bahn erreichen. Die Stadt hat eine Metrolinie, die das Stadtzentrum (Station: ›Pl. 1905 goda‹) über den Bahnhof (Station ›Uralskaja‹) mit den im Norden liegenden Industriegebieten verbindet. Fast am Anfang der ul. Libknechta befindet sich der Komsomol'skaja pl. mit einem entsprechenden Denkmal und der Auferstehungskirche im Hintergrund.

Gegenüber stand die Stadtvilla des Bergbauingenieurs Nikolaj Ipat'ev, in der Zar Nikolaj II., Zarin Aleksandra und ihre Kinder Aleksej, Ol'ga, Tat'jana, Mari-

Gedenkstätte für die ermordete Zarenfamilie

ja und Anastasija im Mai 1918 von den Bolschewiken untergebracht wurden. Im Keller des Hauses wurde die Zarenfamilie in der Nacht vom 16. zum 17. Juli 1918 heimtückisch ermordet. Die Leichen wurden an einem geheimgehaltenen Ort etwa 40 Kilometer außerhalb der Stadt verscharrt. Dort entsteht zur Zeit ein Romanov-Memorial. Das Ipat'ev-Haus, das zwischenzeitlich in der bekannten Tradition als Revolutionsmuseum fungierte, avancierte aber immer mehr zu einem Pilgerort für Rußlands Monarchisten. Deshalb ließ es der damalige örtliche Parteichef Boris Jelzin 1977 auf Moskauer Weisung in einer später von ihm bereuten Nacht- und Nebelaktion abreißen. Heute erinnert ein weißes russisch-orthodoxes Kreuz mit der Inschrift ›Falle, Russland, auf die Knie am Fuß des Zarenkreuzes‹ an die Opfer. Dahinter steht eine 1998 errichtete Holzkapelle. Der Bau eines ›Gedenktempels auf dem Blute‹ ist geplant, derzeit laufen aber noch archäologische Ausgrabungsarbeiten. Daneben entstand zur Erinnerung an die als Märtyrerin der Zarenfamilie in den Tod gefolgten Schwester der Zarin die St. Elisabeth-Kapelle in Form eines überdachten Fachwerks. Das Heimatmuseum hat eine Sonderausstellung über Leben und Tod der Zarenfamilie konzipiert, die – wenig taktvoll – am pr. Lenina, Hausnummer 69/10 (Tel. 55 67 75) zu besichtigen ist.

Wenn man weiter südlich von der ul. Libknechta nach links in die ul. Pervomajskaja abbiegt, gelangt man auf dem Weg zum Stadtteich in das Literaturviertel von Ekaterinburg, wo vier kleine Museen an die Größen der örtlichen Literaturszene, insbesondere an Dimitrij N. Mamin-Sibirjak (1852–1912) erinnern (ul. Puškina 27, Tel. 51 75 76 und ul. Tolmačeva 41, Tel. 51 72 81). Im Garten des letzteren Museums finden im Sommer häufig Konzerte statt. Wenn man hingegen nach rechts in die ul. Pervomajskaja abbiegt, kommt man zum Militärmuseum. Neben viel Militärtechnik sind hier auch die Überreste des 1960 über dem Ural abgeschossenen amerikanischen Spionageflugzeuges U2 zu besichtigen (nach Voranmeldung geöffnet, ul. Pervomajskaja 27, Tel. 55 17 42). Weiter auf der ul. Libknechta in Richtung Leninprospekt liegt das interessante Museum für Stadtgeschichte, das auch ein Wachsfigurenkabinett aufweist. Es ging aus dem 1940 begründeten Museum für den sowjetischen Namensgeber der Stadt, Sverdlov, hervor (Mo Ruhetag, ul. Libknechta 26, Tel. 51 22 43). Nicht weit davon entfernt befindet sich das Museum für Fotografie (ul. Libknechta 36, Tel. 51 38 14).

Am Leninprospekt gelangt man zum 1821 erbauten Gebäude der früheren Bergapotheke. Heute befindet sich hier das in Rußland einzigartige, 1992 gegründete Museum für Stein- und Juwelierkunst (pr. Lenina 37, Tel. 51 00 82). Hinter dem daneben gelegenen Gouverneurssitz eröffnet sich rechter Hand der Blick zum bekannten Stadtteich. Seinerzeit wurde hier der die Stadt durchziehende Tobol'-Nebenfluß Iset durch einen Damm gestaut, um den Wasserbedarf der Industrie zu befriedigen. Heute lockern Damm und Stadtteich die Stadtkulisse angenehm auf. Vor allem die südlich des Dammes am Fluß entstandenen Parkanlagen sind mit ihren Fußgängerbrücken heute ein beliebter Treffpunkt.

Auf der rechten Seite vom Flüßchen beeindruckt im Museum für bildende Künste neben den Sammlungen russischer und westeuropäischer Malerei ein Pavillon aus Gußeisen, den Rußland auf der Weltausstellung 1900 in Paris präsentiert hatte (ul. Voevodina 5, Tel. 51 06 26). Bilder der russischen Avantgarde werden in einem gesonderten Ausstellungsgebäude in der ul. Vajnera 11 (Tel. 76 30 45) gezeigt. Linker Hand ist die Naturkundeabteilung des Heimatmuseums (ul. Gor'kogo 4, Tel. 51 80 13) zu finden. Die Hauptausstellung des 1871 gegründeten Heimatkundemuseums befindet sich schräg gegenüber (ul. Malyševa 46, Tel. 51 80 13).

Über die wegen ihrer alten Kaufmannsvillen interessante ul. 8 Marta gelangt man an der Metrostation vorbei zum zentralen, nach den revolutionären Ereignissen des Jahres 1905 benannten Platz. Während das Sverdlov-Denkmal am ebenfalls auf den pr. Lenina weiter östlich gelegenen Platz der Pariser Kommune vor der Ekaterinburger Oper (pr. Lenina 46a, Tel. 55 81 01) steht, erhebt sich auf dem zentralen Platz – natürlich – ein Denkmal für Vladimir Il'ič Lenin. Weiter nördlich in Richtung Stadtteich befindet sich das Schauspielhaus (pl. Oktjabr'skaja 2, Tel. 51 64 21). Insgesamt sind im Zentrum entlang der beiden Hauptstraßen viele architektonisch interessante Gebäude aus den letzten beiden Jahrhunderten zu finden.

Südlich der ul. Malyševa befinden sich in den Querstraßen viele alte Holzhäuser. Auch zwei Museen sind hier noch von Interesse. Das Geologiemuseum (ul. Kujbyševa 30, Tel. 22 31 09) ist mit der mineralischen Fundgrube Ural vor der Tür natürlich ein Museum der Extraklasse. Ein zweites kleines Museum erinnert an Rußlands Radio-Pionier, den Physiker Aleksandr S. Popov (1859–1905), der lange Jahre in Ekatarinburg lebte und hier 1895 sein Radio präsentierte (ul. Rozy Ljuksemburg 9, Tel. 51 85 60).

Der örtliche Tierpark wurde in den letzten Jahren grundlegend rekonstruiert und hebt sich positiv von der insgesamt recht trostlosen russischen Zoolandschaft ab (ul. Mamina-Sibirjaka 189, Tel. 55 54 69). Zu einer makabren und in den Medien bereits vielzitierten Attraktion des neuen Rußland hat sich der örtliche Friedhof entwickelt, wo die lokale Mafia mit bombastischen Grabkreationen der – häufig eines unnatürlichen Todes gestorbenen – Opfer aus ihren Reihen gedenkt.

Zeitunterschied: MEZ plus vier Stunden.
PLZ: 620 000.
Vorwahl: 34 32.
Hauptpostamt: pr. Lenina 51, Tel. 51 25 37.
Bank: Alfa Bank, ul. Malyševa 33a, Tel. 59 83 25.
Geldautomat: pr. Lenina 27.
Reisebüro: Inturist, pr. Lenina 40, Tel. 51 84 34.

Am Hauptbahnhof steht immer noch der Schriftzug ›Sverdlovsk‹. Das Gebäude befindet sich am Nordrand des Stadtzentrums (ul. Vokzal'naja 22, Tel. 51 99 24). Der Busbahnhof dagegen liegt am Südrand des Zentrums (ul. 8. Marta 145, Tel. 22 12 60).

Der Flughafen Kol'covo liegt etwa 15 Kilometer südöstlich vom Zentrum der Stadt (ul. Sputnikova 22, Tel. 22 12 60). Zweimal wöchentlich fliegt die Lufthansa nach Frankfurt/M. Daneben gibt es Flugverbindungen in alle wichtigen Metropolen Rußlands. Das Flughafenbüro in der Stadt findet man in der ul. Bol'šakova 99a (Tel. 29 99 98).

Das beste Hotel der Stadt ist das ›Atrium Palace Hotel‹ (ul. Kujbyševa 44, Tel. 59 60 00, www.aph-ural.ru). Die älteren sowjetischen Hotels im Zentrum der Stadt sind das ›Central'naja‹ (ul. Malyševa 74, Tel. 55 11 09) und das ›Jubileynaja‹ (pr. Lenina 40, Tel. 57 80 28).

Das beste Restaurant der Stadt ist das ›La Ronde‹ im ›Atrium Palace Hotel‹. Einen Besuch lohnt auch das Café ›Akvarium‹ (ul. Voevodina 6, Tel. 59 82 19) oder der örtliche Irish Pub (ul. Malyševa 11, Tel. 76 33 18).

Das größte Kaufhaus der Stadt ist das CUM (pl. 1905 goda). Der Zentralmarkt befindet sich südlich des Zentrums an der Ecke ul. Radiščeva/ul. Šejnkmana.

www.e-reliz.ru (R/E).
www.midural.ru (R/E).
www.e1.ru (R).
history.e-burg.ru8101 (R).
www.wtc-ural.ru (R/E).
www.ekaterinburg.tv (R/E).
Internetcafé: ul. 8. Marta, im Einkaufszentrum ›Mytnyj Dvor‹.

Rasputin

»Ra-, Ra-, Rasputin – lover of the Russian Queen«. Die Gründe für ein breites Interesse an einzelnen Personen der russischen Geschichte sind manchmal zwar unergründlich, liegen hier aber offensichtlich im seinerzeitigen, übrigens auch in der damaligen Sowjetunion sehr populären Hit von Boney M mit seinem klassischen Schlußsatz »Oh – those Russians« begründet.

Wer war Grigorij Rasputin, der als sibirischer Wunderheiler das Vertrauen der Zarenfamilie genoß? Mit seinem exzessiven Leben zwischen Kirche, Sex und Suff, das mit seiner Ermordung endete, avancierte er zum fragwürdigen Sinnbild für die Agonie und das Ende der Romanov-Dynastie auf Rußlands Zarenthron. Doch nach wie vor ranken sich viele Rätsel und Legenden um sein Leben und seinen Tod.

Als Bauernsohn wurde Grigorij Efimovič Novych 1869 im westsibirischen Dorf Pokrovskoe geboren, das sich etwa auf halber Höhe zwischen Tjumen' und Tobol'sk am Fluß Tura befindet. Er heiratete früh, hatte drei eheliche Kinder und war den Freuden des Lebens sehr zugetan. Nachdem ihm bei der Feldarbeit die Jungfrau Maria erschienen war, zog er auf der Suche nach der Erleuchtung in die Ferne. Seine Philosophie war ein Bekenntnis zur Sinneslust. Den Menschen gelüstet und er ist ein Ergebnis dieser Gelüste. Sie seien somit die Grundlage des Lebens und jeder Religion. So eilte ihm bald der aufregende Ruf sowohl des Wunderheilers und Potenzwunders als auch des Frauenhelden und Ganoven voraus, den er in allen Facetten auslebte und der ihm auch schnell den Spitznamen Rasputin einbrachte, denn das Wort Rasputstvo bedeutet in etwa Ausschweifung und Unzucht.

Nach Jahren der Wanderschaft durch die Provinz Rußlands und einer Pilgertour nach Jerusalem kam der zerlumpte Sonderling, der damals Augenzeugen zufolge »einem Stück Schafsfell glich, dem man ein Gesicht angeklebt hatte«, 1903 mit einem Empfehlungsschreiben vom Kazaner Bischoff für den Abt des Petersburger Priesterseminars in die Hauptstadt. Die Kirche hatte um die Jahrhundertwende an Einfluß verloren, Spiritismus, Sekten und selbsternannte Gurus hatten Konjunktur, so daß ihn die Kirchenleute als Erneuerer der Kirche hofierten.

Rasputin verkörperte eine Synthese aus russischer Ursprünglichkeit und Mystik, so daß er als ›Vater Grigorij‹ dem Zeitgeist entsprach und Eingang in die Petersburger Gesellschaft fand.

Auf einem Empfang traf er im Oktober 1905 den Zaren, der diese »Bekanntschaft eines Gottesmannes namens Grigorij aus dem Gouvernement Tobol'sk« immerhin in seinem Tagebuch vermerkte.

Zwei Jahre später erinnerte sich die Zarenfamilie an den Wunderheiler. Der 1904 nach vier Töchtern geborene Sohn und Thronfolger Zarewitsch Aleksej litt an der Bluterkrankheit, die vor der Öffentlichkeit geheimgehalten wurde. Nach einer Verletzung am Knie verschlechterte sich der Zustand des dreijährigen Kindes dramatisch, man rief als letzte Hoffnung nach Vater Grigorij. Nach seiner Sitzung mit dem Jungen stoppte dank der übernatürlichen Heilkräfte Rasputins, einer Hypnose oder schlicht aus Zufall die Blutung. Der Junge wurde wieder gesund, und Rasputin hatte von diesem Zeitpunkt an das volle Vertrauen der Zarenfamilie. Zarin Aleksandra nannte ihn bald in einem Brief ihren »verehrten und unvergeßlichen Lehrer, Erlöser und Mentor«. Nach der Überlieferung rettete er im Oktober 1912 mit einer ›Fernheilung‹ aus dem sibirischen Pokrovskoe dem in Polen befindlichen Zarewitsch ein weiteres Mal das Leben. So lange er – Vater Grigorij – lebe, werde dem Zarewitsch nichts zustoßen. Der Zar glaubte daran.

Mit seiner Rückendeckung wuchs Rasputins Einfluß auf die Petersburger Gesellschaft, den er selbstherrlich ausnutzte. Die Intrigen, Eskapaden und Orgien waren Stadtgespräch und brachten seine Gegner auf den Plan. Sie sahen die Monarchie in Gefahr und beschworen vor allem nach Beginn des Ersten Weltkrieges eine gegen Rußland gerichtete Allianz zwischen der deutschstämmigen Zarin Aleksandra und Rasputin.

Nach einem fehlgeschlagenen Attentatsversuch 1914 schmiedete im Herbst des Jahres 1916 eine Gruppe um den Fürsten Feliks Jussupov einen neuen Plan zur Ermordung des sibirischen Wunderheilers. In der Nacht vom 16. zum 17. Dezember 1916 lockten die Verschwörer Rasputin in eine Falle. Sie wollten ihn vergiften und die Leiche unter dem Eis der Neva versenken, damit ihr Opfer bis zum Frühjahr verschwunden bliebe. Doch das Gift schwächte ihn nur, und auch zwei Pistolenkugeln töteten ihn noch nicht. Jussupov und seine Schergen versenkten den leblosen Körper in der Neva am Rande der Stadt. Doch sie hinterließen Blutspuren, so daß die Leiche bereits zwei Tage später geborgen wurde. Die Obduktion ergab, das Rasputin Zyankali und Kugeln überlebt hatte und erst durch Ertrinken im eiskalten Wasser des Flusses zu Tode gekommen war. Die Zarenfamilie war bestürzt. Die Mörder wurden bald gefunden, in den Wirren des Krieges jedoch weder angeklagt noch verurteilt.

Der Ural – Grenze zwischen Europa und Asien

Der Gebirgszug des Urals erstreckt sich gleich einem Meridian über 2500 Kilometer von der kalten Tundra im Norden über Taiga und Waldsteppe bis zur Wüstensteppe im Süden und trennt den europäischen Teil Rußlands vom asiatischen. Das Ural-Gebirge hat sich vor etwa 300 Millionen Jahren gebildet. Die Zeit hat ihr Werk der Verwitterung getan und wertvolle Bodenschätze zutage gefördert. Der Mittelteil des Kamms ist verhältnismäßig niedrig, er erreicht jedoch im Norden mit dem Narodnajaberg 1894 Meter und im Süden mit dem Jamantau 1638 Meter. Etwa die Hälfte aller Erze und Minerale, die man überhaupt auf der Welt kennt, kommen hier vor.

An den Osthängen gibt es viele Erze, die die Grundlage für die Entwicklung metallurgischer Betriebe bildeten. An den Westhängen hingegen findet man in großen Mengen Rohstoffe für die chemische Industrie, insbesondere Salz und Erdöl, dazu in geringem Ausmaß auch Kohle und Kalk. Etwa 1000 Kilometer südlich des Polarkreises beginnt das uralische Industriegebiet in der Stadt Krasnovišersk am Fluß Višera, einem Nebenfluß der Kama. Hier befindet sich ein Zentrum der Holzverarbeitung und der Papierproduktion. Nicht weit davon, am linken Ufer der Kama, liegt Solikamsk. Die wichtigste Rolle spielte hier die Salzproduktion, was schon der Name der Stadt zum Ausdruck bringt.

Etwas weiter südlich, aber diesmal am rechten Kamaufer mit seinen Sandhängen, befindet sich eine der ältesten russischen Siedlungen im Ural: Usol e. Die Stadt liegt jetzt an dem Stausee, der durch den Bau des Kama-Kraftwerkes entstanden ist. Hier kann man noch die hohen hölzernen Stollen der alten Salzbergwerke sehen. Von der Stadt Kisel führt eine elektrifizierte Eisenbahnlinie durch eine der schönsten Gegenden des Urals nach Süden. Der Zug fährt auf der halben Höhe der Hänge durch Bergwälder, an tiefen Abgründen vorbei, durch eine Reihe von Tunnels. In der Nähe der Stadt Čusovoj kreuzt der Schienenweg die Čusovaja, einen Nebenfluß der Kama, deren Lauf vor mehr als vier Jahrhunderten die ersten Kosakentrupps folgten, als sie nach Sibirien vordrangen. Östlich von Čusovoj, auf der asiatischen Seite des Urals, also schon zur Region von Ekaterinburg gehörig, führt eine Eisenbahnstrecke weit nach Norden bis zu den von Wäldern umgebenen Stadt Serov. Die Eisenbahnstation liegt an der Stelle einer alten Fabrik, die Schienen erzeugte, mit denen viele der alten Eisenbahnstrecken Rußlands gebaut wurden (Nadeždinskij zavod). Heute – völlig erneuert – produziert sie Stahl und Walzeisen bester Qualität. Die nördlichste Stadt im Ural ist Ivdel'. Von hier aus sieht man über einen Waldgürtel den majestätischen Berg Deneškin

Handel auf dem Bahnhof

Kamen'. Ivdel' ist auch der Ausgangspunkt einer neuen Eisenbahnlinie, die durch die Wälder und die kürzlich entdeckten Erdölreviere des Gebiets von Tjumen' (die mit dem Ural auch durch eine Erdgasleitung verbunden sind) in nördlicher Richtung bis zum Ob' führt. Im mittleren Ural, um Ekaterinburg herum, folgt eine Industriestadt auf die andere, so daß sie sich beinahe berühren: Nižnij Tagil, Krasnoural'sk, Degtjarsk, Verchnjaja Salda, Revda, Pervoural'sk, Rež, Kirovograd, Asbest, Kamensk-Ural'skij. In diesen schnell gewachsenen Orten werden Eisen- und Nichteisenerze gewonnen, werden Stahl, Kupfer, Aluminium und Nickel produziert, werden Rohre, Maschinen und elektrischer Strom erzeugt. In der Nähe gibt es Gold-, Asbest- und Edelsteingruben.

Die Stadt Nižnij Tagil ist besonders exemplarisch für die Region. Der am Fuße des Berges Vysokaja (›der Hohe‹) gewachsene Ort ist Legende, aber der eisenerzhaltige Berg existiert in Wirklichkeit gar nicht mehr, an seine Stelle ist eine tiefe Senke getreten, ganz durchfurcht von den Abbau-Terrassen. Nižnij Tagil, früher im Besitz der reichen Industriellenfamilie Demidov, war typisch für den alten Ural: Das Stahlwerk und die aus Holzhäusern bestehende Stadt mit nur wenigen gemauerten Häusern lagen an einem kleinen See, dessen Wasser die Schaufeln der Räder drehte. Einst war das Eisen von Nižnij Tagil mit der Marke ›Alter

Zobel‹ in ganz Europa bekannt. Die Spitzsäule der Admiralität in Leningrad war mit Kupferblech aus dieser Stadt bedeckt, das berühmte Malachit-Zimmer des Winterpalastes ist mit Steinen aus dieser Gegend ausgelegt. Im Museum von Nižnij Tagil sind das erste in Rußland von einem Leibeigenen der Gegend namens Artamonov hergestellte Pedalfahrrad und das Modell der ersten russischen Lokomotive ausgestellt, die ebenfalls von Leibeigenen, Vater und Sohn Čerepanov, gebaut wurden.

Die Erstbesiedlung des Urals erfolgte wohl in der frühen Altsteinzeit, etwa 75 000 Jahre vor unserer Zeitrechnung. Menschliche Siedlungsstellen wurden aus der Zeit der späten Altsteinzeit, 35 000 bis 10 000 vor Christus, gefunden; die Bewohner gehörten vermutlich einer mongolisch-europäischen Mischrasse an, die eine proto-finno-ugrische Sprache sprach. Eine Kupfer- und Bronzeproduktion ist etwa ab 2000 vor Christus nachweisbar; die Eisenzeit begann etwa 1200 Jahre darauf. Unter dem Einfluß benachbarter entwickelter Staaten, wie zum Beispiel dem Bulgarenreich, bildeten sich ab 1000 vor Christus feudale Staaten bei den Komi-Permjaken, Udmurten und Baschkiren, später auch bei den Khanten und Mansen.

Seit dem 11. Jahrhundert kolonisierten Russen den Ural. Im 14. Jahrhundert beherrschten die Novgoroder die Gebiete bis zur Pečora und zu den Nordhängen des Ural. Sie holten sich hier Pelze, Honig, Wachs, Steine, Teer und Salz aus den Gebieten von Vjatka und Perm', Fußperlen aus der Pečora und Dvina, Walroßzähne und Tran aus dem Weißen Meer. Mitte des 14. Jahrhunderts kam der erste koloniale Großunternehmer ins Permer Land; er hieß Svoezemcev, errichtete die ersten Salzsiedereien des Ural und war gegen Ende des Jahrhunderts der reichste Mann Rußlands und Novgorods.

Unter der Herrschaft des Großfürsten Ivan III. brachte der Moskauer Staat im 15. Jahrhundert die Gebiete der Novgoroder Kaufleute unter seine Herrschaft. Nach den Niederlagen Novgorods 1471/78 war der Weg Moskaus zum Weißen Meer und zum Ural frei. Aber bei der Hanse gab es lange Gesichter: Der Osthandel verflachte zusehends, ihre Privilegien waren dahin, zukünftig hatten sie es mit der holländischen und englischen Konkurrenz zu tun. Vorausblickende Novgoroder Kaufleute setzten aber bereits zu dieser Zeit auf die ›Moskauer Karte‹: ein gewisser Luka Stroganov schenkte dem Moskauer Staat eine gewaltige Summe Geld, um den Zaren Vasilij den Dunklen aus der Gefangenschaft der Tataren auslösen zu können. Im Jahr 1558, also rund 150 Jahre später – inzwischen hatte Moskau das Khanat von Kazan' sowie die baschkirischen und udmur-

Sylvester im Regelzug-Speisewagen; Russische Vorspeisen
Omul und Bier; Begegnung unterwegs; Im Eisenbahnmuseum Novosibirsk

NIKE

tischen Gebiete erobert – stellte Zar Ivan IV. den Nachkommen des Luka eine Urkunde aus, gemäß der alles unbebaute Land an den Nebenflüssen der Kama auf die Zeit von 20 Jahren in den Besitz der Stroganovs fallen sollte; das waren immerhin 22 000 Quadratkilometer. Zusätzlich verlieh der Zar 1574 den Stroganovs auf weitere 20 Jahre auch die ›sibirische Ukraine‹: das Land ›hinter dem großen Fels‹, das heißt Mangaseja und das Einflußgebiet des Tobol'. Die Grundlage für die erste Sibirienexpedition des Kosaken-Atamans Ermak 1580 war damit gelegt.

Die Ausbeutung der Bodenschätze im Ural wurde seit dem 17. Jahrhundert systematisch unter der Kontrolle des Moskauer Staates betrieben. Im 18. Jahrhundert wurden metallurgische Staatsbetriebe errichtet, daneben fanden tüchtige Privatunternehmer genügend Möglichkeiten, sich zu bereichern. Einer davon war der Tulaer Schmied Nikita Demidov. Im Jahre 1702 hatte ihm Peter I. eine Eisenhütte geschenkt, 120 Jahre später gehörte seinen Nachkommen der Ort Nižnij Tagil, eine Stadt mit 3000 Häusern, 17 000 Einwohnern und nochmals 11 000 Einwohnern in der näheren Umgebung. »Es gibt auch wohl kaum einen Ort in der Welt, der in seinen nächsten Umgebungen einen solchen Reichtum an Erzen einschließt«, berichtet Alexander von Humboldt 1829 über die Besitzungen der Demidovs.

Ab 1876 wurde der Ural durch Eisenbahnlinien erschlossen: Samara–Orenburg (1876), die Gorno–Zavodskaja-Linie (1878), Ekaterinburg–Tjumen' (1885), Samara–Ufa–Zlatoust–Čeljabinsk (1892) sowie Ekaterinburg–Čeljabinsk (1896); das Eisenbahnnetz im Ural wurde zudem der bedeutendste Verkehrsknotenpunkt auf dem Wege der Großen Sibirischen Eisenbahn.

In der Zeit des Zweiten Weltkrieges spielte der Ural eine entscheidende Rolle bei der Organisation der sowjetischen Kriegswirtschaft. Während der ersten fünf Monate nach dem Überfall Deutschlands auf die Sowjetunion wurden 667 Unternehmen in das Uralgebiet verlegt. Insgesamt produzierte der Ural 40 Prozent der gesamten sowjetischen Kriegswirtschaft. Dieser erzwungene industrielle Schub bestimmte auch in den Folgejahren – und bis heute – die weitere wirtschaftliche Entwicklung der Region mit ihren im Westen fast unbekannten Millionen-Metropolen Ekaterinburg, Perm und Čeljabinsk. Der wirtschaftliche Boom hat allerdings seinen ökologischen Preis. Neben fast unberührter Natur und eremitischen Erholungsmöglichkeiten im Uralgebirge weisen andere Gegenden sehr hohe Umweltbelastungen durch ungefilterte Rauchemission der Schwerindustrie und erhöhte Strahlenwerte durch die Atomwirtschaft auf.

Fischverkauf auf dem Bahnsteig; Markt auf dem Bahnhof
Auf den Bahnhöfen kann man alles Notwendige einkaufen

Taiga

Die sibirische Taiga ist der weltweit größte Wald mit einem Viertel aller Holzreserven der Erde. ›Taiga‹ heißt vor allem Nadelwald: Kiefer, Fichte und Tanne dominieren in Westsibirien, die Lärche in Ostsibirien. Die Birke als Laubbaum macht ein Fünftel der westsibirischen Taiga aus, in Ostsibirien hat sie einen weitaus geringeren Anteil.

Die zahlreichen Birkenwälder, die man auf einer Transsib-Reise sieht, sind nur typisch als Südbegrenzung der Taiga. Unterschieden werden weiterhin die ›dunkle Taiga‹ (Fichten- und Tannenwälder, eher nördlich zu finden und typisch für eine Reise auf der Baikal-Amur-Magistrale), und die ›helle Taiga‹ aus Kiefern und Lärchen. Von Norden nach Süden erstreckt sich die Taiga im Schnitt über 1300 Kilometer, im Norden begrenzt von der Tundra, im Süden von der Steppe.

Taigabäume werden nicht höher als 20 Meter und bleiben damit deutlich kleiner als die der westeuropäischen Nadelwälder. Nur zwischen Enisej und Lena herrschen weitgehend geschlossene Wälder vor; in den übrigen Gebieten nehmen Sümpfe und Steppeninseln nicht selten 50 Prozent der Gesamtfläche ein.

In Ostsibirien und im russischen Fernen Osten sind vor allem japanische Konzerne mit dem Holzeinschlag befaßt; die japanische Einwegstäbchen-Eßkultur fordert den Gegenwert von 25 Fußballfeldern Wald – täglich.

Die Wurzeln der Taigabäume verlaufen sehr flach bis in eine Tiefe von nur 30 Zentimetern. Darunter herrscht der Dauerfrostboden, der jedoch – paradox – im Winter den Pflanzen mit einer Frostbodentemperatur von konstanten –10 Grad Kälteschutz bietet, während die Lufttemperaturen regelmäßig unter –30 Grad fallen.

Die Nadelstreu in der Taiga zersetzt sich in rund 350 Jahren (in deutschen Laubwäldern benötigt das Laub hierfür nur drei Jahre). In den Fällen von Waldsterben durch Industrieemissionen folgt meist kein natürlicher Bewuchs durch Nadelbäume, fast immer wachsen Birken zuerst nach. Im Gegensatz zu westeuropäischen Birken ist die Rinde der Sibirischen Birke weich und diente früher den Einheimischen zur Herstellung von Schuhen und Behältern aller Art.

Kunsthandwerk aus Birkenrinde

Čeljabinsk

Im Jahre 1736 wurde Čeljabinsk als Kosakenfestung am Fluß Miass gegründet. 1770 diente die Ansiedlung sechs Monate lang als Ausgangspunkt für die von der Russischen Akademie organisierte Expedition zur Erforschung des Urals und Westsibiriens. Der Bauernaufstand um Emiljan Pugačov besetzte die Festung 1774 für zwei Monate. Das Stadtrecht besitzt Čeljabinsk seit 1791. Die Eisenbahn kam 1892 über Samara nach Čeljabinsk, vier Jahre später wurde die nördliche Strecke nach Ekaterinburg eröffnet. Mit dem Beschluß zum Bau der Transsibirischen Eisenbahn avancierte die Stadt zum wichtigsten Eisenbahnknotenpunkt zwischen dem europäischen und dem asiatischen Teil Rußlands. Es entstanden große Auffanglager für die Übersiedler nach Sibirien. Der Ort selbst zählte damals ungefähr 20 000 Einwohner und wurde zu einem wichtigen Handelsplatz für die im Südural erwirtschafteten landwirtschaftlichen Überschüsse. Nach der Revolution tobte eineinhalb Jahre der Bürgerkrieg in der Stadt. Als Angehöriger der Roten Armee arbeitete der tschechische Schriftsteller Jaroslav Hašek, der durch seinen Romanhelden Schwejk berühmt wurde, im Jahre 1919 mehrere Monate in Čeljabinsk.

Im Rahmen der sowjetischen Elektrifizierung unter dem Goelro-Plan (»Kommunismus ist gleich Sowjetmacht plus Elektrifizierung«, Lenin) wurde 1930 der Staudamm gebaut, Grundlage für die Ansiedlung der Schwerindustrie. Neben dem 1930 eröffneten Stahlwerk bestimmt die Traktorenfabrik, die 1933 die Produktion aufnahm, das Antlitz der Stadt. Im Zweiten Weltkrieg wurde das Werk ab August 1942 durch den legendären Panzer T 34 zur wichtigsten Panzerschmiede des Landes. Die nicht weniger bekannten Raketenwerfer ›Katjuscha‹ wurden ebenfalls hier hergestellt. Über 60 Industriebetriebe wurden nach Čeljabinsk verlagert, um sie dem Zugriff der deutschen Armeen zu entziehen, was der Stadt den Spitznamen ›Tankograd‹ einbrachte (Tank bedeutet auf russisch Panzer). Gleichzeitig wurde die Stadt auch eines der Zentren der sowjetischen Kernforschung und war daher für Ausländer zu Sowjetzeiten tabu. In ihrer Umgebung sind nach wie vor mehrere Orte militärisches Sperr-

Der Kosakenhauptmann Ermak, der Eroberer Sibiriens

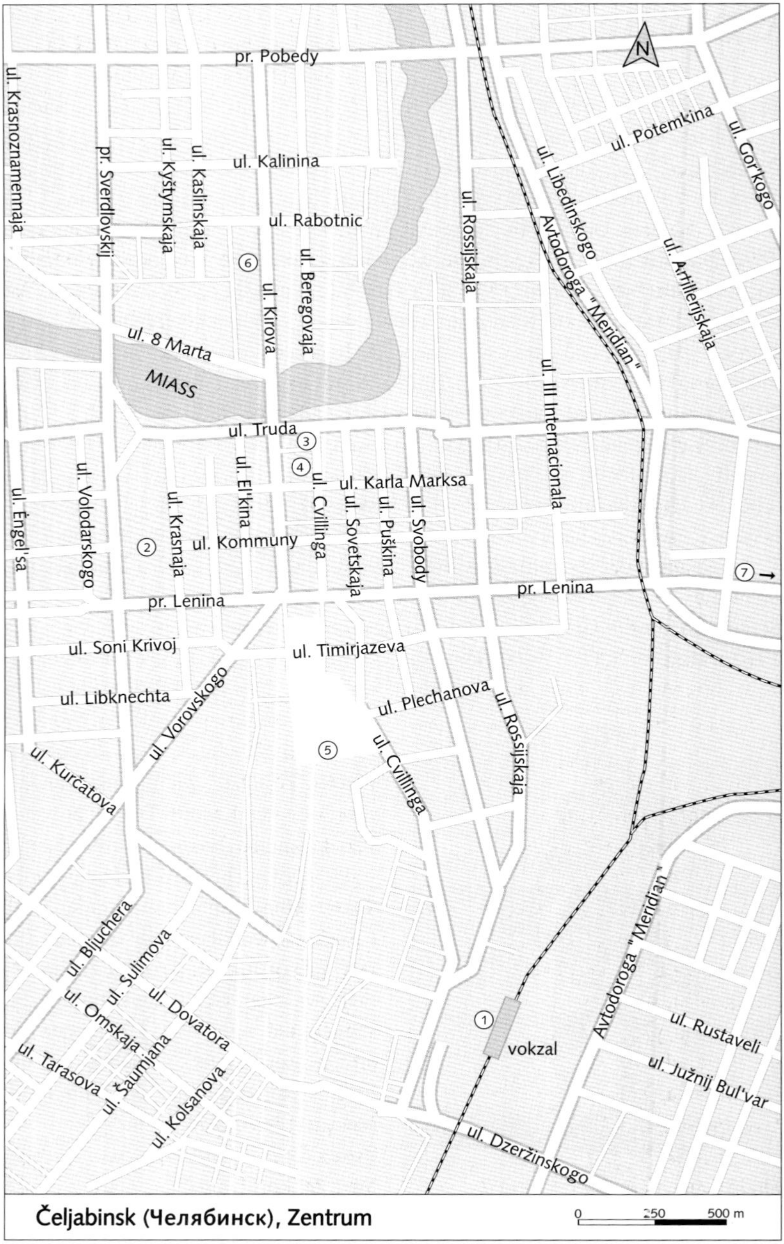

Čeljabinsk (Челябинск), Zentrum

gebiet. Čeljabinsk selbst ist bis heute eine typische Industriestadt, deren touristischer Charme sich in Grenzen hält. 1976 erreichte die Einwohnerzahl der Uralmetropole die Millionengrenze, heute zählt die Stadt 1 143 000 Einwohner.

Stadtrundgang

Vom 1965 neu errichteten Bahnhof gelangt man über die rechts abzweigende ul. Cvillinga in das Stadtzentrum. Das 14 Meter hohe Monument eines Schmiedes auf dem Bahnhofsvorplatz aus dem Jahre 1967 symbolisiert unter dem Titel ›Die

Legende

1 Bahnhof (Вокзал)
2 Purpurrotes Feld (Алое поле)
3 Gemäldegalerie (Картинная галерея)
4 Glinka-Oper (Театр оперы и балета им. М. Глинки)
5 Schauspielhaus (Драматический театр)
6 Pfingstkirche (Свято-Троицкая церковь)
7 Traktorenwerk (Тракторозаводский район)

Straßen und Plätze

3-go Internacionala, ul.
(3-го Интернационала, ул.)
8-go Marta, ul.
(8-го Марта, ул.)
Avtodoroga ›Meridian‹
(Автодорога ›Меридиан‹)
Beregovaja, ul.
(Береговая, ул.)
Cvillinga, ul.
(Цвиллинга, ул.)
Dzeržinskogo, ul.
(Дзержинского, ул.)
El'kina, ul.
(Елькина, ул.)
Kalinina, ul.
(Калинина, ул.)
Karla Marksa, ul.
(Карла Маркса, ул.)
Kirova, ul.
(Кирова, ул.)
Kommuny, ul.
(Коммуны, ул.)
Krasnaja, ul.
(Красная, ул.)
Lenina, pr.
(Ленина, пр.)
Puškina, ul.
(Пушкина, ул.)
Rossijskaja, ul.
(Российская, ул.)
Sovetskaja, ul.
(Советская, ул.)
Svobody, ul.
(Свободы, ул.)
Timirjazeva, ul.
(Тимирязева, ул.)
Truda, ul.
(Труда, ул.)
Volodarskogo, ul.
(Володарского, ул.)
Vorovskogo, ul.
(Воровского, ул.)

Am Leninprospekt in Čeljabinsk

Urallegende‹ die Stärken dieses Landstriches. Hinter der Grünanlage des am Fernsehturm zu erkennenden Puschkinparks eröffnet sich vom Hügel der Blick auf den abfallenden pl. Revoljucii (Revolutionsplatz) und auf das Stadtzentrum bis zum die Stadt durchziehenden Fluß Miass. An der Spitze des Hügels erhebt sich das 1981 erbaute moderne Schauspielhaus (pl. Revoljucii 6, Tel. 33 87 63), das ebenfalls nach dem örtlichen Revolutionär Sergej Cvilling benannt ist. Am linken unteren Ende des Platzes befindet sich das Jugendtheater (ul. Kirova 116, Tel. 33 22 03), gegenüber auf der rechten Seite das Volkskunstmuseum (pl. Revoljucii 1, Tel. 66 27 06). In der Mitte steht das obligatorische Lenindenkmal. Am unteren Ende kreuzt die Hauptstraße der Stadt, der pr. Lenina, den Platz. In östliche Richtung führt die Hauptgeschäftsstraße in die Gewerbegebiete. Hinter der Bahnunterführung beginnt auf der rechten Seite das Gelände des Traktoren- bzw. Panzerwerkes. Zwei Denkmäler erinnern an den T 34 und die Katjuscha genannten Granatwerfer. Sie stehen am Werkseingang (Komsomol'skaja pl.) und unweit des Bahnhofs in der ul. Dovatora.

In westliche Richtung führt der pr. Lenina zum Stadtpark. Er liegt inmitten eines Waldgebiets und ist nach Jurij Gagarin benannt. Am Eingang erinnert ein die Kernspaltung symbolisierendes Denkmal an den Kernforscher Igor Kurčatov. Davor lockert auf der rechten Seite ein Park mit dem Namen ›Purpurrotes Feld‹ (Aloe pole) die Stadtlandschaft auf. Der Name des Parks (aloe bedeutet purpur- oder blutrot) erinnert an tragische Ereignisse aus dem Jahre 1905, als hier, wie in vielen anderen Orten Rußlands, eine Demonstration von den zaristischen Truppen blutig niedergeschlagen wurde. Die im Park zwischen 1910 und 1915 errichteten Backsteinkirche ist seit 1987 ein Konzertsaal mit der wohl besten Orgel im Ural (Tel. 36 17 46).

Die zweite Hauptstraße von Čeljabinsk ist die am pl. Revoljucii in Richtung Norden zum Fluß führende ul. Kirova. Kurz vor der Brücke über den Miass befinden sich auf der rechten Seite in einer alten Kaufmannsvilla die Städtische Kunstgalerie (ul. Truda, 92a, Tel. 33 09 34) und die Philharmonie (ul. Truda 92a, Tel. 33 22 93). Schräg gegenüber steht die Michail-Glinka-Oper (pl. Jaroslavskogo 1, Tel. 33 87 63). Am nördlichen Ufer des Flusses erhebt sich das architektonisch eher belanglose Zirkusgebäude (ul. Kirova 25). Gegenüber öffnet die Heilige Pfingstkirche (ul. Kirova 60) seit 1994 wieder den Gläubigen ihre Pforten. Das früher darin befindliche Heimatkundemuseum hat sein neues Domizil auf dem pr. Lenina 49 (Tel. 33 85 32) gefunden.

Zeitunterschied: MEZ plus vier Stunden.
Vorwahl: 35 12.
PLZ: 454 000.
Hauptpostamt: ul. Kirova 161, Tel. 66 00 95.
Bank: Mosstrojėkonombank, Komsomol'skij pr. 2, Tel. 13 62 93.
Geldautomat: ul. Kirova 108.
Reisebüro: Inturist, ul. Marksa 113, Tel. 33 44 11.

Der Bahnhof liegt zentral am westlichen Rand des Stadtzentrums (Privokzalnaja pl., Tel. 38 40 00). Der Busbahnhof befindet sich auf der Nordseite des Flusses Miass (ul. Kyštymskaja 64, Tel. 35 66 01).

Der Flughafen liegt am nordöstlichen Stadtrand und unterhält ein Stadtbüro (pr. Lenina 28, Tel. 33 97 74). Unter anderem gibt es zwei tägliche Flüge nach Moskau und sporadisch nach Hannover.

Die beste Unterkunft in der Stadt ist das Hotel ›Viktorija‹ (ul. Molodogvardejcev 34, Tel. 18 98 20). Akzeptable Alternativen im Stadtzentrum sind das Hotel ›Malachit‹ (ul. Truda 153, Tel. 33 54 78) und das Hotel ›Slavjanka‹ (pr. Lenina 20, Tel. 77 09 35).

An Restaurants in der Stadt sind das ›Tri porosënka‹ (pr. Lenina 78a, Tel. 65 63 54) oder das ›Kamennyj Zal‹ (ul. Cvillinga 34, Tel. 664682) zu empfehlen. Fastfood bekommt man bei ›Grill Master‹ (pr. Lenina 71 oder pr. Pobedy 166).

Die wichtigsten Geschäfte der Stadt findet man auf dem pr. Lenina und in der ul. Kirova. Der Zentralmarkt befindet sich am pl. Mopra 3.

www.chelyabinsk.ru (R).
www.chelpress.ru (R/E).
www.74.ru (R).

Die Kosaken

Die Kosaken haben an der Entwicklung Sibiriens entscheidenden Anteil, und ihre Traditionen, lange Jahre unterdrückt, gewinnen heute wieder an Bedeutung. Das Wort Kosake ist türkischen Ursprungs und meint in seiner ursprünglichen Bedeutung ›freier Krieger‹ oder ›Vagabund‹ zunächst die russischen und ukrainischen Bauern, die die Freiheit in den russischen Randgebieten an Dnepr, Don und Volga suchten und sich dort in eigenständigen Gemeinschaften niederließen. Die Kosakendörfer hießen Stanica, der gewählte Führer nannte sich Ataman, und ihre Truppen wurden als Vojsko bezeichnet. Sie waren nicht zimperlich und lebten eher von Raub als von der Landwirtschaft.

Ihr Verhältnis zum Zaren und zu den örtlichen Machthabern gestaltete sich sehr unterschiedlich. Häufig arrangierte man sich, und die Kosaken agierten als Söldnertruppe im Staatsauftrag – ein Verhältnis, das vor allem bei der russischen Eroberung Sibiriens immense Bedeutung hatte.

Andererseits kamen viele Kosaken nach Sibirien, weil sie aufgrund ihrer Rolle in den Bauernaufständen vom Zaren zwangsweise in die neuen Gebiete umgesiedelt wurden.

Seit der gesetzlichen Verankerung der Leibeigenschaft im Jahre 1647 hatten die Kosaken viel Zulauf. Seit 1720 kam den Kosakentruppen bei der weiteren Eroberung Sibiriens und der Befestigung der verschiedenen Verteidigungslinien vom Ural bis zum Pazifik eine entscheidende Rolle zu.

Im zaristischen Rußland waren die Kosaken mit Sonderrechten und Traditionen, eigenen Uniformen und Waffenordnungen ein entscheidender Garant der russischen Identität sowie der inneren und äußeren Sicherheit Sibiriens. Die Sowjetmacht hingegen lehnten die Kosaken fast ausnahmslos ab und schlossen sich im Bürgerkrieg den Weißgardisten an. Folgerichtig wurden alle Organisationsstrukturen durch die Sowjets aufgelöst. Doch die romantische Vorstellung von kämpferischen und freiheitsliebenden Kosaken blieb im Bewußtsein der Menschen bestehen – vor allem in der Südukraine, im Don- oder Kubangebiet in Südrußland und, wenn auch deutlich schwächer ausgeprägt, in Sibirien.

Mit der Perestrojka wurden auch die alten Kosakentraditionen sehr schnell wiederbelebt, da die Sorge um die Verteidigung der nationalen Identität und die Frage der inneren Sicherheit insbesondere in Südrußland wieder aktuell wurde. Aber auch in Sibirien lebten die Traditionen schnell wieder auf, und man stößt heute fast in allen Städten auf neue Zentren des Kosakentums, deren Anspruch und Einfluß jedoch nicht unumstritten sind.

Tjumen'

Die erste Großstadt hinter dem Ural ist Tjumen', die auch die ›Mutter der sibirischen Städte‹ genannt wird. Nachdem der Kosakenführer Ermak 1581 die tatarische Festung Tschingi Tura erobert hatte, kamen fünf Jahre später die ersten 300 Kosaken und Schützen, um am Fluß Tura die erste russische Stadt und zugleich Hauptstadt Sibiriens zu gründen. Hauptstadt war Tjumen' aber nur vier Jahre, dann wurde Tobol'sk zum administrativen Zentrum der neuen Eroberungen. Zunächst brachte der Handel die Stadt zur Blüte, bald folgten das Handwerk und die sich entwickelnde Industrie. Vor allem der Schiffbau prägte Tjumen' im 19. Jahrhundert.

Obwohl Tjumen' bereits 1885 durch die Inbetriebnahme der Eisenbahnstrecke nach Ekaterinburg den Anschluß nach Europa fand, lag die Stadt nicht an der ursprünglichen Streckenführung der Transsibirischen Eisenbahn, die in diesem Gebiet von Čeljabinsk nach Omsk führte. Die Anbindung erfolgte erste 1916, als auch der Zugverkehr zwischen Tjumen' und Omsk aufgenommen wurde.

Der heutige Boom der westsibirischen Tiefebene setzte in den 60er Jahren des 20. Jahrhunderts ein. Als zunächst die Erschließung der Ölfelder um Nižnevartovsk und später der Gasvorkommen bei Novyj Urengoj begann, wurde Tjumen' als Zentrum der Verwaltung und des Güterumschlages zum Inbegriff für Rußlands schwarzes Gold und blaue Flamme. Die Bevölkerungszahl verdreifachte sich in 15 Jahren. Lohnzuschläge und Versorgungsprivilegien lockten die notwendigen Arbeitskräfte für Rußlands Exporte und die wichtigen Petro-Dollars in die Kälte. Heute leben 548 000 Menschen in der Stadt, obwohl sich die eigentlichen Förderzentren noch hunderte von Kilometern weiter nördlich befinden. Die Stadt präsentiert sich dem Besucher aber keineswegs als öde Industriemetropole, sondern als durchaus unerwartete Mischung geschichtsträchtiger Holz- und Steingebäude mit sowjetischen Neubaublöcken und modernen Architekturlösungen.

Stadtrundgang

Vom etwas trostlosen Bahnhofsvorplatz gelangt man über die ul. Pervomajskaja in das Stadtzentrum. Vorbei am Theater und am Zirkus kreuzt die Straße die ul. Lenina und die ul. Respubliki, die beide gemeinsam als Einbahnstraßen die wichtigste Nord-Süd-Magistrale der Stadt bilden. Wenn man Richtung Norden der ul. Lenina folgt, gelangt man zum Ursprung Tjumen's. Vorbei am ›Mašarov-Haus, das seit 1996 als Museum an den berühmten Kaufmann der Stadt erinnert (ul. Lenina 24, Tel. 261310) und den Resten der Erlöserkirche (ul. Lenina 43) und der Michailskirche (ul. Lenina 22) kommt man nach einer Biegung zum Zusammenschluß mit

Tjumen' (Тюмень), Zentrum

0 250 500 m

der ul. Respubliki. Hier erhebt sich das Gebäude der alten Stadtduma, in dem sich heute der naturkundliche Teil des örtlichen Heimatkundemuseums befindet (ul. Respubliki 2, Tel. 261159). Der stadtgeschichtliche Teil des Museums befin-

Legende

1 Bahnhof (Вокзал)
2 Gründungsstein
3 Heimatkundemuseum (Краеведческий музей)
4 Museum der Geschichte eines Hauses (Музей истории одного дома)
5 Museum für Geologie, Öl und Gas (Музей геологии, нефти и газа)
6 Gemäldegalerie (Музей изобразительных искусств)
7 Kloster mit Pfingstkathedrale und Peter-und-Pauls-Kirche (Петропавловская церковьТроицкого мужского моастырь)
8 Kreuzkathedrale (Знаменский собор)
9 Theater für Dramen und Komödien (Театр драмы и комедии)
10 Philharmonie (Филармония)

Straßen und Plätze

8-go Marta, ul.
(8-го Марта, ул.)
25-go Oktjabrja, ul.
(25-го Октября, ул.)
Čeljuskincev, ul.
(Челюскинцев, ул.)
Dzeržinskogo, ul.
(Дзержинского, ул.)
Družby, ul.
(Дружбы, ул.)
Gercena, ul.
(Герцена, ул.)
Kirova, ul.
(Кирова, ул.)
Kommunističeskaja, ul.
(Коммунистическая, ул.)
Lenina, ul.
(Ленина, ул.)
Lunačarskogo, ul.
(Луначарского, ул.)
Maksima Gor'kogo, ul.
(Максима Горького, ул.)
Mel'nikajte, ul.
(Мельникайте, ул.)
Morisa Toreza, ul.
(Мориса Тореза, ул.)
Ordžonikidze, ul.
(Орджоникидзе, ул.)
Permjakova, ul.
(Пермякова, ул.)
Pervomajskaja, ul.
(Первомайская, ул.)
Privokzal'naja, ul.
(Привокзальная, ул.)
Respubliki, ul.
(Республики, ул.)
Semakova, ul.
(Семакова, ул.)
Sovetskaja, ul.
(Советская, ул.)
Sverdlova, ul.
(Свердлова, ул.)
Vodoprovodnaja, ul.
(Водопроводная, ул.)
Volodarskogo, ul.
(Володарского, ул.)

det sich noch in der Peter-und-Pauls-Kirche des bereits im Norden sichtbaren Pfingstklosters. Neben der alten Stadtduma erinnert eine Stele mit einem ewigen Feuer an die Opfer des Zweiten Weltkrieges. Näher zum Flußhang an der Tjumen'ka erinnert ein Gründungsstein mit einer Inschrift an die Gründung der Stadt.

Von hier aus hat man einen wunderschönen Ausblick auf den Tjumen' in einem weitläufigen Bogen durchziehenden Fluß Tura, eine Fußgängerbrücke verbindet beide Seiten miteinander. Gen Norden führt eine Brücke am linken Flußufer über den Zufluß Tjumen'ka an der Kreuzerhöhungskirche vorbei zum berühmten Tjumen'er Männerkloster, das den Beginn seiner Geschichte im Jahre 1618 nimmt. Zum von Anbeginn aus Stein errichteten sehenswerten Klosterensemble gehören die Pfingstkathedrale und die Peter-und-Pauls-Kirche. Zurück in Richtung Zentrum eröffnen die 1836 erbauten Handelsreihen die ul. Respubliki. Auf der linken Seite steht das Landwirtschaftsinstitut (ul. Respubliki 7). In diesem Gebäude befand sich zu Beginn des Jahrhunderts das Heimatmuseum und zwischen 1941 und 1945 diente es unter größter, bis zur Perestrojka währenden Geheimhaltung als Heimstatt für den aus dem Moskauer Mausoleum ausgelagerten, einbalsamierten Leichnam Lenins. Einen Besuch lohnt das ›Museum der Geschichte eines Hauses im 19. und 20. Jahrhundert‹. Das ehemalige Bljucher-Haus zeigt in kleinen Expositionen, wie in verschiedenen Zeiten verschiedene Besitzer das Haus auf sehr verschiedene Art und Weise nutzten (ul. Respubliki 18, Tel. 36 49 63). An der nächsten Ecke gelangt man linker Hand zur heute größten Kirche der Stadt. Nach erfolgter Rekonstruktion erstrahlt das 1786 erbaute Ensemble der Kreuzkathedrale wieder in seiner barocken Schönheit. Auf der ul. Respubliki gelangt man

Das Tjumener Kloster

an vielen Geschäften vorbei zu einem großen Platz, wo linker Hand im Schatten Lenins in einem wuchtigen Gebäude die Gebietsadministration ihren Sitz hat.

An der nächsten Kreuzung führt die ul. Ordžonikidze nach links zu den besten Hotels der Stadt. Daneben liegt die Baustelle des neuen imposanten Gebäudes für das Heimatkundemuseum, und im unscheinbaren Gebäude der juristischen Fakultät der Universität findet man die erstaunlich gut bestückte örtliche Gemäldegalerie (ul. Ordžonikidze 47, Tel. 36 17 66). In derselben Straße findet man auch des Kaufhaus, den Markt und an den Kreuzungen auch im Berufsverkehr die größte Hektik in der sonst ruhigen Stadt. Außerhalb des Stadtzentrums zeigt das Museum für Geologie, Öl und Gas auf vier Etagen die Erschließung der westsibirischen Naturreichtümer (ul. Respubliki 142, Tel. 22 74 26).

Zeitunterschied: MEZ plus vier Stunden.
PLZ: 720 000.
Vorwahl: 34 52.
Hauptpostamt: ul. 8. Marta 7, Tel. 26 20 30.
Bank: Zabsibcombank: ul. 8. Marta 2/57, Tel. 24 03 91.
Geldautomat: ul. Respubliki 44.
Reisebüro: Inturist, ul. Mel'nikajte 93, Tel. 25 03 23.

Der Bahnhof befindet sich östlich des Stadtzentrums (ul. Privokzal'naja 1, Tel. 26 13 70, 29 26 09). Hier besteht eine Umsteigmöglichkeit zur Kopfbahn in die nördlichen Öl- und Gasgebiete um Surgut und Novyj Urengoj. Vom Bahnhofsvorplatz fahren alle Buslinien über das Stadtzentrum. Der Busbahnhof befindet sich am südlichen Stadtrand (ul. Permjakova 9).

Der teilweise neue Flughafen ›Rošino‹ liegt östlich der Stadt. Neben verschiedenen Inlandsflügen (Moskau 4 x tgl.) gibt es im Sommer auch einen wöchentlichen Charterflug nach Hannover.

Das beste Hotel ist das 1994 eröffnete ›Quality Hotel Tjumen'‹ mit westlichem Standard (ul. Ordžonikidze 58, Tel. 39 40 40). Direkt daneben steht das einfachere Hotel ›Prometej‹ (ul. 8. Marta, Tel. 25 14 23).

Die Restaurants in den Hotels ›Quality‹ und im Dachgeschoß des Hotels ›Zapsibgasservis‹ sind zu empfehlen. Im Zentrum gibt es das ›Slavutič‹ (ul. Respubliki 62) oder Fast food bei ›Pizza Tjumen'‹ (ul. Respubliki 94) oder bei ›Antalja Food‹ (ul. Vodoprovodnaja 36).

Das größte Kaufhaus der Stadt – CUM – befindet sich zentral in der ul. Ordžonikidze 63. Unmittelbar daneben befindet sich der zentrale Markt der Stadt. Minerale und Kunstgewerbe findet man noch im Laden ›Uralskie Samocvety‹, ul. Respubliki 142.

www.tjumen.de (D).
www.tyumen.ru (R/E).
www.tmn.ru (R/E).

Omsk

Im Frühjahr 1716 wählte der Gardeoffizier Ivan Buchgol'c (Buchholz) im Auftrag von Peter dem Großen den Ort an der Mündung des Flüßchens Om' in den mächtigen Irtyš als Festungsplatz aus. Damals wurden hier Rußlands südliche Grenzen befestigt. Heute ist das Zentrum der Millionenstadt Omsk noch ein ganzes Stück von der Mitte der West-Ost-Trasse Rußlands entfernt. Ungeachtet eines schnellen Aufstiegs der Stadt durch den Handel blieb Omsk in erster Linie ein Ort des Militärs und der Verwaltung, der aber bereits 1782 mit 4000 Einwohnern das Stadtrecht erhielt. 1838 löste Omsk Tobol'sk als Hauptstadt des westsibirischen Generalgouvernements ab. Im 19. Jahrhundert erlangte Omsk als Etappenort der zaristischen Verbannung traurigen Ruhm. Fëdor Dostoevskij beschrieb seine Omsker Verbannung in den ›Aufzeichnungen aus dem Totenhaus‹. In der zweiten Hälfte des 19. Jahrhunderts entwickelte sich Omsk zur größten Stadt Sibiriens und zu einem der industriellen Zentren. Der Bau der Transsibirischen Eisenbahn verband 1894 Omsk mit dem Ural und dem europäischen Teil Rußlands. Im Bürgerkrieg nach der Oktoberrevolution befand sich in Omsk die bürgerliche Allrussische Provisorische Regierung, die unter der Regentschaft des Zarenadmirals Aleksandr Kolčak ab November 1918 bis zu seiner Ermordung in Irkutsk Geschichte machte. Nach dem Zweiten Weltkrieg wurde Omsk, wie viele andere Zentren des russischen militärisch-industriellen Komplexes, zur ›geschlossenen Stadt‹. Ausländer durften Omsk bis Anfang der 90er Jahre nicht besuchen. Omsk ist heute mit 1 170 000 Einwohnern, die man Omiči nennt, nach Novosibirsk die zweitgrößte Stadt in Sibirien und fühlt sich mit Blick auf die Hauptstadtrolle im Bürgerkrieg als ›heimliche‹ Hauptstadt Sibiriens.

Stadtrundgang

Der Bahnhof liegt südlich vom Stadtzentrum am Prospekt Marksa, der Omsk in Nord-Süd-Richtung durchziehenden Magistrale. Wenn man diesem Prospekt in Richtung Norden folgt, beginnt das Stadtzentrum mit der Kreuzung der zur Irtyš-Brücke führenden ul. Maslenikova. Kurz davor befindet sich in einer Nebenstraße das Kondratij-Belov-Museum – ein sehr empfehlenswertes Kleinod sibirischer Kultur und Malerei (ul. Valichanova 10, Tel. 31 93 22). Jetzt verlaufen in trauter sozialistischer Eintracht Marx-Prospekt und Lenin-Straße Richtung in den Irtyš mündenden Fluß Om', dem der Stadt ihren Namen zu verdanken hat. Zwischen beiden Straßen befinden sich die Philharmonie (ul. Lenina 27) und die

Am Buchgol'c-Platz in Omsk, im Hintergrund der Flußbahnhof

1833 erbaute Kosaken-Nikolaj-Kirche (Kazač'ja Nikol'skaja cerkov'). Ab 1883 befand sich hier die Standarte des Kosakenatamans und Sibirieneroberers Ermak, die allerdings in den Wirren des Bürgerkrieges verlorenging (ul. Lenina 27a).

In unmittelbarer Nachbarschaft befindet sich das Heimatkundemuseum (Vereintes Geschichts- und Literaturmuseum) und das Museum für bildende Künste. Das Heimatmuseum ist eines der interessantesten seiner Art in Sibirien (ul. Lenina 23a). Im Michail-Vrubel'-Gebiets-Museum für bildende Künste befindet sich eine der umfangreichsten Sammlungen von Ikonen, russischer und westeuropäischer Malerei aus dem 19. und 20. Jahrhundert sowie anderer bildender Künste. Neben Arbeiten des berühmten aus Omsk stammenden Malers Michail Vrubel finden sich Werke vieler bekannter Maler wieder Das Museum residiert in zwei Gebäuden (ul. Lenina 23, Tel. 31 00 17 und ul. Lenina 3, Tel. 24 15 64).

Am Om' stand hier früher die größte Kirche der Stadt. Die Proroko-Il'inskaja cerkov' aus dem Jahre 1789 war Ende des 19. Jahrhunderts erweitert und dann aber Mitte der 30er Jahre abgerissen worden. Zunächst entstand zum 100. Todestage Alexander Puschkins ein Denkmal des Dichters, das jedoch 20 Jahre später durch das obligatorische Lenin-Denkmal abgelöst wurde, wobei Lenin hier jedoch nicht wie sonst richtungsweisend, sondern eher zurückhaltend dargestellt ist. Im Hintergrund sieht man das originelle Musiktheater, das von den Omskern wegen seiner eigenwilligen Form scherzhaft ›Die Sprungschanze‹ (für bis zu 15 Skispringer gleichzeitig!) genannt wird (ul. 10 let Oktjabrja 2). Am Fluß Om' in Richtung Irtyš befand sich die Holzfestung, die 1716 den Ursprung der Stadt

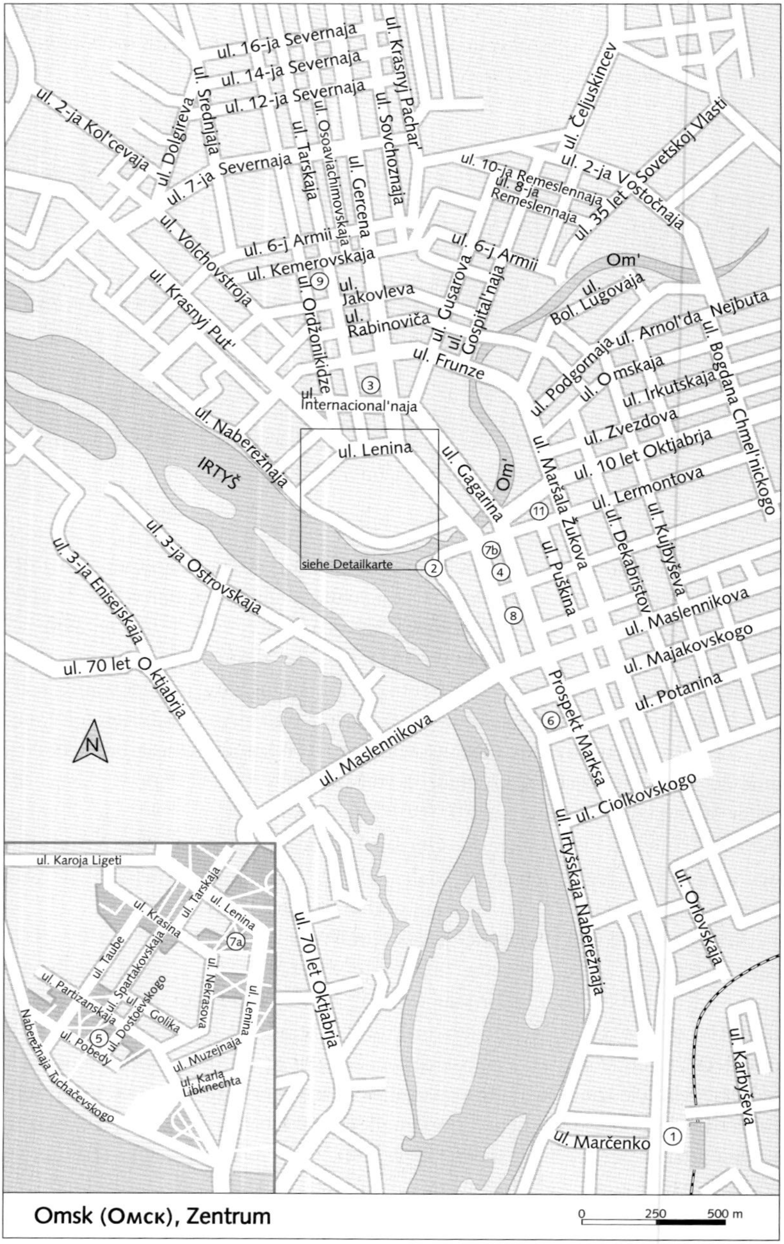

Omsk (Омск), Zentrum

Omsk begründete. Heute liegt hier der Passagierhafen, und auf dem nach dem Begründer Ivan Buchgol'c benannten Vorplatz erinnert ein Memorial aus einer Kugel und mehrerer Fresken an die Gründung der Stadt.

Am Nordufer des Om' wurde die 1908 errichtete und 1928 zerstörte Serafimo-Aleksej-Kapelle 1995 wieder zu einer kleinen Perle im Stadtbild. Linker Hand geht es zur Parkanlage der Neuen Festung. Nördlich der Om'-Mündung sind in einem Park einige Spuren der ab 1768 errichteten sogenannten Neuen Festung zu finden. Neben dem einzigen direkt am Ufer des Irtyš erhalten gebliebenen Fest-

Legende

1 Bahnhof (Вокзал)
2 Passagierhafen (Речной вокзал)
3 Feuerwehrturm (Пожарная башня)
4 Heimatkundemuseum (Краеведческий музей)
5 Fedor-Dostoevskij-Museum (Музей им. Федра Достоевского)
6 Kondratij-Belov-Museum (Музей им. Кондратия Белова)
7a/b Michail-Vrubel'-Gemäldegalerie (Картинная галерея им. Михаила Врубеля)
8 Kosaken-Nikolaj-Kirche (Казачья-Никольская церковь)
9 Kreuzigungskathedrale (Крестовоздвиженский кафедральный собор)
10 Akademie-Theater (Академический театр)
11 Musiktheater (Музыкальный театр)

Straßen und Plätze

70 let Oktjabrja, ul. (70 лет Октября, ул.)
Broz Tito, ul. (Броз Тито, ул.)
Buchgol'ca, pl. (Бухгольца, пл.)
Dostoevskogo, ul. (Достоевского, ул.)
Gagarina, ul. (Гагарина, ул.)
Gercena, ul. (Герцена, ул.)
Internacional'naja, ul. (Интернациональная, ул.)
Krasnyj put', ul. (Красный путь, ул.)
Lenina, ul. (Ленина, ул.)
Lermontova, ul. (Лермонтова, ул.)
Libknechta, ul. (Либкнехта, ул.)
Marchenko, ul. (Мархенко, ул.)
Marksa, pr. (Маркса, пр.)
Maslennikova, ul. (Масленникова, ул.)
Ordžonikidze, ul. (Орджоникидзе, ул.)
Tarskaja, ul. (Тарская, ул.)
Taube, ul. (Таубе, ул.)
Valichanova, ul. (Валиханова, ул.)

ungstor in Richtung Tobol'sk wurde das 1792 erbaute Taraer Stadttor zu seinem 200-jährigen Jubiläum originalgetreu wiederaufgebaut. Die beiden anderen Tore zu den Flüssen Irtyš und Om' sind nicht erhalten geblieben.

In der ehemaligen, aus dem Jahre 1781 stammenden Hauptwache befindet sich heute das örtliche Wehrkreiskommando. Im Haus des Festungskommandanten wurde 1982 das Dostoevskij-Museum eröffnet. Es erinnert an die Jahre 1850 bis 1854, die der Schriftsteller in der Omsker Festung zugebracht und dann in seinen ›Aufzeichnungen aus dem Totenhaus‹ geschilder hatte. (ul. Dostoevskogo 1, Tel. 24 29 65).

Während die orthodoxe Auferstehungskirche neben der Hauptwache heute nur noch Erinnerung ist, wurde die protestantische Festungskirche (Baujahr 1791) Anfang der 70er Jahre nach Rekonstruktion in den Bau eines Kulturhauses der örtlichen Polizei integriert. Am Parkrand gibt es noch ein Museum für die militärischen Heldentaten der Omsker von Revolution und Bürgerkrieg bis Afghanistan und Tschetschenien (Oblastnyj Muzej Vojnskoj Slavy Omičej, ul. Taube 7, Montag Ruhetag, Tel. 23 85 50). Zurück zur kleinen Kapelle an der Brücke, nimmt hier auch auf etwa einem Kilometer Länge leicht ansteigend die alte Prachtstraße von Omsk – vormals Ljubinskij pr. und heute Teil der Leninstraße – ihren Anfang. Sie verdient auch heute bereits wieder diese Bezeichnung. Die Ende des vergangenen Jahrhunderts errichteten Gebäude sind gut erhalten, und gemäß dem Zug der Zeit halten noble Geschäfte und Gaststätten wieder Einzug, wobei ein breites Trottoir zum Flanieren einlädt. Hinter dem imposanten, 1905 eröffneten Schauspielhaus, das als eine der besten Bühnen Sibiriens gilt (ul. Lenina 5), und der Gemäldegalerie auf der gegenüberliegenden Seite erstreckt sich ein Stadtpark mit vielen Springbrunnen und Blumen.

Links an der ul. Lenina erhebt sich das Gebäude der Gebietsadministration. Dahinter beginnt die ul. Krasnyj put' (übersetzt: ›Roter Pfad‹) in Richtung Norden zu den Gewerbegebieten von Omsk. Am Beginn der ul. Krasnyj put' steht in einen kleinen Park eingebettet ein imposanter Neubau: Sibiriens modernste Bibliothek, die den Namen Alexander Puschkins trägt. Die Fassade schmücken acht Statuen berühmter russischer Schriftsteller.

Am anderen Ende des Parks schließt das Rathaus in der ul. Gagarina sozusagen die Nordhälfte des Stadtzentrums ab. Auf halber Höhe zwischen Gouverneur und Bürgermeister befindet sich der etwa 1913 errichtete Feuerwehrturm, der heute auf vielen Fotos als Sinnbild für Omsk auftaucht. Damals wurde er am Stadtrand gebaut, heute begrenzt er gerade das Stadtzentrum. Links davon beginnt in der ul. Tarskaja eine Fußgängerzone, die zwischen liebevoll restaurierten alten Holzhäusern und anderen zumeist weniger liebevoll errichteten Neubauten zur heute größten und schönsten Kirche der Stadt, der 1870 erbauten Kreuzigungskathedrale (Krestovozdviženskij kafedral'nyj sobor) führt.

Zeitunterschied: MEZ plus fünf Stunden.
PLZ: 644 000.
Vorwahl: 38 12.
Hauptpostamt: ul. Gercena 1.
Banken: Omskpromstrojbank, ul. Ordžonikidze 3.
Geldautomaten: u. a. im Kaufhaus CUM, ul. Gercena 2.
Reisebüro: ›Omsk-Turist‹, ul. Gagarina 2, Tel. 25 06 24, 25 02 25.

Omsk liegt an der Transsibirischen Eisenbahn. Die Fahrtzeit mit der Transsibirischen Eisenbahn nach Moskau beträgt etwa 42 Stunden (pr. Marksa, Tel. 41 12 01).

Omsk hat einen eigenen, vergleichsweise zentral gelegenen Flughafen, der ein- bis zweimal wöchentlich Verbindungen nach Hannover und Frankfurt/M. anbietet. Es gibt täglich zwei Flüge nach Moskau. (Tel. 31 64 17 und 35 99 11).

Im Sommer kann man mit dem Schiff den Irtyš entlang bis nach Tara, Tobol'sk und, nach seiner Einmündung in den Ob', bis zum Eismeer nach Salechard reisen (pl. Buchgol'ca 1).

Hinsichtlich des Hotelstandards bleibt Omsk im Vergleich zu anderen Städten Sibiriens zurück. Der Einäugige unter den Blinden ist wohl das Hotel ›Majak‹ (Leuchtturm) am Flußhafen (ul. Lermontova 1, Tel. 31 54 31). Uns zwar empfohlen, aber abgrundtief sowjetisch, ist das ehemalige Parteihotel ›Irtyš‹ nicht zu empfehlen (ul. Krasnyj Put' 155/1, Tel. 23 27 02 und 23 22 12).

Das wohl derzeit beste Restaurant in Omsk heißt ›Ventur‹ (Venture, ul. Gercena 19, Eingang Hinterseite, Tel. 25 45 03). Etwas provisorisch, aber doch angenehm ist das Restaurant ›Tarskie Vorota‹ (Taraer Tor). Die Szene in Omsk trifft sich bei ›Patio Pizza‹. (pr. Marksa 5). Die russische Fast-Food-Alternative lautet ›Sibirskoe Bistro‹. Französische Bistros hatten ihren Ursprung bekanntlich im Drang russischer Husaren nach dem Sieg über Napoleon in Paris, ihr Essen schnell (russisch ›bystro‹) zu bekommen. Nachdem Fast food seit 1989 durch McDonalds auch in Rußland einzog, entstand als Konkurrenz in Moskau die Restaurant-Kette ›Russkoe Bistro‹ und in Omsk ›Sibirskoe Bistro‹, die zu günstigen Preisen Pel'meni oder Bliny auf Einweggeschirr bietet (ul. Lenina 14).

Das größte Kaufhaus der Stadt – Torgovyj Centr – befindet sich in der ul. Internacional'naja 43.

univ2.omsk.su/omsk/index.html (R/E).
www.omsk.com (R).
www.omsk.net.ru (R/E).
128.119.71.98/gallery/index.html (R/E).
www.omskdrama.ru (R).

Humboldts Sibirienreise

Vom 12. April bis zum 15. Dezember 1829 reiste Alexander von Humboldt (1769–1859) im Auftrag des Zaren durch das Russische Reich. Leider schrieb er – wohl auch aus politischer Rücksicht auf die damals engen Beziehungen zwischen Preußen und Rußland – auf dieser Reise keinen persönlichen Reisebericht. Diese Aufgabe hatte er an den mitreisenden Geologen Gustav Rose delegiert, der aber nur wenig mehr als Steine beschrieb. Das war sicherlich auch ein Grund, weshalb diese Reise bislang nur wenig Beachtung gefunden hat.
Humboldt fuhr über St. Petersburg und Moskau in den Ural. Tobol'sk war seine erste Station in Sibirien. Der nächste Stop erfolgte im damals bedeutenden Tara. Durch die Barabinsker Steppe reiste die Expedition nach Barnaul und weiter ins Altajgebirge. Nach dem Abstieg in Richtung Semipalatinsk im heutigen Kasachstan kehrte man über Omsk in Richtung Kaspisches Meer nach Europa zurück. Die Forschungsergebnisse zur Geografie, Geologie, Klimaforschung fanden vor allem im 1843 erschienenen dreibändigen Werk ›Zentralasien‹ ihren Niederschlag.
Den folgenden Brief richtete Humboldt am 23. Juli 1829 aus Tobol'sk an den russischen Finanzminister Georg Graf von Cancrin, der als einer der Gönner die Reise maßgeblich unterstützt hatte:

Tobolsk, 11/23. Juli 1829.
Ew. Excellenz
würde ich nicht aufs neue mit diesen Zeilen und mit der Nachricht unserer glücklichen Ankunft in dieser anmuthig gelegenen Stadt belästigen, wenn ich Ihnen nicht von einer kleinen Erweiterung unserer Reisepläne zu reden hätte. – Das Wetter ist herrlich, die Wege sind abgetroknet und wir haben über 10 Tage in unserem Reiseproject bereits erspart. Statt also von Omsk aus die Excursion nach Semipalatna zu machen, bei der ich zweimal dieselbe Steppe passiren müßte, werde ich von hier über Tara, Kainsk, Barnaul und den Schlangenberg nach Ust-Kamenogorsk und Buchtarma und von da über Ust-Kamenogorsk zurük nach Semipalatna, Omsk und Troizk gehen. Wir sehen dann die köstlichen Steinschleifereien der Krone und die Silbergruben des Schlangenberges; wir haben die Hoffnung in der Nähe der chinesischen Mongoley endlich einmal einige seltene Producte des Thier- und Pflanzenreichs aufzufinden. Es würde mich unendlich schmerzen, wenn ich ahnden könnte, daß Ew. Excellenz diese Excursion misfiele, aber Sie haben Selbst in dem 6. Artikel der so überaus liberalen, mir schon am 18. Januar nach Berlin gesandten Instruction es mir ganz überlassen, dahin meine Reise zu richten, wo ich nüzliche wissenschaftliche Zwekke zu erreichen hoffen könnte. Ich kann dem Drange nicht widerstehen, eine mir von

Ihnen geschenkte Gelegenheit, die sich vor meinem Tode nie wieder darbietet, zu benuzen ... Einen Augenblik ist es mir eingefallen, ob es nicht vielleicht undelicat sei, die Reise durch einige Tausende von Wersten zu vertheuern; aber ich habe mich mit der Hofnung getröstet, daß von dem mir persönlich anvertrauten Gelde ich ohnedies einen nicht unbeträchtlichen Theil werde zurükgeben können. (...)

Alexander von Humboldt

Wir hoffen 17/19. August in Omsk und 22. oder 23. August in Slatoust zu sein. Der General-Gouverneur von Tobolsk, der uns mit Höflichkeiten überhäuft, giebt uns einen seiner Adjutanten zur Begleitung mit. Ueberall finden wir (Dank sei es der Fürsorge Ew. Excellenz) die freundlichste Aufnahme. Gegen die Mükken sind wir durch erstikkende Masken gepanzert; ohne Beschwerden kann man keinen Genuß des Lebens haben! Das Land ist schön, seit Tjumen, wo Barometer-Messungen zeigen, daß es bis zur Meeresfläche hinabsinkt. Sonderbar, daß alle Zerstöhrungen des östlichen Abfalls des Urals, der Siz Metall producirender vulkanischer Ausbrüche, (wir haben Pyroxen oder Augitfels entdekt) nicht einen Rollstein, nicht einen Kiesel in diese Irtysch-Ebene gebracht haben. Eben so merkwürdig, daß am Ural und bis zum Baikal keine heiße Quelle ausbricht; am Baikal erscheinen diese, wie in Deutschland, erst mit Basalt und Mandelstein. Auch kein Erdbeben aus denselben Gründen bis Irkutsk. Meine Freunde empfehlen sich Ihrem gnädigen Andenken. Ich wünsche Ew. Excellenz herzlich Glük zu dem allgemeinen Enthusiasmus, den Ihre Ausstellung erregt!
Mit unwandelbarer Verehrung
Ew. Excellenz
ganz gehorsamster Al. Humboldt.

Zitiert nach: Alexander von Humboldts Reise durchs Baltikum, nach Rußland und Sibirien 1829, Stuttgart 1984, S. 214–215.
Ein Berliner Verein von Rußland-Enthusiasten – DAMU e.V. – forscht übrigens seit mehreren Jahren über Humboldts berühmte Reise und ihre Spuren. In den letzten Jahren wurden bislang drei Sommerexkursionen auf den Spuren Humboldts im Ural und in Sibirien organisiert (www.damu.de).

Novosibirsk

Novosibirsk ist die Hauptstadt Sibiriens. Mit 1,45 Millionen Einwohnern und einer Ausdehnung von 475 Quadratkilometern belegt sie nach der Fläche Platz drei sowie nach der Einwohnerzahl Platz vier unter allen Städten Rußlands. Die Stadtgeschichte nahm im Jahre 1893 ihren Anfang. Damals suchte man beim Bau der Transsibirischen Eisenbahn den günstigsten Platz für die Überquerung des mächtigen Flußes Ob'. Dank geringer Flußbreite und felsiger Ufer entstand während des 1897 abgeschlossenen Brückenbaus am rechten Flußufer die Siedlung Novo-Nikolaevsk mit über 7000 Einwohnern. Mit dem neuen Stadtnamen wollte man den damaligen Zaren Nikolaj II. ehren. Als Verkehrsknotenpunkt wuchs die Stadt stürmisch und erhielt Spitznamen wie ›amerikanische Stadt‹ oder ›Chicago Sibiriens‹. Ab 1925 wuchs die Bedeutung des Verwaltungszentrums, ein Jahr später wurde der Ort in Novosibirsk umbenannt. Im Gegensatz zu den anderen Metropolen ist Novosibirsk die jüngste Stadt, so daß sie sich auch städtebaulich unterscheidet, denn sie erhielt ihre architektonische Prägung zu sowjetischen Zeiten. Anfang der 60er Jahre überschritt die Einwohnerzahl erstmalig in Sibirien die magische Grenze von einer Million.

Heute ist Novosibirsk ein Zentrum der Industrie, aber auch ein zentraler Verkehrsknotenpunkt und ein bedeutendes Handels-, Finanz- und Messezentrum für die umliegenden Regionen. Es gibt drei Universitäten, mehrere Akademie-Institute und weitere 15 Hochschulen in der Stadt und ihrem berühmten Vorort Akademgorodok. Die Stadt erstreckt sich heute zu beiden Seiten des Ob', die beiden Stadthälften sind durch mehrere gigantische Brücken miteinander verbunden. Der historische Kern und das Stadtzentrum mit allen Sehenswürdigkeiten liegen im Osten auf der rechten Seite. Am linken Ufer befinden sich überwiegend Gewerbegebiete und Schlafstädte. Seit 1994 besteht in Novosibirsk auch wieder ein Deutsches Generalkonsulat, dessen Zuständigkeitsbereich von Tjumen' bis Čita reicht.

Stadtrundgang

In Novosibirsk befindet sich das größte Bahnhofsgebäude entlang der Transsibirischen Eisenbahn. Das grün-weiße Bauwerk wurde von 1930 bis 1941 in Anlehnung an die Silhouette einer gigantischen Lokomotive errichtet und beeindruckt durch seine Dimensionen. Täglich nutzen es durchschnittlich 70 000 Passagiere. Novosibirsk ist ein wichtiger Eisenbahnknotenpunkt, der die Turksibirische Eisenbahn (Mittelasien–Sibirien) an die transrussische Hauptstrecke anbindet.

Die Alexander-Nevskij-Kathedrale

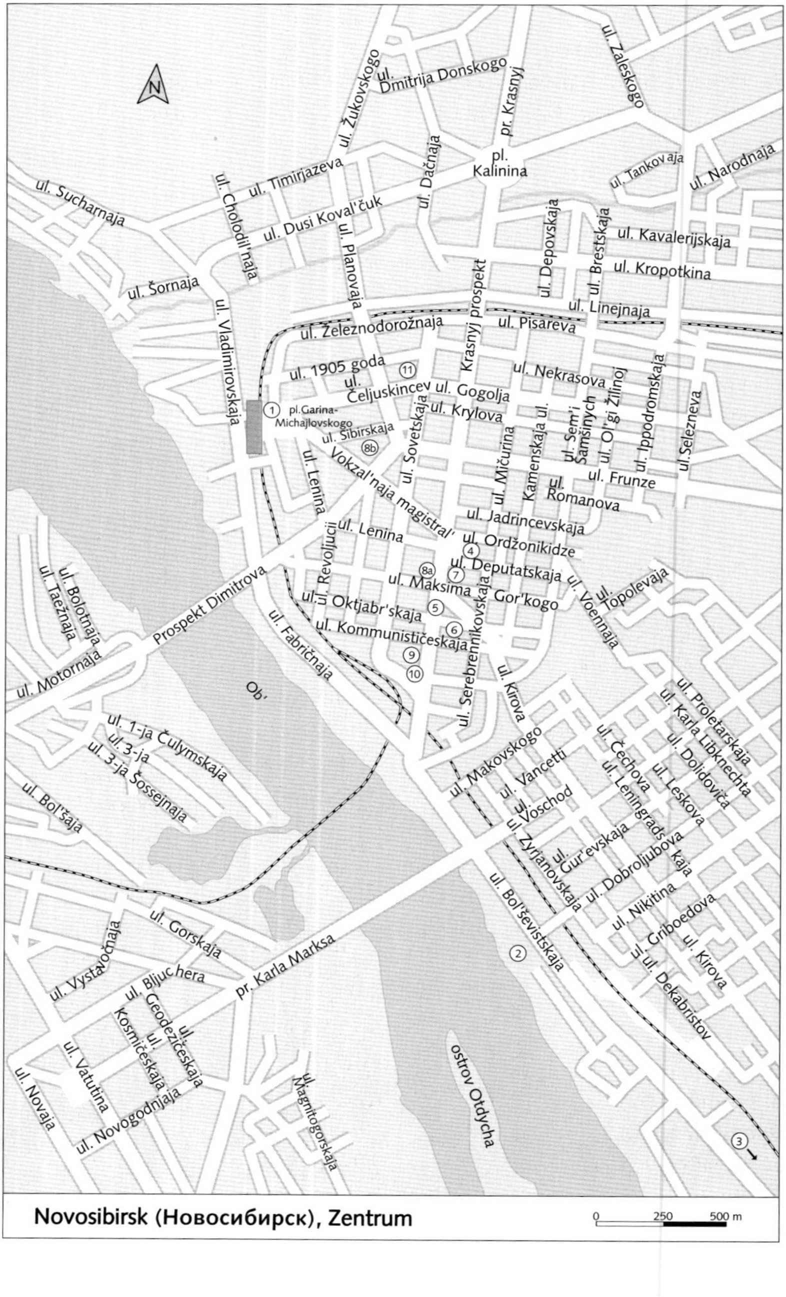

Novosibirsk (Новосибирск), Zentrum

Legende

1 Bahnhof (Вокзал)
2 Passagierhafen (Речной вокзал)
3 Akademgorodok (Академгородок)
4 Staatliches Theater für Oper und Ballett (Государственный театр оперы и балета)
5 Kapelle (Часовня)
6 Deutsches Generalkonsulat (Немецкий Генеральное Консульство)
7 Philharmonie (Филармония)
8a Heimatkundemuseum (Краеведческий музей)
8b Naturkundemuseum (Краеведческий музей, отд. природы и Экологии)
9 Gemäldegalerie (Картинная галерея)
10 Aleksandr-Nevskij-Kathedrale (Собор Александра Невского)
11 Himmelfahrtskathedrale (Вознесенский собор)

Straßen und Plätze

Bogdana Chmel'nickogo, ul.
(Богдана Хмельницкого, ул.)
Bol'ševistskaja, ul.
(Большевистская, ул.)
Čeljuskincev, ul.
(Челюскинцев, ул.)
Deržavina, ul.
(Державина, ул.)
Dimitrova, pr.
(Димитрова, пр.)
Dobroljubova, ul.
(Добролюбова, ул.)
Frunze, ul.
(Фрунзе, ул.)
Garanina, ul.
(Гаранина, ул.)
Garina-Michajlovskogo, pl.
(Гарина-Михайловского, пл.)
Gogolja, ul.
(Гоголя, ул.)
Gor'kogo, ul.
(Горького, ул.)
Il'iča, ul.
(Ильича, ул.)
Jadrincevskaja, ul.
(Ядринцевская, ул.)
Kamenskaja, ul.
(Каменская, ул.)
Karla Marksa, pl.
(Карла Маркса, пл.)
Kirova, ul.
(Кирова, ул.)
Kommunističeskaja, ul.
(Коммунистическая, ул.)
Krasnyj, pr.
(Красный, пр.)
Lenina, ul.
(Ленина, ул.)
Mičurina, ul.
(Мичурина, ул.)
Narymskaja, ul.
(Нарымская, ул.)
Novaja Zarja, ul.
(Новая Заря, ул.)
Serebrjannikovskaja, ul.
(Серебрянниковская, ул.)
Sovetskaja, ul.
(Советская, ул.)
Spartaka, ul.
(Спартака, ул.)
Timirjazeva, ul.
(Тимирязева, ул.)
Universitetskij, pr.
(Университетский, пр.)

Voksal'naja magistral'
(Вокзальная магистраль)

Zaleskogo, ul.
(Залеского, ул.)

Wer Sibirien ohne Transsib besucht, kann sich hier einen Überblick über das Leben am Schienenstrang verschaffen (pl. Garina-Michajlovskogo). Auf dem Bahnhofsvorplatz fällt auch mehrmals das berühmte große ›M‹ für Metro auf. Novosibirsk ist die einzige sibirische Stadt mit einer wie überall in Rußland Metro genannten Untergrundbahn. Mit dem Bau begann man im Jahre 1979, und sechs Jahre später wurde die erste Linie übergeben. Das Streckennetz umfaßt heute elf Stationen. Als schönste Stationen gelten ›Sibirskaja‹ und ›Rečnoj Vokzal‹ mit sehenswerten Marmorgemälden bzw. Glasmosaiken.

Vom zentral gelegenen Bahnhof kommt man am besten über die rechts vom Hotelneubau ›Novosibirsk‹ beginnende Vokzal'naja magistral' zum zentralen Platz der Stadt, über den auch die Hauptstraße von Novosibirsk – der Krasnyj prospekt – verläuft. Der riesige Leninplatz mit einem nicht weniger riesigen Lenindenkmal und dem Staatlichen Theater für Oper und Ballett ist heute das markanteste Wahrzeichen der Hauptstadt Sibiriens. Mit dem Bau des sibirischen ›Bol'šoj‹ wurde noch in den 30er Jahren begonnen. Die erste Premiere fand aber erst 1945 statt, denn während des Zweiten Weltkrieges diente das weitgehend fertiggestellte Gebäude zur Aufbewahrung aus Moskau ausgelagerter Kunstschätze, z. B. aus der berühmten Tret'jakov-Galerie. Die Kuppel beeindruckt mit einer Höhe von 35 Metern und einer Spannweite von 60 Metern. Es ist das größte Theatergebäude Rußlands und für Oper und Ballett eine erstklassige Adresse.(Krasnyj pr., Tel. 29 83 43). Das vor dem Theater stehende, 1970 errichtete monumentale Lenindenkmal soll ursprünglich für den Ostberliner Leninplatz konzipiert worden sein. Dort fand man es aber wohl etwas zu monumental, so daß die Umsetzung des Entwurfes dann in Novosibirsk landete.

Vom Leninplatz in Richtung Süden gelangt man zum Ob' und zum historischen Kern der Stadt. Links hat das Bürgermeisteramt seinen Sitz. Daneben steht das ehemalige Lenin-Haus, das heute der Philharmonie eine Heimstatt bietet, die ansonsten noch in der ul. Spartaka 11 (Tel. 22 15 11) spielt. Etwas versetzt fristet dahinter ein kleiner, den sibirischen Revolutionshelden gewidmeter Park in der Verwilderung des Vergessens sein Dasein. Gegenüber dem Rathaus befindet sich in der ehemaligen Handelsreihe das Heimatkundemuseum mit zwei netten Kunstgewerbegeschäften. Hier ist die Geschichtssparte des Museums zu besichtigen (Krasnyj prospekt 23, Tel. 21 85 95). Die Natursparte befindet sich im Erdgeschoß eines Plattenbaus neben dem Kaufhaus CUM (Vokzal'naja magistral' 7). Außerdem gibt es auch in Akademgorodok noch eine sehr interessantes Geologie-Museum (Universitetskij prospekt 3, Tel. 35 49 37).

Nach dem sich anschließenden kleinen Park gabelt sich die Straße. Links führt die ul. Kirova zum Jugendtheater ›Globus‹ (ul. Kamenskaja 1, Tel. 23 88 41). Die Theaterlandschaft der Stadt genießt generell einen guten Ruf. Unter den Schauspielhäusern sind noch die Bühne des ›Staryj Dom‹ (Altes Haus, ul. Bol'ševistskaja 45, Tel. 66 25 92) und das Theater ›Krasnyj Fakel‹ (›Rote Fackel‹, ul. Lenina 19, Tel. 10 04 28) erwähnenswert.

Nach einer langgezogenen Talbrücke erhebt sich links das Gebäude des ehemaligen Parteihauptquartiers, in dem heute die Gebietsduma ihren Sitz hat. Das Gebäude gegenüber sollte ursprünglich ein neuer Pionierpalast werden. Als aber nach dem Rohbau kein Geld mehr vorhanden war, kaufte die Novosibirsker Bank für Außenhandel das Objekt und machte eine Bank daraus. Zurück an der Gabelung fällt auf der Straßenmitte eine kleine Kapelle mit Glockenturm ins Auge. Die ursprünglich 1915 zu Ehren der Romanov-Dynastie gebaute Kapelle wurde zum 100-jährigen Stadtjubiläum originalgetreu wiederhergerichtet. Das Original war in den 30er Jahren durch ein Stalindenkmal ersetzt worden, das dann in den 50er Jahren wieder abgerissen wurde. Angeblich soll hier der geographisch vermessene Mittelpunkt Rußlands liegen, dem auch das in der Nachbarschaft befindliche, gleichnamige Hotel ›Centr Rossii‹ seinen Namen verdankt.

Wenn man am ›Mittelpunkt‹ nach rechts abbiegt, gelangt man in das alte Novosibirsk der Jahrhundertwende und der 30er Jahre, wo sich interessante Holzhäuser,

In der Metro von Novosibirsk

Akademgorodok

Das berühmte Akademikerstädtchen Akademgorodok liegt 25 Kilometer südlich von Novosibirsk an der rechten Seite des Ob'. Das Städtchen wurde Ende der 50er Jahre durch die sibirische Abteilung der Akademie der Wissenschaften begründet. Dabei ging es aber nicht darum, Wissenschaftler nach Sibirien zu verbannen, sondern jungen und motivierten Wissenschaftlern in einer neuen, auf dem Campus-Prinzip basierenden Siedlung optimale Arbeits- und vergleichsweise gute Lebensbedingungen zu bieten. Viele Forscher kamen und machten Novosibirsk bis heute zu einem führenden Wissenschaftsstandort. Zunächst wurden 14 wissenschaftliche Institute von Kernphysik bis Wirtschaftswissenschaften angesiedelt. Später folgten weitere, und auch die Novosibirsker Universität zog nach Akademgorodok um. Es entstand eine großzügig angelegte, ruhige und sehr grüne Siedlung mit Ein- und Zweifamilienhäusern für die Topwissenschaftler und vielen Plattenbauten für das akademische Fußvolk. In Akademgorodok leben heute etwa 70 000 Einwohner. Auf 2000 Hektar bebaute Fläche kommen fast 10 000 Hektar Wald und Grünflächen. Obwohl die staatliche Förderung in den letzten Jahren drastisch zurückging und viele Wissenschaftler lukrativere Angebote im Ausland angenommen haben, sind einige Institute nach wie vor Weltspitze und der Ort aufgrund seiner guten Ökologie als Wohngegend nach wie vor beliebt. Daneben paßt man sich erfolgreich den neuen wirtschaftlichen Herausforderungen an und ist ein international angesehener Kooperationspartner. Manche sprechen auch bereits von der ›Silicon Taiga‹, denn hier hat sich mittlerweile eine der auch weltweit führenden Schmieden für Computerprogramme und Programmierer entwickelt, so daß der neue für Software aus Sibirien stehende Markenname ›Sibsoft‹ mit Sicherheit nicht mehr lange ein Geheimtip bleibt. Akademgorodok ist von Novosibirsk in 45 Minuten mit dem Vorortzug zu erreichen. Alternativ fahren auch Busse von der Metrostation ›Rečnoj Vokzal‹. Im Süden von Akademgorodok schließt sich das größte Naherholungsgebiet der Novosibirsker an. Das sogenannte Obsker Meer ist ein gigantischer Stausee, der den Ob' auf über 200 Kilometern Länge staut. Der 1957 errichtete Staudamm verbindet Akademgorodok mit den auf der westlichen Seite des Ob' liegenden Vororten. Eine parallel gebaute Schleuse gewährleistet die Schiffbarkeit des Stausees. Der große Badestrand am Ostufer, der von Novosibirsk durch einen eigenen Haltepunkt des Vorortzuges zu erreichen ist, erfreut sich im zwar kurzen, aber heißen kontinentalen Sommer großer Beliebtheit.

wie zum Beispiel der Sitz der Novosibirsker Messegesellschaft, und wuchtige verschnörkelte Blocks aus der Stalinzeit abwechseln. Sozusagen direkt und indirekt im ›Zentrum Rußlands‹ (im am Krasnyj Prospekt 28 stehenden Hotel ›Centr Rossii‹) befindet sich seit 1994 auch das Deutsche Generalkonsulat. Seit Ende 1997 gibt es noch ein Deutsch-Russisches Haus mit umfangreichen Kulturangeboten für Rußlanddeutsche und an Deutschland interessierte Sibirjaken (ul. Jadrincevskaja 68, Tel. 18 03 13). Last but not least besteht seit mehreren Jahren die wohl flächenmäßig weltweit größte katholische Kirchengemeinde, deren neue Kirche, die Christi-Verklärungs-Kathedrale (kafedral'nyj sobor Preobraženija Gospodnja, ul. Gor'kogo 100, Tel. 18 14 30) heute auch schon fast zu den Sehenswürdigkeiten der Stadt gehört.

Gegenüber dem Hotel ›Centr Rossii‹ befindet sich das größte und modernste Kino von Novosibirsk. Es folgen das Gebäude der Gebietsadministration und einige modernistische Bauten aus den 30er Jahren wie beispielsweise das auch über die Grenzen der Stadt hinaus berühmte 100-Wohnungen-Haus. Gegenüber befindet sich die Novosibirsker Gemäldegalerie, in der eine reiche Sammlung russischer Malerei aus dem 19. und 20. Jahrhundert (Ajvasovskij, Šiškin u. a.) zu besichtigen ist. Bekannt ist auch die Sammlung des mystischen russischen Malers und Indien- und Tibetforschers Nikolaj Rerich (Krasnyj prospekt).

Fast schon am Fluß erhebt sich majestätisch der rote Backsteinbau der Alexander-Nevskij-Kathedrale (sobor Aleksandra Nevskogo). Sie wurde 1894 mit der Entstehung der Ortschaft Novo-Nikolaevsk als erstes Steingebäude errichtet und ist heute die größte russisch-orthodoxe Kirche der Stadt, deren goldene Kuppeln auch vom anderen Ob'-Ufer gut sichtbar sind. Wenn auch aufgrund laufender Rekonstruktion das Umfeld derzeit etwas von einer Baustelle hat, lohnt sich ein Besuch (Krasnyj prospekt 2). Am Ob' bieten sich angelegte Promenaden zum Spaziergang bis zur Metro-Brücke mit der Station ›Rečnoj Vokzal‹ (Flußbahnhof) vor dem Hintergrund des Hotels ›Ob'‹ an. Vom Flußhafen fahren neben den Linienschiffen auch kleine Dampfer, die zu ein- oder mehrstündigen Rundfahrten auf dem Ob' einladen.

Zurückgekehrt zum Leninplatz, bildet der Krasnyj prospekt in Richtung Norden mit seinen Neben- und Parallelstraßen das Zentrum von Novosibirsk. Hier entstanden in der letzten Zeit viele neue Geschäfte und Restaurants, so daß diese Ecke der Stadt boomt. Die ul. Mičurina grenzt an den zentralen Kulturpark der Stadt, in dem sich neben Rummel, Estrade , Spielplätzen auch das Operettentheater befindet (ul. Kamenskaja 43, Tel. 24 64 81). Es folgen Sportstadion, Zentralmarkt und der alte Tierpark. Über die ul. Čeljuskincev gelangt man wieder zum Bahnhof. Dabei kommt man nach verschiedenen neuen Geschäften am in einem massiven Gebäude untergebrachten Zirkus vorbei. Vom Zirkus aus ist bereits die zweite reizvolle russisch-orthodoxe Kirche der Stadt zu sehen. Es ist die Himmelfahrtskathedrale (Voznesenskij sobor). Sie ist zu Beginn der 90er Jahre sehr schön und aufwendig restauriert worden und heute mit ihren blau-goldenen Zwiebeltürmchen die schönste Kirche der Stadt (ul. Sovetskaja).

Im Jahr 2000 öffnete das größte Eisenbahn-Museum Sibiriens in Novosibirsk seine Pforten. Die eindrucksvolle Sammlung unter freiem Himmel umfasst über 60 Exponate, darunter acht Dampfloks, sechs Dieselloks und zehn Elektroloks sowie Personen- und Güterwaggons, Draisinen, Schneeräumer u.a. Die Sammlung ist am Bahnhof ›Sejatel'‹ zu besichtigen. Der Bahnhof gehört zu Akademgorodok und ist für die in Richtung Akademgorodok-Berdsk fahrenden Züge der 10. Haltepunkt ab dem Hauptbahnhof. An der Fernverkehrsstraße Richtung Akademgorodok ist das Museum kurz vor der Abfahrt linker Hand gut sichtbar.

Zeitunterschied: MEZ plus fünf Stunden.
PLZ: 630000.
Vorwahl: 3832.
Hauptpostamt: ul. Sovetskaja 33, Tel. 223690.
Bank: Novosibirskvneštorgbank, ul. Kirova 44, Tel. 103501.
Geldautomat: Krasnyj pr. 184/1.
Reisebüro: AKRIS, Krasnij pr. 35, Tel. 181011, E-mail: office@acris.ace.ru

Novosibirsk ist mit einem eindrucksvollen Bahnhofsgebäude am pl. Garina-Michajlovskogo einer der wichtigsten Standorte der von Moskau bis Vladivostok führenden Transsibirischen Eisenbahn. Auf der Transsib benötigt man für die Strecke Moskau–Novosibirsk (3041 Kilometer) etwa 52 Stunden, Tel. 207711. Der Busbahnhof liegt am Ob'-Ende der Hauptstraße der Stadt (Krasnyj prospekt, Tel. 234368).

Die Stadt hat zwei Flughäfen: Tolmačëvo und Severnyj. Der größere, ins internationale Flugnetz eingebundene Airport Tolmačëvo wurde von 1994 bis 1998 auch von dem uns vertrauten Kranich angeflogen. Dann wurde die Linie der Lufthansa allerdings eingefroren und endet derzeit in Ekatarinburg. Direktflüge von und nach Deutschland (ohne Zwischenlandung) bietet der lokale Aeroflot-Ableger ›Sibir'‹ derzeit einmal pro Woche nach Frankfurt und Hannover an. Auf der Strecke Moskau–Novosibirsk gibt es täglich sechs Flüge und in viele andere Orte Rußlands gibt es ebenfalls direkte Flüge. Ende 1997 wurde ein neuer Terminal für die Abfertigung der internationalen Flüge übergeben, Tel. 920999.

Am Flußbahnhof von Novosibirsk gibt es neben verschiedenen Ausflugsfahrten und Vorortlinien in der Sommersaison von Anfang Juni bis Anfang September interessante Schiffsverbindungen auf dem Ob' bis nach Nižnevartovsk sowie den Ob' bis zur Einmündung hinunter und dann den Nebenfluß Tom' hinauf bis zur Stadt Tomsk (ul. Bol'ševistskaja).

Das beste Hotel am Platze ist das ›Sibir'‹. Es wurde 1991 eröffnet und bietet in verschiedenen Kategorien durchaus westlichen Standard, ul. Lenina 21, Tel. 23 02 03. Wer gern einen schönen Blick auf den Ob' genießen möchte, dem sei das Hotel ›Ob'‹, das direkt am Fluß in der Nähe des Flußhafens, aber abseits vom Stadtzentrum liegt, empfohlen (ul. Dobroljubova 2, Tel. 66 74 01).

Als das beste und teuerste Restaurant der Stadt gilt heute ›Vostok‹, ul. Bogdana Chmel'nickogo 42, Tel. 76 49 19. Im Stadtzentrum gibt es mehrere akzeptable Restaurants, so z. B. das ›Družba‹, ul. Lenina 3, Tel. 22 59 98 – eine kleine ältere, angenehme Gaststätte in zentraler Lage mit vorrangig russischer Küche zu vernünftigen Preisen. Empfehlenswert ist auch noch das ›Dom Aktera‹, ul. Serebrjannikovskaja 35, wo sich vor allem die Theaterfans treffen. ›Terek‹ bietet kaukasische Küche und einen Sommergarten (ul. Gorkogo 54, Tel. 23 16 33). Groß in Mode kommen auch auf bestimmte Themen ausgerichtete Restaurants. So orientiert sich das ›Angar‹ (Hangar) neben dem Essen und Trinken auch am Traum vom Fliegen (Vokzal'naja Magistral' 16, Tel. 22 58 74). Das zur selben Kette gehörende Pendant für Eisenbahnfans heißt wie der Lokschuppen ›Depo‹ (Vokzal'naja Magistral' 5, Tel. 21 76 44). An der Stelle des ersten irischen Pubs ›Beer Mug‹ befindet sich heute das sehr beliebte ›Stone House‹ (Krasnyj pr. 37, Tel. 27 09 21), das sich auf drei Etagen als Bierkneipe, Restaurant ›Safari‹ und Bar ›Rock-City‹ präsentiert.

Einen Besuch wert ist der für russische Verhältnisse sehr ordentliche und saubere Central'nyj rynok (Zentralmarkt – Ecke ul. Kamenskaja – ul. Gogolja), auf dem Bauern und Händler aus der Umgebung und vor allem auch aus Mittelasien täglich ihre Produkte feilbieten. Das Kaufhaus CUM (Zentralkaufhaus, Vokzal'naja Magistral') wurde nach einem verheerenden Brand 2001 schnell wieder aufgebaut und präsentiert sich heute als Passage edler Nobelboutiqen. Das GUM (Staatliches Kaufhaus) ist eher klassisch und befindet sich am linken Ob'-Ufer an der Metrostation ›Ploščad' Karla Marksa.

www.novosibirsk.ru (R).
www.sol.ru (R).
www.nstu.ru (R).
www.nvtb.ru (R/E)
www.ku-eichstaett.de/bistum/novosibirsk.
Internetcafé: ul. Trudovaja 1, Tel. 22 55 96.

Reisen in Sibirien

Der folgende Text von Anton Čechov vermittelt einen Eindruck von der Beschwerlichkeit des Reisens vor dem Bau der Transsibirischen Eisenbahn.

»Die sibirische Poststraße ist die längste und, wie mir scheint, auch die häßlichste Straße auf der ganzen Welt. Von Tjumen bis nach Tomsk ist sie noch erträglich, was nicht den Beamten, sondern den natürlichen Bedingungen des Landes zu verdanken ist. Hier führt der Weg durch eine waldlose Ebene. Am Morgen regnet es, aber am Abend ist es schon wieder trocken. Wenn bis Ende Mai die Straße von dem schmelzenden Schnee mit Bergen von Eis bedeckt ist, dann kann man über die Felder fahren und im Gelände einen beliebigen Umweg wählen. Hinter Tomsk aber beginnen Taiga und Hügel; der Boden trocknet hier nicht so schnell ab, einen Umweg zu machen ist hier nicht möglich, und notgedrungen muß man der Poststraße folgen. Daher fangen die Reisenden erst hinter Tomsk an zu schimpfen und eifrig die Beschwerdebücher zu bearbeiten. Die Herren Beamten pflegen die Beschwerden sorgfältig zu lesen und schreiben zu jeder an den Rand: ›Unberücksichtigt lassen.‹ Wozu das schreiben? Chinesische Beamte hätten dafür schon längst einen Stempel beschafft.
Von Tomsk nach Irkutsk fahren zwei Leutnants und ein Militärarzt mit mir. Einer der Leutnants ist Infanterist; er hat eine zottige Pelzmütze auf dem Kopf; der andere ist Topograph

Während der Bauarbeiten an der Transsibirischen Eisenbahn

und trägt Schulterschnüre. Auf jeder Station wälzen wir uns – schmutzig, durchnäßt, verschlafen, von der langsamen Fahrt und dem Gerüttel erschöpft – auf die Sofas und entrüsten uns: ›Was für ein ekelhafter, schrecklicher Weg!‹ Und die Stationsschreiber und Dorfschulzen antworten uns: ›Das ist noch gar nichts, warten Sie nur ab, was auf der Kosulka los ist!‹

Ab Tomsk schreckt man uns auf jeder Station mit der Kosulka – die Schreiber geheimnisvoll lächelnd, die uns begegnenden Reisenden mit Schadenfreude: Ich bin durch, jetzt fahre du mal! Die Einbildungskraft wird so sehr erschreckt, daß die geheimnisvolle Kosulka im Traum erscheint, in Gestalt eines Vogels mit langem Schnabel und grünen Augen. Kosulka heißt die zweiundzwanzig Werst lange Strecke zwischen den Stationen Tschernoretschenskaja und Kosulka, die zwischen den Städten Atschinsk und Krasnojarsk liegen. Zwei, drei Stationen vor dem schrecklichen Abschnitt zeigen sich bereits die Vorboten. Ein entgegenkommender Reisender erzählt, er sei viermal umgekippt, ein zweiter beklagt sich, ihm sei die Achse gebrochen, ein dritter schweigt mürrisch und antwortet auf die Frage, ob der Weg gut sei: ›Sehr gut, der Teufel soll ihn holen!‹ Man sieht mich mitleidig an wie einen Verstorbenen, weil ich einen eigenen Wagen habe.

›Sie werden bestimmt Bruch machen und im Schmutz steckenbleiben!‹ sagt man seufzend zu mir. ›Sie sollten lieber im Postwagen und mit Postpferden fahren!‹

Je mehr wir uns der Kosulka nähern, desto schrecklicher werden die Vorzeichen. Unweit der Station Tschernoretschenskaja, zur Abendzeit, kippt der Wagen mit meinen Gefährten plötzlich um, und die Leutnants und der Doktor fliegen in den Schmutz, mit ihnen Koffer, Bündel, Säbel und ein Geigenkasten. In der Nacht bin ich an der Reihe. Unmittelbar vor der Station Tschernoretschenskaja erklärt mir der Kutscher plötzlich, an meinem Fahrzeug habe sich der Achsennagel verbogen (ein eiserner Bolzen, der die Vorderräder mit dem Achsgestell verbindet; wenn er sich verbiegt oder bricht, so legt sich das Fahrzeug mit dem Vorderteil auf die Erde). Auf der Station beginnt die Reparatur. Fünf Kutscher, die derart nach Knoblauch und Zwiebel riechen, daß es einem beklommen und übel wird, kippen das schmutzige Fahrzeug auf die Seite und schlagen mit einem Hammer den krummen Achsnagel heraus. Sie sagen mir, am Wagen sei noch ein Lenkschemel gerissen, irgend etwas senke sich herab und drei Muttern hätten sich gelöst, aber ich verstehe nichts davon und möchte auch gar nichts verstehen …«

Anton Čechov, Die Insel Sachalin. Berlin 1982.

Krasnojarsk

Krasnojarsk – Rußlands aufgrund der Entfernungen bis zur Grenze in alle vier Himmelsrichtungen strategisch zentralste Metropole war bis vor kurzem als ›geschlossene Stadt‹ für Ausländer tabu. Die im malerischen Flußtal des gewaltigen, hier fast zwei Kilometer breiten Stromes Enisej gelegene Millionenstadt ist ohne Zweifel eines der beeindruckendsten Zentren Sibiriens. Zwar besitzt Krasnojarsk mit der weltweit zweitgrößten Aluminiumhütte und vielen anderen die Umwelt belastenden Werken den stark ausgeprägten Charakter einer Industriestadt, aber dennoch bildet das Panorama der Stadt einen einzigartigen Reiz durch die Mischung aus interessantem Stadtbild vor dem Hintergrund der einrahmenden Hügel und dem für eine Großstadt so ungewöhnlichen Gefühl unendlicher Weite. Die ökologische Situation der Stadt ist sehr windabhängig und insbesondere im Sommer oft problematisch. Mit der Wahl des ambitionierten Ex-Generals Alexander Lebed' zum Gouverneur der Region im Mai 1998 rückte sie auch verstärkt ins politische Rampenlicht Rußlands.

Am linken Enisejufer gründete 1628 der Kosakenführer Andrej Dubenskij das Fort ›Krasnyj Jar‹, was soviel wie ›roter Abgrund‹ bedeutet, da die felsigen Hügel am Enisejufer hier eine rötliche Färbung aufweisen. Der Aufschwung der Stadt begann im 18. Jahrhundert mit der Eisenindustrie. Die Eröffnung der Transsibirischen Eisenbahn im Jahre 1895 verlieh der Entwicklung der damals 27 000 Ein-

Hotelschiff auf dem Enisej in Krasnojarsk

wohner zählenden Stadt neue Impulse. Nach dem Zweiten Weltkrieg wurde die Stadt eines der wichtigsten Zentren der sowjetischen Militärforschung und -produktion, was sie auch zu einem der Zentren der russischern Atomwirtschaft werden ließ. Die in der Umgebung befindlichen Siedlungen Krasnojarsk 26 und Krasnojarsk 45 unterliegen nach wie vor besonderer Geheimhaltung. Heute leben 930 000 Einwohner in Krasnojarsk und machen sie damit zur drittgrößten Stadt Sibiriens. Die Stadt ist der Ausgangspunkt für Flußkreuzfahrten auf dem gewaltigen Strom Enisej in Richtung Norden bis zum Eismeer sowie für Touren in Richtung Süden nach Chakassien und Tuva.

Stadtrundgang

Der Bahnhof liegt westlich außerhalb des Stadtzentrums auf der linken Seite des Enisej. Über die ul. Vokzal'naja gelangt man zum pr. Mira (Prospekt des Friedens), der in sowjetischer Dreieinigkeit links und rechts durch die beiden nach Lenin und Marx benannten parallelen Straßen flankiert, die Hauptgeschäftsstraße von Krasnojarsk bildet. Vertikal dazu läßt sich das Zentrum etwa zwischen der Mündung des Nebenflußes Kača in den Enisej am ploščad' Mira (Friedensplatz) im Norden und der ul. Gor'kogo im Süden eingrenzen. Er bietet neben entsprechender Geschäftigkeit eine angenehme Mischung aus alter Holzarchitektur und Steingebäuden aus der Blütezeit der Stadt im vergangenen Jahrhundert und mehr oder weniger passenden Gebäuden modernerer Bauart.

Im Vergleich zu anderen sibirischen Metropolen fällt ins Auge, daß im Zentrum deutlich mehr Geschäfte um westliche Standards bemüht sind. Die sichtbaren Investitionen sind ein Zeichen für aufkommenden Wohlstand. Ein Wahrzeichen der Stadt ist die – auch vom 10-Rubel-Schein her bekannte – kleine Paraskeva-Kapelle, die von vielen Orten im Zentrum aus am Berg zu sehen ist. Die 1845 auf dem nordwestlichen Hügel errichtete Kapelle ist ein exzellenter Aussichtspunkt und eröffnet einen phantastischen Blick auf die Stadt und das Enisejtal. In der Mitte des Platzes vor der Oper steht ein dem berühmten Dramatiker Anton Čechov gewidmetes Denkmal – sicherlich auch ein Dankeschön für seine vielzitierte, euphorische Beschreibung des Enisej in seiner ›Reise nach Sachalin‹.

Auf der anderen Seite der angrenzenden Brückenauffahrt zum Enisej sieht man einen großen Neubau, in dem die Krasnojarsker Stadtverwaltung ihren Sitz hat. Daneben befindet sich zum Fluß hin ein orientalisch-ägyptisch anmutendes Gebäude – das nach mehreren Jahren der Rekonstruktion im Sommer 2001 wieder eröffnete Heimatkundemuseum (ul. Dubrovinskogo 84). Teile der Ausstellung verbleiben aber an „Übergang"-Standorten: Ethnographie in der ehemaligen Leningedenkstätte des Krasikov-Museums (ul. Lenina 124, Tel. 21 20 74)

Krasnojarsk (Красноярск), Zentrum

Legende

1 Bahnhof (Вокзал)
2 Passagierhafen (Речной вокзал)
3 Paraskeva-Kapelle (Часовня Параскевы)
4 Operntheater (Театр оперы и балета)
5 Philharmonie (Филармония)
6 Kulturzentrum an der Gabelung (Культурный центр на стрелке)
7 Heimatkundemuseum (Краеведческий музей)
8 Surikov-Museum (Музей-усадьба В.И. Сурикова)
9 Surikov-Gemäldegalerie (Художественный музей им. В.И. Сурикова)
10 Maria-Gewandniederlegungs-Kathedrale (Покровская церковь)
11 Katholische Kirche (Польский костёл)

Straßen und Plätze

9-go Janvarja, ul.
(9-го Января, ул.)
30-go Ijulja
(30-го Июля, ул.)
Aėrovokzal'naja, ul.
(Аэровокзальная, ул.)
Brjanskaja, ul.
(Брянская, ул.)
Dekabristov, ul.
(Декабристов, ул.)
Dubrovinskaja, ul.
(Дубровинская, ул.)
Enisejskaja, ul.
(Енисейская, ул.)
Gor'kogo, ul.
(Горького, ул.)
Karla Marksa, ul.
(Карла Маркса, ул.)
Kecchoveli
(Кецховели, ул.)
Kirova, ul.
(Кирова, ул.)
Krasnojarskogo Rabočego, pr. im. gaz.
(Красноярского Рабочего, пр. им. газ.)
Lenina, ul.
(Ленина, ул.)
Matrosova, ul.
(Матросова, ул.)
Melkombinatskaja, ul.
(Мелкомбинатская, ул.)
Mira, pl.
(Мира, пл.)
Mira, pr.
(Мира, пр.)
Molokova, ostrov
(Молокова, остров)
Otdycha, ostrov
(Отдыха, остров)
Parižskoj Kommuny, ul.
(Парижской Коммуны, ул.)
Partizana Železnjaka, ul.
(Партизана Железняка, ул.)
Posadnyj, ostrov
(Посадный, остров)
Surikova, ul.
(Сурикова, ул.)
Tatyševa, ostrov
(Татышева, остров)
Tel'mana, ul.
(Тельмана, ул.)
Turbaza Enisej
(Турбаза Енисей)
Urickogo, ul.
(Урицкого, ул.)
Vejnbauma, ul.
(Вейнбаума, ул.)

und Stadtgeschichte in der Villa des Kaufmanns Judin (ul. Mel'kombinatskaja 2, Tel. 21 14 44).

Westlich (stromaufwärts) vom Opernplatz kommt man nach etwa einem Kilometer zum Zentralen Erholungs- und Vergnügungspark. Auf seiner anderen Seite an der ul. Karla Marksa weist das obligatorische Lenindenkmal der Krasnojarsker Gebietsverwaltung den Weg. Die große Baugrube mit dem Buchstaben ›M‹ belegt den Beginn der geplanten Krasnojarsker Untergrundbahn. Östlich des Opernplatzes (flußabwärts) gelangt man an der Uferstraße (ul. Dubrovinskogo) zum Flußbahnhof genannten Passagierhafen, wo auch die Enisej-Kreuzfahrten ihren Ausgangspunkt haben. Wenn man die Promenade weiterläuft, gelangt man zum ploščad' Mira (Platz des Friedens), dessen Antlitz vor allem durch das ›Kulturzentrum an der Gabelung‹ bestimmt wird. ›An der Gabelung‹ bzw. ›na strelke‹ wird die Gabelung des Enisej-Nebenflußes Kača zum Hauptstrom genannt. Ursprünglich war das Haus ein als örtliches Lenin-Museum konzipierter gigantischer Monumentalbau. Heute ist es ein Kultur- und Ausstellungszentrum mit verschiedenen Expositionen, wo aber eine halbe Etage unter dem Titel ›Vor nicht allzu langer Zeit‹ einer nachdenklichen Vergangenheitsbewältigung gewidmet ist. (pl. Mira 1, Tel. 23 83 02).

Neben dem Zentrum liegt das alte Dampfschiff ›St. Nikolaj‹, das seinerzeit Lenin den Enisej flußaufwärts brachte und heute eine Filiale des Heimatmuseums ist, vor Anker. Auf der anderen Seite des pr. Mira befindet sich die Krasnojarsker Philharmonie (pr. Mira 2 b, Tel. 27 86 86). Die Theaterlandschaft der Stadt bietet etwas für jeden Geschmack. Neben dem Operntheater und der Philharmonie ist vor allem das Schauspielhaus (pr. Mira 73, Tel. 27 35 01) bekannt und beliebt. Daneben gibt es auch ein Musiktheater (pr. Mira 129), ein Jugendtheater, eine Puppenbühne und einen Zirkus. Neben der Philharmonie steht auch ein lange Jahre unvollendeter Neubauturm. Aus dem geplanten Geschäfts- und Kongreßzentrum war eine Investruine geworden, die in 2001 als elitärer Wohnpark zu Ende gebaut wurde. Eine Fußgängerbrücke führt zur vom Enisej eingebetteten Tatyšev-Insel. Neben der etwas weiter südlich gelegenen Erholungsinsel (ostrov Otdycha), wo sich ein großes Stadion und der Sportpalast befinden, bietet sich die Tatyšev-Insel als Naturpark für Spaziergänge an. Etwas weiter nördlich befindet sich das 1997 eingeweihte Denkmal für den Stadtgründer Andrej Dubenskij. In Richtung Norden eröffnet sich hier – vorbei am ebenfalls unvollendeten neuen Pionierpalast – der Blick zur Pfingstkirche (Troickaja cerkov'). Sie wurde von 1836 bis 1842 errichtet und war die einzige Kirche, die auch zu Sowjetzeiten den Gläubigen offenstand. Die Pfingstkirche wird von einem gleichnamigen Friedhof, dem größten im Krasnojarsker Stadtgebiet, umgeben. Nach dem Zweiten Weltkrieg entstand in unmittelbarer Nachbarschaft der Park des Sieges (ul. Enisejskaja) mit dem ewigen Feuer zum Gedenken an die Opfer und einem Museum.

Brücke über den Enisej bei Krasnojarsk

Krasnojarsk hat eine reiche Kirchentradition, die heute langsam wieder auflebt. Die größte Kirche am Ort ist die Maria-Gewandniederlegungs-Kathedrale (Pokrovskij sobor, ul. Surikova 26, Tel. 27 92 74). Die rosa-weiße Kirche wurde Ende des 18. Jahrhunderts an der damaligen Ortsausfahrt zum Sibirischen Trakt anstelle einer kleinen Holzkirche errichtet. Unweit davon steht die zwischen 1804 und 1822 gebaute Maria-Verkündigungs-Kirche (Blagoveščenskaja cerkov', ul. Lenina 15, Tel. 27 69 74), die vor kurzem der orthodoxen Gemeinde zurückgegeben wurde. Zu sowjetischen Zeiten befand sich hier ein Pelzlager. Der Kirche ist auch ein Frauenkloster angeschlossen (ul. 9. Janvarja 30). Ein im Jahre 1911 von der polnischen Gemeinde als katholische Kirche errichteter neugotischer Backsteinbau war zu Sowjetzeiten nur als Orgelkonzertsaal zugelassen (ul. Dekabristov 20, Tel. 21 12 04). Die Synagoge der Stadt – ein kleines quadratisches Gebäude mit Metallkuppel – wurde unlängst rekonstruiert und steht der jüdischen Gemeinde von Krasnojarsk wieder offen (ul. Surikova 65).

Ein Muß in Krasnojarsk ist die Surikov-Ausstellung. Der bekannte russische Maler Vasilij Surikov (1846–1916) wurde in Krasnojarsk geboren und verbrachte in dem Haus des heutigen Surikov-Museums in der ul. Lenina seine Jugend (ul. Lenina 98, Tel. 23 15 87). Anläßlich seines 100. Geburtstages wurde das Haus in ein Museum umgewandelt. Seine bekanntesten Monumentalbilder (z. B. ›Die Fürstin Morozova‹, ›Ermak erobert Sibirien‹) hängen heute zwar in der Moskau und St. Petersburg, aber neben einer soliden Sammlung in der Krasnojarsker Surikov-Gemäldegalerie gibt es im Surikov-Museum viele kleinere Arbeiten und interessante Skizzen zu sehen. Die Galerie selbst befindet sich in einer herrlichen Jugendstil-Villa (ul. Parižskoj Kommuny 20, Tel. 65 28 81).

Von Krasnojarsk aus lohnen sich zwei Ausflüge in die südliche Umgebung zum Nationalpark ›Stolby‹ und zum Wasserkraftwerk Divnogorsk. Auf einer Fläche von über 47 000 Hektar am rechten Ufer des Enisej zwischen seinen Nebenflüssen Mana und Basaich der 1925 geschaffene Nationalpark ›Stolby‹, wovon etwa 1400 Hektar touristisch erschlossen und für Besucher zugänglich sind. ›Stolby‹ bedeutet Pfähle und bezieht sich auf über 80 rötlichen Granitfelsen, die mit ihren bizarren Formen und einer Höhe von bis zu 100 m der Bergtaiga hier in den Ausläufen des Sajangebirges einen zusätzlichen, einzigartigen Reiz verleihen. Anfahrt mit der Buslinie 7 oder 50 bis zur Endhaltestelle ›Turbaza Enisej‹.

Dieselbe Ausfallstraße führt weiter zum 40 Kilometer entfernten Wasserkraftwerk Divnogorsk, das 1967 als Markstein in der industriellen Erschließung Sibiriens 1967 ans Netz ging. Der Staudamm ist 1072 Meter breit. Ein Beschreiten der Staumauer selbst ist allerdings nicht möglich. Während die Mauer an der Spitze 24 Meter breit ist, beträgt die Breite auf dem Flußbett 140 Meter. Divnogorsk ist nach Sajano-Šušenskoe das zweitgrößte Wasserkraftwerk Rußlands und belegt beim realen Stromausstoß sogar Platz eins. Der entstandene Stausee zieht sich auf knapp 400 Kilometern Länge bis Abakan hin. Die augenfällige schräge Rampe rechts neben dem Damm ist ein Schiffshebewerk. Zwischen Krasnojarsk und Divnogorsk verkehren Busse und Vorortzüge. Im Sommer gibt es auch tägliche Schiffsverbindungen.

Zeitunterschied: MEZ plus sechs Stunden.
PLZ: 660 000.
Vorwahl: 39 12.
Hauptpostamt: ul. Lenina 62, Tel. 27 25 22.
Banken: Alfa Bank, ul. Krasnaja 124, Tel. 57 61 07.
Geldautomaten: u. a. am Flughafen Emel'janovo (Abflughalle links), pr. Mira 88.
Reisebüro: Krasintur, ul. Marksa 62, Tel. 23 46 78.

Krasnojarsk ist einer der wichtigsten Standorte an der Transsibirischen Eisenbahn.

Die Fahrtzeit nach Moskau beträgt 65 Stunden. Von Interesse sind Zugverbindungen nach Novosibirsk (13 Stunden), Irkutsk (19 Stunden) sowie der BAM-Abzweig (Baikal-Amur-Magistrale) in Richtung Bratsk (13 Stunden) und nach Süden in Richtung Abakan (12 Stunden). Der Bahnhof liegt südlich vom Stadtzentrum (ul. 30. Ijulja 6, Tel. 29 34 34, 21 40 00). Der Busbahnhof liegt im Norden der Stadt (ul. Aėrovokzal'naja 22, Tel. 23 05 12, 27 35 56).

Die Stadt hat zwei nicht weit voneinander, aber ca. 50 Kilometer von Krasnojarsk entfernte Flughäfen – Emel'janovo für überregionale Flüge und Čeremšank für regionale Routen. Seit Ende 2000 gibt es 1 bzw. 2 x pro Woche Direktflüge zwischen Krasnojarsk und Hannover sowie Frankurt a. M. mit Zwischenlandungen in Barnaul und Omak. Täglich fliegen zwei bis drei Flugzeuge nach Moskau, auch die Anbindung an andere Orte im Inland ist gut.

Am Flußbahnhof von Krasnojarsk (ul. Dubrovinskogo 1, Tel. 27 44 46, 27 48 41) gibt es verschiedene Ausflugsfahrten und Vorortlinien, beispielsweise in der Sommersaison dreimal täglich zum Wasserkraftwerk Divnogorsk. Hier starten auch die Linienschiffe in Richtung Polarmeer und die Enisejkreuzfahrten, die heute aber nur noch bis Dudinka fahren.

Das heute erste Hotel am Platze ist das ›Oktjabr'skaja‹. (pr. Mira 15, Tel. 27 19 16). Im eigentlich nicht schlechteren Hotel ›Krasnojarsk‹ hat man zwar Enisej-Blick, aber es ist unpersönlicher und die Gastronomie ist schlechter (ul. Urickogo 94, Tel. 27 37 54 und 27 37 69). Eine Alternative ist noch das Hotel ›Metelica‹, pr. Mira 14a, Tel. 65 28 28.

Ein sehr gutes Restaurant mit ausgezeichneter Küche und gelungenem Ambiente ist der ›Biznes-Klub‹, der in einem imposanten Keller in der Hauptgeschäftsstraße untergebracht ist, pr. Mira 86, Tel. 27 19 52. Eine Alternative ist der ›Balkan-Grill‹ neben der Oper, ul. Perensona 9, Tel. 23 45 49 und das Restaurant ›Mocart‹, ul. Dubrovinskogo 100, Tel. 66 15 60. Eine Überraschung ist PIKRA – eine bereits acht Lokale umfassende Bierstubenkette der örtlichen Brauerei, wo man auch einen guten Imbiß bekommt. (z. B. Bierkeller pr. Mira 23).

Die Neueröffnung vieler Geschäfte ist in Krasnojarsks Hauptstraßen besonders augenfällig. Das größte Kaufhaus ist das CUM (ul. Karla Marksa). Der Zentralmarkt befindet sich in der ul. Respubliki.

www.krasnoyarsk.ru (R).
www.kr.ru (R).
www.krasair.ru (R).
Internetcafé ›Paradox‹, pr. Mira 96, Tel. 23 97 95.

Tajšet

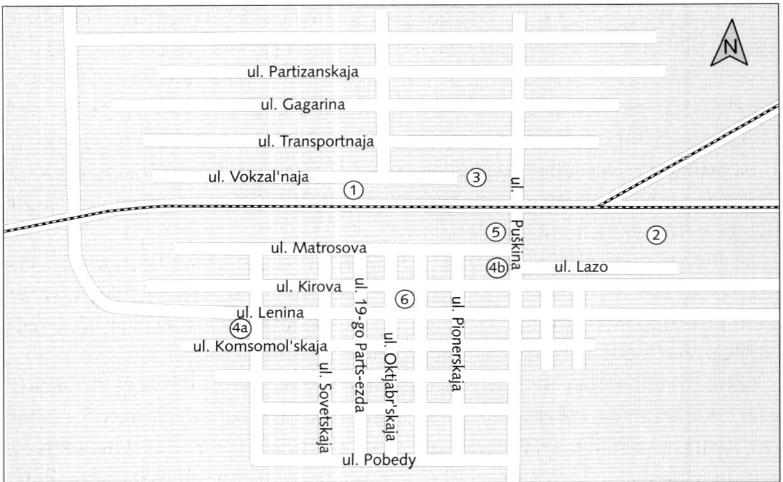

Tajšet (Тайшет), Zentrum

Legende

1 Bahnhof (Вокзал)
2 Museum (музей)
3 Dampflok (паровоз)
4 Ehemalige Lagerverwaltung
5 Kirche (церковь)
6 Moschee (мечеть)

Straßen/Plätze

Vokzal'naja, ul.
(Вокзальная, ул.)
Matrosova, ul.
(Матросова, ул.)
Kirova, ul.
(Кирова, ул.)
Lenina, ul.
(Ленина, ул.)
Partizanskaja, ul.
(Партизанская, ул.)
Gagarina, ul.
(Гагарина, ул.)
Transportnaja, ul.
(Транспортная, ул.)
Lazo, ul.
(Лазо, ул.)
Komsomol'skaja, ul.
(Комсомольская, ул.)
Pobedy, ul.
(Победы, ул.)
Puškina, ul.
(Пушкина, ул.)
Pionerskaja, ul.
(Пионерская, ул.)
Oktjabr'skaja, ul.
(Октябрьская, ул.)
Sovetskaja, ul.
(Советская, ул.)

Tajšet ist einer der bedeutendsten Eisenbahnknotenpunkte an der Transsib. In Richtung Osten beginnt hier die Baikal-Amur-Magistrale. Nach Westen beginnt außerdem eine 1965 fertig gestellte Bahnstrecke in Richtung Abakan. Während die BAM bei Eisenbahnfans recht bekannt ist, ist die am Sajangebirge verlaufende Strecke nach Abakan touristisch überhaupt nicht erschlossen. Die Siedlung entstand 1893 mit den Vorarbeiten zum Bau der Großen Sibirischen Bahn. Sie bekam ihren Namen vom Fluß Tajšetka. Das alte hölzerne Bahnhofsgebäude ist noch neben dem 2002 aufwendig rekonstruierten Bahnhof von Tajšet zu sehen. Ab 1904 befand sich hier ein Lokomotivendepot, an das auch der alte Wasserturm aus dem Jahr 1906 erinnert. Im Jahr 1938 erlangte Tajšet das Stadtrecht. Heute leben ungefähr 42 000 Menschen in der Stadt.

In der Stalin-Ära lag hier einer der größten Umschlagplätze für die nach Sibirien und in den Fernen Osten deportierten Häftlinge. Hier hatten zwei Lagerverwaltungen mit in Spitzenzeiten 35 000 Gefangenen ihren Sitz. Das Gebäude befand sich an der Ecke ul. Lenina/ul. Čapaeva.

Vom Platz vor dem Bahnhof gelangt man ins von sowjetischen Plattenbauten geprägte Zentrum des Ortes, wo ein kleines Denkmal an das 100jährige Jubiläum der Ostsibirischen Eisenbahn und eine alte Dampflok der L-Serie an die Leistungen der Eisenbahner im Zweiten Weltkrieg erinnert. Die Spuren des alten Tajšet und seine Holzhäuser findet man auf der anderen Seite der Bahntrasse. In der heutigen ul. Kirova verlief vor dem Bahnbau der Moskauer Trakt. Die Kirche aus dem Jahr 1906 wurde 1935 zerstört. Da viele Tataren in der Stadt leben, gibt es eine kleine Moschee in der ul. Kirova 128. Bislang gibt es nur ein Gebäude für das künftige Heimatmuseum der Stadt. Im Lokdepot ist eine Ausstellung zur Eisenbahngeschichte des Ortes zu sehen. Im 20 Kilometer entfernten Birjusinsk am Angaranebenfluß Birjusa gibt es ein kleines, Museum, das sich ab 1965 aus einer Expedition zum Ort des Tunguska-Meteoriten entwickelte und neben Geologie auch Ethnographie und Bahngeschichte zeigt.

Zeitunterschied: MEZ plus sieben Stunden.
Vorwahl: 3 95 63.
PLZ: 665 000.
Hauptpostamt: ul. Partizanskaja 119, Tel. 2 38 50.
Bank: Sberbank, ul. Gagarina 94.

In Tajšet halten alle Fernzüge auf der Transsib. Es gibt täglich Züge zwischen Irkutsk und Severobajkal'sk bzw. Ust'-Ilimsk sowie einen Zug in Richtung Abakan.

Das einzige Hotel in der Stadt ist das ›Birjusa‹, ul. Transportnaja 13a.

Die beste Lokalität ist das ›Nostalži‹ im Hotel ›Birjusa‹.

www.taishet.ru (R).

Irkutsk

Die heute ungefähr 639 000 Einwohner zählende Stadt Irkutsk gehört ohne Zweifel zu den interessantesten und schönsten Städten Sibiriens. Das ›Paris‹ Sibiriens wird die Metropole auch genannt. Aufgrund der Nähe zum weltberühmten Baikalsee genießt Irkutsk auch unter allen Metropolen entlang der Transsib das größte touristische Interesse. Erstmals 1652 als Winterlager erwähnt, entstand am Angara-Ufer 1661 eine Festung im Kampf gegen die Burjaten. 1686 erhielt sie das Stadtrecht. Schnell wurde der Ort ein wichtiger Handelsplatz. Sibirische Pelze, chinesischer Tee und Seide mehrten den Reichtum der Kaufleute.

Werbung in Irkutsk

Irkutsk wurde Zentrum der wirtschaftlichen, diplomatischen und wissenschaftlichen Aktivitäten Rußlands in Richtung Mongolei und China sowie Ausgangspunkt der Eroberung des Fernen Ostens bis nach Alaska. So wie Petersburg zum Fenster nach Westen, wurde Irkutsk zum Fenster nach Osten. Als Rußland 1761 die Beringstraße überquerte, stammte diese Expedition und auch die ersten nachfolgenden Kaufleute und Siedler aus Irkutsk. Alaska, die Alëuten und damals zu Rußland gehörende Teile Kaliforniens waren administrativ dem Irkutsker Generalgouverneur unterstellt. Im 19. Jahrhundert war Irkutsk mit Abstand die größte Stadt Sibiriens.

Bekannt wurde Irkutsk auch durch die Dekabristen, unter denen sich viele nach Jahren der Zwangsarbeit in Bergwerken und Festungen in Transbaikalien in Irkutsk niederließen und die geistig-kulturelle Entwicklung der Stadt nachhaltig beeinflußten. Die wohl schwärzesten Tage in der Geschichte der Stadt war vom 22. bis 24. Juli 1879, als ein Großbrand etwa zwei Drittel der Stadt zerstörte. Über 100 Steingebäude und mehr als 3000 Holzhäuser wurden ein Raub der Flammen, 15 000 Menschen verloren ihr Obdach. Aber nach 1880 entstand das gesamte Stadtzentrum neu aus Stein. Da zur gleichen Zeit Goldfunde der Stadt einen wahren Boom bescherten, erfolgte der Wiederaufbau in den letzten Jahren des 19. Jahrhunderts in einem unglaublichen Tempo.

Nachhaltige Impulse kamen durch die 1898 erfolgte Anbindung an die Transsibirische Eisenbahn. Irkutsk war im Bürgerkrieg, der auf die Oktoberrevolution folgte, sehr hart umkämpft. Der Heerführer der Weißen, der zaristische General Kolčak, wurde hier 1920 hingerichtet. Die Jahre der stalinistischen Herrschaft hinterließen durch ihre Kirchenbarbarei deutliche Spuren im Stadtbild. Die wirtschaftliche Entwicklung wurde durch den in den 50er Jahren begonnenen Bau der Kraftwerkskaskade an der Angara beeinflußt. Er zog entsprechende Industrieansiedlungen sowohl in der Stadt als auch in der Umgebung nach sich. Nirgendwo wurde und wird in Rußland so billig Strom produziert.

Irkutsk ist eine interessante Metropole, deren Besuch in jedem Fall mit einer Fahrt zum Baikalsee verbunden werden sollte. Vielerorts findet man Spuren der wohl seinerzeit sehr aktiven Städtepartnerschaft zwischen Irkutsk und Chemnitz. Heute besteht eine Städtepartnerschaft mit Pforzheim.

Stadtrundgang

Der Hauptbahnhof befindet sich auf der linken Seite der Angara. Zwar zieht sich die Stadt mittlerweile auf beiden Seiten des Flußes hin, das Stadtzentrum und das alte Irkutsk liegen aber genau auf der gegenüberliegenden Seite der Angara in Höhe des Bahnhofs. Man gelangt über die Brücke der ul. Ckalova ins Stadtzentrum. Geradeaus kommt man zum Kirov-Platz (pl. Kirova) oder man wählt die Uferpromenade, den bul. Gagarina, vorbei am Hotel ›Inturist‹ bis zum Transsib-Obelisken und dem Weißen Haus.
Hier beginnt die Hauptstraße der Stadt – die Karl-Marx-Straße (ul. Marksa), die früher und evtl. auch wieder künftig die ›Große Straße‹ (Bol'šaja ul.) hieß bzw. heißt. Die Magistrale verläuft an der Stelle der alten Festungspalisade und ist – am Zarendenkmal an der Angara beginnend – einerseits die Hauptgeschäftsstraße und andererseits auch mit einer Vielzahl historisch interessanter Gebäude aus dem Ende des vergangenen Jahrhunderts bebaut.

Wenn man mit dem Rücken zum Denkmal in Richtung Stadtzentrum schaut, erhebt sich rechts das Irkutsker Heimatkundemuseum. Mit dem Gründungsjahr 1782 ist es das älteste Museum Sibiriens. Die derzeitige Heimstatt wurde nach dem großen Brand zwischen 1882 und 1891 im mauretanischen Stil aus Spenden der Irkutsker errichtet. Unter den an der Außenwand verewigten 22 Sibirienforschern sind auch mehrere Deutsche. Im Erdgeschoß kann man eine aufschlußreiche Sammlung über die Traditionen und Bräuche der örtlichen Ureinwohner (Evenken, Burjaten, Karagassen) sowie Exponate zur Stadtgeschichte besichtigen. Im ersten Stock schließt sich dann die Geschichte ab 1917 an, die wohl aus ihrer sowjetischen Urfassung heraus nur minimale Korrekturen erfuhr (ul. Mark-

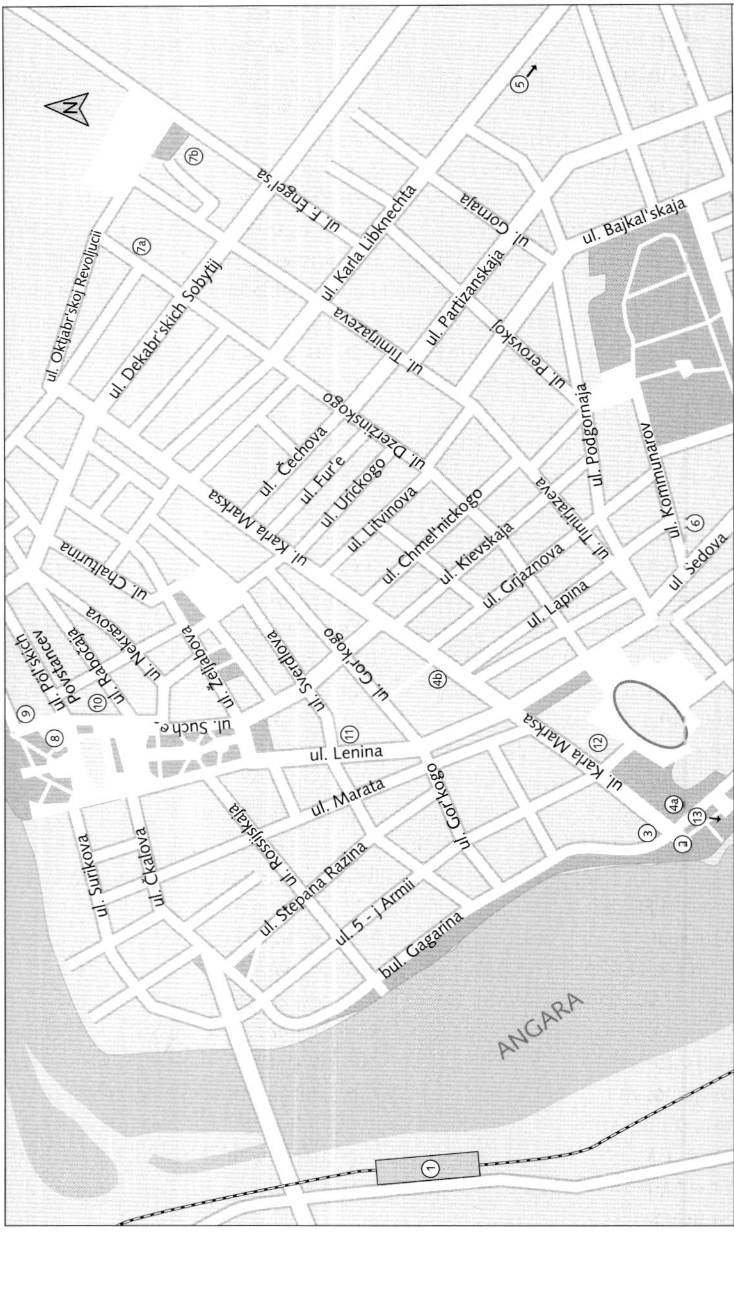

Irkutsk (Иркутск), Zentrum

Legende

1 Bahnhof (Вокзал)
2 Zarendenkmal (Памятник им. пер. Александру III.)
3 Weißes Haus (Белый дом)
4 a/b Heimatkundemuseum (Краеведческий музей)
5 Eisbrecher ›Angara‹ (Ледокол ›Ангара‹)
6 Kreuzerhöhungskirche (Крестовоздвиженская церковь)
7a Museumshaus des Dekabristen S.P. Trubeckoj (Дом-музей декабриста С.П. Трубецкого)
7b Museumshaus des Dekabristen S.G. Volkonskij (Дом-музей декабриста С.Г. Волконского)
8 Erlöserkirche (Спасская церковь)
9 Gotterscheinungskirche (Собор Богоявления)
10 Katholische Kirche (Польский костёл)
11 Gemäldegalerie (Картинная галерея)
12 Schauspielhaus (Областной драматический театр им. Н.П. Охлопкова)
13 Insel der Jugend (Остров Юности)

Straßen und Plätze

5-oj Armii, ul.
(5-ой Армии, ул.)
Bajkal'skaja, ul.
(Байкальская, ул.)
Čajkovskogo, ul.
(Чайковского, ул.)
Čkalova, ul.
(Чкалова, ул.)
Dzeržinskogo, ul.
(Дзержинского, ул.)
Ėngel'ska, ul.
(Энгельска, ул.)
Fur'e, ul.
(Фурье, ул.)
Gagarina, bul.
(Гагарина, бул.)
Glavnaja Arsenal'skaja, ul.
(Главная Арсенальская, ул.)
Karla Libknechta, ul.
(Карла Либкнехта, ул.)
Kirova, pl.
(пл. Кирова)
Lapina, ul.
(Лапина, ул.)
Lenina, ul.
(Ленина, ул.)
Lermontova, ul.
(Лермонтова, ул.)
Marksa, ul.
(Маркса, ул.)
Proletarskaja, ul.
(Пролетарская, ул.)
Rossijskaja, ul.
(Российская, ул.)
Sedova, ul.
(Седова, ул.)
Stepana Razina, ul.
(Степана Разина, ул.)
Suchė Batora, ul.
(Сухэ Батора, ул.)
Sverdlova, ul.
(Свердлова, ул.)
Timirjazeva, ul.
(Тимирязева, ул.)
Urickogo, ul.
(Урицкого, ул.)

sa 2, Tel. 33 34 49). Das Museum hat in der selben Straße noch eine Filiale für Naturkunde, einschließlich eines Überblicks über die hiesigen Pelztiere und eine kleine ›Kunstkamera‹, was die Ausstellung pathologischer Anomalitäten bedeutet (ul. Marksa 11, Tel. 34 08 32). Daneben gibt es am Stadtrand noch das 1996 eröffnete, aber bescheidene Heimatmuseum für Stadtgeschichte (ul. Čajkovskogo 5, Tel. 43 67 20).

Linker Hand an der Uferpromenade steht das geschichtsträchtige Weiße Haus. In den Jahren 1800 bis 1804 von dem bekannten Irkutsker Kaufmann K. Sibirjakov im Stil des Klassizismus errichtet, wurde es von 1837 bis 1917 die Residenz des Generalgouverneurs von Ostsibirien. Hier gingen die Dekabristen und viele bekannte Persönlichkeiten wie Bakunin, Gončarov oder Radiščev ein und aus. Heute ist hier die Universitätsbibliothek mit über drei Millionen Bänden untergebracht. Dem Begriff ›Weißes Haus‹ kann man in Rußland oft begegnen. In Anlehnung an das Washingtoner Zentrum der politischen Macht erhielten die örtlichen ›Machtzentren‹ – die zumeist in weiß gehaltenen und in den 60er und 70er Jahren landesweit errichteten Neubauten – im Volksmund jeweils schnell den Spitznamen ›Weißes Haus‹ (Belyj Dom). Heute hat in den Räumlichkeiten in der Regel die Gebietsadministration ihren Sitz. Irkutsk ist hier eine Ausnahme, denn die heutige Gebietsadministration und frühere Parteizentrale befindet sich im ›Grauen Haus‹, da der Begriff des ›Weißen Hauses‹ an der Angara schon belegt war.

In der Mitte des Flusses erhebt sich die ›Insel der Jugend‹, die unweit des Zarendenkmals über eine Brücke zu erreichen ist. Dieser beliebte Erholungsort der Irkutsker hat für alle Eisenbahnfans und solche, die es werden wollen, eine besondere Anziehungskraft. Hier fährt eine Parkeisenbahn, die als ›Spielzeug‹ und Nachwuchsförderung unter der Aufsicht der örtlichen Eisenbahnverwaltung allein von Kindern und Jugendlichen betrieben wird. Auf einem 20minütigen Rundkurs, während dem man auch einen Blick auf den Baufortschritt der neuen Autobrücke über die Angara werfen kann, drehen Schmalspurvarianten der Expreßzüge ›Bajkal‹ und ›Sibirjak‹ gemäß aushängendem Fahrplan ihre Runden. Im ersten Stock des 2003 aufwendig rekonstruierten Bahnhofsgebäudes der Parkeisenbahn wurde auch ein neues Eisenbahnmuseum zur Geschichte der Eisenbahn im Irkutsker Gebiet und rund um den Baikal eröffnet.

Zurück auf der ul. Marksa, kommt man recht schnell zum Irkutsker Schauspielhaus (ul. Karla Marksa 14), dessen 1997 begonnene Sanierung noch andauert. Das nach dem Irkutsker Theaterrevolutionär Nikolaj Ochlopkov benannte Theater spielt nun auf der Bühne des Musiktheaters (ul. Lenina). Daneben existiert das nach dem auch über die Grenzen seiner Heimatstadt bekannt gewordenen Dramatiker Aleksandr Vampilov benannte Jugendtheater (ul. Lenina 13), die Philharmonie (ul. Dzeržinskogo 2) ein Musiktheater (ul. Sedova 17), ein Puppentheater (ul. Bajkal'skaja 32) sowie ein Zirkus (ul. Proletarskaja 13).

Die ul. Marksa kreuzt in Höhe des Gebäudes der Russisch-Asiatischen Bank die Leninstraße. Dieses ehemalige Bankgebäude ist nicht nur architektonisch interessant. Die Russisch-Asiatische Bank war um die Jahrhundertwende die bedeutendste Bank Sibiriens und hinterließ in der wirtschaftlichen Entwicklung dieser Zeit nachhaltige Spuren. Der Versuch, diese Traditionen in den 90er Jahren unseres Jahrhunderts zu neuem Leben zu erwecken, scheiterte allerdings. In dem Gebäude befindet sich heute ein Krankenhaus.

An dieser Kreuzung führt die ul. Lenina in Richtung Norden zum Irkutsker Kunstmuseum. Mit über 14 000 Exponaten ist es die umfangreichste Gemäldegalerie Sibiriens und nach der Moskauer Tret'jakov-Galerie und dem Petersburger Russischen Museum auch die drittgrößte Sammlung russischer Kunst in Rußland (u. a. Polenov, Repin, Vasnecov). Daneben findet man aber auch westeuropäische Kunst (z.B. Schinkel). Die Galerie nahm ihren Ursprung in der Sammlung des berühmten Irkutsker Mäzens Vladimir Sukachov (1849–1920) (ul. Lenina 5, Tel. 24 25 28). Weiter kommt man durch Grünanlagen mit Springbrunnen zum Kirov-Platz (pl. Kirova) und weiter zur Angara.

Kirov war in den 30er Jahren als Parteichef von Leningrad die Alternative zu Stalin. Seine Ermordung durch Stalin im Dezember 1935 war der Beginn der Schauprozesse und massenhaften Repressalien. Die Namensgebung des Platzes erinnert an seine ersten revolutionären Sporen, die er sich in Irkutsk verdiente. Auch in Novosibirsk erinnert noch ein kleines Museum an ihn. Der Platz ist heute das administrative Zentrum der Stadt. Anstelle der von den Bolschewiken gesprengten

Holzarchitektur in Irkutsk

Kazaner Kathedrale steht heute das besagte ›Graue Haus‹, das früher Sitz der örtlichen KPdSU-Zentrale war und heute die Gebietsadministration beherbergt.

Das Schicksal der Irkutsker Kirchenlandschaft verdient besondere Beachtung. Im Buch ihrer Geschichte dominieren allerdings die tragischen Seiten. Zur Jahrhundertwende wurde die Silhouette der Stadt von über zwanzig Kirchen bestimmt. Außerdem gab es über fünfzig Gebetshäuser. Heute sind von den größeren Kirchen sieben übrig geblieben, die teilweise nach wie vor zweckentfremdet sind. Das Stadtbild des alten Irkutsk bestimmte vor allem die 1892 errichtete Kazaner Kathedrale. Sie war die viertgrößte Kirche in ganz Rußland und stand nur vierzig Jahre. Anfang der 30er Jahre wurde sie – analog zu der derzeit wiedererrichteten Moskauer Kathedrale – gesprengt. Heute existiert noch die Kazaner Kirche (ul. Barrikad). Am Kirov-Platz sieht man heute die Erlöserkirche (Spasskaja cerkov') sowie die daneben befindliche, von 1718 bis 1746 errichtete Gotterscheinungskathedrale (sobor Bogojavlenija). Die zwischen 1706 und 1710 erbaute Erlöserkirche ist heute immer noch ein Museum. Die Kirche war eines der ersten steinernen Gebäude in Irkutsk. Ihre vom Beginn des 19. Jahrhunderts stammenden Außenfresken sind zwischen dem Ural und dem Pazifik einzigartig. Das gewaltige Tryptichon zeigt links die Christianisierung der burjatischen Ureinwohner, im Zentrum die Kreuzigung Christi und rechts die Heiligsprechung des ersten Irkutsker Bischoffs Innokentij Kulčickij. Der Glockenturm wurde um 1860 angebaut. Leider überlebte die Kirche die Zeit der Sowjetmacht nicht. Lange Jahre dem Verfall preisgegeben, begann 1960 die Restaurierung. Seit 1982 veranstaltet hier das örtliche Heimatmuseum verschiedene Ausstellungen. Im Glockenturm, der über eine extrem schmale Treppe zu erreichen ist, sind ›die Glocken Rußlands‹ – eine Exposition zur Glockengießerei und Kirchengeschichte in Irkutsk zu besichtigen (ul. Suchė Batora 2, Tel. 34 50 41).

Die Gotterscheinungskathedrale beherbergte lange Zeit als Filiale der örtlichen Gemäldegalerie die Ikonen-Sammlung des Museums. Erst vor kurzem wurde sie der Gemeinde zurückgegeben und ist aufgrund der langjährigen Zweckentfremdung im Innenraum sehr schlicht. Bemerkenswert ist in ihrer Architektur die Mischung von Elementen des europäischen Barock mit altrussischen Motiven, die man hier auch unter dem Begriff ›sibirischer Barock‹ zusammenfaßt (ul. Suchė Batora 2). Die katholische Kirche, die 1986 aus Spenden der über 20 000 nach Irkutsk verbannten Polen errichtet wurde, dient nach wie vor als Orgel- und Konzertsaal. Orgelkonzerte finden jeden Donnerstag um 14 Uhr statt (pl. Kirova). Die eng mit den Dekabristen verbundene Erlösererscheinungskirche (Spaso-Preobraženskaja cerkov') ist die Heimstatt des Universitätsarchives (ul. Timirjazeva). Die Pfingstkirche (Troickaja cerkov') beherbergte lange Jahre ein Planetarium (ul. 5. Armii). Die Baugerüste dort zeigen, daß die Rekonstruktion im Gange ist.

Das bedeutendste russisch-orthodoxe Gotteshaus der Stadt, das die Sowjetzeit überdauert hat, ist die Kreuzkirche (Krestovozdviženskaja cerkov', ul. Timirjazeva). Bezüglich anderer Konfessionen existieren interessanterweise in der selben Straße eine Moschee (ul. Karla Libknechta 86, Tel. 27 77 96) und eine Synagoge (ul. Karla Libknechta 23, Tel. 27 53 67).

Sehenswert ist in Irkutsk auch die Holzhausarchitektur. Unter allen Städten Sibiriens weist die Stadt neben Tomsk die größte Ansammlung von reich verzierten, zumeist aus dem 19. Jahrhundert stammenden Holzhäusern auf. Der Brauch, die Holzbalken anstelle einer Bretterverkleidung mit verschiedenen Ornamenten zu verzieren, ist heidnischen Ursprungs. Die vielfältigen Motive galten als magische Zeichen, die das Böse vom Haus fernhalten sollten. Die meisten Holzhäuser befinden sich im Quartal zwischen den südlich zur ul. Marksa verlaufenden Straßen ul. Dzeržinskogo und ul. Timirjazeva, insbesondere in der Nähe der beiden Dekabristen-Museen. Das Andenken an die Dekabristen wird in hohen Ehren gehalten. Ursprünglich bestand das Dekabristenmuseum nur aus dem 1970 eröffneten Trubeckoj-Haus (ul. Glavnaja Arsenal'skaja 64, Tel. 27 57 73). Die Exposition berichtet über den Dezemberaufstand in St. Petersburg und die Zwangsarbeit vorrangig in der Umgebung von Čita. Des weiteren bemüht man sich mit verschiedenen Originalen aus dem Besitz der Trubeckoj-Familie, die Atmosphäre der damaligen Zeit wiederherzustellen. 1985 kam das in der Nachbarschaft gelegene Volkonskij-Haus dazu (per. Volkonskogo 10, Tel. 27 75 32).

In der Markthalle von Irkutsk

Von der ul. Marksa zweigt die interessante ul. Urickogo ab. Sie ist die einzige Fußgängerzone der Stadt und wohl auch Sibiriens. Das Phänomen der Fußgängerzone zum Bummeln und Einkaufen ist bis jetzt in Rußland noch kaum verbreitet. In Irkutsk führt sie zum größten Irkutsker Kaufhaus sowie zum Markt. Der Basar ist heute eine interessante Symbiose aus der alten Markthalle aus den 50er Jahren und einem funktionalen, hypermodernen Anbau aus dem Jahre 1997.

Sehenswert, aber auf der Bahnhofseite der Angara gelegen, ist das zur Irkutsker Technischen Universität gehörende Mineralogie-Museum, wo es eine ausführliche allgemeine Abteilung für das Geologie-Studium sowie viel Interessantes über die Minerale Sibiriens zu sehen gibt. Besonderes Augenmerk verdient der Čaroit, ein lilaner Halbedelstein, der erst Anfang der 70er Jahre entdeckt und bis heute auch nur an einem Platz in der Welt gefunden wurde – dem schwer zugänglichen Tal des Lena-Nebenflußes Čara im Dreiländereck zwischen den Gebieten Irkutsk, Čita und der Republik Jakutien (ul. Lermontova 83, Gebäude ›E‹ der TU, Tel. 43 03 53).

Der ruhige Lauf der als stürmisch bekannten Angara im Stadtgebiet von Irkutsk ist dem im Süden gelegenen Irkutsker Wasserkraftwerk zu verdanken. Mit diesem von 1950 bis 1958 errichteten Staudamm begann die Erschließung der Wasserressourcen Sibiriens. Deren Nutzung zur Energiegewinnung führte zum Bau von Kraftwerkskaskaden an der Angara und in noch größeren Dimensionen am Enisej. Der Bau hatte nachhaltige Auswirkungen auf das Ökosystem des Baikalsees. Der Wasserspiegel der Angara stieg um 30 Meter, der Wasserspiegel des gesamten Baikalsees stieg um durchschnittlich einen Meter. Mehrere Dörfer und auch die alte Transsibstrecke von Irkutsk nach Port Bajkal wurden dabei geflutet. Die neue Streckenführung der Transsib verläuft von Irkutsk direkt nach Süden.

Unweit des Damms im Stausee liegt die ›Angara‹ vor Anker. Das in England gefertigte Schiff ist der kleinere der beiden Eisbrecher, mit denen in der Anfangsphase der Transsib der Baikalsee überquert wurde. In Einzelteilen angeliefert, wurde es in der Schiffswerft von Listvjanka in 18 Monaten zusammengebaut. Nach der Ferigstellung der Bajkal-Bahn fuhr die ›Angara‹ als Frachtschiff und Eisbrecher auf dem Baikalsee. Das größere Schwesterschiff ›Bajkal‹ wurde 1920 in den Kämpfen des Bürgerkrieges schwer beschädigt und sank. Die ›Angara‹ drohte nach der Außerdienststellung ebenfalls zu verrotten. Von 1977 bis 1991 rekonstruiert, beherbergt es heute das Museum ›Die Geschichte der Schiffahrt auf dem Baikalsee‹

i Zeitunterschied: MEZ plus sieben Stunden.
PLZ: 664 000.
Vorwahl: 39 52.

Hauptpostamt: ul. Stepana Razina 23.
Banken: Vneštorgbank Irkutsk, ul. Sverdlova 40, Tel. 33 47 88.
Geldautomaten: in den Foyers der

Hotels ›Bajkal‹, ›Angara‹ und ›Rus'‹.
Reisebüros: Bajkal Travel (früher Inturist), ul. Gagarina 44, Tel. 20 01 34, www.irkutsk-baikal.com.
Trans-Siberia Travel, ul. Suchė Batora 7, of. 216, Tel. 25 52 16, www.transibtravel.by.ru.
Cross Siberia (Lernidee-Vertretung, Tel. 34 39 65).
Mongolisches Konsulat: ul. Lapina 4, Tel. 34 24 47.

Irkutsk liegt an der Transsibirischen Eisenbahn. Von Moskau oder Novosibirsk aus ist man knapp 90 bzw. 35 Stunden unterwegs. Der Bahnhof befindet sich außerhalb des Stadtzentrums auf der gegenüberliegenden Seite der Angara. Der Busbahnhof befindet sich in der Nähe der Dekabristenmuseen (ul. Timirjazeva, Tel. 27 24 11).

Die Stadt hat einen eigenen Flughafen. Die Strecke Moskau–Irkutsk wird täglich drei bis vier mal beflogen. Novosibirsk–Irkutsk wird vier mal pro Woche bedient.

Direkt am Ufer der Angara Das Hotel ›Bajkal‹ (vormals Inturist) bietet akzeptable Zimmer und eine gute Gastronomie (bul. Gagarina 44, Tel. 29 01 67, 29 01 71). Alternativen sind das Hotel des ›Bajkal Biznes Centr‹ (ul. Bajkal'skaja 279, Tel. 35 09 22, 35 09 23) sowie das neue ›Solnce‹ (ul. Bajkal'skaja 279, Tel. 35 09 22) oder das etwas China-lastige Hotel ›Angara‹ (ul. Suche-Batora 7, Tel. 34 69 01).

Am pl. Kirova bietet das ›Tichvinskaja ploščad'‹ traditionelle russische Küche in angenehmer Atmosphäre (ul. Lenina 146, Tel. 29 36 51). Koreanisch-chinesische Spezialitäten gibt es im ›Seoul‹ (ul. Dekabr'skych Sobytij 57, Tel. 24 38 24). Empfehlenswert sind die Bierkneipen samt Sommerbiergarten: Das ›Efimyč‹ steht in der Tradition der ersten ›Pi s‹-Brauerei von Irkutsk (ul. Karla Marksa 3, Tel. 20 01 70) und ›U Švejka‹ würdigt das Pilsner Bier in Verbindung mit dem Helden aus Jaroslav Haseks Roman, der Autor arbeitete einige Zeit in Irkutsk als Redakteur (ul. Karla Marksa 34, Tel. 24 26 87). Beliebt sind auch die Teestube ›Russkaja Čajnaja‹ (ul. Karla Marksa 3, Tel. 20 16 76) und das durchaus Wiener Charme in Sibirien verbreitende ›Venskoje Kafe‹ (ul. Stepana Razina 19, Tel. 20 21 16).

Das einzige große Kaufhaus (Torgovyj Kompleks) befindet sich in der ul. Dzeržinskogo in Höhe der Fußgängerzone (ul. Urickogo). Unmittelbar daneben befindet sich der Markt.

www.baikal.eastsib.ru (R/E).
www.irkutsk-baikal.com (R/E/D).
www.baikal.irkutsk.ru (R/E).
www.icc.ru (R/E).
Internetcafé ›Epicentr‹, ul. Suchė Batora 18 (www.epicentre.ru).

Das Zarendenkmal

Die Geschichte des Zarendenkmals gegenüber dem Weißen Haus an der Angara in Irkutsk reflektiert die Paradoxe der russischen Geschichte im 20. Jahrhundert. Nach der Eröffnung der Transsibirischen Eisenbahn wurden in St. Petersburg, in Moskau und in Irkutsk drei Denkmäler zu Ehren des 1894 verstorbenen Zaren errichtet, denn in seiner Regentschaft waren die Entscheidungen über den Bahnbau gefallen und mit dem Bau begonnen worden. In den Wirren der Oktoberrevolution und des Bürgerkrieges wurde die Bronzestatue aber demontiert und vermutlich eingeschmolzen, denn es gibt keine Informationen über ihren Verbleib. Erhalten blieb nur der Sockel mit den vier Bronzereliefs. Im Jahre 1960 wurde anstelle des Zaren zur Erinnerung an die Erbauer der Transsib ein schmuckloser Obelisk auf das Podest gehievt. Seit Oktober 2003 steht nun aber wieder Aleksandr III. als originalgetreuer Nachguß des ursprünglich 1908 errichteten Denkmals an seinem angestammten Platz.

Das Transsib-Denkmal mit der Zarenstatue

Die Ostseite des Bronzereliefs zeigt den Doppeladler mit dem Zarenerlaß über den Bau der Eisenbahnlinie. An der Nordseite wird an den Kosaken-hauptmann Ermak, der

Ende des 16. Jahrhunderts die russische Eroberung Sibiriens einleitete, erinnert. Die West- und Südseite zeigen die Porträts zweier bedeutender, in Irkutsk ansässiger General-gouver-neure Ostsibiriens: Michail Speranskij (1819–1821) und Nikolaj

Der Transsib-Obelisk

Murav'ëv-Amurskij (1843–1861). Der Priestersohn Speranskij hatte es in Petersburg bis zum persönlichen Adjutanten des Zaren gebracht, den er 1808 in seinen Gesprächen mit Napoleon begleitete. Mit dem Einfall des Korsen nach Rußland fiel Speranskij jedoch in Ungnade und wurde in die Provinz geschickt . Mehrere Jahre Gouverneur in Penza, wurde er 1819 Generalgouverneur in Irkutsk. Nach einer umfangreichen Rundreise leitete er vielfältige Reformen ein. Als Verfechter der Rechtstaatlichkeit für Rußland krönte er sein Lebenswerk mit der ersten Herausgabe der ›Vollständigen Sammlung der Gesetze des Russischen Reiches‹ (1830).

Der liberale Offizierssohn Murav'ëv war nach einer militärischer Laufbahn bereits Gouverneur in Tula, als im das Irkutsker Amt übertragen wurde. Er sicherte mit Hilfe der Kosaken durch neue Vorposten und verstärkte Militärpräsenz den Fernen Osten für den Zaren. Besondere Bedeutung kam dabei dem Amurgebiet zu, wo es ihm 1858 mit dem Abschluß des Vertrages von Aigun (heute Heihe) gelang, die russischen Ansprüche auf alles Land nördlich des Amurs gegen China durchzusetzen. Für diese Verdienste wurde er in den Adelsstand erhoben und erhielt den Beinamen Amurskij. Drei Jahre später kehrte er in die Hauptstadt zurück und lebte danach in St. Petersburg und Paris.

Die Verdienste beider bildeten genau wie die Schlachten Ermaks Voraussetzungen für die russische Machtentfaltung in Sibirien und somit auch für die Entstehung der Transsibirischen Eisenbahn.

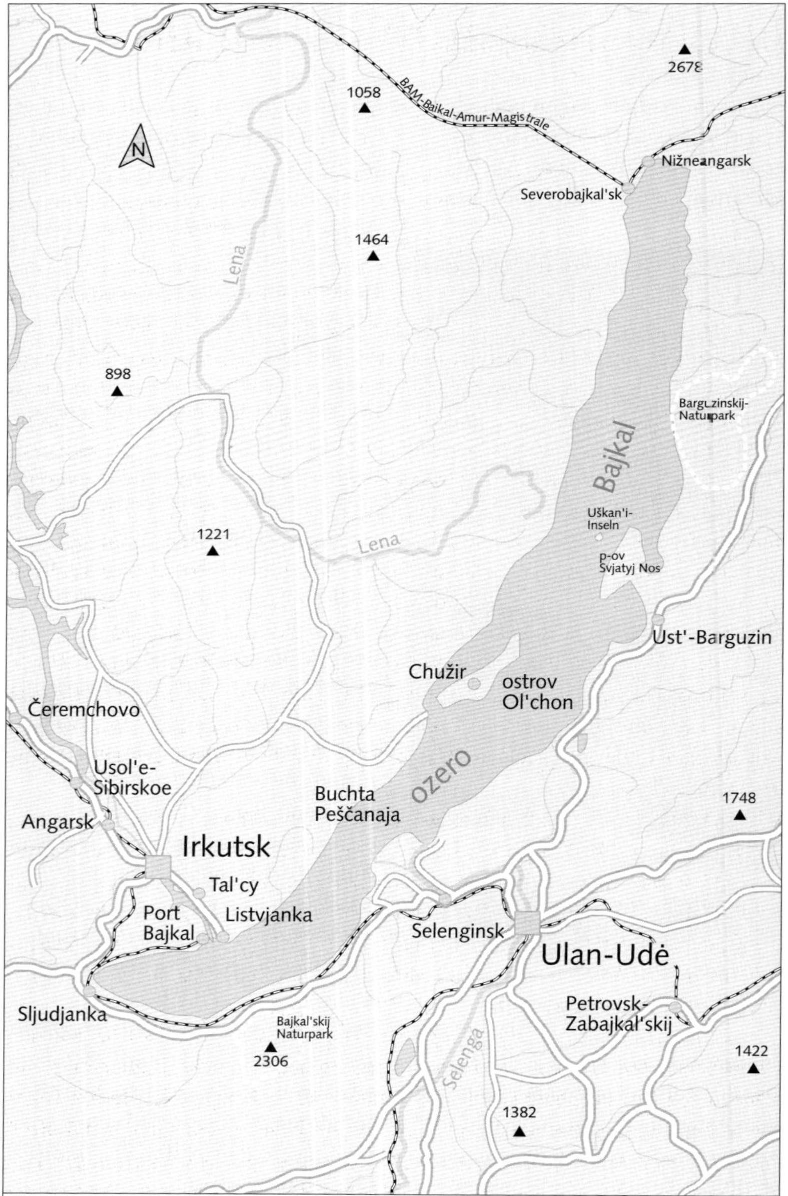

Der Baikalsee (озеро Байкал)

Ein Ausflug zum Baikalsee

Für einen ein- oder mehrtägigen Kurzausflug an den Baikalsee eignet sich am besten eine Tour in das nahegelegene Dorf Listvjanka , wo der Strom Angara dem Bajkalsee entspringt. Die ›Perle Sibiriens‹ – wie man den Baikalsee auch nennt – ist nicht nur für Sibirien, sondern für unsere Erde ein unvergleichliches Stück Natur. So wie die Galápagosinseln ein einmaliges Eiland im Ozean sind, ist der Baikalsee ein weltweit einzigartiges Gewässer auf dem Festland. Der See, den viele auch ein Meer nennen, ist das größte Süßwasserreservoir des blauen Planeten. Sein Alter wird auf 25 Millionen Jahre geschätzt, und jedes Jahr verbreitert er sich um ein Bruchstück von etwa zwei Zentimetern, was die Wissenschaft zu der Vermutung veranlaßt, daß hier ein neuer Ozean im Entstehen begriffen ist. Die Länge des Baikalsees beträgt 636 Kilometer, seine Breite schwankt zwischen 27 und 80 Kilometern. Die Oberfläche des Sees entspricht mit 31 500 Quadratkilometern in etwa der Fläche Belgiens. Damit ist er zwar nur auf dem siebten Platz unter den Binnengewässern dieser Welt. Da er aber mit einer Wassertiefe von maximal 1637 Metern den absoluten Weltrekord hält, enthält der Baikal mehr Wasser als alle fünf großen nordamerikanischen Seen zusammen. Hier liegen etwa 20 Prozent der Süßwasserreserven der Erde. Über die Herkunft das Namens ›Baikal‹ streiten sich nach wie vor die Gemüter. Vom Klang des Wortes her überzeugt die Turkfassung, die (›bai‹ – reich und ›kul‹ – See) für reicher See steht. Die burjatischen Ureinwohner nannten ihn ›Baigaal dalai‹, was sich mit ›großes Gewässer‹ übersetzen läßt. In alten chinesischen Dokumenten findet sich auch die Bezeichnung ›Baichay‹, was ›nördliches Meer‹ bedeutet.

Das Wasser des Sees ist außergewöhnlich rein und klar, die Sichttiefe beträgt bis zu 43 Metern. Die Mineralanteile machen etwa nur ein Viertel der sonst in vergleichbaren Binnengewässern gemessenen Werte aus. Heute ist der Baikalsee das einzige offene Trinkwassergebiet der Welt. Seit 1992 erfolgt auch eine wirtschaftliche Vermarktung. Das in Plasteflaschen zum Verkauf abgefüllte Wasser wird aus einer Tiefe von etwa 400 Metern gepumpt und nur durch einen rein mechanischen Filter gereinigt.

Der See fasziniert zu jeder Jahreszeit: majestätische Meeresstille vor den schneebedeckten Gipfeln am Horizont im Sommer, buntes Blätterspiel und manchmal unberechenbare Winde und stürmischer Wellengang im Herbst. Unter den knapp 30 spezifischen Winden ist der nach dem gleichnamigen Zufluß ›Sarma‹ genannte Nord-West-Wind besonders gefürchtet. Dabei sind in der Seemitte Wellen von fünf bis sechs Metern Höhe keine Seltenheit. Berühmt wurde auch der – allerdings besseres Wetter verheißende – Barguzin-Wind, der aus dem gleichnamigen Tal in den Baikalsee bläst und Eingang in den Text des bekannten Volksliedes ›Glorreiche See – heiliger Baikal‹ fand. Im Spätherbst friert der See zu und beeindruckt im Winter durch das manchmal auf der Oberfläche bizarre Eisgebilde schaffende Packeis. An bestimmten Stellen existieren warme Quellen, die vor allem bei winterlichen Überquerungen Vorsicht anmahnen. Der Frühling kommt mit Tauwetter und urwüchsigem Eisbruch. Die flachen Buchten gefrieren Ende Oktober, die Seemitte Anfang Januar. Die Dicke des Eises schwankt zwischen 70 und 110 Zentimetern, so daß man den See im Winter nicht nur auf Skiern, sondern auch im Auto überqueren kann. Auch Eisangeln ist in Rußland allgemein und insbesondere hier sehr beliebt.

Fauna und Flora des Sees sind einzigartig. Von den im See und in seiner Umgebung lebenden 1500 Tierarten und über 2000 Pflanzenarten kommt mehr als die Hälfte nur hier vor. Am bekanntesten ist die hier ›Nerpa‹ genannte Baikalrobbe. Die Artverwandtschaft zu den nördlich des Polarkreises lebenden Eismeerrobben ist unverkennbar. Der vermutete Umzug vom Eismeer über die sibirischen Ströme Enisej und Angara zum Baikalsee und insbesondere die Umstellung von Salzwasser auf Süßwasser sind aber bis heute für die Wissenschaft ein Rätsel. Es gibt heute im Nord- und Mittelteil des Baikalsees schätzungsweise 60 000 Baikalrobben. Die besten Aussichten für eine Beobachtung der Tiere bieten sich in der ersten Junihälfte im Uškan'i-Archipelag. Unter den für den Baikal typischen

Am Baikalsee

An der Uferpromenade in Listvjanka

Fischen dominiert der zur Gattung der Lachse gehörende und in vier Arten auftretende Omul'. Er wird etwa 25 bis 35 Zentimeter lang und erreicht ein Gewicht von bis zu 400 Gramm. Nachdem man Anfang der 70er Jahre eine dramatische Bestandsreduzierung beobachtet hatte, gab es ein mehrjähriges Fangverbot. Heute werden jährlich wieder etwa 1000 bis 1200 Tonnen Omul' gefangen. Neben der Grundlage der Kaviargewinnung ist er generell der typische Speisefisch der Region und wird in allen Restaurants und im Straßenverkauf feilgeboten. Auf der Speisekarte findet man daneben noch häufig den Charius, einen forellenartigen Fisch, den es ebenfalls nur im Baikalsee gibt. Von Interesse – wenn auch nicht für den Fischkoch – ist daneben noch die Golomjanka, auch Fettfisch genannt. Die rosafarbenen, halbdurchsichtigen Fische werden bis zu 25 Zentimter lang und bevorzugen Wassertemperaturen unter 6 °C. Sie bestehen zur Hälfte aus Fett und bringen ihren Nachwuchs an der Wasseroberfläche im Frühling oder im Herbst als kleine Larven zur Welt.

Die Entfernung zwischen Irkutsk und Listvjanka beträgt 65 Kilometer. Die Fernverkehrsstraße wurde 1960 im Eiltempo für ein geplantes Treffen zwischen Chruščev und Eisenhower am Baikalsee gebaut, welches dann aber wegen der Affäre um das über dem Ural abgeschossene Spionageflugzeug U2 platzte. Heute fahren täglich sechs Linienbusse in beide Richtungen. Alternativ besteht die Mög-

Die Baikal-Hymne

Herrliches Meer, o heil'ger Baikal,
Herrliches Schiff, gleich einer Omultonne.
He, Bargusin, blas die Wogen noch mal,
Bald ist das rettende Ufer gewonnen.
Klirrende Ketten hab lang ich verflucht,
vorsichtig bin durchs Gebirg' ich geschlichen.
Ein alter Gefährte verhalf mir zur Flucht;
Schließlich bin so ich ins Freie entwichen.
Schilka und Nertschinsk stehen wohl noch da,
Keiner der Wachposten hat mich gefangen,
Kein Raubtier im Dickicht kam mir zu nah,
Des Schützen Kugel ist vorbeigegangen.
Bin dann gewandert bei Tag und bei Nacht,
In Städte mied ich mit Vorsicht zu geh'n.
Die Bauersfrauen haben Brot mir gebracht,
Burschen oft auch den Tabak zum Dreh'n.
Herrliches Meer, o heil'ger Baikal!
Das löchrige Hemd ward zum Segel am Mast.
He, Bargusin, blas die Wogen noch mal!
Der nahende Sturm gewährt keine Rast.

Dmitrij Davydov

lichkeit, die Strecke mit dem Tragflächenboot auf dem landschaftlich sehr schönen Angara-Stausee zurückzulegen (ebenfalls sechs Verbindungen täglich). Für eine Strecke muß man eine Stunde einplanen. Wer die Straße nimmt, findet am Kilometer 47 das einen Halt lohnenden und auch aus dem Boot auf der Angara sichtbare Freiluftmuseum von Tal'cy. Hier findet man am Uferhang des Flußes Angara hölzerne Architekturdenkmale aus ganz Ostsibirien. Viele wurden wegen der Flutungen von Dörfern im Zusammenhang mit dem Bau von Staudämmen (insbesondere Ust'-Ilimsk) abgetragen und hier wieder originalgetreu aufgebaut. Besondere Beachtung verdienen der Erlöserturm (Spasskaja bašnja), einer von acht Türmen der ersten ostsibirischen Festung in Ilimsk sowie die ebenfalls von dort stammende Kazaner Kapelle. Beide wurden vor über 400 Jahren ohne einen einzigen Nagel erbaut. Interessant sind auch die Jurten der burjatischen Ureinwohner und vor allem aus dem Gebiet Bratsk stammende Bauerngehöfte und Grabstätten. Wenn man den Besuch des Museums mit dem Ausflug nach Listvjanka verbindet, sollte man mindestens eineihalb Stunden für das Museum einplanen (Öffnungszeiten im Winter von 10 bis 16 Uhr, im Sommer von 10 bis 17 Uhr, Tel. 33 47 05).

Im Freiluftmuseum von Tal'cy

Listvjanka bietet dörfliche Romantik am Ufer des Baikalsees. Der Ort wurde als Poststelle und Fährplatz 1773 erstmalig erwähnt. Die Siedlung erstreckt sich mit etwa 1500 Einwohnern auf etwa fünf Kilometern entlang der Buchten des Sees und des ersten Stückes des Flusses Angara. Die Hauptstaße ist die asphaltierte Uferstraße, von der in den Tälern die Dorfstraßen in Richtung der nahen Berge abzweigen.

Hier befindet sich der Ursprung des 1779 Kilometer langen Flusses Angara, der den einzigen Abfluß des Baikalsees darstellt. Mit einer Breite von 863 Metern, einer maximalen Tiefe von vier bis sechs Metern und einer enormen Fließgeschwindigkeit ist dieser ›Abfluß‹ in seinen Dimensionen von durchschnittlich 2000 Kubikmetern pro Sekunde weltweit einzigartig und insbesondere im Winter ein beeindruckendes Naturschauspiel, da das aus der Tiefe des Sees abfließende Wasser auch bei stärkstem Frost erst nach etwa 15 Kilometern gefriert. In der Mitte des Flußes sieht man noch die Spitze des aus der Legende von Vater Baikal und seiner Tochter Angara bekannten Schamanensteines (mys Šamanskij), von dem aber durch die Entstehung des Irkutsker Stausees heute wirklich nur noch die Spitze aus dem Wasser ragt. Wenn man am Angaraabfluß aus dem Baikalsee auf das andere Ufer schaut, erblickt man die Siedlung und den Hafen von Port Bajkal. Heute endet dort die Baikalbahn. In den ersten Jahren nach dem Bau der Transsib stachen aus Port Bajkal die beiden Fährschiffe ›Bajkal‹ und ›Angara‹ in See, nachdem sie das rollende Material und die Reisenden in sich aufgenommen hatten. Später, nach der Fertigstellung im Jahr 1904, rollten dann die Züge auf den Gleisen der auch Krugobajkalka genannten Baikalbahn am felsigen Ufer des Sees entlang.

Auf der Höhe des Baikalabflusses steht ein Denkmal für den Schriftsteller Aleksandr Vampilov, einen der erfolgreichsten russischen Dramatiker vor allem der 60er Jahre. Er lebte in Irkutsk und Port Bajkal und wurde besonders durch – auch ins Deutsche übersetzte – Stücke wie ›Entenjagd‹ und ›Provinzanekdoten‹ bekannt. Er kam hier 1972 bei einem Bootsunfall im Alter von nur 35 Jahren tragisch ums Leben. Hier erhebt sich auch Čerskovs Fels (kamen' Čerskogo, 757 Meter), den man über einen asphaltierten Wanderweg von 2,5 Kilometern Länge vom Sanatorium ›Bajkal‹ zu einem kleinen Pavillon auf der Spitze erreichen kann. Die herrliche Aussicht auf das Angara-Tal und den Baikalsee ist sehr beeindruckend. Der Berg ist nach dem Geographen Jan Čerskij (1845–1891) benannt. Als Teilnehmer am Polenaufstand 1863 nach Sibirien verbannt, erwarb er sich zwischen 1871 und seiner Amnestierung 1885 mit umfangreichen Forschungen über den Baikalsee und das Sajangebirge großes Ansehen.

Das Baikalsee-Museum befindet sich im Erdgeschoß des Limnologischen Institutes der Russischen Akademie der Wissenschaften. Limnologie (Limne – griech.: See) ist die Wissenschaft von den Gewässern. Eine Forschungsstation zur Untersuchung des einzigartigen Sees war bereits 1928 entstanden. 1961 erfolgte die Umwandlung in ein Institut. Von Anfang an existierte eine kleine Ausstellung, seit 1993 hat sie den Status eines Museums. Es vermittelt einen Überblick über die unikale Fauna und Flora der Region sowie einen Eindruck über die Dimensionen des Baikalsees und die Geschichte seiner Erforschung. (ul. Akademičeskaja 1, Tel. 11 21 55, 29 05 51).

Im Krestovka-Tal befindet sich heute die Nikolaj-Kirche, die Mitte des letzten Jahrhunderts gebaut wurde. Sie wurde 1957 im Zusammenhang mit dem steigenden Wasserpegel des Baikalsees hierher umgesetzt. Den Bau der Kirche am Ufer des Baikalsees hatte der angesehene Irkutsker Kaufmann Ksenofont Serebrjakov als Zeichen des Dankes veranlaßt, nachdem er – auf dem Baikalsee in

In Listvjanka am Baikalsee

Seenot geraten – in seinem Gebet zum Schutzpatron, dem Seefahrer Nikolaj, erhört und gerettet worden war. Beliebte Anlaufpunkte für Touristen sind die Kunstgalerie und das Liedertheater. Der Liedermacher Evgenij Krankl veranstaltet in seinem Liedertheater immer samstags und sonntags Konzerte mit Liedermachern und Musikern aus Irkutsk und Umgebung (ul. Ostrovskogo 45, Tel. 11 23 61). Die von Vladimir Plamenevskij begründete private Kunstgalerie erwacht zu neuem Leben. Nach dem Tod des Gründers und einem verheerenden Brand im Januar 2004 haben seine Geschwister die Galerie mit Unterstützung vieler örtlicher Künstler wieder aufgebaut und wollen sie weiterführen (ul. Čapaeva 76, Tel. 11 27 52).

Die Unterkünfte in Listvjanka weisen mittlerweile ein breites Spektrum auf. Am Hang hinter dem Baikalmuseum befindet sich das zum ›Bajkal-Hotel‹ in Irkutsk gehörende gleichnamige, 1981 gebaute Hotel mit 112 Betten (vormals Inturist, Tel. 29 03 91). Die beste Adresse ist heute allerdings das in rustikaler Holzbauweise errichtete Hotel ›Bajkalskie Terema‹ (ul. Gornaja 16, Tel. 11 25 99). Daneben gibt es auch einfachere Unterkünfte und zumeist über Irkutsker Agenturen zu mietende Privatzimmer. Kulinarisch finden sich neben den unzähligen Omul'-Räuchereien auch eine Reihe empfehlenswerter Restaurants wie zum Beispiel das ›Prošlyj vek‹ (ul. Lazo 1, Tel. 11 25 54) entlang der Uferstraße.

Entlang der Baikalbahn

Am südlichen Ende des Baikals liegt die Stadt Sljudjanka. Der Ortsname, der zugleich auch der Name des hier in den Baikal mündenden Flusses ist, leitet sich vom Wort ›Sljuda‹/Glimmer ab. Früher wurde hier Glimmer abgebaut. Die Geschichte der Stadt begann mit dem Bau der Baikalbahn. Das Stadtrecht erhielt der heute 21 000 Einwohner zählende Ort im Jahr 1936. Das 1905 entstandene Lokdepot ist bis heute der größte Arbeitgeber im Ort. Die industrielle Marmor- und Mineralförderung in der Umgebung wurde nach der Wende eingestellt, aber die Gegend ist bei Mineralogen nach wie vor bekannt und beliebt.

Die bekannteste Sehenswürdigkeit ist der Bahnhof. Sljudjanka ist wohl der einzige Ort in der Welt mit einem Bahnhof aus reinem Marmor. Da sich der Steinbruch nur knapp zehn Kilometer entfernt befand, wäre jeder andere Baustoff teurer gewesen. Eine schöne Holzkirche befindet sich am Bahnhofsvorplatz. Im Museum des örtlichen Eisenbahndepots beginnt die Ausstellung mit einer ausführlichen Dokumentation des Baus der Baikalbahn. Darüber hinaus bietet das liebevoll gestaltete Museum viele Details aus der 100jährigen Geschichte des Bahnstandortes Sludjanka. Das Museum erreicht man vom Bahnhof aus, genau wie das eigentliche Zentrum des Ortes, über die Fußgängerbrücke am Bahnhof. Das Museum befindet sich etwa 300 Meter entfernt an der Straße am anderen Ende der Brücke (ul. Železnedorožnaja 22, Tel. 23 51).

Die alte Baikalbahn zwischen Sludjanka und Port Bajkal entwickelt sich langsam zu einem der touristischen Höhepunkte am Baikalsee. Als Mischung aus einzigartiger Landschaft, Architektur- und Technikdenkmal hat sie auch Chancen, in gewisser Weise stellvertretend für die gesamte Transsibirische Eisenbahn, in das Weltkulturerbe der UNESCO aufgenommen zu werden. Über die damit verbundenen Anforderungen und Konsequenzen wird seit 2003 verhandelt. In den letzten Jahren wurden bereits umfangreiche Anstrengungen unternommen, die Strecke zu neuem, touristischen Leben zu erwecken. Einige Gebäude wie zum Beispiel der alte Bahnhof von Port Bajkal wurden originalgetreu wieder aufgebaut, aber auch einige mit Sicherheit den Denkmalschutzvorgaben der UNESCO widersprechende Bausünden wie zum Beispiel das Erholungsheim am alten Bahnhof ›Šaryžalgaj‹ sind zu besichtigen.

Als touristische Herausforderung lockt die alte Bahnstrecke eine zunehmende Besucherzahl an. Insbesondere in den letzten Jahren beginnt man sich auch etwas darauf einzustellen. Die Touristenherbergen entlang der Strecke wurden renoviert. Einige alte Bahnhöfe wurden bereits rekonstruiert, und man beginnt, für Krugobajkalka-Ausflüge Werbung zu machen. Es gibt heute verschiedene Möglichkeiten, die Krugobajkalka zu erkunden. Fahrplanmäßig gibt es nur einen Zug, der auf Strecke zwischen Sludjanka und Port Bajkal verkehrt. Er nimmt es aber mit dem

Fahrplan nicht sehr genau. Eine Diesellok mit einem Güterwagen sowie zumeist drei Personenwagen (Typ Plackartnyj) startet dreimal wöchentlich gegen 14 Uhr ab Sludjanka und erreicht ihr Ziel Port Bajkal gemäß Fahrplan um 19 Uhr, real jedoch selten vor 21 Uhr. Am kommenden Morgen startet der Zug um 4 Uhr seine Rückreise, die er zumeist mit größerer Pünktlichkeit absolviert. Man sollte bedenken, daß es abends keine Fährverbindung mehr von Port Bajkal nach Listvjanka gibt und die Übernachtungsmöglichkeiten in Port Bajkal sehr begrenzt sind. Der Güterwaggon ist neben Gepäck- und Postwagen ein mobiler Einkaufsladen und zugleich bei vielen Erzeugnissen die einzige Einkaufsmöglichkeit für die an der Strecke gelegenen Siedlungen, denn eine Straße gibt es in dieser Gegend nicht. Auch in der Frage der Haltepunkte erweist sich der im Volksmund auch ›Rumtreiber‹ (Motanja) genannte Bummelzug als flexibel und reagiert auf Sonderwünsche mit Extrastops.

Im Sommer bietet die Irkutsker Eisenbahnverwaltung einen besonderen Ausflugszug für die Strecke an. Der mit Schlaf- und Platzkartenwagen ausgestattete sogenannte ›Gesundheitszug‹ (Poezd zdorovja) fährt mit Anschluß an den Irkutsker Vorortzug in Sludjanka sowie die Angara-Fähre nach Listvjanka in Port Bajkal zwei Tage mit vielen Stops an den interessantesten Punkten der Strecke und einer Zugübernachtung (Tel. Irkutsk 64 59 07).

Neben den zugfahrenden Rucksacktouristen, die im Sommer zum Zelten in eines der Dörfer oder an eine Baikalbucht fahren, wird die Strecke auch bei Wanderern immer populärer. Je nach Lust und Laune, Wetter, Kondition und Gründlichkeit bei der Besichtigung der verschiedenen Baudenkmäler kann man die Strecke in zwei bis fünf Tageswanderungen entlang des Schienenstranges ablaufen. Übernachtungen im Zelt oder mit Vorplanung oder etwas Glück in einer der Herbergen runden das Abenteuer ab. Auf einigen Streckenabschnitten gibt es unmittelbar neben den Gleisen einen Pfad, vielerorts hat man aber nur einen Marsch auf den Eisenbahnschwellen zur Auswahl. Aufgrund der vielen Tunnel sollte in jedem Fall eine Taschenlampe im Gepäck nicht fehlen.

Während die Regelzüge der Transsibirischen Eisenbahn die alte Strecke zwangsläufig ignorieren, steht sie bei allen Transsib-Sonderzugreisen als einer der Höhepunkte fest im Programm. Die Züge fahren von Sludjanka bis Marituj oder bis Port Bajkal, wo dann meist ein Picknick oder Folkloreabend am Seeufer stattfindet und man oft auch mit einer Übernachtung auf der Strecke zurückfährt, um sich in Sludjanka dann wieder in den Regelfahrplan auf der Hauptstrecke einzuschieben.

www.baikalinfo.ru (R/E/D). www.irk.ru (R).
www.baikalplan.de (D). www.baikal.irkutsk.ru (R).

Ulan-Udė

Die heutige Hauptstadt der Republik Burjatien wurde 1666 erstmals unter dem Namen Udinsk erwähnt. Es handelte sich um eine Winterbefestigung der ostwärts strebenden russischen Kosaken am Fluß Uda. 23 Jahre später entstand an der Mündung der Uda in die Selenga, die wiederum in den Baikalsee mündet, die Festung Verchneudinsk, was soviel wie Ober-Udinsk heißt. Ihren heutigen Namen Ulan-Udė, was auf burjatisch ›rote Uda‹ bedeutet, erhielt die Stadt erst zu sowjetischen Zeiten im Jahre 1934. Heute leben hier etwa 353 000 Einwohner. Etwa ein Viertel der Bevölkerung sind Burjaten. Fast zur gleichen Zeit wie Irkustsk wurde auch Verchneudinsk von einem Großbrand heimgesucht, der am 10. Juli 1878 über die Hälfte der Stadt zerstörte. Danach hielt im Stadtzentrum die Steinbauweise Einzug. Heute ist Ulan-Udė eine interessante und ein bißchen exotische Großstadt, die trotz umfangreicher Industrie in ihrer leicht hügeligen Lage am Fluß mit interessanter Architektur und vielen Grünanlagen gefallen kann. Erwähnenswert sind vor allem folgende Feste, die man nur in Burjatien feiert: das Reiterfest Sucharban am ersten Juli-Wochenende, das buddhistische Tsagaalgan-Fest am Vorabend des neuen Jahres nach dem Mondkalender sowie das dem künftigen Buddha gewidmete Maidari-Fest im Sommer.

Stadtrundgang

Der Bahnstrecke tangiert nördlich das Stadtzentrum von Ulan-Udė. Das Bahnhofsgebäude befindet sich aber auf der dem Zentrum abgewandten Seite der Bahntrasse. Es gibt eine Fußgängerbrücke über die Gleise oder weiter südlich die Unterführung am Prospekt 50letija Oktjabrja, die zum zentralen Platz der Stadt führt. Das Zentrum Ulan-Udės bestimmt der sehr sowjetisch geprägte Platz gleichen Namens. Der Sovetskaja pl. wird durch einen bombastistischen, fünf Meter hohen Leninkopf aus Granit geprägt. Die bizarre Meisterleistung stammt aus dem Jahre 1971 und ist den Bildhauern G. und J. Neroda (Vater und Sohn) zuzuschreiben. Seinerzeit war die Skulptur Bestandteil des sowjetischen Pavillons auf der Weltausstellung in Kanada. Da sich nach dem Ende der Ausstellung keine Interessenten für das Kunstwerk fanden, landete es in Transbaikalien. Heute stellt man ironisch fest, daß in Burjatien ja schon immer die abgeschlagenen Köpfe der besiegten Feinde öffentlich zur Schau gestellt wurden.

Hinter Lenin steht das Regierungsgebäude der Republik Burjatien, über dem die russische und die burjatische Flagge wehen. Die blau-weiß-gelbe Fahne symbolisiert Himmel, Reinheit und Sonne, auf dem blauen Untergrund sind noch

Lenin in Ulan-Udė

Sonne, Mond und Sterne dargestellt. Linker Hand befindet sich der Sitz des Präsidenten, das ›Großer Churval‹ genannte Parlament, sowie das Gebäude des Geheimdienstes. Auf der rechten Seite bilden die Philharmonie und das Hotel ›Bajkal‹ den Rahmen.

Ebenfalls am Rande des Sovetskaja pl. gelegen, beeindruckt das 1947 bis 1952 errichtete Gebäude der Burjatischen Nationaloper (ul. Erbanova 6, Tel. 22 36 00), das originell europäische, orientalische und fernöstliche Elemente verbindet. Ein Besuch der Oper ist sowohl bei Aufführungen italienischer Opern als auch bei burjatischen Komponisten dank guter Stimmen und farbenprächtig-exotischer Inszenierungen ein Erlebnis. Daneben gibt es in der Stadt noch das Burjatische Schauspielhaus (pr. Pobedy 16), in dem manchmal auch der Burjatische Nationalzirkus auftritt, sowie das Russische Schauspielhaus (ul. Tereškovoj 1) und ein Puppentheater (ul. Puškina 3a).

Am Platz beginnt – leicht abfallend zur Altstadt – die ehemalige ul. Bol'šaja, die heute – wie sollte es anders sein – ul. Lenina heißt. Parallel dazu verlaufen die ul. Kommunističeskaja und etwas höher am Hügel versetzt der pr. Pobedy. Zwischen diesen beiden Straßen und der Mündung der Uda in die Selenga, wo zwei Kreuze an den Ursprung der Stadt erinnern, befindet sich das Stadtzentrum. Die ul. Lenina wird durch alte, vor allem ein- bis zweistöckige Kaufmannshäuser aus dem vergangenen Jahrhundert geprägt. Das hier stehende Naturmuseum vermittelt mit vielen ausgestopften Modellen und Panoramabildern einen sehr anschau-

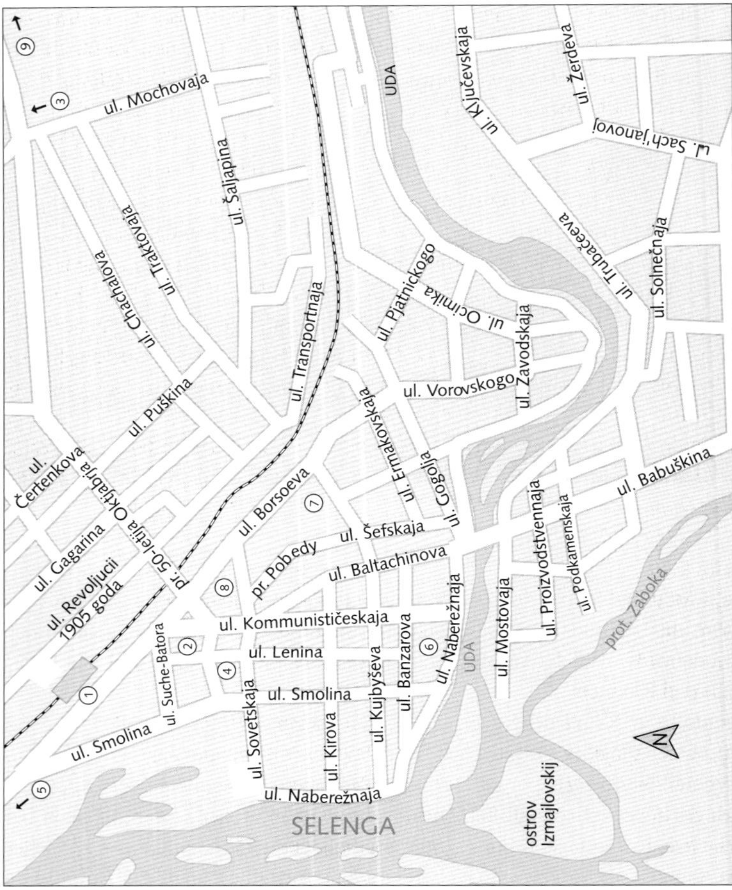

Ulan-Udė (Улан-Удэ), Zentrum

Legende

1 Bahnhof (Вокзал)

2 Lenin-Denkmal (Памятник Ленину)

3 Ethnographisches Freilichtmuseum (Этнографический музей)

4 Burjatische Nationaloper (Бурятский театр оперы и балета)

5 Kloster Ivolginsk (Монастырь Иволгинск)

6 Hodigitreja-Kathedrale (Одиги-триевский собор)

7 Pfingstkirche (Церковь Троицы)

8 Museum zur Geschichte Burjatiens (Музей истории Бурятии)

9 Bahnausbesserungswerk

Straßen und Plätze

Baltachinova, ul.
(Балтахинова, ул.)

lichen Eindruck von der Fauna der Region bis zum Baikalsee (ul. Lenina 46, Tel. 21 41 49). Auf jeden Fall lohnt sich auch ein Besuch des neuen Museums zur Geschichte Burjatiens. Auf drei Etagen findet man interessante Ausstellungen zu Ur- und Frühgeschichte, zur Ethnographie und eine prunkvolle Exposition zur Geschichte des Buddhismus in Burjatien (ul. Profsojuznaja 29, Tel. 21 65 87). Das Geologie-Museum hingegen nimmt sich bescheiden aus (ul. Lenina 57).

Der ul. Lenina folgend, kommt man zum pl. Revoljucii (Revolutionsplatz), wo sich linker Hand die alten Handelsreihen erheben. Sie entstanden von 1803 bis 1838, beherbergten damals zwei große Handelsmessen jährlich und zeugen noch heute vom Reichtum der Kaufmannsschaft zu jener Zeit. Heute gibt es hier das zentrale Kaufhaus von Ulan-Udė sowie eine Vielzahl kleiner Geschäfte, die wiederum von unzähligen Kiosken und Zelten umgeben sind. Im Zentrum des Revolutionsplatzes steht ein in den 20er Jahren zu Ehren der Revolutionsopfer errichteter Obelisk.

Am Ende der Straße erhebt sich die Kathedrale der Gottesmutter Hodigitreja. Die 1745 erbaute Kathedrale gilt als eine der schönsten Barockkirchen Ostsibiri-

Banzarova, ul.
(Банзарова, ул.)
Erbanova, ul.
(Ербанова, ул.)
Gagarina, ul.
(Гагарина, ул.)
Kommunističeskaja, ul.
(Коммунистическая, ул.)
Kujbyševa, ul.
(Куйбышева, ул.)
Lenina, ul.
(Ленина, ул.)
Mostovaja, ul.
(Мостовая, ул.)
Naberežnaja, ul.
(Набережная, ул.)
Pobedy, pr.
(Победы, пр.)
Podkamenskaja, ul.
(Подкаменская, ул.)
Profsojuznaja, ul.
(Профсоюзная, ул.)
Proizvodstvennaja, ul.
(Производственная, ул.)
Puškina, ul.
(Пушкина, ул.)
Ranžurova, ul.
(Ранжурова, ул.)
Revoljucii, pl.
(Революции, пл.)
Šefskaja, ul.
(Шефская, ул.)
Smolina, ul.
(Смолина, ул.)
Sovetskaja, pl.
(Советская, пл.)
Suchė Batora, ul.
(Сухэ Батора, ул.)
Tereškovoj, ul.
(Терешковой, ул.)
Verchnjaja Berëzovka, ul.
(Верхняя Берёзовка, ул.)

ens und erwacht gegenwärtig zu neuem Glanz und Leben. Lange Jahre befand sich hier der Lagerbestand des Burjatischen Nationalmuseums. Im Jahr 2003 wurden die Bestände überführt und die Glaubensstätte an die Kirche zurückgegeben. Nach der erneuten Weihe begannen die Gottesdienste sowie eine umfangreiche Rekonstruktion. Hinter den Handelsreihen nach links abbiegend, führt die ul. Kujbyševa zum Marktplatz. In dieser Straße befindet sich die Sampilov-Gemäldegalerie, wo eine umfangreiche Sammlung burjatischer und russischer Malerei (u. a. Kuindži, Šiškin, Ajvasovskij) zu betrachten ist (ul. Kujbyševa 29, Tel. 21 29 09).

Wenn man am Markt die Straßenbahngleise überquert, die durch die ul. Baltachinova führen, und am Burjatischen Schauspielhaus vorbei geht, gelangt man zur 1798 erbauten Pfingstkirche mit ihren grünen Kuppeln (cerkov' Troicy), die Anfang der 90er Jahre den Gläubigen provisorisch wieder ihre Tore öffnete. Der angrenzende Kulturpark diente einst als Friedhof, was man auf alten Fotos noch erkennen kann. Wenn man hier in Richtung des Flußes Uda läuft, kommt man zu zwei Kosaken-Kreuzen und einem kleinen Stein, der den Bau eines Denkmals an die Begründer der Udinsker Siedlung ankündigt. Hier hat man einen schönen Ausblick auf die Altstadt und die am anderen Ufer gelegenen Stadtteile Ulan-Udės, wo sich rechts der Uda-Brücke noch viele alte Holzhäuser und die zu Sowjetzeiten einzige geöffnete Auferstehungskirche (cerkov' Voskresenija) befindet.

Wenn man vom Stadtzentrum an der ul. Ėrbanova durch die Eisenbahnunterführung dem Prospekt des 50jährigen Oktoberjubiläums in Richtung Stadtpark folgt, gelangt man in einen Stadtteil, der seine Entstehung der Eisenbahn zu verdanken hat. Hier beginnt das Gelände des größten Bahnausbesserungswerkes entlang der gesamten Strecke der Transsib. Hier wird das rollende Material an Loks und Waggons gewartet und repariert. Am Eingang des mit heute wieder über 8000 Beschäftigten größten Arbeitgebers der Stadt steht eine alte Dampflok aus der Baureihe ›Sergo Ordžonikidze‹. Der gesamte nördliche Wohnbezirk wurde mit dem Bau des Werkes 1932 begonnen und entsprechend der Expansion des Werkes erweitert. Seit 1970 gibt es ein Museum zur Geschichte des Werkes, in dem nach Voranmeldung auch Gruppenführungen möglich sind (ul. Komsomol'skaja 23, Tel. 44 56 10).

Von Ulan-Udė lohnen sich zwei Ausflüge. Am nördlichen Stadtrand befindet sich die erste Empfehlung – das 1972 eröffnete Ethnographische Freilichtmuseum. Der Park gliedert sich in einen kleinen Tierpark und sieben Komplexe, die den verschiedenen in Transbaikalien ansässigen ethnischen Gruppen gewidmet sind. Hunnengräber, die ›Tschum‹ genannten Spitzjurten der Ewenken, burjatische Sommer- und Winterjurten sowie ein buddhistisches, ›Dugan‹ genanntes Gebetshaus, russische Holzhausarchitektur unter dem Einfluß der Kosaken und der verbannten Altgläubigen – all das kann man hier besichtigen (ul. Verchnjaja Berezovka, Buslinie 8).

Das Ethnographische Freilichtmuseum am nördlichen Stadtrand von Ulan- Udė

Auf dem Weg zum Museum lohnt ein Stop am neuen Datzan von Ulan-Udė. Im Zeichen des roten Sterns wurden nicht nur die orthodoxen Kirchen der Russen, sondern auch die buddhistischen Betstätten der Burjaten Ziel von Verfolgung und Zerstörung. Die Datzan genannten Gebetstempel, deren Zahl in Ulan-Udė zwei Dutzend überstieg, fielen nach 1930 ausnahmslos dem atheistischen Terror zum Opfer. In den letzten Jahren erleben sie mit der Wiedergeburt des Buddhismus in Burjatien eine entsprechende Resonanz. Vielerorts entstehen neue Tempel so wie hier in Ulan-Udė (ul. Verchnjaja Berëzovka).

Der zweite empfehlenswerte Ausflug führt zum etwa 40 Kilometer westlich von Ulan-Udė gelegenen, 1949 errichteten Lamakloster Ivolginsk. Im zentralen Heiligtum des Buddhismus in Burjatien und Rußland leben derzeit etwa 30 Mönche sowie der Hambo-Lama, der oberste Lama für ganz Rußland. Der Dalai Lama besuchte Ivolginsk 1991 und 1993. Bei der Besichtigung des Klostergeländes sollte man sich, dem buddhistischen Glauben gemäß, im Uhrzeigersinn bewegen. Zwischen den Gebäuden stehen mehrere Gebetsmühlen unterschiedlicher Größen, die ebenfalls im Uhrzeigersinn zu drehen sind. Daneben gibt es noch weißgetünchte, pyramidenartige Kultstätten, die die Gläubigen durch Verbeugungen würdigen und mit Stirn, Lippen oder Händen berühren. Von Ulan-Udė erreicht man das Kloster mit den Buslinien 104 nach Koljanovo oder 130 nach Ivolga, von wo etwa fünf Kilometer Fußmarsch verbleiben.

Zeitunterschied: MEZ plus sieben Stunden.
PLZ: 670 000.
Vorwahl: 301 22.
Hauptpostamt: ul. Suchė Batora 1.
Bank: Sberbank, ul. Lenina 15, Tel. 21 45 89. Geldautomaten befinden sich in den Foyers der Hotels ›Sagaan Morin‹ und ›Burjatija‹.
Reisebüros: ›Inturist‹, ul. Ranžurova 12 (Hotel ›Gezer‹), Tel. 21 69 54.
Konsulat der Mongolei, ul. Profsojuznaja 6, Tel. 22 04 99.

Die Stadt hat einen Flughafen, der sich etwa 20 Kilometer südwestlich befindet. Es gibt eine tägliche Flugverbindung von und nach Moskau (Domodedovo), allerdings an verschiedenen Wochentagen zu unterschiedlichen Zeiten. Daneben bestehen Flugverbindungen nach Irkutsk, Krasnojarsk, Novosibirsk und in die Mongolei.

Im Osten der Stadt gabelt sich die Transsib in den Strang Richtung Čita/Vladivostok und die Transmongolische Bahn in Richtung Ulaanbaatar/Peking. Die durch das Tal des Flußes Selenga und am Südufer des Baikalsee verlaufende Strecke zwischen Ulan-Udė und Irkutsk ist einer der schönsten Abschnitte der Transsibirischen Eisenbahn.

Die beste Unterkunft am Platze ist das nach dem gleichnamigen burjatischen Nationalhelden benannte Hotel ›Gezer‹ (ul. Ranzurova 11, Tel. 21 61 51). Eine Alternative ist das mit zwölf Stockwerken im Stadtzentrum nicht zu übersehende Hotel ›Burjatija‹ (ul. Kommunističeskaja 47a, Tel. 21 18 35) oder das 2003 neu eröffnete ›Sagaan Morin‹ (ul. Gagarina 25, Tel. 44 40 19).

Neben den Restaurants der Hotels gibt es kaum gute Gaststätten. Neben dem auch hier verbreiteten Baikalfisch Omul' sind die sogenannten ›Pozy‹ das burjatische Nationalgericht. Dabei handelt es sich um in Teig gekochte Frikadellen , eine Art Riesenpelmeni. Empfehlenswerte Gaststätten sind das ›Staryj Gorod‹ (ul. Limonova 4, Tel. 26 11 77) oder das ein Stück hinter dem Abzweig zum Ethnographiemuseum gelegene stilechte Jurtenrestaurant ›Baatarai Urgoo‹ (ul. Verchnjaja Berëzovka, Tel. 44 74 92).

Das zentrale Kaufhaus der Stadt und viele Geschäfte gruppieren sich um die alten Handelsreihen. Eine sehenswerte Einkaufsmöglichkeit bietet das ehemalige Hallenbad der Stadt. Ein Amerikaner koreanischer Abstammung betonierte das Schwimmbecken zu und betreibt heute hier einen großen Markt (ul. Baltachinova, südlich des Flußes Uda). Der eigentliche Zentralmarkt befindet sich in der ul. Kujbiševa.

www.ulan-ude.ru (R/E). Internetcafé im Gebäude von Burnet (ul. Borsoeva 16, Tel. 21 28 86).

Čita

Auf dem Weg vom Baikalsee zum Amur errichteten Kosaken unter Führung von Petr Beketov 1653 auf dem Gebiet der heutigen Stadt Čita ein Winterlager am Fluß Ingoda. Hundert Jahre später lebten hier knapp 100 Einwohner, und die einzige bedeutende Veränderung war die Einrichtung eines Zollamtes. Eine größere, aber traurige Berühmtheit erlangte Čita dann erst im 19. Jahrhundert als Verbannungsort vieler Dekabristen. Der Einfluß der Dekabristen auf die Stadtentwicklung war enorm. Der netzartige Stadtentwicklungsplan wurde nach Petersburger Muster umgesetzt. Insbesondere Bildung und Kultur profitierten vom Einfluß der aus der Hauptstadt verbannten Intellektuellen. Im Rahmen der Verwaltungsreform von 1851 wurde der östlich des Baikalsees gelegene Landstrich aus dem Gouvernement von Irkutsk herausgelöst und Čita als zentral gelegener Ort zur Hauptstadt gemacht. In den nächsten zehn Jahren verfünffachte sich durch den Zuzug von Kosaken und Beamten die Einwohnerzahl auf allerdings immer noch bescheidene 4000.

Entscheidenden Einfluß auf die weitere Entwicklung hatte im Jahre 1899 der Anschluß an die durch die Stadt verlaufende Transsibirische Eisenbahn. Um die Jahrhundertwende lebten etwa 11 000 Menschen hier. Čita bekam eine der ersten Telefonstationen in Sibirien. Die Wirren der Oktoberrevolution und des Bürgerkrieges brachten der Stadt einen ungewöhnlichen Sonderstatus. Bereits 1905 hatten revolutionäre Arbeiter für zwei Monate die Macht in der Stadt übernommen,

Väterchen Frost und das Schneeflöckchen in Čita

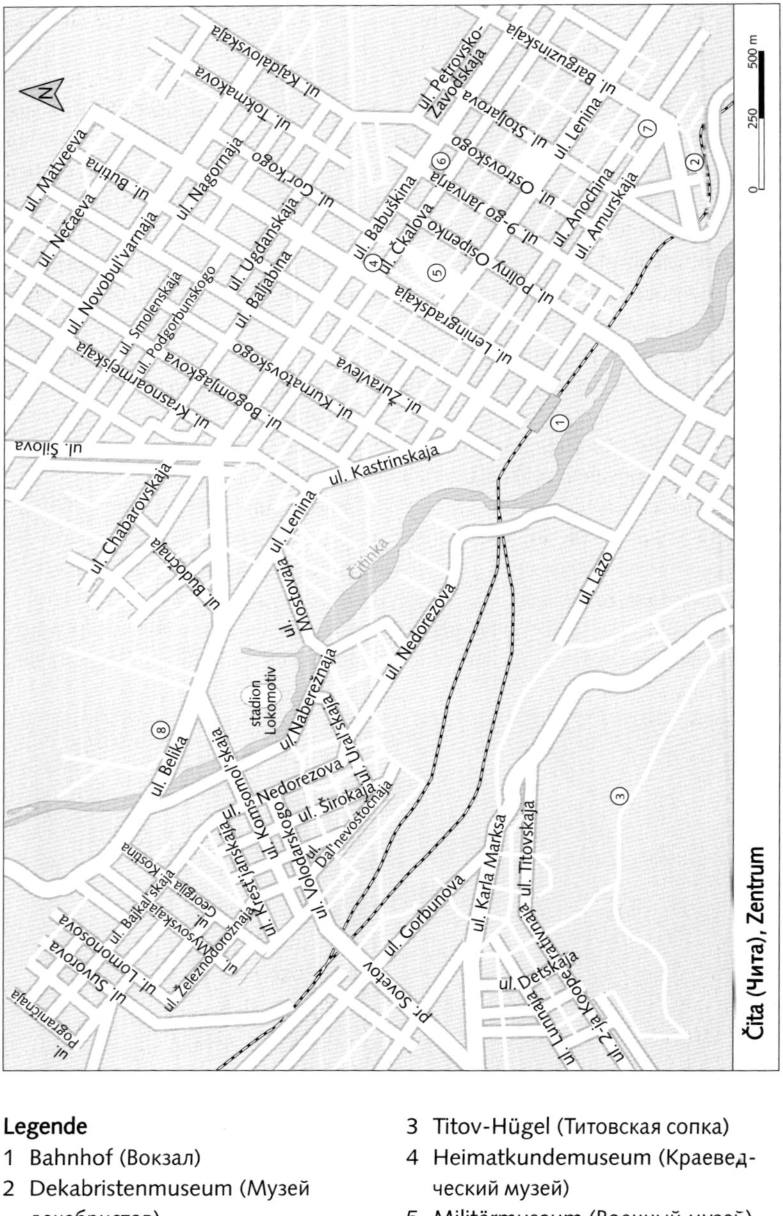

Čita (Чита), Zentrum

Legende

1 Bahnhof (Вокзал)

2 Dekabristenmuseum (Музей декабристов)

3 Titov-Hügel (Титовская сопка)

4 Heimatkundemuseum (Краеведческий музей)

5 Militärmuseum (Военный музей)

bevor am 27. Juni 1905 die Republik Čita fiel. 15 Jahre später wurde sie dann Hauptstadt einer anderen Republik: nachdem die Rote Armee sie im Oktober 1918 endgültig erobert hatte, wurde Čita 1920 zur Hauptstadt eines eigenständigen, wenn auch künstlich gebildeten Staates. Die ›Demokratische Fernöstliche Republik‹ war als Pufferstaat ein Kompromiß zwischen Sowjetrußland und Japan im Zusammenhang mit dem bilateralen Abkommen über den Abzug der japanischen Truppen aus dem Fernen Osten. Nach dem Abzug des letzten japanischen Soldaten schloß sich die Republik 1922 auch unverzüglich Sowjetrußland an. Als Zentrum des Transbaikalischen Militärkommandos war die Stadt wegen der Grenznähe zu China bis Ende der 80er Jahre für Ausländer gesperrt. Heute leben in Čita etwa 320 000 Einwohner. In der Stadt und in der Umgebung wächst sehr viel Rhododendron (Bagul'nik), der für Čita zur Blütezeit wie ein rosa Rahmen wirkt, weshalb die Rhododendronblüte hier gern als fünfte Jahreszeit angesehen wird.

6 Christi-Auferstehungs-Kirche (Храм Воскресения Христова)
7 Moschee (Мечеть)
8 Park des Sieges (Парк победы)

Straßen und Plätze

9-go Janvarja, ul.
(9-го Января, ул.)
Amurskaja, ul.
(Амурская, ул.)
Angarskaja, ul.
(Ангарская, ул.)
Anochina, ul.
(Анохина, ул.)
Babuškina, ul.
(Бабушкина, ул.)
Belika, ul.
(Белика, ул.)
Bogomjagkova,ul.
(Богомягкова, ул.)
Butina, ul.
(Бутина, ул.)
Čkalova, ul.
(Чкалова, ул.)
Dekabristov, pl.
(Декабристов, пл.)
Dekabristov, ul.
(Декабристов, ул.)
Gor'kogo, ul.
(Горького, ул.)
Kostina, ul.
(Костина, ул.)
Lenina, ul.
(Ленина, ул.)
Leningradskaja, ul.
(Ленинградская, ул.)
Magistral'naja, ul.
(Магистральная, ул.)
Mikrorajon severnyj
(Микрорайон северный)
Ostrovskogo, ul.
(Островского, ул.)
Profsojuznaja, ul.
(Профсоюзная, ул.)
Selenginskaja, ul.
(Селенгинская, ул.)
Stoljarova, ul.
(Столярова, ул.)
Titovskaja, ul.
(Титовская, ул.)

Stadtrundgang

Am Bahnhofsvorplatz erhebt sich der größte Kathedralenneubau Ostsibiriens. Früher befand sich an dieser Stelle ein Sportstadion, das 2002 dem Kirchenbau wich. Wenn man rechts daran auf der ul. Leningradskaja vorbeigeht, kreuzt man mit der ul. Amurskaja und der darauffolgenden ul. Anochina die beiden interessantesten Geschäftsstraßen Čitas, deren Gebäude größtenteils zu Beginn des 20. Jahrhunderts errichtet und in den letzten Jahren langsam rekonstruiert wurden. Weiter geradeaus breitet sich an der zweiten Kreuzung der zentrale Platz der Stadt aus, der nach wie vor den Namen Lenins trägt und durch sein Denkmal und das dahinter befindliche Gebäude der Gebietsadministration geprägt wird. Hier befand sich früher die zur Jahrhundertwende im russisch-orientalischen Stil errichtete Aleksandr-Nevskij-Kathedrale. Nach der Revolution wurde sie 1924 zunächst in ein Kino mit dem bezeichnenden Namen ›Ateist (Atheist)‹ umfunktioniert, um dann 1935 gänzlich abgerissen zu werden. Den Platz kreuzt nun die sowjetische Paradestraße, die – wie sollte es anders sein – ebenfalls nach Lenin benannt ist. Da die Straßen der Stadt gitternetzartig geplant wurden, kann man sich nicht verlaufen.

An der Kreuzung mit der ul. Stoljarova gelangt man in Richtung Süden über die ul. Dekabristov zum Dekabristenmuseum in der ehemaligen Michailo-Archangelsker Kirche. Die 1771 errichtete Holzkirche wurde den Dekabristen zur zweiten Heimstatt, da sie hier beim Gebet ihre Fesseln abnehmen durften (ul. Selenginskaja 17, Tel. 3 48 03). Das heute größte russisch-orthodoxe Gotteshaus in Čita ist die Kirche der Auferstehung Christi (Chram Voskresenija Christova). Die im Jahr 1851 ursprünglich als römisch-katholische errichtete Kirche wurde dann aber knapp hundert Jahre später dem russisch-orthodoxen Glauben geweiht und auch umgebaut (ul. 9. Janvarja 54a). Eine bereits 1909 erbaute Moschee wird gerade rekonstruiert (ul. Anochina 3). Čita hat ein Schauspielhaus (ul. Profsojuznaja 26, Tel. 339 75), eine Philharmonie (ul. Bogomjagkova 23, Tel. 246 94) und ein Puppentheater (ul. Vercholenskaja 2, Tel. 358 69).

Ein beliebtes Ausflugsziel ist der in den 70er Jahren entstandene Park des Sieges (park Pobedy), der eine ansonsten eher ungewöhnliche Mischung aus Vergnügungspark und Gedenkstätte darstellt. Hier fährt auch auf Schmalspur eine von Kindern betriebene Pioniereisenbahn. Die Armee spielte in den letzten 300 Jahren in Čita immer eine wichtige Rolle. Das im örtlichen Offiziers-Casino untergebrachte Militärmuseum mit dem offiziellen Namen ›Museum des kämpferischen Ruhmes des Transbaikalischen Militärbezirkes‹ (ul. Lenina 86, Tel. 241 32) legt davon Zeugnis ab. Von den ersten Kosaken bis zum Zweiten Weltkrieg mit einer neuen Ausstellung über die Opfer des stalinistischen Terrors und allerlei Militärtechnik findet man eine auch im Vergleich zum bescheidenen Heimatmuseum (ul. Babuškina 113, Tel. 355 30) interessante Exposition. Im Süden Čitas grenzen die Ausläufer des Mittelgebirges Chrebet Čerskogo an die Stadt. Der nächstgelegene, 944 Meter hohe Berg heißt Titovskaja. Ein Hügel an seinem Anstieg ist als Titov-Hügel (Titovskaja sopka) bekannt und bietet einen sehr schönen Blick auf die gesamte Stadt. Hier steht auch auf einem kleinen Steinmonument der die Stadt vielerorts symbolisierende Bronze-Hirsch.

Zeitunterschied: MEZ plus acht Stunden.
PLZ: 672 000.
Vorwahl: 302 22.
Hauptpostamt: ul. Butina 37, Tel. 341 43.
Bank: ul. Ostrovskogo 6´.
Reisebüro: Inturist, ul. Lenina 56, Tel. 312 46.

Es gibt zwei Bahnhöfe in der Stadt, von denen der Hauptbahnhof Čita II wiederum aus zwei Bahnhofsgebäuden besteht. Er befindet sich am südlichen Rand des Stadtzentrums (Tel. 321 19, 321 87). Direkt am Bahnhof befindet sich auch der Busbahnhof (Tel. 368 97).

Der Flughafen der befindet sich knapp 15 Kilometer entfernt südwestlich des Kenon-Sees. Es gibt täglich einen Flug nach Moskau. Daneben bestehen mehrere Flüge pro Woche nach Irkutsk, Novosibirsk, Omsk, Vladivostok sowie Peking und Harbin in China (Tel. 343 81, 305 05).

Die Qualität der Hotels im Zentrum läßt doch einige Wünsche offen. Das betrifft sowohl das ›Zabajkal'e‹ (übersetzt: Land hinter dem Baikal, ul. Leningradskaja 36, Tel. 645 20) als auch das etwas bessere, nach einem Fluß in Transbaikalien benannte ›Daurija‹ (ul. Profsojuznaja 17, Tel. 623 65). Komfortabler ist ein am Stadtrand liegendes Motel mit dem exotischen Namen ›Panama-City‹ (Mikrorajon Severnyj, Tel. 434 80).

Neben den in den Hotels befindlichen Gaststätten sind das Restaurant ›Argun‹ (ul. Lenina 65, Tel. 246 58) und das Restaurant ›Moran‹ (ul. Bogomjagkova 23, Tel. 392 41) zu empfehlen. Brathähnchen- bzw. Broilerfreunde kommen im Café ›Cypljata Tabaka‹ (ul. Ostrovskogo 20, Tel. 397 39) auf ihre Kosten.

Das größte Kaufhaus der Stadt ist das CUM, wobei das C für ›zentrales‹ (central'nyj) steht (ul. Lenina 62). Daneben gibt es noch ein auch für Zivilisten offenes – VUM genanntes – Militärkaufhaus wobei das V für ›Militär-‹ (voennyj) steht (ul. Lenina 111). Der Zentralmarkt liegt westlich vom Leninplatz (ul. Čkalova). Interessant ist der vor dem Park des Sieges gelegene Chinesenmarkt – ein Ergebnis des aktiven kleinen Grenzverkehrs.

www.chita.ru (R).

Die Dekabristen

Der Name des Monats Dezember (dekabr') steht hinter diesem in Sibirien häufig anzutreffenden Begriff. Im November 1825 war Zar Alexander I. unerwartet verstorben. Bis zur Krönung des neuen Zaren Nikolaj I. war aufgrund des Thronverzichtes seines älteren Bruders zunächst ein Machtvakuum entstanden, das mehrere Gruppen junger Adliger zum Sturz der Zarenherrschaft nutzen wollten. Rußlands Erfolg über Napoleon und der russische Feldzug nach Europa brachten viele Adlige und Offiziere nach Frankreich, wo sie an den Ideen der Französischen Revolution Gefallen fanden und mit ansahen, wie Länder wie Frankreich und Polen Verfassungen annahmen. Als sich ihre Erwartungen in der Heimat nicht erfüllten, gründeten viele der vom ›Geist von 1812‹ Besessenen verschiedene Geheimbünde mit dem Ziel, den Zaren zu stürzen. Als sich am 14. Dezember 1825 im Morgengrauen etwa 2000 unter dem Kommando der rebellierenden Offiziere stehende Soldaten auf dem Petersburger Senatsplatz sammelten, war der neue Zar durch Verrat bereits informiert, und seine Garde stand zur Umzingelung der Aufständischen bereit. Am Nachmittag war der Aufstand niedergeschlagen. Am Abend begannen die Verhaftungen.

Dem militärischen Scheitern folgten dramatische Konsequenzen. Die Rebellion in der eigenen Elite erschien dem neuen Zaren verständlicherweise besonders verwerflich und sollte durch eine gnadenlose Vergeltung bestraft werden. 579 Personen wurden als ›Angehörige der übelgesinnten Gesellschaft‹ zur Verantwortung gezogen, 131 von ihnen kamen vor das Petersburger Strafgericht. Fünf führende Köpfe der Bewegung (K. Ryleev, P. Pestel', S. Murav'ëv-Apostol, M. Bestužev-Rjumin und P. Kachovskij) wurden im Juli 1826 hingerichtet. 121 Mitstreiter wurden zur Zwangsarbeit nach Sibirien verbannt. Das Urteil lautete lebenslänglich, und die meisten verbrachten den Rest ihres Lebens hinter dem Ural, wo sich noch heute in Tobol'sk, Irkutsk, Nerčinsk und anderswo die Gräber und Gedenkstätten befinden. Nach 30 Jahren kam 1856 die Begnadigung, die noch 19 der damals Verurteilten erlebten und wovon wiederum 16 in den europäischen Teil Rußlands zurückkehrten.

Freiwillig folgten den Dekabristen auch elf ihrer Ehefrauen, bevor der Zar es verbot. Darunter befanden sich Ekatarina Trubeckaja, Tochter eines vom Zaren geadelten französischen Offiziers, die Urenkelin Lomonosovs, Maria Volkonskaja, und auch zwei Französinnen, die alles in Rußlands blendender Metropole St.Petersburg aufgaben, um das Schicksal ihrer Männer in den Weiten Sibiriens zu teilen.

Die Silberbergwerke von Nerčinsk und Akataj hinter dem Baikalsee waren die ersten Bestimmungsorte der Dekabristen. Im darauf folgenden Jahr wurden sie in das Gefängnis der damals noch kleinen Festung Čita verlegt, wo sie erheblichen Einfluß auf die Planung der Stadtentwicklung hatten. Die nächste Station war das 500 Kilometer weiter südöstlich gelegene Petrovskij Zavod.

»Welchen Mut man benötigt, um in diesem Land zu leben. Es ist ein Glück, daß wir Euch keine freimütigen Briefe darüber schicken dürfen«, umschrieb Maria Volkonskaja ihre Lage.

Mit unzähligen Petitionen und wegen guter Führung konnten nach der Umwandlung der Katorga in die Ssylka (Zwangsansiedlung) viele Dekabristen Einfluß auf die Wahl und Gestaltung ihres Verbannungsortes nehmen. Zumeist fiel die Wahl auf die damalige Hauptstadt – das ›Paris Sibiriens‹. Irkutsk wurde – wenn auch notgedrungenen – zur zweiten Heimat für viele Dekabristen, so zum Beispiel für den Zarenoffizier Sergej Volkonskij und den Diplomaten Sergej Trubeckoj, deren Häuser durch Bälle, Konzerte, Lesungen schnell zu kulturellen Zentren des Irkutsker Geistesleben wurden und die heute als Museen Zeugnis über diese Zeit ablegen. Der Aufklärer Vladimir Raevskij, der Philosoph Michail Lunin, der Verwaltungsexperte Aleksandr Murav'ëv und viele andere brachten » ... die wahre Aufklärung dadurch, daß sie sich nicht mit ihrer Herkunft oder ihrer Bildung brüsteten, sondern bemüht waren, sich eng und ehrlich an ihre provinzielle Umgebung zu binden und das Licht der Erkenntnis einzubringen.« So ihr Schüler Nikolaj Belogolovoj, der später ein berühmter Arzt werden sollte.

›Vivos voco‹ (Aufruf an die Lebenden) nannten sie in Anlehnung an Schillers ›Glocke‹ ihre Ketten. Der Aufruf wurde erhört und später immer wieder von allen liberalen, sozialdemokratischen und bolschewistischen Gegnern des Zarismus aufgegriffen. Die Dekabristen wurden in Rußland zum Inbegriff für den Geist der Freiheit gegen den zaristischen Absolutismus. In Sibirien gedenkt man ihrer bis heute und dankt ihnen den geistig-kulturellen Schub, den sie der Elite Sibiriens brachten.

Birobidžan

Birobidžan ist vor allem als Hauptstadt des ›Jüdischen Autonomen Gebietes der Russischen Föderation‹ bekannt. Doch man sollte die Erwartungen an Klein-Israel im Fernen Osten nicht zu hoch schrauben. Der größte Ort dieses Stalin zu verdankenden Kuriosums der Weltgeschichte ist heute eine kleine Provinzstadt mit 83 000 Einwohnern. Birobidžan entstand 1931 an der Stelle der alten Halbetappe Tichonka. Den Namen erhielt der 172 Kilometer westlich von Chabarovsk liegende Ort von den beiden Flüssen Bira und Bidžan, die in der Nähe zusammenfließen. Im Jahr 1934 wurde die unwirtliche Gegend zum ›Jüdischen Autonomen Gebiet der UdSSR‹ proklamiert, und Birobidžan erhielt als Hauptstadt drei Jahre später das Stadtrecht.

Dabei ging es, obwohl manchmal vermutet, keineswegs um ein Deportationsgebiet. Zur Zarenzeit waren Pogrome in Rußland keine Ausnahme. Viele Juden hatten sich auch von Anfang in der bolschewistischen Bewegung enga-

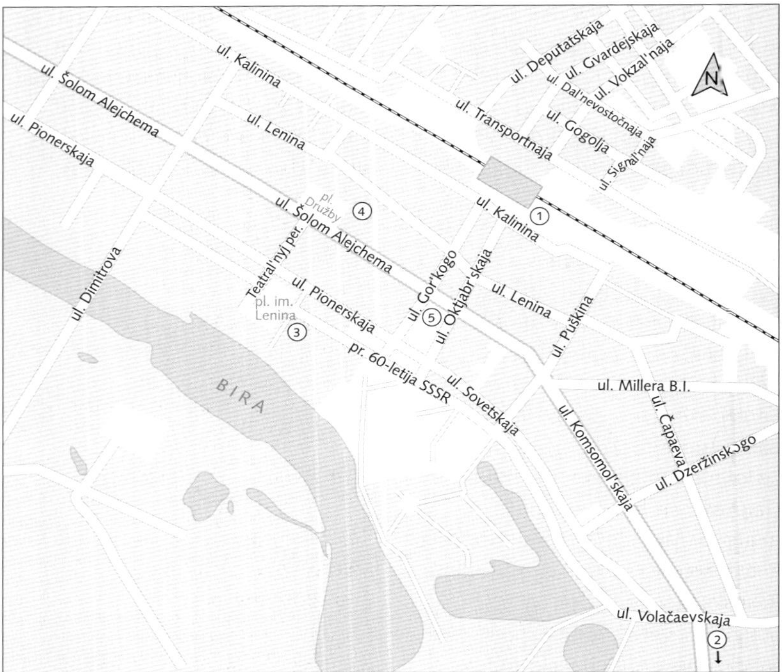

Birobidžan (Биробиджан), Zentrum

0 100 200 m

Auf dem Bahnhofsvorplatz

Legende

1 Bahnhof (Вокзал)
2 Synagoge (Синагога)
3 Gebietsverwaltung (Администрация области)
4 Heimatkundemuseum (Краеведческий музей)
5 Kunstgalerie (Художественный музей)

Straßen/Plätze

60-letija SSSR, pr.
(60 летия СССР, пр.)
Čapaeva, ul.
(Чапаева, ул.)
Gor'kogo, ul.
(Горького, ул.)
Kalinina, ul.
(Калинина, ул.)
Komsomol'skaja, ul.
(Комсомольская, ул.)
Lenina, ul.
(Ленина, ул.)
Oktjabr'skaja, ul.
(Октябрьская, ул.)
Pionerskaja, ul.
(Пионерская, ул.)
Puškina, ul.
(Пушкина, ул.)
Šoloma Alejchema, ul.
(Шолома Алейхема, ул.)
Sovetskaja, ul.
(Советская, ул.)
Teatral'nyj per.
(Театральный пер.)
Transportnaja, ul.
(Транспортная, ул.)
Voločaevskaja, ul.
(Волочаевская, ул.)

Die alte Synagoge in Birobidžan

giert. In der Hoffnung auf soziale wie nationale Emanzipation übte der Sowjetstern mit seiner Ideologie eine starke Anziehungskraft aus. Stalin griff für die Juden die Idee des Neubeginns auf und wollte mit seiner damals weltweit einzigartigen Initiative der staatlichen Unterstützung für die Autonomie eine Alternative zum von vielen erträumten, aber damals doch unrealistischen Neubeginn in Palästina schaffen. Über 40 000 freiwillige Siedler brachen in den folgenden Jahren auf, um den dünn besiedelten Raum unter der Fahne einheitlicher jüdischer Nationalität zu füllen. Aber die Umsiedler fanden beklagenswerte Lebensbedingungen vor. Für Landwirtschaft waren Boden und Klima deutlich ungeeignet. Dem Handel fehlte es in der Umgebung an Kunden. Fünf Jahre später hatten über zwei Drittel der Neusiedler bereits wieder aufgegeben. Von den für die letzten Lebensjahre Stalins charakteristischen antisemitischen Repressalien blieb das Gebiet ebenfalls nicht verschont, die gesamte Führungsriege verschwand im GULAG. Heute leben in diesem Gebiet etwa 200 000 Einwohner, wovon sich aber nur acht Prozent zum Judentum bekennen. Mit der beginnenden Liberalisierung Ende der 80er Jahre wagten viele Juden nochmals den besagten Neuanfang nun im richtigen Israel.

Birobidžan ist ein sehr beschauliches und ruhiges Städtchen. Die im Stadtzentrum parallel auf halber Höhe zwischen der Bahnlinie und dem Amur-Nebenfluß

Bira verlaufende Hauptstraße von Birobidžan ist nach dem russisch-jüdischen Schriftsteller Scholem-Alechjem (›Der Fiedler auf dem Dach‹ bzw. ›Anatevka‹) benannt. Vor dem frisch renovierten Bahnhofsgebäude beginnt die ul. Oktjabr'skaja, die die Hauptstraße an der zweiten Ecke kreuzt, wo sich gegenüber auch die Gemäldegalerie (ul. Šoloma-Alejchema 8) befindet. An der ersten Ecke gelangt man rechter Hand zum Heimatkundemuseum (ul. Lenina 25), das 2002 allerdings wegen Rekonstruktion geschlossen war. Davor entstand ein neues jüdisches Gemeindezentrum. Der Bau der neuen Synagoge daneben wird voraussichtlich 2003 abgeschlossen. Am dahinter stehenden Rathaus abbiegend, kommt man über die Theatergasse zum Lenin-Platz, wo sich auch das Verwaltungszentrum des Autonomen Gebietes befindet. Ein Dramentheater gibt es nicht mehr, nur noch ein Puppentheater (Švejnyj per. 5). Vom Lenin-Platz sieht man schon den Fluß und gelangt an der für die Stadt wohl etwas zu groß geratenen Philharmonie (pr. 60letija Oktjabrja 14, Tel. 6 67 73) vorbei zum am Ufer gelegenen Kulturpark. Zur alten Synagoge (ul. Majakovskogo, Tel. 6 31 00) gelangt auf der Hauptstraße in Richtung Osten, die hinter dem Markt dann ul. Komsomol'skaja und zwei Kreuzungen später ul. Sovetskaja heißt.

Zeitunterschied: MEZ plus neun Stunden
Postleitzahl: 682 200.
Vorwahl: 426 22.
Hauptpostamt: pr. 60-letija SSSR 16, Tel. 336 33.
Bank: ul. Šoloma-Alejchema 16, Tel. 404 35.
Reisebüro: Birobidžan-Intur, ul. Šoloma-Alejchema 55, Tel. 615 73.

Der kyrillisch und hebräisch beschriftete Bahnhof liegt am nördlichen Rand des Stadtzentrums. Dank der kürzlich neu eröffneten Amur-Brücke bei Chabarovsk hat sich die Verkehrsanbindung der Stadt deutlich verbessert. Vom Busbahnhof gibt es tägliche Verbindungen nach Chabarovsk, wo sich auch der nächstgelegene Flughafen befindet (ul. Kalinina, Tel. 670 42).

Es gibt nur ein Hotel aus den 80er Jahren mit 140 Zimmern und einem Restaurant namens ›Vostok‹ (ul. Šoloma-Alejchema 1, Tel. 653 30).

Unter den Restaurants sind das ›Ėlita‹ (ul. pr. 60-letija SSSR 14, Tel. 697 18) und das und das ›Lechaim‹ (ul. Gorkovo 10, Tel. 6 84 19) zu empfehlen.

www.jar.ru (R)

Dauerfrostboden

Entlang der Route der Transsibirischen Eisenbahn tritt der Dauerfrostboden nur inselhaft zwischen Krasnojask und Chabarovsk auf. Die oberen 0,5 bis 5 Meter Erdoberfläche tauen im Sommer auf, darunter erstreckt sich eine ständig gefrorene Schicht von 60 bis 100 Metern Tiefe (auf Russisch ›ewige Gefrornis‹ genannt).
Weiter nördlich, zum Beispiel in der Tundrazone, erreicht der Dauerfrostboden eine Tiefe von 400 Metern, so daß die Wasserversorgung größerer Orte nur gesichert werden kann, indem der Frostboden durchbohrt wird und die darunter liegenden Wasservorräte angezapft werden.
Beim Hausbau direkt auf Dauerfrostboden würde die Wärme des Hauses den Boden unweigerlich destabilisieren und die Häuser versinken lassen. Daher finden sich heute im Norden große Wohnblocks einen Meter über der Erde auf Stelzen, die zehn Meter oder tiefer in den Frostboden gerammt wurden.
Beim Bahnbau östlich des Baikalsees sowie fast überall auf der Baikal-Amur-Eisenbahn mußten aufwendige Dämme aufgeschüttet werden.
Versorgungsleitungen wie Gas, Fernwärme und Wasser müssen in der Zone des Dauerfrostbodens überirdisch verlegt und gut isoliert werden.
Von den 17 Millionen Quadratkilometern russischen Territoriums enthält über die Hälfte Dauerfrostboden. Unter anderem ist er Speicher für Mammutreste. Auch heute noch werden immer wieder Stoßzähne bei Bergbauarbeiten entdeckt.
Den zahlreichen Nachteilen des Dauerfrostbodens steht ein großer Vorteil gegenüber: Jedes Haus konnte sich immer schon leicht einen Kühlschrank zulegen: man mußte nur neben dem Haus ein wenig graben bis zur Dauerfrostschicht – fertig …

Chabarovsk

Der Ort wurde 1858 als Festung Chabarovka gegründet und sollte die Region am Amur für Rußland sichern. Die vormals zur Mandschurei gehörenden Landstriche waren nach dem russisch-chinesischen Friedensschluß von Aigun an Rußland gegangen. 1880 erhielt der Ort das Stadtrecht, seit 1893 heißt er zu Ehren des Eroberers Erofej Pavolovič Chabarov Chabarovsk. 1897 wurde nach sechsjähriger Bauzeit mit der Ussuri-Bahn zwischen Chabarovsk und Vladivostok das erste Teilstück der Transsibirischen Eisenbahn übergeben. Da die Transsib in ihren Anfangsjahren aber durch die Mandschurei verlief, dauerte es noch knapp 20 Jahre, bis mit der Übergabe der gewaltigen Amurbrücke Chabarovsk an die durchgehende Zugverbindung zwischen Moskau und Vladivostok angeschlossen wurde. Im Jahre 1924 wurde die Stadt zur administrativen Haupstadt des Fernen Ostens, der dann 1938 in die Gebiete Chabarovsk und Primor'e mit der Hauptstadt Vladivostok aufgeteilt wurde. Die Stadt, in der heute 614 000 Einwohner leben, zieht sich auf einer Länge von knapp 40 Kilometern am Amur entlang. Sie ist heute eine bedeutende Industriestadt. Mit der Verwaltungsreform im Jahr 2001 wurde Chabarovsk zur Hauptstadt eines der sieben Föderalbezirke, nämlich des fernöstlichen.

Stadtrundgang

Der sich 2002 im Umbau befindliche Bahnhof liegt nordöstlich des Stadtzentrums. Auf dem Bahnhofsvorplatz erhebt sich ein Denkmal für Erofej Chabarov. Hier am Bahnhof beginnt der Amurskij bul'var, ein grüner Boulevard im wahrsten Sinne des Wortes, der uns über knapp drei Kilometer zum Amurufer führt. In einer Nebenstraße unweit des Bahnhofs befindet sich ein kleines interessantes Eisenbahn-Museum, das man aber nur nach telefonischer Terminabsprache besuchen kann (ul. Vladivostokskaja 40, Tel. 38 95 13). Chabarovsk wurde am Amur auf drei Hügeln und zwei Tälern erbaut und der Amurskij-Boulevard bildet das eine und der südlich parallel dazu verlaufende Ussurijskij-Boulevard bildet das andere Tal. Beide schließen sozusagen das auf dem mittleren Stadthügel liegende Stadtzentrum ab. Zwischen beiden verläuft die Hauptstraße, die in ihrer Geschichte schon viele Namen trug: zunächst Chabarovskaja, dann Bol'šaja; zur Jahrhundertwende wurde sie nach dem Gouverneur Ostsibiriens Murav'ëv-Amurskij und nach der Oktoberrevolution nach Karl Marx benannt. Jetzt fand man hier im vielerorts geführten Disput über die Rückkehr zu den alten Straßenbezeichnungen einen fifty-fifty-Kompromiß. Eine Hälfte der langen Straße heißt jetzt wieder nach Murav'ëv-Amurskij, für die andere Hälfte östlich des Leninplatzes blieb Karl Marx erhalten.

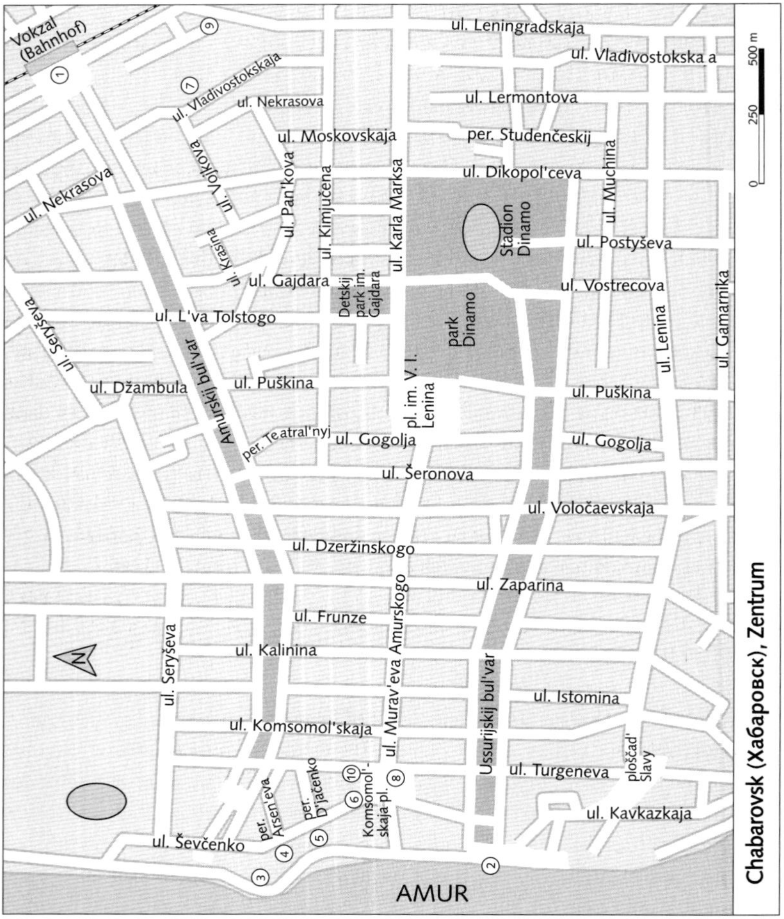

Legende

1 Bahnhof (Вокзал)
2 Passagierhafen (Речной вокзал)
3 Klippenturm (Башня на скале)
4 Heimatkundemuseum (Краеведческий музей)
5 Gemäldegalerie (Картинная галерея)
6 Militärmuseum (Военный музей)
7 Eisenbahnmuseum
8 Bürgerkriegs-Denkmal (Памятник жертвам Гражданской войны)
8 Memorialkomplex (Мемориальный комплекс)
9 Christi-Geburts-Kirche (Христорождественская церковь)
10 Kathedrale

Man kann dem Amurskij-Boulevard vorbei am Zentralmarkt bis zum Hotel Inturist am Ufer folgen oder aber über die Querstraße zur Hauptstraße gelangen. Hier hat man einen schönen Blick auf den Amur. In Blickrichtung Sportstadion ist in der Ferne auch die große Amurbrücke zu sehen.

Am Flußufer liegt der schöne Stadtpark. Man gelangt zum Passagierhafen, zum städtischen Badestrand und zum Klippenturm, eine der bekanntesten Sehenswürdigkeiten der Stadt. An der Klippe schlugen russische Soldaten am 31. Mai 1858 ihr Lager auf und legten somit den Grundstein für das heutige Chabarovsk, woran ein Obelisk und ein Felsrelief erinnern. Auf der Klippe befindet sich das 1992 wiedererrichtete Denkmal für Nikolaj Murav'ëv-Amurskij.

Parallel zum Fluß verläuft die ul. Ševčenko, in der sich die wichtigsten Museen der Stadt befinden: Das Heimatkundemuseum lohnt auf jeden Fall einen Besuch (ul. Ševčenko 11, Tel. 38 39 54). Daneben befindet sich die umfangreiche Kunstgalerie (ul. Ševčenko 7, Tel. 39 93 12). Schräg gegenüber liegt das Militärmuseum (ul. Ševčenko 20, Tel. 33 63 50). Auch die Theaterlandschaft der Stadt kann sich sehen lassen. Das Schauspielhaus trägt den Namen Maksim Gor'kijs (ul. Dzeržinskogo 44, Tel. 22 69 79). Es gibt ein Kinder- und Jugendtheater (ul. Murav'ëva-Amurskogo 10/12, Tel. 22 61 69), ein Operettentheater (ul. Karla Marksa 64, Tel. 33 48 21) und ein Pantomime-Theater (ul. Lenina 27, Tel. 51 59 02).

Auf der Museumstraße kommt man zum Komsomolplatz, von dem einst auch die Besiedlung der Stadt ausging. In seiner Mitte erhebt sich ein Denkmal für die

Straßen und Plätze

Amurskij, bul.
(Амурский, бул.)
Dzeržinskogo, ul.
(Дзержинского, ул.)
Jasnaja, ul.
(Ясная, ул.)
Karla Marksa, ul.
(Карла Маркса, ул.)
Komsomol'skaja, pl.
(Комсомольская, пл.)
Komsomol'skaja, ul.
(Комсомольская, ул.)
Leningradskaja, ul.
(Ленинградская, ул.)
Murav'ëva-Amurskogo, ul.
(Муравьёва-Амурского, ул.)
Puškina, ul.
(Пушкина, ул.)
Šeronova, ul.
(Шеронова, ул.)
Ševčenko, ul.
(Шевченко, ул.)
Slavy, pl.
(Славы, пл.)
Tolstogo, ul.
(Толстого, ул.)
Turgeneva, ul.
(Тургенева, ул.)
Ussurijskij, bul.
(Уссурийский, бул.)
Voločaevskaja, ul.
(Волочаевская, ул.)

Der Bahnhof von Chabarovsk

Opfer des Bürgerkriegs im Fernen Osten. Ursprünglich stand hier die größte Kirche der Stadt, die Maria-Fürsprach-Kathedrale (Uspenskij sobor), die 1886 errichtet wurde und wie so viele andere Kirchen auch dem Sowjetatheismus in den 30er Jahren des 20. Jahrhunderts zum Opfer fiel. Einige Meter versetzt wurde in den vergangenen Jahren eine neue Kathedrale erbaut, deren blau glänzendes Dach samt der turmartigen Form etwas untypisch bis kitschig wirkt. Am Stadion erfreut sich die kleine Innokenti-Kirche (ul. Turgeneva 73b, Tel. 34 05 75) großer Beliebtheit bei den Chabarovskern. Die früher einzige Kirche der Stadt, die hölzerne Christi-Geburt-Kirche, befindet sich in der Nähe des Bahnhofes (ul. Leningradskaja 65, Tel. 38 06 71).

Am Komsomolplatz beginnt die nach Nikolaj Murav'ëv-Amurskij benannte Hauptstraße. Hier finden sich viele interessante Gebäude aus der Gründerzeit, Cafés, zwei Theater, zwei Kinos und die wichtigsten Geschäfte der Stadt. Interessant ist der schönste Lebensmittelladen der Stadt samt seinem kleinem Café im ›Gastronom Merkur‹ mit Jugendstil-Spielereien und Glasmosaiken – zu Beginn des Jahrhunderts als Filiale von ›Kunst & Albers‹ errichtet (ul. Murav'ëva-Amurskogo 9). Ein Stück weiter befindet sich die 1886 errichtete ehemalige Stadtduma, die später als örtlicher Pionierpalast diente und seit einigen Jahren neben einem Jugendzentrum im Erdgeschoß sehr nette Läden beherbergt (ul. Murav'ëva-Amurskogo 17). Die Straße mündet auf einen großen Platz, den sie leicht versetzt tangiert und von dem aus sie dann als ul. Karla Marksa weiterläuft. Den heute noch nach Lenin benannten zentralen Platz zieren vor dem gewaltigen weißen Gebäude der Gebietsadministration (ul. Marksa 66) ein Lenindenkmal und ein Springbrunnen.

Zeitunterschied: MEZ plus neun Stunden.
Vorwahl: 4212.
PLZ: 680 000.
Hauptpostamt: ul. Murav'ëva-Amurskogo 28, Tel. 22 51 99.
Banken: Vneštorgbank, ul. Moskovskaja 7, Tel. 32 86 34.
Reisebüro: Intur Chabarovsk, Amurskij bul. 2, Tel. 39 93 70.
Konsulate: Japan: Hotel ›Sapporo‹, ul. Komsomol'skaja 79/3, Tel. 33 87 75, China: Nord-West-Ecke des Lenin-Stadions, Tel. 33 83 90.

Der Flughafen von Chabarovsk liegt etwa zehn Kilometer von der Stadt entfernt. Es gibt tägliche Flugverbindungen nach Moskau, Irkutsk, Vladivostok, Magadan, Petropavlovsk-Kamčatka und Južno-Sachalinsk sowie wöchentlich Flüge nach Japan, China, Südkorea und in die USA (Tel. 37 87 58).

Es gibt zwei Bahnhöfe. Von und bis Moskau und Irkutsk dauert die Reise etwa 130 bzw. 36 Stunden. Neben den durchgehenden Zügen gibt es von Chabarovsk aus bequeme Nachtzugverbindungen nach Vladivostok (12 Stunden), Nachodka (15 Stunden) und Komsomol'sk am Amur (14 Stunden). Der Bahnhof befindet sich in der ul. Leningradskaja 11 (Tel. 34 21 92).

Der Passagierhafen liegt zentral, südlich vom Stadtstrand. Er befindet sich in einem fest verankerten alten Raddampfer. Es gibt Schiffsverbindungen den Amur herunter nach Komsomol'sk am Amur und nach Nikolaevsk. Schiffsausflüge nach Fuyuan in China sind möglich (ul. Ševčenko 1, Tel. 39 88 32).

Das traditionsreichste Hotel ist das ›Inturist‹, das schon zu sowjetischen Zeiten ausländische Touristen betreute, ist auch heute mit Amur-Blick eine gute Wahl (Amurskij bul. 2, Tel. 39 93 13). Als das beste Hotel der Stadt gilt derzeit das von Japanern betriebene, vergleichsweise kleine Hotel ›Sapporo‹ (ul. Komsomol'skaja 79/3, Tel. 22 67 45).

Das chinesische Restaurant ›Harbin‹ hat in einem roten und einem weißen Saal mit unterschiedlichen Angeboten die beste chinesische Küche der Stadt (ul. Voločaevskaja 118, Tel. 33 13 56). Den Ausblick auf den Amur genießt wer das Klippen-Café (Kafe ›Utes‹, Tel. 38 93 52) an der Uferpromenade besucht. Eine gute Fischgaststätte ist das ›Okean‹ (ul. Lenina 45, Tel. 33 16 11).
Ein Internetcafe gibt es in der ul. Murav'ëva-Amurskogo 30.

Das größte Kaufhaus der Stadt, ZUM, befindet sich in der ul. Murav'ëva-Amurskogo 23 (Tel. 22 60 17). Der Zentralmarkt befindet sich in Bahnhofsnähe (ul. Tolstogo 11, Tel. 33 86 58).

www.khv.ru (R).
photo.kht.ru (R/E).

Die Liebe am Fluß Amur

Der Zug war eine gespenstische Erscheinung, ein Traumgebilde wie von einem anderen Stern. Er kam jeden Abend am Bahnwärterhäuschen vorbei und gab mit seiner schnellen Durchfahrt den Takt der Zeit, die bei uns ganz geruhsam verging.

Die kleine Isba, in der meine Tante ihren vierundzwanzigstündigen Dienst versah, kauerte sich neben den Gleisen in die Taiga, die das Dach überragte. Zu Fuß brauchte man gut drei Stunden, um vom Dorf hierherzukommen. Doch meine Tante hatte ein Abkommen mit den Fahrern der Holztransporter, die im Morgengrauen durch unser Dorf fuhren. Sie nahmen sie bis zur Teufelskurve mit, wo sich die Straße gabelte. Das war schon ein gutes Stück des Weges. Für die restliche Strecke brauchte sie nur noch eine Stunde.

Die Einrichtung der kleinen Behausung hatte jenen unbeschreiblichen provisorischen Charakter, den man in Wohnungen findet, in denen niemand wirklich zu Hause ist.

Eine schmale Eisenpritsche. Über dem Tisch ein Wachstuch mit längst verblichenem Muster. Ein Kanonenofen. An der Wand über dem Bett Ansichtskarten, die wie eine Ikonostase angeordnet waren.

Der wichtigste Gegenstand in dem schmalen Zimmer war eine runde Wanduhr. Ihr von kleinen Strichen eingefaßtes Zifferblatt hatte sich längst zum sprechenden Gegenüber gewandelt. Diesem vertrauten Gesicht konnten wir alle Abfahrtszeiten und Verspätungen entnehmen, indem wir jeder Stunde und jedem Zug einen anderen Ausdruck zuschrieben. In seinem Mienenspiel spiegelte sich etwas wieder, was ich an den Abenden, die ich bei meiner Tante verbrachte, besonders mochte.

(...)

Ich ging ins Haus. Ich hörte das leise Pfeifen des großen Kessels auf dem Ofen und sah meine Tante das Abendessen zubereiten: Kartoffeln und gefrorenen Speck, den sie aus einem kleinen Verschlag holte, der an die Isba gebaut war und uns als Kühlschrank diente. Dazu gab es Tee und Mohngebäck. Das Blau hinter den Arabesken der Eisblumen an dem kleinen Fenster wurde allmählich violett und schließlich schwarz.

Mit der letzten Tasse Tee begannen wir, kurze Blicke auf das Gesicht der Uhr zu werfen. Wir ahnten schon den Zug, der sich auf seinem Weg zu uns irgendwo durch die schlafende Taiga schlängelte.

Wir gingen vor seiner Ankunft hinaus. In der abendlichen Stille hörten wir ihn kommen. Zuerst ein fernes Dröhnen, das aus dem Erdinnern aufzusteigen schien. Dann ein dumpfes Krachen, als würde eine Schneehaube von einer Tanne rutschen. Schließlich ein Trommeln, das immer lauter, immer durchdringender wurde.

Wenn er in Sicht kam, hatte ich nur noch Augen für den Lichtertanz der Waggons. Und für die Lokomotive – eine echte, uralte Dampflokomotive mit riesigen, rotlackierten Rädern und blitzenden Schubstangen! Sie sah aus wie ein schwarzes, mit flockigem Reif bedecktes Ungeheuer. Und auf ihrer Brust prangte ein großer roter Stern! Der nächtliche Bolid schnaubte wild, seine Atemstöße ließen uns einige Schritte zurückweichen. Meine Tante schwenkte ihre Laterne, und ich riß die Augen auf, so weit ich konnte.

Ich stellte mir vor, wie behaglich es die Fahrgäste in den warmen Abteilen hinter den erleuchteten Fenstern hatten, und kam aus dem Staunen nicht mehr heraus. Was waren das für geheimnisvolle Wesen, die darin saßen? Hin und wieder konnte ich die Umrisse einer Frau erkennen oder ein Paar hinter einem kleinen Tisch ausmachen, auf dem zwei Teegläser standen. Manchmal sah ich sogar eine Gestalt in der Dunkelheit eines Liegewagens. Doch solche Blitzaufnahmen gelangen mir nur selten. Eine dicke Eisschicht oder ein zugezogener Vorhang versperrten mir die Sicht. Dabei gab ich mich schon mit dem Anblick eines Schattens zufrieden.

Ich wußte, daß es in diesem Zug einen besonderen Waggon gab, der mit Aufschriften in drei fremden Sprachen versehen war: Wagon-lit – Schlafwagen – Vagoniletti. Darin reisten Menschen aus dem Westen durch das Reich. Für uns waren sie Wesen von einem anderen Stern. Ich stellte mir eine Frau in dem Abteil vor: Sie war schon einen Tag unterwegs und würde noch eine ganze Woche darin verbringen! Im Kopf ging ich ihre Reiseroute durch: Baikal, Ural, Wolga, Moskau…

Wie gerne hätte ich diese fremde Reisende begleitet! Wie gerne hätte ich in diesem kleinen, warmen Abteil Platz genommen, wo man so dicht beisammen saß, daß aus jedem Handgriff, jedem Blick eine Liebeserklärung werden mußte, besonders wenn es dunkel wurde. Und unter dem rhythmischen Stampfen der Waggons war die Nacht lang, sehr lang.

Schon legte sich das Schneegestöber, das der märchenhafte Zug aufgewirbelt hatte, und die beiden roten Rücklichter verschwanden immer mehr im eisigen Nebel über den Schienen.

Aus: Andrei Makine, Die Liebe am Fluß Amur, München 2000, S. 52ff.

Vladivostok

Vladivostok – die Übersetzung des aus russischer Sicht programmatischen Stadtnamens lautet ›beherrsche den Osten‹. Die Stadt ist Rußlands Tor zum Pazifik und ohne Zweifel einer der interessantesten Orte Rußlands. Die Stadt liegt an der Südspitze der nach dem Gouverneur Nikolaj Murav'ëv benannten Halbinsel und ist im Westen von der Amur-Bucht und im Osten von der Ussuri-Bucht umgeben. Als wichtigster Stützpunkt der Pazifik-Flotte war Vladivostok zu sowjetischen Zeiten nicht nur für Ausländer, sondern auch für Bürger der Sowjetunion geschlossen. Ohne Sondergenehmigung kam man hier auch besuchsweise nicht her.

Im Jahr 1860 setzte der Flottentransporter ›Man'čžur‹ die ersten 40 Soldaten in der ›Goldenes Horn‹ genannten Bucht ab, um im zwischen Rußland und China umstrittenen Gelände die russische Flagge zu hissen und ein kleines Fort zu befestigen. Der Handel und vor allem das Militär werteten den Ort schnell auf. Als die Pläne zum Bau der Transsibirischen Eisenbahn Realität wurden und der Zarewitsch Nikolaj 1891 in Vladivostok das Jahrhundertprojekt symbolisch mit einer vollgeschaufelten Schubkarre eröffnete, begann die Euphorie, die allerdings nur sechs Jahre währte. Nachdem die Entscheidung zugunsten der Ostchinesischen Eisenbahn fiel und Rußland sich mit einem zunächst auf 25 Jahre befristeten Pachtvertrag im chinesischen Port Arthur einmietete, verlagerten sich die militärischen Interessen Rußlands auf die ganzjährig eisfreie Spitze der Halbinsel Liaotung, und Vladivostok drohte die Bedeutungslosigkeit. Durch die Niederlage

Der Bahnhof von Vladivostok

Rußlands im Krieg gegen Japan und den Verlust von Port Arthur erlangte Vladivostok wenige Jahre später jedoch seine exponierte Stellung für Rußland zurück.

Mit dem beginnenden Bürgerkrieg schickten Japan und andere Staaten Truppen nach Vladivostok, um hier im Fernen Osten eine zweite Front gegen die neue Macht zu eröffnen. Nach dem Sieg der Bolschewiki und langwierigen Verhandlungen, die zur Etablierung der Fernöstlichen Republik mit der Hauptstadt Čita als Pufferstaat führten, verließen die letzten japanischen Soldaten die Stadt im Oktober 1922. Zu Sowjetzeiten boomte die Stadt als strategisch wichtiger Standort, was insbesondere in den 40er und 60er Jahren forciert wurde. Heute hat Vladivostok 659 000 Einwohner und fühlt sich wie die ganze Region etwas auf verlorenem Posten. Vor allem die hohen Bahnpreise lockerten die wirtschaftlichen Bindungen innerhalb Rußlands. Die Lieferungen vom Pazifik zum Ural verteuerten sich in beide Richtungen ins Unermeßliche. Man hört heute angesichts der Öffnung des Fernen Ostens gegenüber China und dem Pazifikraum schon Stimmen, die Rußland vor dem Verlust dieser strategischen Region durch wirtschaftliche Aushöhlung warnen. Inzwischen blüht der russisch-chinesische Grenzhandel, und die Stadt ist von japanischen Gebrauchtwagen überflutet, so daß ein russisches Fabrikat so selten wie in Deutschland anzutreffen ist und man sich über die aus dem Linksverkehr in Japan resultierende Rechtssteuerung nicht wundern darf.

Stadtrundgang

Der Vladivostoker Bahnhof liegt direkt neben dem Hafengebäude an der Goldenes Horn (Zolotoj Rog) genannten Bucht. Kurz zuvor war er im letzten Tunnel sozusagen unter dem zentralen Platz der Stadt durchgefahren. Aus dem Bahnhofsgebäude gelangt man auf die ul. Aleutskaja . Nach links geht es auf die Landzunge, wo die Besiedlung 1860 ihren Anfang nahm. Nach rechts kommt man über einen der kleinen Hügel, die in unterschiedlicher Höhe das gesamte Stadtbild prägen, ins Zentrum der Stadt. Auf der besagten Anhöhe befindet sich in einem alten Bankgebäude die 1966 eröffnete Gemäldegalerie, die neben einer reichen Sammlung russischer Malerei (Ajvasovskij, Repin, Kandinskij) auch Werke westeuropäischer Maler zeigt (ul. Aleutskaja 12, Tel. 22 72 95). Gegenüber befindet sich das gelbe Brynner-Haus. Der Familie gehörte zu Beginn des Jahrhunderts eines der größten Handelshäuser im Fernen Osten. Berühmt wurde der Name dann aber vor allem durch den Sohn, Yul Brynner, der später in Hollywood Karriere machte. Weiter gelangt man zum Zentralplatz der Stadt. Hier erhebt sich das wiederum mit dem Attribut ›weiß‹ zu versehende Hochhaus der Gebietsadministration, das hier noch den Spitznamen ›Weisheitszahn‹ (zub mudrosti) hat (ul. Svetlanskaja 22). Daneben fällt ein Denkmal ins Auge, das den

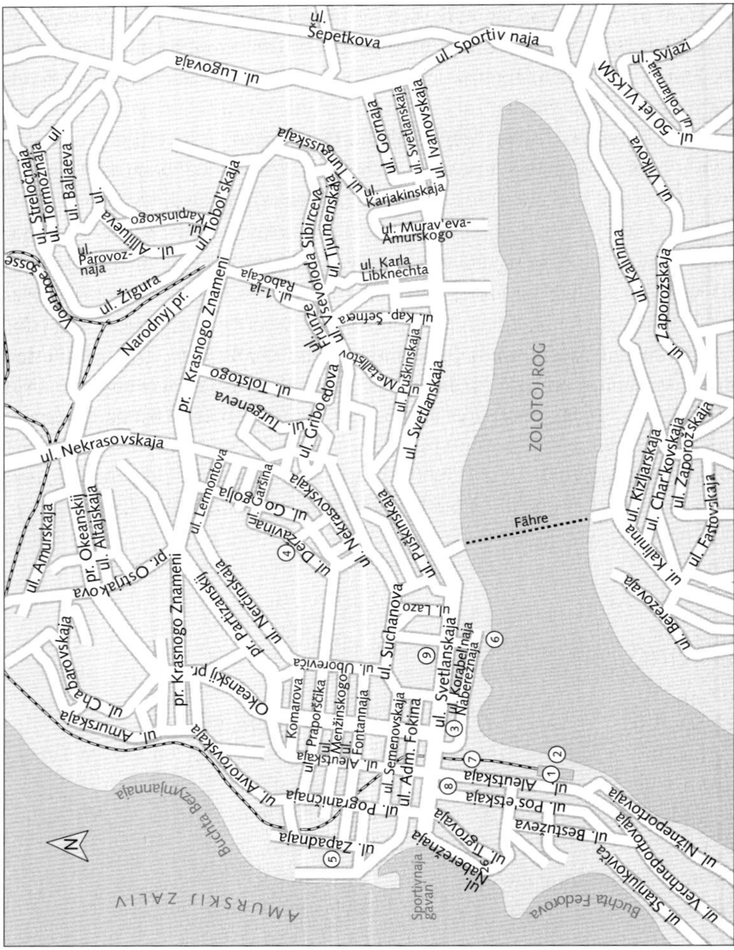

Vladivostok (Владивосток), Zentrum

Legende

1 Bahnhof (Вокзал)

2 Passagierhafen (Морской вокзал)

3 Denkmal für die Kämpfer für die Sowjetmacht im Fernen Osten (Памятник »Борцам за власть Советов«)

4 Adlernest (Орлиное гнездо)

5 Ozeanarium (Океанариум)

6 U-Boot (Подводная лодка)

7 Gemäldegalerie (Картинная галерея)

8 Heimatkundemuseum (Краевед-ческий музей)

9 GUM, ehem. ›Kunst & Albers‹ (быв. Торговый дом Кунста и Альберса)

Kämpfen für die Sowjetmacht im Fernen Osten (1917 bis 1922) gewidmet ist. Es gibt dem Platz auch nach wie vor seinen Namen. Der Kämpfer mit Budjonny-Mütze, Flagge und Trompete symbolisiert in den unterschiedlichsten Veröffentlichungen noch oft die Stadt.

Am Platz kreuzen sich die vom Bahnhof kommende ul. Aleutskaja (früher ul. 25 Oktjabrja) und die Hauptstraße von Vladivostok namens Svetlanskaja. Sie war auch die erste Straße der Stadt und trug zu Sowjetzeiten von 1924 bis 1992 – wie sollte es anders sein – den Namen Lenins. Ihr ursprünglicher und jetziger Name erinnert an die Fregatte ›Svetlana‹, mit der Großfürst Aleksej 1873 im Zarenauftrag die neuen Eroberungen inspizierte. Die Straße durchzieht in Ost-West-Richtung am Nordufer des Goldenen Horns die Stadt, vom Jachthafen an der Amurbucht bis zu den Gewerbegebieten. Entlang der Hauptstraße und in den umliegenden Straßen befinden sich noch viele Gebäude aus der Gründerzeit. Auf der Höhe des Denkmals zweigt parallel zur ul. Aleutskaja der Okeanskij prospekt – eine weitere bedeutende Geschäftsstraße – von der Hauptstraße ab.

Wieder zurückgekehrt zum Zentralplatz, gelangt man am Ufer zum Hauptquartier der russischen Pazifikflotte und zum als Museum ausgebauten U-Boot.

Straßen und Plätze

25 let Oktjabrja, ul.
(25 лет Октября, ул.)
Aleutskaja, ul.
(Алеутская, ул.)
Batarejnaja, ul.
(Батарейная, ул.)
Fokina, ul.
(Фокина, ул.)
Korabel'naja Naberežnaja, ul.
(Корабельная, ул.)
Krygina, ul.
(Крыгина, ул.)
Machalina, ul.
(Махалина, ул.)
Naberežnaja, ul.
(Набережная, ул.)
Okeanskij, pr.
(Океанский, пр.)
Pervaja Morskaja, ul.
(Первая Морская, ул.)
Puškina, ul.
(Пушкина, ул.)
Russkaja, ul.
(Русская, ул.)
Semënovskaja, ul.
(Семёновская, ул.)
Stoletija, pr.
(Столетия, пр.)
Suchanova, ul.
(Суханова, ул.)
Svetlanskaja, ul.
(Светланская, ул.)
Uboreviča, ul.
(Уборевича, ул.)
Verchneportovaja, ul.
(Верхнепортовая, ул.)
Vos'maja, ul.
(Восьмая, ул.)
Vsevoloda Sibirceva, ul.
(Всеволода Сибирцева, ул.)

Das zum Museum umgebaute U-Boot mit der Typenbezeichnung C-56 ist schon allein aufgrund seiner Dimensionen zu empfehlen. Es bietet neben einer Ausstellung zur Geschichte des russischen U-Boot-Baus einen Eindruck von den Lebensbedingungen unter Wasser (ul. Korabel'naja Naberežnaja, Tel. 21 67 57). Daneben liegt der Kreuzer ›Roter Wimpel‹ (Krasnyj Vympel). In Anlehnung an den bekannten Petersburger Kreuzer, dessen berühmter Schuß den Sturm auf das Winterpalais und somit die Oktoberrevolution einleitete, wird der Kreuzer auch die Aurora von Vladivostok genannt. Eine ›ewige Flamme‹ erinnert an die Opfer der Seekriege. Das ganze nennt sich zusammen ›Museumskomplex Kampfesruhm der pazifischen Rotbannerorden-Flotte‹. Weiter unten am Ufer gibt es noch ein Denkmal für im Zweiten Weltkrieg gefallenen Seeleute der Handelsflotte, ein gewaltiges dem Flottenadmiral Gennadij Nevel'skij (1813–1876) gewidmetes Denkmal sowie einen an das 125-jährige Stadtjubiläum erinnernden Obelisken. Etwas weiter östlich gelangt man zum Fährhafen, von dem aus im 20-Minuten-Takt eine Fähre an das Čurkin-Kap am anderen Ufer des Goldenen Horns verkehrt und auch der Fährverkehr zu den Inseln, die der Stadt vorgelagert sind, beginnt.

Zurück auf der ul. Svetlanskaja, erhebt sich das heute größte Kaufhaus von Vladivostok, das von Gustav Kunst und Gustav Albers in einer Mischung aus Jugendstil und russischer Türmchenarchitektur zwischen 1902 und 1906 erbaut worden war und den Vergleich mit europäischen Metropolen nicht zu scheuen brauchte. Die etwas versetzten und für Vladivostok exotisch anmutenden Holzhäuser waren Ende des vergangenen Jahrhunderts von Kunst & Albers mit Namen wie ›Fernsicht‹, ›Sibir‹ und ›Karlsruhe‹ erbaut worden. Letzteres stand aber nicht für die gleichnamige Stadt, sondern für Karls Ruhe(stätte) (ul. Svetlanskaja 39).

In der kleinen Parkanlage steht hinter dem Denkmal für den Revolutionär Sergej Lazo auf der Anhöhe das Maksim-Gor'kij-Theater (ul. Svetlanskaja 49, Tel. 26 05 20). Außerdem gibt es – ebenfalls in der Svetlanskaja – noch die Philharmonie (ul. Svetlanskaja 15, Tel. 26 99 40), ein Kammertheater (ul. Svetlanskaja 15a, Tel. 22 52 17) und den Zirkus (ul. Svetlanskaja 103, Tel. 26 56 50).

Parallel zur ul. Svetlanskaja verläuft die ul. Puškina, in der sich eine ganze Reihe eindrucksvoller Gründerzeitvillen befinden. An der Abzweigung der ul. Puškina stand früher die 1935 gesprengte Kathedrale der Stadt. Hier gelangt man durch die ul. Puškina auch zum schönsten Aussichtsplatz der Stadt. Diese phantastische Aussicht über die Stadt und die Bucht bietet das Adlernest (Orlinoe gnezdo) auf dem gleichnamigen 214 Meter hohen Hügel, den man mit einer Drahtseilbahn erreichen kann. Die Talstation des Funikulars befindet sich in der

Eisplastiken in Ulan-Udė; Reklametafel in Listvjanka
Das Kloster Ivolginsk bei Ulan-Udė; Der Bahnhof von Tulun

Это место
для Вашей рекламы
27-33-58
ДАННОЕ
КРЫТИЕ
ШЕГО ЗДОРОВ

УЛУН
КАФЕ

МИЛЛЕРЪ

ul. Puškina und fährt hinauf zur ul. Suchanova, in der sich linker Hand das Suchanov-Museum befindet. Es erinnert an Aleksandr Suchanov (1863–1921) und seinen Sohn Konstantin (1894–1921). Während der Vater um die Jahrhundertwende angesehener Bürgermeister der Stadt war, folgte der Sohn der Revolution und wurde als Innenminister des Primore ermordet (ul. Suchanova 9, Tel. 22 88 54).

Abseits des Zentrums liegt weiter westlich die heute einzige russisch-orthodoxe Kirche der Stadt. Die St.-Nikolaj-Kirche wurde seinerzeit aus der für die Opfer des russisch-japanischen Krieges errichteten Kirche der trauernden Gottesmutter (cerkov' Skorbjaščej Bogomateri) umgebaut (ul. Machalina 30, Tel. 26 46 53).

Die ul. Svetlanskaja endet am Ende des Goldenen Horns. Die südlich der Bucht verlaufenden Straße heißt ul. Kalinina. Direkt in südlicher Richtung, etwas außerhalb der Stadt auf dem Čurkin-Berg, befindet sich der sehenswerte Marinefriedhof von Vladivostok. Hier sind auf einem von vielen Bäumen überschatteten Gelände viele interessante und geschichtsträchtige Grabstätten zu besichtigen. Gemeinschaftsgräber untergegangener Schiffe, wie beispielsweise des im russisch-japanischen Kriegs versenkten Kreuzers ›Varjag‹ oder das Grab des vor allem durch den Roman ›Dersu Uzala‹ bekannt gewordenen Erforschers des Fernen Ostens Vladimir Arsen'ev.

Das 1991 in russisch-japanischer Kooperation errichtete Ozeanarium am Jachthafen zeigt in Aquarien, Dioramen und Einzelexponaten sowie einem riesigen, kreisförmigen Becken die Meereswelt des Pazifiks. Besonders sehenswert sind die Schwertfische und die Kamčatkakrabben (Montag Ruhetag, ul. Batarejnaja 4, Tel. 25 59 65). Im Jachthafen gibt es auch ein enges Delphinbecken, wo mehrmals täglich eine kleine Vorstellung geboten wird.

Das nach Vladimir Arsen'ev benannte Heimatkundemuseum bietet sehr umfangreiche Ausstellungen zur örtlichen Tier- und Pflanzenwelt, zur Geschichte der Stadt und zu den Ureinwohnern des Fernen Ostens (Montag Ruhetag, ul. Svetlanskaja 20, Tel. 22 73 13).

Das Museum der Grenztruppen zeigt auf drei Etagen die militärischen Erfolge von den Ussuri-Kosaken bis zum russisch-chinesischen Grenzkrieg 1969 (ul. Semenovskaja 17/19, Tel. 21 80 74).

Das Museum der Pazifikflotte befand sich lange Jahre in der protestantischen St.-Pauls-Kirche (ul. Puškinskaja 14) und sucht nach der Rückgabe der Kirche einen neuen Standort. Derzeit vermittelt nur das in der alten Festung Vladivostok befindliche Museum einen Eindruck von vergangenen Seeschlachten. Die rekon-

Iglu auf der Angara; Das Heimatmuseum von Irkutsk
Sibirisches Mädchen; Eisangler; Holzhaus in Irkutsk

Am Jachthafen in Vladivostok

struierten Befestigungsanlagen an der frischen Luft und eine Ausstellung in den Kasematten zeigen die Entwicklung der städtischen Seeverteidigung am Steilufer der Amurbucht (ul. Batarejnaja 2a, Tel. 25 89 96). Die bekannte Säule mit dem Segelschiff auf der Spitze und dem wohl einzigen, aber programmatischen Lenin-Zitat über die Stadt – ›Vladivostok ist weit weg, aber es gehört uns!‹ – steht auf halber Höhe zwischen Vladivostok und dem Flughafen Artem. Kurz vor der Säule befindet sich rechter Hand der 1948 begründete Botanische Garten, wo man einen kompakten Eindruck von der Fauna der Ussuri-Taiga bekommen kann (ul. Makovskogo 142, Tel. 33 07 15).

Zeitunterschied: MEZ plus neun Stunden.
Postleitzahl: 690 000.
Telefonvorwahl: 42 32.
Hauptpostamt: ul. Aleutskaja, Tel. 26 00 29.
Banken: Bank Dalnevostočny, ul. Russkaja 19, Tel. 32 27 61.
Geldautomat: ul. Svetlanskaja 69.
Reisebüro: ›Inturist‹, Okeanskij pr. 90, Tel. 25 86 66, ›Dalinturist‹, ul. Fokina 1, Tel. 26 15 44.
Konsulate: USA: ul. Puškina 32, Tel. 30 00 70; Südkorea: ul. Aleutskaja 45a, Tel. 22 81 15; Australien: ul. Uboreviča 17, Tel. 22 86 28; Japan: ul. Verchneportovaja 46, Tel. 26 75 58; Indien: ul. Aleutskaja 14, Tel. 22 81 10.

Der Bahnhof liegt im Stadtzentrum. Hier wurde der Grundstein für die Transsibirische

Eisenbahn gelegt. Das jetzige, in den 90er Jahren rekonstruierte Bahnhofsgebäude stammt aus den Jahren 1908 bis 1912 und besticht durch seinen verspielten Jugendstil. Es ist genauso wie der dem Anfang der Transsib gewidmete Obelisk ein Muß für jeden Besucher. Daneben steht eine alte amerikanische Dampflokomotive, die die Sowjetunion in den 40er Jahren im Landlease von den USA bekam (ul. Aleutskaja 2, Tel. 21 04 40). Der Busbahnhof befindet sich am Vorortbahnhof ›Vtoraja Rečka‹ (ul. Russkaja 2a, Tel. 32 33 78).

Der Flughafen befindet sich etwa 50 Kilometer nördlich von Vladivostok in der Stadt Artem. Es gibt zwei bis drei tägliche Flugverbindungen von und nach Moskau (Flughafen Domodedovo bzw. Šeremet'evo I). Man kann auch täglich nach Novosibirsk, Irkutsk, Chabarovsk oder Petropavlovsk-Kamčatka fliegen. Pro Woche gibt es mehrere Verbindungen nach China (2 x Harbin), Japan (2 x Niigata), Korea (4 x Seoul) und in den Nordwesten der USA (2 x Seattle und 1 x San Francisco jeweils über Anchorage) (Tel. 22 25 81, Flughafen direkt aus Vladivostok Tel. 2 37/973 39).

Der als Meeresbahnhof bezeichnete Passagierhafen liegt direkt hinter dem Bahnhof. Von Mai bis Oktober gibt es mit dem Schiff ›Antonina Neždanova‹ eine wöchentliche Fährverbindung nach Niigata. Die Reise dauert 42 Stunden (Tel. 22 81 56).

Die besten Hotels der Stadt in zentraler Lage sind das 1993 eröffnete, sehr stilvolle ›Versal'‹ (Versailles, ul. Svetlanskaja 10, Tel. 26 42 01) und das 1998 neu eröffnete Hotel des Hundai-Business-Centers (ul. Semenovskaja 29, Tel. 40 22 33). Eine preiswertere Alternative mit Meeresblick ist das Hotel ›Vladivostok‹ (ul. Naberežnaja 10, Tel. 22 22 08).

Das Café ›Nostal'gija‹ lohnt sowohl als Gaststätte wie auch als Kunstgewerbeladen den Besuch und ist in jeder Hinsicht sehr zu empfehlen (ul. Pervaja Morskaja 6/25, Tel. 26 78 13). Ansonsten stehen russische (Restaurant ›Russkij‹, ul. Svetlanskaja 12, Tel. 26 45 63), japanische (›Vladivostok-Zakura‹, ul. Naberežnaja 10, Tel. 21 25 76) oder koreanische (Restaurant ›Moranbon‹, ul. Pervaja Morskaja 6/25, Tel. 22 77 25) zur Auswahl.

Das größte Kaufhaus der Stadt ist das von ›Kunst & Albers‹ errichtete Gebäude des heutigen GUM (ul. Svetlanskaja 35, Tel. 22 55 50). Einen guten Kunstgewerbeladen findet man am Okeanskij pr. 140 (Tel. 25 27 91), unweit des Zentralmarktes.

www.bosfor.ru (R).
www.vladivostok.com (R,E).
www.fegi ru (R,E).
Internet-Cafe: ul. Svetlanskaja 49.

Die Partisanen vom Amur

Durchs Gebirge, durch die Steppe
Zog unsre kühne Division
Hin zur Küste dieser weißen,
Heiß umstrittenen Bastion.

Rot vom Blut, wie unsre Fahne
War das Zeug. Doch treu dem Schwur
Stürmten wir die Eskadronen,
Partisanen vom Amur.

Kampf und Ruhm und bittere Jahre!
Ewig bleibt im Ohr der Klang,
Das ›Hurra‹ der Partisanen,
Als der Sturm auf Spassk begann.

Klingt es auch wie eine Sage,
Kann es doch kein Märchen sein:
Wolotschajewka genommen!
Rotarmisten zogen ein.

Und so jagten wir zum Teufel
General und Ataman.
Unser Feldzug fand sein Ende
Erst am Stillen Ozean.

Dieses Lied ist ein sowjetischer Klassiker und immer noch populär. Alle, die in Ostdeutschlands Schulen Russischunterricht hatten, müssten es zumindest noch vage als ›Po dolinam i po vzgorjam…‹ in Erinnerung haben. Das Lied beschreibt die für die roten Revolutionäre letztendlich erfolgreichen Kämpfe im Bürgerkrieg gegen die Weißgardisten. Zwei im Lied erwähnte Orte erbitterter Kämpfe lagen an der Transsib-Strecke: Voločaevka bei Kilometer 8476 und Spassk bei Kilometer 9048. Ursprünglich galt das Lied mit einem andereren Text im 1. Weltkrieg als ›Marsch der sibirischen Schützen‹. Zu Beginn der 20er Jahre gaben S. Parfenov und S. Alymov der populären Melodie einen neuen Text. In der deutschen Nachdichtung von Kurt Bartel wurden ›Die Partisanen vom Amur‹ vor allem im Repertoire des Arbeitersängers Ernst Busch in der DDR sehr bekannt.

Nachodka

Nachodka ist eine vergleichsweise junge Stadt und entstand aus der Notwendigkeit für Rußland bzw. die Sowjetunion, über einen großen internationalen Handelshafen am Pazifik zu verfügen. Da Vladivostok aufgrund seiner militärischen Bedeutung und der entsprechenden Geheimhaltung diese Funktion nicht erfüllen konnte, begann man Ende der 30er Jahre unseres Jahrhunderts mit dem Bau eines Hafens in einer nicht zufrierenden Bucht des Pazifik. Zuvor war 1936 der Eisenbahnanschluß an die Transsib fertiggestellt worden. Offensichtlich war man mit der Standortwahl nicht unglücklich, denn Nachodka bedeutet etwa ›Fundstück‹. Hafen und Stadt wurden vor allem von Gulag-Häftlingen errichtet. Nach dem Zweiten Weltkrieg kamen japanische Kriegsgefangene dazu.

Die für ausländische Touristen zugänglichen Züge durchfuhren die Strecke von Chabarowsk nach Nachodka nachts, damit man von den Grenzanlagen an der russisch-chinesischen Grenze nichts sehen konnte. Nach der Öffnung von Vladivostok hält sich das touristische Interesse für Nachodka in Grenzen. Seine wirtschaftliche Bedeutung ist aber ungebrochen und wird heute durch den Hafen bzw. die Häfen Nachodkas (Handelshafen, Fischereihafen, Ölhafen) und durch den in den 70er Jahren an der Wrangel-Bucht gebauten Hafen ›Vostočnyj‹ bestimmt. Projekte, in Nachodka eine Sonderwirtschaftszone zu errichten, werden in den letzten Jahren viel diskutiert, waren aber bis jetzt noch nicht von Erfolg gekrönt. Die Stadt erhielt das Stadtrecht 1950 und hat heute ungefähr 188 000 Einwohner.

Die Hauptmagistrale der Stadt ist der Nachodkinskij prospekt der an der Nordseite der Bucht von Nachodka fast parallel zur Eisenbahnlinie am Ufer die Windungen der Bucht nachvollzieht. Das Stadtzentrum im eigentlichen Sinne läßt sich schwer ausmachen. Es befindet sich etwa zwischen den drei Bahnhöfen Torgovyj Port, Tichookeanskaja und Zavodskaja oder zwischen der Südspitze der Bucht des Passagierhafens und dem Šeffner-Kap. Auf der Höhe des Šeffner-Kaps befindet sich der zentrale Platz der Stadt mit dem Rathaus und dem obligatorischen und in Nachodka aber erst sehr spät – 1985 – errichteten Lenindenkmal. Aus dem angrenzenden Park hat man einen schönen Blick auf die Bucht.

Hinter dem Zentralmarkt liegt das 1980 gegründete Nachodka-Museum, in dem man eine Archäologie-Abteilung, eine umfangreiche Fotoausstellung zur Geschichte der Stadt sowie eine Gemäldegalerie mit angeschlossener Verkaufsausstellung besichtigen kann (ul. Vladivostokskaja 6). Am Museum biegt die ul. Lenina ab, die mit ihren vielen Geschäften und Institutionen von Interesse ist.

Russisch-Amerika

Am 18. März 1867 verkaufte Rußland für 7,2 Millionen Dollar Alaska und die Alëuten-Inseln an die Vereinigten Staaten. Zu einem Quadratmeterpreis von 0,0005 Cents wurde das Kapitel Russisch-Amerika abgeschlossen. Zwei Jahre hatte der amerikanische Kongreß gebraucht, um diese damals spektakuläre Entscheidung abzusegnen. Doch wie kam der russische Zar zu Alaska und warum wollte er sich wieder davon trennen?

Die Nachrichten über die Eroberung und die Reichtümer der Neuen Welt waren selbstverständlich auch nach Rußland gedrungen. Zwar hatten die Russen bereits lange das Pazifikufer erreicht, aber zu Beginn des 18. Jahrhunderts herrschte immer noch Unklarheit über die Existenz einer Landzunge zwischen Sibirien und Amerika. Als Zar Peter I. die Befehle für die Große Nordische Expedition gab, ging es auch um Klarheit über die Frage, ob Rußland den Westen Amerikas erobern konnte oder eine Invasion westwärts strebender Eroberer in Sibirien fürchten mußte. Mit dem umstrittenen Erfolg der Expeditionen Berings und Čirikovs im Jahre 1741 konnte die Frage der beide Kontinente verbindenden Landzunge verneint werden. Die Berichte der Teilnehmer über die Pelzreichtümer der Nordpazifikinseln ließen nach den ersten Abenteurern unter Emeljan Basov etwa ab 1750 jeden Sommer ein Dutzend Schiffe aufbrechen, um die Pazifikinseln zu ›jassakieren‹, also den Pelzreichtum von den Inselbewohnern einzutreiben.

Vor allem der Irkutsker Kaufmann Grigorij Selichov, der später den Spitznamen ›russischer Kolumbus‹ erhielt, rüstete seine Flotte auf und schickte fast 100 000 Felle im Gesamtwert von 1,5 Millionen Rubeln zurück nach Irkutsk. Da der Handel mit China in dieser Zeit stagnierte, investierten viele Kaufleute in die Handelsexpeditionen nach Amerika. So gründete Selichov 1781 die ›Nordöstliche Amerikanische Compagnie‹ – sozusagen ein sibirisches Gegenstück zu den in Europa bekannten Ostindischen Handelsgesellschaften in Amsterdam und London. Mit der Rückendeckung des Irkutsker Gouverneurs wollte man sich auch in Petersburg Unterstützung in Form von Geld und Militär für die Expansionsideen sichern. Zarin Katharina hielt sich zwar mit der Erteilung eines Handelsmonopols zurück und versagte auch sonstige finanzielle oder militärische Hilfe, sie ließ aber den Irkutsker Kaufleuten ansonsten freie Hand. Selichov und nach seinem Tode 1795 seine Witwe Natalja gründeten entlang der Handelsroute nach Alaska mehrere Niederlassungen, die zumeist aus einer Palisadenumzäunung, einer Handelsmission, einem Lazarett und einem Bethaus bestanden. Ihr Statthalter in Alaska,

der clevere Alexander Baranov, heiratete 1799 die Tochter eines Aleuten-Häuptlings und erhielt so die Hoheitsgewalt über Alaska und die Aleuten-Inseln. Mehrere Eingeborenenstämme gingen zum russisch-orthodoxen Glauben über. Man schloß sich mit der Konkurrenz zur ›Russisch-Amerikanischen Compagnie‹ zusammen und erhielt vom neuen Zaren auch das Handelsmonopol. Der noch heute existierende Ort Sitka wurde zu einer Art Hauptstadt der neuen Provinz. Doch die Bitte, hier die Ansiedlung russischer Bauern als freie Farmer zuzulassen, fand in St. Petersburg keine Unterstützung. Dafür begann man für die Versorgung Alaskas, Kontakte mit dem spanisch besetzten Kalifornien zu knüpfen. Da die Spanier sehr reserviert reagierten, begann man auch dort Grenzpfeiler des russischen Reiches einzuschlagen. So wurde 1808 an der Bodega-Bucht die russische Kolonie Fort Ross gegründet. Im Jahre 1812, zur Zeit des Winterkrieges mit Napoleon, schossen russische Kanonen nicht nur vor Smolensk und Moskau, sondern auch im sonnigen Kalifornien.
Während es Rußland 1824 und 1825 in bilateralen Verträgen mit England und Amerika gelang, die Grenzen Alaskas festzuschreiben, blieb der kalifornische Vorposten als Streitpunkt mit dem nun von Spanien unabhängigen Mexiko davon ausgespart. Die im Privatbesitz der ›Russisch-Amerikanischen Compagnie‹ befindliche Siedlung Fort Ross wurde 1836, dem Jahr der Unabhängigkeit Kaliforniens von Mexiko, an den aus der Schweiz stammenden Kaufmann Johann A. Sutter verkauft. Die fehlende wirtschaftliche Rentabilität war dabei ausschlaggebend.
Die Aufgabe von Fort Ross hat wohl später auch im russischen Staatsapparat der Erkenntnis zum Durchbruch verholfen, daß Alaska zu weit entfernt, zu dünn besiedelt, in der Unterhaltung zu teuer und im Ernstfall kaum zu verteidigen sei. In der zweiten Hälfte des 19. Jahrhunderts rückte außerdem über Südsibirien und das Amur-Gebiet der unberechenbare Nachbar China stärker in den Fokus der russischen Ostpolitik, so daß man die diplomatischen wie finanziellen und militärischen Ressourcen auf diesen Nachbarn zu konzentrieren suchte. Die russisch-amerikanischen Beziehungen hingegen waren entspannt. In beiden Riesenreichen herrschte ein neuer Liberalismus, nachdem man mit der Aufhebung der Leibeigenschaft in Rußland und der Abschaffung der Sklaverei in den Vereinigten Staaten seine Untertanen befreit hatte.
»Das russische und das amerikanische Volk haben einander nichts zugefügt, was sie vergessen oder woran sie sich erinnern müssten«, resümierte Zar Nikolai I. 1866. Aber auch nicht zuletzt die gemeinsame Feindschaft zu den Briten machte beide Länder zu idealen Partnern für den größten Immobilienkauf der Weltgeschichte.

Ulaanbaatar

Als Stadt und Hauptstadt ist Ulaanbaatar im herkömmlichen Sinn sehr jung. Die mongolische Hauptstadt wurde zwar bereits 1639 als Palastansiedlung für einen neuen Khan gegründet. Sie hieß damals ›Orgoo‹ (Palast) und war fast 300 Jahre lang im Westen als ›Urga‹ bekannt. Aber sie wurde häufig verlegt, ähnlich wie die einheimischen Nomaden mit ihrem Wohnsitz je nach Weidemöglichkeiten umzogen. Damals gab es in der Stadt auch zahlreiche Jurten auf Rädern. Allein zwischen 1717 und 1770 gab es 21 Ortswechsel der Hauptstadt. Erst 1778 vollzog die Stadt ihren letzten Ortswechsel und wurde dort eingerichtet, wo sie heute noch liegt. Zudem wechselte sie auch häufiger ihren Namen, den heutigen Namen erhielt sie erst 1924, drei Jahre nach Ausrufung des Kommunismus in der Mongolei. Sie heißt seitdem Ulaanbaatar (übersetzt ›Roter Held‹, die Schreibvariante Ulan Bator gilt als russisch-kolonial).

Sie war stets das Zentrum des zentralistisch organisierten Staates, was sich auch daran zeigt, daß neben den Verwaltungsfunktionen die Industrie hier konzentriert wurde.

Ulaanbaatar hat heute über 600 000 Einwohner – damit lebt ziemlich exakt ein Viertel der Gesamtbevölkerung des Landes in der Hauptstadt, ein erheblicher Teil davon in den traditionellen Jurten im Norden und Westen der Stadt, viele aber auch in den großen Neubausiedlungen, die in den vergangenen zwei Jahrzehnten errichtet wurden und das Gesicht der Hauptstadt mit prägen. Da das kommunistische System der Mongolei bis etwa 1990 deutlich stalinistisch geprägt war, erfolgte viel direkter und indirekter Druck (es gab aber auch Umzugsbeihilfen), sich in städtischen Siedlungen niederzulassen. Auf diese Weise wollte man eine umfassendere Kontrolle gewährleisten, als sie das landestypische Nomadentum gewährleisten konnte.

Ulaanbaatar liegt in gut 1500 Metern Höhe über dem Meeresspiegel, ringsherum umgeben von den über 2000 Meter hohen Bergen des Khentii-Gebirges. So kann man praktisch von jedem Punkt der Stadt in die grüne Natur blicken, ein angenehmer Kontrast zu den meisten Hauptstädten der Welt. Diese Höhen- und Kessellage führt aber auch dazu, daß die Wintertemperaturen regelmäßig deutlich niedriger sind als im Süden Sibiriens: Während für Irkutsk ein Januarmittelwert von –21 Grad gilt, liegt er für Ulaanbaatar bei –25,6 Grad – deutlich unter den Mittelwerten etwa von Budapest oder Dijon, die auf dem gleichen Breitengrad liegen. Aufgrund der Höhenlage erreicht der Juli als wärmster Monat nur eine mittlere Temperatur, die ein Grad unter der von Zürich oder Stuttgart liegt. Im Juli, mit durchschnittlich zehn Tagen Niederschlag über 2,5 Millimetern regenreichster Monat, täuscht die statistische Durchschnittstemperatur: Im Juli kann es morgens

Willkommen in Ulaanbaatar

während eines Schauers nur 10 Grad warm sein und dann zwei Stunden später bei freundlichem Sonnenschein 26 Grad oder wärmer sein.

Ulaanbaatar wirkt insgesamt beschaulich und provinziell, und fast alle Besichtigungspunkte sind bequem zu Fuß erreichbar. Taxis sind preiswert; die Grundgebühr beträgt etwa einen US-Dollar, der Kilometer kostet 0,35 US-Dollar. Jedes Auto, das auf Ihr Winken hin anhält, gilt als Taxi. Straßennamen wurden lange überhaupt nicht verwendet; erst in den letzten Jahren haben sich zumindest für die größeren Straßen allgemein übliche Bezeichnungen durchgesetzt. Sie werden unter Mongolen aber nur sehr selten verwendet; Adressen von Museen oder Restaurants sollte man sich daher von der Reiseleitung oder im Hotel aufschreiben lassen.

Stadtrundgang

Da der Bahnhof über zwei Kilometer entfernt vom Stadtzentrum in weniger ansprechender Umgebung liegt, beginnt der Rundgang am zentralen Suche-Baatar-Platz, nur fünf Fußminuten von den Hotels ›Bayangol‹ und ›Ulaanbaatar‹ entfernt.

Am Ende des Platzes befindet sich ein Nachbau des Moskauer Lenin-Mausoleums, in dem die Mumie des kommunistischen Staatsgründers Suche Baatar

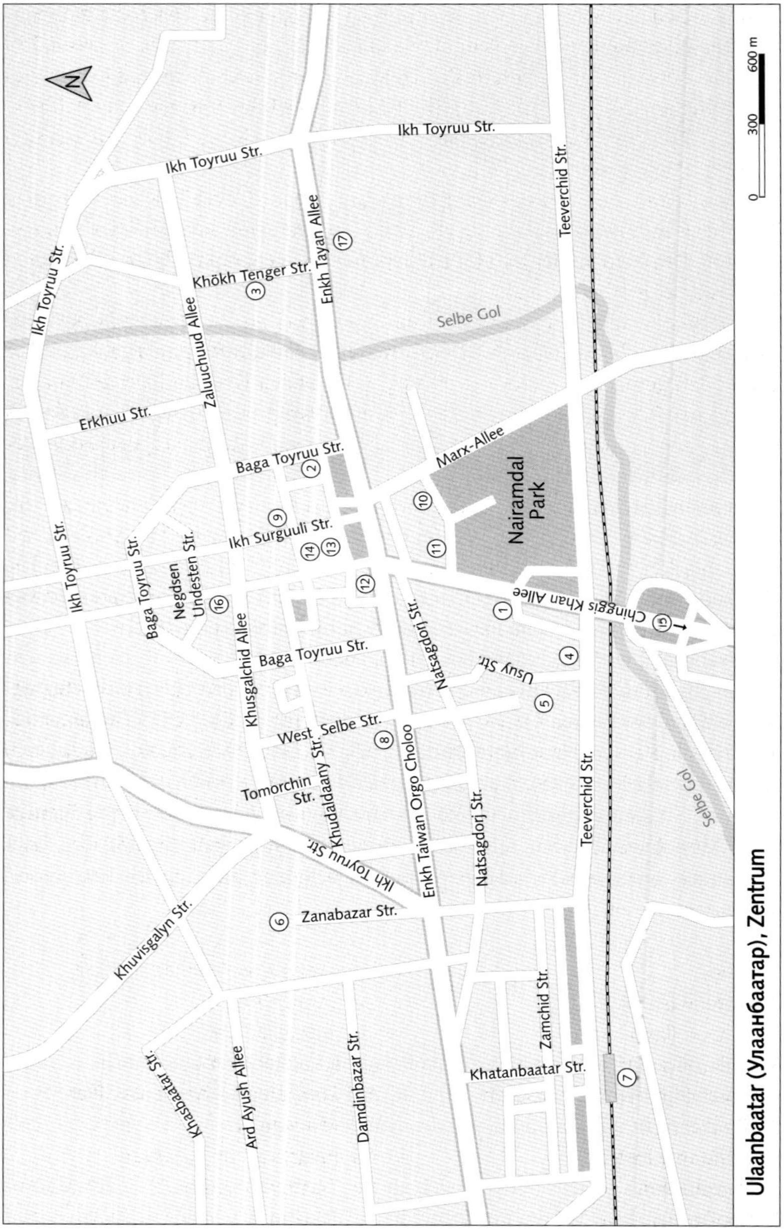

Ulaanbaatar (Улаанбаатар), Zentrum

liegt. Nur selten erscheint hier eine politische Delegation, und auch die mongolische Bevölkerung hat Mausoleum und Mumie nie geschätzt. Das ist besonders auffällig, vergleicht man diese Anlage mit dem Leninmausoleum in Moskau und dem Ansehen, das es in Teilen der Bevölkerung noch heute genießt. Der Staatsgründer ist auf dem Platz auch als Reiterdenkmal verewigt, dahinter befindet sich das Parlamentsgebäude.

Hinter dem Mausoleum befindet sich das Parlamentsgebäude; an der einen Seite liegt der Zentrale Kulturpalast, an der anderen verschiedene Verwaltungsgebäude. Der Platz bildet zweifellos nicht nur das geographische, sondern auch das ideelle Zentrum der Stadt.

Es lohnt, sich hier umzuschauen und zu verweilen: Besucher aus den verschiedenen Landesteilen in ihren farbenfrohen Trachten versammeln sich hier und lassen sich gerne von einem der ständig anwesenden Berufsfotografen vor der Kulisse des Platzes knipsen. An der Ecke mit dem großen grauen Gebäude des Hauptpostamtes läßt sich der Straßenverkehr mongolischer Prägung hervorragend beobachten.

Wenn man die Hauptstraße Enkh Taiwan Orgo Choloo (Friedensallee) auf der rechten Seite westwärts läuft, passiert man mehrere kleine private Restaurants und Cafés. Nach etwa 600 Metern gelangt man zum größten Kaufhaus des Landes. Hier sollte man sich ausgiebig umsehen, vor allem im Erdgeschoß und im obersten Stockwerk, wo sich auch zwei Theken mit sehr unterschiedlichen Souvenirs finden – von alten Kupfermünzen bis zur Landestracht.

Auf der anderen Seite der Hauptstraße geht es wieder zurück Richtung Suche-Baatar-Platz, wo man auf Höhe des Postamtes rechts in die große Chinggis Avenue abbiegt. Rechter Hand passiert man zunächst das Dramentheater. Hinter dem Hotel ›Bayangol‹ – es beherbergt auch zwei Restaurants – befindet sich in einem Flachbau ein von Ausländern häufig besuchter Supermarkt. Er bietet Landkarten, Stadtpläne, Ansichtskarten, westliche Süßigkeiten und Alkokolika an. Über dem Supermarkt befindet sich auch das Nationale Tourismusamt, zusammen mit der Reiseagentur ›Juulchin‹.

Legende

1 Hotel ›Bayangol‹
2 Hotel ›Ulaan Baatar‹
3 Hotel ›Dschingis Khan‹
4 Eisenbahn-Freilichtmuseum
5 Staatszirkus
6 Gandan-Kloster
7 Hauptbahnhof
8 Großes Kaufhaus
9 Opern- und Schauspielhaus
10 Lama-Kloster
11 Staatsbibliothek
12 Hauptpostamt
13 Zentraler Suche-Baatar-Platz
14 Mausoleum
15 Palast des Bogd Khan
16 Zentralmuseum
17 Stadtmuseum

Das Suche-Baatar-Denkmal

Wenn man von hier aus weiterläuft, kommt man zur großen Brücke über die Transmongolische Eisenbahn. Davor geht es rechts zum Eisenbahn-Freilicht-museum – sieben Loks aus verschiedenen Perioden des 20. Jahrhunderts sind hier ausgestellt. Wer die große Brücke überquert, ist nach gut einem Kilometer ab Brückenmitte am sehenswerten Bogd-Khan-Winterpalast, der ein buddhistisches Museum beherbergt.

Wenn man vom Hotel aus die Chinggis Avenue überquert und zunächst zurück in Richtung Suche-Baatar-Platz geht, findet man nach 200 Metern rechts in etwas versteckter Lage eine sehr schöne Tempelanlage, die das Choijin-Lama-Museum verbirgt, so etwas wie eine Kleinausgabe von Pekings ›Verbotener Stadt‹. Neben der beeindruckenden Architektur ist vor allem die Sammlung buddhistischer Tanz-masken sehenswert. Zurück auf der Hauptstraße, sieht man nach etwa 100 Metern eine moderne, westlich aussehende Bäckerei mit Café und dann gleich den berühmtesten Biergarten des Landes, ›Khan Brau‹.

Weiter Richtung Suche-Baatar-Platz gelangt man an das Gebäude der Staats-bibliothek, wo man eine Rarität bewundern kann: metallgeschriebene Bücher. Hier befinden sich eine Reihe überaus wertvoller Bücher, die nicht nur unge-wöhnliche Materialien, sondern auch eigenwillige Formate aufweisen. Eine wei-tere Rarität findet sich im Garten der Bibliothek in einer großen Kiste. Es ist das große Stalin-Denkmal der Stadt, das erst 1992 eingemottet wurde. Für ein kleines Trinkgeld hebt der Wächter aber gern den Deckel.

Klöster und Museen

Bitte alle Adressen von der Reiseleitung oder Hotelrezeption aufschreiben lassen!

Das Gandan-Kloster ist das Zentrum des Buddhismus in der Mongolei und das größte aktive Kloster im Lande. In der weitläufigen Anlage befinden sich neben verschiedenen religiösen Einrichtungen unter anderem eine Bibliothek mir umfangreichen Beständen und eine theologische Ausbildungsstätte. Hierher ließen die Sowjets den Dalai Lama einladen, wenn sie die Regierung der VR China ärgern wollten. Geöffnet täglich 9 bis 11 Uhr, sonntags 9 bis 13 Uhr.

Der Frauentempel Dari Eh (Tara) ist täglich 9 bis 12 Uhr geöffnet. Adresse im Hotel erfragen, ebenso die des Mongolian Women's Temple mit buddhistischen Ritualen, täglich geöffnet 9 bis 11 Uhr.

Das Dashchoilon-Kloster ist nach Wiedererrichtung das zweitgrößte im Lande.

Das Zentralmuseum, nahe dem Suche-Baatar-Platz, bietet die beste Übersicht über die Naturreichtürmer des Landes. Dazu gehören auch die Sauriersekelette, die sich in einem Trakt befinden. Ihre Einzigartigkeit zeigt sich darin, daß Teile

Gegensätze in Ulaanbaatar

Das Gandan-Kloster

der Ausstellung ab und an auch im Ausland gezeigt werden und dann hier fehlen. Außerdem gibt eine lohnende völkerkundliche und historische Abteilung zur Mongolei im Mittelalter und zum Nomadentum. Eintritt: zwei US-Dollar, geöffnet von 10 bis 16.30 Uhr, dienstags geschlossen.

Das Choijin-Lama-Museum (100 Meter abseits der Chinggis Khan Avenue) ist ein verträumtes ehemaliges Kloster mit fünf Tempeln mit Statuen und Tankas aus dem 19. Jahrhundert. Sehr besuchenswert; Eintritt: zwei US-Dollar, täglich geöffnet von 10 bis 18 Uhr.

Das Mongolische Jagdmuseum Zanabazaryn Gudamj zeigt Trophäen und vieles, was zum Thema Jagd in diesem wildreichen Lande gehört. Eintritt: ein US-Dollar, geöffnet von Montag bis Samstag von 9 bis 17 Uhr.

Das Bogd-Khan-Museum im ehemaligen Winterpalast bietet Wissenswertes über den Buddhismus. Benannt ist es nach dem letzten Khan der Mongolei, der zwischen 1911 und 1924 zugleich das politische und religiöse Oberhaupt der Mongolen war. Die zahlreichen Exponate, unter ihnen eine Sammlung religiöser Gebrauchsgegenstände, vermitteln zusammen mit der beeindruckenden Architektur der Anlage ein informatives Bild über den Buddhismus und das religiöse Leben in der Mongolei, täglich geöffnet von 10 bis 18 Uhr.

Im Naturkundemuseum findet man neben dem Überblick über die Fauna und Flora der mongolischen Steppe auch archäologische Exponate. Geöffnet ist das Museum täglich von 10 bis 16.30 Uhr, im Winter montags und dienstags geschlossen, Tel. 321716. Mit der Ethnographie und der Geschichte der Mongolei kann man sich im Nationalhistorischen Museum vertraut machen. Geöffnet täglich von 10 bis 17 Uhr, im Winter sonntags und montags geschlossen, Tel. 322644.

Zeitunterschied: MEZ plus sechs Stunden während der mitteleuropäischen Sommerzeit, MEZ plus sieben Stunden während der mitteleuropäischen Winterzeit.
Postleitzahl: es gibt keine, ebensowenig wie Hausnummern.
Vorwahl: 00976-11.
Hauptpostamt: Am Suche-Baatar-Platz/Ecke Enkh Taiwan Orgo Choloo, Tel. 106 und 117.
Bank: Geldwechsel ist am einfachsten im Hotel; sonst nach anderen Möglichkeiten an der Rezeption fragen.
Reisebüros mit landesweiter Lizenz (Auswahl):
›Tsolmon‹, Tel. 00976 11/32 28 70, in der Staatsbibliothek nahe am Suche-Baatar-Platz, private Firma mit komplett deutschsprachiger Geschäftsführung.
›Juulchin‹, international, auch deutschsprachig, Tel. 030/4742484

Der Bahnhof liegt etwa zwei Kilometer westlich vom Suche-Baatar-Platz, Zuginformation unter Tel. 194, für internationale Ticketreservierung gilt Tel. 944133. Sinnvoller ist es aber, die Fahrscheine bei einem der Reisebüros oder im Hotel zu kaufen. Der Mehrpreis beträgt etwa fünf Prozent, man spart dagegen viel Zeit und Nerven und hat ein Ticket in der Hand, mit dem man auch tatsächlich reisen kann.
Hinweis: Vor Ort einen Platz im Zug Nr. 4 Moskau–Peking zu bekommen, ist stets Glückssache; für den Zug Nr. 24 Ulaanbaatar–Peking in der Zeit zwischen Juni und Mitte September ebenfalls. Für folgende Verbindungen sind die Tickets leichter zu erhalten, dafür ist das Reisen umständlicher: Mit Zug Nr. 216 (zweimal wöchentlich) Ulaanbaatar–Hohhot/chinesische Innere Mongolei, unterwegs in Jining umsteigen nach Peking. Die Züge nach Rußland sind nicht so stark gebucht, und es gibt mehr Alternativen, z. B. täglich den langsamen Zug Nr. 263 nach Irkutsk.

Der Flughafen Buyant Ukhaa (ca. 18 Kilometer außerhalb, 30 Minuten Fahrt von den zentralen Hotels) fertigt alle Inlands- und Auslandsflüge ab. Vier internationale Fluggesellschaften sind vertreten: Aeroflot (nach Moskau und Irkutsk), Air China (nach Peking und Hohhot), Korean Air (nach Seoul) und MIAT (von Juni bis September zweimal wöchentlich direkt nach Berlin, in den übrigen Monaten einmal; viermal wöchentlich nach Peking, ein- bis dreimal nach Hohhot).

Hinweis: Um per Taxi zum Hotel zu gelangen, nennt man einfach den Hotelnamen.

Als bestes Touristenhotel in puncto Lage, Service, Infrastruktur und Preis darf weiterhin das Drei-Sterne-Hotel ›Bayangol‹ gelten. Im Sommer gibt es dort auch ein Straßencafé.

Das neue ›Dschingis Khan Hotel‹ hat einen Stern mehr und gilt als das beste Haus im Ort (Zimmergröße, Modernität, Lobby). Seine Lage und sein Service werden dem aber nicht ganz gerecht.

Das Traditionshaus ›Ulaanbaatar Hotel‹ wurde 2001 gründlich renoviert und hat jetzt drei Sterne (plus).

Während diese drei Hotels jeweils über 200 Betten haben, über mindestens ein Restaurant und eine Bar sowie Kioske verfügen, die auf die Bedürfnisse ausländischer Besucher eingerichtet sind (Filme, Postkarten, Briefmarken), sind die folgenden Häuser allesamt privat geführt. Es sind nach der sozialistischen Periode neu gegründete kleinere Betriebe, oft mit Charme und großem Engagement der Besitzer, die Ihnen in Problemfällen, bei Ausflugs- und Fahrkartenwünschen schnell weiter helfen.

Zentral, pensionsähnlich und preiswert ist das ›Edelweiss Hotel‹ in der Hauptgeschäftsstraße.

Sehr empfehlenswert ist das einer Klosteranlage nachempfundene ›Hotel Mongolija‹ am Stadtrand, in dem zehn Khan-Suiten, 16 Jurten und 24 Tempelzimmer einschließlich Restaurant einladen (Dorf Gachuurt 20, Tel. 71 01 54, www.hotel-mongolia.com).

Wer nach langer Transsib-Fahrt nicht ohne Bahngeräusche schlafen mag, ist im ›Palace Hotel‹ (früher Hotel ›Zuchi‹) gleich jenseits der großen Eisenbahnbrücke am besten aufgehoben (Chinggis 25, Tel. 34 35 65, www.palace.mn).

In origineller Umgebung kann man in der großen Jurte vor dem russischen Kulturzentrum speisen: ›Avtai Khan's Palace‹, Reservierung 24 Stunden vorab erbeten, geöffnet täglich von 11 bis 22 Uhr, Tel. 45 31 29; langsam fragen: ›Do you speak English?‹ – eventuell kommt jemand, der die Reservierung aufnehmen kann. Oder man läßt über die Rezeption seines Hotels reservieren.

Mongolische und europäische Küche bietet das ›Axis Restaurant‹ in der Baga-Toirun-Straße an (hinter der Ulaanbaatar Bank). Geöffnet täglich von 9 bis 24 Uhr.

Bekannt für sehr gute Eiscreme, neben Gerichten der türkischen Küche, ist das ›Ankara Restaurant‹, Chuvsgalchidyn Orgo Choloo. Geöffnet täglich von 11 bis 20 Uhr.

Ein Restaurant mit nur fünf Tischen, im 3. Stock des Mongolischen Außenministeriums gelegen, ist das

›Eiffel-Restaurant‹ in der Marxim-Cudamj-Straße. Geöffnet täglich von 12 bis 24 Uhr, Tel. 313946. Europäische und mongolische Küche. In der Enkh Taiwan Orgo Choloo, der Hauptgeschäftsstraße, liegt links vom Eingang des größten Kaufhauses das ›EL Latino Restaurant‹, mehr oder minder gelungene Versuche in kubanischer und spanischer Küche. Geöffnet von Mo bis Sa von 11 bis 23 Uhr.
Twischen Suche-Baatar-Platz und Hotel ›Bayongol‹ findet man ein paar Fast-Food-Einrichtungen, wo es zum Beispiel Blätterteigpasteten mit Stutenmilchquark gibt.
In den meisten der oben genannten Hotels befinden sich ebenfalls Restaurants, die täglich von 8 bis mindestens 22 Uhr geöffnet sind. Weiterhin gibt es einige chinesische und koreanische Restaurants in der Stadt.

Die Bar- und Kneipenzene ist stetigen Veränderungen unterworfen; man sollte sich von der Reiseleitung und im Hotel beraten lassen. Im Jahr 2004 war weiterhin das ›Khan Brau‹, sehr zentral in der Chinggis Khan Avenue nahe Staatsbibliothek gelegen, der bekannteste Treff mit Bier vom Faß und Biergarten.

Hauptgeschäftsstraße ist die Enkh Taiwan Orgo Choloo mit dem größten Kaufhaus des Landes, geöffnet werktags von 9 bis 20 Uhr, Sa und So von 10 bis 18 Uhr.
Nicht weit entfernt hiervon, nahe der Seulyn-Gudamj-Straße, liegt der Lebensmittelmarkt ›Dalai Eej‹, bekannter als Zirkusmarkt. Direkt dahinter liegt der ›Mercury Food Market‹. Beide sind täglich von 10 bis 20 Uhr geöffnet.
Bevor man den Schwarzmarkt (Black market, Tov baraany) per Taxi besucht, sollte man sich erkundigen, ob ein Besuch aktuell zu Problemen führen könnte. Geöffnet von Mi bis So von 9 bis 18 Uhr.
Nicht nur für Souvenirjäger interessant ist eine Verkaufsstelle, die einen der wenigen Exportschlager des Landes anbietet, nämlich Kaschmirprodukte: ›Gobi Cashmere House‹, Chuvsgalchdyn Organ Choloo, Tel. 313662. Im selben Haus befindet sich ein Second-Hand-Basar. Die Öffnungszeiten sollte man im Hotel erfragen lassen.

Für das weltabgeschiedene Land mit seinen schlechten und teuren Telefondiensten ist das Internet ein wahrer Segen. Es gibt zahlreiche Internet-Cafés, die Stunde kostet etwa einen US-Dollar. Man freut sich überall über ausländische Besucher.
Internet House Café-1: Baga Toiruu, Youth Federation Building, am Ende des Flurs. E-mail: byambaa@mongol.net.

Die große Yasa Dschingis-Khans

Auszüge aus: Mongolische Gesetze. Darstellung des geschriebenen mongolischen Rechts; von Dr. jur. Curt Alinge, Verlag von Theodor Weicher, Leipzig 1934.

(3) Wer bewußt lügt oder sich mit Zauberei abgibt oder einem anderen aufpaßt oder sich zwischen zwei Streitende mischt oder dem einen gegen den anderen hilft, wird mit dem Tode bestraft.

(4) Wer in Asche oder Wasser harnt, wird mit dem Tode bestraft.

(5) Wer Waren empfängt und dreimal hintereinander Bankrott erklärt, wird mit dem Tode bestraft.

(8) Beim Schlachten eines Tieres soll man ihm die Beine fesseln, den Bauch aufschlitzen und das Herz solange mit der Hand zusammendrücken, bis es stirbt; dann kann man sein Fleisch essen. Wer aber das Tier nach Art der Mohammedaner schlachtet, den soll man selbst so schlachten.

(11) Alle Bekenntnisse sollen gleicherweise geehrt werden, da sie Mittel sind, Gott zu gefallen.

(13) Durchreisende sollen bei Leuten, die essen, vom Pferde steigen und, ohne um Erlaubnis zu fragen, mit ihnen essen. Niemand darf es ihnen verbieten.

(14) Verboten ist es, die Hände in Wasser zu tauchen; zum Schöpfen soll ein Gefäß benutzt werden.

(15) Verboten ist es, seine Kleider zu waschen, solange man sie trägt und bis sie nicht völlig abgetragen sind.

(29) Der, bei dem ein gestohlenes Pferd gefunden wird, ist verpflichtet, es seinem Herrn mit neun gleichwertigen Pferden zurückzugeben. Ist er hierzu nicht imstande, so soll man ihm statt der Pferde seine Kinder nehmen, und den, der keine Kinder hat, soll man abschlachten wie einen Hammel.

(30) Die Yasa verbietet: Lüge, Diebstahl, Ehebruch und befiehlt: seinen Nächsten zu lieben wie sich selbst, Beleidigungen nicht zuzufügen und sie völlig zu vergessen, Stadt und Land zu schonen, insofern sie sich freiwillig unterwerfen, Gott geweihte Tempel sowie die Diener Gottes von jeglichen Abgaben zu befreien und zu ehren.

(31) Die Yasa befiehlt: einander zu lieben, nicht die Ehe zu brechen, nicht zu stehlen, nicht falsches Zeugnis abzulegen, kein Verräter zu sein, Alte und Arme zu ehren. Zuwiderhandlungen werden mit dem Tode bestraft.

(32) Wer sich von übermäßigem Essen erbrochen hat, den soll man unter dem Zelt hindurchschleifen und sofort töten. Ebenso soll man den töten, der mit dem Fuß auf die Schwelle des Zeltes des Heerführers tritt.

(33) Wer vom Trinken nicht lassen kann, mag sich dreimal im Monat betrinken. Geht es darüber hinaus, so ist er schuldig. Sich zweimal im Monat zu betrinken, ist besser; einmal noch lobenswerter. Aber überhaupt sich nicht zu betrinken -ja, was kann besser sein als dies? Doch wo ist ein solches Wesen zu finden; Wenn man es aber findet, so ist es allen Ehren würdig.

(34) Kinder von der Beischläferin gelten als eheliche Kinder und erhalten nach der Verfügung Ihres Vaters den entsprechenden Anteil der Erbschaft. Die Teilung des Nachlasses erfolgt so, daß der älteste Sohn mehr erhält als die jüngeren; der jüngste Sohn erbt den Haushalt des Vaters. Der Vorrang im Alter der Kinder richtet sich nach dem Range der Mutter, gewöhnlich entsprechend der Dauer der Ehe.

(35) Über das Schicksal der Frauen seines Vaters verfügt der Sohn nach dessen Tode, ausgenommen seine Mutter, und er kann sie selbst heiraten oder anderen in die Ehe geben.

Datong

Im bevölkerungsreichsten Land der Erde mit nicht wenigen Millionenstädten ist Datong wahrscheinlich die nächste Großstadt, die bei der Einwohnerzahl die Millionengrenze überschreiten wird. Die Industriestadt Datong ist ein Zentrum des Maschinenbaus und bildet das Zentrum eines Kohlebeckens. Der Stadtname bedeutet etwa ›große Einheit‹ und für diesen Traum stand der Ort wohl im 4. Jahrhundert als Zentrum einer der Provinzen nach dem bis in das 6. Jahrhundert andauernden Zerfall des Reiches. Später brachte der Handel mit den Mongolen einen gewaltigen Aufschwung. Die strategisch wichtige Bedeutung ließ Datong zu einer Garnisonsstadt werden.

Heute ist die Stadt vor allem für ihren historischen Altstadtkern und das am Stadtrand gelegene Höhlenkloster bekannt und interessant. Datong und Umgebung besitzen zweifellos die bedeutendsten kulturgeschichtlichen Attraktionen zischen Ulaan Baatar und der Großen Mauer. Im vergangenen Jahr wurde eine

Buddha-Figuren in den Wolkengrat-Grotten

Das hängende Kloster bei Hunyuan

neue Bahnlinie Peking–Datong eröffnet, die nicht mehr über die Bergpässe durch die Große Mauer führt. Auch die nicht Richtung Sibirien fahrenden Züge zwischen Peking und der Mongolei benutzen nun teilweise diese neue Strecke. Einzelne Reiseveranstalter sind bereits umgestiegen und bieten in ihrem Transsib-Angebot einen Hotelstop in Datong oder verbinden Peking und Datong per Bus mit entsprechendem Ausflug zur Chinesischen Mauer.

Stadtrundgang

Vom Bahnhof aus geht man zunächst geradeaus über die Xinjian Beilu und dann an der ersten Kreuzung nach links. Dort kommt man auf die wichtigste Nord-Süd-Magistrale der Stadt, die auf verschiedener Höhe sechs verschiedene Straßennamen hat. Richtung Süden gelangt man zur Altstadt, die von einer 600 Jahre alten, fast quadratischen Stadtmauer umgeben wird. Kurz vor dem gut sichtbaren Trommelturm kreuzt die Straße mit der Da Xijie die zweite wichtigste Geschäftsstraße von Datong. Hier befindet sich auch die Neun-Drachen-Wand. Die ursprünglich als Sichtblende für den Palasteingang gedachte Wand mit einem Mosaik aus Keramikziegeln stammt aus der Zeit der Ming-Dynastie. Weiter südlich befindet sich

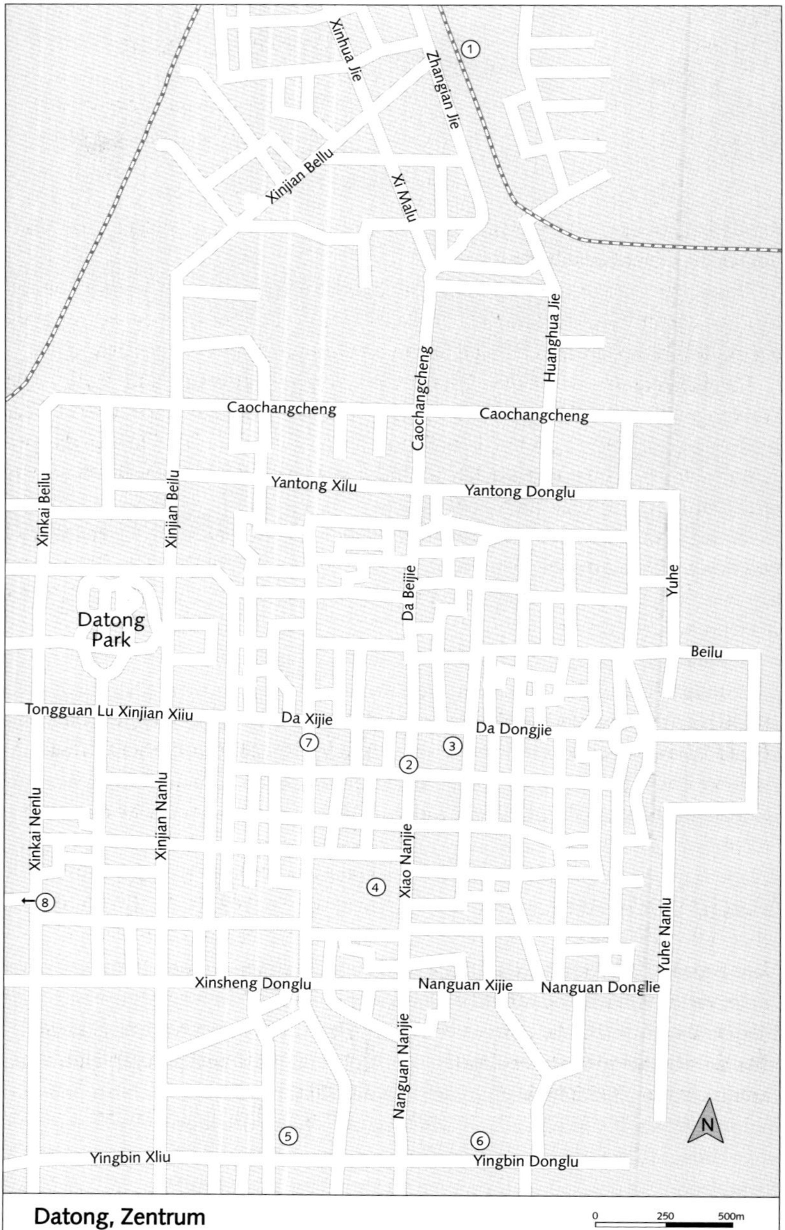

Datong, Zentrum

Legende

1 Bahnhof
2 Trommelturm
3 Neun-Drachen-Wand
4 Shan-Hua-Kloster
5 Hotel ›Datong Binguan‹
6 Hotel ›Yungang‹
7 Restaurant ›Huayan Fandian‹
8 Richtung Wolkengrat-Grotten

das im 8. Jahrhundert begründete Shan-Hua-Kloster mit fünf vergoldeten Buddha-Statuen in seiner Haupthalle.

Datong ist ein Zentrum des chinesischen Lokomotivbaus. Bis 1989 wurden hier noch Dampfloks gebaut. Das am südwestlichen Stadtrand gelegene Werk hat ein großes Dampflokmuseum und kann von Gruppen besichtigt werden.

Die bekannteste Sehenswürdigkeit von Datong liegt etwas außerhalb – die Wolkengrat-Grotten (Yungang). In diesem Höhlenkloster erstrecken sich auf über 1000 Metern Länge insgesamt 53 in Sandstein gehauene Höhlen. Sie beherbergen 50 000 Statuen und Reliefs aus der Zeit zwischen 450 und 500 nach Christus, einige davon sind über zehn Meter hoch.

In der Umgebung nordöstlich von Datong sind auch alte, meist weitgehend verfallene Abschnitte der Großen Mauer zu finden. In 80 Kilometer Entfernung liegt bei Hunyuan das berühmte an eine Felswand geschmiegte Hängende Kloster aus dem 4. Jahrhundert.

Zeitunterschied: MEZ plus sieben Stunden.
Vorwahl: 03 52.
Hauptpostamt: Ecke Da Xijie/Xinjian Nanlu, Tel. 203 33 36.
Bank: Bank of China, Ecke Caochangcheng Jie/Caochangcheng Xilu, Tel. 503 37 90.
Reisebüro: CITS, Yingbin Donglu 21, im Hotel Yungang, Tel. 502 41 76.

Der Bahnhof befindet sich nordöstlich des Stadtzentrums, Tel. 712 34 56.

Der Flughafen liegt südlich der Stadt und hat nur regionale Bedeutung, Tel. 204 40 39.

Als das beste Hotel der Stadt gilt das südlich der Altstadt gelegene ›Datong Binguan, Yingbin Xilu, Tel. 203 24 76. Eine günstige Alternative ist das in der selben Straße gelegene ›Yungang‹, Tel. 502 16 01.

Empfehlenswert ist u. a. das Restaurant ›Huayan Fandian‹ (Da Xijie).

Harbin

Harbin ist die Hauptstadt der Heilongjiang genannten chinesischen Amurprovinz. Heilongjiang bedeutet ›Schwarzer Drachenfluß‹ – die chinesische Bezeichnung des Amurstromes. Mit ihren heute 2,6 Millionen Einwohnern ist die lebendige Metropole im wahrsten Sinne des Wortes ein Produkt der Transsibirischen Eisenbahn. Die ersten Siedlungsspuren eines Dorfes namens Arjin reichen zwar bis in das 12. Jahrhundert zurück, die Entwicklung des Ortes begann aber mit dem Eisenbahnbau. Hier sollte die Streckenführung den Amurnebenfluß Songhua (russ. Sungari) überwinden und sich dann einerseits nach Süden in Richtung Dalnyj und Port Arthur und andererseits in Richtung Osten zur bereits bestehenden Ussurij-Linie bewegen. Der Ortsname Harbin stammt wahrscheinlich vom mandschurischen Wort Harba – Furt ab. Da alle notwendigen Materialien für den Eisenbahnbau durch die Mandschurei über den Fluß hierher gebracht wurden, entstanden an dieser Furt die Infrastruktur und der Verwaltungssitz der ostchinesischen Eisenbahn. Harbin entwickelte sich mit der Eisenbahn ungeachtet der gewaltigen Schwierigkeiten der ersten Jahre als russische Stadt in China. Ab 1897 begann der Bau der Bahn, ab 1903 verkehrten die Züge regelmäßig. Aber bereits im Vorfeld des russisch-japanischen Krieges war die Bahnlinie zum Zankapfel der künftigen Kriegsgegner geworden, und 1906 verlor Rußland nach dem Krieg auch die Südtrasse nach Dalnyj an Japan.

Doch Harbin entwickelte sich als Schnittstelle zwischen Ost und West sehr dynamisch und zog Händler und Kaufleute aus vielen Ländern an. Nach der Revo-

Der Bahnhof von Harbin

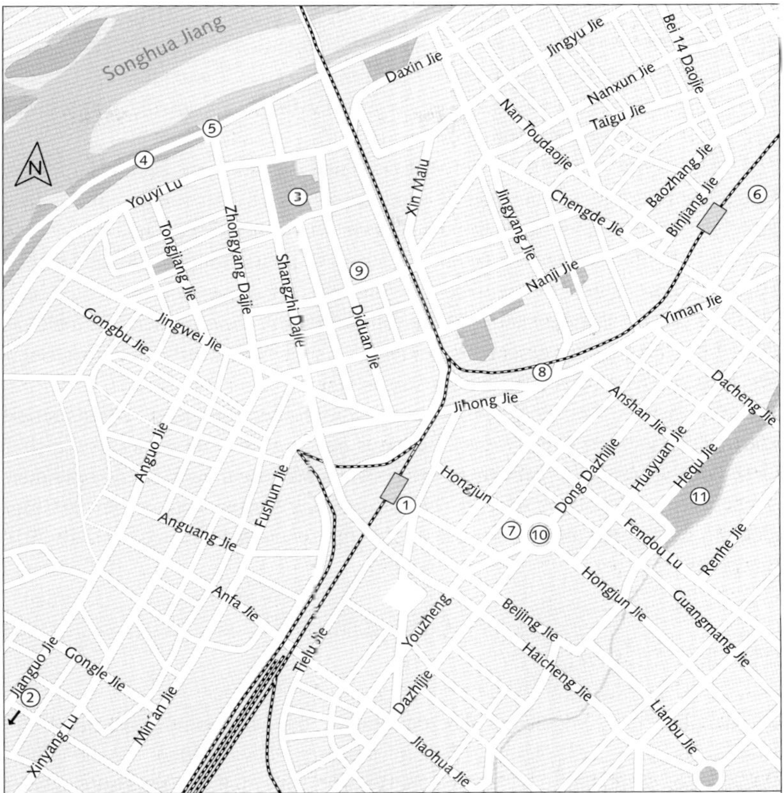

Harbin, Zentrum

Legende

1 Bahnhof
2 Flughafen
3 Zhaolinpark
4 Stalinpark
5 Flutdenkmal
6 Jile Tempel mit Kloster
7 Heimatkundemuseum
8 Märtyrermuseum
9 Sophienkirche
10 Unterirdischer Markt
11 Pioniereisenbahn

lution 1917 und dem folgenden Bürgerkrieg wurde Harbin zu einem zentralen Fluchtpunkt für die Bevölkerung Sibiriens. Von knapp einer Million russischer Flüchtlinge ließen sich über 100 000 in Harbin nieder. Sie machten damit fast ein Drittel der Bevölkerung aus, und so wurde die Stadt bis in die 30er und 40er Jahre zu einem bedeutenden Zentrum der russischen Emigration. Nach der Entstehung des japanischen Protektorats Manschuko 1931 und dem folgenden Verkauf der Ostchinesischen Eisenbahn an Japan verloren aber viele Russen ihre an die Bahn gebundene wirtschaftliche Basis und verließen die Stadt sowohl in Richtung Sowjetunion als auch in andere Länder.

Die Wirren nach dem Zweiten Weltkrieg und die neue politische Perspektive Chinas, vor der die verbliebenen Russen bereits in den 20er Jahren aus Rußland geflohen waren, ließen sie nun vorrangig in westliche Länder auswandern. So wurde ein Schlußstrich unter die noch heute im Stadtbild wahrzunehmenden, russischen Episoden in der Geschichte der Stadt gesetzt. Unter dem roten Stern entwickelte sich die Handelsmetropole Harbin gemäß der chinesischen Diktion ohne den russischen und japanischen Kolonialdruck zum bedeutendsten Verwaltungs- und Industriestandort im Nordosten Chinas.

Heute hat die Stadt für die Zukunft auch wieder ehrgeizige internationale Pläne. Dabei sollen neben dem Tourismus aufgrund des russisch-chinesischen Grenzhandels auch die gemeinsamen Wurzeln wieder an Bedeutung gewinnen. Unter den Partnerstädten befindet sich das dänische Aarhus. Vor kurzem hat China sich mit Harbin um die Austragung der Olympischen Winterspiele im Jahr 2010 beworben.

Stadtrundgang

Die Bahnlinie durchkreuzt das Stadtzentrum Harbins. Vom Bahnhofsvorplatz führt langsam ansteigend die Hongjun Jie zum zentralen Platz der Stadt, wo die großen Hochhäuser, Kaufhäuser und Märkte locken. Um zum Fluß und zur Fußgängerzone in der Zhangjiang-Straße zu gelangen, muß man die ausufernden Eisenbahnanlagen entweder linker Hand über die 2002 neu errichtete Brücke der Shangzhi Dajie oder rechter Hand über die historische Brücke der Jihong Jie überqueren. Das Ziel, die etwa 1,5 Kilometer lange Zhangjiang-Straße war schon in der Vergangenheit die bekannteste Einkaufsstraße der in der Stadt lebenden Ausländer. Mit entsprechender Rekonstruktion wurde sie 1997 in eine Fußgängerzone umgewandelt. Die russisch geprägte Architekturmischung des beginnenden 20. Jahrhunderts aus Historismus und Jugendstil blieb weitestgehend erhalten. Cafés und Geschäfte der Flaniermeile strahlen ein ansonsten für China eher exotisches, fast etwas europäisches Flair aus, das sich teilweise auch in den mit Xi von 1 bis 14 durchnummerierten Seitenstraßen fortsetzt.

Über die Xi 12 Daojie gelangt man auf einen großen Platz, der durch das Harbiner Kaufhaus Nr. 1 bestimmt wird. Dahinter rechts erhebt sich das Gebäude der früher größten russisch-orthodoxen Kirche der Stadt. Die Sophienkirche (Sheng

Suofeiya Jiaotang) mit ihrer 53 Meter hohen Zwiebelkuppel wurde zwischen 1923 und 1932 erbaut. Sie beherbergt heute neben einer kleiner Reliqiuenausstellung das Museum für Stadtgeschichte. Die Exposition geht aber in einem hinter der Kirche gelegenen, unterirdischen Ausstellungssaal, wo vor allem ein gigantisches Stadtmodell beeindruckt, noch weiter. (Ecke Zhaolin Jie/Xi 14 Daojie, Tel. 4 68 69 04). Wenn man der Zhaolin Jie in Richtung Fluß folgt, gelangt man zum Zhaolin-Park, der ebenso wie die Straße nach dem Armeegeneral Li Zhaolin (1908–1946) benannt wurde, der sich im Kampf gegen die Japaner verdient gemacht hatte und hier auch begraben wurde. Der Park beherbergt seit 1985 alljährlich vom 5. Januar bis zum 15. Februar Harbins größte touristische Attraktion: das dank eines hartes Kontinentalklimas und eines entsprechend garantiert eisigen Winters mögliche Eislaternenfest. Phantastische, hell und farbenprächtig illuminierte Eisskulpturen locken in wachsendem Maße in- und ausländische Besucher in den Zhaolin-Park und auch auf das Eis an den Ufern des Songhua Flusses. An der Strandpromenade erstreckt sich der immer noch nach Joseph Stalin benannte Stadtpark, der in Richtung Autobahnbrücke in den Jiuzhan-Park übergeht. Ein halbrundes Monument erinnert an die Hochwasserkatastrophe des Jahres 1957 und würdigt die vielen freiwilligen Helfer von damals. Der Fluß wird hier auch von der historischen Transsib-Eisenbahnbrücke überquert. Daneben kann man auch mit einer imposanten Seilbahn oder mit kleinen Fährtaxen auf das andere Flußufer übersetzen, wo sich weitere Parkanlagen erstrecken. Im Winter kann der zugefrorene Fluß auch zu Fuß überquert werden.

Die Sophienkirche

Zurück zum Bahnhof, gelangt man nun über die Hongjun Jie zum Hongbo-Platz, dem Museumsplatz. Hier stand früher die erste Harbiner Kirche. Aus Holz 1899 erbaut, wurde die Nikolaikirche später zur Kathedrale. Mit Blick vom oder zum Bahnhof war sie ein beliebtes Ansichtskartenmotiv. Heute bildet den Mittelpunkt des Platzes das Handelzentrum ›Schneeflocke‹. Der Handel selbst floriert auf zwei riesigen unterirdischen Etagen, eine kleine Ausstellung erinnert an die

Geschichte des Platzes. Am Platz befindet sich auch das örtliche Theater und im ursprünglichen Kaufhaus ›Moskau‹ das Heimatmuseum der Provinz Heilongjiang, das in zwei Dauerausstellungen Natur und Geschichte der Region präsentiert. Daneben gibt es noch ein ›Museum für die revolutionären Märtyrer des Nordostens‹ (Ecke Jihong Jie/Jingyang Jie).

Am Museumsplatz kreuzt die vom Bahnhof kommende Straße die Dongdazhi Jie. Wenn man ihr nach links in Richtung Osten folgt, gelangt man zunächst in das Einkaufsviertel auf der Fendou Lu. Immer geradeaus kommt kurz vor dem rummelgleichen Kulturpark eine kleine Fußgängerzone, auf deren linker Seite ein interessantes buddhistisches Heiligtum zu besichtigen ist. Der 1924 errichtete Tempel des Paradieses (Jile Si) ist mit über 70 Mönchen das größte Kloster der

Die Einfahrt zum Tigerpark bei Harbin

Provinz und beeindruckt durch die verschiedenen Hallen der Tempelanlage sowie durch eine gewaltige, siebenstufige Pagode.

Weitere Sehenswürdigkeiten etwas abseits des Stadtzentrums sind der Tierpark, die 1956 eingeweihte erste Pioniereisenbahn Chinas und ein neuer Themenpark, der unter dem Namen ›Fenster nach Europa‹ kitschige Miniaturdarstellungen von Sehenswürdigkeiten der westlichen Welt wie u.a. der Moskauer Basilius-Kathedrale oder des Pariser Triumpfbogens zeigt.

Nördlich von Harbin befindet sich eine Forschungseinrichtung für sibirische Tiger, die man bei uns Amurtiger nennt. Hier leben mittlerweile über 70 Amurtiger in 360 000 Quadratmeter abgezäunter freier Wildbahn. In Teilen dieses kommerzialisierten Tigerparks kann man safariähnlich mit Kleinbussen durch den Park fahren und die Tiere beobachten (Songbei, Tel. 4 09 00 98, Bus Nr. 85).

Im Harbiner Vorort Pingfang erinnert dagegen ein Museum an die Opfer eines besonders schrecklichen Kapitels der Harbiner Geschichte und japanische Kriegsverbrechen. In Pingfang befand sich unter der japanischen Okkupation ein Zentrum für bakteriologische Forschung, wo Japans Faschisten an chinesischen Häftlingen bakteriologische Waffen und für mögliche Agressionen in Richtung Sibirien die Wirkung extremer Frosttemperaturen auf den menschlichen Körper testeten (Xinjiang Dajie, Tel. 6 80 41 04, Bus Nr. 338).

Zeitunterschied: MEZ plus sieben Stunden.
Vorwahl: 04 51.
Hauptpostamt: Ecke Dongdazhi Jie/Fendou Li.
Bank: Bank of China, Honguin Jie.
Reisebüro: CITS, Zhongyang Dajie.
Taxi: Tel. 6 32 39 00.

Der Bahnhof befindet sich im Stadtzentrum. Im Jahr 2002 wurde er umfassend renoviert, Tel. 2 34 56 28.

Der 1996 errichtete Flughafenneubau Taipin befindet sich 50 km südöstlich des Stadtzentrums.
Es gibt internationale Flüge nach Seoul, Vladivostok und Chabarovsk, Tel. 2 89 42 19.

Neben dem Bahnhof befindet sich das Hotel ›Kunlun‹, Tielu Jie 8, Tel. 3 60 66 88. Alternativen in Nähe des Flusses Songhua sind das ›Songhuajiang Gloria Inn‹, Zhongyang Dajie 257, Tel. 4 63 88 55, oder das ›Shangri La‹, You Jie Lu 555, Tel. 4 85 88 88.

Empfehlenswert sind die Restaurants des Hotels ›Gloria Inn‹. Sehr beliebt ist das auf der Hauptstraße zwei Ecken weiter gelegene ›Russian Tea House‹, Xi Toudao Jie 57, Tel. 4 56 32 07.
Viele Restaurants gibt es in der Zhongyang Dajie.

www.harbin2010.org.cn.
Internet-Café: Join us Plaza, Ecke Songhua Jie/Wang Gang.

Dalian

Kaum jemand weiß heute, daß sich der eigentliche Endpunkt der Großen Sibirischen Bahn in den ersten Jahren im heutigen Dalian befand. Wer damals nach Vladivostok wollte, mußte in Harbin umsteigen, wo der durchgehende Transsibirien-Expreß nach Süden abbog und in den noch ziemlich unbekannten Ort mit dem damaligen Namen Dal'ňyj fuhr. Das Zarenreich hatte große Pläne für seine neuen gepachteten Eroberungen in der Südmandschurei. Neben dem Hauptstützpunkt für die russische Pazifikflotte in Port Arthur wollte man mit ehrgeizigen Investitionen Dal'ňyj zu einer großen Hafenstadt und Handelsmetropole werden lassen, das zu Beginn des 20. Jahrhunderts als russisches Pendant zu San Francisco in aller Munde war. Doch der Krieg zwischen Rußland und Japan und die vernichtende Niederlage Rußlands bescherten dem Traum ein schnelles Ende, da man diese Territorien und den Südteil der südmandschurischen Eisenbahn an Japan abtreten mußte und somit Vladivostok seine ursprüngliche Bedeutung für Rußland und die Transsib zurückerlangte.

Die Geschichte der Stadt Dalian ist wechselvoll. Unter japanischer Herrschaft hieß die Stadt Dairen und entwickelte sich zu einer bedeutenden Hafen- und Industriestadt. In der pazifischen Endphase des Zweiten Weltkrieges landeten am 23. August 1945 russische Truppen auf der Halbinsel Liaodong. Die Japaner übergaben die Stadt daraufhin kampflos. Die Rote Armee verließ die Mandschurei 1955.

Blick vom Fernsehturm über Dalian

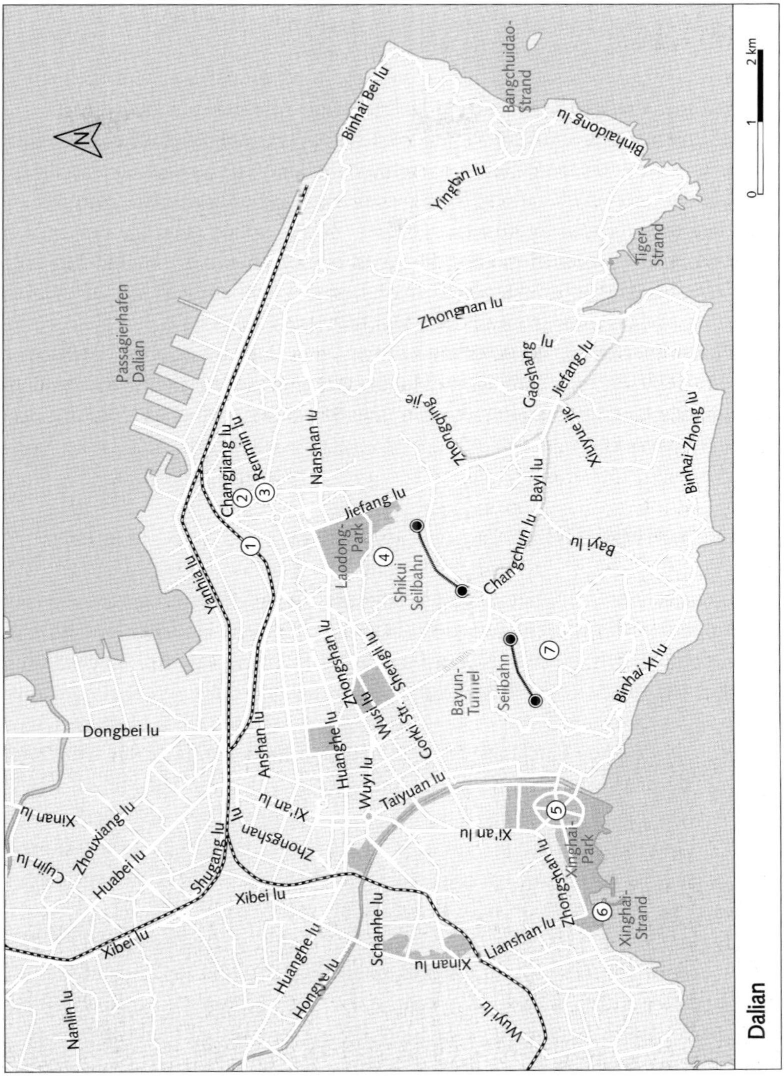

Legende

1 Hauptbahnhof
2 Hauptpost
3 Zhongshan-Platz
4 Fernsehturm
5 Messezentrum
6 Meerespark ›Ocean World‹
7 Zoo

Heute leben 2,4 Millionen Menschen in Dalian, das ohne Zweifel zu den attraktivsten Metropolen Chinas gehört. In einem für diese Breitengrade vergleichsweise milden Meeresklima fügen sich die verschiedenen Stadtteile harmonisch in die hügelige Landschaft der Halbinsel ein. Mit seinen Stränden und Parks bietet Dalian seinen Bewohnern und Gästen viele Freizeitmöglichkeiten. Neben Hafen und Gewerbegebieten gibt es ein architektonisch interessantes Stadtzentrum, in dem sowohl die alten Viertel als auch die moderne Skyline die Einflüsse verschiedener Stilrichtungen verraten. Die Wirtschaft der Stadt boomt unverkennbar. Dalian wird auch oft als ›die kleine Schwester von Schanghai‹ bezeichnet. Daneben gilt sie in China als Hauptstadt des Fußballs und der Mode. Die ›Dalianer Dachse‹ sind zum fünften Mal in Folge chinesischer Fußballmeister. Die Modemessen in der Stadt locken nicht nur heimische Designer an. Alljährlich findet zur Zeit der Akazienblüte im Mai ein großes Programm mit farbenprächtigen Umzügen und Shows statt. Dalian unterhält Städtepartnerschaften mit Bremen und Rostock.

Stadtrundgang

Der Hauptbahnhof befindet sich am nördlichen Rand des Stadtzentrums, das vor allem durch unzählige, in den letzten Jahren entstandene Hochhäuser und viele grüne Parkanlagen gekennzeichnet ist. Vorbei an einem aus drei Hochhäusern bestehenden Quartal gelangt man auf die Zhongshan Lu, die als die Hauptstraße gilt und in Richtung Osten zum Passagierhafen führt. Dabei überquert man zunächst den Yonhao Platz und erreicht an der übernächsten Kreuzung den Zhongshan Platz. Das Rondell mit einem Durchmesser von etwa 200 Metern war in der Gründerzeit der zentrale Platz und ist bis heute von geschichtsträchtigen Gebäuden im Kolonialstil umgeben. Die Hauptstraße zum Hafenterminal heißt ab hier Renmin Lu. Wenn man aber hier der Shanghai Lu in Richtung Norden folgt und die Bahngleise überquert, sieht man in Richtung Hafen auf das Gelände, auf dem vor gut 100 Jahren die Züge der Großen Sibirischen Bahn ihr Ziel erreicht hatten. In Dalian allerdings erinnert nichts an die Rolle des Ortes als erste Endstation der Transsib. Man bekennt sich aber zu den russischen und japanischen Spuren in der eigenen Geschichte. Einerseits betont man die freie Entwicklung der Stadt nach den Jahren der russischen und japanischen Unterjochung und andererseits würdigt man diese Etappen der Stadtgeschichte durch zwei im jeweiligen typischen Baustil mit einem leichten Hauch von Disneyworld rekonstruierte Straßen. Als Fußgängerzonen heißen sie heute ›Straße des russischen Flairs‹ und ›Straße des japanischen Flairs‹ und sollen vor allem Touristen anlocken.

Der Bahnhof hat sich in 100 Jahren kaum verändert

Wenn man der Zhongshan Lu in Richtung Westen folgt und die Jiefang Lu in Richtung Süden geht, gelangt man zum Laodong-Park, der größten Grünanlage im Stadtzentrum Dalians, die durch eine Skulpturenallee mit den chinesischen Sternzeichen zu einem Ausstellungsforum in Fußballform führt. Hier fährt auch eine Seilbahn zum Fernsehturm empor, wo man von der Aussichtsplattform einen phantastischen Ausblick auf das Stadtzentrum und die gesamte Halbinsel hat.

An der Xinghai-Bucht im Süden der Halbinsel befindet sich der gleichnamige Park zu Ehren des 100jährigen Stadtjubiläums. Hinter vier Hochhäusern steht eine von Neuschwanstein inspirierte Backsteinburg, die ein Aquarium beherbergt. Im angrenzenden Messezentrum befindet sich auch das ›Modern Museum‹ genannte Heimatmuseum der Stadt. In dem quadratischen Neubau mit Kuppel findet man neben Geschichte und wechselnden Ausstellungen eine gigantische Selbstvermarktung der Stadt und ihrer Wirtschaft (Huizhan Lu 10, Tel. 4801025). Weiter südlich an der Festlandküste befindet sich der Meerespark ›Ocean World‹. Hier liegen auch die größten Badestrände der Stadt.

Auf der Uferstraße gelangt man in Richtung Osten an den Eingang zum Zoo und Safaripark. Während sich der mit Bussen zu durchfahrende Safaripark an den Uferhängen entlangzieht, weist eine Seilbahn den Weg über den südlichen Kamm der Halbinsel zum im nächsten Tal phantastisch gelegenen Zoo. Während der Seilbahnfahrt hat man eine sehr schöne Aussicht.

In Dalian ist für Touristen die Buslinie 801 zu empfehlen. Sie startet am Bahnhof und fährt auf einem 48 Kilometer langen Rundkurs um die Halbinsel an den meisten Sehenswürdigkeiten vorbei. Generell hat die Stadt ein vergleichsweise sehr gutes Busnetz, auf dem viele Doppeldecker unterwegs sind. Aufgrund des hügeligen Stadtbildes findet man in Dalian im Vergleich zu anderen chinesischen Großstädten auch deutlich weniger Fahrräder.

Zeitunterschied: MEZ plus sieben Stunden.
Vorwahl: 0411.
Hauptpostamt: Chanjang Lu.
Bank: Bank of China, Zhongshan Sq. 9.
Reisebüro: CITS, Chantong Jie 1, 4. Stock, Tel. 3687956.

Dalian hat vier Bahnhöfe. Der im Zentrum befindliche Hauptbahnhof wurde 2002 umfassend rekonstruiert und umgebaut. Es gibt täglich 6 Expreßzüge nach Shenyang, die zwischen 4 (nonstop) und 6 Stunden unterwegs sind. Weitere Züge fahren nach Beijing, Jiliin, Changchun und Lüshün.

Der örtliche Flughafen Zhoushuizi befindet sich 15 km nordwestlich des Stadtzentrums. Neben vielen Inlandsflügen gibt es Flüge nach Tokyo, Osaka und Seoul.

Es gibt Fährverbindungen nach Shanghai und nach Südkorea.

Im Stadtzentrum sind viele bekannte Hotelketten vertreten. Das ›Hilton‹ befindet sich in einem ovalen Turm (Changjiang Lu 123, Tel. 2529999). Am Bahnhof steht das ›Holiday Inn‹, Shengli Sq. 18, Tel. 2808888). Empfehlenswert ist auch das 10stöckige ›Sea Horizon Jiangdo‹ (Xibin Hailu 81, Tel. 2403399) am Südufer der Halbinsel mit Pazifikblick.

Die Auswahl an Restaurants aller Klassen läßt kaum Wünsche offen. In der Tianjin Lu gibt es viele kleine Gaststätten.

www.dalian.gov.cn (C/E).

Lüshun

Lüshun, auch Lüshunkou genannt, ist heute ein Stadtteil von Dalian. Der an der Südspitze der Halbinsel Liaodong und etwa 35 Kilometer vom eigentlichen Dalian entfernte Ort ist aber besser unter seinem alten Namen Port Arthur bekannt. Während des Opiumkrieges ging ein britisches Schiff unter seinem Kapitän William S. Arthur in dem nur durch eine enge Durchfahrt zu erreichenden und ringsum durch felsige Hügel abgeschirmten Hafen vor Anker, und Dorf samt Hafen hatten fortan einen Namen. Geschichte wurde in dieser etwa fünf Kilometer langen Bucht in den Jahren 1904 und 1905 geschrieben. Rußland hatte den Ort mit seinem windgeschützten Hafen im Rahmen seiner aus dem Bau der Transsib resultierenden ›Pachtoffensive‹ in der Mandschurei zum künftigen zentralen Hafen für seine Pazifikflotte erkoren und China geholfen, die seit 1894 hier engagierten Japaner nach nur vier Jahren wieder zum Abzug zu bewegen. Doch vergleichbar mit Pearl Harbor im Jahr 1941 begann Japan seinen Krieg gegen Rußland am 8. Februar 1904 mit einem Überraschungsangriff zur Vernichtung großer Teile der russischen Flotte in deren eigenem Hafen. Es folgten ein monatelanger Belagerungskessel für den russischen Stützpunkt im Süden der durch die japanischen Landtruppen abgeschnittenen Halbinsel.

In Lüshun, dem ehemaligen Port Arthur

Im Ergebnis des den russisch-japanischen Krieg beendenden Friedensvertrages verlor Rußland das Gebiet an Japan. Nachdem die Sowjetunion im Zweiten Weltkrieg die Japaner in der Mandschurei besiegt hatte, schloß sie mit China einen neuen 30jährigen Pachtvertrag für die Flottenbasis, zog sich aber bereits nach zehn Jahren endgültig aus Port Arthur zurück.

Heute ist Lüshun einer der wichtigsten chinesischen Flottenstützpunkte und im Prinzip für Ausländer geschlossen. Es gibt organisierte und vor allem bei russischen und japanischen Touristen populäre Busexkursionen, die das Museum der Belagerung an der sogenannten Höhe 203 und einen japanischen und russisch-sowjetischen Friedhof besuchen. Das Denkmal für den sowjetischen Soldaten vor dem Friedhof wurde 1999 aus Dalian hierher verlagert. Das Stadtzentrum wird durch einen alten japanischen Aussichtsturm am Berg und den Turm der sowjetisch-chinesischen Freundschaft am Hafen geprägt. Neben mehreren Museen in den alten Festungsanlagen gibt es ein Heimatmuseum und ein Schlangenmuseum, zu dem ›Langnasen‹ aber der Zutritt verwehrt wird. An mehreren Stellen findet man noch alte, im Kolonialstil erbaute Häuser. Der mit der Fertigstellung der Südmandschurischen Eisenbahn von den Russen aus Holz erbaute Bahnhof sieht noch genau so aus wie auf den Fotos von vor 100 Jahren.

Peking (Beijing)

Die Stadt mit ihrer Umgebung war immer Mittelpunkt chinesischer Kultur und Politik, wenn sie auch nicht immer die Hauptstadt Chinas war. Menschen lebten schon lange in der Gegend des heutigen Peking. Die Reste des berühmten ›Peking-Menschen‹ wurden 1921 etwa 50 Kilometer südlich der heutigen Stadt ausgegraben und bewiesen, daß schon vor rund 500 000 Jahren Menschen siedelten. Chinesische Urkunden gehen nur bis ins 12. Jahrhundert zurück. Dennoch weiß man aufgrund archäologischer Funde, daß 1600 bis 1100 vor Christus hier eine kleine Siedlung mit namens Ji entstanden ist. Im Jahre 221 vor Christus nahm der erste Kaiser von China, Qin Shi Huang Di (221–210 v. Chr.), den Ort Ji ein und machte daraus eine Militärbastion gegen die Völker des Nordens.

Unter allen Kaiserstädten Chinas ist Peking die jüngste. Der Mongolenkaiser Kublai-Khan (1260–1294) ließ hier als erster eine große Palaststadt errichten, die unter dem Namen Dadu oder auch Khanbalik Berühmtheit erlangte, in Europa vor allem durch die überschwenglichen Berichte des Marco Polo, der deswegen als Lügner bezeichnet wurde. Bei der Vertreibung der Mongolen durch die Ming-Kaiser um 1368 wurde Dadu zerstört und an ihrer Stelle die heutige Kaiserstadt erbaut. Peking blieb – mit kleinen Unterbrechungen – von da an bis heute die Hauptstadt Chinas.

Die Stadt ist mit 16800 Quadratkilometern Fläche und mehr als 14 Millionen Einwohnern das politische Zentrum der 1949 gegründeten Volksrepublik. Hier tagt der Nationale Volkskongreß, und die meisten zentralen Behörden, Ämter und Ministerien haben hier ihren Sitz. Nach der Öffnung der Volksrepublik zur Welt im Jahre 1978 hat sich Peking zu einer modernen Großstadt entwickelt und gehört heute zu den großen Hauptstädten.

Ein Streifzug vom Bahnhof aus

Stadtrundfahrten im klassischen Sinne, wie wir sie aus europäischen Hauptstädten kennen, wären in Peking sinnlos. Man sähe nur Mauern, moderne Hochhäuser und chaotischen Verkehr. Peking erschließt sich dem Besucher nur mit gezielten Ausflügen, die entweder mit den Bussen von Reiseveranstaltern oder mit dem Taxi gemacht werden. Mit unseren Empfehlungen beschränken wir uns auf die wichtigsten Stätten, die man in ein Besuchsprogramm aufnehmen sollte. Taxifahren ist in Peking nicht teurer als die meisten öffentlichen Verkehrsmittel in Europa. Sprachschwierigkeiten muß man dabei nicht fürchten, obwohl nicht alle Taxifahrer Englisch sprechen: Man läßt sich im Hotel oder vom lokalen Reiseführer

Tradition und Moderne friedlich vereint

den gewünschten Ort in chinesischer Schrift auf einen Zettel schreiben und zeigt ihn dem Taxifahrer. Er wird den Besucher dann zuverlässig auf dem besten Wege dorthin bringen, und mit der Visitenkarte des Hotels findet man ebenso sicher wieder zurück. Alle Taxis haben Taxameter, Verhandlungen um den Preis erübrigen sich. Falls ein Taxifahrer den Taxameter nicht einschalten will – das kommt mitunter in der Nähe der typischen Touristenplätze vor –, nimmt man ein anderes Taxi. Einige Orte sind auch gut mit der U-Bahn zu erreichen, die aus einer Ringlinie um die alte Stadt und einer Querlinie von Osten nach Westen unter der Khang An Avenue besteht. Von der Benutzung der ständig überfüllten öffentlichen Busse ist abzuraten.

Wer zwischen zwei Zügen oder zwischen Flug- und Bahntransport nur ein paar Stunden Zeit hat, kann sich vom Hauptbahnhof aus (nicht Westbahnhof) auf die folgende Wanderung machen: Wenn man mit dem Rücken zum Hauptbahnhof steht, sieht man eine breite Straße, die nach Norden führt. Diese Straße geht man entlang, bis man an einer breiten Querstraße, der Jianguomen Nei, angekommen ist. An der Nordostecke der Kreuzung steht das ›International Hotel‹, erkennbar an seinen runden Drehrestaurant auf dem Dach. Dort biegt man nach rechts (Osten) ab und geht auf der südlichen Seite an zwei großen Einkaufszentren (mit zahlreichen Imbissen und Fast-Food-Restaurants) entlang, bis man auf der südlichen Seite vor einen großen Kreuzungsbauwerk (Jianguomen Nei/Ecke 2. Ring-

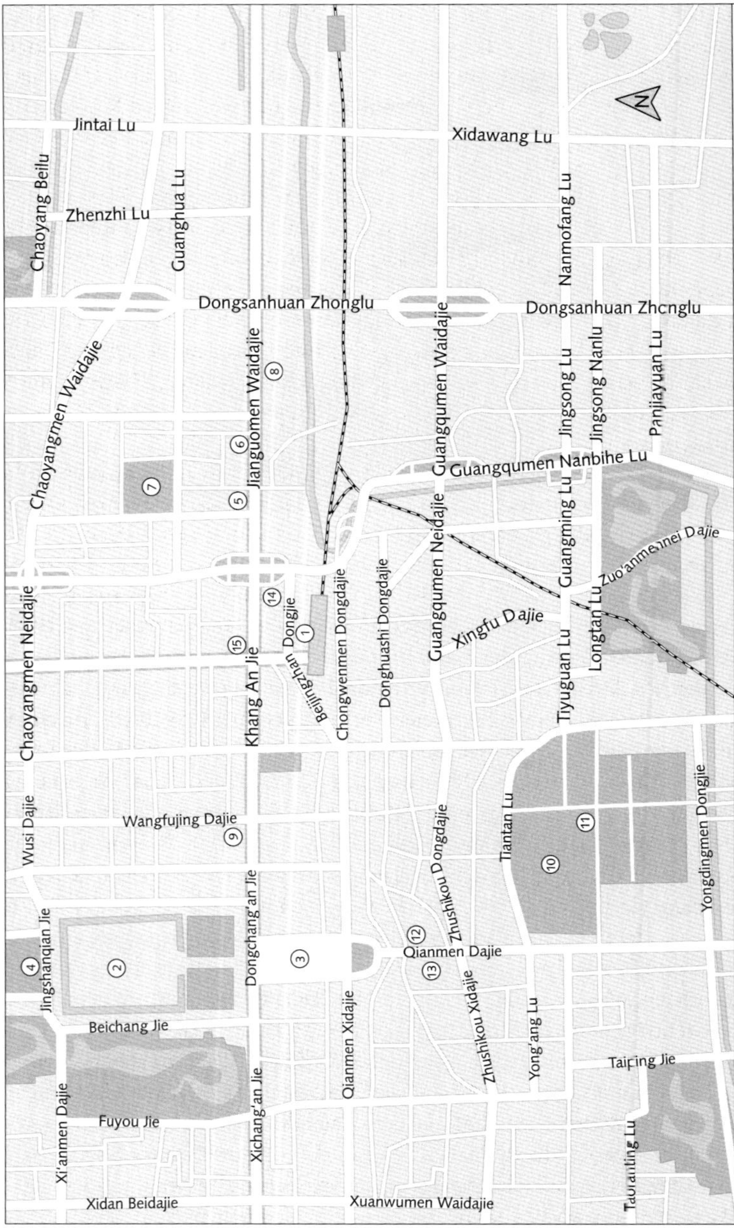

Peking (Beijing), Zentrum

straße) die Reste eines Eckturms der alten Stadtmauer mit altertümlichen astronomischen Instrumenten sehen kann. Dieses Observatorium (Guanxiangtai) wurde 1442 in der Mingzeit erbaut und 1982 restauriert. Sechs der acht ausgestellten Instrumente wurden im 17. Jahrhundert von dem belgischen Jesuiten Ferdinand Verbiest geschaffen. Die Patres waren so gute Astronomen, daß ihnen die Kaiser die Leitung des Observatoriums übertrugen.

Wenn man nicht so viel Zeit hat, kann man den Fußweg vom Bahnhof zum Observatorium auch mit der U-Bahn zurücklegen. Auf dem Bahnhofsvorplatz befinden sich zwei Eingänge zum U-Bahn-System, erkennbar an den Pavillons mit Fensterscheiben und an einem Symbol, das wie ein großes G aussieht. Man steigt hinunter und fährt für drei Yuan (Fahrkartenschalter) zur nächsten Station Jianguomen. Die Richtung ist auf einem Hinweisschild auch in lateinischen Buchstaben am Bahnsteigeingang angezeigt, es sind etwa vier Minuten Fahrzeit. Wenn man die Station am südlichen Ende verläßt, kommt man direkt am Fuße des Observatoriums heraus.

Wenn man sehr viel Zeit hat oder einkaufen möchte, wendet man sich nach dem Besuch des Observatoriums über die Kreuzung hinweg weiter nach Osten. Auf der Nordseite der Straße steht das große Verwaltungsgebäude der CITIC. Rechts daneben befindet sich der alte Freundschaftsladen, in dem man alles an Chinoiserien kaufen kann, was das Herz begehrt. Im Erdgeschoß befindet sich eine Filiale von Pizza Hut, neben dem Haupteingang ein Starbuck Coffeshop. Man erkennt den Laden an der Aufschrift Friendship Store.

Auf dem Rückweg zum ›Hotel International‹ kommt man am Khang An Theater vorbei, in dem täglich Pekingopern aufgeführt werden, die nicht für Touristen aufbereitet wurden. (Die Aufführungen dauern zwei bis drei Stunden; die Kasse befindet sich hinter der rechten Rolltreppe am Haupteingang, es gibt fast immer Karten. Die Vorstellungen beginnen um 19.30 Uhr. Man kann dort ohne fremde Hilfe selbst hingehen.).

Man läuft dann immer weiter nach Westen, bis man auf der Nordseite rechts den Eingang zur Fußgängerzone, der Wangfujing, sieht. Sie ist leicht auszuma-

Legende

1 Hauptbahnhof
2 Verbotene Stadt
3 Tiananmen-Platz
4 Park mit Aussichtshügel
5 Freundschaftsladen
6 Seiden- oder Russenmarkt
7 Ritan-Park mit Gartenrestaurant
8 Pekingenten-Spezialrestaurant
9 Fußgängerzone
10 Tiantan-Park
11 Himmelstempel
12 Pekingenten-Spezialrestaurant
13 Abwechslungsreicher Einkaufsbezirk
14 Altes Observatorium
15 International Hotel

Öffentlicher Nahverkehr

chen: sehr breit, links der weiße Turm des ›Peking Hotels‹, rechts der gigantische Block eines Geschäftszentrums. Der Weg vom Observatorium zur Wangfujing ist weit. Es ist daher ratsam, mit der U-Bahn zu fahren. Einer der Eingänge der Station Jianguomen befindet sich an der Jianguomen Nei vor dem Observatorium. Dort nimmt man die Treppe, die nach Westen zeigt, und kommt dann mehr oder weniger direkt auf den Bahnsteig der neuesten U-Bahnlinie durch Peking. Diese Linie, an der fast 25 Jahre gebaut wurde, folgt der Jianguomen Nei, die dann ab der Füßgängerzone nach Westen den Namen Khang An trägt. Man fährt etwa fünf Minuten nach Westen, steigt an der Station Wanfujing aus und steht dann an der Oberfläche direkt vor dem Eingang der Fußgängerzone.

Die Fußgängerzone geht man dann auf der rechten Seite, der Ostseite, nach Norden. Rechts und links stehen Kaufhäuser aller Art, unter anderem an der Ostseite auch ein großes Warenhaus für Bücher. Am nördlichen Ende der Fußgängerzone kommt rechts die riesige Shopping-Mall Sun Dong An mit eleganten Läden und Restaurants und Imbissen aller Art. Wenn man von dort noch etwa 150 Meter nach Norden weitergeht, kommt man an die anglikanische Andreas-Kirche (St. Andrew), die an einem neu gestalteten Platz liegt. Spätestens an der Kirche sollte man sich auf der westlichen Seite der Fußgängerzone auf den Rückweg zur Khang An machen. Gegenüber der Mall Sun Dong An liegt die Fremdsprachenbuchhandlung Guozishudian. Hier gibt es eine große Auswahl an chinesischen Büchern in deutscher und englischer Übersetzung, darunter auch viele Reiseführer. Der Weg führt zum ›Peking Hotel‹ zurück. Es gehört zu den großen alten Traditionshotels der Welt, und ein Blick ins Innere lohnt sich. Der älteste Teil stammt von 1917, der Turmbau von 1974 (beides kürzlich renoviert), und der Westteil, ein guter Platz für einen Cocktail, von 1988. Vom ›Peking Hotel‹ aus nach Westen gelangt man zum Platz des Himmlischen Friedens vor dem Kaiserpalast. Wem dieser Weg zu weit ist, kann weiter nach Westen bis zur Station Tian An Men (eine Station entfernt von der Wanfujing) mit der U-Bahn fahren.

Vom Tian-An-Men-Platz (U-Bahnstation) aus sind viele bedeutende Anlagen der Stadt erreichbar. Der Platz des Himmlischen Friedens, nach 1949 gebaut, ist mit 44 Hektar vermutlich der größte Platz dieser Art weltweit. In seiner Mitte befindet sich das Denkmal für die Helden des Volkes. Blickt man von dieser Stelle aus nach Norden, liegt direkt hinter der von West nach Ost verlaufenden Khang An das ›Tor des Himmlischen Friedens‹, Tian An Men (Men=Tor). Es war das Tor zur Kaiserstadt, die auch ›Verbotene Stadt‹ genannt wurde, weil dem gemeinen Volk der Zugang zu dieser Anlage verboten war. Das Tor ist gut am Mao-Portrait auszumachen. Nach Süden erblickt man zunächst das 1977 errichtete Mao-Mausoleum, dahinter das Qian-Men-Tor. An der Ostseite des Platzes steht ein großer Gebäudekomplex, der im Nordflügel das Museum der Chinesischen Revolution und im Südflügel das Museum für Chinesische Geschichte beherbergt. In der Großen Halle des Volkes an der Westseite tagt der Nationale Volkskongreß Chinas.

Wendet man sich von der Ostseite des Platzes aus nach Süden, sieht man rechter Hand auf der gegenüberliegenden Straßenseite das Mao-Mausoleum. Nach unserer Erfahrung ist dessen Besuch die Wartezeit, die man üblicherweise einplanen sollte, nicht wert. Hinter dem Mausoleum folgt rechts das Qian Men, ein gigantisches altes Stadttor, das man besichtigen kann. Halbrund um das Tor liegt eine Reihe von Gebäuden, von denen das markanteste am Ostende der alte Hauptbahnhof von Peking ist, den man am typischen Turm alter Kolonialbahnhöfe erkennen kann. Er ist zu einem Einkaufszentrum umgebaut worden. In seinem Untergeschoß befinden sich viele Imbißbuden, deren Angebot die Vielfalt der Regionen wiederspiegelt. Von hier aus gelangt man nach Osten über die Qianmen Dong Dajie zum Hauptbahnhof zurück. Wenn man sich den doch recht langen Weg ersparen möchte, nimmt man die U-Bahn und fährt zwei Stationen bis zum Hauptbahnhof (Station Peking Zhan).

Es ist schwer zu sagen, wie lange man für diese Wanderung braucht. Legt man den Stadtrundgang zu Fuß zurück und besichtigt alles am Weg Liegende, ist schnell ein halber Tag ausgefüllt Fährt man mit der U-Bahn und macht keine großen Besichtigungen, ist man etwa drei Stunden unterwegs.

Die Verbotene Stadt

Der Kaiserpalast (Gugong, Palastmuseum) mit einer Fläche von 720 000 Quadratmetern soll 9999 Räume enthalten, einen weniger als der Palast des Himmelskaisers, der der Sage nach 10 000 Räume umfaßt. Als Raum galt in der antiken Architektur Chinas jede von vier Säulen umgebene Fläche. Doch auch die Zahl 9999 scheint legendären Charakter zu haben, hat doch eine Zählung im Jahre 1958 ›nur‹ eine Zahl von 8886 Räumen ergeben.

Man betritt den Palast durch das Wumen, das Mittagstor. Während der Qing-Dynastie war es üblich, daß sich hier alle Beamten vor Tagesanbruch versammeln mußten, um auf die Audienz des Kaisers zu warten. Hat man das Tor passiert, überquert man die Goldwasserbrücke aus weißem Marmor, deren mittlerer Weg ebenso wie alle mittleren Durchgänge und Wege auf der Nord-Süd-Achse ausschließlich dem Kaiser vorbehalten waren.

Es folgt das Tor der Höchsten Harmonie. Hinter diesem liegt der größte Hof des Palastes, in dem fast 90 000 Menschen Platz finden. Während der großen Zeremonien hatten sich hier die Ehrengarde, Militärs und Beamte zu versammeln, um auf Knien dem Kaiser zu huldigen. Die den Hof nach Norden begrenzende Halle der Höchsten Harmonie ist die größte Halle des Palastes und gleichzeitig der größte Holzbau des alten China. Mit 37 Metern Höhe war sie in der Kaiserzeit auch der höchste Bau Pekings, und kein anderes Gebäude der Stadt durfte diese Höhe überschreiten. 72 mächtige zinnoberrote Säulen stützen den Bau. Die mittleren sechs Säulen, die den Thron umgeben, sind mit goldlackierten Drachen verziert, dem Symbol der kaiserlichen Macht. Diese Halle war für die größten Zeremonien wie etwa die Thronbesteigung vorgesehen, für große Audienzen sowie Zeremonien an den Festtagen.

Dann folgt die Halle der Vollkommenen Harmonie, ein kleinerer Bau, der fast das Aussehen eine Pavillons hat. Hier ruhte der Kaiser und bereitete sich auf die Zeremonien vor. Auch diese Halle enthält einen Thron und zwei offene Sänften des Kaisers. Noch auf der gleichen Terrasse schließt sich dann die letzte der drei Großen Hallen an, die Halle zur Erhaltung der Harmonie. Hier empfing der Kaiser die Vertreter des Adels zu Banketten. Die Qing-Kaiser nahmen hier auch das kaiserliche Examen ab, das als Einstieg in die höhere Beamtenlaufbahn unerläßlich war. In der Mitte der Halle steht wieder ein großer Thron mit einer fünfteiligen, reich verzierten Rückwand. In den Hallen an der West- und Ostseite werden heute Exponate aus der Schatzkammer des Palastes gezeigt, darunter Gemälde, Kalligraphien, Gewänder des Kaisers und der Kaiserin sowie Schmuck- und Gebrauchsgegenstände.

Die Halle zur Erhaltung der Harmonie verläßt man über eine große Marmortreppe. Deren Mitte wird von einem einzigen Steinrelief gebildet, das aus einer

16 Meter langen und 200 Tonnen schweren Platte besteht. Die nun folgende purpurfarbene Mauer mit dem Tor der göttlichen Reinheit auf der zentralen Achse markiert die Grenzlinie zwischen dem Außenhof und den inneren Gemächern, in

Das Tor des Himmlischen Friedens

In der Verbotenen Stadt

denen früher die kaiserliche Familie, die Hofdamen, Konkubinen und Eunuchen wohnten. Auf der Nord-Süd-Achse folgt hinter dem Tor zunächst der Palast der Göttlichen Reinheit, das kaiserliche Schlafgemach, danach die Halle der Berührung von Himmel und Erde. Hier thronten die Kaiserinnen, feierten ihre Geburtstage oder züchteten im Frühjahr Seidenraupen. Die letzte Halle der inneren Gemächer ist der Palast der Irdischen Ruhe, der den Kaiserinnen als Schlaf- und Aufenthaltsraum diente. Hier befindet sich auch der ganz in Rot gehaltene Hochzeitsraum.

Durch das Tor der Irdischen Ruhe gelangt man in den letzten Teil der Anlage, den Kaiserlichen Garten. Mit seinen Miniaturlandschaften und den uralten Kiefern und Zypressen ist er ein Beispiel chinesischer Gartenbaukunst. Gegenüber dem Nordtor des Kaiserpalastes erhebt sich der Kohlenhügel, Jingshan. Der Volksmund berichtet, daß hier früher die Kohle für den Palast gelagert wurde. Der Hügel wurde mit dem Aushub des Palastgrabens aufgeschüttet. Bei gutem Wetter lohnt sich ein Aufstieg, denn dann hat man einen herrlichen Blick über den Kaiserpalast, dessen goldgelbe Ziegeldächer im Gegenlicht erstrahlen. Auch am Sonntag lohnt sich ein Besuch, weil der Palast dann als Übungsplatz für Dutzende von Chören dient.

Wenn man nicht die drei Stunden Zeit hat, die eine Besichtigung des Kaiserpalastes erfordert, kann man rechts vom Haupteingang zwischen den roten Ehrentribünen in den Ahnentempel des Palastes gehen. Es ist der größte Tempel seiner

Art in China und sehenswert, obwohl ihn der übliche europäische Gruppentourismus völlig vernachlässigt. Das Gebäude wird heute für kulturelle Veranstaltungen aller Art benutzt, für eine Besichtigung sollte man ungefähr 30 Minuten einplanen.

Zu den großen historischen Anlagen der Stadt zählt noch der größte Tempelkomplex Chinas überhaupt: der Himmelstempel (Tiantan). Erbaut wurde er 1420 unter dem Ming-Kaiser Yongle. Zweimal im Jahr zogen die Ming- und Qing-Kaiser zum Himmelstempel, um den Himmelskaiser um eine reiche Ernte zu bitten oder ihm Ernteopfer darzubringen. Die Halle der Ernteopfer mit dem einzigartigen dreistufigen Runddach mit blauen Ziegeln wurde 1420 gebaut und einige Male renoviert. Sie mißt 30 Meter im Durchmesser und ist 38 Meter hoch; die Spitze des Dachs ziert eine vergoldete Kugel. Die Halle ist ohne Zuhilfenahme von Stahlgerüsten und ohne einen einzigen Nagel gebaut; Säulen, Balken und komplizierte Konsolen tragen das Dach. Die 28 zinnoberroten Holzsäulen haben symbolischen Charakter. Die vier mittleren, starken Säulen, um die sich goldene Drachen winden, symbolisieren die vier Jahreszeiten. Es folgen in kreisrunder Aufstellung zwölf weitere Säulen, die für die zwölf Monate eines Jahres stehen. Der äußere Ring von zwölf Säulen steht für die zwölf Stunden des Tages. Im Kaiserreich teilte man den Tag in zwölf Abschnitte ein, also in Zwei-Stunden-Takte.

Über einen längeren, erhöhten Weg gelangt man nun zur Halle des Himmelsgewölbes. Das ist eine runde Halle – ebenfalls mit einem Dach aus blauglasierten Ziegeln –, in der früher Zeremonialgegenstände sowie die Gedenktafeln des Himmelsgottes aufbewahrt wurden. In dieser Halle gibt es keinen einzigen Querbalken; das Dach ruht lediglich auf einem besonderen System stufenförmiger Konsolen. Die Halle wird von der Echomauer umgeben. Sie ist so angelegt, daß man sich, selbst wenn man weit entfernt voneinander steht, bequem unterhalten kann, wenn beide Sprecher gegen die Mauer reden. Es folgt als letztes Bauwerk der Himmelsaltar, eine runde, in drei Stufen erbaute Terrasse aus weißem Marmor. Die Gesamthöhe beträgt fünf Meter; die oberste Terrasse hat einen Durchmesser von 30 Metern. Ihren mittleren Stein bezeichneten die Chinesen auch als Mittelpunkt der Erde. Alle Platten der Terrasse wurden im Einklang mit der chinesischen Zahlenmystik gelegt. Im Westen des Parks gibt es noch eine kleine Burganlage, in deren Gemächern der Kaiser vor den Tempelzeremonien wohnte und fastete.

Peking besitzt herrliche Parkanlagen aus alter Zeit. Nordwestlich des Kaiserpalastes liegt der Beihai-Park (Nordsee-Park), auf dessen Gelände sich früher die Hauptstadt Dadu des Kublai-Khan befand. Auf der Jade-Insel im Beihai-See steht die Weiße Dagoba, eine Stupa im tibetischen Stil, die 1651 anläßlich des Besuches des damaligen Dalai Lama gebaut wurde.

Die besterhaltene und wichtigste Tempelanlage Pekings ist der Lamatempel Yonghegong im Ostteil der Stadt. Die Anlage diente dem Kaiser Yongzheng vor seiner Thronbesteigung als Residenz. Nach seinem Tode wurde der Palast in ein tibetisches Kloster umgewandelt. Neben figürlichen Buddha-Darstellungen und einer Bronzefigur des Begründers der lamaistischen Gelbmützensekte, Tsongkapa, ist die 18 Meter hohe Figur des Buddha Maitreya, die aus einem einzigen Sandelholzstamm geschnitzt wurde, bemerkenswert (U-Bahnstation Yonghe Gong).

Von dort nur wenige Minuten zu Fuß in westlicher Richtung findet sich die große Anlage des Konfuzius-Tempels Kong Miao. Hier huldigte man zweimal jährlich unter Leitung des Kaisers oder eines Stellvertreters dem großen Lehrmeister. Das Gelände ist mit uralten Zypressen bestanden, in deren Schatten 198 Inschriftenstelen die Namen aller 51 624 Konfuzianer verewigen, die seit dem 14. Jahrhundert bis zu deren Abschaffung im Jahre 1904 die höchste Staatsprüfung bestanden haben. Auch wenn sich nicht viele Touristen hierher verirren, lohnt sich ein Besuch sehr. (Guozijian Jie, U-Bahnstation Yonghe Gong).

Pekings einziges erhaltenes daoistisches Kloster der weißen Wolken (Baiyuan Guan) ist ein gepflegter Ort lebendigen Glaubens. Das Kloster wurde unter Dschingis Khan im Jahr 1227 gegründet und ist seither eines der bedeutendsten Zentren des Daoismus. Ein Besuch dieser fast vollständig erhaltenen Anlage lohnt sich, zumal sie von den großen Touristenscharen weitgehend unberührt geblieben ist (Baiyunguan Jie).

In die kühleren Gartenanlagen des Sommerpalastes (Yihe Yuan) im Nordwesten der Stadt zog sich der Hof in den heißen Sommermonaten zurück. Die jetzige Anlage geht in ihrer Struktur auf den Kaiser Qianlong (1736–1795) zurück. Im Süden des Parks liegt der künstlich angelegte Kunming-See, der mit der 150 Meter langen Siebzehn-Bogen-Brücke und der Jadegürtelbrücke aus Marmor dem Westsee von Hangzhou gleicht.

Man betritt den Sommerpalast durch das Osttor und kommt zunächst zur Halle des Wohllebens und der Langlebigkeit, die für die Erledigung der Staatsgeschäfte vorgesehen war. Dahinter folgt in westlicher Richtung das Wohnviertel mit der Halle der Freude und der Langlebigkeit und der Halle der Jadewellen. Ein 728 Meter langer überdachter Wandelgang, dessen Decken und Balken mit Landschaften und Szenen alter Legenden bemalt sind, erstreckt sich am Ufer des Sees entlang von Ost nach West. In der Mitte des Wandelganges steht direkt am Ufer ein großes Schmucktor. Hier beginnt man den Aufstieg zum Gipfel des Wanshou-Berges, auf dem sich der Pavillon des buddhistischen Wohlgeruchs und der Tempel des Weisheitsmeeres befinden Am Ende des Wandelganges steht das berühmte Marmorboot. Das ließ die Kaiserinwitwe Cixi zur Erinnerung an die Geldmittel bauen, die ursprünglich für die Aufrüstung der kaiserlichen Marine vorgesehen waren, letztlich aber für den Bau des Sommerpalastes verwendet wurden. In der Nähe des Sommerpalastes befindet sich auch Pekings beliebtestes Ausflugsziel, der Duftende Hügel (Xiangshan). Die zwei wichtigsten Sehenswürdigkeiten des Parks sind der Tempel der azurblauen Wolken (Biyun Si) und der Tempel des liegenden Buddhas (Wofosi), beide sicherlich ein Muß auch für ein touristisches Kurzprogramm.

Die Große Chinesische Mauer

Chinesen behaupten, wer die Große Mauer (Khangcheng) nicht bestiegen habe, der habe China nicht besucht, und ohne Zweifel ist sie eines der imposantesten Bauwerke der Menschheit. Schon vor 2500 Jahren begannen chinesische Fürstentümer mit dem Bau von Schutzwällen, um die kriegerischen Nomadenstämme aus dem Norden aufzuhalten. Kaiser Qin Shi Huangdi (221–210 v. Chr.) ließ erstmals die verschiedenen Teilmauern zu einer einzigen Wehranlage zusammenfassen. Letztmals wurde die Große Mauer auf Befehl des Ming-Kaisers Taizu renoviert, aus Angst vor einer Rückkehr der Mongolen.

Sie mißt 6350 Kilometer – ein unvorstellbar großes Bauwerk, das Kosmonauten mit bloßem Auge erkennen konnten. Von Peking aus fährt man zumeist mit dem Bus auf einer Autobahn in das vom Stadtzentrum etwa 60 Kilometer entfernt liegende Badaling. Hier ist die Mauer gut erhalten, und man kann auf ihr in westlicher oder in östlicher Richtung nach steilem Aufstieg zu Wachtürmen gelangen. Es gibt auch noch vor Badaling die Festung Jiayuguan, an der man auf der Autobahn nach Badaling vorbeifährt. Für den eiligen Besucher ist das vollständig wiederaufgebaute Fort nur interessant wegen der ›Wolkenplattform‹. Das ist der Sockel einer ehemaligen uralten Pagode, an der sich innerhalb eines Bogens alte, gleichlautende Inschriften in verschiedenen Sprachen und Schriften befinden; eine Art ›Stein von Rosette‹ auf Chinesisch.

Im Hintergrund ein Abschnitt der Chinesischen Mauer bei Badaling

Mit dem Ausflug zur Großen Mauer wird auch immer ein Ausflug zu den Ming-Gräbern verbunden. Sie befinden sich 50 Kilometer nordwestlich von Peking. 13 von insgesamt 16 Ming-Kaisern sind hier bestattet. Den Zugang bildet der Weg der Seelen oder auch Geisterallee. 24 steinerne Tierfiguren und zwölf steinerne Menschenfiguren, militärische und zivile Würdenträger, deuten an, daß sie den Kaiser auch nach seinem Tode ehren und beschützen. Die meisten Besucher besichtigen das Grab Dingling des Ming-Kaisers Wan Li, das 1956 geöffnet wurde. Über sechs Jahre hinweg sollen hier täglich 30 000 Menschen mit dem Bau des Grabes beschäftigt gewesen sein. Die Kosten entsprachen den Einnahmen aus der Bodensteuer des ganzen Landes von zwei Jahren. Im dritten Hof der Grabanlage stehen zu beiden Seiten zwei kleine Ausstellungshallen, in denen die Grabfunde gezeigt werden, darunter zwei kostbare Kronen aus Gold, Edelsteinen und Perlen. Am Ende dieses Hofes führen Treppen zu einem Stelenturm hinauf, hinter dem sich schließlich der Eingang ins eigentliche Grab befindet. Der Unterirdische Palast besteht aus drei Haupt- und zwei Nebenhallen. Im mittleren Saal finden sich drei steinerne Thronsessel. Die Särge des Kaisers und seiner beiden Frauen stehen im hinteren Saal.

Zeitunterschied: MEZ plus sieben Stunden.
Vorwahl: 010.
Hauptpostamt: Schräg gegenüber vom ›International Hotel‹ an der Jianguomen Nei (Südseite, 200 Meter westlich der U-Bahnstation Jianguomen) bzw. am Hauptbahnhof (Nordwestseite, U-Bahnstation Peking Zhan).
Geldwechsel: Am besten im Hotel. Der Kurs ist überall gleich.
Geldautomat: Hotel ›Kempinski‹ oder am Eingang der Sun Dong An Plaza, Wangfujing Dajie.
Reisebüro: CITS Peking, 28 Jianguomenwai Dajie neben dem ›Gloria Plaza Hotel‹ (U-Bahnstation Jianguomen), Tel. 65 15 85 62, Fax 65 15 86 03.

Peking hat zwei Bahnhöfe. Die Züge der Transsibirischen Eisenbahn und fast alle Züge aus dem Norden, Südosten und Osten kommen am Hauptbahnhof an (U-Bahnstation Peking Zhan). Die Züge nach dem Süden, Westen und Südwesten fahren jetzt von dem neuen Westbahnhof ab, dem derzeit größten Bahnhofsgebäude der Welt. Beide Bahnhöfe haben einen gesonderten Fahrkartenschalter für Ausländer, an dem man zumindest Englisch spricht. Man sollte sich aber keine Illusionen über die kurzfristige Erhältlichkeit von Fahrkarten machen. Für den Zug nach Chengde sind Fahrkarten kein Problem, für Langstrecken, insbesondere solche der ›weichen Klasse‹, bedarf es wegen ständiger Überfüllung der Züge manchmal einer mehrwöchigen Vorausbuchung. Bahnreisen ab Peking sollte man deshalb schon vorher in Deutschland über ein Reisebüro buchen.

Der Flughafen befindet sich am Ende einer Autobahn

etwa 30 Kilometer nördlich des Stadtzentrums. Eine Fahrt mit einem Taxi in die Stadt kostet je nach Größe des Taxis zwischen 150 und 200 Yuan (20 bis 30 US-Dollar).

Peking ist mit Hotels aller Kategorien bestens versorgt. Die Zahl der Hotels ist so groß, daß sie den Rahmen dieses Artikels sprengen würde. Die Preise sind hoch (zwischen 50 und 200 US-Dollar pro Doppelzimmer), wenn man nicht über ein deutsches Reisebüro vorausgebucht hat. Peking hat seit neuester Zeit auch eine Jugendherberge im Südosten der Stadt.

Empfehlungen zu geben ist bei der großen Menge von Lokalen sehr schwer. In den Restaurants fast aller Hotels kann man gut essen, die Preise haben europäisches Niveau. Der Besuch von Restaurants mit chinesischer Küche bietet sich für Gruppen an, andernfalls ist es relativ teuer oder man hat keine Auswahl. Empfehlenswert sind die Imbiß-Restaurants der großen Warenhäuser. Das größte Einkaufszentrum heißt Sun Dong An Plaza und liegt am Nordende der Fußgängerzone der Wangfujing-Straße (U-Bahnstation Wangfujing). Im vierten und fünften Stock befinden sich Restaurants und Imbisse, die keine Wünsche offen lassen. Gegenüber dem ›International Hotel‹ in der Khang-An-Avenue (200 Meter westlich der U-Bahnstation Jiaguomen) befinden sich ebenfalls zwei große Einkaufszentren mit Restaurants und Imbisständen im Untergeschoß. Das zwar teure, aber wohl stimmungsvollste Restaurant der chinesischen ›Kaiserlichen Küche‹ (800 Rezepte) findet sich im ›Fang Shan‹ an der Nordseite der Jade-Insel, Tel. 64 01 18 89, 64 01 18 79.
Internet-Cafe: alter Bahnhof an der südöstlichen Ecke des Tian An Men, 3. Etage.

Ganz China ist ein einziges großes Warenhaus. Für einen ersten und besten Überblick bietet sich die Fußgängerzone der Wangfujing-Straße an (U-Bahnstation Wangfujing). Hier findet man wirklich alles.
Ansonsten wird man auf Streifzügen und Ausflügen durch Peking bald einen Überblick bekommen. Erwähnenswert für Qualität ist noch das Lufthansa-Einkaufszentrum beim ›Kempinski Hotel‹ und der Freundschaftsladen an der Jianguomen Wei (200 Meter östlich der U-Bahnstation Jianguomen, nicht zu verwechseln mit der Jianguomen Nei). Die sogenannte ›Seidenstraße‹ (U-Bahnstation Dabeiyao) ist ein Billigmarkt, in dem sich die russischen Händler eindecken, und wo man sehr viel von der Ware verstehen muß, wenn man nicht übervorteilt werden will.

»Die Faszination der Transsibirischen Eisenbahn beruht auf einer Mischung von Abenteuer und Nostalgie, und sie ist in unseren Breiten so manifest, daß sie sogar Leute in ihren Bann zu ziehen vermag, bei denen die Erwähnung des Begriffs ›Sibirien‹ sonst ein Frösteln auslöst.«

Ralf Kühne

Routenplan der Transsibirischen Eisenbahn

Der Routenverlauf der Transsibirischen Eisenbahn ist mittlerweile nicht mehr so eindeutig und umfaßt mehrere Wege. ›Trans Sibirien‹, also ›durch Sibirien‹, führt etwa zwischen Omsk und Ulan-Udė südöstlich des Baikalsees nach wie vor nur die Trasse der seinerzeit zwischen Čeljabinsk im Ural und Vladivostok am Pazifik errichteten ›Großen Sibirischen Bahn‹. Westlich von Omsk und östlich von Ulan-Udė sind aber mehrere Varianten möglich, da verschiedene transsibirische Expresszüge auf unterschiedlichen Strecken fahren. Die ›klassische‹ Strecke führt von Moskau in Richtung Nordosten über Jaroslavl' zum Ural und weiter durch Sibirien bis Vladivostok. Die ›ursprüngliche‹ Route führt von Moskau südöstlich über Samara zum Ausgangspunkt des Bahnbaus in Čeljabinsk. Einige Zügen wählen von Moskau auch die ›tatarische‹ Route über Kazan' zum Ural, während seit dem vergangen Jahr viele Züge eine ›neue‹ Strecke über Nižnij Novgorod befahren. Hinter dem Baikalsee kann man entweder auf direktem Wege durch Rußland entlang des Stromes Amur nach Vladivostok gelangen oder mit vielen Umständlichkeiten auch über die chinesische Mandschurei. Analog gibt es auch zwei direkte Verbindungen nach Beijing: entweder mit der Transmongolischen oder mit der Transmandschurischen Bahn.
Die im folgenden beschriebenen verschiedenen Routen führen alle Bahnhöfe und -stationen entlang der Transsibirischen Eisenbahn auf. Die Haltepunkte der Fernzüge sind fett gedruckt.

Auf der klassischen Strecke zwischen Moskau und Vladivostok orientieren sich die Kilometer-Angaben an der Streckenmessung und entsprechen den Kilometersteinen entlang der Trasse. Die Streckenmessung gilt auch für die Transmandschurische und die Transmongolische Bahn auf dem Territorium Chinas bzw. der Mongolei, während auf allen anderen Strecken die Tarifmessung die Grundlage der Kilometerangaben ist, die nicht mit den Kilometersteinen entlang der Trasse übereinstimmt. Verschiedene Quellen weisen aber auch auf der Hauptstrecke Moskau–Vladivostok häufig widersprüchliche Angaben zu den Entfernungen aus. Die Unterschiede betragen für einzelne Standorte bis zu 10 Kilometer und basieren neben Ungenauigkeiten vor allem auf zwei unterschiedlichen Meßverfahren. Die Streckenmessung basiert auf dem genauen Streckenverlauf und kommt für Moskau–Vladivostok auf eine Entfernung von 9288,2 Kilometern. Die Tarifmessung für die Fahrpreisberechnung auf Teilabschnitten kommt bei entsprechender Summierung durch die vielen Auf- und Abrundungen auf eine Entfernung von 9297 bzw. 9298 Kilometern, die für viele Eisenbahnunterlagen die Grundlage bilden.
Ein aus diesen zwei Herangehensweisen zu erklärender Lapsus ist beispielsweise auch die Tatsache, daß als Kilometerangabe auf dem Transsib-Obelisken auf dem Vladivostoker Bahnhof die Zahl 9288 und auf der Transsib-Gedenktafel auf dem Jaroslavler Bahnhof in Moskau die Zahl 9298 steht.

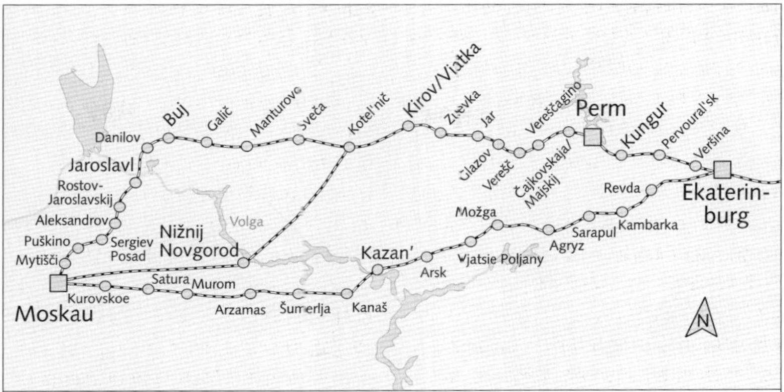

Die Strecke Moskau–Ekaterinburg 0 150 300 km

Moskau–Vladivostok

Km	Bahnhof (Вокзал)
0	**Moskva (Москва)** **Jaroslavler Bahnhof** S. 130
3	Moskva 3 (Москва 3)
4	Malen'kovskaja (Маленьковская)
5	Jauza (Яуза)
8	Severjanin (Северянин)
10	Losinoostrovskaja (Лосиноостровская)
13	Los' (Лось)

Kurz hinter Los' überquert die Bahn parallel zur Jaroslavler Chaussee den in den letzten Jahren massiv ausgebauten Moskauer Autobahnring.

15	Tajninskaja (Тайнинская)
18	Mytišči (Мытищи)

Die Industriestadt mit ihren 155 000 Einwohnern ist der Hauptstadt schon fast eingemeindet. Mytišči ist älter als Moskau. Die ersten Siedlungen befanden sich hier bereits im 11. Jahrhundert und lebten vom Wegezoll (›Myt‹) der Händler, die hier ihre Boote über einen Landstrich zwischen den Flüssen Jauza und Kljasma transportierten. In den Chroniken taucht der Ort erstmals 1631 als Besitz des Pfingst-Sergiev-Klosters auf. Die Seen um Mytišči bilden seit 1804 die Grundlage der Moskauer Trinkwasserversorgung. Durch die Industrialisierung kam 1896 mit dem Fabrikanten Sergej I. Mamontov der Waggonbau in die Stadt, der sie auch heute neben der chemischen Industrie prägt. Zur Stadt wurde Mytišči 1925. Hier werden heute alle russischen Metrozüge hergestellt. In der riesigen Halle der ehemaligen ›Denkmalfabrik‹, wo früher u.a. das Gros aller über das Land verstreuten Lenindenkmäler produziert wurden, stellt man heute Rohlinge für Plaste-

Hier geht es meistens los: der Jaroslavler Bahnhof in Moskau

flaschen her. Im poetisch ›Sternenstädtchen‹ genannten Nachbarort befindet sich das russische Raumfahrtkontrollzentrum.

22 Čeljuskinskaja (Челюскинская)
26 Kljazma (Клязма)
30 Puškino (Пушкино)
Das Dorf wurde bereits 1499 als Station auf dem Weg zwischen Moskau und Sergiev Posad in den Chroniken erwähnt. Bekannt ist Puškino aber vor allem als Ort, wo mit der Inbetriebnahme der Eisenbahn viele Moskauer in der Mitte des 19. Jahrhunderts ihre ›Datschen‹ genannten Sommerhäuser erbauten. Mit einer Siedlung von über 700 solcher Häuser wurde die Datsche hier erstmalig zum Massenphänomen. Später kam die Industrie mit Webereien, die der Familie Armand gehörten. Heute leben in Puškino 75 000 Menschen.

33 Zavety Il'iča (Заветы Ильича)
Der Dorfname bedeutet übersetzt ›Vermächtnis des Il'ič‹ und bezieht sich auf den Vatersnamen des als Lenin bekannten Führers der Oktoberrevolution Vladimir Il'ič Ul'janov. Nach seinem Tod war es ein populärer Ehrenname für Fabriken, Sowchosen oder Dörfer wie hier. Wenn man sich das Dorf anschaut, wurde aus dem Namen auf eine traurige Art und Weise Programm.

36 Pravda (Правда)
45 Sofrino (Софрино)
51 Kalistovo (Калистово)
57 Abramcevo (Абрамцево)
Das Gut Abramcevo wurde dank des Mäzens S. Mamontov zu einer beliebten Künstlerkolonie. Polenov, Repin, Surikov, Vrubel' und andere verbrachten hier ihre Sommer und prägten den Landsitz mit ihrer Malerei und Entwürfen im Park. Diese ›Sommerfrische‹ der Tret'jakov-Galerie ist heute ein Museum. Unweit befindet sich auch der Landsitz Muranovo – ein beliebter Literatentreffpunkt im 19. Jahrhundert. Der Besitzer war der Dichter Fedor Tjučev, berühmt vor allem durch eine Zeile aus einem Gedicht: »Rußland kann man mit dem Verstand nicht verstehen«. Heute befindet sich dort ebenfalls ein Museum.

59 Chot'kovo (Хотьково)
73 Sergiev Posad (Сергиев Посад, ehem. Zagorsk/Загорск)
Sergiev Posad, das zwischen 1930 und 1993 Zagorsk hieß, ist eines der bedeutendsten Zentren der russisch-orthodoxen Kirche und für Gläubige wie Touristen ein Pilgerort. Den Mittelpunkt bildet das 1345 begründete Pfingst-Sergiev-Kloster, das unter dem Großfürsten Dimitrij zum religiösen Zentrum des Moskauer Fürstentums wurde. Nach dem Überfall durch die Tataren 1408 wurde es im 16. Jahrhundert durch eine Mauer befestigt. 1749 eröffnete das Priester-Seminar. Nach der Oktoberrevolution wurde es geschlossen und erst 1946 sozusagen als Dank

für die Unterstützung der Kirche im Zweiten Weltkrieg wiedereröffnet. Von 1946 bis zu seiner Rückkehr in das Moskauer Danilov-Kloster 1988 hatte der Patriarch Rußlands hier seinen Sitz. Seminar und Akademie wurden aber nicht nach Moskau verlegt. Heute leben etwa 150 Mönche hier. Die Stadt selbst zählt 115 000 Einwohner. Vom Zug hat man einen schönen Blick auf das linker Hand auf einem Hügel gelegene Klosterensemble mit seinen blauen und goldenen Kuppeln und Dächern. Im Kloster befindet sich ein Museum. Im Ort gibt es an der Hauptstraße noch ein interessantes Spielzeugmuseum (pr. Krasnoj Armii 123).

86 Bužaninovo (Бужаниново)
95 Arsaki (Арсаки)
103 Strunino (Струнино)
112 **Aleksandrov (Александров)**

Der Ort wurde erstmals im 14. Jahrhundert als Aleksandrovskaja Sloboda erwähnt. Berühmt wurde er aber erst im 16. Jahrhundert, als Ivan der Schreckliche von 1564 bis 1581 aus Mißtrauen gegen die Moskauer Bojaren seine Residenz nach Aleksandrov verlegte. Das Stadtrecht erlangte der Ort aber erst 1778. Im ehemaligen Kreml befindet sich heute ein Kloster. Das bedeutendste Bauwerk im Kreml ist die Anfang des 16. Jahrhunderts erbaute Pfingstkathedrale. Bemerkenswert sind die beiden Kupfertore, die Zar Ivan nach der Unterwerfung der Städte Tver' und Novgorod aus diesen nach Aleksandrov bringen ließ. Heute leben 68 000 Einwohner in der Stadt, die vor allem als Heimat der russischen Fernsehgeräteproduktion einen Namen hat. Hier findet auch der erste Lokwechsel statt, da Aleksandrov noch der Moskauer Regionalverwaltung untersteht und das östlich davon gelegene Gebiet bereits zur Jaroslavler Regionalverwaltung gehört, welche ab hier die Lok stellt.

123 Mošnino (Мошнино)
130 Balakirevo (Балакирево)
145 Berendeevo (Берендеево)
151 Šuškovo (Шушково)
159 Rokša (Рокша)
164 Rjazancevo (Рязанцево)
175 Beklemiševo (Беклемишево)
182 Itlar' (Итларь)
191 Sil'nicy (Сильницы)
200 Petrovsk (Петровск)
210 Debolovskaja (Деболовская)
224 Rostov-Jaroslavskij (Ростов-Ярославский)

Bereits etwa ab Kilometer 215 sieht man rechts den eine Fläche von 54 Quadratkilometern bedeckenden Nero-See. An seinem Ufer befindet sich eine der Perlen des Goldenen Ringes um Moskau. Die alte russische Stadt Rostov liegt – eingeklemmt – zwischen Schienenstrang und Nero-See. Im Halbkreis um den 1162 begründeten weißen Kreml breitet sich die seit 1970 unter Denkmalschutz stehende Stadt aus. Sie hat heute etwa 36 000 Einwohner. Erstmalig taucht Rostov 862 in den

Annalen des Kiever Rus' als Stadt in einem ›Zales'e‹ (Hinter den Wäldern) genannten Landstrich auf. Ihr jetziges Bild bestimmen die Kirchen und Türme des Kremls aus dem 17. Jahrhundert, als Rostov zum Sitz des Metropoliten ausgebaut wurde. Häufig findet man auch noch die Ortsbezeichnung Rostov-Velikij, die aber nur vom 12. bis zum 17. Jahrhundert verwendet wurde und mit der Verlegung des Metropolitensitzes nach Jaroslavl' endete.

239 Semibratovo (Семибратово)

249 Koromyslovo (Коромыслово)

261 Koz'modem'jansk (Козьмодемьянск)

282 **Jaroslavl' (Ярославль)** S. 143

288 Privolž'e (Приволжье)

289 Brücke über die Volga

Der Zug überquert ›Mütterchen Volga‹, Rußlands vielzitierten Fluß der Flüsse. Die Volga ist zwar mit 3531 Kilometern der längste Fluß Europas, in Rußland landet sie aber damit nur auf Platz fünf. Platz eins bis vier belegen Sibiriens Ströme, die wir mit Ausnahme des Flußes Lena (4400 Kilometer) auf der Strecke nach Vladivostok bei Novosibirsk, Krasnojarsk und Chabarovsk noch überqueren werden.

293 Filino (Филино)

313 Utkino (Уткино)

319 Pučkovskij (Пучковский)

326 Dogadcevo (Догадцево)

335 Putjatino (Путятино)

345 Panteleevo (Пантелеево)

356 **Danilov (Данилов)**

Der Ort, der mit seinen 19 000 Einwohnern bereits im 15. Jahrhundert in den Chroniken auftaucht, genießt das Stadtrecht seit 1777. In Danilov zweigen die Züge in Richtung Archangel'sk und Vorkuta ab. Bekannt ist die Stadt vor allem für die zu Beginn des 20. Jahrhunderts aus rotem Backstein errichtete Kathedrale der Kazaner Gottesmutter. Nach 18jähriger Bauzeit wurde sie in den Revolutionswirren fertiggestellt und 1918 durch den damaligen Patriarchen Tichon als einzige Kirche unter der Sowjetherrschaft geweiht. Später erfuhr auch sie das Schicksal, zu einem Lager umfunktioniert zu werden, aber heute finden bei laufender Restauration bereits wieder Gottesdienste statt.

366 Lunka (Лунка)

373 Sot' (Соть)

383 Žarok-Jaroslavskij (Жарок-Ярославский)

394 Ljubim (Любим)

403 Ruša (Руша)

415 Sekša (Секша)

424 Kazarinovo (Казариново)

neue Zeitzone: Moskauer Zeit plus eine Stunde, MEZ plus drei Stunden

432 Brodni (Бродни)

441 Korega (Корега)

450 **Buj (Буй)**

Ursprünglich im 16. Jahrhundert als Befestigung am Fluß Kostroma gegen die Kazaner Tataren errichtet, erlebte der Ort seine Höhen und Tiefen. Das Stadtrecht erhielt Buj 1778 verliehen, 1796 aberkannt und 1802 erneut zuerkannt. Das Stadtwappen belegt die Bedeutung des Flusses für die heute 32 000 Einwohner zählende Stadt, die auch ein eigenes Heimatmuseum hat. Unweit von Buj befindet sich das Dorf Sussanino. Es erinnert an den einfachen Bauern Ivan Sussanin, der hier den ersten Romanov-Zaren rettete, indem er das ortsunkundige Heer der Romanov-Feinde in die Sümpfe führte und dafür sein Leben ließ. Das heute bei jeder ›Irreführung‹ sprichwörtliche Thema wurde auch vom Komponisten Michail Glinka in seiner Oper ›Ivan Sussanin‹ aufgegriffen.

459 Machrovo (Махрово)
471 Veksa (Векса)
480 Rossolovo (Россолово)
492 Chramki (Храмки)
500 Galič (Галич)

Galičs Wurzeln reichen bis ins 12. Jahrhundert, als sich hier bereits mächtige Erdfestungen befanden. Vom im 15. Jahrhundert errichteten Kreml sind im Zentrum allerdings nur die Erdwälle der alten Mauern übrig geblieben. Die Stadt war bekannt für ihre landwirtschaftlichen Erzeugnisse, der Handel blühte. Galič liegt am Südufer des gleichnamigen 75 Quadratkilometer großen Sees, dessen Schlamm vor allem in der Düngemittelherstellung Anwendung findet. Die 21 000 Einwohner zählende Stadt hat mit den Wallanlagen, der Seelage, den alten

Handelsreihen dem Heimatkundemuseum (ul. Gagarina 24), und dem Paisiev-Kloster samt seiner Kirchen durchaus ihren eigenen Charme.

516 Krasil'nikovo (Красильниково)
524 Loparevo (Лопарево)
536 Monakovo (Монаково)
546 Antropovo (Антропово)
552 Nikolo-Ugol (Николо-Угол)
562 Tčanikovo (Тчаниково)
571 Nikolo-Poloma (Николо-Полома)
581 Nomža (Номжа)
591 Elenskij (Еленский)
598 Neja (Нея)
604 Nel'ša (Нельша)
615 Abrosimovo (Абросимово)
626 Brantovka/Oktjabr'skij (Брантовка/Октябрьский)
634 Petrušino (Петрушино)
641 Kostricha (Кострихa)
651 Manturovo (Мантурово)

Die Industriestadt Manturovo ist noch vergleichsweise jung und erhielt erst 1958 das Stadtrecht. In diesem Zentrum der Holzverarbeitung leben heute 22 000 Menschen.

657 Unža (Унжа)
664 Vočerovo (Вочерово)
672 Krasnyj (Красный)
678 Šekšema (Шекшема)
688 Barakinskij (Баракинский)
701 **Šar'ja (Шарья)**
706 Sokolovskij (Соколовский)
712 **Zebljaki (Зебляки)**
725 Jakšanga (Якшанга)
734 Burundučicha (Бурундучиха)
740 Novoe Kiselevo (Новое Киселево)
746 Ponazyrevo (Поназырево)
756 Suprotivnyj (Супротивный)
763 Metil (Метил)
768 Gostovskaja (Гостовская)
780 Krutenskij (Крутенский)
786 Bliny (Блины)
795 Šabalino (Leninskij) (Шабалино (Ленинский))
805 Semenovskij (Семеновский)
811 Čerpaki (Черпаки)
818 **Sveča (Свеча)**

Hier findet ein Wechsel der Lokomotiven statt. Die jetzt zuständige regionale Eisenbahnverwaltung hat ihren Hauptsitz in Nižnij Novgorod.

826 Juma (Юма)
842 Acvež (Ацвеж)
854 Ronžino (Ронжино)
861 Darovica (Даровица)
870 **Kotel'nič (Котельнич)**

Kotel'nič ist mit seinen 38 000 Einwohnern eine klassische Provinzstadt. Erstmals im Jahr 1181 erwähnt, war es im Mittelalter ein bekannter Handelsplatz. Die Umgebung gilt auch als reiche archäologische Fundstätte und brachte der Stadt ein kleines Paläontologisches Museum (ul. Marksa 5).

880 Mokricy (Мокрицы)
888 Maradykovskij (Марадыковский)
895 Bystrjagi (Быстряги)
903 Šalegovo (Шалегово)
915 Oriči (Оричи)
921 Socialističeskaja (Социалистическая)
928 Striži (Стрижи)

940 Ljangasovo (Лянгасово)
949 Čuchlominskij (Чухломинский)
957 **Kirov (Киров)**
S.148
968 Pozdino/Novovjatsk (Поздино/Нововятск)
976 Poloj (Полой)
979 Mutnica (Мутница)
995 Bumkombinat (Бумкомбинат)
1003 Prosnica (Просница)
1010 Konyp (Конып)
1019 Lugovoj (Луговой)
1030 Ardaši (Ардаши)
1041 Rechino (Рехино)
1051 Kordjaga (Кордяга)
1062 **Zuevka (Зуевка)**

Die heute 16 000 Einwohner zählende Stadt entstand mit dem Bau der Eisenbahn. Vor allem während des Zweiten Weltkrieges wurden viele Leningrader hierher evakuiert. Bekannt ist die örtliche Fabrik für Karussels und andere Rummel-Ausrüstungen. Auf dem Bahnhof steht eine alte Güterzugdampflok mit der Aufschrift ›100 Jahre Bahnhof Zuevka‹.

1070 Kosa (Коса)
1084 Černous (Черноус)
1093 Falenki (Фаленки)
1096 Knjazi (Князи)
1108 Sada (Сада)
1115 Bačumovo (Бачумово)
1128 Jar (Яр)
1129 Diz'mino (Дизьмино)
1134 Balyšur (Балышур)

Kurz vor dem Bahnhof befindet sich ein Lokomotivendepot mit vielen alten Dampfloks.

1142 Kožil' (Кожиль)
1159 Ubyt' (Убыть)
1162 **Glazov (Глазов)**

Die 1780 gegründete Stadt hat ihren Namen (Glaz – Auge) ihrem ersten Bebauungsplan mit halbrunden Straßen um den Marktplatz in Form eines Auges zu verdanken und besitzt auch ein entsprechendes Stadtwappen. In der heute 107 000 Einwohner zählenden Stadt gibt es noch viele mit Schnitzereien verzierte Holzhäuser und ein Heimatkundemuseum. Dort wird auch Geschichte der aus dieser Gegend stammenden Familie Knipper beleuchtet. Rußlands berühmter Dramatiker Anton Čechov heiratete Olga Knipper. Auch Neffe und Nichte beider – Michail und Olga, beide Schauspieler – gingen den Bund der Ehe ein und blieben 1923 nach einem Gastspiel in Deutschland. Ihre Tochter, die Schauspielerin Vera Tschechova, war auch schon im Museum zu Gast.

1173 Bezum (Безум)
1181 Tuktym (Туктым)
1190 **Balezino (Балезино)**
1198 Din'šur (Диньшур)
1208 Šur (Шур)
1216 Piban'šur (Пибаньшур)
1226 **Čepca (Чепца)**

In Čepca kommt wieder eine neue Lokomotive. Bei diesem Lokwechsel kommen wir in den Einzugsbereich der Ural-Bahnverwaltung. Die Strecke führt nun ins Gebirge.

1236 Segedur (Сегедур)
1245 Kez (Кез)
1251 Lyp (Лып)
1255 Kabalud (Кабалуд)
1263 Filincy (Филинцы)
1266 Kuz'ma (Кузьма)

neue Zeitzone: Moskauer Zeit plus zwei Stunden

1274 Šnyry (Шныры)
1283 Volegovo (Волегово)
1292 Borodulino (Бородулино)
1298 Putino (Путино)
1303 Chrustali (Хрустали)
1308 Subbotniki (Субботники)
1315 Vereščagino (Верещагино)

Vereščagino entstand als Station Voznesenskaja mit der Eisenbahn, die auch heute den Rhythmus des 25 000 Einwohner zählenden Ortes bestimmt. Im Jahre 1904 machte Vasilij Vereščagin (1842–1904) auf seiner Transsib-Reise an der Station Halt. Der pazifistische Künstler brachte die Botschaft seiner Bilder durch eine einzigartige Detailtreue in der Darstellung von Krieg und Leid auf den Punkt. Seine Reise zu den Schlachten des Russisch-Japanischen Krieges sollte seine letzte Reise werden. Bei der Explosion des russischen Panzerkreuzers ›Petropavlovsk‹ kam der Maler im Pazifik ums Leben. Zum Gedenken an den humanistischen Schlachtenmaler und seinen Stop vor dem Ural erhielt die Station 1915 den Namen des Malers und 1942 auch das Stadtrecht.

1322 Zjukaj (Зюкай)
1325 Anikino (Аникино)
1330 Kuketskij (Кукетский)
1335 Puzjata (Пузята)
1342 Mendeleevo (Менделеево)

Der Vater des Periodensystems der chemischen Elemente gab diesem Ort den Namen. Er arbeitete auch als Inspekteur für chemische Fabriken und besuchte die örtliche Chemiefabrik mehrmals.

1351 Obva (Обва)
1361 Mokino (Мокино)
1369 Grigor'evskaja (Григорьевская)
1377 Sjuz'va (Сюзьва)
1383 Vožakovo (Вожаково)
1387 Čajkovskaja/Majskij (Чайковская/Майский)

Die Station ist nach Rußlands berühmten Komponisten Peter Tschaikowsky (transl. Čajkovskij) benannt. Sein Geburtsort Kamsko-Votkinsk befindet sich allerdings noch 180 Kilometer südöstlich von hier. Die nächstgelegene Siedlung Majskij gehört zu einem Staudamm. Die weitere Strecke bis Perm' ist recht kurvenreich.

1397 Šabuniči (Шабуничи)
1410 Overjata (Оверята)
1422 Kur'ja (Курья)
1429 Perm' Sortirovočnaja (Пермь Сортировочная)
1431 Brücke über die Kama

Die 1899 erbaute Brücke über die Kama bietet einen guten Panoramablick auf Perm'. Die Kama entspringt im Ural und fließt nach 1805 Kilometer bei Samara in die Volga, deren größter Nebenfluß sie ist.

1434 **Perm' II (Пермь II)** S. 163
1444 Bacharevka (Бахаревка)
1453 Ferma (Ферма)
1456 Kočkino (Кочкино)
1465 Muljanka (Мулянка)
1475 Jug (Юг)
1481 Janyči (Янычи)
1488 Kukuštan (Кукуштан)
1499 Kurašimskij (Курашимский)
1511 Ergač (Ергач)
1518 Bliny (Блины)
1525 Irenskij (Иренский)
1535 **Kungur (Кунгур)**
Die 1668 gegründete Stadt ist vor allem wegen ihrer Eishöhle berühmt, die auf 5,6 Kilometern Länge in 58 Sälen ein einzigartiges Naturspektakel darstellt. Touristisch erschlossen sind etwa zwei Kilometer, die jährlich etwa 150 000 Besuchern anziehen. Die Höhle wurde bereits 1703 erstmalig auf Ukas Peters des Großen vom bekannten sibirischen Kartographen Semën Remizov vermessen. Die Stadt Kungur liegt malerisch am Zusammenfluß der drei Flüsse Sylva, Iren' und Šakva und war, mit 15 000 Einwohnern am Sibirischen Trakt gelegen, im 18. Jahrhundert eine der größten Städte des Urals. Man findet heute noch viele interessante Gebäude, von den 14 Kirchen sind noch fünf erhalten, worunter die Verklärungskirche aus dem Jahre 1781 die wohl bedeutendste ist. Das Heimatmuseum ist in der ehemaligen Militärverwaltung untergebracht. Kungur hat heute etwa 80 000 Einwohner.

1544 Čikali (Чикали)
1549 Kaman (Каман)
1555 Kišert' (Кишерть)
1562 Pjatkovo (Пятково)
1572 Šumkovo (Шумково)
1577 Tjurikovo (Тюриково)
1585 Tulumbasy (Тулумбасы)
1594 Lek (Лек)
1605 Kordon (Кордон)
1613 Gluchar' (Глухарь)
1620 Šutem (Шутем)
1641 Koz'jal (Козьял)
1651 Vogulka (Вогулка)
1662 Biz' (Бизь)
1669 Šalja (Шаля)
1679 Pastušnyj (Пастушный)
1687 Sarga (Сарга)
1693 Baskinskij (Баскинский)
1701 Berloga (Берлога)
1708 Sabik (Сабик)
1727 Kuzino (Кузино)
1737 Kaurovka (Кауровка)
1747 Bojcy (Бойцы)
1756 Bilimbaj (Билимбай)
1765 Podvološnaja (Подволошная)
1771 Pervoural'sk (Первоуральск)
Hier, am äußersten Rand Europas, errichtete die berühmte Demidov-Dynastie, eine der bekanntesten Industriellen-Familien im alten Rußland, im Jahre 1732 ihr erstes (daher auch der Name des Ortes) und 1760 ihr zweites Eisenwerk im Ural. Heute leben in der Industriestadt 148 000 Einwohner. Bis zur Grenze zwischen Europa und Asien

sind es noch sechs Kilometer. Es gibt ein Heimatmuseum (ul. Lenina 65).

1777 Veršina (Вершина)
Wenige Meter östlich des Haltepunktes steht auf der Südseite der Bahnstrecke der weiße Europa-Asien-Obelisk, der die Grenze zwischen den beiden Kontinenten markiert. Von Westen kommend, ist man zwar jetzt bereits in Asien, aber noch nicht in Sibirien.

1783 Novoalekseevka (Новоалексеевка)
1786 Chrustal'naja (Хрустальная)

Ab jetzt muß man sich warm anziehen

1794 Severka (Северка)
1813 **Ekaterinburg/ehem. Sverdlovsk (Екатеринбург/Свердловск)** S. 169
1819 Šartaš (Шарташ)
1822 Putevka (Путевка)
1829 Istok (Исток)
1857 Gagarskij (Гагарский)
1864 Mezenskij (Мезенский)
1871 Baženovo/Belojarskij (Баженово/Белоярский)
1879 Šipelovo (Шипелово)
1893 Grjaznovskaja (Грязновская)
1903 Kortoguz (Кортогуз)
1913 Bogdanovič (Богданович)
1923 Dubrovnyj (Дубровный)
1934 Pyšminskaja (Пышминская)
1941 Elanskij (Еланский)
1950 Kokšarovskij (Кокшаровский)
1957 Kamyšlov (Камышлов)
1966 Temnovo (Темново)
1980 Aksaricha (Аксариха)
1985 Jurmač (Юрмач)
1996 Oščepkovo (Ощепково)
2006 Proselok (Проселок)
2017 Pul'nikovo (Пульниково)
2038 Talica (Талица)

Die 1732 gegründete Siedlung, die seit 1942 das Stadtrecht genießt, liegt etwa fünf Kilometer vom Bahnhof entfernt. Talica hat 20 000 Einwohner. Aus den Mineralquellen in der Umgebung wird das nach dem Ort benannte Mineralwasser gewonnen.

2039 Čupino (Чупино)
2061 Jušala (Юшала)

Der durch Sergej Eisensteins berühmten Film bekannte Matrosenaufstand auf dem ›Panzerkreuzer Potemkin‹ fand hier sein letztes, grausames Kapitel. Die zum Tode verurteilten Matrosen des Schiffes wurden in Jušala hingerichtet und in einem Massengrab in Kamyšlov begraben.

2070 Bachmetskoe (Бахметское)

2078 Sibirien beginnt an der Grenze der Verwaltungsgebiete Ekaterinburg und Tjumen'.

2079 Tugulym (Тугулым)
2087 Mesjady (Месяды)
2097 Karmak (Кармак)
2102 Guževoe (Гужевое)
2118 Pod-em (Подъем)
2128 Utjaševo (Утяшево)
2138 **Tjumen' (Тюмень)** S. 193
2147 Vojnovka (Войновка)
2156 Ozero-Andreevskoe/Borovskij (Озеро-Андреевское/Боровский)
2165 Vinzili (Винзили)
2176 Bogandinskaja (Богандинская)
2183 Tugarskij (Тугарский)
2192 Berkutskij (Беркутский)
2204 Kavdyk (Кавдык)
2212 Jalutorovsk (Ялуторовск)

Ursprünglich befand sich am linken Ufer des Tobol die tatarische Siedlung Jalu Tur. Auf ihren Überresten errichteten die Russen 1639 ein Fort, das sich schnell ausdehnte und 1782 das Stadtrecht erhielt. Im 19. Jahrhundert kamen einige verbannte Dekabristen in die Stadt, woran heute ein Museum erinnert. Die Stadt zählt heute 37 000 Einwohner.

2217 Brücke über den Tobol, der, in Kasachstan entspringend, nach 1519 Kilometern südlich der Stadt Tobol'sk in den Irtyš mündet.

2226 Krivolukskij (Криволукский)
2236 Zavodoukovskaja (Заводоуковская)
2246 Ukovo (Уково)
2257 Novaja Zaimka (Новая Заимка)
2269 Ol'chovskij (Ольховский)
2283 Vagaj (Вагай)
2306 Omutinskaja (Омутинская)
2326 Lamenskaja (Ламенская)
2350 Golyšmanovo (Голышманово)
2361 Gladilovo (Гладилово)
2371 Skakunovo (Скакуново)
2387 Karasul'skaja (Карасульская)
2399 Openovka (Опеновка)
2410 Bezrukovo (Безруково)
2428 **Išim (Ишим)**

Am gleichnamigen Nebenfluß des Irtyš gelegen, war Išim, das zunächst als Siedlung Korkin hieß und mit der Verleihung des Stadtrechtes 1782 Išim wurde, ein bedeutendes Handelszentrum. Die dortige jährliche Nikolsker Messe lockte viele Kaufleute an. Auch Alexander v. Humboldt besuchte die Stadt während seiner Sibirienexpedition. Heute leben in Išim ca. 66 000 Einwohner.

2440 Malyj Ostrov (Малый Остров)
2451 Šablykino (Шаблыкино)
2475 Masljanskaja (Маслянская)
2496 Novoandreevskij (Новоандреевский)

2510 neue Zeitzone: Moskauer Zeit plus drei Stunden

2518 Mangut (Мангут)
2562 **Nazyvaevskaja (Называевская)**

In der 1910 gegründeten und 1956 zur Stadt erhobenen Ortschaft leben 14 000 Einwohner. Ursprünglich bestimmte die Bahn das Leben in der Stadt, aber in der zweiten Hälfte der 50er Jahre wurde die Landwirtschaft forciert. Nikita Chruščevs Neuland-Kampagne zur Ausdehnung der landwirtschaftlichen Nutzfläche hatte zwar ihren Schwerpunkt im heutigen Kasachstan, reichte aber im Norden bis nach Westsibirien, beispielsweise Nazyvaevsk. Hier findet auch der nächste Lokwechsel statt, da hier aus der Sicht der Bahn die Ural-Verwaltung und die Westsibirische Verwaltung aneinander grenzen.

2587 Kočkovatskij (Кочковатский)
2601 Oširovskij (Ошировский)
2613 Dragunskaja (Драгунская)
2635 Novokievskij (Новокиевский)
2658 Ljubinskaja (Любинская)
2683 Petrušenko (Петрушенко)
2695 Plamja (Пламя)
2706 Karbyševo I (Карбышево I)

Hier treffen sich der heutige und der von Čeljabinsk kommende ursprüngliche Verlauf der Transsib. Bis Čeljabinsk beträgt die Entfernung 770 Kilometer.

2707 Brücke über den Irtyš. Der 4428 Kilometer lange Fluß entspringt dem chinesischen Teil des Altajgebirges und fließt dann über Kasachstan nach Rußland, wo er bei Chanty-Mansijsk in den Ob' mündet.

2711 **Omsk (Омск)** S. 198
2721 Moskovka (Московка)
2729 Gustaf'evo (Густафьево)
2757 Kormilovka (Кормиловка)
2790 Kalačinsk (Калачинск)
In dem 1837 gegründeten Ort leben heute 25 000 Menschen. Die Stadt liegt an einer Schleife des Flusses Om' (Länge 1901 Kilometer), der dann in Omsk in den Irtyš fließt. Kalačinsk hat seit 1952 das Stadtrecht und ist im Vergeich zu anderen Orten mit sehr vielen Grünanlagen durchsetzt.

2804 Valerino (Валерино)
2817 Il'juškino (Ильюшкино)
2830 Kolonija (Колония)
2843 Lagunaka (Лагунака)
2865 Karatkansk (Караткансk)
2880 **Tatarsk (Татарск)**
Die 31 000 Einwohner zählende Stadt entstand 1911 aus dem Zusammenschluß der beiden Dörfer Tatarka und Stancionnyj und erhielt 1925 das Stadtrecht. Heute lebt die Stadt von den Eisenbahnwerkstätten und einer großen Molkerei. Tatarsk hat ein erstaunlich großes Heimatkundemuseum mit einer umfangreichen Techniksammlung unter freiem Himmel (ul. Telegina 52).

2898 Taryšta (Тарышта)
2904 Kabakly (Кабаклы)
2912 Čertokulič (Чертокулич)
2932 Čany (Чаны)
2949 Ozero Karači (Озеро Карачи)
Die Siedlung am gleichnamigen See soll ursprünglich nach dem Tartarenführer Mursa Karatscha benannt worden sein, der nach den Niederlagen gegen den ersten russischen Eroberer Ermak und gegen den Tatarenfürsten Kutschum in dieses Gebiet floh. Der Ort am See ist heute durch mehrere Sanatorien für seinen Heilschlamm bekannt. Aus seinen Quellen kommt das bekannte Mineralwasser ›Karačinskaja‹.

2958 Koškul' (Кошкуль)
2979 Tebisskaja (Тебисская)
2997 Moškar (Мошкар)
3009 Kirzinskoe (Кирзинское)
3035 **Barabinsk (Барабинск)**
Der Name Barabinsk stammt von den ›Barbara‹. So nannte sich ein tatarischer Stamm, der hier siedelte. Später kam ein russisches Fort, und mit der Eisenbahn entstanden Eisenbahnwerkstätten sowie eine Siedlung, die 1917 das Stadtrecht erhielt. Heute hat Barabinsk 36 000 Einwohner. Neben dem Heimatmuseum (ul. Kirova 3) gibt es im Lokomotivendepot unter dem Namen ›Museum des Kampfes- und Arbeitsruhmes‹ (ul. Putevaja 121) eine Ausstellung zur Geschichte des Lokdepots vom Bau der Transsib bis heute, einschließlich mehrerer alter Loks und einer den örtlichen Veteranen der Arbeit samt ihrer Orden und Urkunden gewidmeten Exposition.

Erwähnenswert ist auch der zwölf Kilometer nördlich liegende Nachbarort Kainsk-Barabinskij, der als Kainsk 1722 gegründet und 1785 zur Stadt befördert wurde. 1935 wurde sie aber zu Ehren des zur Zarenzeit hierher verbannten Revolutionärs Valerian Kujbyšev umbenannt. Es ist nicht zu verwechseln mit Samara an der Volga, das zu sowjetischen Zeiten ebenfalls Kujbyšev hieß. Die Stadt liegt am Fluß Om'. In ihr leben heute ca. 52 000 Menschen. Kainsk lebte vom Handel und von der Butterherstellung. Einige alte Kaufmannshäuser sind erhalten (ul. Kujbyševa). Sehenswert ist auch die Johannes dem Täufer gewidmete Kirche (ul. Pugačeva 2). Die Stadt war aber auch ein Etappenort auf dem Weg in die Verbannung, so daß im 19. Jahrhundert viele Dekabristen und Anführer der polnisch-litauischen Aufstände hier Station machten. Es gibt ein Heimatmuseum (ul. Kujbyševa 10) und ein Kujbyšev-Museum (ul. Lenina 2). Beide Städte bilden sozusagen die ›Hauptstadt‹ der Barabinsker Steppenlandschaft, die die Strecke zwischen Omsk und Novosibirsk prägt.

3060 Grunovskoe (Груновское)
3063 Novogutovo (Новогутово)
3078 Kožurla (Кожурла)
3118 Ubinskaja (Убинская)
3124 Kajak (Каяк)
3140 Gruzdievka (Груздиевка)
3165 Kargat (Каргат)

In der kleinen Stadt leben heute 13 000 Einwohner. Eines der Exponate im örtlichen Heimatmuseum ist ein altes BMW-Motorrad. Ein aus dem Ort stammender Soldat der Roten

Brücke über den Ob' bei Novosibirsk

Armee hatte es 1945 von General Žukov in Berlin persönlich als Kampfauszeichnung bekommen und später samt Urkunde dem Museum vermacht.

3170 Kaprolovo (Капролово)
3183 Kokošino (Кокошино)
3192 Sekty (Секты)
3205 Čulymsk (Чулымск)
3235 Tichomirovo (Тихомирово)
3247 Duplenskaja (Дупленская)
3268 Lesnaja Poljana (Лесная Поляна)
3286 Kočenevo (Коченево)
3308 Čik (Чик)
3311 Sady (Сады)
3319 Ob' (Обь)

Dieser Vorort von Novosibirsk hat ca. 26 000 Einwohner. Links von der Strecke befindet sich in Sichtweite der Novosibirsker Flughafen Tolmačevo.

3328 Novosibirsk-Zapadnyj (Новосибирск-Западный)
3332 Brücke über den Ob'

Mit der Transsib-Überquerung des Ob' entstand Novosibirsk. Der Ob' (russ. die Ob') entsteht bei Bijsk am Altajgebirge durch den Zusammenfluß der beiden Bergflüsse Katun und Bija und ist zusammen mit dem Katun 4338 Kilometer lang. Manchmal wird seine Länge auch mit 5410 Kilometern angegeben. Diese Länge ergibt sich, wenn man den Ob' zur Quelle seines Nebenflusses Irtyš vermißt.

3333 Novosibirsk-Central'nyj (Новосибирск-Центральный)
3336 **Novosibirsk-Glavnyj (Новосибирск-Главный)** S. 206
3342 Novosibirsk-Vostočnyj (Новосибирск-Восточный)
3348 Inja-Vostočnaja (Иня-Восточная)
3373 Sokur (Сокур)
3384 Koševo (Кошево)
3394 Moškovo (Мошково)
3403 Paras (Парас)
3417 Ojaš (Ояш)
3425 Kubovo (Кубово)
3436 Čebula (Чебула)
3450 Čachlovo (Чахлово)
3462 Bolotnoe (Болотное)

Bolotnoe – benannt nach dem Fluß Bolotnaja, was soviel wie sumpfig bedeutet – entstand 1805 am Rande des Sibirischen Traktes an der Abzweigung in Richtung Barnaul und Altaj. Seit 1943 hat der Ort mit heute 20 000 Einwohnern Stadtrecht. Im 1980 erbauten Kulturhaus befindet sich auch ein kleines Heimatmuseum (ul. Lenina 4).

3470 Tyn (Тын)

3475 neue Zeitzone: Moskauer Zeit plus vier Stunden

3479 Taskaevo (Таскаево)
3498 Jurga I (Юрга I)

Die 1894 gegründete Industriestadt Jurga teilt sich in Jurga I und II. Noch trennen beide Teile etwa sieben Kilometer voneinander. Das Stadtrecht wurde Jurga 1949 verliehen.

Insgesamt leben hier 94 000 Menschen....

3499 Brücke über den Tom', der im Altaj entspringt und auf 827 Kilometern Länge durch die Städte Kemerovo und Tomsk fließt, bevor er in den Ob' mündet.

3504 Tutal'skaja (Тутальская)
3519 Tal'menka (Тальменка)
3532 Litvinovo (Литвиново)
3537 Jaškino (Яшкино)
3546 Chopkino (Хопкино)
3557 Kuzel' (Кузель)
3565 **Tajga (Тайга)**
Mitten in der Taiga entstand mit dem Bau der Eisenbahn dieser Ort, der heute 27 000 Einwohner zählt. Hier zweigt die Linie in die alte sibirische Stadt Tomsk ab, die etwa 80 Kilometer nördlich des Transsibstranges liegt. Am Bahnhof steht eine alte Schnellzugdampflok vom Typ P 36.

3578 Pichtač (Пихтач)
3596 **Anžerskaja (Анжерская)**
Die zum Bahnhof gehörende Bergarbeiterstadt Anžero-Sudžensk mit ihren heute 112 000 Einwohnern bildet das Nordende des Kuzbass-Kohlereviers. In den beiden Gruben, die der Stadt auch den Doppelnamen gaben, wurden zur Zeit des TranssibBaus etwa 95 Prozent der Kuzbass-Kohle gefördert. In den 20er Jahren wurde dann der gesamte Kuzbass durch eine entsprechende Abzweiglinie der Bahn erschlossen. Die Abzweigung führt in Richtung Kemerovo und Novokuzneck.
1931 bekam der Ort das Stadtrecht. Das Heimatkundemuseum ist eher ein Bergbaumuseum. Der Ort gilt als eine der sensiblen Stellen auf der Transsib-Trasse. Mehrfach blockierten streikende Bergarbeiter hier die Gleise, um ihre Gehaltsforderungen durchzusetzen. In der spektakulärsten Aktion vom Sommer 1998 legte eine durch die Arbeiter auf den Gleisen errichtete Zeltstadt den Schienenverkehr für vier Tage lahm.

3604 Sudženka (Судженка)
3614 Mal'cevo (Мальцево)
3632 Počitanka (Почитанка)
3640 Ižmorskaja (Ижморская)
3657 Iverka (Иверка)
3679 Berikul'skaja (Берикульская)
3689 Sulųj (Сулуй)
3698 Antibesskij (Антибесский)
3715 **Mariinsk (Мариинск)**
Das 1698 am Verlauf des Sibirischen Traktes gegründete Dorf Kiskoe wurde 1857 mit der Verleihung des Stadtrechtes zu Ehren der deutschen Ehegattin des Zaren Alexander II., Marija Aleksandrovna, in Mariinsk umbenannt. Zu jener Zeit boomte der Ort, da man in der Umgebung Gold gefunden hatte, was viele Glücksucher anzog. Heute dominiert in der ca. 42 000 Menschen zählenden Stadt die Holzindustrie. Doch auch die örtliche Spirituosenfabrik macht Furore, beispielsweise durch einen Kirschlikör mit dem schönen Namen ›Freulejnskoe‹. In

Mariinsk erfolgt der nächste Lokwechsel. Gleichzeitig wechselt auch die Spannung in der Leitung. Während man westwärts mit Gleichstrom fährt, geht's mit Wechselstrom gen Osten.

3723 Predmetkino (Предметкино)
3729 Aleksandrovka (Александровка)
3736 Suslovo (Суслово)
3748 Sadovyj (Садовый)
3753 Aver'janovka (Аверьяновка)
3759 Razdolnoe (Раздолное)
3767 Lysyj Bor (Лысый Бор)
3773 Tjašin (Тяшин)
3778 Kedrač (Кедрач)
3786 Tisul' (Тисуль)
3799 Burdaskij (Бурдаский)
3808 Itat (Итат)
3817 Samsonovka (Самсоновка)
3834 Kosul' (Косуль)
3837 Kirsanovo (Кирсаново)
3846 **Bogotol (Боготол)**

Der Ort entstand mit der Transsib unweit eines alten Dorfes gleichen Namens. Seit 1911 besitzt Bogotol das Stadtrecht und hat heute 28 000 Einwohner. Von Interesse ist das Eisenbahnmuseum im Lokomotivendepot mit mehreren alten Dampfloks und einem Modell einer Schnellzuglok der Baureihe JS, was für Josef Stalin steht.

Auf dem Bahnhof von Krasnojarsk

3854 Šuldat (Шулдат)
3863 Vagino (Вагино)
3879 Kritovo (Критово)
3888 Stepanovka (Степановка)

3892 Klubničnaja (Клубничная)
3898 Zercaly (Зерцалы)
3902 Belyj Jar (Белый Яр)
3917 **Ačinsk I (Ачинск I)**

1642 gegründet, wurde Ačinsk dank seiner Flußverbindung über den Čulym nach Tjumen' und Tomsk ein bedeutender Handelsplatz. Heute ist Ačinsk eine wenig attraktive Industriestadt mit 122 000 Einwohnern Braunkohlefunde etwa 80 Kilometer südlich der Stadt, wo in einem gigantischen Tagebau nach fünf Metern Erde ein etwa 120 Meter breiter Kohleflöz beginnt, und ein Tonkombinat machen die Stadt zu einem wichtigen Zulieferer für die weltweit größten Aluminiumwerke in Bratsk und Krasnojarsk. Daneben gibt es in Ačinsk aber auch ein Heimatkundemuseum und ein Theater. Ein berühmter Sohn der Stadt ist Dmitrij Davydov, der Autor der Bajkal-Hymne.

3918 Ivanovka (Ивановка)
3925 Irinka (Иринка)
3930 Karlovka (Карловка)
3931 Ein kleiner weißer Obelisk auf der rechten Seite zeigt allen, die von Moskau über die Mongolei nach Peking reisen, daß sie jetzt die Hälfte des Weges hinter sich haben.

3937 Tarutino (Тарутино)
3948 Ibrjul' (Ибрюль)
3954 Černorečenskaja (Черноре-ченская)
3980 Kozul'ka (Козулька)
3988 Šarlovka (Шарловка)
3996 Kozači (Козачи)
4004 Kemčug (Кемчуг)
4027 Zeledeevo (Зеледеево)
4040 Krjučkovo (Крючково)
4047 Kača (Кача)
4061 Snežnica (Снежница)
4073 Minino (Минино)
4083 Bugač (Бугач)
4098 **Krasnojarsk (Красноярск)** S. 218

4100 Brücke über den Enisej. Die etwa einen Kilometer lange Brücke ist Geschichte pur. Sie stammt aus dem Jahre 1890 und wurde auf der Weltausstellung 1900 als architektonische Meisterleistung mit einer Goldmedaille ausgezeichnet. Das zweite Bauwerk, dem diese Auszeichnung zuteil wurde, war der Eiffelturm. Der Enisej gilt als der wasserreichste Strom der Erde. Er entsteht aus dem Zusammenfluß zweier Bergflüsse – Großer und Kleiner Enisej genannt – in der Nähe von Kyzyl, der Hauptstadt von Tuva, und fließt auf einer Länge von 4092 Kilometern mit einer Breite von fast einem Kilometer in das Eismeer. So verwundert auch sein Name nicht: Enisej heißt in der Sprache des in seinem Mittellauf lebenden Volksstammes der Evenken soviel wie ›breites Wasser‹.

4103 Enisej (Енисей)
4107 Terganino (Терганино)
4110 Zlobino (Злобино)
4115 Šinnyj Zavod (Шинный Завод)
4118 Bazaicha (Базаиха)

Hier zweigt eine Sackbahnstrecke nach Krasnojarsk-26 (Železnogorsk), eines der Zentren der russischen

Atomwirtschaft, ab. Krasnojarsk-26 war, ebenso wie diese Strecke, in keinen Karten des Landes verzeichnet.

4124 Suchoj (Сухой)
4130 Zykovo (Зыково)
4141 Maganskaja (Маганская)
4153 Sorokino (Сорокино)
4156 Samarka (Самарка)
4164 Taežnyj (Таежный)
4172 Grjaznyj (Грязный)
4179 Kamarčaga (Камарчага)
4185 Esaulovka (Есауловка)
4193 Mramornaja (Мраморная)
4204 Balaj (Балай)

Hier fährt die Bahn mehrere Kilometer auf einem teilweise aufgeschütteten Erddamm, dessen Höhe streckenweise über 25 Meter erreicht.

4214 Kosogor (Косогор)
4229 Ujar (Уяр)

Der Ort entstand 1760 und hat heute 17 000 Einwohner. Kurz vor der Einfahrt in den Bahnhof stehen mehrere Dampflokomotiven, die teilweise noch funktionsfähig sind, teilweise aber auch nicht mehr aus eigener Kraft von der Stelle kommen würden.

4241 Gromadskaja (Громадская)
4249 Sibirjak (Сибиряк)
4263 Zaozernaja (Заозерная)

Zaozernajas Geschichte begann 1776, als man hier anfing, Glimmervorkommen abzubauen. Heute leben 16 000 Menschen in der Stadt. Hier beginnt die Sackbahnstrecke nach Krasnojarsk-45 (Zelenogorsk), neben Krasnojarsk-26 das zweite Zentrum der russischen Atomwirtschaft in dieser Gegend.

4273 Irša (Ирша)
4283 Kamala (Камала)
4293 Jagodnaja (Ягодная)
4299 Soljanka (Солянка)
4311 Kurup (Куруп)
4315 Bošnjakovo (Бошняково)
4328 Filimonovo (Филимоново)
4351 **Kansk-Enisejsk (Канск-Енисейск)**

Am Fluß Kan wurde 1628 im heutigen Dorf Kamarovka das Kansker Ostrog errichtet, das einige Jahre später etwa 40 Kilometer weiter an seinen heutigen Standort umzog. Einige Dekabristen verbrachten im 1822 zur Stadt erhobenen Kansk ihre Verbannung. Heute zählt die Industriestadt 110 000 Einwohner. Das Heimatmuseum existiert bereits seit 1912.

4349 Kansk II (Канск II)
4364 Dalaj (Далай)
4367 Teplye Ključi (Теплые Ключи)
4377 **Ilanskaja (Иланская)**

Die Siedlung entstand 1733. Der Seefahrer Vitus Bering gab auf seiner Anreise zu seiner Zweiten Kamčatka-Expedition über den Sibirischen Trakt Empfehlungen für künftige Poststationen nach Petersburg und empfahl u.a. auch Ilanskaja. 1891 kam die Eisenbahn und bestimmte fortan das Leben des Ortes.
18 000 Einwohner leben heute hier vor allem von den Eisenbahnwerkstätten. Im Lokomotivendepot gibt es

ein kleines Museum zur Geschichte der Stadt und der Eisenbahn.

4384 Busjuk (Бусюк)
4391 Stajnyj Kondon (Стайный Кондон)
4398 Sulemka (Сулемка)
4405 Ingašskaja (Ингашская)
4413 Pajma (Пайма)
4432 Tinskaja (Тинская)
4441 Dogodaevo (Догодаево)
4452 Rešety (Решеты)
4465 Ključi (Ключи)
4477 Uralo-Ključi (Урало-Ключи)

4476 neue Zeitzone: Moskauer Zeit plus fünf Stunden.

4482 Širokovo (Широково)
4488 Jurty (Юрты)
4503 Birjusinsk (Бирюсинск)
4515 **Tajšet (Тайшет)** S. 226
Hier beginnt die Abzweigung der Baikal-Amur-Magistrale, der sogenannten BAM. Auch die später errichtete Abzweigung nach Süden in Richtung Abakan hat hier ihren Ausgangspunkt. Tajšet entstand 1897 mit dem Bau der Eisenbahn. Hier befand sich in der Stalin-Ära einer der größten Umschlagplätze für die nach Sibirien und in den Fernen Osten deportierten Häftlinge. Als 1938 mit dem Bau des ersten Abschnittes der BAM begonnen wurde und viele Häftlinge in der Umgebung konzentriert wurden, erlangte der Ort den Stadtstatus. Heute leben 43 000 Einwohner in der am Fluß Birjusa gelegenen Stadt.

4524 Lavrent'evo (Лаврентьево)
4537 Bajronovka (Байроновка)
4551 Šelechovo (Шелехово)
4556 Razgon (Разгон)
4565 Oblepicha (Облепиха)
4593 Alzamaj (Алзамай)
4596 Algašet (Алгашет)
4607 Zamzor (Замзор)
4615 Bolotnyj (Болотный)
4635 Kamyšet (Камышет)
4649 Uk (Ук)

Reisende, die von Moskau nach Vladivostok unterwegs sind, haben hier die Hälfte der Strecke hinter sich.

4661 Maga (Мага)
4668 Kurjat (Курят)
4678 **Nižneudinsk (Нижнеудинск)**

Die heute 44 000 Einwohner zählende Stadt hat ihren Ursprung im Jahre 1649, als Kosaken hier am Fluß Uda ein kleines Fort errichteten. 1783 bekam der Ort das Stadtrecht. Auf dem Bahnhof steht eine alte Güterzugdampflok der L-Serie. Etwa 200 Kilometer entfernt lebt in drei Siedlungen der Völkerstamm der Tofalaren – mit knapp 500 Seelen die kleinste nationale Minderheit Rußlands. In das Gebiet führt keine Straße, es ist nur per Hubschrauber zu erreichen.

4684 Rubachino (Рубахино)
4687 Uda II (Уда II)
4703 Chunguj (Хунгуй)
4716 Kaduj (Кадуй)
4726 Chudoelanskaja (Худоеланская)
4743 Šeberta (Шеберта)
4746 Varjag (Варяг)
4763 Budagovo (Будагово)
4777 Utaj (Утай)
4786 Kotik (Котик)
4795 Tulun (Тулун)

Tulun ist ein Zentrum des Bergbaus und der Holzindustrie. Im Zentrum der 54 000 Einwohner zählenden Stadt am Fluß Ija gibt es noch viele alte Häuser aus der Zeit, als Tulun ein wichtiger Umschlagplatz im Handel mit Jakutien war. Die Stadt hat ein kleines Dekabristenmuseum.

4807 Njura (Нюра)
4816 Azej (Азей)
4825 Šuba (Шуба)
4837 Šeragul' (Шерагуль)
4845 Tul'juška (Тульюшка)
4856 Mingatuj (Мингатуй)
4874 Kujtun (Куйтун)
4888 Charik (Харик)
4906 Kimil'tej (Кимильтей)
4919 Perevoz (Перевоз)
4934 **Zima (Зима)**

Zima bedeutet Winter. Ein Fluß gleichen Namens fließt hier in die Oka (nicht verwechseln mit der in die Volga mündenden Oka südlich von Moskau), die dann wiederum in die Angara mündet. Der Ort entstand 1898 mit dem Bau der Transsib und erhielt 1922 das Stadtrecht. Heute leben hier 39 000 Menschen.
Berühmt wurde Zima durch den zeitgenössischen Dichter Evgenij Evtušenko (*1933), der in Gedichten und einem autobiographischen Film seine Kindheitserinnerungen auf der

Station Zima beschrieb. In der Stadt gibt es ein Heimatmuseum.

4940 Oka (Ока)
4947 Charagun (Харагун)
4958 Deljur (Делюр)
4968 Tyret' (Тыреть)
4999 Zalari (Залари)
5003 Chotchor (Хотхор)
5011 Golovinskaja (Головинская)
5017 Chartovskaja (Хартовская)
5021 Kutulik (Кутулик)

Kutulik ist das Zentrum eines autonomen Kreises, in dem Burjaten die Mehrheit der Bevölkerung stellen. Gleichzeitig ist es die Heimat des Schriftstellers Aleksandr Vampilov (1937–1972), an den ein kleines Museum erinnert.

5032 Zabituj (Забитуй)
5033 Noty (Ноты)
5046 Ossinzewo (Оссинцево)
5049 Žargon (Жаргон)

5055 Čeremchovo (Черемхово)

Ein rechter Hand gut sichtbares Zentrum des Kohlebergbaus ist Čeremchovo, das sich über mehrere Siedlungen mit heute 75 000 Einwohnern knapp zehn Kilometer an der Bahntrasse entlangzieht. Im Jahre 1772 als Poststation am Sibirischen Trakt gegründet, kam die wirtschaftliche Dynamik mit dem 1896 in Betrieb genommenen ersten Bergwerk und wenige Jahre später mit der Eisenbahn.

5067 Kas'janovka (Касьяновка)
5070 Vostočnaja (Восточная)
5081 Polovina (Половина)

Polovina bedeutet Hälfte. Gemeint ist die Hälfte der ursprünglichen Strecke zwischen Moskau und Vladivostok über Čeljabinsk und die Mandschurei. Heute betragen die beiden ungleichen Hälften 5081 Kilometer nach Moskau und 4207 Kilometer nach Vladivostok.

5088 Zaimka (Заимка)
5098 Belaja/Tajturka (Белая/Тайтурка)
5104 Mal'ta (Мальта)

Mal'ta gilt als Fundgrube für Archäologen. Nachdem in den 20er Jahren zufällig Mammutknochen gefunden worden waren, begann man mit umfangreichen Ausgrabungen, die neben Knochen auch noch Werkzeuge und Kultgegenstände zutage förderten, die belegen, daß hier bereits über 10 000 Jahre vor Christus Menschen siedelten.

5111 Lužki (Лужки)

5118 Usol'e-Sibirskoe (Усолье-Сибирское)

Zu Zeiten sowjetischer Mangelwirtschaft galten Vorräte an Salz, Seife und Streichhölzern als Grundausstattung zum Überleben. Alle Einwohner von Usol'e-Sibirskoe kann man vor diesem Hintergrund der Schicht der Privilegierten zuordnen, denn zwei der drei Mangelprodukte wurden nirgends in der Sowjetunion in solchen Mengen wie in dieser sibirischen Stadt produziert. Usol'e läßt sich etwa mit »beim Salz«

übersetzen. Seit seiner Gründung im Jahre 1669 war und ist es die Salzhauptstadt Sibiriens. Seit 1956 befindet sich hier unter dem Namen ›Sibsol'‹ (Sibsalz) die größte Salzfabrik Rußlands. Zweitgrößter Arbeitgeber der 105 000 Einwohner zählenden Stadt ist die Streichholzfabrik ›Bajkal‹.

Der Marmorbahnhof von Sljudjanka

Usol'e erhielt 1925 das Stadtrecht und 1940 den offiziellen Zusatz ›Sibirskoe‹, um nicht mit dem zweiten Usol'e bei Perm' verwechselt zu werden. Daneben ist die Stadt auch für ihre Heilschlammbehandlungen bekannt.

5127 Tel'ma (Тельма)
5140 Kitoj (Китой)
5141 Majsk (Майск)

5145 **Angarsk (Ангарск)**

Angarsk ist eine der jüngsten Städte Sibiriens. Es entstand 1948 mit einer gigantischen Ölraffinerie. Die Lebensqualität der 269 000 Einwohner versuchte man zu erhöhen, indem man von Anfang an konsequent Gewerbe- und Wohngebiet durch ein Waldgebiet getrennt hat. Vielleicht erklärt sich auch so das Stadtwappen, das – wie ansonsten typisch für diese Zeit – keine Reagenzgläser und Zahnräder, sondern eine goldene Meerjungfrau auf grünem Untergrund zeigt. Trotzdem liegt hier die Lebenserwartung deutlich unter dem russischen Durchschnitt. Interessant ist mit über 700 Zeitmessern das örtliche

Uhrenmuseum, das auf der Privatsammlung das Angarsker Uhrmachers P. Kurdjakov beruht.

5148 Južnaja (Южная)
5151 Suchovskaja (Суховская)
Hier eröffnet sich ein guter Ausblick auf den Fluß Angara, der auch den Spitznamen ›Doč' Bajkala‹ (Tochter des Baikals) trägt und vom Baikalsee kommend nach 1779 Kilometern in den Enisej mündet.

5163 Meget (Мегет)
5170 Batarejnaja (Батерейная)
5173 Gorka (Горка)
5178 Irkutsk-Sortirovočnaja (Иркутск-Сортировочная)
5185 **Irkutsk (Иркутск)** S. 228
5192 Kaja (Кая)
5205 Gončarovo/Šelechov (Гончаров/Шелехов)
Der Name der Stadt erinnert an den Irkutsker Seefahrer und Kaufmann Grigorij Šelechov (1747–1795), der von Irkutsk aus den Handel mit der Pazifikregion forcierte und Rußlands Anspruch auf Alaska durchsetzte. Die Stadt selbst entstand 1956 mit dem Bau eines Aluminiumkombinates, das den billigen Angara-Strom nutzen sollte. Das Stadtrecht wurde ihr 1962 verliehen. Heute leben 49 000 Menschen hier.

5208 Izvestkovaja (Известковая)
5209 Olcha (Олха)
5213 Letnjaja (Летняя)
5217 Bol'šoj Lug (Большой Луг)
5229 Rossocha (Россоха)
5235 Ogon'ki (Огоньки)
5241 Trudnyj (Трудный)
5249 Podkamennaja (Подкаменная)
5261 Glubokaja (Глубокая)
5273 Andrianovskaja (Андриановская)
5285 Angasolka (Ангасолка)
Etwa drei Kilometer hinter Angasolka öffnet sich nach einem 863 Meter hohen Berg erstmals der Blick auf den Baikalsee, der nun auf etwa 200 Kilometern immer wieder in Sichtweite kommt.

5306 Sljudjanka II (Слюдянка II)
5311 **Sljudjanka I (Слюдянка I)**
Hier beginnt die heute Baikalbahn genannte Strecke nach Port Bajkal, auf der die Transsib bis zur Flutung der Angara bei der Einweihung des Irkutsker Wasserkraftwerkes verkehrte. Der Ort erhielt 1936 das Stadtrecht und hat heute 20 000 Einwohner. Da in der Umgebung umfangreiche Marmorvorkommen existieren, wurde der Bahnhof damals vollständig aus diesem aufgrund der geringen Transportkosten billigen Rohstoff erbaut.

5314 Rybzavod (Рыбзавод)
5319 Buravščina (Буравщина)
5326 Mangutaj (Мангутай)
5335 Orechovaja Pad' (Ореховая Падь)
5340 Utulik (Утулик)
5351 Bajkal'sk (Байкальск)
Bajkal'sk ist der Inbegriff für ein dem Bajkalsee drohendes ökologisches Desaster. Hier befindet sich das viel-

gescholtene Baikalsker Zellulose- und Papierkombinat, das als einziger Arbeitgeber für die 17000 Einwohner der mit dem Fabrikneubau entstandenen Stadt seit seinem Bau in den 60er Jahren umstritten ist.

5366 Murino (Мурино)
5373 Pan'kovka (Паньковка)
5383 Vydrino (Выдрино)
5387 Tolbazicha (Толбазиха)
5399 Mamaj (Мамай)
5406 Kedrovaja-Sibirskaja (Кедровая-Сибирская)
5416 Dulicha (Дулиха)
5420 Tanchoj (Танхой)
5431 Pereemnaja (Переемная)
5443 Priboj (Прибой)
5456 Mišicha (Мишиха)
5463 Kovrižka (Коврижка)
5467 Kljuevka (Клюевка)
5477 Mysovaja (ehem. Babuškin) (Мысовая (бывш. Бабушкин))

Hier befand sich der Südhafen für die Fährschiffe ›Bajkal‹ und ›Angara‹, die in den Anfangsjahren den Fährbetrieb über den Baikalsee zwischen Mysovaja und Port Bajkal gewährleisteten. Zu Sowjetzeiten trug der Ort den Namen des hier auf dem Bahnhof wegen Waffenschmuggels erschossenen Revolutionärs Ivan Babuškin (1873–1906), der mit Lenin in der Leipziger ›Iskra‹-Druckerei zusammengearbeitet hatte. Heute leben in der 1892 gegründeten Stadt ca. 7000 Menschen.

5482 Tel'naja (Тельная)
5486 Gremjačij (Гремячий)
5489 Manturicha (Мантуриха)
5493 Suchoj Ručej (Сухой Ручей)

5499 Bojarskij (Боярский)
5502 Povorot (Поворот)
5506 Kultušnaja (Култушная)
5513 Bajkal'skij Priboj (Байкальский Прибой)
5517 Gošok (Гошок)

Hier verabschiedet sich die Strecke vom Ufer des Baikalsees.

5521 Bol'šaja Rečka (Большая Речка)
5524 Posol'skaja (Посольская)
5528 Pesčanyj Kar'er (Песчаный Карьер)
5543 Timljuj (Тимлюй)
5550 Njuki (Нюки)
5554 Beregovoj (Береговой)
5561 Selenga (Селенга)
5571 Tarakanovka (Таракановка)
5574 Mostovka (Мостовка)
5582 Talovka (Таловка)
5583 Troick (Троицк)
5590 Lesovoznyj (Лесовозный)
5603 Tataurovo (Татаурово)
5610 Mandrik (Мандрик)
5615 Kolos (Колос)
5618 Brücke über die Selenga
Die durch dieses malerische Tal zum Bajkal fließende Selenga entsteht in der Mongolei im Zusammenstrom der Flüsse Ider und Muren. Die Selenga erstreckt sich von der Quelle der Ider über eine Länge von 1024 Kilometern.

5619 Mostovoj (Мостовой)
5631 Sotnikovo (Сотниково)
5634 Divizionnaja (Дивизионная)
5640 **Ulan-Udė (Улан-Удэ)** S. 250
5649 Zaudinskij (Заудинский)

Hier beginnt die Abzweigung in Richtung Ulaanbaatar und Peking.

5657 Tal'cy (Тальцы)
5668 Kolchoznyj (Колхозный)
5676 Onochoj (Онохой)
5682 Brojlernaja (Бройлерная)
5698 Zaigraevo (Заиграево)
5712 Čelutaj (Челутай)
5722 Il'ka (Илька)
5737 Novoil'inskij (Новоильинск)
5750 Gorchon (Горхон)
5765 Kiža (Кижа)

5775 neue Zeitzone: Moskauer Zeit plus sechs Stunden

5784 **Petrovskij Zavod (Петровский Завод)**
Der Name bedeutet etwa ›Peters Werk‹. Der dazugehörige Ort mit 28 000 Einwohnern wurde bereits 1798 gegründet und heißt aber seit 1926, als das Stadtrecht verliehen wurde, Petrovsk-Zabajkal'skij. ›Peters Werk‹ ist auch heute, nach über 200 Jahren, eine große Eisenschmelze, die seinerzeit das Werkzeug für den sibirischen Bergbau herstellte und nach einer umfassenden Rekonstruktion und Erweiterung in den 30er Jahren als Metallurgiekombinat auch heute noch – wie unschwer aus dem Zug zu erkennen – unter Dampf steht. Von 1830 bis 1839 kamen viele zunächst nach Čita deportierte Dekabristen zur Zwangsarbeit hierher. An diese Zeit erinnert

als Dekabristenmuseum ein Haus, in dem damals Ekaterina Trubeckaja lebte.

5789 Dekabristy (Декабристы)
5805 Baljaga (Баляга)
5811 Kuli (Кули)
5818 Tarbagataj (Тарбагатай)
5828 Novopavlovka (Новопавловка)
5836 Tolbaga (Толбага)
5859 Chochotuj (Хохотуй)
5883 Bada (Бада)
Hier befindet sich linker Hand ein großer Flughafen, auf dem man neben einem MIG-Monument auch einige Flugzeuge auf der Landebahn sehen kann.

5897 Charčetoj (Харчетой)
5907 Žipchegen (Жипхеген)
5934 **Chilok (Хилок)**
Am gleichnamigen in die Selenga mündenden Fluß entstand die Siedlung 1896 an der Bahnstrecke. Heute leben in der in den Ausläufen des Jablonovyj-Gebirges liegenden Stadt 14 000 Menschen.

5951 Gyršelun (Гыршелун)
5971 Chušenga (Хушенга)
5993 Charagun (Харагун)
6013 Tajdut (Тайдут)
6033 Zagarino (Загарино)
6041 Uletka (Улетка)
6053 **Mogzon (Могзон)**
6075 Gongota (Гонгота)
6096 Sochondo (Сохондо)
Diese Bahnstation ist nach dem mit 2510 Metern höchsten Berg des Jablonovyj-Gebirges benannt, durch das die Strecke hier führt. Zwischen Sochondo und Turgutuj erreicht die Bahn den höchsten Punkt auf der gesamten Transsib-Linie.

6106 Turgutuj (Тургутуй)
6119 Jablonovaja (Яблоновая)
6134 Kuka (Кука)
6139 Lesnaja (Лесная)
6156 Ingoda (Ингода)
6163 Domna (Домна)
6173 Černovskaja (Черновская)
6184 Kadala (Кадала)
6195 Čita I (Чита I)
6198 **Čita II (Чита II)** S. 257
6204 Antipicha (Антипиха)
6207 Pesčanka (Песчанка)
6214 Atamanovka (Атамановка)
6231 Kručina (Кручина)
6240 Novaja (Новая)
6254 Makkaveevo (Маккавеево)
6264 **Darasun (Дарасун)**
6274 Turinskaja (Туринская)
6287 Kadachta (Кадахта)
6295 **Karymskaja (Карымская)**
6307 Tarskaja (Тарская)
Hier beginnt die Abzweigung der Strecke durch die Mandschurei, die zunächst bis zur Fertigstellung des Amur-Abschnittes über die ostchinesische Bahn nach Vladivostok führte und heute die direkte

Jurten in der mongolischen Steppe; Burjatische Trachten
Fernverkehrsstraße in der Mongolei; Mongolisches Volksfest

XIN
ĐUONG

Verbindung zwischen Rußland und China bildet. Der Umsteigebahnhof ist Karymskaja.

6319 Kajdalovo (Кайдалово)
6323 Nacygun (Нацыгун)
6337 Urul'ga (Урульга)
6363 Savinskaja (Савинская)
6376 Zubarevo (Зубарево)
6394 Razmachino (Размахино)
6407 Solncevaja (Солнцевая)
6418 Onon (Онон)
6429 Kazanovo (Казаново)
6443 Šilka-Tovarnaja (Шилка-Товарная)
6445 **Šilka (Шилка)**
Der Ort Šilka entstand 1897 am gleichnamigen, sich 560 Kilometer durch Transbajkalien ziehenden Fluß mit dem Eisenbahnbau. Wenige Jahre später fand man Heilquellen in der Umgebung, so daß Šilka und sein Nachbarort Šivanda (auf burjatisch wörtlich: göttliches Getränk) Anfang des Jahrhunderts zu populären Kurorten wurden. Heute ist davon jedoch wenig zu spüren, obwohl das Mineralwasser nach wie vor gewonnen und geschätzt wird. Šilka besitzt seit 1951 das Stadtrecht und hat heute ca. 18 000 Einwohner.

6451 Mirsanovo (Мирсаново)
6459 Cholbon (Холбон)
6469 Aprelkovo (Апрелково)
6475 Bišigino (Бишигино)
6490 **Priiskovaja (Приисковая)**
Etwa sieben Kilometer von dieser Station entfernt liegt die Stadt Nerčinsk mit heute 17 000 Einwohnern. 1653 von Kosaken am Fluß Nerča gegründet, erlangte der Ort bereits 1689 das Stadtrecht. In der Umgebung wurden zunächst Salz und später Silber, Gold und Edelsteine gefördert. Diese Gruben (Priiski) gaben auch später der Bahnstation den Namen. Die meisten Minen und Gruben gehörten dem Zaren und ließen den Ort im 19. Jahrhundert zum bedeutendsten und verrufendsten Zentrum der zaristischen Arbeitslager (Katorga) werden. Daneben brachte es aber auch ortsansässige Kaufleute wie P. Butin zu immensem Reichtum, was dessen exotische mauretanische Villa im Stadtbild bis heute unterstreicht. Es gibt ein 1886 gegründetes Heimatmuseum mit einer reichen Sammlung chinesischer Kunst.

6502 Verchnie Ključi (Верхние Ключи)
6515 Bjankino (Бянкино)
6526 Kuenga (Куэнга)
Hier befindet sich die Abzweigung zum 58 Kilometer entfernten Sretensk, dem ersten Endpunkt der Transsib am Fluß Šilka. Ab hier ging es dann früher auf Flußschiffen bzw. Schlittengespannen über die

Chinesische Kinder; Die Große Chinesische Mauer
Garküche in Peking; Der Himmelstempel; In der Verbotenen Stadt

Šilka und den Amur nach Chabarovsk weiter. Mit der Fertigstellung des durchgehenden Schienenstrangs versank diese Linie und mit ihr auch Sretensk in der Bedeutungslosigkeit. Heute leben hier 10 000 Einwohner.

6539 Šapka (Шапка)
6557 Šev'ja (Шевья)
6564 Ukurej (Укурей)
6576 Gaur (Гаур)
6579 Kunduj (Кундуй)
6593 **Černyševsk-Zabajkal'skij (Чернышевск-Забайкиальский)**

Die Ortsbezeichnung erinnert an den vor allem durch sein Buch ›Was tun?‹ bekannten, liberalen russischen Aufklärer Nikolaj Černyševskij (1828–1889), der hier sieben Jahre in der Zwangsarbeit verbrachte. Von 1935 bis 1957 hieß der Ort allerdings nach einem Sowjetführer Kaganovič. Bemerkenswert ist die große Autoverladestelle am Bahnhof, denn hier endet im Prinzip, außer für Hartgesottene, die Fernverkehrsstraße gen Osten. Die Trasse erreicht hier auf den nächsten 600 Kilometern die südliche Grenze des Dauerfrostbodens, und das russische Sprichwort, daß es im Lande keine Straßen, sondern bestenfalls Richtungen gibt, erlangt nochmal eine neue Qualität. Gezwungenermaßen fährt man also von Černyševsk-Zabajkal'skij bis Skovorodino bei Kilometer 7306 mit dem Autozug.

6595 Aleur (Алеур)
6606 Ulej (Улей)
6623 Bušulej (Бушулей)
6644 Kavekta (Кавекта)
6651 Arčikoj (Арчикой)
6670 **Zilovo (Зилово)**
6692 Zudyra (Зудыра)

6703 Ul'jakan (Ульякан)
6719 Urjum (Урюм)
6737 Nanagry (Нанагры)
6765 Sbega (Сбега)
6770 Temnaja (Темная)
6789 Ksen'evskaja (Ксеньевская)
6836 Kislyj Ključ (Кислый Ключ)
6851 Arteuška (Артеушка)
6872 Pen'kovaja (Пеньковая)
6896 Razdol'noe (Раздольное)

6906 **Mogoča (Могоча)**
Der Landstrich um diesen 1910 mit dem Bahnbau gegründeten Ort bietet entlang der transsibirischen Bahnstrecke die wohl härtesten klimatischen Bedingungen. Strenges Kontinentalklima und Dauerfrostboden lassen das Thermometer im langen Winter auf bis –55 Grad Celsius sinken. Mogoča bedeutet auf evenkisch ›goldenes Tal‹ und bezieht sich auf Goldfunde in der Gegend. Hauptarbeitgeber für die 18 000 Einwohner der Stadt ist aber die Eisenbahn mit ihren Werkstätten.

6930 Taptugary (Таптугары)
6955 Semiozernyj (Семиозерный)
6964 Čador (Чадор)
6995 Germanovskij (Германовский)
7004 **Amazar (Амазар)**
7014 Krasavka Changli (Красавка Хангли)
7026 Kolokol'nyj (Колокольный)
7034 Potajka (Потайка)
7044 Čičatka (Чичатка)
7052 Žanna (Жанна)
7075 Die Grenze zwischen den Verwaltungsgebieten Čita und Amur ist die Grenze zwischen Ostsibirien und dem Fernen Osten.

7067 Malokovali (Малоковали)
7086 Ajači (Аячи)
7094 Tekan (Текан)
7111 **Erofej Pavlovič (Ерофей Павлович)**
Der Ort entstand 1909 mit dem Bau der Eisenbahn. Hinter dieser etwas ungewöhnlichen Ortsbezeichnung verbergen sich Vor- und Vatersname des russischen Fernosteroberers Erofej Chabarov, dem auch die Stadt Chabarovsk ihren Namen verdankt.

7126 Itašino (Иташино)
7135 Segačama (Сегачама)
7154 Bol'šaja Omutnaja (Большая Омутная)
7174 Uljatka (Улятка)
7182 Chalan (Халан)
7191 Sgibeevo (Сгибеево)
7209 **Uruša (Уруша)**
7223 Glubokij (Глубокий)
7230 Čutkan (Чуткан)
7240 Uljagir (Улягир)
7250 Madalan (Мадалан)
7259 Ol'doj (Ольдой)
7266 Tachtamygda (Тахтамыга)
7273 Bamovskaja (Бамовская)
Hier besteht eine weitere Abzweigung zur Bajkal-Amur-Magistrale. Der Umsteigebahnhof ist aber Skovorodino.

7287 Imači (Имачи)
7306 **Skovorodino (Сковородино)**
Als Zmejnyj im Jahre 1908 gegründet, wurde der Ort zunächst in Ruchlovo und 1938 zu Ehren eines 1920 hier ermordeten Rotgardisten namens Skovorodin erneut umbenannt. Bemerkenswert ist wiederum die Autoverladestelle sowie östlich des Bahnhofs eine Schnellzugdampflok der Reihe P 36, die bis 1974 in Betrieb war.

7329 Bol'šoj Never (Большой Невер)
7339 Kovali (Ковали)
7346 Ul'ruč'i (Ульручьи)

7355 Kerak (Керак)
7362 Angarič (Ангарич)
7368 Urkan (Уркан)
7379 Džiktanda (Джиктанда)
7400 Taldan (Талдан)
7419 Burinda (Буринда)
7439 Gudači (Гудачи)
7456 Gonža (Гонжа)
7474 Njukža (Нюкжа)
7494 **Magdagači (Магдагачи)**
7511 Krasnaja Pad' (Красная Падь)
7521 Tymersol' (Тымерсоль)
7528 Daktuj (Дактуй)
7538 Sulus (Сулус)
7559 Tygda (Тыгда)
7573 Gorki (Горки)
7579 Čalgany (Чалганы)
7609 Ušuman (Ушуман)
7626 Sivaki (Сиваки)
7650 Tu (Ту)
7663 Pereselenčeskij (Переселенческий)
7677 Muchinskaja (Мухинская)
7700 Bereja (Берея)
7711 Petruši (Петруши)
7723 **Šimanovsk (Шимановск)**

Der Ort entstand 1910 mit dem Namen Pera und wurde 1920 nach dem ermordeten Bolschewisten Vladimir Šimanovskij benannt. Die heute 26 000 Einwohner zählende Stadt boomte vor allem mit dem Bau der BAM, als hier große Werke der Baustoffindustrie entstanden.

7742 Seletkan (Селеткан)
7754 Djatva (Дятва)
7765 Ledjanaja (Ледяная)
7773 Dom Otdycha (Дом Отдыха)
7777 Buzuli (Бузули)
7790 Juchta (Юхта)
7800 Ust'-Pera (Усть-Пера)
7807 **Svobodnyj (Свободный)**

Der Ortsname bedeutet ›frei‹, und

Svobodnyj trägt ihn seit 1924. Bei seiner Gründung im Jahre 1912 war der Ort am rechten Ufer des Amurnebenflusses Zeja nach dem Zarevič Aleksej Alekseevsk benannt worden. »Es gab einmal im Fernen Osten eine Stadt mit dem Namen des Zarevič. Die Revolution benannte sie in ›Svobodnyj‹ um. Die Amurkosaken, die die Stadt besiedelt hatten, vertrieb man – die Stadt verkam. Irgendjemanden mußte man dort wieder ansiedeln. Und es kamen die Häftlinge und die sie bewachenden Čekisten. Die ganze Stadt Svobodnyj wurde ein Straflager (BAMLag). So gestaltet das wahre Leben die Symbole …«. So beschrieb Aleksandr Solženicyn die Stadt. Bis zum Ende der 20er Jahre befand sich hier die Verwaltung der Amur-Bahn. Heute leben 81 000 Menschen in der Stadt Es gibt ein Heimatmuseum. Das umliegende Tiefland ist mit seiner ausgeprägten Landwirtschaft Rußlands fruchtbarster Landstrich östlich des Baikalsees. Neben Russen leben hier auch viele Ukrainer. Unweit der Stadt befinden sich außerdem Rußlands östlichste Abschußrampen für die während des Kalten Krieges auf die USA gerichteten Interkontinentalraketen. Svobodnyj ist neben Plisseck in der Nähe von Archangel'sk der zweite in Frage kommende Standort für ein neues russisches Kosmodrom.

7812 Michajlo-Česnokovskaja (Михайло-Чесноковская)

7822 Arga (Арга)
7827 Zejskij (Зейский)
7845 Seryševo (Серышево)
7857 Ukraina (Украина)
7866 **Belogorsk (Белогорск)**

Die Industriestadt mit 75 000 Einwohnern wurde 1860 unter dem Namen Aleksandrovskoe gegründet. Im Jahre 1926 erhielt sie das Stadtrecht und 1957 nach mehreren Umbenennungen ihren heutigen Namen. Hier steigt man nach Blagoveščensk, der gut 100 Kilometer entfernten Hauptstadt des Amur-Gebietes, die für ihren kleinen Grenzverkehr mit China berühmt ist, um. Belogorsk ist vor allem durch ein großes Landmaschinenkombinat geprägt.

7880 Itikut (Итикут)
7893 Vozžaevka (Возжаевка)
7905 Tola (Тола)
7915 Pozdeevka (Поздеевка)
7934 Koroli (Короли)
7943 Ekatarinoslavka (Екатаринославка)
7963 Troebratka (Троебратка)
7974 Tur (Тур)
7985 Zavitinsk (Завитинск)

Zavitinsk mit seinen 22 000 Einwohnern gilt als Rußlands Zentrum des Soja-Anbaus

7996 Deja (Дея)
8007 Tjukan (Тюкан)
8030 **Bureja (Бурея)**
8040 Kulusutaj (Кулусутай)
8060 Uletuj (Улетуй)
8069 Žuravli (Журавли)
8080 **Archara (Архара)**

Hier findet der Lokwechsel zwischen den Eisenbahnverwaltungen Transbaikal und Ussuri statt.

8085 Kar'ernyj (Карьерный)
8091 Tatakan (Татакан)
8101 Bogučan (Богучан)
8110 Rači (Рачи)
8120 Uril (Урил)
8128 Otrogi (Отроги)
8137 Tarmančukan (Тарманчукан)
8146 Kasatkin (Касаткин)
8154 Kundur-Chabarovskij (Кундур-Хабаровский)
8164 Kazači (Казачи)
8174 Esaulovka (Есауловка)
8184 Jadrin (Ядрин)

8170 neue Zeitzone: Moskauer Zeit plus sieben Stunden

8198 Obluč'e (Облучье)
Die 1909 gegründete Stadt mit ihren 12 000 Einwohnern befindet sich im Jüdischen Autonomen Gebiet. Interessant ist der Tunnel kurz hinter dem Ort. Er ist der erste Eisenbahntunnel der Welt, der unter den Bedingungen des Permafrostes gebaut wurde. Weitere folgten später beim Bau der BAM.

8207 Udarnyj (Ударный)
8215 Lagar-Aul (Лагар-Аул)
8220 Vorob'evo (Воробьево)
8231 Kimkan (Кимкан)
8242 Izvestkovaja (Известковая)
8256 Birakan (Биракан)
8266 Teploe Ozero (Теплое Озеро)
8269 Izvestkovyj Zavod (Известковый Завод)
8276 Londoko (Лондоко)
8283 Kandalik (Кандалик)
8289 Budukan (Будукан)
8298 Bobrovskij (Бобровский)
8306 Bira (Бира)
Der Fluß Bira, der hier knapp 100 Kilometer südlich neben der Bahnstrecke fließt gab diesem Ort und zum Teil auch Birobidžan seinen Namen.

8316 Semistočnyj (Семисточный)
8328 Trek (Трек)
8339 Kirga (Кирга)
8351 **Birobidžan (Биробиджан)** S. 264
8366 Ikura (Икура)
8378 Usov Balagan (Усов Балаган)
8393 Aur (Аур)
8408 Ol' (Оль)
8422 In/Smidovič (Ин/Смидович)
8435 Urmi (Урми)
8449 Ol'gochta (Ольгохта)
8461 Lumku-Korani (Лумку-Корани)
8474 Voločaevka (Волочаевка)
8485 Dežnevka (Дежневка)
8496 Nikolaevka (Николаевка)
8506 Priamurskaja (Приамурская)

8515 Brücke über den Amur
Die ursprüngliche, 2600 Meter lange Brücke über den Amur wurde 1916 als letztes Teilstück der Transsibirischen Eisenbahn mit rein russischer Streckenführung eröffnet und war die längste Brücke Rußlands. Im Bürgerkrieg wurde die Brücke zerstört. Bis zum Wiederaufbau wurden die Gleise über das Eis verlegt und zu

Beginn der Jahre 1922 und 1923 fuhren hier bei schärfsten Frost ganzen Züge über das Eis. Aus militärstrategischen Überlegungen wurde Ende der 30er Jahre neben der Brücke noch ein Tunnel unter dem Amur gebaut. Heute verkehren alle Züge von West nach Ost über die Brücke, während die Züge von Ost nach West teils durch den Tunnel teils über die Brücke fahren. Ende 1999 wurde eine neue kombinierte Eisenbahn- und Straßenbrücke dem Verkehr übergeben, die wiederum die längste Brücke Russlands ist. Die alte Brücke wurde demontiert, nur ein Brückenbogen wurde zur Erinnerung am Ostufer versetzt stehen gelassen.

Transsib-Kilometer in Moskau

8518 Severnaja (Северная)
8521 Chabarovsk I (Хабаровск I)
8532 **Chabarovsk II (Хабаровск II)** S. 265
8542 Krasnaja Rečka (Красная Речка)
8551 Chechcirskij (Хехцирский)
8561 Korfovskaja (Корфовская)
8568 Čirki (Чирки)
8575 Kruglikovo (Кругликово)
8583 Zoevka (Зоевка)
8595 Verino/Perejaslavka (Верино/Переяславка)
8593 Kija (Кия)

8603 Brücke über den Fluß Kija

8605 Chor (Хор)
8615 Askan (Аскан)
8618 Dormidontovka (Дормидонтовка)
8623 Dubok (Дубок)
8633 Krasickij (Красицкий)
8651 Vjazemskaja (Вяземская)
8661 Avan (Аван)
8673 Kotikovo (Котиково)
8681 Gedike (Гедике)
8688 Ščebenčicha (Щебенчиха)
8697 Kamenuška (Каменушка)
8703 Snarskij (Снарский)
8714 Rozengartovka (Розенгартовка)
8736 Bojcovo (Бойцово)
8746 Perelesok (Перелесок)
8756 Bikin (Бикин)
8769 Zven'evoj/Lesopil'noe (Звеньевой/Лесопильное)
8782 Alčan (Алчан)
8792 Burlit-Voločaevskij (Бурлит-Волочаевский)
8803 Lučegorsk (Лучегорск)
8813 Lastočka (Ласточка)

8821 Bujnevič (Буйневич)
8825 Ljunino (Люнино)
8839 Guberovo (Губерово)
8850 Čaldanka (Чалданка)
8861 Ėbergard (Эбергард)
8868 Sokolicha (Соколиха)
8874 **Dal'nerečensk (Дальнереченск)**

In der 1895 von Kosaken gegründeten Siedlung bestimmen heute Rußlands Grenztruppen den Rhythmus der Stadt und stellen auch das Gros der 34 000 Einwohner. Die Fernöstliche Verwaltung der Grenztruppen hat hier ihren Sitz. Neben einem Museum gibt es ein Denkmal für die Opfer des sowjetisch-chinesischen Grenzkonfliktes im Jahre 1969.

8884 Murav'evo-Amurskaja/ehem. Lazo (Муравьево-Амурская/Лазо)
8891 Gruševoe (Грушевое)
8914 Prochasko (Прохаско)
8921 Filaretovka (Филаретовка)
8931 Ružino (Ружино)
8938 Lesozavodsk (Лесозаводск)
8954 Kabarga (Кабарга)
8975 Šmakovka (Шмаковка)
8985 Belaja Rečka (Белая Речка)
8994 Kraevskij (Краевский)
9002 Sungač (Сунгач)
9014 Svijagino (Свиягино)
9025 Drozdov (Дроздов)
9036 Adarka (Адарка)
9048 **Spassk-Dal'nij (Спасск-Дальний)**

Der 1886 gegründete Ort erhielt 1911 das Stadtrecht und hat heute 61 000 Einwohner. Die Stadt ist als Zentrum der Zementindustrie berühmt und berüchtigt. Aleksandr Solženicyn war hierher deportiert worden und verarbeitete seine Erfahrungen in seiner ersten Erzählung ›Ein Tag im Leben des Ivan Denisovič‹.

9056 Staryj Ključ (Старый Ключ)
9067 Knorring (Кнорринг)
9078 Tichovodnoe (Тиховодное)
9090 Mučnaja (Мучная)
9101 Chalkidon (Халкидон)
9109 Sibircevo (Сибирцево)
9118 Orechovo-Primorskoe (Орехово-Приморское)
9131 Ippolitovka (Ипполитовка)
9141 Ozernaja Pad' (Озерная Падь)
9148 Novošachtinsk (Новошахтинск)
9151 Nekruglyj (Некруглый)
9158 Dubininskij (Дубининский)
9169 Limičovka (Лимичовка)
9177 **Ussurijsk (Уссурийск)**

In Ussurijsk vereinigt sich die heute aus dem chinesischen Harbin kommende historische Strecke der transmandschurischen bzw. ostchinesischen Eisenbahn mit der klassischen, vollständig russischen Transsibroute.
Ussurijsk wurde 1866 von ungefähr 300 Siedlern aus Südrußland zu Ehren des Zaren als Nikol'sk gegründet. Währende der Sowjetzeit hieß die Stadt Vorošilov. Heute leben 162 000 Einwohner hier. Etwa 50 Kilometer südwestlich befindet sich das Ussurische Naturschutzgebiet, das vor allem für seine große Ginseng-Plantage bekannt ist. Auf dem Bahnhof steht eine alte amerika-

Transsib-Kilometer in Vladivostok

nische Güterzuglok der Reihe JE. Sie erinnert an eine Tragödie im Jahr 1920, als im Bürgerkrieg zwischen Roten und Weißen der von den Japanern gefangene Revolutionsführer Sergej Lazo mit zwei Gefährten im Heizkessel dieser Lok lebendigen Lebes verbrannten.
Es gibt täglich einen Zug nach Harbin, der aus Kurswagen der Züge aus Chabarovsk und Vladivostok zusammengestellt wird.
9190 Banevurovo (Баневурово)
Hier zweigt die Strecke in Richtung Korea ab, die möglicherweise künftig insbesondere für den Güterverkehr deutlich an Bedeutung zunehmen wird. Hier entlang rollen die in Ussurijsk umgekoppelten Kurswagen in Richtung Pjong Jang. Auf russischem Territorium fährt der Zug noch 237 Kilometer bis zur Grenzstation Chasan. Von der 3 Kilometer entfernten koreanischen Grenzstation Tumangang sind es dann noch 862 Kilometer bis zur Hauptstadt Nordkoreas.

9199 Baranovskij (Барановский)
9215 Razdol'noe (Раздольное)
9226 Kiparisovo (Кипарисово)
9235 Sirenevka (Сиреневка)
9243 Nadeždinskaja (Надеждинская)
9248 Sovchoznaja (Совхозная)
9251 **Amurskij Zaliv (Амурский Залив)**
Hier beginnt die Abzweigung zum 175 Kilometer entfernten Nachodka, der nach Vladivostok wirtschaftlich bedeutendsten Stadt der Region Primor'e. Dort befindet sich der größte Hafen des russischen Fernen Ostens, der sich über 30 Kilometer entlang der Pazifikküste erstreckt. Nachodka hat 188 000 Einwohner.

9255 Ugol'naja/Trudovoe (Угольная/Трудовое)
9259 Vesennjaja (Весенняя)
9261 Sadgorod (Садгород)
9263 Sputnik (Спутник)
9266 Okeanskaja (Океанская)
9269 Sanatornaja (Санаторная)
9270 Sedanka (Седанка)
9275 Čajka (Чайка)
9276 Pionerskaja (Пионерская)
9279 Vtoraja Rečka (Вторая Речка)
9280 Morgorodok (Моргородок)
9284 Pervaja Rečka (Первая Речка)

In der ursprünglichen Planung war der Endpunkt der Bahn hier vorgesehen, so daß die berühmte Schubkarre durch den Zarevič in der Umgebung dieses Bahnhofs ausgeschüttet wurde.

9288 **Vladivostok (Владивосток)**
S. 276

Der Ausgangs- oder Endpunkt der Reise ist die Hauptstadt des Gebietes Primor'e.

Die historische Strecke über Čeljabinsk

Nachdem im vorhergehenden Kapitel der Routenplan der Hauptstrecke der Transsibirischen Eisenbahn von Moskau nach Vladivostok vorgestellt wurde, möchten wir hier noch kurz einige andere Streckenführungen der Transsib vorstellen. Die Kilometerangaben basieren hier auf der Tarifmessung für die jeweiligen Strecken und sind nicht mit den Kilometerangaben entlang der Strecke identisch. Der westliche Ausgangsort des Transsib-Baus war bekanntlich das im Südural gelegene Čeljabinsk, von wo aus die Strecke in Richtung Omsk gebaut wurde und kurz vor der Überquerung des Irtyš mit der heutigen Hauptroute zusammenläuft. In den ersten Jahren der Transsibirischen Eisenbahn erfolgte die Anbindung des Ausgangspunktes Čeljabinsk in das bestehende Eisenbahnnetz im europäischen Teil Rußlands über Penza, Samara und Ufa nach Čeljabinsk. Der Streckenabschnitt zwischen Penza, Samara und Čeljabinsk verknüpft heute mit direkten Zugverbindungen wie beispielsweise Novosibirsk–Volgograd (Nr. 81), Irkutsk–Soči (Nr. 141) oder Vladivostok–Charkov (Nr. 53) Sibirien mit Südrußland, der Schwarzmeerküste und der Ukraine. Ein Teilstück der Strecke zwischen Čeljabinsk und Omsk liegt aber heute bei Petropavlovsk in Kazachstan. Grenzkontrollen sollen im Zug zwar nur sporadisch vorkommen, man braucht aber als Ausländer ein kasachisches Transitvisum. Von Moskau verkehrt auf diesem Teilstück nur der Zug Nr. 220 nach Karaganda (Kazachstan).

Moskau–Čeljabinsk–Omsk

Km	Bahnhof
0	**Moskva, Kazaner Bahnhof (Казанский вокзал)**
20	Ljubercy (Люберцы)
89	Voskresensk (Воскресенск)
117	**Kolomna (Коломна)**
136	Luchovicy (Луховицы)
	Podlipki (Подлипки)
152	Fruktovaja (Фруктовая)
	Al'pat'evo (Альпатьево)

169 Divovo (Диводо)
180 Rybnoe (Рыбное)
Rjazan' I (Рязань I)
197 **Rjazan' II (Рязань II)**

Rjazan' wurde vor allem durch die Erzählungen des russischen Satirikers Michail Saltykov-Ščedrin bekannt, der hier mehrere Jahre Gouverneur war. Die Stadt ist stolz auf ihre reichen Handwerkstraditionen und zählt heute als Hauptstadt des gleichnamigen Gebietes 530 000 Einwohner.

Stenkino (Стенкино)
Denežnikovo (Денежниково)
245 Starožilovo (Старожилово)
Chruščëvo (Хрущёво)
268 Čemodanovka (Чемодановка)
276 Birkino (Биркино)
Korablino (Кораблино)
312 **Rjažsk (Ряжск)**

Die heute 27 000 Einwohner zählende Kleinstadt wurde bereits 1502 gegründet und ist ein wichtiger Eisenbahnknotenpunkt. Zur Zeit der Inbetriebnahme der Großen Sibirischen Bahn fuhren die Züge von Moskau noch über Tula und stießen hier auf die heutige Trasse.

Egoldaevo (Еголдаево)
335 Kenzino (Кензино)
346 Sucharevo (Сухарево)
356 Želobovo (Желобово)
Maljutino (Малютино)
377 Verda (Верда)
Remizovo (Ремизово)
395 Muravljanka (Муравлянка)
Jagodnoe (Ягодное)
416 Chludovo (Хлудово)
425 Rakša (Ракша)
433 Bazevo (Базево)
441 **Moršansk (Моршанск)**
Koršunovka (Коршуновка)
Kasma (Кашма)
462 Vjazli (Вяжли)
471 Fitingof (Фитингоф)
Daškovo (Дашково)
491 **Vernadovka (Вернадовка)**
Pominaevka (Поминаевка)
514 Sosedka (Соседка)
524 Chutor (Хутор)
532 Kandievka (Кандиевка)
540 Bašmakovo (Башмаково)
Glebovka (Глебовка)
Pjatnickoe (Пятницкое)
566 **Pačelma (Пачельма)**
Tolkovka (Толковка)
580 Vygljadovka (Выглядовка)
Vodenjapino (Воденяпино)
593 Titovo (Титово)
599 Varežka (Варежка)
Adikaevka (Адикаевка)
Kevda (Кевда)
623 **Belinskaja (Белинская)**
633 Lermontovskij (Лермонтовский)
643 Studenec (Студенец)
Pančulidzievka (Панчулидзиевка)
664 Simanščina (Симанщина)
Poslovka (Пословка)
685 Ramzaj (Рамзай)
Pjascha (Пяша)
Arbekovo (Арбеково)
709 **Penza (Пенза)**

Penza wurde 1663 als Grenzbefestigung des Russischen Reiches gegründet und kann heute auch auf umfangreiche kulturelle Traditionen verweisen. So verlebte der Dichter Michail Lermontov in der Umgebung seine Kindheit. In der 550 000 Einwohner zählenden Gebietshauptstadt gibt es zwei Theater und mehrere Museen.

Seliksa (Селикса)
Leonidovka (Леонидовка)
Šnaevo (Шнаево)
Kanaevka (Канаевка)
Aseevskaja (Асеевская)
782 Čaadaevka (Чаадаевка)
795 Kodada (Кодада)
Eljuzan' (Елюзань)
804 Sjuzsjum (Сюзсюм)

Samowar auf einem Bahnhof am Anfang des 20. Jahrhunderts

830 **Kuzneck (Кузнецк)**
Evlaševo (Евлашево)

855 neue Zeitzone: Moskauer Zeit plus eine Stunde

862 Nikulino (Никулино)
Ključiki (Ключики)
888 Praskov'ino (Прасковьино)
898 Kanadej (Канадей)
Novospasskoe (Новоспасское)
Koptevka (Коптевка)
938 Rep'evka (Репьевка)
953 Novoobrascovoe (Новообразцовое)
962 **Syzran' (Сызрань)**

Die Stadt bekam ihren Namen vom gleichnamigen Fluß, der hier in die Volga fließt. Als Festung am Hochufer im Jahr 1683 gegründet leben heute 175 000 Menschen in der Stadt. Die 15 Kilometer entfernte eindrucksvolle Brücke über die Volga war bei ihrer Einweihung 1880 die längste Brücke Europas.

Oktjabr'sk (Октябрьск)
Pravaja Volga (Правая Волга)
994 Obšarovka (Обшаровка)
Myl'naja (Мыльная)
1027 Majtuga (Майтуга)
Bezenčuk (Безенчук)
Zvezda (Звезда)
1055 Čapaevsk (Чапаевск)

Die Ortschaft entstand 1908 und wurde 1929 zu Ehren des legendären roten Bürgerkriegshelden Vasilij Čapaev umbenannt. Dieser war beim Schwimmen in der Volga ertrunken. Er ist heute gemeinsam mit seinem Adjutanten Petja nach wie vor als Held vieler Witze außerordentlich populär. Die Stadt hat 95 000 Einwohner.

1060 Tomylovo (Томылово)
Žiguli (Жигули)
Novokujbyševskaja (Новокуйбышевская)
Liljagi (Лиляги)
Krjaž (Кряж)
1098 **Samara (Самара)**

Die Hauptstadt des gleichnamigen Gebietes zieht sich über 30 Kilometer am Ufer der Volga entlang. 1586 als Festung am Flußufer gegründet, leben heute 1,2 Millionen Einwohner in der lebendigen Stadt. Samara ist eine alte Handels- und moderne Industriestadt. Das architetektonisch vor allem im 18. jahrhundert geprägte Stadtbild ist sehenswert und bietet viele Sehenswürdigkeiten. Zu sowjetischen Zeiten hieß die Stadt Kujbyšev und war für Ausländer geschlossen. Heute fliegt Lufthansa zweimal wöchentlich von Frankfurt nach Samara.

Bezymjanka (Безымянка)
Smyšlaevka (Смышлаевка)
Alekseevskaja (Алексеевская)
1139 Kinel' (Кинель)
1154 Turgenevka (Тургеневка)
1165 Georgievka (Георгиевка)
Krotovka (Кротовка)
1192 Novootrjadnaja (Новоотрядная)
Tolkaj (Толкай)
Podbel'skaja (Подбельская)
1257 Pochvistnevo (Похвистнево)

1270 neue Zeitzone: Moskauer Zeit plus zwei Stunden

1277 Buguruslan (Бугуруслан)
Zagljadino (Заглядино)
1310 Asekeevo (Асекеево)
Filipovka (Филиповка)
Saraj-Gir (Сарай-Гир)
1372 Abdulino (Абдулино)
Taldy Bulak (Талды Булак)
Prijutovo (Приютово)
1429 Aksakovo (Аксаково)
1484 Šafranovo (Шафраново)
Raevka (Раевка)
1525 Davlekanovo (Давлеканово)
Šingak Kul' (Шингак Куль)
1574 Čišmy (Чишмы)
Alkino (Алкино)
Jumatovo (Юматово)
Dema (Дема)
1621 **Ufa (Уфа)**

In der Hauptstadt der Republik Baschkortastan (früher Baschkirien) Ufa wohnen heute knapp 1,1 Millionen Menschen. Hier leben neben den zu den Turkvölkern gehörenden Baschkorten auch viele Tataren und Russen. In einer Schleife des Kama-Nebenflußes Belaja gelegen, ist Ufa ein bedeutender Wirtschaftsstandort mit dem Schwerpunkt Petrolchemie. Es gibt eine Universität und Museen sowie drei Theater und eine Philharmonie in der Stadt.

Černikovka (Черниковка)
1643 Šakša (Шакша)
1657 Iglino (Иглино)
1676 Tavtimanovo (Тавтиманово)
Urman (Урман)
Ulu Teljak (Улу Теляк)
1725 **Aša (Аша)**
1745 Min'jar (Миньяр)
Simkaja (Симкая)
Eral (Ерал)
1782 **Kropačevo (Кропачево)**
Jachino (Яхино)
Ust' Kataev (Усть Катаев)
1818 Vjazovaja (Вязовая)
Mursalimkino (Мурсалимкино)
Kukšik (Кукшик)
Suleja (Сулея)
Edinover (Единовер)
1890 Berdjauš (Бердяуш)
Salgan (Салган)
Tunduš (Тундуш)
Aj (Ай)
Anosovo (Аносово)
1942 **Zlatoust (Златоуст)**

Die 205 000 Einwohner zählenden Stadt wurde 1754 gegründet und ist vor allem als Zentrum der Metallurgie und der Metallgravur in ganz Rußland bekannt.

Taganaj (Таганай)
Uržumka (Уржумка)
Chrebet (Хребет)
Syrostan (Сыростан)
2006 **Miass (Миасс)**

Im 18. Jahrhundert fand man hier Kupfererz und später auch Goldvorkommen. Im Jahr 1773 gegründet, erhielt der Ort 1926 das Stadtrecht. Heute leben 172000 Menschen in der um das alte Ortszentrum mit vielen Holzhäusern entstandenen Industriestadt. Bekannt ist Miass durch sein Autowerk, das geländegängige Lastwagen herstellt.

100 Jahre Transsib

Es gibt ein Heimat- und ein Mineralogiemuseum.

Ustinovo (Устиново)
2024 Čebarkul' (Чебаркуль)
Misjaš (Мисяш)
Biškil' (Бишкиль)
Birgil'da (Биргильда)
2076 Poletaevo (Полетаево)
Smolino (Смолино)
Šeršin (Шершин)
2102 **Čeljabinsk (Челябинск)** S. 187
Traktorstroy (Тракторстрой)
Čurilovo (Чурилово)
Potanino (Потанино)
2146 Černjavskaja (Чернявская)
Kajasan (Каясан)
Pivkino (Пивкино)
2190 Ščuc'e (Щучье)
2227 **Sumicha (Шумиха)**
Butyrskoe (Бутырское)
Miškino (Мишкино)
Sladkoe (Сладкое)
2303 Jurgamys (Юргамыс)
Zyrjanka (Зырянка)
Logovuška (Логовушка)
Vvedenskoe (Введенское)
2360 **Kurgan (Курган)**

Die Stadt wurde 1662 auf einem am Ufer des Flusses Tobol gelegenen Schütthügel (Kurgan bedeutet Hügel) von Tjumener Siedlern begründet. Der Ort entwickelte sich vor allem dank des Handels mit Agrarerzeugnissen, die zu Beginn des 20. Jahrhunderts mit der Anbindung an die Transsib sogar nach Westeuropa exportiert wurden. Heute leben in der Gebietshauptstadt 365 000 Einwohner.

2380 Utjak (Утяк)
Vargaši (Варгаши)
Jurachly (Юрахлы)
Kravcevo (Кравцево)
2444 Lebjaž'ja (Лебяжья)
Baksary (Баксары)
Konovalovo (Коновалово)
2490 **Makušino (Макушино)**
P'jankovo (Пьянково)
2538 Petuchovo (Петухово)
Gorbunovo (Горбуново)

Neue Zeitzone: Moskauer Zeit plus drei Stunden

2583 Mamljutka (Мамлютка\Kazachstan)
Kondratovka (Кондратовка\Kaz.)
Zaton (Затон\Kaz.)
2627 **Petropavlovsk (Петропавловск\Kaz.)**
Asanovo (Асаново\Kaz.)
Tokuši (Токуши\Kaz.)
Jarmy (Ярмы\Kaz.)
Gankino (Ганкино\Kaz.)
2709 **Bulaevo (Булаево\Kaz.)**
Zarosloe (Зарослое)
Kara-Guga (Кара-Гуга)
Junino (Юнино)
2762 **Isil' Kul' (Исиль Куль)**
Kucharevo (Кухарево)
2805 Moskalenki (Москаленки
Piketnoe (Пикетное)
2851 Marianovka (Марьяновка)
Lužino (Лужино)
Karbyševo I (Карбышево)
2900 **Omsk (Омск)** S. 198

Die neue Strecke über Nižnij Novgorod

Der Fahrplanwechsel im Juni 2001 brachte überraschend einschneidende Veränderungen in den Zugverkehr zwischen Moskau und Sibirien. Mehr als die Hälfte der Regelzüge und vor allem die insbesondere bei ausländischen Touristen populären internationalen Express-Züge fahren nun von Moskau zunächst in Richtung Nižnij Novgorod, um dort die Volga zu überqueren und dann bei Kotel'nič wieder auf die alte Haupttrasse zu stoßen. Es gab dafür vor allem zwei Argumente. Einerseits ist die Strecke 40 Kilometer kürzer und bringt auch aufgrund einer höheren Durchlaßfähigkeit eine Zeitersparnis von zwei bis drei Stunden. Andererseits wird die bedeutende Wirtschaftsregion Nižnij Novgorod (s. S. 152) direkt in die bedeutendsten Ost-West-Trassen eingebunden, worüber die Bevölkerung der Stadt hoch erfreut war.
Während die internationalen Zugpaare Nr. 1/2 Moskau–Vladivostok, Nr. 3/4 Moskau–Peking sowie Nr. 19/20 Moskau–Peking am Jaroslavler Bahnhof ankommen bzw. abfahren, gibt es bei den russischen Zielorten sowohl Züge vom Jaros-

lavler Bahnhof (z.B. Nr. 5/6 Moskau–Irkutsk, 43/44 Moskau–Irkutsk, Nr. 55/56 Moskau–Krasnojarsk) als auch vom Kazaner Bahnhof (z.B. Nr. 37/38 Moskau–Tomsk, Nr. 47/48 Moskau–Omsk).

Moskau–Kotelnič

Km	Bahnhof
	Moskva, Jaroslavler Bahnhof (Ярославский вокзал) S. 130
73	Frjazevo (Фрязево)
	Kazanskoe (Казанское)
	Vochna (Вохна)
87	Pavlovskij Posad (Павловский Посад)
94	Nazar'evo (Назарьево)
99	Drezna (Дрезна)
104	Kabanovo (Кабаново)
109	**Orechovo-Zuevo (Орехово-Зуево)**

Entstanden aus den an den beiden Seiten des Flusses Kljazma gelegenen Dörfern Orechovo und Zuevo wurde der Ort durch die Unternehmerdynastie Morozov zu einem Zentrum der russischen Textilindustrie. Heute leben 136 000 Menschen in der Stadt.

114	Krutoe (Крутое)
117	Vojnovo (Войново)
121	Usad (Усад)
129	Pokrov (Покров)
137	Omutišče (Омутище)
145	**Petuški (Петушки)**

Der unscheinbare Vorort erlangte durch Venedikt Erofeevs Erzählung ›Die Reise nach Petuški‹ seinen zweifelhaften Ruhm. Vodkatrunkene, typisch russische Seelenerkundungen und einem den Magen umdrehende Cocktailrezepte (u.a. ›Die Träne einer Komsomolzin‹) während einer Fahrt im Vortortzug von Moskaus Kursker Bahnhof ins besagte Petuški ließen das Büchlein in Rußland Kult werden.

	Kosterevo (Костерево)
162	Boldino (Болдино)
	Sušnevo (Сушнево)
	Krasnaja Ochota (Красная Охота)
180	Undol (Ундол)
193	Koloksa (Колокса)
	Jurevec (Юревец)
210	**Vladimir (Владимир)**

Als Festung 1108 gegründet, gehört die am Fluß Kljazma gelegene Hauptstadt des gleichnamigen Gebietes zu den ältesten Städten Rußlands. Heute leben 355 000 Einwohner in der an Kirchen und Museen reichen Stadt.

221	Bogoljubovo (Боголюбово)
226	Lemeški (Лемешки)
228	Vyselki (Выселки)
230	Karjakinskaja (Карякинская)
238	Vtorovo (Второво)
248	Terechovicy (Тереховицы)
259	Novki 1 (Новки 1)
274	Kovrov 1 (Ковров 1)
279	Kovrov 2 (Ковров 2)

Lackmalerei aus Semenov

289 Gostjuchino (Гостюхино)
Osipovo (Осипово)
303 Krestnikovo (Крестниково)
Daryevo (Дарыево)
319 Mstëra (Мстёра)
Sen'kovo (Сеньково)
346 Vjazniki (Вязники)
Die heute 45000 Einwohner zählende Stadt gilt seit dem 17. Jahrhundert als eines der russischen Zentren für Ikonenmalerei.

355 Denisovo (Денисово)
Čulkovo (Чулково)
Molodniki (Молодники)
382 Gorochovec (Гороховец)

Neue Zeitzone: Moskauer Zeit plus eine Stunde

Il'ino (Ильино)
Gorbatovka (Горбатовка)
Sejma (Сейма)
Žoldino (Жолдино)
427 **Dzeržinsk (Дзержинск)**
Die an der Oka gelegene Industriestadt zählt 285000 Einwohner entstand Ende der 20er Jahre mit dem Bau eines gigantischen Chemie-Werkes. Der Name der Stadt erinnert an den Begründer des sowjetischen Geheimdienstes Feliks Dzeržinskij.

Igumnovo (Игумново)
Gor'kij Sortirovočnaja (Горький Сортировочная)
461 **Nižnij Novgorod (Нижний Новгород)** S. 152
466 Tolokoncevo (Толоконцево)
Reksino (Рексино)
475 Kiselicha (Киселиха)

	Špalozavod (Шпалозавод)
	Kalikino (Каликино)
491	Linda (Линда)
	Tarasicha (Тарасиха)
513	Osinki (Осинки)
530	Semenov (Семенов)

Die 27 000 Einwohner zählende Kreisstadt ist vor allem für ihr Kunsthandwerk bekannt. Hier entstehen die unter dem Namen ›Chochloma‹ bekannten Löffel und Gefäße mit der typischen Lackmalerei.

	Kerženec (Керженец)
	Kamennyj ovrag (Каменный овраг)
564	**Suchobezvodie (Сухобезводие)**
	Perechvatka (Перехватка)
590	Vetlužskaja (Ветлужская)
601	Bystrucha (Быструха)
612	Šemanicha (Шеманиха)
	Mineevka (Минеевка)
	Usta (Уста)
644	Uren' (Урень)
	Ar'ja (Арья)
661	Obchod (Обход)
680	Zubanja (Зубаня)
	Šachunja (Шахунья)
	Šesterikovo (Шестериково)
	Tonšaevo (Тоншаево)
	Jangarka (Янгарка)
726	Pižma (Пижма)
	Burepolom (Бурепολом)
750	Šerstki (Шерстки)
771	Ežicha (Ежиха)
805	Igotino (Иготино)
825	Kotel'nič 2 (Котельнич 2)
830	**Kotel'nič 1 (Котельнич 1)**

Die tatarische Strecke über Kazan'

Einige Regelzüge (z. B. 31/32 Moskau–Novokuzneck, 35/36 Moskau–Barnaul) und insbesondere viele touristische Sonderzüge fahren von Moskau über Tatarstan zum Ural und stoßen bei Ekaterinburg auf die Haupttrasse. Die Route via Kazan' ist bis Ekaterinburg mit 1688 Kilometern etwa 150 Kilometer kürzer als die traditionelle Strecke.

Moskau–Kazan'–Ekaterinburg

Km	Bahnhof
0	**Moskva, Kazaner Bahnhof (Москва Казанский вокзал)**
	Ljubercy (Люберцы)
	Kurovskaja (Куровская)
	Krivandino (Кривандино)
196	Čerusti (Черусти)
	Vekovka (Вековка)
252	Zakolp'e (Заколпье)
	Zolotkovskij (Золотковский)
268	Alferovo (Алферово)
275	Dobrjatino (Добрятино)
	Butylici (Бутылици)

287 **Murom (Муром)**
Murom ist vor allem als Heimat des russischen Märchenrecken Ilja Muromez (der Muromer) bekannt geworden. Mit der erstmaligen Erwähnung im Jahre 862 ist es – romantisch an der Oka gelegen – einer der ältesten Orte Rußlands. Ansonsten ist das nette Provinzstädtchen mit 128 000 Einwohnern weitestgehend unbekannt, da Murom zu sowjetischer Zeit aufgrund mehrerer Rüstungswerke eine geschlossene Stadt war.

295 Priokskij (Приокский)
Navašino (Навашино)
309 Velet'ma (Велетьма)
Rodjakovo (Родяково)
339 Teša (Теша)
350 Venec (Венец)
Muchtolovo (Мухтолово)
Balachonicha (Балахониха)

Neue Zeitzone: Moskauer Zeit plus eine Stunde

410 **Arzamas II (Арзамас II)**
Am Ufer des Oka-Nebenflußes Teša gelegen, entstand Arzamas im Jahre 1578 als Handelsplatz. Im 19. Jahrhundert entstand hier die erste Malereischule Rußlands. Heute ist die 112 000 Einwohner zählende Stadt als eines der wichtigsten Forschungszentren der russischen Atomwirtschaft bekannt.

Bobyl'skaja (Бобыльская)
442 Vadok (Вадок)
482 Smagino (Смагино)
515 Tartalej (Тарталей)
524 **Sergač (Сергач)**
Der heute 26000 Einwohner zählende Ort nimmt seinen Ursprung im Jahre 1674 und wurde in der Geschichte samt seinem Stadtwappen für eine große Meisterschaft in der Bärendressur bekannt.

Andosovo (Андосово)
557 Pil'na (Пильна)
566 Knjažicha (Княжиха)
592 Šumerlja (Шумерля)
602 Myslec (Мыслец)
Vurnary (Вурнары)
665 Kanaš (Канаш)
Kibeči (Кибечи)
689 Šorkisty (Шоркисты)
704 Urmary (Урмары)
726 Tjurlemna (Тюрлемна)
742 Svijažsk (Свияжск)
756 Zelenyj Dol (Зеленый Дол)
Vasil'evo (Васильево)
Judino (Юдино)
Novoe Aračkino (Новое Арачкино)
793 **Kazan' (Казань)** S. 158
Vachitovo (Вахитово)
801 Omet'evo (Ометьево)
Kompressornyj (Компрессорный)
810 Derbyški (Дербышки)
Kendery (Кендеры)
822 Vysokaja Gora (Высокая Гора)
830 Birjuli (Бирюли)
Kurkači (Куркачи)
863 Arsk (Арск)
883 Korsa (Корса)
Šemordan (Шемордан)

Lokdenkmal in Novosibirsk

838 Kukmor (Кукмор)
847 **Vjatskie Poljany (Вятские Поляны)**

Der 46 000 Einwohner zählende Ort heißt übersetzt Vjatkaer Lichtungen und erhielt 1946 das Stadtrecht. Seine Entwicklung nimmt ihren Ursprung in der Gründung eines russischen Klosters im Jahre 1596.

854 Jamnoe (Ямное)
Zastrug (Заструг)
Sosnovka (Сосновка)
Kizner (Кизнер)
894 Sarkuz (Саркуз)
929 Ljuga (Люга)
946 Možga (Можга)
976 Karambaj (Карамбай)
986 Urom (Уром)
1097 **Argyz (Аргыз)**
1114 Kičevo (Кичево)
1142 Sarapul (Сарапул)

Das im 16. Jahrhundert als Festung begründete Sarapul ist mit 110 000 Einwohnern nach Iževsk die zweitgrößte Stadt Udmurtiens. Hinter der Stadt überquert die Bahnstrecke den wasserreichen Volga-Nebenfluß Kama auf einer über 400 Meter langen Brücke.

1163 Armjaz' (Армязь)
Šol'ja (Шолья)
1180 Kama (Кама)
Kambarka (Камбарка)
1201 Amzja (Амзя)
Karmanovo (Карманово)
1236 **Janaul' (Янауль)**

1258 Rabak (Рабак)
Kueda (Куеда)
1315 Černuška (Чернушка)
Trun (Трун)
Ščuč'e Ozero (Щучье Озеро)
1366 Ater (Атер)
1376 Bartym (Бартым)
1395 Čad (Чад)
Nenast'e (Ненастье)
1420 Pudlingovyj (Пудлинговый)
Saraninskij Zavod (Саранинский Завод)
1443 **Krasnoufimsk (Красноуфимск)**

Ab Krasnoufimsk beginnt der Zug den Anstieg zum Ural. Diese Strecke ist besonders schön und führt durch echte Gebirgslandschaften mit steilen Felshängen. Einen Obelisken, der an verschiedenen West-Ost-Übergängen im Ural die Grenze zwischen Europa und Asien markiert, konnten wir auf dieser Route vom Zug aus noch nicht erkennen.

Zjurzja (Зюрзя)
Ufimka (Уфимка)
1476 Osypljanskij (Осыплянский)
1486 Afanas'evskij (Афанасьевский)
1510 Klenovskij (Кленовский)
Kontuganovskij (Контугановский)
1542 Bisertskij Zavod (Бисертский Завод)
Čebotaevo (Чеботаево)
Soldatka (Солдатка)
1581 **Družinino (Дружинино)**
Revda (Ревда)
Fljus (Флюс)
Rešety (Решеты)
Peregon (Перегон)
1668 Ekaterinburg (Екатеринбург) S. 169

Die alte Petersburger Strecke

Die Petersburger Zaren-Strecke verlief nach der Inbetriebnahme der Großen Sibirischen Eisenbahn, als St. Petersburg noch die Hauptstadt Rußlands war, entweder über Moskau oder direkt von der Neva-Metropole über Čerepovec und Vologda, um dann bei Kilometer 450 ab Moskau in Buj weiter der heutigen Transsib-Haupttrasse bis Ekaterinburg zu folgen. Von dort fuhr sie dann zunächst noch über Čeljabinsk und dann über Tjumen' in Richtung Omsk. Diese Streckenführung ist beispielsweise auf dem der Transsibirischen Eisenbahn gewidmeten Faberge-Ei (S. 74) abgebildet. Heute spielt die Strecke im Gegensatz zum Güterverkehr beim Personenverkehr so gut wie überhaupt keine Rolle. Der einzige Regelzug ist Nr. 13/14, der St. Petersburg mit Sibirien (Omsk) verbindet (Achtung: dieser Zug fährt zeitweise über Kasachstan, dafür ist ein Visum nötig). Ansonsten fahren auf dieser Strecke nur verschiedene Sonderzüge und der Regelzug Nr. 71/72 St. Petersburg–Ekaterinburg.

St. Petersburg–Buj

0	**St. Petersburg, Moskauer Bahnhof (Ст. Петербург, Московский вокзал)**
32	Mga (Мга)
	Nazija (Назия)
	Žicharevo (Жихарево)
	Vojbokalo (Войбокало)
100	Novyj Byt (Новый Быт)
	Pulyševo (Пулышево)
121	**Volchovstroj (Волховстрой)**
	Kukol' (Куколь)
137	Myslino (Мыслино)
	Zelenec (Зеленец)
162	Valja (Валя)
173	Čerencovo (Черенцово)
	Zvylevo (Звылево)
196	**Tichvin (Тихвин)**
	Dymi (Дыми)
234	Pikalevo (Пикалево)
	Čudcy (Чудцы)
260	Koli (Коли)
	Efimovskaja (Ефимовская)
292	**Podborov'e (Подборовье)**
	Zabor'e (Заборье)
	Verchnevol'skij (Верхневольс-кий)
327	Tešemlja (Тешемля)
	Babaevo (Бабаево)
361	Timoškino (Тимошкино)
	Siuč (Сиуч)
	Ujta (Уйта)
426	Kaduj (Кадуй)
	Komaricha (Комариха)
450	Suda (Суда)
	Nelazkoe (Нелазкое)
	Košta (Кошта)
472	**Čerepovec I (Череповец I)**
491	Chemalda (Хемалда)
	Schelomovo (Шеломово)
520	Šeksna (Шексна)
	Čebsara (Чебсара)
	Kuščuba (Кущуба)
549	Kipelovo (Кипелово)
	Dikaja (Дикая)
	Moločnaja (Молочная)
596	**Vologda I (Вологда I)**

In Vologda findet ein Lokwechsel statt.

	Losta (Лоста)
615	Papricha (Паприха)
	Tufanovo (Туфаново)
	Buschuicha (Бушуиха)
657	Leža (Лежа)
678	Vochtoga (Вохтога)
	Šuškodom (Шушкодом)
713	Rat'kovo (Ратьково)
726	**Buj (Буй)**

Neben dieser Regelzug-Trasse ab St. Petersburg verkehren Sonderzüge (insbesondere mit historischen Dampfloks, die auf den Gleisen der Moskauer Eisenbahn nicht mehr fahren dürfen) manchmal von Kostroma zur Transsib-Weiterfahrt nach Jaroslavl.

Die Transmandschurische Bahn: Tarskaja–Harbin–Peking

Die Züge Nr. 19/20 Moskau–Peking–Moskau verkehren auf dieser Stecke, die bei Tarskaja (km 6307) die Hauptroute Čita-Vladivostok verläßt und nach Süden abbiegt; zusätzlich fährt im Sommer manchmal ein Zug von Irkutsk nach Harbin.
Auf dem Abschnitt zwischen Tarskaja und der chinesischen Grenze war Fotografieren über Jahrzehnte streng verboten; hier befand sich das wichtigste militärische Aufmarsch- bzw. Verteidigungsgebiet gegen China mit Raketensilos aller Verteidigungsklassen. Unter Putin sind jetzt betreffs Fotogafieren von Militärobjekten Einschränkungen zu erwarten. Man sollte nach wie vor zurückhaltend sein!

Km Bahnhof

6295 Karymskaja (Карымская)
6305 Tarskaja (Тарская)
6444 Olovjannaja (Оловянная)
6486 Mirnaja (Мирная)
6509 Chadabulak (Хадабулак)
6543 **Borzja (Борзя)**
Borzja ist Bahnknotenpunkt im Abzweig in den mongolischen Ort Tschoibalsan, fast ausschließlich für Güterverkehr genutzt. Seit 1990 ist Borzja ein Schwerpunkt des ambulanten Handels, auch auf dem Bahnsteig.
Auf den nächsten 25 Kilometern folgen mehrere Serpentinen – wenn man in den letzten Waggon geht, kann man den Zug in ganzer Länge fotografieren.

6661 **Zabajkal'sk (Забайкальск)**
Der russische Grenzbahnhof mit ca. zweieinhalbstündigem Aufenthalt. Auf und neben dem Bahnhofsgelände werden Gebäck, Fertignudeln und Getränke aller Art verkauft, manchmal auch schöne Souvenirs wie Lackdosen. Eigentlich kann man hier nur in Rubel bezahlen, aber auch Dollars wird man los.
Im Verlauf des Aufenthaltes wird der Zug ca. einen Kilometer weggefahren, die Waggons hochgehoben und die Drehgestelle von russischer Breitspur auf chinesische Normalspur gewechselt. Man kann im Waggon bleiben und sich mit hochheben lassen; Oder man spaziert in den Ort (man sollte den Schaffner fragen, wann und wie lange man aussteigen kann).

6678/936 **Manzhouli**
Manzhouli ist die chinesische Grenzstation mit etwa eineinhalbstündigem Stop.
Bei der Paßkontrolle ist eine Devisendeklaration und ein Gesundheitsfragebogen auszufüllen. Das chinesische Visum bei Einreise zu erhalten ist hier in der Regel noch nicht möglich. Die Schaffner werden wieder mitteilen, wann man aussteigen darf; es gibt eine Bank, einen Freund-

schaftsladen mit zahlreichen Konserven und ein paar Süßigkeiten, Briefmarken und Postkarten, leider keine zuverlässigen Öffnungszeiten.
Von Manzhouli aus geht die Kilometerzählung entlang der Strecke rückwärts zunächst bis Harbin (km 0), ab Harbin dann wird bis Peking gezählt.
Östlich von Manzhouli fährt man an einem in weite Steppen eingebetteten See, dem Hulun Nur, vorbei.

749 **Hailar**
Hailar ist eine für chinesische Verhältnisse kleine Industriestadt mit 180 000 Einwohnern. Nun beginnt langsam das Hinggangebirge.

674 Haiman
646 Yakeshi
634 Mianduhe
564 Xinganling
Bugt
Zhalatun

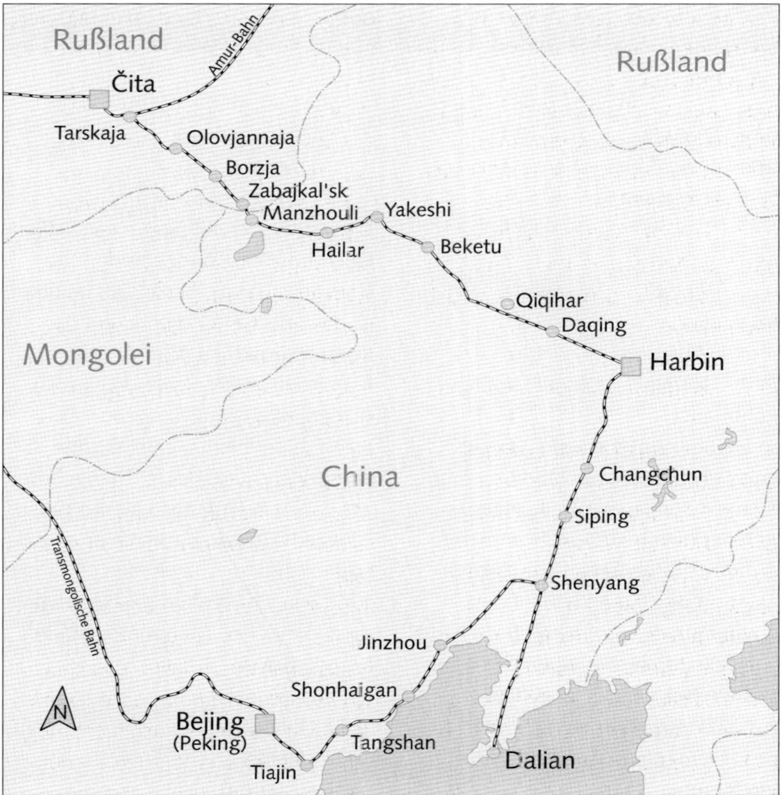

Die Transmandschurische Bahn

539 Boketu
267 Angangxi
Langjang
Dorbod
159 Daqing
Anda
96 Song
Zhaodong
0 **Harbin** S. 308 (aus Rußland kommend)

In Harbin zweigt die alte Strecke nach Vladivostok ab. Über Acheng, Shangzi, Yimiapo, Yabuli, Hailin gelangt man in das 548 Kilometer entfernte Suifenhe an der russisch-chinesischen Grenze. Die Grenzstation auf der russischen Seite heißt Grodekovo, wo die Räder der chinesischen Normalspur gegen die russische Breitspur ausgetauscht werden, bevor die Reise nach Ussurijsk weitergehen kann.

Shuangcheng
Dehui
1147 Changchun

Changchun ist mit über einer Million Einwohner eine bedeutende Industriestadt Chinas. Besonders bekannt ist das örtliche Autowerk, wo die Komfortlimousine ›Rote Fahne‹ hergestellt wurde. Volkswagen hat sich ebenfalls für Changchun als einen seiner beiden chinesischen Standorte entschieden. Changchun gilt neben Peking auch als die zweite Filmstadt Chinas, da sich hier große Studios befinden. Zwischen 1933 und 1945 war Changchun die Hauptstadt des japanischen Marionettenstaates Mandschukuo.

1073 Gongzhuleng
1031 Siping
Changtu
Kaiyan

Tieling

843 Shenyang

Shenyangs Geschichte begann vor über 2000 Jahren. Im 17. Jahrhundert war die Stadt der Regierungssitz der mandschurischen Qing-Dynastie, die zu dieser Zeit ganz China eroberte. Aus dieser Zeit stammt auch der örtliche Kaiserpalast. Heute ist die auch unter ihrem früheren Namen Mukden bekannte vier-Millionen-Stadt das Zentrum der Provinz Liaoning und ein bedeutender Industriestandort. Im Südwesten befindet sich ein Lokomotivenmuseum. In Shenyang zweigt die Bahnstrecke in Richtung Dalian ab. Diese 398 Kilometer lange Strecke über Anshan, Yingkou, Gai Xian und Wafangdian bildete 1903 den ursprünglichen Verlauf der Transsib zum damals russischen Pazifikhafen Dalnyj. Reisende in Richtung Vladivostok mußten in Harbin umsteigen. Nach dem verlorenen russisch-japanischen Krieg mußte Rußland sowohl die Häfen von Port Arthur und Dalnyj als auch Mukden samt der sie verbindenden Bahnlinie an die Japaner abtreten. Heute ist Dalian eine blühende Hafenstadt mit über fünf Millionen Einwohnern, die als die nördliche kleine Schwester Schanghais gilt.

Xinmin

Goubangzi

600 Jinzhou

Jinxi

Xingcheng

Suizhong

420 Hier endet die Große Chinesische Mauer an der Pazifikküste.

415 Shanhaiguan

Quinhuangdao

Baidahe

Changli

Luan Xian

262 Tangshan

262 **Tangshan**

Bis etwa 1990 wurden hier neue Dampfloks gebaut; heute nur noch Wartungsarbeiten. Bekannt wurde die Stadt weltweit 1976, als eines der opferreichsten Erdbeben der Menschheitsgeschichte die Region erfaßte. Amtlich zugegeben wurden 150 000 Tote; Schätzungen gehen von fünfmal sovielen Opfern aus. Selbst im 260 Kilometer entfernten Peking richteten die Erdstöße Schäden an, und die Pekinger schliefen nächtelang im Freien.

134 **Tianjin**

Mit neun Millionen Einwohnern ein echter Konkurrent für Peking. Die Stadt ist wichtigster Hafen für ganz Nordchina und auch der nächste Welthafen für die Mongolei. Die Stadt wirkt sehr modern, hat aber auch noch ein ungewöhnliches Stilgemisch von Bauten aus der Zeit, als Frankreich, Österreich, Deutschland, Italien, Belgien, Japan und die USA im 19. Jahrhundert hier ihre ›Konzessionsgebiete‹ unterhielten.

0 **Beijing/Peking** S. 320
Auf der Route der Transmandschurischen Eisenbahn sind es 9001 Kilometer von Moskau hierher, so die bahnamtliche Zählung aus Moskau. Der internationale Fahrplanherausgeber Thomas Cook Overseas Timetable gibt 9025 Kilometer für dieselbe Strecke an – aber was sind schon 24 Kilometer Schwund bei diesen Dimensionen!

Die Transmongolische Bahn: Ulan-Udė–Ulaanbaatar–Peking

5649 Zaudinskij
Östlich von Ulan-Udė zweigt die Transmongolische Eisenbahn zunächst als zweispurige Bahnlinie von der Hauptroute südwärts in die Mongolei ab, diese Strecke ist nicht elektrifiziert. Die Bahn folgt dabei dem Tal der wilden Selenga – wirklich atemberaubende Landschaften erwarten einen die nächsten 200 Kilometer. Ehemalige Kolchosen eingestreut in diese extrem meerfernen Steppenweiten, Herden von Pferden und Rindern, betreut von Halbnomaden, bilden neben Gewässern und Wind die einzigen Elemente in Bewegung. Was man nicht zu Gesicht bekommt: Hier gibt es große Militärlager und Stützpunkte der russischen Luftwaffe.

5769 Zagustaj
Etwa fünf Kilometer vom Bahnhof entfernt befindet sich die Kleinstadt Gusinoozersk. Sie entstand 1953 aus der 1939 gegründeten Bergarbeitersiedlung Šachty und wurde nach dem gleichnamigen See, dessen Name sich mit Gänsesee übersetzen läßt, benannt. Bekannt ist auch das am Südwestufer des schönen Sees gelegene buddhistische Kloster, dessen Geschichte bis in das Jahr 1740 zurückgeht.

5806 Gusinoe ozero
5828 Selenduna
5853 Dzida
5881 Charanchaj

5902 **Nauški (Наушки)**
Der Grenzort Nauški (Fahrtdauer von Ulan-Udė mit den Zügen Nr. 4 oder Nr. 6 ca. sieben Stunden, mit dem Zug Nr. 264 elf Stunden) bietet ein paar Kioske am Bahnhof . Das Postamt mit Telefonvermittlung ist bis Mitternacht geöffnet, es ist fünf Minuten zu Fuß vom Bahnhof entfernt.
Die Grenzformalitäten sind aufwendig an Zeit, der Zug steht für ca. zweieinhalb Stunden in Nauški (Nr. 263/264 sogar sieben Stunden), aber man kann nach Abgabe des Reisepasses im Ort frei herumlaufen oder auch zur 15 Fußminuten entfernten Selenga-Brücke laufen (die hölzerne Furt über die Gleise nehmen).

5925/12 **Suchbaatar (Сухбаатар)**
Seit einiger Zeit richtet die Mongolei die Zählung über Bahn-Kilometer nicht mehr mit Moskau als Bezugspunkt aus, sondern die Zählung gilt ab russisch-mongolischer Grenze als Kilometer Null.
Der Aufenthalt hier beträgt gut eine Stunde. Wieder werden Zolldeklarationen verteilt (siehe Muster) und die Pässe eingesammelt. Aussteigen ist hier nicht erwünscht.
Immer wieder ein großes Ärgernis: In Begleitung von Uniformierten kommt eine modisch gekleidete Dame und verlangt energisch den Kauf einer Krankenversicherung für zehn US-Dollar. Im Kleingedruckten der Police steht, daß der Abschluß freiwillig sei – man sollte darauf hinweisen, wenn man bedrängt wird, denn wir bewerten diese Ausgabe als sinnlos.

110 **Darchan (Дархан)**
Darchan ist nach Ulaanbaatar das

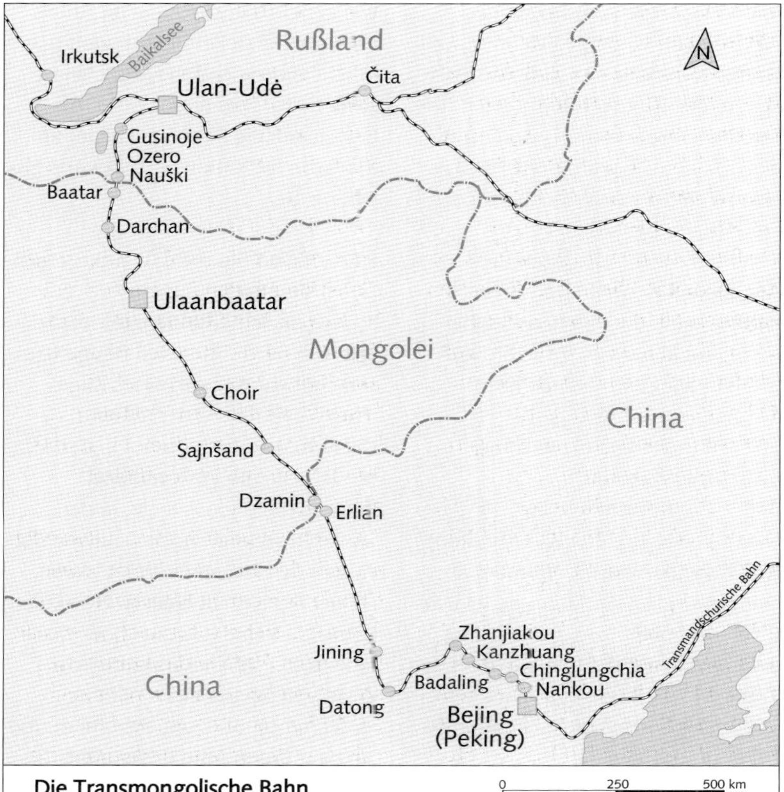

Die Transmongolische Bahn

wichtigste Industriezentrum der Mongolei. Erst 1961 gegründet, wuchs die Einwohnerzahl in diesen 25 Jahren auf über 80 000.

167 Erehet
232 Suun-Charaa
254 Salchit
391 **Ulaanbaatar (Улаанбаатар)** S. 292

Südlich der Hauptstadt geht die Reise zunächst durch abwechslungsreiche Bergsteppen; weidende Viehherden, Nomadenzelte, vereinzelt auch Yaks und Wildpferde verleihen dem Abschnitt ihr Gepräge. Mehrere weitläufige Kurven bieten gute Möglichkeiten, den Zug zu fotografieren. Die Strecke ist hier einspurig und nicht elektrifiziert. Sie wurde erst 1955 zur Hoch-Zeit der russisch-chinesischen Freundschaft gebaut.
Es gibt übrigens, entgegen den Angaben in Atlanten und Reisekarten, keine durchgehend asphaltierte Straße parallel zur Bahn, nur teils sandige, teils felsige Pisten.

507 Bagakangaj (Багакангай)
521 Manit (Манит)
648 **Čoyr (Чоыр)**

Hier hält der Zug etwa 20 Minuten. Nun beginnen die monotonen, aber eindrucksvollen Ausläufer der Wüste Gobi – Begeben Sie sich hier ruhig einmal mit Fotoapparat in den letzten Waggon – besonders zum Sonnenuntergang herrscht eine stimmungsvolle Atmosphäre.

751 Airag (Аираг)
818 Sorlag
876 **Sajnšand (Сайншанд)**

Kurz vor der Stadt sind mehrere alte Dampflokomotiven zu sehen. In Sajnšand am Bahnsteig hängt der letzte Postkasten auf Ihrer Reise durch die Mongolei.

988 Ulaan Uul
1113 **Dzamin Uud (ДзаминУуд)**

Die bereits bekannten Paß- und Zollprozeduren laufen hier erneut ab in knapp zwei Stunden Aufenthalt, aber wie gehabt alles bequem im Abteil. Die Bahnhofstoiletten befinden sich in schlimmem Zustand, auf chinesischer Seite ist es nicht besser. Ab hier zeigen die Streckenschilder an der Bahn die Kilometer rückwärts bis Peking an.

842 **Erlian** (auch Erlan, mongolisch Erenhot)

Früher ein lichterbekränztes freundliches Tor nach China, wo riesige Lautsprecher zur Ankunft eines Zuges ›Heidi‹ und ›Der Osten ist rot‹ spielten, war der Bahnhof in den letzten Jahren eine verkommene, schmutztriefende Anlage, in der weder Restaurant noch Geldwechselstube noch Kioske geöffnet waren. Da der Aufenthalt aber zwei Stunden beträgt, ist eine Rikscha- oder Taxifahrt zum großen Basar möglich. Erlian verfügt über ein 2-Sterne-Hotel mit ca. 30 Doppelzimmern und ein paar ordentliche Restaurants. Wenn alle Kontrollen vorüber sind,

können Sie den Zug verlassen – oder Sie bleiben an Bord, um den Umspurprozeß zu verfolgen. Nach einer guten Stunde rollt der Zug auf neuen Rädern wieder in den Bahnhof Erlian ein (auf einem anderen Gleis!). Aus Tradition wird die mongolisch-chinesische Grenze übrigens von Regelzügen nur nachts gequert. Bei Sonderzügen, die nicht umspurfähig sind, wird umgestiegen in einen anderen Sonderzug, dies durchaus auch bei Tage.
Der Speisewagen auf dieser Strecke ist ab der Grenze bei Erlian chinesisch mit großem Angebot, das man aber nur mittags nutzen kann. Zum Frühstück hat man nur die Auswahl zwischen ›westlich‹ oder ›chinesisch‹. Es wird blitzschnell aufgetischt und erwartet, für Wartende zügig Platz zu machen.

498 Jining
Hier zweigt die wichtige Bahnlinie in die Hauptstädte der Inneren Mongolei, Hohhot und Baotou, ab.

371 **Datong** S. 304
194 **Zhanjiakou**
Die Stadt ist über 2000 Jahre alt und auch unter ihrem alten mongolischen Namen Kalgan bekannt. Hier kreuzte die alte Handelsstraße zwischen Peking und Rußland die Große Mauer. Heute ist es eine Industriestadt mit mehr als einer Million Einwohner.
Ab Kilometer 175 reist man durch zum Teil steile Berglandschaften.
Bei Kilometer 100 quert man auf einer langen Brücke die zumeist gelben Fluten des San-Gon-Flusses.
83 Kanzhuang
73 **Badaling**
An diesem Punkt durchquert man die Große Chinesische Mauer! Bei nur sechs bis acht Minuten Stop läuft man am besten rechtzeitig zum Zugende, um ein paar schöne Fotos zu machen.

68 Chinglungchiao
Vom Bahnhof hat man einen guten Blick auf die über den Bergrücken verlaufende Chinesische Mauer.
Es folgt eine langsame, spannende Talfahrt durch mehrere Tunnel.

60 **Juyongguan**
Hier ist ein Halt erforderlich, damit die Zugbremsen nach der Talfahrt wieder abkühlen können.

51 **Nankou**
Der Name bedeutet etwa ›Südpaß‹. Hier werden eventuell angehängte Loks, die den Zug über den besagten Paß schleppten, wieder abgehängt. Nun verläuft die vierspurige Autobahn mehrere Kilometer direkt neben der Bahnlinie in einem engen Tal. Man sieht u.a. den riesigen Parkplatz für Besucher der Großen Mauer bei Badaling.

0 **Peking/Bejing** S. 320
Ab Moskau via Mongolei waren es hierher 7865 Kilometer, ab Köln ziemlich exakt 10 000 Bahnkilometer, ab Berlin etwa 9500 Kilometer.

Rußland-Reisetips von A bis Z

Autofahren

Obwohl der Bahnreisende wahrscheinlich kaum mit dem Auto fahren wird, ist anzumerken, daß der übliche Fahrstil in Rußland deutlich rücksichtsloser ist als hierzulande und somit sowohl für Autofahrer als auch vor allem für Fußgänger etwas gewöhnungsbedürftig ist. Es gilt das Recht des PS-Stärkeren. Als Fußgänger sollte man sich ruhig einmal mehr hinsichtlich der freien Straße vergewissern und sich keinesfalls auf solche für Autofahrer oft Empfehlungscharakter tragende Signale wie Zebrastreifen oder grüne Ampeln verlassen.

Banken – Geldwechsel

In Rußland rollt nach wie vor der Rubel als Landeswährung. Im März 2005 bekam man für 1 Euro etwa 36,97 Rubel. Der Kurs wird täglich sowohl an der Moskauer Börse als auch durch die Zentralbank gefixt, wobei die Differenz aber minimal ist. Es gibt Scheine für 5, 10, 20, 50, 100 und 500 Rubel. Ein Rubel untergliedert sich in 100 Kopejken.

Das Bankensystem hat in den letzten Jahren deutliche Fortschritte gemacht, und der fast totale Zusammenbruch im Spätsommer 1998, als geraume Zeit so gut wie nichts mehr ging, ist überstanden. Der Service ist zwar mancherorts etwas umständlich, aber im großen und ganzen problemlos. Der Tausch von Bargeld in verschiedenene gängige Währungen ist bei den großen Banken in den Großstädten kein Problem. Die meisten Wechselstellen beschränken sich jedoch auf US-Dollar und Euro. Häufig werden abgenutzte Scheine oder Scheine mit Markierungen aber nicht akzeptiert. Die weltweit eher als suspekt geltenden 100-Dollarnoten sind hier sehr populär.

Alle im folgenden beschriebenen Formen der Geldversorgung hielten in Rußland erfolgreich Einzug. Die meisten großen Banken akzeptieren Reiseschecks, die in Dollar ausgestellt sein sollten. Euroschecks werden sehr selten und dann zumeist nur zum Inkasso akzeptiert. Man zahlt das Geld dann erst nach Erhalt aus Deutschland aus, was durchaus zwei Wochen dauern kann. Barabhebungen auf Kreditkarte sind in den meisten großen Banken möglich, aber wie auch in anderen Ländern recht teuer.

Verschiedene Banken und Hotels verfügen über Geldautomaten, an denen man mit Kreditkarte und Geheimzahl Bargeld abheben kann. Bei einigen Moskauer Banken mit Filialen in Sibirien ist an Geldautomaten mittlerweile für 2,50 bis 4 Euro Gebühr eine Barabhebung mit ec-Karte und Geheimzahl möglich. Wenn der Geldautomat das Cirrus-Logo trägt, akzeptiert er ec-Karten. Aktuelle Informationen über das Netz

der Geldautomaten sind im Travellers Guide bei www.europay.com zu finden.
Ein Notnagel ist das Western-Union-System mit seinen zwar sehr schnellen, aber auch sehr teuren weltweiten Barüberweisungen, das auch in Rußland mehrere Partner hat.
Die bei den Städteinformationen angeführten Banken sind alle

Russischer Besuch im Abteil

Western-Union-Partner (weitere Partnerbanken findet man unter www.reisebank.de). Generell sollte man aber eine Grundversorgung Bargeld dabei haben, wobei Dollars und auch mehrere kleine Scheine als Trinkgeld empfehlenswert sind.

Diplomatische Vertretungen

Diplomatische Vetretungen Rußlands im Ausland:

Deutschland:
Botschaft der Russischen Föderation,
Unter den Linden 63–65,
10117 Berlin,
Tel. 030/229 11 10.
Visaabteilung Behrenstr. 15,
10117 Berlin,
Tel. 030/832 70 04.
www.russische-botschaft.de

Generalkonsulat Hamburg,
Am Feenteich 20,
22095 Hamburg,
Tel. 040/227 63 80.

Generalkonsulat Leipzig,
Kickerlingsberg 18,
04105 Leipzig,
Tel. 03 41/596 18 76.

Generalkonsulat München,
Seidlstr. 28,
80335 München,
Tel. 089/592 25 28.

Österreich:
Botschaft der Russischen Föderation,
Reisnerstr. 45–47,
1030 Wien,
Tel. 02 22/712 12 29.

Schweiz:
Botschaft der Russischen Föderation,

Brunnaderstr. 53,
3006 Bern,
Tel. 031/352 05 67.

China:
4 Dongzhimen Beizhong Jie
Beijing
Tel. 65 32/20 51

Mongolei:
Enkh Tayvan
Ulaanbaatar
Tel. 32 70 18

Ausländische Botschaften und Generalkonsulate in Moskau und Sibirien:

Deutsche Botschaft,
ul. Mosfil'movskaja 56,
119285 Moskva,
Tel. 095/956 10 80.

Konsular- und Visaabteilung,
Leninskij prospekt 95a,
117 393 Moskva,
Tel. 095/936 24 10.

Generalkonsulat Novosibirsk,
Hotel ›Centr Rossii‹,
Krasnyj pr. 28,
690000 Novosibirsk,
Tel. 3832/23 48 69.

Österreichische Botschaft,
Starokonjušennyj per. 1,
119034 Moskva,
Tel. 095/201 73 17.

Schweizer Botschaft,
ul. Stopany 2/5,
107149 Moskva,
Tel. 095/925 53 22.

Luxemburger Botschaft,
Kruševskij per. 3,
119034 Moskva,
Tel. 095/202 53 81.

Einkaufen/Geschäftszeiten

Im Einzelhandel halten vielerorts bereits westliche Verkaufsformen Einzug. Die Ladenausstattung wurde in vielen Geschäften in den letzten Jahren erneuert. In größeren Läden kam der obligatorische, oft bewaffnete Security-Mitarbeiter hinzu. Selbstbedienungsläden sind eher die Ausnahme. Die Abgabe mitgeführter Taschen ist häufig Pflicht. Zumeist können die Verkäufer selbst kassieren. Manchmal trifft man aber auch noch folgendes Verfahren, das insbesondere zu Sowjetzeiten den unerfahrenen Ausländer zur Verzweiflung trieb: Wenn man an einer Ware Gefallen gefunden hat, merkt man sich den Preis und marschiert zur Kasse. Wenn zum Beispiel bei Lebensmitteln auszuwählen und/oder abzuwiegen ist, reserviert man die Ware bei der Verkäuferin und läßt sich den Preis sagen oder sicherheitshalber auf einen kleinen Zettel schreiben, mit dem man dann zur Kasse geht. Nach der Bezahlung erhält man den Kassenbon, den man dann bei der Verkäuferin gegen die gewünschte Ware eintauscht. Lange Schlangen in den Geschäften

gehören heute glücklicherweise der Vergangenheit an, so daß sich der Zeitaufwand für die Umständlichkeiten heute in Grenzen hält. Da internationale Kreditkarten in Geschäften nur in den allerseltensten Fällen akzeptiert werden, ist ein entsprechender Barvorrat zu empfehlen.
Hinsichtlich verbraucherfreundlicher Öffnungszeiten macht heute selbst Rußland Deutschland etwas vor – es gibt keine gesetzlichen Regelungen über Ladenöffnungszeiten. Wochentags haben die meisten Geschäfte von 10 bis 19 bzw. 20 oder 21 Uhr geöffnet. Samstags haben die meisten Geschäfte bis 18 Uhr geöffnet. Große Lebensmittelgeschäfte und einige andere Läden haben auch sonntags meist bis 17 oder 18 Uhr geöffnet.

Einreise-/Ausreisebestimmungen
Für Rußland besteht Visumpflicht. Visa für Privat- bzw. Geschäftsreisen werden von den Konsulaten Rußlands erteilt. Dafür ist entweder eine offizielle Einladung (Bearbeitungsfrist fünf Arbeitstage) eine Reisebuchung bzw. Hotelbuchung (Bearbeitungsfrist zehn Arbeitstage) oder eine vom örtlichen Meldeamt (OVIR) beglaubigte Privateinladung (Bearbeitungsfrist sechs Arbeitstage) erforderlich. 1999 hat Rußland seine Visabestimmungen verschärft. So werden Einladungen per Fax nicht mehr anerkannt.
Bei Gruppenreisen kümmert sich der Reiseveranstalter um Visaangelegenheiten.

Essen und Trinken
Rußland ist ein Land der Teetrinker. Kaffee ist im Regelfall Instantkaffee, ansonsten wird er ›türkisch‹ gebrüht. Bier wird in den letzten Jahren immer beliebter. Vodka ist bekanntlich ein Nationalgetränk. Mineralwasser, Softdrinks und Säfte sind populär. Landestypisch ist der gut den Durst löschende Brotsaft Kvas oder ein ›Kisel'‹ genannter Trunk aus Fruchtgelee.
Normalerweise werden in Rußland drei Mahlzeiten eingenommen, wobei Mittagessen und Abendbrot warme Speisen bieten. Zum Mittagessen gehört unbedingt eine Suppe als Vorspeise, der häufig ein Salat vorangeht. Zu Fleisch und Fisch als Hauptgericht wird dann in der Regel eine Beilage gereicht: Kartoffeln, Reis, Teigwaren, Gemüse oder Buchweizengrütze. Häufig wird Brot zu allen Speisen gegessen. Daher beschränkt man sich dann beim Essen auf die Verwendung der Gabel, da die zweite Hand das Brotstück hält.
Es gibt in Rußland mittlerweile ein breiteres Angebot an akzeptablen Restaurants, das sich aber in erster Linie an den Besserverdienenden orientiert und im Vergleich zu China deutlich schmaler ist. In Imbißbuden werden häufig Würstchen, Fleischspieße oder Piroggen (Fleisch oder Kohl mit Teig umbacken) angeboten.

Etagen – Stockwerke

In Rußland ist das Erdgeschoß die 1. Etage, die 2. Etage entspricht somit dem deutschen 1. Stockwerk usw.

Feiertage

In Rußland feiert man gern und viel. Ob religiöse oder atheistische Feste, ob man demokratischer oder revolutionärer Traditionen gedenkt – ein Anlaß zum Feiern findet sich immer.

Offizielle Feiertage:

1./2. Januar (arbeitsfrei): Neujahrsfest.

7. Januar (arbeitsfrei): russisch-orthodoxes Weihnachtsfest.

13. Januar: altes Neues Jahr – das Neujahrsfest nach altrussischem Kalender.

25. Januar: Tatjanas Tag. Gründungstag der Moskauer Universität, der heute als Fest aller Studenten wachsende Popularität erlangt.

23. Februar: Tag der Vaterlandsverteidiger – so heißt er offiziell seit 1996. Früher war er entsprechend dem Gründungsdatum der Tag der

Verhaltenshinweise für das Bahngelände

Sowjetarmee und gilt – als nicht arbeitsfreies Pendant zum 8. März – als Männertag, an dem kleine Aufmerksamkeiten üblich sind. Seit 1999 ist er im Rahmen der Gleichberechtigung ebenfalls arbeitsfrei
8. März (arbeitsfrei): Internationaler Frauentag. Ein für die Frauen Rußlands sehr wichtiger Feiertag, der aber weder kämpferisch noch feministisch geprägt ist. Fehlende Blumen oder Aufmerksamkeiten werden aber den Männern beruflich wie privat sehr übelgenommen.
1./2. Mai (arbeitsfrei): Tag oder besser gesagt Tage der Arbeit.
9. Mai (arbeitsfrei): Tag des Sieges – Der Tag des Sieges im hier ›Großer Vaterländischer Krieg‹ genannten 2. Weltkrieg weicht aufgrund des Zeitunterschiedes vom Jahrestag der Kapitulation Deutschlands ab. Bei der Unterzeichnung am 8. Mai 1945 um 23.45 Uhr war es in Moskau bereits zwei Stunden später und somit der 9. Mai.
12. Juni (arbeitsfrei): Tag der Unabhängigkeit. Der Tag der ersten freien Präsidentschaftswahlen, die Boris Jelzin zum Präsidenten werden ließen, war der 12. Juni 1993.
7. November (arbeitsfrei): Tag der Aussöhnung. Ursprunglich war es der Jahrestag der Oktoberrevolution, dem zu Sowjetzeiten sogar zwei freie Tage (7. und 8. November) gewidmet waren. Zunächst wurde der 8. November gestrichen, und 1996 erhielt der Feiertag elegant eine neue Ausrichtung, in der sich Gegner und Anhänger der Oktoberrevolution wiederfinden sollen.
12. Dezember (arbeitsfrei): Tag der Verfassung.

Wenn offizielle Feiertage auf ein Wochenende fallen, ist generell der darauffolgende Montag ebenfalls ein arbeitsfreier Feiertag. Wenn zwischen Feiertag und Wochenende nur ein Arbeitstag liegt, gibt es manchmal offizielle Beschlüsse zur Verlegung dieses Arbeitstages auf einen anderen Samstag.
Insbesondere die erste Januar- und die erste Maihälfte mit drei Feiertagen bieten sich hier an. Da zu dieser Zeit auch viele Urlaub nehmen oder Betriebsferien verkünden, lästern böse Zungen, daß man in dieser Zeit Rußland eigentlich generell für jeweils zwei Wochen schließen könnte.

Fernsehen

Es gibt zwei landesweite Programme – das zwar private, aber sehr staatsnahe ORT bzw. Ostankino und das öffentlich-rechtliche RTR. Daneben gibt es lokale Programme. Der Fernsehstandard ist SECAM. Ausländische Sender sind per Satellit nur in ganz wenigen Hotels zu empfangen. Ausländische Filme werden im russischen Fernsehen nicht synchronisiert. Der Text wird eingesprochen.

Flughafengebühren

Diese Abgabe wurde in Rußland noch nicht eingeführt.

Flugreisen

Aufgrund der gigantischen Entfernungen ist das Flugzeug häufig die schnellste und manchmal auch die einzige Variante, um in Rußland schnell ans Ziel zu gelangen. Das Flughafennetz wurde zu Sowjetzeiten gut ausgebaut. Die staatliche Fluggesellschaft Aeroflot war die größte ihrer Art auf der ganzen Welt. Heute fliegen neben Aeroflot eine Vielzahl weiterer Fluggesellschaften auf den Routen Sibiriens, wobei es sich zumeist um seinerzeit privatisierte regionale Ableger des früheren Monopolisten handelt. Pulkovo (St. Petersburg), Vnukovo Airlines (Moskau), Sibir (Novosibirsk) oder KrasAir (Krasnojarsk) glänzen heute mit eigenen Logos an ihren Maschinen sogar schon auf deutschen Flughäfen (vor allem Frankfurt/M., Berlin und Hannover). Die einzige bei Null beginnende Neugründung einer Fluggesellschaft war Transaero, die sich sowohl national als auch international gut behauptet. Die Flugzeuge sind zumeist russischer Bauart und heißen Tupolev, Jakovlev oder Il'jušin. Westliche Flugzeuge sind im Inlandsverkehr mit Ausnahme der Fluggesellschaft Transaero eine absolute Ausnahme. Viele russische Flugzeuge sind überaltert, und auch die Wartung läßt oft einige Wünsche offen. Zumeist trifft man auf folgende Flugzeugtypen: Der am weitesten verbreitete Flugzeugtyp ist die Tupolev TU-154, die an ihrem Hecktriebwerk mit drei Düsen zu erkennen ist. Auf Langstrecken – insbesondere von Moskau nach Fernost – trifft man zumeist auf den Langstreckenjet Il'jušin IL-62, der eine maximale Reichweite von 9200 Kilometer hat. Sie ist an ihren 2 x 2 Heckdüsen leicht zu erkennen. Ebenfalls aus dem Il'jušin-Konstruktionsbüro stammt der russische Jumbo-Jet IL-86. Auf kürzeren Strecken begegnet man den Jakovlev-Jets. Die Jak 42 bietet Platz für 120 Passagiere und ist neben den beiden vergleichsweise kleinen Hecktriebwerken auch am Heckeingang zu unterscheiden.

Fotografieren

Im Zug und vor allem auch auf den Bahnhöfen sind die Fotobeschränkungen aus der Zeit des Eisernen Vorhangs aufgehoben. Damals galten vor allem Bahnhöfe als strategische Objekte ersten Ranges, die man nicht ablichten durfte. In manchen Museen und Galerien ist Fotografieren gänzlich verboten, in anderen darf man nicht mit Blitzlicht knipsen oder muß für eine Fotoerlaubnis extra bezahlen. In Kirchen sollte man sich zurückhalten. ›Strategische Objekte‹, wie zum Beispiel Flughäfen darf man zwar nach wie vor nicht fotografieren, aber die Auslegungsmöglichkeiten sind recht locker. Militäranlagen und Uniformträger sollte man nicht ablichten.

Ansonsten gehört es auch in Sibirien zum guten Ton, Leute auf der Straße um Erlaubnis zu fragen, bevor man sie ablichtet. Filme bekannter Marken (vor allem Kodak, Fuji, Konica) und Filmentwicklung in ein bis zwei Tagen sind in allen Großstädten mittlerweile kein Problem mehr. Häufig wird auch ein, allerdings sehr teurer, Ein-Stunden-Service angeboten. Diafilme sind fast nirgends erhältlich.

Geld

Die Währungseinheit Rußlands heißt Rubel. Das Wort stammt vom Verb ›rubit'‹ ab, was soviel wie kerben oder zerteilen bedeutet. Edelmetallklumpen wurden früher in kleinere Einheiten zerteilt.
Nachdem eine Hyperinflation in der ersten Hälfte der neunziger Jahre den Rubel dramatisch entwertet hatte, wurden per 1. Januar 1998 in einer Währungsreform drei Nullen gestrichen. Die alten Scheine, die sich von den neuen nur durch die besagten drei Nullen unterscheiden, waren noch bis zum Ende des Jahres 2000 gültig, so daß Sie bei vielen Nullen auf den Scheinen ein gesundes Mißtrauen entwickeln sollten. Die Rubelscheine zeigen russische Stadtmotive: Vladivostok (ein Rubel, wird durch Münzen ersetzt), Novgorod (fünf Rubel), Krasnojarsk (10 Rubel), St. Petersburg (50 Rubel), Moskau (100 Rubel) sowie Archangel'sk (500 Rubel). Im Inland ist der Rubel problemlos konvertierbar. Die Bezahlung in Dollar oder Euro ist ungesetzlich und deshalb nur in den seltensten Fällen möglich. Man kann aber problemlos Rubel gegen Dollar und umgekehrt in allen Banken tauschen. Häufig muß aber der Paß dabei vorgelegt werden. Die meisten

Westsibirien I love you

Banken tauschen auch Euro. Diese Angebote nehmen allerdings Richtung Osten ab, wo auch zumeist schlechtere Umtauschsätze angeboten werden. Die Dollarscheine sollten nicht abgenutzt sein und auf keinen Fall irgendwelche Markierungen haben, da solche Scheine meist nicht akzeptiert werden.
Die Ein- und Ausfuhr von Rubel ist in begrenztem Umfang zulässig. Die genauen Modalitäten ändern sich aber häufig. Seit 2000 wurde die Obergrenze auf den Gegenwert von 1500 USD reduziert.

Gepäckaufbewahrung

In den meisten Hotels ist in der Garderobe auch eine Gepäckaufbewahrung. Auf den Bahnhöfen gibt es neben der Gepäckaufbewahrung in der Regel auch Schließfächer, die mit einem einzugebenden dreistelligen Code zu sichern sind.

Gesundheit, Impfungen und Medikamente

Es sind derzeit keine Impfungen vorgeschrieben. Ausländer, die länger als drei Monate in Rußland bleiben wollen, müssen die Bescheinigung über einen AIDS-Test vorlegen.
Vor Auslandsreisen generell sollte ein ausreichender Impfschutz gegen Poliomyelitis (Kinderlähmung) und Tetanus (Wundstarrkrampf) sowie Diphterie bestehen. Eine geringe Infektionsgefahr besteht eventuell bei schlechten Hygienebedingungen (in Rußland etwa bei Imbißständen auf Märkten). Wer in seinen Reiseplänen abseits des Schienenstranges insbesondere im Frühling und im Sommer auch einen Ausflug in die Taiga plant, sollte auf jeden Fall eine Zeckenimpfung haben. Da mangelnde Hygieneverhältnisse in Rußland nicht auszuschließen sind, kann ausreichender Schutz durch die Gabe von Gammaglobulin kurz vor Urlaubsantritt erzielt werden. Hepatitis B wird hauptsächlich durch Geschlechtsverkehr mit infizierten Personen und durch Blutkontakte übertragen. In den größeren Städten sind in der Regel gut ausgebildete Ärzte zu finden. Die technischen Behandlungsmöglichkeiten sind aber bescheiden. Spezielle Kliniken für Ausländer gibt es nur in Moskau. International gängige Medikamente sind in den großen Städten ohne Probleme erhältlich. Zwischen Rußland und Deutschland besteht kein Sozialversicherungsabkommen, so daß der Abschluß einer Auslandskrankenversicherung nachdrücklich zu empfehlen ist.

Hotels

Die meisten russischen Hotels sind Plattenbauten aus den 70er Jahren mit riesigen Eingangshallen und Restaurants, aber kleinen Zimmern, die zumeist mit eigener Dusche/WC ausgestattet sind und über einen Kühlschrank, ein Fernsehgerät und ein Telefon verfügen. Häufig läßt das Mobiliar eine bereits 20-jährige Nutzung vermuten. Man bemüht sich um Sauberkeit, aber beim Zustand der Möbel, Fliesen etc. ist ein Hauch von Schmuddeligkeit kaum vermeidbar. Mancherorts wird etagenweise renoviert. Nach dem sogenannten ›Evroremont‹ sieht das Ganze dann etwas moderner aus. Die Preise sind sehr unterschiedlich, untere Preisklasse bedeutet für ein Einzelzimmer unter 50 USD pro Nacht, mittlere Preisklasse unter 100 USD pro Nacht und obere Preisklasse entsprechend darüber. Viele Hotels versuchen auch nach wie vor, Ausländern höhere Sätze zu berechnen. In der Regel überzeugt nur eine

Das Hotel ›Oktjabr'skaja‹ in Krasnojarsk

Akkreditierung oder ein Jahresvisum mit Hinweis auf Steuerpflicht in Rußland als Argument. Aber auch ansonsten ist diese diskriminierende Praxis verfassungswidrig, wozu es nach Klage einer Amerikanerin gegen ein Ekatarinburger Hotel seit 1997 auch ein entsprechendes Präzedenzurteil gibt.

Kleidung

Es empfiehlt sich bequeme, der Jahreszeit angepaßte und leicht waschbare Bekleidung. Die Besonderheiten des ausgeprägten Kontinentalklimas im Inneren des Landes bedeuten einen kurzen heißen Sommer, einen langen kalten bis sehr kalten Winter und vergleichsweise viele Sonnentage. Bei Kälte helfen mehrere übereinander gezogene dünne Kleidungsstücke mehr als ein dickes Kleidungsstück. Die offizielle Heizperiode läuft in den ferngeheizten Wohnhäusern vom 15. Oktober bis 15. April. Insbesondere in der ersten Oktoberhälfte ist es häufig recht ›frisch‹. Wenn keine Feierlichkeiten angesagt sind, lassen Sie elegante oder förmliche Kleidung und teuren Schmuck besser zu Hause.

Klima

Rußland und insbesondere Sibirien ist bekanntlich ein kaltes Land. Die gigantische Landmasse bewirkt das typische Kontinentalklima, das sich insbesondere zwischen dem Ural und Transbajkalien von seiner ausgeprägtesten Seite zeigt. In den Wintermonaten kann es auch in Südsibirien entlang der Transsib sehr kalt werden. Im Durchschnitt liegen die Temperaturen zwischen – 5 und – 20 Grad, was aufgrund der trockenen Kälte bei normaler Empfindlichkeit und richtiger Kleidung von den meisten angenehmer als erwartet empfunden wird. Unangenehm wird es erst, wenn die Quecksilbersäule unter – 25 Grad absinkt, was sie aber normalerweise jeden Winter in dieser Gegend nur etwa zwei Wochen macht. Der Winter 2000/2001 war allerdings sehr kalt, wobei die Temperaturen in weiten Gegenden über vier Wochen auf unter – 40 Grad absanken. Frühling und Herbst vollziehen sich nach mitteleuropäischen Maßstäben im Schnelldurchlauf. Der etwa dreimonatige Sommer erreicht im Juli/August bei recht kühlen Nächten am Tage problemlos Temperaturen über 30 Grad.

Medizinische Hilfe

Eine medizinische Grundversorgung ist in den größeren Orten gewährleistet. Der Notarzt ist immer unter der Telefonnummer 03 zu erreichen. Neben den staatlichen Kliniken entstehen in den letzten Jahren zunehmend Privatpraxen. Der Abschluß einer Auslandskrankenversicherung ist seit 1999 bei Individualreisen Bestandteil des Visumantrages. Wer in seinen Reiseplänen insbesondere im Frühjahr oder im Sommer auch einen Ausflug in die Taiga plant, sollte sich auf jeden Fall über eine Zeckenimpfung informieren.

Mietwagen

Die Mietwagenangebote beschränken sich bislang auf Moskau oder St. Petersburg. In manchen Hotels werden hoteleigene Wagen mit Fahrer auf Stunden- oder Tagesbasis angeboten. Wenn man sich privat einen Wagen von Freunden ›mietet‹,

Der Bahnhof von Išim

Grüße von unterwegs

benötigt man eigentlich eine notariell beglaubigte Vollmacht, aber: ›Der Zar ist weit‹. Mietwagen mit Fahrer sind überall mit etwa zweistündiger Vorbestellung erhältlich. Da die Gehälter niedrig sind, ist das vergleichsweise günstig.

Öffentliche Verkehrsmittel

In Bussen, Trolleybussen und Straßenbahnen der meisten Städte erwacht in der letzten Zeit ein bereits in Vergessenheit geratener Beruf zu neuem Leben: der Konduktor genannte Schaffner, der die Fahrscheine verkauft. Hohe Schwarzfahrquoten (Schwarzfahrer nennt man ›zajcy‹ – Hasen) zwangen viele Kommunen, sich vom Kartenvorverkauf und dem Entwertersystem zu verabschieden. Die Preise betragen etwa knapp die Hälfte der deutschen Preise. Die Einhaltung der Fahrpläne ist zumeist Glückssache, die Übersichten weisen oft auch nur das Intervall in der Spitzenzeit aus. Vielerorts gibt es als Konkurrenz zum Stadtverkehr private Kleinbusse (Maršrutki), die zu etwas höheren Preisen – vor allem im Berufsverkehr – mit etwas weniger Gedränge ihre Passagiere auf denselben Routen befördern.

Post

Die Post ist nach wie vor staatlich. Die Postämter bieten zumeist auch Fax-Service. Briefe und Karten sind aus Moskau in der Regel fünf bis sieben Tage und aus Sibirien etwa 15 Tage unterwegs. Briefmarken bekommt man auf den Postämtern, in vielen Hotels oder an Zeitungskiosken in den Bahnhöfen. In den meisten Großstädten Rußlands unterhalten weltweit bekannte internationale Kurierdienste wie DHL und EMS Garantpost bereits Niederlassungen.

Gegenverkehr

Religionsgemeinschaften

Nach langen Jahren des staatlich verordneten Atheismus erlebt die zu sowjetischer Zeit in ihrem Aktionsradius sehr stark eingeschränkte Kirche sowohl von offizieller Seite als auch durch die Bevölkerung ein außerordentlich starkes Interesse und einen entsprechenden Zulauf. Neben der dominierenden russisch-orthodoxen Kirche gibt es auch katholische, lutheranische und baptistische Gemeinden.

Der Islam und der Buddhismus spielen vor allem in nationalen Republiken wir Tatarstan und Burjatien eine ausgeprägte Rolle. Daneben haben aber auch eine Reihe umstrittener Sekten wie beispielsweise Scientology einen bestimmten Zulauf.

Sicherheit

Kriminalität ist ohne Zweifel ein wichtiges Thema, wobei aber bei der Beachtung der überall gültigen elementaren Vorsichtsregeln das Risiko nicht größer ist als in anderen Ländern. Die sensationsheischende Berichterstattung in vielen deutschen Medien ist stark übertrieben.

Strom

Die Stromspannung beträgt im allgemeinen 220 V. Mit flachen Eurosteckern dürfte man keine Probleme haben, obwohl der Abstand der Stecklöcher einige Millimeter breiter ist. Ein Universaladapter ist allerdings in Ausnahmefällen hilfreich, da bei Renovierungen die Elektrik aus aller Herren Länder stammen kann.

Telefon

Ortsgespräche sind vielerorts durch die Grundgebühr abgedeckt und kostenlos. Ferngespräche, insbesondere Auslandsgespräche, sind aufgrund überlasteter Leitungen manchmal ein Problem. Wenn kein Anschluß zum Selbstwählverkehr besteht, muß das Gespräch über das Telefonamt bestellt werden. Verbindungen nach Moskau oder in die nächste Gebietsmetropole sind aber meist kein Problem.

In Telefonzellen sind nur Ortsgespräche möglich. Man muß dafür häufig von Stadt zu Stadt unterschiedliche Jetons erwerben, die an Zeitungskiosken verkauft werden. Seit 1997 halten auch Telefonkarten Einzug, die auf einem Magnetstreifen oder einem Mikrochip eine entsprechende Einheitenzahl (mindestens 25) enthalten.

Ferngespräche sind meist nur auf Postämtern oder speziellen Telefonzentralen (Meždugorodnyj Telefon) möglich. Dabei muß meist vorher eine bestimmte Minutenzahl bestellt und bezahlt werden. Geld zurück gibt es nur, wenn die Verbindung nicht zustande kommt. Hotels schlagen in der Regel noch eine Servicegebühr zwischen 25 und 50 Prozent auf. Meist existiert auch eine Mindestzeit von drei oder fünf Minuten, die einen Anrufbeantworter am anderen Ende zu einem teuren Vergnügen werden läßt.

Im Selbstwählverfahren wählt man zunächst die 8. Danach wartet man auf einen Dauerton. Innerhalb Rußlands schließt sich dann die entsprechende Vorwahl (z. B. Moskau 095) und die gewünschte Nummer an. Bei Auslandsgesprächen ist nach 8 und Dauerton zunächst eine 10 als Zugang zum internationalen Selbstwählverkehr, dann die Landesvorwahl und die Städtevorwahl (in Deutschland unter Weglassung der 0) zu wählen. Einige wichtige Landesvorwahlen lauten: Deutschland 49, Schweiz 41, Österreich 43, USA 1, China 86, Mongolei 976. Wer beispielsweise aus Sibirien Berlin anwählt, hat 8 – Dauerton – 10 – 49 – 30 – Teilnehmernummer zu wählen.

Die russischen Mobilfunknetze arbeiten mit den GSM 900- und 1800-Standards und erfassen weite Teile des Landes. Es bestehen Roaming-Vereinbarungen mit deutschen Anbietern, was in den großen Städten zwischen Moskau und Irkutsk auch funktioniert.

Toiletten

In den letzten Jahren hielten in vielen öffentlichen Toiletten private Pächter Einzug. Dieses Geschäft mit gesicherter Nachfrage wurde damit kostenpflichtig, wodurch sich die Situation zwar verbesserte, man aber trotzdem keine allzu hohen Erwartungen haben sollte. Häufig sind es Steh- bzw. Hocktoiletten. Um Verstopfungen vorzubeugen, landet Toilettenpapier nicht im Abfluß, sondern im Papierkorb.

Damentoilette – ženskij tualet (женский туалет), Herrentoilette – mužskoj tualet (мужской туалет).

In den Zügen sind die beiden Toiletten pro Schlafwagen zwar gut konzipiert, der aktuelle Zustand kann aber ähnlich dem des gesamten Wagens unterschiedlich sein.

Bei der Durchfahrt durch größere Städte werden die Toiletten abgeschlossen, was bei jeweils etwa

15 Minuten vor Ankunft und nach Abfahrt mit der Aufenthaltsdauer schon mal eine Weile dauern kann.

Trinkgeld

Trinkgeld, das hier Teegeld (čaevye) heißt, wird gern genommen. Es werden fünf bis zehn Prozent des Rechnungsbetrages als Trinkgeld erwartet. Manche Zeitgenossen kultivieren noch die Sitte aus Sowjetzeiten, bereits bei der Bestellung durch ein Scheinchen in der Speisekarte die Bedienung ›gnädig‹ zu stimmen. Vereinzelt wird auch eine prozentuale Servicegebühr in Rechnung gestellt.

Trinkwasser

Leitungswasser ist als Trinkwasser nicht zu empfehlen. Es ist zumeist stark gechlort.

Zeitungen

Deutsche Zeitungen und Zeitschriften sind in Rußland außerhalb Moskaus schwer, um nicht zu sagen überhaupt nicht erhältlich. Es erscheinen in Omsk und Barnaul lokale deutschsprachige oder zweisprachige deutsch-russische Zeitungen, die aber aufgrund ihrer geringen Auflagen schwer zu bekommen sind. Die führenden russischen überregionalen Tageszeitungen sind heute ›Izvestija‹ (Neuigkeiten), ›Novye Izvestija‹ (Die neuen Izvestija, Mitte 1997 entstanden aus einer Abspaltung des alten Izvestija-Teams), ›Segodnja‹ (Heute) ›Rossijskaja Gazeta‹ (Die russische Zeitung) und die Wirtschaftszeitung ›Daily Kommersant‹ (Der tägliche Geschäftsmann). Letztere bringt unter dem Titel ›Daily Sibir‹ auch einen vorläufig noch wöchentlich erscheinenden speziell

Im Eisenbahnmuseum Akademgorodok

Der Speisewagen ist auch außerhalb der Mahlzeiten ein geselliger Ort

Sibirien gewidmeten Ableger heraus. In Sibirien gibt es viele Regionalzeitungen, wobei aber meistens die Wochenzeitschriften (z. B. ›Molocost' Sibiri‹/Die Jugend Sibiriens) etwas anspruchsvoller und interessanter sind.

Zoll

Bei der Einreise folgt nach der Paßkontrolle die Zollabfertigung, bei der Ausreise dementsprechend vor der Paßkontrolle. Sowohl bei der Ein- als auch bei der Ausreise muß eine Zolldeklaration ausgefüllt werden. Während man beispielsweise in Moskau manchmal die Wahl zwischen grünem (nichts zu deklarieren) und rotem (etwas zu deklarieren) Korridor hat, ist in der Provinz die Zollkontrolle in der Regel obligatorisch. Nach der Gesetzgebung von 2002 muß man unbedingt bei Einreise eine Deklaration ausfüllen und durch den roten Korridor einreisen, wenn man beliebiges Geld wieder aus dem Land mitnehmen möchte. Gold- und Silberschmuck ist zu deklariern. Die zollfreie Einfuhr von Geschenken ist bis zum Gegenwert von 1000 USD gestattet. Die Ein- und Ausfuhr der Landeswährung Rubel ist bis zu einer Höhe von 500 Mindestgehältern (derzeit etwa 4000 Rbl. nach neuem Geld) erlaubt. Aufgrund des Washingtoner Artenschutzabkommens beschlagnahmen der deutsche, österreichische und der Schweizer Zoll Kaviar, desen Menge mehr als 250 Gramm umfaßt.

Mongolei-Reisetips von A bis Z

Geduld wird einem ja in vielen Ländern der Welt anempfohlen; in der Mongolei braucht es mehr als das, nämlich echte Langmut und die Bereitschaft, sich mit widrigen Gegebenheiten einfach abzufinden.

Diplomatische Vertretungen

Für die Einreise benötigt man ein Visum. Für das Visum sind ein ausgefülltes Antragsformular, ein mindestens 6 Monate über den Aufenthalt hinaus gültiger Reisepaß und ein Paßbild einzureichen. Die Bearbeitung dauert 7 bis 10 Tage. Die Kosten für ein Visum zur einmaligen Ein- und Ausreise bei einem Aufenthalt bis 30 Tage betragen 35 Euro.

Botschaft der Mongolei in Deutschland:
Dietzgenstr. 31, 13156 Berlin,
Tel. 030/474 80 60, 44 71 46 90,
Fax 47 48 06 26,
www.botschaft-mongolei.de,
mongolbot@aol.com.

Botschaft der Mongolei in der Schweiz:
4, Chemin des mollies,
1293 Bellevue (Genf),
Tel. 022/774 19 74/5, Fax 774 32 01.

Botschaft der Mongolei in Österreich:
Teinfaltstr. 3/6, 1010 Wien,
Tel. 01/535 30 12, Fax 01/535 30 06,
office@embassymon.at.

Deutsche Botschaft in der Mongolei:
Negdsen Undestnii gudamj 7,
C.P.O. Box 708, Ulaanbaatar 210 613,
Tel. 011/32 33 25, 32 09 08,
Fax 011/32 39 05.
Die Deutsche Botschaft vertritt Österreich mit.

Feiertage

1. Januar, Neujahrsfest.
Februar: Neujahrsfest nach dem Mondkalender, also jährlich wechselnd zwei freie Tage.
8. März: Internationaler Frauentag.
1. Juni: Internationaler Kindertag.
11.–13. Juni: Nationalfest Naadam.
26. November: Verfassungstag.

Gesundheit

Es gibt keine vorgeschriebenen Empfehlungen; der Gesundheitsdienst des Auswärtigen Amts empfiehlt Impfungen gegen Tetanus, Diphtherie, Polio und Hepatitis A, bei Langzeitaufenthalten auch Hepatitis B. Man kann nicht damit rechnen, benötigte Medikamente im Land kaufen zu können.
Leitungswasser sollte nur abgekocht getrunken, Obst und Gemüse gründlich gewaschen werden.
Notfalltelefon: Mongolian First Assistance in Ulaanbaatar,
Tel. 31 18 01, 99 11 48 48.
Im Sommer muß man in Gewässernähe mit einer erheblichen Mückenplage rechnen.

Geld

Sie stellen sich am besten darauf ein, fast alles im Land in US-Dollar zu bezahlen und entsprechend Fünf- und Zehn-US-Dollarnoten mitzubringen. Am Ankunftstag sollten Sie in Ihrem Hotel 5 oder 10 Dollar in die Landeswährung Tugruk (Mehrzahl Tugrik) einwechseln. Am Flughafen der Hauptstadt oder an den Grenzübergängen per Bahn kann man nicht mit geöffneten Wechselstuben rechnen; ein Rücktausch von Tugrik ist umständlich und oft nicht möglich. Sie können übrigens damit rechnen, überall jemanden zu finden, der Ihnen einen kleinen US-Dollarschein in Landeswährung wechselt. Dies ist legal und offen möglich.
Ein US-Dollar entsprach Anfang 2003 ziemlich genau 1120 Tugrik, ein Euro 1465 Tugrik. Kreditkarten werden nur in den größeren Hotels der Hauptstadt akzeptiert.

Individualreisende

Individualreisende können ungeahnte Herausforderungen erleben: Da verfügte ein Provinzgouverneur kurzfristig, daß zusätzlich zum bezahlten Ticket jeder Inlands-Fluggast zehn Kilogramm Heu abliefern muß (natürlich kann man sich davon freikaufen ...), oder ein Ladengeschäft gibt dringend benötigte Lebensmittel nur heraus im Tausch gegen Dienstleistungen (»Schnitzen Sie mir die Pflöcke für meine Pferde, und Sie bekommen Butter, Brot und Vodka«).

Informationen vor der Reise

Juulchin Berlin, (Foreign Tourism Corporation Mongolia),

Auf dem Flughafen von Ulaanbaatar

Arnold-Zweig-Str. 2, 13189 Berlin, Tel. 030/478 24 84, Fax 471 88 33. Der Vertreter in Berlin, Herr Ankh, spricht sehr gut Deutsch und kennt sein Land wirklich.

Kleidung

Zu empfehlen ist robuste, winddichte Kleidung, ein Regenschutz sowie ein Sonnenschutz im Sommer und ein guter Kälteschutz im Winter. Entscheidend: festes, recht hohes Schuhwerk, bei Überlandreisen ein bis zwei Reservepaare (oft Durchnässung).

Klima

Das Frühjahr beginnt mit Stürmen. Erst Anfang Mai steigt die Tagestemperatur über Null, und am Ende dieses Monats öffnen die Jurtencamps im Lande. Um den 11. Juli, den Nationalfeiertag Naadom, liegt dann der erste Touristenboom.
Im Norden sowie im Zentrum des Landes sind Juni, Juli und die erste Augusthälfte gekennzeichnet durch kurze regelmäßige Regenschauer, die gleich wieder von längeren sonnigen Abschnitten abgelöst werden. Bei bedecktem Himmel liegen die Tagestemperaturen um 10 Grad, bei Wolkenfreiheit schnell bei 25 Grad, so daß ein Pullover jederzeit ins Tagesgepäck gehört. Die wettermäßig stabilste und niederschlagsärmste Sommerperiode liegt in der zweiten August- und ersten Septemberhälfte. Während im Norden, z. B. am Chubsugul-See, der ›kleinen Schwester des Baikalsees‹, auch im Juli und August mit Nachtfrösten bis −8 Grad gerechnet werden muß, herrscht im Südteil des Landes von Juni bis September tagsüber angenehme Wärme um die 25 Grad mit Spitzen-

Auf dem Bahnsteig von Saijnšand

werten bis 38 Grad im Maximum. Die Nächte kühlen ab auf 10 bis 20 Grad. Stellen Sie sich also auf Schwankungen von über 25 Grad innerhalb von 24 Stunden ein.
Mitte September treten in Ulaanbaatar die ersten Nachtfröste auf, innerhalb eines nur zwei Wochen langen Herbstes fällt einiger Schnee, dann beginnt der gut sechsmonatige Winter, der durch sonnige, frostklare Kälte gekennzeichnet ist. Niederschläge fallen kaum, so daß in den meisten Wintern keine geschlossene Schneedecke besteht. Der schnelle Übergang von der Wachstumsperiode im Sommer zum kältestarrenden Winter ermöglicht erst die nomadische Lebensform ohne Stallhaltung des Viehes: Das Steppengras wird durch den Frost ›auf dem Halm‹ konserviert und dient dem Vieh auf freier Weide als Nahrung auch im Winter. Wenn es aber, was alle 10 bis 15 Jahre geschieht, im Winter zu ergiebigeren Schneefällen kommt, kann das Vieh die Schneedecke nicht durchdringen, und Millionen Tiere verhungern, wie zum Beispiel im Januar/Februar 2000. Eine Katastrophe für viele Nomadenfamilien war auch der Winter 2000/2001, als die Temperaturen wochenlang um die –50 Grad erreichten.

Mietwagen

Die Straßenverhältnisse sind extrem verschleißträchtig, daher sind Leihwagen im internationalen Vergleich teuer. Außerhalb der Hauptstadt ist meist nur ein Auto plus Chauffeur zu mieten.
Der Fahrstil ist ungewohnt. »Gib dem Pferd die Sporen«, so hat man es hier über Jahrhunderte gelernt. Der Übergang vom Pferd zum Auto erfolgte erkennbar sehr abrupt.

Preise

Grundnahrungsmittel, Bus und Bahn sowie Mieten sind günstig. Importwaren (von der Matratze über Glühbirnen bis zum Auto) sind sehr teuer – der nächste Hafen liegt im Ausland, 1500 Kilomter südlich von Ulaanbaatar in China-Tianjin.

Sicherheit

Größere Geldmengen tragen Sie am besten in einem Geldgürtel bei sich, den Tagesbedarf halten Sie im Portemonnaie. Taschendiebstähle sind auf Märkten nicht selten; ansonsten sind Sie ziemlich überall sicher, außer, wenn Sie an Betrunkene geraten. Sicherheitsinformationen des Deutschen Auswärtigen Amtes: 030/50 00 20 00.

Zeit

In der Mongolei gibt es drei Zeitzonen. Die Hauptstadt Ulaanbaatar befindet sich in der mittleren der drei Zeitzonen. Es gibt keine unterschiedliche Sommer- und Winterzeit mehr. Im Sommer gilt: mitteleuropäische Sommerzeit plus sechs Stunden.
Im Winter: europäische Winterzeit plus sieben Stunden.

China-Reisetips von A bis Z

Autofahren

Obwohl Sie sich für die Bahn und nicht für das Auto entschieden haben, hier einige Anmerkungen. Die meisten Straßen in den Städten sind verstopft. Das am weitesten verbreitete Verkehrsmittel ist das Fahrrad. Autos hupen nahezu permanent. Internationale Führerscheine haben keine Gültigkeit. Touristen ist es generell verboten, sich selbst ans Steuer zu setzen.

Banken – Geldwechsel

In China nennt sich die Währung Renminbi (wörtlich: Volkswährung, RMB) und hat als Grundeinheit den Yuan. Ein Yuan unterteilt sich in zehn Jiao – in der Umgangssprache auch Mao genannt – oder 100 Fen; Ein Jiao hat somit zehn Fen. Sämtliche Einheiten sind als Banknoten in Umlauf, und zwar als 1-, 2-, 5-, 10-, 50-, 100, 500-Yuan-Noten und 1-, 2-, 5-Jiao-Noten. Als Münzen gibt es Fen, Jiao und Yuan in diversen Münzausgaben. Die Parität zum USD ist fixiert und beträgt etwa 8,26 RMB für ein USD in Devisen. Der Kurs ist an jeder Wechselstelle gleich. Banken nehmen höhere Gebühren als die Hotels. Keine Deklaration an der Grenze. Achten Sie auf Falschgeld. Bargeldbestände sollten möglichst bis zum Reiseende ausgegeben werden. Generell empfiehlt sich die Mitnahme von Reiseschecks entweder auf Euro oder auf USD-Basis.
Die gängigen Kreditkarten werden in China von allen großen Hotels, Restaurants und vielen Geschäften akzeptiert. Bargeld erhalten Sie in China auf Ihre Kreditkarte nur in den jeweiligen Niederlassungen der Bank of China. Nur die nicht allzu häufigen Geldautomaten der Bank of China akzeptieren die ec-Karte zur Bargeldauszahlung. Es erscheint zwar auf dem Display ein Dollarsymbol, ausgezahlt werden aber Yuan. Alle großen deutschen Banken sind zwar in China mit Filialen vertreten, unterhalten aber keinen Schalterverkehr für Privatkunden.

Diplomatische Vertretungen

Botschaft der Volksrepublik China in Deutschland:
Märkisches Ufer 54
10179 Berlin,
Tel. 030/27 58 80,
Fax 030/27 58 82 21,
www.china-botschaft.de.

Botschaft der Bundesrepublik Deutschland in China (Deguo Dashiguan):
Beijing/Sanlitun,
Dongzhimenwai Dajie 17,
Tel. 010/65 32 21 61 oder 65.

Generalkonsulate (Deguo Linshiguan):
Shanghai,
New Century Plaza,
188 Wujiang Lu,
Tel. 021/62 17 28 84.

Guangzhou (Kanton)
Guangdong International Hotel,
19. Stock, 339 Huanshi Lu,
Tel. 020/83 30 65 33.

Botschaft der Schweiz:
Dongwu Jie 3,
Beijing,
Tel. 010/65 32 27 36.

Botschaft der Republik Österreich:
Dongwu Jie 5/ Xiushui Nanjie,
Beijing,
Tel. 010/65 32 20 62.

Botschaft der Russischen Föderation:
4 Dongzhimen Beizhong Jie,
Beijing,
Tel. 010/65 32 20 51.

Botschaft der Republik Mongolei:
2 Xiushui Beijie Jianguomenwai,
Beijing,
Tel. 010/65 32 12 03.

Einkaufen/Geschäftszeiten

Staatliche Läden haben höchstens bis 21 Uhr offen. Private Läden können länger offen sein. Ganz China ist ein einziges Warenhaus. Es gibt alles. Typische Souvenirs sind Seide Porzellan, Rollbilder, Keramik, Kalligraphien, Schmuck (Jade), Cloisonné, Teppiche und natürlich der Tee. Sie finden Souvenirs in Hülle und Fülle in unterschiedlicher Qualität und unterschiedlichen Preisen in vielen Hotelläden, in staatlichen und privaten Läden und freien Märkten. Auf den freien Märkten und in vielen Privatläden wird um den Preis gefeilscht. Sehr oft werden hier die Produkte überteuert angeboten. In staatlichen Läden und in den Hotelläden sind die Preise fest.

Antiquitäten sollten Sie nur in staatlichen Geschäften erstehen. Sie erhalten dort ein Zertifikat, das die Echtheit bestätigt und die Ausfuhr erlaubt. Die dazugehörigen Wachssiegel dürfen nicht entfernt werden. (In der Regel erhalten Sie in China keine besonders guten Antiquitäten). Auf freien Märkten und bei fliegenden Händlern sind Sie vor Fälschungen nicht sicher.

Achten Sie darauf, daß Sie keine Waren mit Bestandteilen von Tieren kaufen, die dem Washingtoner Artenschutzabkommen unterliegen.

Tip: Falls Sie etwas besonders Schönes sehen, greifen Sie am besten gleich zu, es ist nicht garantiert, daß Sie dieses Stück im Laufe Ihrer Reise noch einmal zu sehen bekommen. Ansonsten finden Sie bei den meisten touristischen Souvenirs in ganz China das gleiche Angebot.

Einreise-/Ausreisebestimmungen

Für die Volksrepublik China benötigen Deutsche, Schweizer und Österreicher ein Visum. Der Reisepaß muß noch mindestens sechs Monate über das Reiseende hinaus gültig sein. Bei der Ausreise per Flugzeug müssen 60 bis 100 Yuan in bar bezahlt werden.

Olympiawerbung in Peking

Essen und Trinken

Typische Getränke sind Tees aller Art (abgekochtes Wasser gibt es überall), Bier (hat zwischen 3 und 3,5 Prozent Alkoholgehalt), Mineralwasser, aufbereitetes Wasser (z.B. Wahaha), amerikanische Softdrinks, Kokosnußsaft aus Heinan, Fruchtsäfte in Dosen.

Normalerweise werden in China drei warme Mahlzeiten am Tag eingenommen. Grundnahrungsmittel sind dabei in Südchina eher Reis und in Nordchina eher Teigwaren. Dazu werden Fleisch-, Fisch- bzw. Gemüsegerichte gegessen. Die chinesische Küche als solche existiert nicht, sondern statt dessen eine große Vielfalt. Die Spezialitäten variieren je nach der Region des Riesenlandes. Es lassen sich vier Gruppen unterscheiden:

- Der Norden mit Peking und Shandong: Bekannt sind die vielen Zubereitungsarten wie Fritieren, Grillen, Dünsten, Dämpfen, Rösten, Braten, Schmoren. Besonderheiten sind die Gerichte der kaiserlichen Küche, die Peking-Ente und der mongolische Feuertopf.
- Der Osten mit Shanghai, Jiangsu und Zhejiang ist wegen der Meeresnähe stark auf Meeresfrüchte ausgerichtet. Besonders bekannt sind die Geflügel- und Fischgerichte Zhejiangs und Jiangsus.

• Der Westen (Sichuan und Hunan) zeichnet sich durch scharfe Gerichte (mit Ingwer, Knoblauch und Chili) aus. Eine Spezialität ist der scharfe Sojabohnenkäse (Tofu).

• Der Süden mit Guangzhou (Kanton) schließlich bietet mit seiner eher milden Küche eine Unmenge an Gemüsegerichten und ausgezeichneten Enten sowie Fischspezialitäten.

Es gibt in China ein breites Angebot an Restaurants, großen wie kleinen, staatlichen wie privaten, Spitzenrestaurants sowie Imbißbuden und Garküchen (auf Tages- und Nachtmärkten). Bedenken Sie bitte, daß viele einfache Restaurants nicht unbedingt unseren hygienischen Standards entsprechen. In den Großstädten breiten sich auch die international bekannten Fast-Food-Ketten und ›Freßgassen‹ in den Warenhäusern aus. Problemlos können Sie in den Restaurants und Coffee-Shops der großen internationalen Hotels essen. Sie können sich auf Wunsch in den meisten Restaurants Messer und Gabel geben lassen, sollten aber nicht die Mühe scheuen, das Essen mit Stäbchen zu erlernen. Es ist leichter, als es aussieht.
Daß alle Chinesen Hundefleisch essen ist ein Vorurteil. Natürlich finden Sie Hundefleisch ebenso wie Schlangenfleisch und anderes bis hin zu Skorpionen und Grottenolmen auf dem Speiseplan der chinesischen Küche. Aber das sind meist Spezialitäten, die Sie nur auf besondere Bestellung und schon gar nicht in allen Gegenden und allen Restaurants erhalten.

Feiertage
Das für Chinesen wichtigste Fest ist das Frühlingsfest (chunjie), das Neujahrsfest nach dem traditionellen Mondkalender. Das Datum ändert sich entsprechend jährlich; es liegt meist im Februar. Vergleichbar ist es in seiner Bedeutung dem christlichen Weihnachtsfest. Zum Frühlingsfest haben die Chinesen mehrere Tage frei; da es ein Familienfest ist, kommen alle Familienmitglieder zu Hause zusammen. Während des Frühlingsfestes sollte man mit einer Beeinträchtigung von Serviceleistungen rechnen, da viele Büros und Firmen nur eingeschränkt arbeiten. Alle Transportmittel sind zu dieser Zeit übermäßig belegt. Im Mittelpunkt dieses Festes stehen große Essen im Familienkreis, Verwandtenbesuche und das Abbrennen von Knallkörpern (was in vielen großen Städten seit einigen Jahren nicht mehr erlaubt ist). Traditionell wurde an diesem Fest den Ahnen und Göttern geopfert, was auf dem Lande auch heute noch häufig getan wird. Seit dem Jahr 2000 ist die erste Woche im Mai arbeitsfrei. In dieser Zeit sollte man China meiden, weil alle touristischen Kapazitäten ausgeschöpft sind.
Andere Feiertage nach dem traditionellen Kalender sind das Laternen-

fest, das Totenfest Qingming, das Drachenbootfest und das Mondfest. Bei letzterem werden die beliebten Mondkuchen gegessen, die mit Fleisch, Gewürzen, Melonenkernen, Mandeln, Orangenschalen, Zucker usw. gefüllt sind. Diese Feiertage sind im Gegensatz zum Frühlingsfest nicht arbeitsfrei. Sie werden meist innerhalb der Familien gefeiert.
Auch in den Gebieten nationaler Minderheiten gibt es etliche lokale traditionelle Feste, wie etwa das Wasserfest der Dai (ein traditionelles Neujahrsfest dieser Minorität) oder das Nadam-Fest der Mongolen, das tibetische Neujahrsfest oder das Fackelfest der Yi.
Im Gegensatz zu den traditionellen Feiertagen werden die wichtigsten offiziellen staatlichen Gedenk- und Feiertage nach dem Gregorianischen Kalender abgehalten:

1. Januar, Neujahrtag, ein Tag frei
Februar, Frühlingsfest, drei Tage frei
8. März, Internationaler Frauentag
5. April, Qingming-Fest (Totengedenktag)
1. Mai, Int. Tag der Arbeit, ein Tag frei
4. Mai, Jugendtag
1. Juli, Gründungstag der KPCh
1. August, Tag der Volksarmee
1. Oktober, Nationalfeiertag, zwei Tage frei

Auch an den arbeitsfreien Gedenk- und Feiertagen sind die meisten Geschäfte geöffnet. In den Parks gibt es oft Aufführungen etc.
Traditionelle westliche Feiertage wie Weihnachten werden in der VR China zwar offiziell nicht begangen, aber der Kommerz hat es fertig gebracht, daß es seit dem Jahr 2000 in Peking auch einen Weihnachtsmarkt gibt.

Fernsehen
Das chinesische Fernsehen hat über 20 Kanäle. Der Kanal CCTV4 hat größere Programmteile in Englisch bzw. mit englischen Untertiteln. In vielen Hotels empfangen Sie via Satellit Star-TV und CNN (teilweise mit ZDF-Nachrichten).

Flughafengebühren
In China wird für Inlandsflüge auf allen Flughäfen eine Abflugsteuer in Höhe von 50 RMB (ca. 5 Euro) erhoben. Die Flughafengebühren für internationale Abflüge betragen 90 RMB pro Person. Diese Gebühren müssen vor dem Abflug in der Landeswährung entrichtet werden.

Fotografieren
Gutes Fotomaterial ist überall erhältlich, Diafilme sind allerdings selten zu finden. Die Aufnahme von Grenzanlagen, militärischen (auch Flugplätze mit gemischter ziviler und militärischer Nutzung) und militärstrategischen Objekten ist verboten. Im Inneren von Tempeln und Museen darf nicht fotografiert werden. Immer öfter muß man in geschlossenen Räumlichkeiten für Foto- und Videoaufnahmen bezah-

len. Wenn Sie Personen aufnehmen wollen, fragen Sie erst um Erlaubnis. Zuwiderhandlungen gegen diese Regeln können sehr unangenehme Konsequenzen haben. Video- und 16-mm-Kameras sind nur mit Sondergenehmigung erlaubt. Der Wechsel zwischen klimatisierten Räumen und der oft großen Luftfeuchtigkeit im Freien kann das Aufnahmesystem von Video-Kameras durch Kondenswasser lahmlegen.

Chinesisches Regelzugabteil

Gesundheit, Impfungen und Medikamente

Meiden Sie unabgekochtes Wasser, ungekochte oder nicht durchgebratene Speisen und Obst, das nicht gewaschen oder geschält werden kann. Alte Regel: boil it, peel it or forget it.

Es sind derzeit keine Impfungen vorgeschrieben. Wenn sich der Reisende innerhalb der letzten sechs Tage in Gelbfieberinfektionsgebieten aufgehalten hat, wird für China eine Impfung benötigt. Bei der Einreise nach China muß man auf einem Formular, der Health Declaration, versichern, daß man an keiner ansteckenden Krankheit leidet. Ausländer, die länger als ein Jahr in China bleiben wollen, müssen die Bescheinigung über einen AIDS-Test vorlegen. Vor Auslandsreisen generell sollte ein ausreichender Impfschutz gegen Poliomyelitis (Kinderlähmung) und Tetanus (Wundstarrkrampf) bestehen.

Eine Infektionsgefahr besteht vor allem bei schlechten Hygienebedingungen (in China etwa bei Garküchen und kleinen Restaurants auf Märkten). Hepatitis B wird hauptsächlich durch Geschlechtsverkehr mit infizierten Personen und durch Blutkontakte übertragen. In den größeren Städten sind in der Regel immer westlich ausgebildete Ärzte und Krankenhäuser mit speziellen Abteilungen für Ausländer erreichbar. Falls eine ärztliche Behandlung während Ihrer Reise notwendig wird, vergewissern Sie sich, daß die verwendeten Instrumente sterilisiert sind. Behandlung in traditioneller chinesischer Medizin erhalten Sie nur auf ausdrücklichen Wunsch. Wirksame Medikamente sind unbegrenzt erhältlich. Zwischen China und Deutschland besteht kein Sozialversicherungsabkommen, so daß der Abschluß einer Auslandskrankenversicherung empfehlenswert ist.

Hotels

In China kann man nach wie vor nicht in jedem, sondern nur in speziellen, für Ausländer genehmigten Hotels absteigen. Differenzierte Preise für Chinesen und Ausländer verstehen sich da von selbst. In Beijing und in allen touristisch interessanten Orten gibt es sowohl erstklassige als auch Mittelklasse-Hotels, die westlichen Komfortvorstellungen entsprechen. Es gibt kaum Einzelzimmer, sondern nur Doppelzimmer mit zwei Betten, die man auch einzeln belegen kann. Doppelbetten sind allerdings eine große Seltenheit. Die Preise sind unterschiedlich. Die untere Preisklasse unter 50 USD pro Nacht ist meist nur für Chinesen zugelassen. Das aus Rußland bekannte Prinzip der Etagenfrau als Mischung zwschen Service und Kontrolle fand in China ebenfalls Verbreitung.

Kleidung

Es empfiehlt sich bequeme, der Jahreszeit angepaßte, leicht waschbare Bekleidung. Beachten Sie bitte die unterschiedlichen klimatischen Verhältnisse im Land. In den Wintermonaten wird es in Nordchina teilweise sehr kalt (auch in Peking), so daß gute Winterkleidung angebracht ist. In den Frühjahrs- und Herbstmonaten gehören auch für südchinesische Gegenden Pullover und Jacken für die kühlen Stunden ins Gepäck. Regenbekleidung sollten Sie immer dabei haben, auch in den Wintermonaten in Südchina. Offiziell geheizt wird vom 15. November bis 15. März, und das auch nur nördlich des Yangzi. Elegante oder förmliche Kleidung und teuren Schmuck lassen Sie besser zu Hause.

Klima

China weist große klimatische Unterschiede auf, die aus den Monsunwinden, aus der Ausdehnung des Landes in Länge und Breite und den beträchtlichen Höhenunter-

schieden resultieren. Während es in Südost- und Zentralchina im allgemeinen relativ warm und feucht ist, ist es in Nord- und Nordostchina relativ trocken. Beste Reisezeit ist der Frühling (Mai) und Herbst (September und Oktober). China erstreckt sich insgesamt über 35 Breitengrade, so daß das Klima regional stark variiert. In vielen Gebieten Chinas sind die Sommer heiß und regnerisch, oft mit hoher Luftfeuchtigkeit, während die Winter trocken sind.
In Nordchina fallen über 80 Prozent der Jahresniederschläge in den Sommermonaten, in Südchina 40 Prozent.
In Südostchina kommt es während der Regenzeit zwischen Juli und September häufig zu Taifunen.
Nördlich des Yangzi sind die Winter zum Teil sehr kalt. Vor allem in den nördlichen Gebieten kann man eine deutliche Ausprägung der vier Jahreszeiten erleben.
Der Nordosten hat heiße, trockene Sommer und lange, kalte Winter.
In den Wüstenregionen in Xinjiang und der Inneren Mongolei sind die Sommer ebenfalls heiß und trocken, die Winter hingegen kalt und trocken. Auf dem Tibet-Qinghai-Hochplateau (4000 m Höhe im Durchschnitt) ist die Sommerzeit kurz und gemäßigt warm, die Winter hingegen sind sehr kalt. Die Niederschlagsmenge ist hier das ganze Jahr über gering. Die Temperaturunterschiede zwischen Tag und Nacht sind sehr groß. In Zentralchina gibt es durchweg heiße und feuchte Sommer mit vielen Niederschlägen.
In den Tieflandregionen des Yangzi sind die Winter etwas milder als im zentralchinesischen Lößbergland oder im von Gebirgsketten eingeschlossenen Sichuan. In den Regionen um Peking, Xian und Zhengzhou treten im Winter und Frühjahr manchmal Sandstürme auf.

Post/Telefon
Briefmarken gibt es in manchen Hotels oder auf jedem Postamt zu kaufen. Telefonverbindungen nach Europa kann man in den meisten Hotels vom Zimmer aus durch Direktwahl selbst herstellen (immer öfters muß für die Freischaltung des Telefons an der Rezeption eine Kaution hinterlegt werden). Mit Ausnahme entlegener und unentwickelter Landesteile und Grenzgebiete besteht von überall Telefon- und Faxverbindung. Deutsche Handies funktionieren fast überall, einschließlich SMS (Grenzgebiete und Tibet nicht). Fast jedes Hotel hat ein Business-Center mit Fax- und Internetanschluß. Der Modus der Wahl ist wie bei uns, also z. B. nach Berlin: 0049-30-Nummer. Bitte erkundigen Sie sich im Hotel vorher genau nach den jeweiligen Tarifen (Auslandsgespräche sind teuer).

Religionsgemeinschaften
Offiziell wird in der Volksrepublik China der Atheismus propagiert. Aber mittlerweile sind wieder verschiedene Religionsgemeinschaften

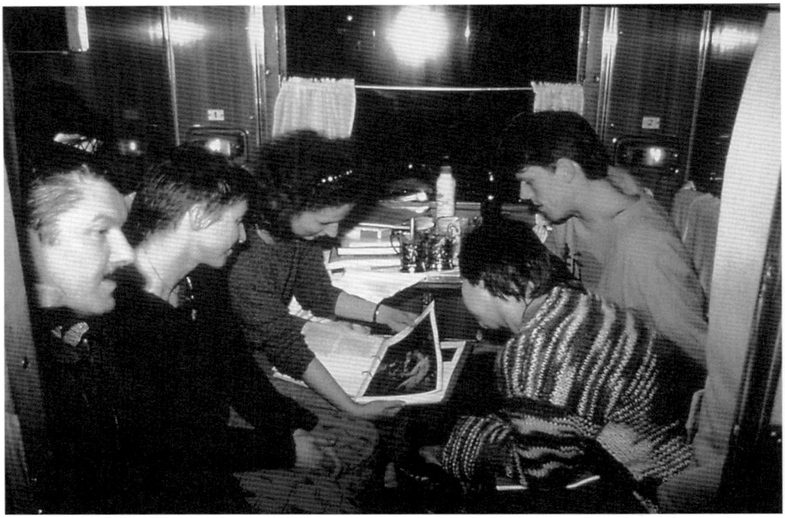

Landeskundliche Vorträge im Zug

zugelassen. Hauptreligionen sind Buddhismus und Daoismus, deren Tempel und Klöster sich im ganzen Land finden. Daneben gibt es in den moslemischen Gebieten, vor allem entlang der Seidenstraße, aber auch in vielen Großstädten, Moscheen, die regelmäßig Gebetsstunden abhalten. Protestantische Kirchen und die katholische Kirche – beide mit wachsendem Zulauf – gibt es nahezu in ganz China.

Sicherheit

Tätliche Angriffe auf Ausländer sind selten, und auch Frauen können sich allein sicher bewegen. Allerdings haben Diebstähle und insbesondere Taschendiebstähle zugenommen. Eine normale Sorgfalt im Umgang mit den eigenen Wertgegenständen ist notwendig. Sie sollten von den Hotel-Safes Gebrauch machen.

Strom

Die Netzspannung beträgt in der Regel 220–230 Volt bei 50 Hz. Wir empfehlen die Mitnahme eines internationalen Adapter-Sets, auch wenn prinzipiell an den meisten Rezeptionen eine beschränkte Anzahl von Adaptern vorhanden ist.

Toiletten

In den besseren Hotels entsprechen die sanitären Anlagen unserem westlichen Standard. Ausnahmen sind insbesondere in abgelegenen Gegenden, entlang der Seidenstraße und in Tibet möglich. Vielfach gibt es bei touristischen Sehenswürdigkeiten oder in der Stadt öffentliche Toiletten, für die man einen kleinen Obolus entrichten muß. Diese sind in der Regel sauberer und gepflegter als die normalen öffentlichen Toiletten. Die meisten Toiletten an Bahnhöfen, Flugplätzen und Besichtigungspunkten sind Stehtoiletten mit fließendem Wasser ohne Toilettenpapier. Dieses sollte aus dem Hotel mitgenommen werden. Die Toiletten sind oft nicht in sauberem Zustand. Das gleiche trifft auch auf viele Toiletten in Zügen zu.

Trinkgeld

In allen Ländern, auch im sozialistischen China, sind heute Trinkgelder üblich und gern gesehen. Gute (!) Leistungen der chinesischen Fremdenführer sowie der Fahrer sollten durch ein Trinkgeld honoriert werden. Als Faustregel sollten Sie bei Teilnahme an einer Gruppenreise von einem Betrag von circa 2,50 Euro pro Person und Tag für Fahrer und Fremdenführer bei Vollbetreuung ausgehen. Für den ständigen Reisebegleiter (Dolmetscher) sollte bei guter Leistung am Ende einer Reise zusätzlich in der Gruppe gesammelt werden. Auch in vielen Restaurants ist es heute üblich, Trinkgeld zu geben.

Trinkwasser

Trinken Sie nur abgekochtes Wasser. Meiden Sie Leitungswasser generell, auch wenn es stark gechlort schmeckt. In fast allen Hotels finden Sie auf Ihrem Zimmer heißes Wasser für Ihren Tee/Kaffee in Thermoskannen oder einen Heißwasserbereiter vor.

Verhalten

Allgemeine Hinweise und Regeln für das Verhalten in China sind nur schwer zu geben. Wer brüllt, hat Unrecht. Zeigen Sie gerade in problematischen Situationen Geduld und achten Sie darauf, daß Sie Ihren jeweiligen chinesischen Ansprechpartner nicht willentlich oder unwillentlich in eine Lage bringen, in der er sein Gesicht verlieren könnte. Wenn Sie Reklamationen haben, bringen Sie diese zunächst diskret und taktvoll vor und wenn möglich nicht in Anwesenheit anderer Chinesen.

Verkehrswesen

Das Verkehrswesen hat sich in den letzten Jahren rasch entwickelt. Vor allem in den Großstädten sind neue, moderne Flughäfen entstanden und auf den Hauptlinien fliegen moderne Maschinen. Zu Verzögerungen kann es trotzdem immer wieder kommen, nicht zuletzt wegen den sehr unterschiedlichen Witterungsbedingungen in dem Riesenland China. Hauptverkehrsmittel für viele Chinesen ist bei Reisen innerhalb Chinas die Eisenbahn. U-Bahnen gibt es in Peking, Shanghai, Guangzhou und Hongkong. Hauptverkehrsmittel in den Städten sind Busse (meist sehr voll bis überfüllt) und Taxis. In den Großstädten kann man problemlos an den Hotels und auch durch Winken auf der Straße Taxis bekommen. Erkundigen Sie sich bitte zur Sicherheit an der Hotelrezeption

nach den jeweils gültigen Preisen, wenn Taxameter nicht üblich sind. In den meisten Städten sind die jeweils gültigen Kilometertarife bzw. die Grundgebühr am Taxi angezeigt.

Zeitungen

›China Daily‹ ist die einheimische Tageszeitung auf Englisch. Daneben erhalten Sie in einigen großen Hotels auch internationale Tageszeitungen, meist auf Englisch.

Zeitunterschied

Die Zeitdifferenz zur Mitteleuropäischen Zeit beträgt sieben Stunden, wenn es also in Berlin 12 Uhr ist, dann ist es in Peking 19 Uhr. Es gibt keine Sommerzeit und keine Zeitzonen, im ganzen Land gilt die gleiche Zeit.

Zoll

Gegenüber westlichen Touristen ist der Zoll ausgesprochen liberal. Genaue Kontrollen finden sehr wenig statt. Alles, was ein Tourist selbst tragen kann, erregt selten die Aufmerksamkeit des Zolls. Die Dinge des persönlichen Gebrauchs können in diesem Rahmen importiert werden. Selbstverständlich ist die Einfuhr von Waffen, Munition, Sprengstoff, gefährlichen Chemikalien, radioaktivem Material, Rauschgift etc. und Medienmaterial, dessen Inhalt sich gegen nationale chinesische Interessen wendet (Dalai-Lama-Bilder, aber auch Pornografie) verboten. In den Flughäfen wird das Gepäck im Zweifel schon vor der Auslieferung durch Röntgengeräte geschickt, so daß die Beamten bei der Kontrolle schon wissen, wen sie sich vornehmen müssen.

Reiseveranstalter

Deutschland

▸ Baikal-Express, Unterholz 3, 79235 Vogtsburg, Tel. 076 62/ 94 92 94, www.baikal-express.de.

▸ Baikal Reisen, Große Str. 43, 22926 Ahrensburg, Tel. 041 02/ 668 78 88, www.baikal-reisen.de.

▸ Bayerisches Pilgerbüro GmbH, Dachauer Straße 9, 80335 München, Tel. 089/54 58 11-0, Fax -69.

▸ Biblische Reisen GmbH, Silberburgstr. 121, 70176 Stuttgart, Tel. 07 11/61 92 50, Fax 619 25 44, www.biblische-reisen.de.

▸ Bund Naturschutz, Spitalstr. 21, 91207 Lauf an der Pegnitz, Tel. 091 23/999 57 10, Fax 999 57 99, www.bund-reisen.de.

▸ CVJM Hamburg, Reisedienst GmbH, An der Alster 40, 20099 Hamburg, Tel. 040/28 40 95 70, Fax 280 20 11, www.cvjm-russlandreisen.de.

▸ DERTOUR GmbH & Co. KG, Abteilung Rußland, Baltikum und Ukraine, Emil-von-Behring-Straße 6 60424 Frankfurt/M., Tel. 069/95 88 53-08, Fax -01, www.dertour.de.

▸ Diamir Erlebnisreisen GmbH, Loschwitzer Str. 58, 01309 Dresden, Tel. 03 51/202 54 44, www.diamir.de.

▸ DNV-Tours, Heubergstr. 21, 70806 Kornwestheim, Tel. 071 54/1 31 83-0, Fax 18 29 24, www.dnv-tours.de.

▸ Hauser Exkursionen International, Marienstr. 17, 80331 München, Tel. 089/235 00 60, www.hauser-exkursionen.de.

▸ Henkelaya Reisen, Hollerstück 4, 35232 Friedensdorf, Tel. 064 66/ 91 29 70, www.henkelaya.de.

▸ Doris Knop Reisen GmbH, Hollerlander Weg 77, 28355 Bremen, Tel. 04 21/988 50 30, Fax 350 96 28, www.knop-reisen.de.

▸ Event-Reise-Agentur Natalia Mantel, Griestal 11, 87733 Markt Rettenbach (Allgäu), Tel. 083 06/ 12 42, Fax 12 26, www.eventand-business.com.

▸ GO EAST Reisen GmbH, Bahrenfelder Chaussee 53, 22761 Hamburg, Tel. 040/89 69 09-0, Fax 89 49 40, www.go-east.de.

▸ Lernidee Reisen, Eisenacher Str. 11, 10777 Berlin, Tel. 030/78 60 00-0, Fax 786 55 96, www.lernidee-reisen.de.

▸ Meiners Reisebüro, Stresowstr. 2, 13597 Berlin, Tel. 030/351 052 00, www.meiners.online.de.

▸ Olympia-Reisen, Siegburger Str. 49, 53229 Bonn, Tel. 02 28/40 00 30, www.olympia-reisen.com.

▸ Parsteiner Reisebüro, Herrenhaus, Kiez 3, 16248 Stolzenhagen, Tel. 03 33 65/703 68, Fax 70369, www.parsteiner.com.

▸ Perelingua, Varziner Str. 5, 12159 Berlin, Tel. 030/851 80 01, www.perelingua.de.

▸ Schulz Aktivreisen, Görlitzer Str. 15, 01099 Dresden, Tel. 03 51/26 62 55, www.schulz-aktiv-reisen.de.

▸ Sibirientours, Kreiswaldweg 3, 45529 Hattingen, Tel. 023 61/

306 88 05, www.sibirientours.de.

▶ Sputnik Travel GmbH, Stresemannstr. 107, 10963 Berlin, Tel. 030/20 30 22 46, Fax 20 45 59 98, www.sputnik-travel-berlin.de.

▶ Studytours München, Adalbertstr. 23, 80799 München, Tel. 089/28 66 05 30, Fax 28 60 40, www.studytours.de.

▶ Dr.Tigges Reisebüro, Altendorfer Str. 104, 45143 Essen, Tel. 0201/810 40 60, www.dr.tigges.de.

▶ Troika-Tour, Michaelstr. 40, 48329 Havixbeck, Tel. 025 07/93 85, www.troika-tour.de.

▶ TSA, Travel Service Asia, Schmelzweg 10, 88400 Biberach/Riß, Tel. 073 51/37 32 10, www.Travel-Service-Asia.de.

▶ Ventus Reisen GmbH, Krefelder Str. 8, 10555 Berlin, Tel. 030/391 00-332 und -333, Fax 399 55 87, www.ventus.com.

▶ VOSTOK Reisen, Ackerstraße 157, 10115 Berlin, Tel. 030/30 87 10 22, Fax 30 87 10 28, www.vostok.de.

▶ Wigwam Tours, Lerchenweg 2, 87448 Waltenhofen, Tel. 083 79/920 60, Fax 71 05, www.wigwam-tours.de.

▶ Wolff Ost Reisen GmbH, Tradtstr. 6, 93437 Furth im Wald, Tel. 099 73/50 80, Fax 50 81 60, www.wolff-travel.com.

▶ World Touristik Service, Tel. 042 64/831 80, www.wts-touristik.de.

Schweiz

▶ East West Tours, Staatsstraße 75, 9463 Oberriet, Tel. 071/761 03 03, Fax 761 04 04, www.ewtours.com.

▶ Hotelplan, Habsburgstr. 9, 8031 Zürich, Tel. 01/277 84 18, Fax 275 96 24, www.hotelplan.de.

▶ Agiltours, Münstergasse 12, 8001 Zürich, Tel. 01/262 15 35, www.agiltours.ch.

▶ Kira Reisen KG, Mellingerstraße 6, 5400 Baden, Tel. 056/200 19 00, Fax 222 77 24, www.kiratravel.ch.

▶ Globotrek, Neuengasse 30, 3001 Bern, Tel. 031/313 00 10, www.globotrek.ch.

▶ Loher Reisen, Staatsstraße 75, 9463 Oberriet, Tel. 071/761 03 03.

▶ Pullman Club, Preyergasse 13, 8022 Zürich, 01/258 80 80, Fax 258 80 99, www.pullmanclub.ch

▶ Ziegler & Partner, Orzens 42, 1095 Lutry Lausanne, Tel. 021/791 32 80, www.studyrussian.com.

Österreich

▶ ÖSG Reisedienst GmbH, Favoritenstr. 35, 1040 Wien, Tel. 01/5056794, www.oesgreisedienst.info.

▶ Ruefa-Reisen, Mariahilfer Str. 120, 1070 Wien, Tel. 01/525 55-0, www.ruefa.at.

Dänemark

▶ Jasoe Rejser, Tel. 074/72 25 18, www.jasoerejser.dk.

Die Transsib im Internet

Die Aufnahmen von Web-Kameras mit dem Blick aus einer Lokomotive der Transsibirischen Eisenbahn haben wir bislang im Internet noch nicht finden können. Spätestens nach diesem dezenten Hinweis vermuten wir aber, daß ihr Auftauchen nur noch eine Frage der Zeit ist. Vom Surfen auf der Transsibirischen Eisenbahn ist zwar abzuraten, surfen zum Thema Transsibirische Eisenbahn ist allen Mitgliedern der Internetgemeinde sehr zu empfehlen. Unangefochtener Link Nr. 1 ist dabei die allerdings bislang auf die innerrussische Strecke von Moskau nach Vladivostok fixierte Seite www.trans-sib.de (R/D/E), die auch in diesem Buch ausführlich vorgestellt wird. Zu ausgewählten Web-Seiten über die an der Bahnstrecke liegenden Orte finden Sie die Details am Ende des jeweiligen Stadt-Kapitels. Der Informationsgehalt der einzelnen Seiten differenziert dabei allerdings sehr stark.

Die populärsten, nationalen Suchmaschinen in den Ländern sind in Rußland www.rambler.ru (R/E), in der Mongolei www.mol.mn (M/E) und www.chinavista.com (Ch/E) in China. Allgemeine Informationen zu den Gastländern sind beispielsweise unter folgenden Seiten abrufbar:

Rußland

www.Rußlandweb.de (D/R)
www.russische-botschaft.de (D/R)

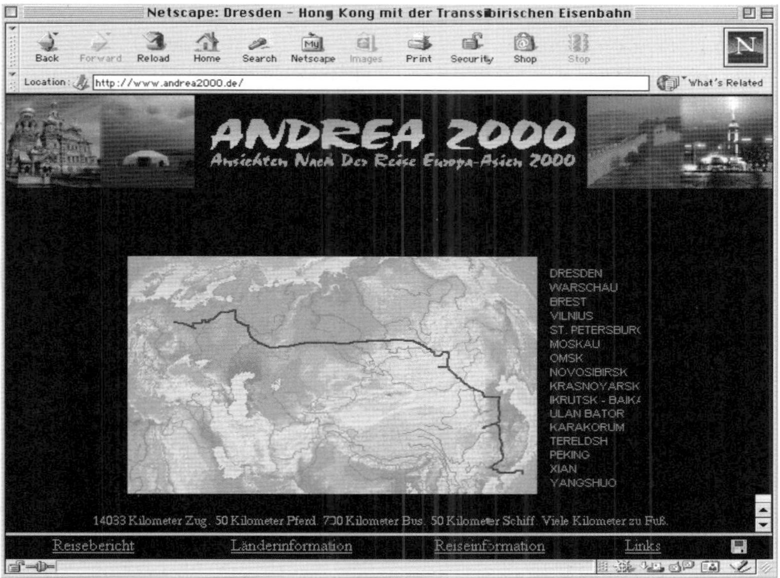

www.Rußlandinfo.de (D)
www.president.kremlin.ru (R)
www.gov.ru (R)
www.gov.ru/main/regions/region.html (R)
www.duma.ru (R)
www.city.ru (R/E)
www.tourintel.ru/cities.html (R/E)
www.mapmark.orc.ru/weather/townrus/htm (R)
www.russian-orthodox-church.org.ru (R/E)

Mongolei

www.pmis.gov.mn (M/E)
www.mol.mn/mrtcc (E)
www.mongols.com (E)
www.mongolart.mn (M/E)
www.discover.mn (E)
go.to/citytour (E)

China

www.chinalink.de (Ch/D/E)
www.fac.de (D)
www.sinanet.com (Ch/E)
www.chinanow.com (Ch/E)
www.chinaonline.com (E)
www.travel-asia.com (E)

Allgemeines

Es gibt auch eine ganze Reihe von international ausgerichteten Seiten, die im Rahmen Ihrer Reisevorbereitung mit ihren aktuellen Tips von Nutzen sein können:
www.auswaertigesamt.de
www.lonelyplanet.com
www.trailblazer-guides.com
www.die-reisemedizin.de
www.verreisen.de

Eisenbahn

Informationen zum Thema Eisenbahn mit Blick auf die uns interessierenden Strecken stehen ebenfalls im Netz. Sogar www.bahn.de bietet erste Ansätze. Bei Berlin–Beijing und selbst bei Berlin–Novosibirsk streikt die Zugabfrage zwar noch, aber bei Berlin–Omsk bietet sie schon vier verschiedene Verbindungen.
Neben www.trans-sib.de bzw. www.transsib.ru (siehe S. 91) sind noch folgende Seiten einen Blick wert:

Das russische Eisenbahnministerium präsentiert sich auf www.css-mps.ru (R).
Fahrplan-Informationen und allerlei sonstiges zum Thema Eisenbahn findet man unter www.express.tsi.ru (R/E), travel.ipclub.ru/railways/railways.htm (R) oder für Moskau unter www.mzd.ru (R).
Das ultimative Portal für alle Eisenbahnfans ist aber www.parovoz.com mit einer gigantischen Fotogalerie, Karten, Fahrplänen u.v.m. Daneben gibt es noch zwei Eisenbahner-Zeitschriften online: www.semafor.ru und gudok.css-mps.ru.
Zur chinesischen Eisenbahn wird man unter severn.dmu.ac.uk/~mlp/crsg.html fündig.
Eine russische Karrikaturensammlung zum Thema Eisenbahn steht unter www.cartoon.metro.ru.

ARD und ZDF liefern auch Seiten zum Thema Transsib. Als der frühere Mos-

kauer Korrespondent Thomas Roth im Sommer 2001 seine Goodbye-Tour unternahm, fuhr er auch zwischen Vladivostok und Ulan-Udė mit der Transsib. Das Tagebuch der Reise findet sich unter www.wdr.de/tv/russisches-tagebuch/, wobei die Aufzeichnungen vom 4. bis 9. August die Transsib betreffen.
Unter www.zdf.de/ratgeber/reiselust/archiv/transsib/index.html sind die vom Frühjahr 2000 stammenden ›Reiselust‹-Erfahrungen des ZDF auf der Transsibirischen Eisenbahn abrufbar.

Sowohl einige Reiseveranstalter als auch einige private Transsib-Enthusiasten haben auf ihren Seiten neben Links auch mehr oder weniger intensiv genutzte Foren etabliert, wo man seine Fragen los wird und eventuell auch beantwortet bekommt. Häufig werden in den Foren auch Reisepartner für das Abenteuer Transsib gesucht:
www.transsib.net.
www.abenteuer-transsibirien.de.
www.membres.lycos.fr/mochsner/Transsib/startd.htm.
www.trans-sib.ch

Sehr interessant sind auch viele private, persönliche Transsib-Reiseberichte im Internet, die neben Reisebeschreibungen, Tagebüchern, Fotosammlungen auch praktische Tips und weitere Internet-Links bieten. Nachfolgend eine kurze alphabetische Auswahl mit Schwerpunkt im mitteleuropäischen, deutschsprachigen Raum:
Ernst Bernhauer: www.bernhauer.com/transsibbild.htm
Marco Bertram: www.marco-bertram.de
Christian Buschhaus: www.reise-check-in.de/berichte/rustranssib.htm
Georg Eispert: www.eispert.de
Kim Gronemeier: www.kim-gronemeier.de
Oliver Hammer: www.baikal-transsib.de.
Angela Humbold: www.angela-humbold.de/Reisen/reisen.htm
Herbert G. Jebbink: www.herbert.groot.jebbink.nl (engl., nl.)
Jaap W. Hoogenboom: www.ibmail.nl/~hoogboom/ (engl.)
Andrea Klingebiel: www.ak11.de
Tim Leichter: www.abenteuer-transsibirien.de.
Martin Macke: www.macke.de/mongolei/mongolei.htm
Ortrud Mauk: www.nur-birken.de
Marcel Ochsner: www.membres.lycos.fr/mochsner/Transsib/startd.htm
John Pannell: www.trans-siberia.com (engl.)
Norbert Schott: www.andrea2000.de
Guido Schulte: www.globrailer.de/reiseberichte.htm
Jürgen Vogel: www.vogel-page.de
Jörg Weber: www.weber-joerg.de/transsib.htm

Über die Autoren

Hans Engberding (Jahrgang 1952) studierte an der Universität Freiburg Slavistik, Geografie und Nordamerikanistik mit Abschluß Lehramt am Gymnasium. Er ist heute Inhaber der Lernidee Reisen GmbH, Berlin und lebt in Berlin. Erstmals 1980 mit der Transsibirischen Eisenbahn im Winter unterwegs, reist er heute beruflich etwa fünfmal pro Jahr auf der Route der Transsibirischen Eisenbahn. Seine zwölf Transsib-Reiseleiter sind mit diesem Handbuch unterwegs, ergänzen, erweitern und korrigieren, so daß dieses Werk wirklich aktuell ist.

Bodo Thöns (Jahrgang 1959) studierte und promovierte in Berlin und Moskau. Der Osteuropa-Experte arbeitet im Firmenkundengeschäft der Commerzbank und lebt heute in Prag. Im Trescher Verlag erschienen aus seiner Feder die Reiseführer ›Litauen entdecken‹, ›Sibirien entdecken und ›Den Baikalsee entdecken‹. Zum Thema Transsib veröffentlichte er außerdem den historischen Bildband ›Die Transsibirische Eisenbahn. Die frühen Jahre (1900–1916) sowie die Neuauflage der historischen Reisebeschreibung ›Trans-Sibirien. Mit der Bahn durch Rußland und China 1903‹ von Eugen Zabel.

Hans Engberding und Bodo Thöns

Weiterführende Literatur

Bednarz, Klaus: Die Ballade vom Baikalsee, München 1998, 384 S.
Das Buch zum gleichnamigen Dokumentarfilm beschreibt die einzigartige Landschaft des Baikal und schildert vielfältige Begegnungen mit den Menschen, die hier leben.

Braunburg: Die Transsibirische Eisenbahn, Luzern 1997, 200 S.
Wir sehen dem Autoren einige kleine Ungenauigkeiten im Text nach, denn dank der phantastischen Fotoauswahl kann man die Tour Moskau–Vladivostok in diesem Bildband sehr schön nachvollziehen.

Chen, H.: Kulturschock China, Bielefeld, 240 S.
Aus der bekannten Kulturschock-Reihe von Reise Know How.

Čechov, Anton: Die Reise nach Sachalin, Berlin 1982, 509 S.
Rußlands berühmter Dramatiker lieferte von seiner Reise zur Verbannungsinsel Sachalin (›eine ausgemachte Hölle‹) eine ausführliche Beschreibung Sibiriens zum Ende des 19. Jahrhunderts.

de Cars, Jean, Caracalla, Jean-Paul: Die Transsibirische Bahn, Zürich 1987, 160 S.
Das beste, reich bebilderte Buch zur Geschichte der Transsib mit informativen Texten und sorgfältig ausgewählten Fotos und Illustrationen.

Deeg, L.: Kunst & Albers Wladiwostok, Essen 1995, 320 S.
Die ungewöhnlich faszinierende Geschichte zweier Hamburger Kaufleute, die um die Jahrhundertwende im Fernen Osten Rußlands eine einzigartige Kaufhauskette aufbauten. In deren Geschichte gibt es vielfältige Bezüge zum Bau der Ussuri-Bahn und der Ostchinesischen Bahn.

Drawert, Kurt/Cendrars, Blaise: Reisen im Rückwärtsgang. Zwei Dichter unterwegs mit der Transsibirischen Eisenbahn, Hamburg 2001, 127 S.
Die Logik des Doppelpacks ist schwer nachvollziehbar. Doch neben Cendrars Gedicht ist Drawerts aktuelle Reisebeschreibung durchaus lesenswert.

Eichenberger, Peter: Sibirien. Naturparadies zwischen Ural und Pazifik, München 2003, 144 S.
Ein aufwendiger Bildband, dessen Transsib-Kapitel die Überschrift ›Ein Mikrokosmos Rußlands‹ trägt.

Hahnemann, Kathleen: Die Transsibirische Eisenbahn. Von Moskau nach Peking, Köln 2004, 192 S.
Ein in Bild und Text wirklich gelungener Bildband, der außerdem noch preiswert ist.

Heywood, Anthony, Button Ian: Soviet Locomotive Types. The Union Legacy, Malmö, 175 S.
Das Buch bietet einen reich bebilderten Überblick über die Lokomotivenlandschaft Rußlands mit umfangreichen technischen und statistischen Angaben.

Lincoln, W. B.: Die Eroberung Sibiriens, München/Zürich 1996, 571 S.
Ein außerordentlich lesenswertes Buch. Die Geschichte Sibiriens bis zur Gegenwart liest sich in Lincolns Buch wie ein spannender Abenteuerroman, der einen nicht mehr losläßt. Das absolut beste Buch zu dieser Thematik.

Löwe, B.: Kulturschock Rußland, Bielefeld 1997, 240 S.
Viele auch in der Transsibirischen Eisenbahn hilfreiche Informationen für die mentale Annäherung an Rußland.

Pifferi, Emilio: Trans Sibirien. Auf der längsten Bahn der Welt, Augsburg 1996, 239 S.
Das Originalbuch stammt zwar bereits aus dem Jahr 1982, doch dank der stimmungsvollen Fotos vom Alltag an der Bahn ist es auch heute noch sehr eindrucksvoll.

Poulsen, John: Die Transsibirische Eisenbahn, Malmö, 1986, 80 S.
Ein zwar mittlerweile nicht mehr ganz frisches, aber doch aufgrund seines Schwerpunktes Eisenbahn ein informatives Buch über Route, Geschichte und das ›rollende Material‹ der Transsib.

Rakow, Witali: Russische und sowjetische Dampflokomotiven, Berlin 1986, 328 S.
Entlang der Transsib stehen vielerorts noch alte Dampfloks, über die man in diesem Buch dann detaillierte Informationen finden kann.

Scurla, Herbert: Jenseits des Steinernen Tores. Berlin (O), 1976, 523 S.
Eine gut zusammengestellte Anthologie von Auszügen aus den Reiseberichten deutscher Forschungsreisender nach Sibirien aus dem 18. und 19. Jahrhundert von Johann Georg Gmelin bis zum Alfred Brehm begleitenden Otto Finsch.

Seidl, Wolfgang: Ins rote Reich des gelben Drachen, München, 1985, 251 S.
Der Autor beschreibt seine Bahnreise von Moskau über Peking mit der Transsib und dann innerhalb Chinas weiter bis Hongkong.

Siegl, E.: Russischer Bilderbogen, Hamburg 1997, 215 S.
Unter den gelungenen ›aktuellen Reportagen aus einem unbegreiflichen Land‹ der Moskauer FAZ-Korrespondentin sind einige auch einige Beiträge Orten entlang der Transsib (Moskau, Tjumen', Krasnojarsk, Baikalsee, Čita) gewidmet.

Slezak, Josef: Breite Spur und weite Strecken, Wien 1963, 232 S.
Ein zwar nicht mehr ganz aktuelles, aber doch detailreiches Buch zur Geschichte des Eisenbahnwesens in Rußland und der Sowjetunion.

Thöns, Bodo: Die Transsibirische Eisenbahn. Die frühen Jahre 1900–1916, Erfurt 2004, 128 S.
Der Bildband enthält viele interessante Fotos u. Karten aus den ›Gründerjahren‹ der Transsib.Tupper, Harmon: To the great ocean, Boston, 1965, 536 S.

Heute gilt das Buch bereits als Klassiker zur Geschichte der Transsib und Sibiriens. Auf dem Weg zum ›Großen Ozean‹ zieht das Buch Parallelen zur Eroberung des amerikanischen Westens.

Woebke, Petra: Die Transsibirische Eisenbahn, Luzern 2003
Aufwendiger und teurer Bildband.

Xiaobiao, Zhou u.a.: Die Lokomotiven der chinesischen Eisenbahnen, Basel-Stuttgart 1987, 196 S.
Ein umfassender Überblick über die Eisenbahngeschichte Chinas.

Zabel, Eugen: Auf der sibirischen Bahn nach China, Berlin 1904, 295 S., erscheint 2003 neu in der Edition Erdmann.

Reiseführer

Hapke, Andrea, Scheer, Evelyn: Moskau und der Goldene Ring, Berlin 2003, 541 S.
Ein umfassendes Reise-Handbuch über Moskau und die altrussischen Städte in seiner Umgebung.

Häring, Volker, Hauser, Francoise: China-Handbuch, Berlin 2005, 512 S.
Umfangreicher Reiseführer, der nicht nur Reiseziele in ganz China vorstellt, sondern auch eine sympathische Annäherung an die oft fremd erscheinende chinesische Kultur bietet.

Knop, Doris: Transsib, Bielefeld, 2003 384 S.
Doris Knop schrieb 1985 den ersten deutschen Transsib-Reiseführer und legte nun eine kompakte und informative Aktualisierung – mit allerdings etwas zu vielen Bezügen zum Reiseveranstalter Doris Knop – vor.

Lion, Caroline u.a.: China., London 2000, 1088 S.
Ein umfassender, kompakter Reiseführer aus dem Hause Lonely Planet in der 7. Auflage.

Richmond, Simon: Trans-Siberian Railway, Melbourne 2002, 320 S.
Der erste Lonely-Planet Reiseführer zum Thema Transsib.

Stelling, B., Forkert F, Mongolei, Reise Know-How, Bielefeld 2001, 432 S.

Thomas, Bryn: Trans-Siberian Handbook, Hindhead 2001, 432 S.
In der 4. Auflage seit 1988 ein kompakter, gut aktualisierter und informativer Führer für Transsib-Reisen, der aber nur die Hauptroute beschreibt.

Thöns, Bodo: Den Baikalsee entdecken, Berlin 2004, 326 S.
Eine sinnvolle Ergänzung zum vorliegenden Buch für alle, die einen längeren Aufenthalt am Baikalsee planen.

Thöns, Bodo: Sibirien entdecken, Berlin, 3. Auflage 2004, 477 S.
Das Buch enthält nicht nur ausführlichere Informationen über die Metropolen entlang der Transsib-Route, sondern auch über Regionen abseits

des Schienenstranges wie Westsibirien, das Altaigebirge und Jakutien.
Var Berkmoes, Ryan u.a.: Russia, Ukraine & Belarus., London, 2000, 976 S.
Ein sehr guter Reiseführer in der 2. Auflage aus dem Hause Lonely Planet mit einem gesonderten Kapitel über die Transsib.
Woeste, P., Mongolei, Du Mont, Köln 1995.
Zöllner, Hermann: Sibirien, Kronshagen 1999, 427 S.
Bei der Erstauflage 1996 war das Buch der erste deutschsprachige Reiseführer über Sibirien.

Russische Reiseführer über Rußlands Provinz sind heute schwer zu finden und wurden in den letzten Jahren kaum verlegt. Der auch in Rußland aktive, französische Verlag Michel Strogoff & Ass. bringt seit einiger Zeit dankenswerterweise in seiner Reihe ›Le petit fute‹ auch Reiseführer über einzelne Regionen Rußlands in russischer Sprache heraus (www.petitfute.ru).

Das einzige mehr oder weniger aktuelle Buch über die Transsib ist eine unbebilderte Anthologie zur Geschichte, Geographie und Kultur in den Städten entlang der Strecke: Gluschkov, Alexander: Und das ist Rußland, Irkutsk 1996, 359 S.

Belletristik

Cendrars, Blaise: Die Prosa von der Transsibirischen Eisenbahn und der Kleinen Jehanne von Frankreich, Basel 1998, 76 S.
Neu editierte zweisprachige (französich-deutsch) Ausgabe.
Iwanow, Wsjewolod: Panzerzug 14-69, Leipzig, 1954, 128 S.
Konsalik, Heinz: Transsibirien-Expreß, München 2000, 281 S.
Auch durch den erneuten Sonderdruck im Jahr 2000 wird das Buch nicht besser.
Krone-Schmalz, Gabriele (Hrsg.): Von der russischen Seele, Düsseldorf-Wien 1994, 206 S.
Diese anregende Textauswahl russischer Schriftsteller bietet unterschiedliche Ideen des russischen Selbstverständnisses zu diesem vielkolportierten Thema.
Makine, Andrej: Die Liebe am Fluß Amur, Hamburg 1998, 252 S.
Der aus Sibirien stammende Autor lebt heute in Frankreich und beschreibt sehr originell seine Jugenderfahrungen unter dem Einfluß von Belmondo-Filmen in den 70er Jahren in einem Dorf am fernöstlichen Strom Amur.
Rasputin, Valentin: Abschied von Matjora/Leb und vergiß nicht, beide Berlin (O), 1977, 656 S.
Die beiden wohl wichtigsten Werke des derzeit bedeutendsten Schriftstellers Sibiriens. ›Abschied von Matjora‹ beschreibt den Identitätsverlust eines sibirischen Dorfes, das im Vorfeld eines Staudammbaus umgesiedelt wird. In

›Leb und vergiß nicht‹ sind seine bekanntesten Erzählungen und Novellen zusammengefasst.
Titze, Rosemarie (Hrsg.): Weiße Städte. Sibirische Erzählungen der Gegenwart. München, 1991, 317 S.
15 zeitgenössische Schriftsteller aus Sibirien (u.a. Rasputin, Astafjev, Salygin) werden in dieser gelungenen Sammlung in Rubriken wie ›Durch die Taiga‹, ›Sibirien feiert‹, ›Sehnsüchte‹ mit ihren Erzählungen vorgestellt.
Vampilov, Alexander: Stücke, Berlin 1977, 376 S.
Der im Alter von 35 Jahren verunglückte Vampilov hatte sich mit Dramen wie ›Provinzanekdoten‹, ›Entenjagd‹ bereits über Sibiriens und Rußlands Grenzen hinaus einen Namen gemacht. Seine Prosa wurde bislang nur vereinzelt übersetzt.

Video/DVD

Der Transsibirien Express, World of Discovery, Concorde Video, München, 1990, 48 Minuten.
Transsibirien-Expreß. Moskau–Wladiwostok. Mit Dampf-Einsätzen. Rio-Grande, Freiburg, 1994.
Transsibirien-Express. Mit der Transsibirischen Eisenbahn von Wladiwostok nach Moskau, Bahn-Extra Video, München, 1995, 50 Minuten.
Trans-Siberia, Reihe: The World's Greatest Train Ride, Sleeve & Design, New York, 1995 (engl.), 55 Minuten.
Trans-Siberian Rail Journeys, Haysbridge Video, 1997 (engl.), zwei Teile, jeweils 60 Minuten.

Landkarten und Stadtpläne

Die besten Übersichtskarten sind heute die im Bertelsmann Verlag erschienenen Übersichtskarten Rußland West und Rußland Ost (Maßstab 1:4 Millionen, Ortsregister). In Rußland erschienen in den letzten Jahren in einer neuen Reihe ›Allgemeingeographische Karten der Russischen Föderation‹ in einheitlicher Aufmachung neue Karten der einzelnen Föderationssubjekte und beendeten damit weitestgehend die sowjetische, höchste Geheimhaltung der eigenen Geographie. Der Maßstab der nur kyrillisch beschrifteten Karten schwankt zwischen 1:500 000 und 1:1,5 Millionen. Es gibt allerdings keine Ortsregister.

Wenn man mit der kyrillischen Schrift Probleme hat, kann man traditionell aber auch auf die bereits zu Sowjetzeiten in den USA erschienen CNC- und TPC-Flugkarten zurückgreifen (Maßstab 1:1 Millionen bzw. 1:50 000).

Stadtpläne beruhen zumeist auf lokalen Initiativen und sind in sehr unterschiedlicher (manchmal russisch-englisch gehaltener) Aufmachung zumeist nur in den entsprechenden Städten erhältlich. Vor zwei Jahren wurde analog der Karten-Reihe zu den Regionen auch eine Reihe ›Städte Rußlands‹ aufgelegt. Die Beschriftung ist aber nur kyrillisch. Bis Ende 2000 sind in dieser Reihe zu Städten entlang der Transsib in guter Qualität Pläne von Moskau, Sergejev Posad, Jaroslavl', Ekatharinburg, Tjumen', Novosibirsk, Krasnojarsk, Ulan-Udė, Čita und Chabarovsk erschienen. Die meisten Karten aus beiden Reihen werden in der Novosibirsker Kartendruckerei hergestellt, und der dortige Werksverkauf (630005 Novosibirsk, ul. Demjana Bednogo 55) gilt als Geheimtip.

In Deutschland sind russische bzw. amerikanische Karten erhältlich bei:

Internationales Landkartenhaus GeoCenter, 70565 Stuttgart, Schockenriedstraße 44, Tel. 07 11/788 93 40.

Buchversand Jürgen Kesting, Geraer Weg 6, 21107 Hamburg, Tel. 040/ 753 35 65.

Buchhandlung Schropp, Potsdamer Straße 129, 10783 Berlin, Tel. 030/ 235 57 32-0, www.schropp.de.

Fahrpläne

Fahrplan der Züge Moskau–Irkutsk–Vladivostok

Abfahrtszeiten werden in Russland immer nach Moskauer Zeit [MOZ] angegeben, + 2 h etc. zeigt die Zeitverschiebung zur Moskauer Zeit an. Die Schattierungen geben die Tageswechsel nach Ortszeit an.
Stand September 2004.

Bahn-km	Bahnhof	Zug 2*	Zug 4	Zug 20	Zug 6	Zug 26	Zug 10
	Abfahrtstage	Ungerade Daten	Dienstag	Freitag	Mittwoch, Donnerstag	Gerade Daten	Ungerade Daten
0	**Moskau Jaroslavskij Vokzal** **Москва**	**ab 21:22**	**ab 21:32**	**ab 23:53**	**ab 21:32**	**ab 16:35**	**ab 23:25**
191	Vladimir Владимир	an 00:25 ab 00:48	an 00:35 ab 00:58	an 03:00 ab 03:23	an 00:35 ab 00:58	an 19:33 ab 19:56	an 02:27 ab 02:50
442	Nižnij Novgorod Нижний Новгород	an 03:53 ab 04:08	an 04:03 ab 04:18	an 06:30 ab 06:45	an 04:03 ab 04:18	an 23:01 ab 23:16	an 05:55 ab 06:10
889	Kirov Киров	an 09:55 ab 10:15	an 10:05 ab 10:25	an 12:29 ab 12:49	an 10:05 ab 10:25	an 05:26 ab 05:46	an 12:13 ab 12:35
1.126	Balezino Балезино	an 13:31 ab 13:54	an 13:41 ab 14:04	an 15:53 ab 16:16	an 13:41 ab 14:04	an 09:07 ab 09:30	an 15:56 ab 16:19
1.369	Perm' II MOZ + 2 h Пермь II	an 17:14 ab 17:37	an 17:23 ab 17:46	an 19:46 ab 20:06	an 17:23 ab 17:46	an 12:52 ab 13:15	an 19:39 ab 20:02
1.740	**Ekaterinburg MOZ + 2 h** **Екатеринбург**	**an 23:12** **ab 23:52**	**an 23:20** **ab 23:43**	**an 01:47** **ab 02:10**	**an 23:20** **ab 23:43**	**an 18:49** **ab 19:12**	**an 01:37** **ab 02:00**
2.066	Tjumen' MOZ + 2 h Тюмень	an 04:12 ab 04:32	an 03:59 ab 04:19	an 05:25 ab 05:45	an 03:59 ab 04:19	an 23:29 ab 23:49	an 06:19 ab 06:39
2.638	**Omsk MOZ + 3 h** **Омск**	**an 11:40** **ab 12:10**	**an 11:22** **ab 11:45**	**an 13:58** **ab 14:13**	**an 11:22** **ab 11:45**	**an 07:08** **ab 07:23**	**an 13:47** **ab 14:02**
2.962	Barabinsk MOZ + 3 h Барабинск	an 15:54 ab 16:09	an 15:25 ab 15:40	an 17:52 ab 18:07	an 15:25 ab 15:40	an 11:07 ab 11:22	an 17:50 ab 18:07
3.265	**Novosibirsk MOZ + 3 h** **Новосибирск**	**an 19:56** **ab 20:13**	**an 19:15** **ab 19:30**	**an 21:45** ab 22:10	**an 19:15** **ab 19:30**	**an 15:00**	**an 21:48** **ab 22:03**
3.493	Tajga MOZ + 4 h Тайга	an 23:46 ab 00:06	an 22:49 ab 22:52	an 01:21 ab 01:24	an 22:49 ab 22:52		an 01:28 ab 01:32
3.641	Marijnsk MOZ + 4 h Мариинск	an 01:55 ab 02:18	an 00:42 ab 01:02	an 03:19 ab 03:39	an 00:42 ab 01:02		an 03:21 ab 03:44
3.774	Bogotol MOZ + 4 h Боготол	an 04:10 ab 04:13	an 02:55 ab 02:58	an 05:35 ab 05:38	an 02:55 ab 02:58		an 05:37 ab 05:40
3.842	Ačinsk 1 MOZ + 4 h Ачинск 1	an 05:11 ab 05:13	an 03:56 ab 03:58	an 06:35 ab 06:37	an 03:56 ab 03:58		an 06:38 ab 06:40
4.026	**Krasnojarsk MOZ + 4 h** **Красноярск**	**an 08:12** **ab 08:32**	**an 06:53** **ab 07:13**	**an 09:36** **ab 09:56**	**an 06:53** **ab 07:13**		**an 09:35** **ab 09:55**
4.165	Ilanskaja MOZ + 4 h Иланская	an 12:57 ab 13:20	an 11:21 ab 11:44	an 14:17 ab 14:39	an 11:21 ab 11:44		an 14:19 ab 14:42
4.444	Tajšet MOZ + 5 h Тайшет	an 15:39 ab 15:44	an 13:58 ab 14:00	an 16:52 ab 16:54	an 13:58 ab 14:00		an 17:01 ab 17:23
4.605	Nižneudinsk MOZ + 5 h Нижнеудинск	an 18:17 ab 18:40	an 16:34 ab 16:57	an 19:30 ab 19:53	an 16:34 ab 16:57		an 20:06 ab 20:29
4.863	Zima MOZ + 5 h Зима	an 22:03 ab 22:28	an 20:16 ab 20:36	an 23:19 ab 23:44	an 20:06 ab 20:36		an 23:56 ab 00:21
4.983	Čeremchovo MOZ + 5 h Черемхово	an 00:11 ab 00:13	-	-	-		an 02:13 ab 02:15
5.113	**Irkutsk MOZ + 5 h** **Иркутск**	**an 02:33** **ab 02:56**	**an 00:41** **ab 01:04**	**an 03:31** **ab 03:54**	**an 00:41** **ab 01:04**		**an 04:30**
	Sljudjanka MOZ + 5 h Слюдянка	an 05:04 ab 05:18	an 03:12 ab 03:22	an 06:01 ab 06:11	an 03:12 ab 03:22		...
5.569	**Ulan-Udė MOZ + 5 h** **Улан-Удэ**	**an 10:01** **ab 10:24**	**an 08:03** **ab 08:33**	**an 10:52** **ab 11:15**	**an 08:03** **ab 08:33**		...
5.712	Petrovskij Zavod MOZ + 6 h Петровский Завод	an 12:34 ab 12:36	nach Peking	an 13:18 ab 13:20	nach Ulaan Baatar		
5.862	Chilok MOZ + 6 h Хилок	an 15:00 ab 15:19		an 15:46 ab 16:05			
6.126	**Čita MOZ + 6 h** **Чита**	**an 19:41** **ab 20:06**		**an 20:27** **ab 20:48**			
7.235	Skovorodino MOZ + 6 h Сковородино	an 17:09 ab 17:11	<– nach Vladivostok	nach Peking			

Bahn-Km		Zug 2*					
7.423	Magdagači MOZ + 6 h Магдагачи	an 20:14 ab 20:29					
7.653	Šimanovskaja MOZ + 6 h Шимановская	an 23:40 ab 23:42					
7.737	Svobodnyj MOZ + 6 h Свободный	an 00:52 an 00:55					
7.795	**Belogorsk MOZ + 6 h** **Белогорск**	**an 01:48** **ab 02:18**					
7.914	Zavitaja MOZ + 6 h Завитая	an 04:10 ab 04:12					
7.959	Bureja MOZ + 6 h Бурея	an 04:50 ab 04:52					
8.120	Obluč'e MOZ + 7 h Облучье	an 07:45 ab 08:00					**Zug 6**
8.278	**Birobidžan MOZ + 7 h** **Биробиджан**	**an 10:39** **ab 10:44**					**Ocean**
8.453	**Chabarovsk MOZ + 7 h** **Хабаровск**	**an 13:00** **ab 13:25**					**ab 13:50**
8.581	Vjazemskaja MOZ + 7 h Вяземская	an 15:26 ab 15:42					
8.805	Dal'nerečensk MOZ + 7 h Дальнереченск	an 18:53 ab 18:55					
8.979	Spassk-Dal'nij MOZ + 7 h Спасск-Дальний	an 21:38 ab 21:40					
9.039	Sibircevo MOZ + 7 h Сибирцево	an 22:39 ab 22:41					
9.107	Ussurijsk MOZ + 7 h Уссурийск	an 23:48 ab 00:06					an 22:51 ab 22:58
9.189	Ugol'naja MOZ + 7 h Угольная	an 01:23 ab 01:24					an 00:14 ab 00:16
9.201	**Vladivostok MOZ + 7 h** **Владивосток**	**an 02:07**					**an 01:00**

*Hinweis: In Ergänzung zu Zug Nr. 2 fährt ab Novosibirsk Zug Nr. 8 mit gleichen Fahrzeiten an den Tagen, an denen Zug Nr. 2 nicht fährt. Ab Novosibirsk gibt es daher eine tägliche Verbindung nach Vladivostok

Hinweis: Wenn zwei ungerade Daten aufeinander folgen, wie 31.7. und 1.8. gibt es folgende Regeln:

Zug Nr. 2 fährt ab Moskau am 29., 01., 03. usw., also nicht am 31.

Zug Nr. 10 fährt ab Moskau am 29., 31., 02., 05. usw., also nicht am 1. und 3. dafür am 2.

Fahrplan der Züge Irkutsk–Ulaanbaatar–Peking

Bahn-km	Bahnhof	Zug 4	Zug 6	Zug 24	Zug 364
	Abfahrtstage	Samstag	Sonntag + Montag	Donnerstag	Täglich
5.113	**Irkutsk MOZ + 5 h** Иркутск	**an 00:41** **ab 01:04**	**an 00:41** **ab 01:04**		**ab 15:10**
5.569	Ulan-Udė MOZ + 5 h Улан-Удэ	an 08:03 ab 08:33	an 08:03 ab 08:33		an 01:25 ab 01:55
	Gusinoe Ozero MOZ + 5 h Гусиное Озеро	an 11:24 ab 11:26	an 11:24 ab 11:26		an 06:23 ab 06:28
	Džida Джида	an 12:16 ab 12:18	an 12:16 ab 12:18		an 07:36 ab 07:41
5.832	**Nauški MOZ + 5 h** Наушки	**an 13:08** **ab 16:40**	**an 13:08** **ab 16:40**		**an 08:37** **ab 12:50**
5.926	Suchė Bator (mongol. Zeit) Сухэ Батор	an 22:35 ab 00:20	an 22:35 ab 00:20		an 18:45 ab 21:45
6.024	Darkchan Даркхан	an 01:53 ab 02:20	an 01:53 ab 02:20		an 23:50 ab 00:25
	Dsun-Chara Дзун-Хара	an 04:15 ab 04:45	an 04:15 ab 04:45		an 02:53 ab 03:10
6.305	**Ulaan Baatar** Улаан Баатар	**an 07:35** **ab 08:05**	**an 07:35**	**ab 08:05**	**an 06:20**
	Čojr Чойр	an 12:15 ab 12:30		an 12:15 ab 12:30	
6.779	Sajnšand Сайшанд	an 15:43 ab 16:03		an 15:43 ab 16:03	
6.809	Dzamin-Ude Дзамин-Удэ	an 19:26 ab 20:35		an 19:26 ab 21:35	
6.819	Erljan (chin. Zeit)	an 21:00 ab 00:42		an 21:00 ab 00:42	
	Jining (chin. Zeit)	an 05:15 ab 05:28		an 05:15 ab 05:28	
	Datong (chin. Zeit)	an 07:14 ab 07:22		an 07:14 ab 07:22	
7.661	**Peking**	**an 14:31**		**an 14:31**	

Ankunftszeiten in Russland nach Moskauer Zeit [MOZ], + 5 h etc. zeigt die Zeitverschiebung zur Moskauer Zeit an. In der Mongolei und in China: Ortszeiten. Stand September 2004.

Fahrplan der Züge Irkutsk–Harbin–Peking

Ankunftszeiten nach Moskauer Zeit [MOZ]

Bahn-km	Bahnhof	Zug 20
	Abfahrtstag	Dienstag
5.193	**Irkutsk Ortszeit = MOZ + 5 h** **Иркутск**	**an 03:31** **ab 03:54**
5.649	Ulan-Udė MOZ + 5 h Улан-Удэ	an 10:52 ab 11:15
6.206	Čita MOZ + 6 h Чита	an 20:27 ab 20:48
6.356	Mogojtuj MOZ + 6 h Могойтуй	an 01:07 ab 01:09
6.551	Borzja MOZ + 5 h Борзя	an 05:31 ab 05:50
6.666	**Zabajkal'sk MOZ + 5 h** **Забайкальск**	**an 13:06** **ab 14:06**
6.678	Manzhouli (ab hier chin. Zeit)	an 19:30 ab 23:10
6.864	Hailaer	an 01:43 ab 01:57
7.071	Boketu	an 05:25 ab 05:36
7.451	Daqing	an 10:39 ab 10:47
7.613	**Harbin**	**an 12:30** **ab 12:45**
8.160	**Shenyang**	**an 19:05** **ab 19:20**
8.402	Jinzhou	an 21:49 ab 21:52
8.586	Shanhaiguan	an 23:53 ab 00:01
8.867	Tianjin	an 03:41 ab 03:49
9.001	**Peking**	**an 05:20**

Fahrplan der Züge Peking–Ulaanbaatar–Irkutsk

Bahn-km	Bahnhof	Zug 3	Zug 5	Zug 23	Zug 363
	Abfahrtstage	Mittwoch	Dienstag* Freitag	Im Winter Samstag, ab Juni 05 Dienstag	Täglich
0	**Peking**	**ab 07:40**		**ab 07:40**	
382	Datong	an 14:10 ab 14:26		an 14:10 ab 14:26	
	Cszininnan	an 16:13 ab 16:23		an 16:13 ab 16:23	
842	Erlian Grenzbahnhof	an 20:39 ab 23:15		an 20:39 ab 23:15	
852	Dzamin-Udė Grenzbahnhof Дзамин-Удэ	an 23:40 ab 01:20		an 23:40 ab 01:20	
1.087	Sajnšand Сайншанд	an 04:51 ab 05:11		an 04:51 ab 05:11	
	Čojr Чойр	an 08:44 ab 09:04		an 08:44 ab 09:04	
1.561	**Ulaan Baatar** **Улаан Баатар**	**an 13:20** **ab 13:50**	**ab 13:50**	**an 13:20**	**ab 20:45**
	Dzun-Chara Дзун-Хара	an 16:45 ab 17:05	an 16:45 ab 17:05		an 23:50 ab 00:05
1.842	Darkchan Даркхан	an 19:15 ab 19:20	an 19:15 ab 19:20		an 02:36 ab 02:46
1.940	Suchė Bator Grenzbahnhof Сухэ Батор	an 20:50 ab 22:05	an 20:50 ab 22:05		an 04:55 ab 10:45
1.963	**Nauški MOZ + 5 h** **Наушки**	**an 17:53** **ab 21:40**	**an 17:53** **ab 21:40**		**an 06:44** **ab 10:13**
	Džida Джида	an 22:29 ab 22:31	an 22:29 ab 22:31		an 11:06 ab 11:11
2.059	Gusinoe Ozero MOZ + 5 h Гусиное Озеро	an 23:17 ab 23:19	an 23:17 ab 23:19		an 12:19 ab 12:24
2.218	Ulan-Udė MOZ + 5 h Улан-Удэ	an 02:00 ab 02:23	an 02:00 ab 02:23		an 16:37 ab 17:20
	Sljudjanka 1 Слюдянка 1	an 07:03 ab 07:13	an 07:03 ab 07:13		an 23:45 ab 00:11
2.681	**Irkutsk Ortszeit = MOZ + 5 h** **Иркутск**	**an 09:16** **ab 09:39**	**an 09:16** **ab 09:39**		**an 03:09**

Abfahrtszeiten in Russland nach Moskauer Zeit [MOZ], + 2 h etc. zeigt die Zeitverschiebung zur Moskauer Zeit an. In der Mongolei und in China sind Ortszeiten angegeben. Stand September 2004.

Fahrplan der Züge Peking–Harbin–Irkutsk

Abfahrtszeiten in Russland nach Moskauer Zeit [MOZ], + 2 h etc. zeigt die Zeitverschiebung zur Moskauer Zeit an. In China sind Ortszeiten angegeben.
Stand September 2004.

Bahn-km	Bahnhof	Zug 19
	Abfahrtstag	Sonnabend
	Peking	**ab 22:50**
8.867	Tianjin	an 00:20 ab 00:28
8.586	Shanhaiguan	an 04:08 ab 04:16
8.402	Jinzhou	an 06:09 ab 06:12
8.160	**Shenyang**	**an 08:47** **ab 09:02**
7.613	**Harbin**	**an 15:23** **ab 15:38**
7.451	Daqing	an 17:18 ab 17:22
7.071	Boketu	an 22:27 ab 22:35
6.864	Khajlar	an 02:07 ab 02:15
6.678	Manzhouli Grenzbahnhof	an 04:45 ab 07:01
6.666	**Zabajka'lsk MOZ + 6 h** **Забайкальск**	**an 06:42** **ab 08:25**
6.551	Borzja MOZ + 6 h Борзя	an 11:24 ab 11:49
6.206	Čita MOZ + 6 h Чита	an 20:27 ab 21:00
5.649	Ulan-Udė MOZ – 5 h Улан-Удэ	an 05:47 ab 06:10
	Sljudjanka 1 Слюдянка	an 10:50 ab 11:00
5.193	**Irkutsk Ortszeit = MOZ + 5 h** **Иркутск**	**an 13:03** **ab 13:26**

Fahrplan der Züge Vladivostok–Irkutsk–Moskau

Abfahrtszeiten werden in Russland immer nach Moskauer Zeit [MOZ] angegeben, + 2 h etc. zeigt die Zeitverschiebung zur Moskau Zeit an. Die Schattierungen geben die Tage nach Ortszeit an.
Stand September 2004.

Bahn-km	Bahnhof	Zug 1*					
	Abfahrtstage	Gerade#					
0	**Vladivostok MOZ + 7 h** **Владивосток**	**ab 13:17**					
33	Ugol'naja MOZ + 7 h Угольная	an 13:59 ab 14:00					
112	Ussurijsk MOZ + 7 h Уссурийск	an 15:15 ab 15:34					
180	Sibircevo MOZ + 7 h Сибирцево	an 16:40 ab 16:42					
240	Spassk-Dal'nij MOZ + 7 h Спасск-Дальний	an 17:45 ab 17:48					
414	Dal'nerečensk MOZ + 7 h Дальнереченск	an 20:26 ab 20:29					
638	Vjazemskaja MOZ + 7 h Вяземская	an 23:47 ab 00:03					
766	**Chabarovsk MOZ + 7 h** **Хабаровск**	**an 02:00** **ab 02:25**					
939	**Birobidžan MOZ + 7 h** **Биробиджан**	**an 04:45** **ab 04:50**					
1.099	Obluč'e MOZ + 7 h Облучье	an 07:26 ab 07:41					
1.260	Bureja MOZ + 6 h Бурея	an 10:26 ab 10:28					
1.305	Zavitaja MOZ + 6 h Завитая	an 11:10 ab 11:12					
1.424	**Belogorsk MOZ + 6 h** **Белогорск**	**an 13:00** **ab 13:30**					
1.482	Svobodnyj MOZ + 6 h Свободный	an 14:22 ab 14:25					
1.566	Šimanovskaja MOZ + 6 h Шимановская	an 15:38 ab 15:40					
1.796	Magdagči MOZ + 6 h Магдагчи	an 18:56 ab 19:11					
1.984	Skovorodino MOZ + 6 h Сковородино	an 22:11 ab 22:13					
2.383	Mogoča MOZ + 6 h Могоча	an 05:54 ab 06:09					
2.704	Šernyševsk MOZ + 6 h Чернышевск	an 11:37 ab 12:02					
2.846	Šilka MOZ + 6 h Шилка	an 14:29 ab 14:31					
3.093	**Šita MOZ + 6 h** **Чита**	**an 19:17** **ab 19:42**					
3.357	Chilok MOZ + 6 h Хилок	an 23:54 ab 00:09					
3.507	Petrovskij Zavod MOZ + 6 h Петровский Завод	an 02:25 ab 02:27					
3.650	**Ulan-Udė MOZ + 5 h** **Улат-Удэ**	**an 04:31** **ab 04:54**					
3.980	Sljudjanka MOZ + 5 h Слюдянка	an 09:33 ab 09:43					

Bahn-Km	Bahnhof	Zug 1	Zug 3	Zug 19	Zug 5	Zug 25	Zug 9
	Abfahrtstage		Freitags	Dienstags	Mittwoch + Samstag	Gerade	Gerade
			Von Peking	Von Peking	Von Ulaan Baatar		
4.106	**Irkutsk MOZ + 5 h Иркутск**	**an 11:47 ab 12:10**	**an 09:16 ab 09:39**	**an 13:03 ab 13:26**	**an 09:16 ab 09:39**		**ab 11:20**
4.236	Čeremchovo MOZ + 5 h Черемхово	an 14:31 ab 14:33	-	-	-		an 13:45 ab 13:47
4.356	Zima MOZ + 5 h Зима	an 16:14 ab 16:34	an 13:40 ab 14:05	an 17:14 ab 17:39	an 13:40 ab 14:05		an 15:37 ab 15:57
4.495	Tulun MOZ + 5 h Тулун	an 18:28 ab 18:30	-		-		an 17:57 ab 17:59
4.612	Nižneudinsk MOZ + 5 h Нижнеудинск	an 20:07 ab 20:30	an 17:44 ab 18:07	an 21:08 ab 21:31	an 17:44 ab 18:07		an 19:36 ab 19:59
4.775	Tajšet MOZ + 4 h Тайшет	an 23:00 ab 23:05	an 20:33 ab 20:35	an23:57 ab 23:59	an 20:33 ab 20:35		an 22:36 ab 22:41
5.193	**Krasnojarsk MOZ + 4 h Красноярск**	**an 06:21 ab 06:41**	**an 03:32 ab 03:52**	**an 07:00 ab 07:20**	**an 03:32 ab 03:52**		**an 05:49 ab 06:09**
5.377	Ačinsk 1 MOZ + 4 h Ачинск	an 09:40 ab 09:42	an 06:58 ab 07:00	an 10:25 ab 10:27	an 06:58 ab 07:00		an 09:08 ab 09:10
5.445	Bogotol MOZ + 4 h Боготол	an 10:41 ab 10:44	an 08:03 ab 08:06	an 11:30 ab 11:33	an 08:03 ab 08:06		an 10:09 ab 10:12
5.578	Marijnsk MOZ + 4 h Марийнск	an 12:46 ab 13:06	an 10:12 ab 10:32	an 13:39 ab 13:59	an 10:12 ab 10:32		an 12:14 ab 12:34
5.726	Tajga MOZ + 4 h Тайга	an 15:02 ab 15:27	an 12:31 ab 12:34	an 15:57 ab 16:00	an 12:31 ab 12:34		an 14:30 ab 14:35
5.955	**Novosibirsk MOZ + 3 h Новосибирск**	**an 18:38 ab 18:56**	**an 15:48 ab 16:03**	**an 19:14 ab 19:40**	**an 15:48 ab 16:03**	**ab 07:00**	**an 17:49 ab 18:05**
6.258	Barabinsk MOZ + 3 h Барабинск	an 22:46 ab 23:02	an 19:41 ab 20:00	an 23:17 ab 23:34	an 19:41 ab 20:00	an 10:26 ab 11:02	an 21:48 ab 22:08
6.582	**Omsk MOZ + 3 h Омск**	**an 02:31 ab 03:01**	**an 23:39 ab 23:54**	**an 03:15 ab 03:30**	**an 23:39 ab 23:54**	**an 14:43 ab 14:58**	**an 01:49 ab 02:04**
6.731	Nazyvaevskaja MOZ + 3 h Называевская					an 16:42 ab 16:45	an 03:55 ab 03:57
7.154	Tjumen' MOZ + 2 h Тюмень	an 10:02 ab 10:22	an 06:52 ab 07:12	an 10:27 ab 10:47	an 06:52 ab 07:12	an 22:01 ab 22:21	an 09:11 ab 09:31
7.480	**Ekaterinburg MOZ + 2 h Екатеринбург**	**an 14:51 ab 15:31**	**an 11:29 ab 11:52**	**an 15:04 ab 15:27**	**an 11:29 ab 11:52**	**an 02:49 ab 03:12**	**an 14:00 ab 14:23**
7.861	Perm'II MOZ + 2 h Пермь	an 21:08 ab 21:31	an 17:26 ab 17:46	an 21:01 ab 21:21	an 17:26 ab 17:46	an 08:51 ab 09:17	an 19:54 ab 20:17
8.104	Balezino Балезино	an 01:04 ab 01:27	an 21:16 ab 21:39	an 00:51 ab 01:14	an 21:16 ab 21:39	an 12:53 ab 13:16	an 23:50 ab 00:13
8.341	Kirov Киров	an 04:36 ab 04:56	an 00:45 ab 01:05	an 04:20 ab 04:40	an 00:45 ab 01:05	an 16:30 ab 16:50	an 03:27 ab 03:47
8.797	Nižnij Novgorod Нижний Новгород	an 10:47 ab 11:04	an 06:58 ab 07:13	an 10:48 ab 11:03	an 06:58 ab 07:13	an 23:05 ab 23:20	an 09:43 ab 09:58
9.048	Vladimir Владимир	an 14:16 ab 14:39	an 10:39 ab 11:02	an 14:21 ab 14:44	an 10:39 ab 11:02	an 02:56 ab 03:19	an 13:12 ab 13:35
9.298	**Moskau Jaroslavskij Vokzal Москва**	**an 17:42**	**an 14:16**	**an 17:59**	**an 14:16**	**an 06:25**	**an 16:42**

Hinweis für Fahrplan Ost–West:

*In Ergänzung zu Zug Nr. 1 fährt ab Vladivostok bis Novosibirsk Zug Nr. 7 mit gleichen Fahrzeiten an ungeraden Daten.

Wenn zwei ungerade Daten aufeinander folgen, wie 31.7. und 1.8. gibt es folgende Regeln:

Zug Nr. 1 fährt ab Vladivostok nicht am 2., 4. und 6., dafür am 1., 3., 5. usw.

Zug Nr. 7 fährt ab Vladivostok nicht am 1.;3; , und 5., dafür am 2.und 4. des Monats ab.

Anhang

Legende zur russischen Fahrkarte

A Zugnummer

B Abfahrt (Datum, Uhrzeit)

C Waggon (Nummer, Typ)
- Л – 2-Bett SV
- М – 4-Bett SV
- К – 4-Bett-Coupé
- Р – Platzkarten Coupé
- О – nur Sitzplätze

D Preis (Fahrkarte, Platzkarte)

E Personenanzahl

F Kategorie
- ПОЛНЫЙИ – Erwachsener
- ДЕТСКИЙ – Kind
- СТУДЕНТЕСКИЙ – Student

G Abfahrtsort, Ankunftsort

H Platz-, Bettnummer

I Ausweis-, Paßnummer, Name des Passagiers

J Preis insgesamt

K Ankunft (Datum, Uhrzeit)

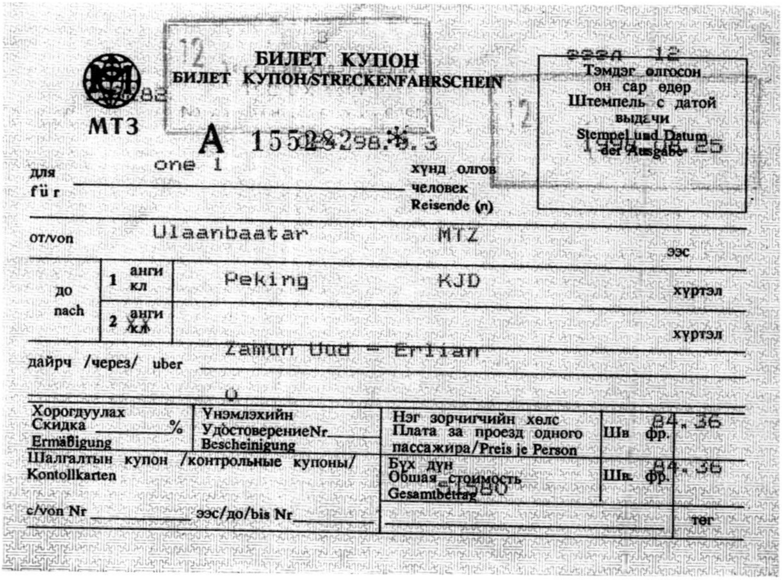

МТЗ

БИЛЕТ КУПОН
БИЛЕТ КУПОН/STRECKENFAHRSCHEIN

A 155282 98.8.3

Тэмдэг олгосон он сар өдөр
Штемпель с датой выдачи
Stempel und Datum der Ausgabe

1998.08.25

для / für: one 1 — хүнд олгов / человек / Reisende (n)

от/von: Ulaanbaatar MTZ — ээс

до / nach: 1 анги кл — Peking KJD — хүртэл

2 анги кл — XX — хүртэл

дайрч /через/ uber: Zamyn Uud – Erlian

Хорогдуулах / Скидка % / Ermäßigung	Үнэмлэхийн / Удостоверение Nr. / Bescheinigung	Нэг зорчигчийн хөлс / Плата за проезд одного пассажира/Preis je Person — Шв фр. 84.36
Шалгалтын купон /контрольные купоны/ Kontollkarten		Бүх дүн / Общая стоимость / Gesamtbetrag — Шв. фр. 84.36
с/von Nr	ээс/до/bis Nr	төг

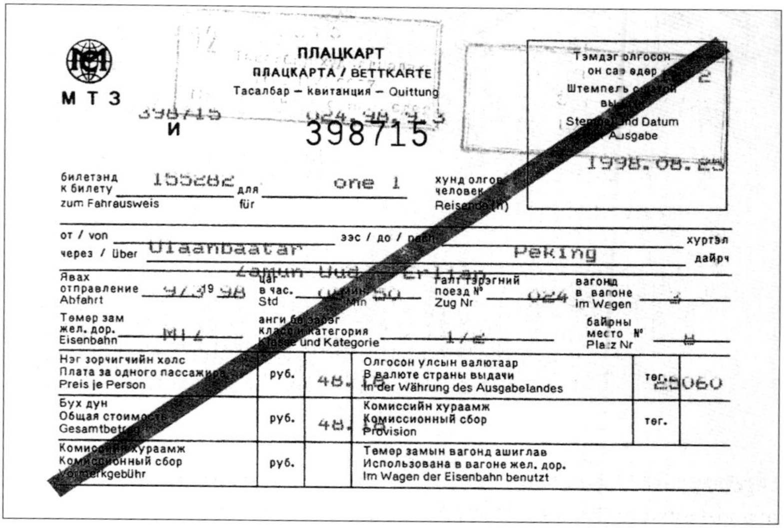

М Т З

ПЛАЦКАРТ
ПЛАЦКАРТА / BETTKARTE
Тасалбар – квитанция – Quittung

И 398715

Тэмдэг олгосон он сар өдөр
Штемпель с датой выдачи
Stempel und Datum der Ausgabe

1998.08.25

билетэнд / к билету / zum Fahrausweis: 155282 — для / für: one 1 — хүнд олгов / человек / Reisende (n)

от / von: Ulaanbaatar — ээс / до / nach: Peking — хүртэл
через / über: Zamyn Uud – Erlian — дайрч

Явах / отправление / Abfahrt: 9/3 98 — цаг / в час. / Std — мин / Min 50 — галт тэрэгний / поезд № / Zug Nr 024 — вагонд / в вагоне / im Wagen 3

Төмөр зам / жел. дор. / Eisenbahn: MTZ — анги бүлэг / класс и категория / Klasse und Kategorie: 1/2 — байрны / место № / Platz Nr 8

Нэг зорчигчийн хөлс / Плата за одного пассажира / Preis je Person	руб. 48.	Олгосон улсын валютаар / В валюте страны выдачи / In der Währung des Ausgabelandes	төг. 29060
Бүх дүн / Общая стоимость / Gesamtbetrag	руб. 48.	Комиссийн хураамж / Комиссионный сбор / Provision	төг.
Комиссийн хураамж / Комиссионный сбор / Vormerkgebühr	руб.	Төмөр замын вагонд ашиглав / Использована в вагоне жел. дор. / Im Wagen der Eisenbahn benutzt	

Mongolische Fahrkarte

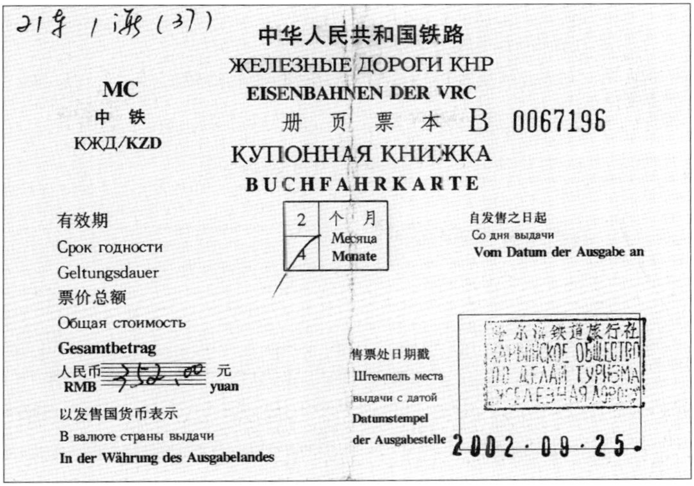

21年 1 湧 (37)

中华人民共和国铁路
ЖЕЛЕЗНЫЕ ДОРОГИ КНР
EISENBAHNEN DER VRC

MC
中 铁
КЖД/KZD

册 页 票 本 B 0067196
КУПОННАЯ КНИЖКА
BUCHFAHRKARTE

有效期
Срок годности
Geltungsdauer

2	个 月
4	Месяца Monate

自发售之日起
Со дня выдачи
Vom Datum der Ausgabe an

票价总额
Общая стоимость
Gesamtbetrag
人民币 352.00 元
RMB yuan
以发售国货币表示
В валюте страны выдачи
In der Währung des Ausgabelandes

售票处日期戳
Штемпель места
выдачи с датой
Datumstempel
der Ausgabestelle

ХАРЬБИНСКОЕ ОБЩЕСТВО
ПО ДЕЛАМ ТУРИЗМА
ЖЕЛЕЗНАЯ ДОРОГА
2002·09·25

E091918 京E 售
北 Ⓐ 京——沈阳北 Ⓑ T11次
Ⓒ 2002年09月18日 Ⓓ 10:22开 Ⓔ 12车下041号 Ⓕ
Ⓖ 全 价184.00元 新空调软座特快
限乘当日当次车
在3日内到有效
99999101300914 E091918 83765863720422374430796773155405840868

Legende zur Chinesischen Inlandsfahrkarte (Peking – Harbin)

A Reiseroute
B Zugnummer
C Abfahrtsdatum
D Abfahrtszeit
E Waggonnummer
F Platznummer
G Freis

КОНСУЛЬСКИЙ ОТДЕЛ ПОСОЛЬСТВА РОССИИ В ФРГ / БОНН

VISUMANTRAG / ВИЗОВАЯ АНКЕТА

Lichtbild
3X4

Achtung ! Bitte in Blockschrift mit Kugelschreiber oder Schreibmaschine ausfüllen.
Внимание ! Заполняйте анкету печатными буквами шариковой ручкой или на машинке.

BEARBEITUNGSVERMERKE NICHT BESCHRIFTEN! СЛУЖЕБНЫЕ ОТМЕТКИ

☐ ТУ ☐ ОБ
☐ СЛ ☐ ДП
☐ 1 ☐ 2
☐ МЭ ☐ ТР
☐ ВБ ☐ В

ОПЛАТА

ЦЕЛЬ ПОЕЗДКИ:

В УЧРЕЖДЕНИЕ:

МАРШРУТ:

ОСНОВАНИЕ

СРОКИ ПРЕБЫВАНИЯ

С ... ПО ... НА СРОК

1. Staatsangehörigkeit (Im Falle eines vorherigen Besitzes der Staatsangehörigkeit der UdSSR oder Rußlands sind Gründe für deren Abgabe anzugeben) / Гражданство (если Вы имели гражданство СССР или России, то когда и в связи с чем его утратили)

DEUTSCH

2. Familienname (in Blockschrift) / Фамилия (печатными буквами)

MUSTERFRAU

3. Vorname, (Vornamen) / Имя (Имена)

SABINE

4. Falls geändert, die Namen vor der Änderung angeben / Если изменяли, то фамилия и имя до изменения

GEB. SCHULZ

5. Nr. des Passes / № паспорта

12345678

6. Geburtsdatum / Дата рождения

01.01.1945

7. Geburtsort / Место рождения

BERLIN

8. Geschlecht / Пол

W

9. Zweck der Reise nach Rußland / Цель поездки в Россию

TOURISMUS

10. Zu welcher Dienststelle / В какое учреждение

entfällt

11. Reiseroute (Reiseziele) / Маршрут следования (в пункты)

MOSKAU - IRKUTSK - WLADIWOSTOK

12. Index und Benennung der Reisegruppe / Индекс, наименование туристской группы

13. Visum ist gültig von .. / Виза с ..

18.11.2001

14. Visum ist gültig bis../ Виза по..

28.11.2001

15. Aufenthaltsdauer .. / На срок ..

11 TAGE

16. Wievielmal waren Sie in Rußland? / Сколько раз были в России ?

1 x

17. Datum Ihrer letzten Reise / Дата последней поездки

1997

18. Krankenversicherung für Rußland / Страховка, действующая в России

JA / ДА X
NEIN / НЕТ

19. Vorgesehenes Beförderungsmittel. Fürs Auto bitte angeben : / При въезде на автом-ле укажите:

Kennzeichen / Номерной знак | **Typ, Modell / Тип, Марка** | **Farbe / Цвет**

20. Berufsangabe in Deutschland mit Anschrift und Telefonnummer / Место работы или учебы, должность, адрес, телефон

KAUFFRAU, MUSTERSTR. 17, 10123 BERLIN, 567890

21. Privatadresse in Deutschland mit Telefonnummer / Адрес постоянного местожительства, телефон

MANNSTR. 17, 10123 BERLIN, TEL: 98765432

	Familienname / Фамилия	Vorname / Имя, Имена	Geburtsdatum / Дата рождения	Wohnort / Адрес местожительства
22. Mitreisende Kinder bis 16 Jahre / Дети до 16 лет, следующие с Вами		KEINE		
23. Ihre Verwandten in Rußland / Ваши родственники в России		KEINE		

Ich versichere, daß alle vorstehenden Angaben der Wahrheit entsprechen. Ich weiß, daß im Falle von falschen Angaben das Passieren der Staatsgrenze Rußlands verweigert und das Visum auf dem Territorium Russlands annuliert werden kann. Mir ist bekannt, daß der Besitz des Visums nur eine der Voraussetzungen für die Einreise in das Hoheitsgebiet Rußlands ist.

Я заявляю, что все данные, указанные мной в анкете, являются правильными. Я знаю, что неправильные данные могут повлечь за собой отказ в визе, в пересечении границы России или аннулирование визы на территории России. Я знаю, что наличие визы является только одним из условий для въезда на территорию России.

Ort / Место, Datum / Дата, Eigenhändige Unterschrift des Antragsstellers / Личная подпись

MUSTERFRAU

16.10.97

Antrag für ein russisches Visum

Für die einmalige Einreise nach **Rußland** bzw. die Durchreise durch Rußland benötigen wir spätestens 5 Wochen vor Reisebeginn:

- einen ausgefüllten Visumantrag (die Punkte 9-12 bitte nicht ausfüllen), **Bei Punkt 13: den Tag der Einreise nach Rußland eintragen**
- 1 Paßbild neueren Datum (bitte auf den Antrag aufkleben) in der Größe 3 cm x 4 cm, ggf. bitte zurechtschneiden
- Ihren Reisepaß im Orginal. der noch 3 Monate über des Reiseende hinaus gültig sein muß.

Beachten Sie beim Ausfüllen das Muster auf der Rückseite des Antrags.

Seit 1.7.1999 müssen Sie auch den Abschluß bzw. das Bestehen einer Auslandskrankenversicherung nachweisen.
Füllen Sie bitte das Versicherungskartenformular aus und senden es uns mit dem Visumantrag zu.
Nur folgende Versicherungen sind als Auslandskrankenversicherung von der russischen Botschaft anerkannt: ADAC-Schutzbrief Versicherungs AG; Allianz Versicherungs AG; AXA-Colonia Krankenversicherung; Barmenia Krankenversicherungs AG; Bayerische Beamtenkasse; Bayerische Versicherungsbank; Central Krankenversicherung; Continentale Krankenversicherungs AG; DBV- Winterthur Versicherungen; Deutscher Ring Krankenversicherung; DKV; Elvia; Europa Krankenversicherung, Europäische RV; Frankfurter Versicherungs AG; Gerling Lebensversicherung AG; Hallesche Nationale Krankenversicherung AG; Hanse-Merkur Krankenversicherung; Hanse-Merkur-Krankenversicherung; HUK-Coburg Krankenversicherung; SOVAG; Trans/telcon Versicherungen; Union Krankenversicherungs AG; Vereinte Krankenversicherung AG; Vereinte Lebensversicherung AG, Vereinte Versicherung AG; Victoria Krankenversicherung; Volksfürsorge Krankenversicherung; Winterthur International; Winterthur Versicherungen.
Die aktuelle Liste können Sie im Internet unter www.russische-Botschaft.de abrufen.

Sollten sie bei einem anderen Unternehmen versichert sein, muß die Versicherung bei der russischen Botschaft die Aufnahme in die Liste der Versicherungen beantragen, die Versicherungsschutz bei Reisen in Rußland gewährleisten !.
Stand 1.07.00
Ihr Lernidee - Team

Versicherungskartenformular Die Staatsbürger der Schengener Staaten sowie von Finnnland, Estland und Israel müssen für die Reise in die Russische Föderation eine gültige Auslandskrankenversicherung vorlegen.
Name, Vorname
Versicherungsunternehmen
Nr. des Versicherungsscheines
Aufenthaltsdauer (Anzahl der Aufenthaltstage in Russland)
Datum, Unterschrift

Informationen über in Rußland anerkannte Krankenversicherungen

ANTRAG AUF ERTEILUNG EINES AUFENTHALTSVISUMS FUER DIE MONGOLEI

Visa application form for foreign citizens wishing to enter Mongolia

/Gueltig seit 1.Mai 1997, Valid from May 1, 1997/

Photo

1. *Full name, sex*
Name und Vorname, Geschlecht

2. *Citizenship*
Staatsbuergerschaft

3. *Permanent address, phone Nr.*
Anschrift des staendigen Wohnsitzes, Telephonnummer

4. *Type, Nr., validity of passport*
Bezeichnung, Nummer und Gueltigkeitsdauer des Reisedokuments

5. *Means of transport, date of arrival in Mongolia*
Transportmittel und Datum der Einreise in die Mongolei

6. *Purpose and duration of stay in Mongolia*
Ziel und Dauer des Aufenthaltes in der Mongolei

7. *Receiving and or responsible authority during the stay / if an individual, full name and address /*
Empfangende und/oder zustaendige Einrichtung / falls privat, Name, Anschrift der/des Einladenen /

8. *Details of accompanying children, if any*
Angaben zu mitreisenden Kindern, die Sie evtl. begleiten

Signature
Unterschrift

Place, date
Ort, Datum

Antrag für ein mongolisches Visum

(在您申请签证前，请注意背面的有关说明)
Bevor Sie das China-Visum beantragen, bitte die Bemerkungen auf der Rückseite beachten!
(请用印刷体或打字机填写)
Bitte mit Blockschrift oder Schreibmaschine ausfüllen!

签 证 申 请 表
Antragsformular für Visum in die VR China

照 片
Lichtbild

1. 姓 .... 名 ....
Familienname Vorname

2. 国籍 .... 性别 ....
Staatsangehörigkeit Geschlecht

3. 出生日期 .... 出生地 ....
Geburtsdatum Geburtsort

4. 护照号码 .... 有效期至 ....
Paß-Nr. Gültig bis

5. 家庭住址 .... 电话号码 ....
Privat-Anschrift Tel. Nr.

6. 职业 .... 工作处所 .... 电话号码 ....
Beruf Arbeitsstelle Tel. Nr.

7. 来中国事由 .... 停留期限 ....
Zweck der Reise Aufenthaltsdauer

8. 入境日期 .... 入境次数 一 次 两 次 多 次
Tag der Einreise Visa für einmalige zweimalige mehrmalige Einreise

9. 入境后前往地点 ....
Besuchsorte in China

10. 使用同一护照的偕行人
im Familienpaß eingetragene mitreisende Personen

姓名 Name	性别 Geschlecht	职业及工作处所 Beruf und Arbeitsstelle	与申请人的关系 Beziehung zu dem Antragsteller
....	....	....	....

在华亲友(此项只需探亲者填写)
Verwandte oder Freunde in China (Falls Sie sie besuchen möchten)

姓名 Name	国籍 Staatsangehörigkeit	职业及工作处所 Beruf und Arbeitsstelle	与申请人的关系 Beziehung zu dem Antragsteller
....	....	....	....

我保证以上填写的全部内容属实
Ich versichere, daß ich dieses Formular wahrheitsgemäß ausgefüllt habe.

申请人签字 .... 填写日期 ....
Unterschrift Datum

备注: ....
Sonstige Anmerkungen

Antrag für ein chinesisches Visum

Merkblatt zur Beantragung eines Visums für die Volksrepublik China
(gültig ab 1. Januar 2002)

Erforderliche Papiere:

1. Reisepass, Gültigkeit noch mindestens 6 Monaten, mindestens eine leere Seite für das Visum
2. Ein vollständig und gut leserlich ausgefülltes Antragsformular (Blockschrift) mit einem Lichtbild
3. Einladung (im Original) von den jeweils zuständigen Ministerien, Provinzregierungen oder von ihnen ermächtigten Firmen und Institutionen der VR China für ein Geschäftsvisum
4. Arbeitserlaubnis (im Original) vom Ministerium für Arbeit und soziale Sicherung der VR China für ein Arbeitsvisum. Ein AIDS-Test ist erforderlich bei einem Aufenthalt von über einem Jahr
5. Antragsteller ohne deutschen Paß benötigen eine Kopie der Aufenthaltserlaubnis in Deutschland. Andernfalls muß der Visa-Antrag im jeweiligen Heimatland gestellt werden.

Visagebühr (per Verrechnungsscheck oder Bargeld)

1.Touristen- und Geschäftsvisum für deutsche Staatsbürger		
1.a. Visum, einmalige Einreise	pro Person	20 Euro
1.b. Visum, zweimalige Einreise	pro Person	30 Euro
1.c . Visum, mehrmalige Einreise für 6 Monate	pro Person	40 Euro
1.d. Visum, mehrmalige Einreise für 1 Jah	pro Person	60 Euro
2. Touristen- und Geschäftsvisum für Passinhaber ohne deutsche Staatsangehörigkeit		
2.a. Visum, einmalige Einreise	pro Person	30 Euro
2.b. Visum, zweimalige Einreise	pro Person	50 Euro
2.c. Visum, mehrmalige Einreise für 6 Monate	pro Person	70 Euro
2.d. Visum, mehrmalige Einreise für 1 Jahr	pro Person	100 Euro
3. Zuschlag für eine bevorzugte Bearbeitung		
3.a. am gleichen Tag (Annahme nur bis 11:30)	pro Person	30 Euro
3.b. innehalb von 2 Arbeitstage	pro Person	20 Euro

Die normale Bearbeitungszeit beträgt 4 Arbeitstage

Die erforderliche Papiere können frühestens 50 Tage vor der geplanten Reise angenommen werden.
Alle Papiere müssen persönlich oder in Vertretung eingereicht bzw. abgeholt werden. Die Beantragung des Visums per Postweg wird nicht angenommen.
Alle im Visum eingetragenen Daten müssen beim Abholung gründlich geprüft werden.

Touristisches: Für Touristen ist nur ein Visum mit ein-oder zweimaliger Einreise möglich. Ein Touristen-Visum berechtigt für einen Aufenthalt in China von 30 Tagen. Eine Verlängerung in China vor Ort ist möglich. Ein erteiltes Visum verliert 3 Monate nach Ausstellung seine Gültigkeit und muß neu beantragt werden.
Wenn Sie mit eigenem Fahrzeug in China einreisen möchten, sollen Sie an einer Reisegruppe tei nehmen und durch ein chinesisches Reisebüro eine schriftliche Sondergenehmigung beantragen.
Für die Reise ins Autonome Gebiet Tibet der VR China muß ein Gruppenvisum beantragt werden.

Sonstiges: Zur Anforderung von Antragsformularen wird gebeten, einen frankierten Rückumschlag beizulegen. Das Formular steht auch auf unserer Homepage www. china-botschaft. de zum Ausdrucken zur Verfügung. Das Formular darf kopiert werden.
Falsche und unvollständige Angaben könnten die Verweigerung des Visums nach sich ziehen. Alle dabei entstehenden Folgen hat der Antragsteller selbst zu tragen.
Personen, deren Visum mit X. Z. D. J-1 versehen ist, haben innerhalb von 30 Tagen nach der Einreise bei den lokalen Behörden für öffentliche Sicherheit die erforderlichen Aufenthaltsformalitäten zu erledigen.
Ohne Genehmigung ist eine Arbeitsaufnahme oder Ausübung einer Berufstätigkeit in China nicht gestattet.
Bei Nichtbeachtung der Hinweise können Verzögerung und zusätzliche Kosten entstehen.

Auskunft beim Fremdenverkehrsamt der VR China in Frankfurt am Main
Ilkenhansstr. 6, 60433 Frankfurt am Main, Tel: 069-520135, Fax: 069-528490

Für das Ausstellen eines Visum sind folgende Stellen zuständig:
Konsularabteilung der Botschaft der VR China, Bürozeit: Mo.- Fr. 9:00- 12:00, Märkisches Ufer 54, 10179 Berlin, Tel: 030-48839722, Fax: 030-48839731

Außenstelle der Botschaft der VR China in Bonn, Bürozeit: Mo.- Fr. 9:00 - 12:00, Kurfürstenallee 12, 53177 Bonn, Tel: 0228-9559722, Fax: 0228-362350

Genenalkonsulat der VR China in Hamburg, Bürozeit: Mo.- Fr. 9:00 - 12:00, Elbschaussee 268, 22605 Hamburg, Tel: 040-826975, Fax: 040-82276022
(Konsularbezirke: Bundesländer Hamburg, Bremen, Niedersachsen, Schleswig-Holstein)

Genenalkonsulat der VR China in München, Bürozeit: Mo.- Fr. 9:00 - 12:00, Roman Str.107, 80639 München, Tel: 089-17301612, Fax: 089-17301619
(Konsularbezirk: Bundesland Bayern)

CUSTOMS DECLARATION

If you hesitate what must be reported or declared please address any of Customs officers for helf

1.a. Surname .... 2. Passport № ....
b. Given name .... 4.a.Country of departure
3. Citizenship ....
5. Purpose of trip ☐ Business ☐ Pleasure b. Country of destination

6. Any items prohibited for exportation from or importation to Mongolia: ☐ Yes ☐ No
IF YES, LIST THEM ....
....
....

7. Any items subject to veterinary, phytosanitary regulations; ☐ Yes ☐ No
IF YES, LIST THEM ....
....
....

8. I have the following Mongolian national or foreign currencies and other monetary insruments;

Description	Quantity		Custom remarks
	In figures	In word	

9. I have in my possision or purchased abroad /in Mongolia the following precious stones, metals and articles made thereof:

Description	Quantity	Custom remarks

Mongolische Zolldeklaration, Vorderseite

10. My luggage including hand baggage consists of ....pieces.
11. I have the following dutiable goods;

Description	Quantity in figures	Price
Total value		

12. Calculation of duties and taxes (should be done be a passenger him/himself);

Duties and Taxes	Rate	Duty amount
Customs Duty		
Excise Tax		
Sales Tax		
Total amount		

13.

For official use **ONLY**

Bill of Payment №:

State Customs Inspector s
Signature and Stamp

14. Further more ..... units of cargo, containers have been sent separately.

FOR TRAVELLER'S ATTENTION

1. The passenger must keep this declaration form to present to Customs together with newly completed one at his (her) return.
2. The Customs declaration form is required for receiving cargo or containers sent separately.
3. Persons giving false information in Customs declaration form to Customs inspectors shall render themselves liable under Customs law of Mongolia

I have read the above statement and
have made a truthful declaration

Signature of Declarent   Date......................

Mongolische Zolldeklaration, Rückseite

ARRIVAL RECORD

NOTE:
This form must be completed in English/ this page/ or Mongolian /opposite/ and presented to the Border officer.

1. Given name:

2. Surname:

3. Date of birth: Year ☐ Month ☐ Day ☐

4. Sex: Male: ☐ Female: ☐

5. Number of children on your passport travelling with you:

6. Citizenship:

7. Country of residence:

8. Passport number: ☐☐☐☐☐☐☐☐☐☐☐☐

9. Visa Number /for visitors/ **Registration number** /for Mongolians/: ☐☐☐☐☐☐☐☐☐☐☐☐

10. Validity of visa /for visitors only/
up to 30 days ☐ a up to 90 days ☐ b more than 90 days ☐ c

11. Purpose of Travel:

Returning resident/Mongolians only/	☐	a	Diplomatic	☐	e
Leisure/Recreation/Holiday	☐	b	Transit/Stopover	☐	f
Viziting friends and relatives	☐	c	Other purpose	☐	g
Business/Conference	☐	d	/study, sport, health, religious /		

12. Address in Mongolia:

13. Date of entry: Year ☐ Month ☐ Day ☐

14. Border port: ____________________

Mongolisches Anmeldeformular, englisch

Waggon-Numerierung

Jeder Eisenbahnwaggon hat an jeder Seite gut sichtbar seine eigene Nummer, die seine Zuordnung zur jeweiligen Eisenbahnverwaltung und den Waggontyp beschreibt. Unter einem in Mode kommenden Symbol in Form eines Wappens oder Logos befinden sich eine Zahl aus drei Ziffern sowie eine Zahl aus fünf Ziffern. Die dreistellige Zahl zeigt die Zuordnung zu den regionalen Einheiten der Russischen Staatsbahnen. Entlang der Transsib sind folgende Kennzeichnungen anzutreffen:

001–004 Oktober-Bahnverwaltung (Moskau–St. Petersburg)
017–022 Moskauer Bahnverwaltung
024–026 Gor'kij-Bahnverwaltung (Nižnij Novgorod entsprechend dem sowjetischen Namen der Stadt)
028–031 Nördliche Eisenbahnverwaltung (Jaroslavl')
076–078 Sverdlovsker Eisenbahnverwaltung (Ekaterinburg entsprechend dem sowjetischen Namen der Stadt)
083–087 Westsibirische Eisenbahnverwaltung (Novosibirsk)
088 Krasnojarsker Eisenbahnverwaltung
092–093 Ostsibirische Eisenbahnverwaltung (Irkutsk)
094 Transbaikalische Eisenbahnverwaltung (Čita)
096–097 Fernöstliche Eisenbahnverwaltung (Chabarovsk)

Die fünfstellige Zahl darunter zeigt an der 1. Stelle den Waggontyp, an der 2. bis 4. Stelle die eigentliche Waggonnummer und an der 5. Stelle eine Kontrollziffer. Bei den Waggontypen unterscheidet man:

0 Schlafwagen (CB) mit 2 Plätzen je Coupé
1 Schlafwagen (KP) mit 4 Plätzen je Coupé
2 Liegewagen (Platckartnyj)
3 Personenwaggon mit Sitzplätzen
4 Postwaggon
5 Gepäckwagen
6 Speisewagen
7 Spezialwaggon
8 Spezialwaggon, der nicht dem Eisenbahnministerium untersteht (Gefängniswaggon, der dem Innenministerium untersteht)

Ortsregister

Sach- und Personenregister

Kartenregister

„Seit fast 20 Jahren sind Reisen in die Regionen des Ostens unsere Leidenschaft. Ob mit der Transsibirischen Eisenbahn, auf Flusskreuzfahrten, unseren Sonderzugreisen „Zarengold“ oder auf den Routen entlang der Seidenstraße – mit Lernidee erleben Sie die ganze Vielfalt des Ostens. Ganz gleich, ob Sie lieber allein oder in der Gruppe reisen: Wir betreuen Sie jederzeit kompetent und individuell. Unsere umfangreichen Ausflugsprogramme ergänzen dabei Ihre Entdeckungsreisen durch das Reiseland.

Informieren Sie sich über unsere ungewöhnlichen Reiseangebote. Denn wir möchten, dass Ihr Urlaub zum Erlebnis wird!“

Hans Engberding, Inhaber von Lernidee Erlebnisreisen und Autor des „Transsib-Handbuchs“

individuell**reisen**

→ Transsib
→ China
→ Russland
→ Mongolei
→ Seidenstrasse

Individuelles Reisen ist kein Problem! Voraussetzung: intensive Beratung und umfangreiche Vorbereitung. Wir schicken Sie perfekt »ausgerüstet« auf die Reise! Wir bieten auch Gruppenreisen an!

Knop Reisen GmbH
Hollerlander Weg 77
28355 Bremen

Telefon +49 0421 . 988 50 30
Fax +49 0421 . 350 96 28
Internet: www.knop-reisen.de
e.mail: knop-reisen@t-online.de

Knop reisen GmbH individuell